秦文字編

二

王輝　主編
楊宗兵　彭文　蔣文孝　編著

中華書局

卷　五

0956　艸　竹

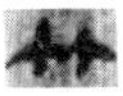

睡簡・日甲・5 背:中(仲)冬竹〈箕〉、斗

帛書・病方・227:而盛竹甬(筩)中

帛書・病方・325:取秋竹者(煮)之〖注〗秋竹,藥名。

0957　笱　筍

筍鼎(秦銅・199・摹):筍〖注〗筍,讀爲“栒”,“栒邑”省文,地名。

秦印編 79:王筍

0958　䈬　箬

石鼓文・乍邍(先鋒本):亞箬其華〖注〗亞箬,王國維讀爲“猗儺”;吳廣霈讀爲“沃若”,語助詞;羅君惕説箬爲竹名;《説文》:“楚謂竹皮曰箬。”

0959　節　節

睡簡・答問・203:者(諸)候(侯)客節(即)來使入秦

睡簡・封診・92:丙家節(即)有祠

睡簡・秦律・25:後節(即)不備〖注〗即,如果。

睡簡・秦律・54:更隸妾節(即)有急事

睡簡・秦律・197:節(即)新爲吏舍

睡簡・秦律・162:節(即)官嗇夫免而效

睡簡・秦律・161:官嗇夫節(即)不存

睡簡・日甲・76 正:得之於酉(酒)脯脩節(鼈)肉〖注〗節,讀爲“鼈”,肉醬。

睡簡・日甲・128 正:節(即)有爲也

睡簡・日乙・187:得於酉(酒)、脯脩節(鼈)肉

睡簡・日乙・139:節(即)有急行

睡簡・日乙・134:節(即)以有爲也

睡簡・效律・49:上節(即)發委輸

睡簡・效律・54:尉計及尉官吏節(即)有劾

睡簡・效律・19:節(即)官嗇夫免而效不備

龍簡・214・摹:南郡用節不紿時令□〖注〗用節,按照時節從事生產。

里簡・J1(16)6 正:節傳之

帛書・病方・414:節(即)炙裹樂(藥)〖注〗即,若、如。

帛書・病方・殘 6:□熱□節從□

帛書・灸經甲・41:節盡痛〖注〗節,指關節。

帛書・病方・26:取三指最(撮)到節一

帛書・病方・35:節(卽)其病甚弗能飲者

帛書・病方・35:節(卽)毋李實時□

帛書・病方・70:節(卽)復欲傅之

帛書・病方・163:取三指最(撮)到節一

帛書・病方・203:三指最(撮)至節

帛書・病方・216:節三〖注〗節三,取三物適量。

帛書・病方・256:□燒□節火威(滅)□以□

0960 䈂 籍

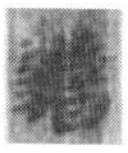

睡簡・答問・147:弗爲更籍

睡簡・封診・14:幾籍亡

睡簡・秦律・28:輒爲廥籍

睡簡・秦律・25:而書入禾增積者之名事邑里于廥籍

睡簡・秦律・37:都官以計時讎食者籍

睡簡・秦律・37:縣上食者籍及它費大(太)倉

睡簡・秦律・168:籍之曰

睡簡・秦律・172:必以廥籍度之

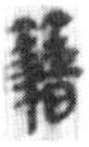

睡簡・秦律・175:至計而上廥籍內史

睡簡・秦律・137:或欲籍(藉)人與並居之〖注〗藉,借助。

睡簡・秦律・112:籍書而上內史

睡簡・秦律・11:稟大田而毋(無)恆籍者

睡簡・雜抄・6:當除弟子籍不得〖注〗除……籍,自簿籍上除名。

睡簡・雜抄・5:削籍

睡簡・爲吏・20:乃(仍)署其籍曰

睡簡・效律・27:及籍之曰

睡簡・效律・32:必以廥籍度之

睡簡・語書・14:志千里使有籍書之

里簡・J1(16)9正:皆不移年籍

帛書・病方・102:取敝蒲席若籍之弱(蒻)〖注〗藉,卽薦。

秦印編80:王籍

秦印編80:公□籍

0961 籥 籥

睡簡・答問・30:抉籥(鑰)〖注〗鑰,門鍵。

睡簡・答問・30:可(何)謂"抉籥(鑰)"

帛書・病方・262:以穿籥〖注〗籥,此指竹管、竹笛。

0962 簡 簡

石鼓文・田車(先鋒本):四介既簡(閑)〖注〗簡,檢閱,或訓選拔。或

說讀如《詩經・秦風・駟驖》"四馬既閑"之閑。

睡簡・爲吏・9:簡而毋鄙

秦印編 80:王簡

0963　䈞　等

睡簡・11 號牘・正:黑夫等直佐淮陽

睡簡・封診・92:召甲等

睡簡・封診・93:甲等及里人弟兄及它人智(知)丙者

睡簡・封診・91:卽疏書甲等名事關諜(牒)北(背)

睡簡・封診・91:甲等難飲食焉

睡簡・封診・91:某里公士甲等廿人詣里人士五(伍)丙

睡簡・秦律・98:其小大、短長、廣亦必等

睡簡・秦律・59:免隸臣妾、隸臣妾垣及爲它事與垣等者

睡簡・秦律・55:城旦之垣及它事而勞與垣等者

睡簡・秦律・111:其後歲賦紅(功)與故等

睡簡・日甲・32 正:有賢等〖注〗等,讀爲"寺",嗣。或說讀爲"能"。

睡簡・效律・60:減皋一等

龍簡・149:遺者罪減焉□一等

里簡・J1(16)9 正:今問之劾等徙□書

里簡・J1(16)9 正:劾等十七戶徙都鄉

里簡・J1(16)9 正:毋以智(知)劾等初產至今年數

帛書・病方・24:□薪(辛)夷、甘草各與[鼢]鼠等

帛書・病方・61:以井上甕鹽處土與等

帛書・病方・67:冶等

帛書・病方・199:等與人產子

帛書・病方・237:取野獸肉食者五物之毛等

帛書・病方・259:冶麋(蘼)蕪本、方(防)風、烏豙(喙)、桂皆等

帛書・病方・341:熬叔(菽)□皆等

帛書・病方・342:冶牛膝、燔髶灰等

帛書・病方・372:凡五物等

秦印編 80:賈等

秦印編 80:章等印

0964　䉏　笵

集證・169.562:笵臣

秦印編 81:笵脅

秦印編 80:笵賀

秦印編 81:笵嬰

秦印編 80:笵夫

秦印編 81:笵卯

秦印編80:箢黽

秦印編81:箢橋

秦印編80:箢高

集證·169.565:箢平

秦印編80:箢□

秦印編80:箢雎輿

秦印編80:箢□奴

集證·169.563:箢欺

秦印編80:箢政

秦印編80:箢正

0965 符

杜虎符(秦銅·25):必會君符

杜虎符(秦銅·25):兵甲之符

杜虎符(秦銅·25):雖母(毋)會符

新郪虎符(集證·38):必會王符

新郪虎符(集證·38):甲兵之符

新郪虎符(集證·38):雖母(毋)會符

新郪虎符·摹(集證·37):必會王符

新郪虎符·摹(集證·37):甲兵之符

新郪虎符·摹(集證·37):雖母(毋)會符

陽陵虎符(秦銅·97):甲兵之符

睡簡·日乙·104:禹符

睡簡·爲吏·32:舌者,符璽也

睡簡·答問·184:詣符傳於吏是謂“布吏”

睡簡·答問·146:亡久書、符券、公璽、衡羸(纍)

睡簡·雜抄·4:亡符

睡簡·日乙·106:投符地

睡簡·日乙·107:敢告□符

龍簡·2:竇出入及毋(無)符傳而闌入門者〖注〗符傳,通過關卡用的憑證。

龍簡·5·摹:關合符

龍簡·14:六寸符皆傳□

龍簡·4:詐(詐)僞、假人符傳及讓人符傳者

龍簡·4:詐(詐)僞、假人符傳及讓人符傳者

帛書·病方·437:燔北鄉(嚮)并符

帛書·病方·437:以下湯敦(淳)符灰

新封泥B·3.27:符離

封泥印134:符離

秦印編81:符黟

0966　簬　　篕

睡簡・日甲・101 正:毋以子卜篕

睡簡・日乙・126:毋以子卜篕

帛書・病方・458:□篕(嗌)

帛書・病方・目録:犬篕(嗌)人

帛書・病方・61・摹:犬篕(嗌)人傷者

0967　筓　　筓

龍簡・140・摹:租筓索不平一尺以上〖注〗筓索,疑爲收繳租穀的一種工具或方法。

帛書・病方・442:中别爲□之倡而筓門户上各一

0968　簟　　簟

秦印編 81:目簟

0969　筥　　筥

秦印編 81:王筥

秦印編 81:筥忠

0970　箸　　箸

詛楚文・湫淵(中吴本):箸者(諸)石章

詛楚文・巫咸(中吴本):箸者(諸)石章

詛楚文・亞駝(中吴本):箸者(諸)石章

繹山刻石・宋刻本:以箸經紀

泰山刻石・宋拓本:大義箸明

帛書・病方・殘 3:□槐爲箸

0971　籔　　籔

帛書・病方・203:令籔籔黄〖注〗籔籔,假借爲"數數、速速"。

0972　簋　匭　匭　杋　簋匭匭(杋㲃)

上博秦公簋一(集證・3):秦公乍(作)寶㲃

滕縣不其簋器(秦銅・4):用乍(作)朕皇且(祖)公白(伯)、孟姬障㲃

不其簋蓋(秦銅・3):用乍(作)朕皇且(祖)公白(伯)、孟姬障㲃

禮縣秦公簋(集證・8.3):秦公乍(作)鑄用障㲃

秦印編 81:杋交

秦印編 81:杋偃

秦印編 81:杋南

0973　筩　　筩

帛書・病方・198:以筩趣之二七〖注〗筩,疑指中空如筩的針。或説

讀爲“踊”,假足。

0974 箠

睡簡・日甲・50背:人毋(無)故一室人皆箠(垂)延(涎)

0975 箴

睡簡・答問・86:鬬以箴(針)、鉥、錐〖注〗箴,即針、鉥。

睡簡・秦律・110:隸妾及女子用箴(針)爲緡(文)繡它物

0976 簧

帛書・病方・233:燔量簧〖注〗量簧,藥名。

漆筒墨書(集證・226.1):寂之寺(持)簧〖注〗簧,本指笙一類樂器裏用以振動發聲的薄片,引申指笙類樂器。

0977 管 琯

秦印編81:管眉

0978 筑

睡簡・日甲・87正:春三月庚辰可以筑(築)羊卷(圈)

睡簡・日甲・100正:不可以筑(築)室

睡簡・日甲・100正:筑(築)北垣

睡簡・日甲・100正:筑(築)大内

睡簡・日甲・100正:筑(築)外垣

睡簡・日甲・100正:筑(築)右埒(序)

睡簡・日甲・100正:筑(築)左埒(序)

睡簡・日甲・102正:勿以筑(築)室

睡簡・日甲・103正:以筑(築)室

睡簡・日甲・105正:筑(築)室

睡簡・日甲・16正:可以筑(築)宮室、爲嗇夫

睡簡・日甲・16正:可以筑(築)閑牢

睡簡・日甲・142背:勿以筑(築)室及波(破)地

睡簡・日乙・125:不可筑(築)興土攻(功)

睡簡・日乙・117:以筑(築)室

帛書・病方・90:以堇一陽筑(築)封之〖注〗《說文》:“築,擣也。”

0979 箅

睡簡・日乙・191:不可卜箅〈筮〉、爲屋〖注〗箅,當爲“筮”字之誤。

帛書・病方・殘7:東□二日□爲箅□

0980 算

里簡・J1(8)133正:卒萛(算)簿〖注〗竹、艸义近,偏旁通用,“萛”即“算”字。算簿,登記人員和物資的簿籍。

秦印編82:算

0981　筴

帛書・病方・153:冶筴蓂少半升、陳葵種一□〖注〗筴,即"策"字。筴蓂,《爾雅》作"菥蓂",《說文》作"析蓂",藥名。

0982　第

辥繩朱書・摹(秦銅・158):第

辥繩朱書・摹(秦銅・158):第七

萯陽鼎(集證・55):第百卌七

萯陽鼎(集證・55):第百卌七

0983　笴

秦陶・330:咸陽笴〖注〗笴,人名。

0984　簷

十三年少府矛・摹(秦銅・73):十三年少府工簷〖注〗簷,人名。

0985　篕

石鼓文・汧殹(先鋒本):其篕氏鮮〖注〗篕,錢大昕釋爲"筳";郭昌宗釋爲"盜";馬敘倫說假爲"脡";或釋爲"菹",腌製。

0986　笆

集證・170.566:笆伀子印〖編者按〗笆爲"笵"字省文。

0987　笆

秦印編289(笆帶)

0988　箮

秦印編289:戎箮

0989　篸

秦印編289:篸城丞印

0990　籚

帛書・病方・398:燔扁(漏)籚(蘆)〖注〗漏蘆,藥名。

0991　畝

關簡・374:以給、顛首、沐浥畝

帛書・病方・365:取桐本一畝所

0992　籔

關簡・299:籔(築)囚、行、炊主歲=爲下

0993　箕　𠀠　[illegible]　[illegible]　(其)[illegible]

睡簡・日甲・25背:彼窋(屈)臥箕坐〖注〗箕坐,箕踞。

 關簡・199:箕

 關簡・176:箕

 關簡・137:箕〖注〗箕,二十八宿之一。

 關簡・199:斗乘箕

 帛書・病方・359:燔胕(腐)荊箕

 帛書・病方・444:以敝箕爲輿

 集證・181.716:箕齊〖注〗箕齊,人名。

 秦印編82:箕衷

 秦印編82:箕齊

 集證・181.715:箕嗁〖注〗箕嗁,人名。

 不其簋蓋(秦銅・3):子=孫=其永寶用享

秦公鎛鐘・摹(秦銅・16.4):其音鍴=雝=(雍=)孔煌

滕縣不其簋器(秦銅・4):子=孫=其永寶用享

秦子簋蓋(珍金・35):保其宮外

 秦子簋蓋(珍金・35):義(宜)其士女

秦子簋蓋・摹(珍金・31):義(宜)其士女

秦子簋蓋・摹(珍金・31):保其宮外

秦編鐘・甲鐘(秦銅・10.1):具卽其服

秦編鐘・甲鐘左篆部・摹(秦銅・11.4):具卽其服

 秦編鐘・丁鐘(秦銅・10.4):具卽其服

 秦鎛鐘・2號鎛(秦銅・12.5):具卽其服

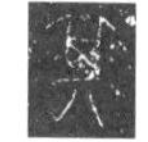 秦鎛鐘・3號鎛(秦銅・12.8):具卽其服

左樂兩詔鈞權(集證・43):其於久遠也

北私府橢量・二世詔(秦銅・147):其於久遠也

大騩銅權(秦銅・131):其於久遠也

二世元年詔版八(秦銅・168):其於久遠也

二世元年詔版九(秦銅・169):其於久遠也

二世元年詔版六(秦銅・166):其於久遠也

二世元年詔版七(秦銅・167):其於久遠也

二世元年詔版三(秦銅・163):其於久遠也

二世元年詔版十(秦銅・170):其於久遠也

二世元年詔版十二(秦銅・172):其於久遠也

二世元年詔版十三(集證・50):其於久遠也

二世元年詔版十一(秦銅・171):其於久遠也

二世元年詔版四(秦銅・164):其於久遠也

二世元年詔版五(秦銅・165):其於久遠也

二世元年詔版一(秦銅・161):其於久遠也

兩詔斤權一・摹(集證・46):其於久遠殹

兩詔斤權二・摹(集證・49):其於久遠殹

兩詔斤權一(集證・45):其於久遠殹

兩詔銅權三(秦銅・178):其於久遠殹

兩詔銅權一(秦銅・175):其於久遠也

兩詔橢量二(秦銅・149):其於久遠也

兩詔橢量三之二(秦銅・151):其於久遠也

兩詔橢量一(秦銅・148):其於久遠也

美陽銅權(秦銅・183):其於久遠也

平陽銅權・摹(秦銅・182):其於久遠殹

僅存銘兩詔銅權(秦銅・135-18.2):其於久遠也

旬邑銅權(秦銅・133):其於久遠也

秦懷后磬・摹:擇其吉石

秦懷后磬・摹:其音鎗=鉈=

石鼓文・吳人(先鋒本):□曾受其䇓

石鼓文・乍遵(先鋒本):亞箬其華

石鼓文・乍遵(先鋒本):柞(柞)棫其□

石鼓文・吾水(先鋒本):避其□導

石鼓文・霝雨(先鋒本):其奔其敔

石鼓文・霝雨(先鋒本):其奔其敔

石鼓文・車工(先鋒本):遊歐其樸

石鼓文・車工(先鋒本):遊歐其特

石鼓文・車工(先鋒本):其來遭=

石鼓文・車工(先鋒本):其來趩=

石鼓文・車工(先鋒本):其來大□(次?)

石鼓文・車工(先鋒本):射其豬蜀

石鼓文・而師(先鋒本):□□其寫

石鼓文・霝雨(先鋒本):□□其事

石鼓文・鑾車(先鋒本):四馬其寫

石鼓文・馬薦(先鋒本):□天□虹□皮□走騎=馬薦薙=莽=敚=雉□心其一□之

石鼓文・汧殹(先鋒本):黃帛(白)其鰟

石鼓文・汧殹(先鋒本):其籃氏鮮

石鼓文・汧殹(先鋒本):其朔孔庶

石鼓文・汧殹(先鋒本):其旃(游)趱=

石鼓文・汧殹(先鋒本):其魚隹(惟)可(何)

石鼓文・田車(先鋒本):宮車其寫

石鼓文・田車(先鋒本):其𧼴又旃

石鼓文・田車(先鋒本):其□蠢□(夜?)

詛楚文・亞駝(中吳本):將欲復其賍(凶)速(跡)

詛楚文·亞駝(中吳本):今又悉興其眾

詛楚文·亞駝(中吳本):拘圉其叔父

詛楚文·亞駝(中吳本):使其宗祝卲鼛布愍(檄)告於不(丕)顯大神亞駝

詛楚文·湫淵(中吳本):將欲復其賍(凶)速(跡)

詛楚文·湫淵(中吳本):今又悉興其眾

詛楚文·湫淵(中吳本):拘圉其叔父

詛楚文·湫淵(中吳本):使其宗祝卲鼛布愍(檄)告於不(丕)顯大神氒(厥)湫

詛楚文·巫咸(中吳本):將欲復其賍(凶)速(跡)

詛楚文·巫咸(中吳本):今有(又)悉興其眾

詛楚文·巫咸(中吳本):拘圉其叔父

詛楚文·巫咸(中吳本):使其宗祝卲鼛布愍(檄)告於不(丕)顯大神巫咸

秦駰玉版·甲·摹:氏(是)其名曰陘(經)

秦駰玉版·甲·摹:若明神不□其行

泰山刻石·宋拓本:其於久遠也

繹山刻石·宋刻本:其於久遠也

會稽刻石·宋刻本:各載其名

琅邪臺刻石:其於久遠也

青川牘·摹:大稱其高

天簡 32·乙:毋犯其鄉之忌

天簡 39·乙:其

天簡 24·乙:得其後伍爲不得

天簡 28·乙:復其故所其奈上□

天簡 31·乙:以其所中之辰閒

天簡 24·乙:爲有中閒

天簡 24·乙:投得其式

天簡 25·乙:其盜從北方[入]

天簡 27·乙:其

天簡 27·乙:其

天簡 28·乙:啻乃誂之分其短長

天簡 28·乙:復其故所其奈上□

天簡 31·乙:日疾投其

睡簡·效律·1:以其賈(價)多者辠之

睡簡·語書·3:去其淫避(僻)

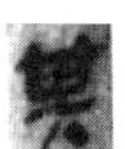
睡簡·語書·1:其所利及好惡不同

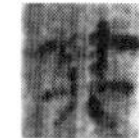
睡簡·語書·13:其畫最多者

睡簡·秦律·80:嗇夫即以其直(值)錢分負其官長及冗吏

睡簡·秦律·78·摹:以其日月減其衣食

 睡簡・秦律・46:而以其來日致其食

 睡簡・秦律・18:其人詣其官

 睡簡・秦律・16:其入之其弗亟而令敗者

 睡簡・秦律・17:以其筋、革、角及其賈(價)錢效

 睡簡・秦律・139:盡八月各以其作日及衣數告其計所官

 睡簡・秦律・101:亦令其徒、舍人任其叚(假)

 睡簡・日乙・257:其上作折其□齒之其□

 睡簡・日乙・253:其疵其上得□其女若母爲巫

 睡簡・秦律・80:嗇夫即以其直(值)錢分負其官長及冗吏

 睡簡・秦律・78:以其日月減其衣食

 睡簡・秦律・46:而以其來日致其食

 睡簡・秦律・18:其人詣其官

 睡簡・秦律・16:其入之其弗亟而令敗者〖注〗入之其,三字系衍文。

 睡簡・秦律・17:以其筋、革、角及其賈(價)錢效

 睡簡・秦律・139:盡八月各以其作日及衣數告其計所官

 睡簡・秦律・101:亦令其徒、舍人任其叚(假)

 睡簡・日乙・257:其上作折其□齒之其□

 睡簡・日乙・253:其疵其上得□其女若母爲巫

 睡簡・11號牘・正:告黑夫其未來狀

 睡簡・11號牘・正:其絲布貴

 睡簡・答問・88:其大方一寸

 睡簡・答問・89:各以其律論之

 睡簡・答問・81:縛而盡拔其須麋(眉)

 睡簡・答問・20:人奴妾盜其主之父母

 睡簡・答問・28:貍(薶)其具

 睡簡・答問・209:其他爲小

 睡簡・答問・23:當以布及其它所買畀甲

 睡簡・答問・23:皆畀其主

 睡簡・答問・25・摹:盜其具

 睡簡・答問・205:甲把其衣錢匿臧(藏)乙室

 睡簡・答問・98:其四鄰、典、老皆出不存

 睡簡・答問・9:乙智(知)其盜

 睡簡・答問・62:其妻先自告

 睡簡・答問・69:不欲其生

 睡簡・答問・69:其子新生而有怪物其身及不全而殺之

 睡簡・答問・60:其所包當詣䙴(遷)所

 睡簡・答問・63:當毄(繫)作如其所縱

 睡簡・答問・63:以須其得

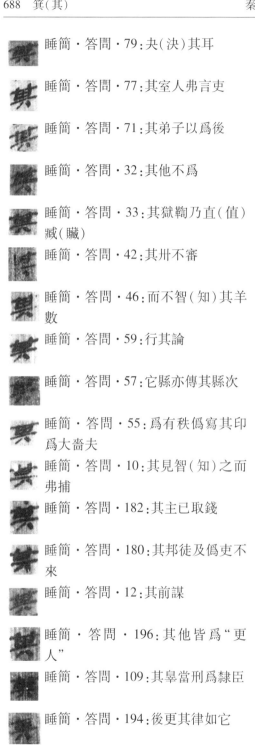

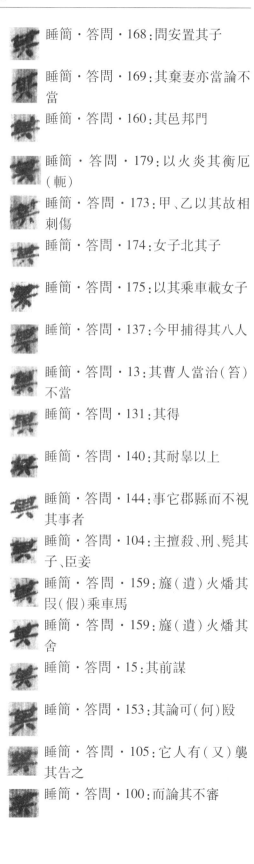

睡簡・答問・79:夬(決)其耳

睡簡・答問・77:其室人弗言吏

睡簡・答問・71:其弟子以爲後

睡簡・答問・32:其他不爲

睡簡・答問・33:其獄鞫乃直(值)臧(贓)

睡簡・答問・42:其卅不審

睡簡・答問・46:而不智(知)其羊數

睡簡・答問・59:行其論

睡簡・答問・57:它縣亦傳其縣次

睡簡・答問・55:爲有秩僞寫其印爲大嗇夫

睡簡・答問・10:其見智(知)之而弗捕

睡簡・答問・182:其主已取錢

睡簡・答問・180:其邦徒及僞吏不來

睡簡・答問・12:其前謀

睡簡・答問・196:其他皆爲"吏人"

睡簡・答問・109:其辠當刑爲隸臣

睡簡・答問・194:後更其律如它

睡簡・答問・195:畀其主

睡簡・答問・195:其子入養主之謂也

睡簡・答問・168:問安置其子

睡簡・答問・169:其棄妻亦當論不當

睡簡・答問・160:其邑邦門

睡簡・答問・179:以火炎其衡厄(軛)

睡簡・答問・173:甲、乙以其故相刺傷

睡簡・答問・174:女子北其子

睡簡・答問・175:以其乘車載女子

睡簡・答問・137:今甲捕得其八人

睡簡・答問・13:其曹人當治(笞)不當

睡簡・答問・131:其得

睡簡・答問・140:其耐辠以上

睡簡・答問・144:事它郡縣而不視其事者

睡簡・答問・104:主擅殺、刑、髡其子、臣妾

睡簡・答問・159:旞(遺)火燔其叚(假)乘車馬

睡簡・答問・159:旞(遺)火燔其舍

睡簡・答問・15:其前謀

睡簡・答問・153:其論可(何)殹

睡簡・答問・105:它人有(又)襲其告之

睡簡・答問・100:而論其不審

 睡簡・答問・113:其爲羣盜

 睡簡・答問・113:其有府(腐)辠

 睡簡・封診・88:其頭、身、臂、手指、股以下到足、足指類人

 睡簡・封診・83:不智(知)其里□可(何)物及亡狀

 睡簡・封診・20:甲、乙捕索(索)其室而得此錢、容(鎔)

 睡簡・封診・2:其辭已盡書而毋(無)解

 睡簡・封診・2:雖智(知)其訑

 睡簡・封診・66:其口鼻氣出渭(喟)然

睡簡・封診・63・摹:里人士五(伍)丙經死其室

 睡簡・封診・72:問其同居

 睡簡・封診・79:其履迹類故履

 睡簡・封診・79:其上有新小壞

 睡簡・封診・76:其所以埱者類旁鑿

 睡簡・封診・73:閉其戶

 睡簡・封診・75:房內在其大內東

睡簡・封診・47・摹:坐父甲謁鋈(夭)其足

 睡簡・封診・59:去男子其一奇六步

 睡簡・封診・53:不可智(知)其可(何)病

 睡簡・封診・53:刺其鼻不疐(嚏)

 睡簡・秦律・88:凡糞其不可買(賣)而可以爲薪及蓋蘙〈蘙〉者

 睡簡・秦律・82:而坐其故官以貲賞(償)及有它責(債)

 睡簡・秦律・82:稍減其秩、月食以賞(償)之

 睡簡・秦律・86:其金及鐵器入以爲銅

 睡簡・秦律・87:糞其有物不可以須時

 睡簡・秦律・87:以書時謁其狀內史

 睡簡・秦律・83:令與其稗官分

 睡簡・秦律・83:其免殹

 睡簡・秦律・83:如其事

 睡簡・秦律・83:效其官而有不備者

 睡簡・秦律・84:抉出其分

 睡簡・秦律・84:其已分而死

 睡簡・秦律・81:其入贏者

 睡簡・秦律・81:其責(債)毋敢隃(逾)歲

 睡簡・秦律・8:以其受田之數

 睡簡・秦律・200:□其官之吏□法律程籍

 睡簡・秦律・28:其出入、增積及效如禾

 睡簡・秦律・2:近縣令輕足行其書

 睡簡・秦律・29:廷令長吏雜封其廥

 睡簡·秦律·23:其不備

 睡簡·秦律·24:其前入者是增積

 睡簡·秦律·24:其他人是增積

 睡簡·秦律·201:必署其已稟年日月

 睡簡·秦律·2:亦輒言其頃數

 睡簡·秦律·98:其小大、短長、廣亦必等

 睡簡·秦律·99:不同程者毋同其出

 睡簡·秦律·97:令市者見其入

 睡簡·秦律·97:受錢必輒入其錢銗中

 睡簡·秦律·93:縣、大内皆聽其官致

 睡簡·秦律·93:在咸陽者致其衣大内

 睡簡·秦律·94:其小者冬七十七錢

 睡簡·秦律·95:其小者冬四錢

 睡簡·秦律·95:亡、不仁其主及官者

 睡簡·秦律·62:復數其縣

 睡簡·秦律·62:以其贖爲隸臣

 睡簡·秦律·69:各婴其賈(價)

 睡簡·秦律·66:其廣袤不如式者

睡簡·秦律·67:其出入錢以當金、布

 睡簡·秦律·6:其追獸及捕獸者

 睡簡·秦律·63:别計其錢

 睡簡·秦律·61:其老當免老、小高五尺以下及隸妾欲以丁粼者一人贖

 睡簡·秦律·78:其弗令居之

 睡簡·秦律·78:其人[死]亡

 睡簡·秦律·78:其所亡衆

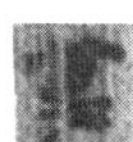 睡簡·秦律·70:計其輸所遠近

 睡簡·秦律·79:令其官嗇夫及吏主者代賞(償)之

 睡簡·秦律·76:亦移其縣

 睡簡·秦律·77:其人死亡

 睡簡·秦律·77:其日踐以收責之

 睡簡·秦律·7:其他禁苑殺者

 睡簡·秦律·73:各與其官長共養、車牛

 睡簡·秦律·7:食其肉而入皮

 睡簡·秦律·74:食其母日粟一斗

 睡簡·秦律·71:皆深以其年計之

 睡簡·秦律·70:以書告其出計之年

 睡簡·秦律·38:其有本者

 睡簡·秦律·38:其有不盡此數者

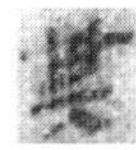 睡簡・秦律・30:其少

 睡簡・秦律・33:別其數

 睡簡・秦律・31:令其故吏與新吏雜先索(索)出之

 睡簡・秦律・31:其故吏弗欲

 睡簡・秦律・31:其毋(無)故吏者

 睡簡・秦律・42:其人弗取之

 睡簡・秦律・49:其不從事

 睡簡・秦律・46:止其後朔食

 睡簡・秦律・47:其顧來有(又)一食禾

 睡簡・秦律・47:其數駕

 睡簡・秦律・44:稟縣以減其稟

 睡簡・秦律・44:輒移其稟縣

 睡簡・秦律・57:城旦爲安事而益其食

 睡簡・秦律・57:盡月而以其餘益爲後九月稟所

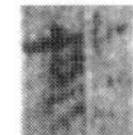 睡簡・秦律・50:雖有母而與其母冗居公者

 睡簡・秦律・55:其守署及爲它事者

 睡簡・秦律・51:到九月盡而止其半石

 睡簡・秦律・18:卽入其筋、革、角

 睡簡・秦律・18:其乘服公馬牛亡馬者而死縣

 睡簡・秦律・184:必書其起及到日月夙莫(暮)

 睡簡・秦律・18:縣診而雜買(賣)其肉

 睡簡・秦律・128:官長及吏以公車牛稟其月食及公牛乘馬之稟

 睡簡・秦律・102:必書其久(記)

 睡簡・秦律・102:公甲兵各以其官名刻久(記)之

 睡簡・秦律・127:其主車牛者及吏、官長皆有辠

 睡簡・秦律・102:其不可刻久(記)者

 睡簡・秦律・102:其叚(假)百姓甲兵

 睡簡・秦律・123:其程攻(功)而不當者

 睡簡・秦律・124:而以其實爲繇(徭)徒計

 睡簡・秦律・124:其不審

 睡簡・秦律・120:縣嗇夫材興有田其旁者

 睡簡・秦律・19:令其人備之而告官

 睡簡・秦律・196:閉門輒靡其旁火

 睡簡・秦律・197:令令史循其廷府

 睡簡・秦律・194:計其官

 睡簡・秦律・195:獨高其置芻廥及倉茅蓋者

 睡簡・秦律・195:非其官人殹

 睡簡・秦律・195:有實官高其垣墻

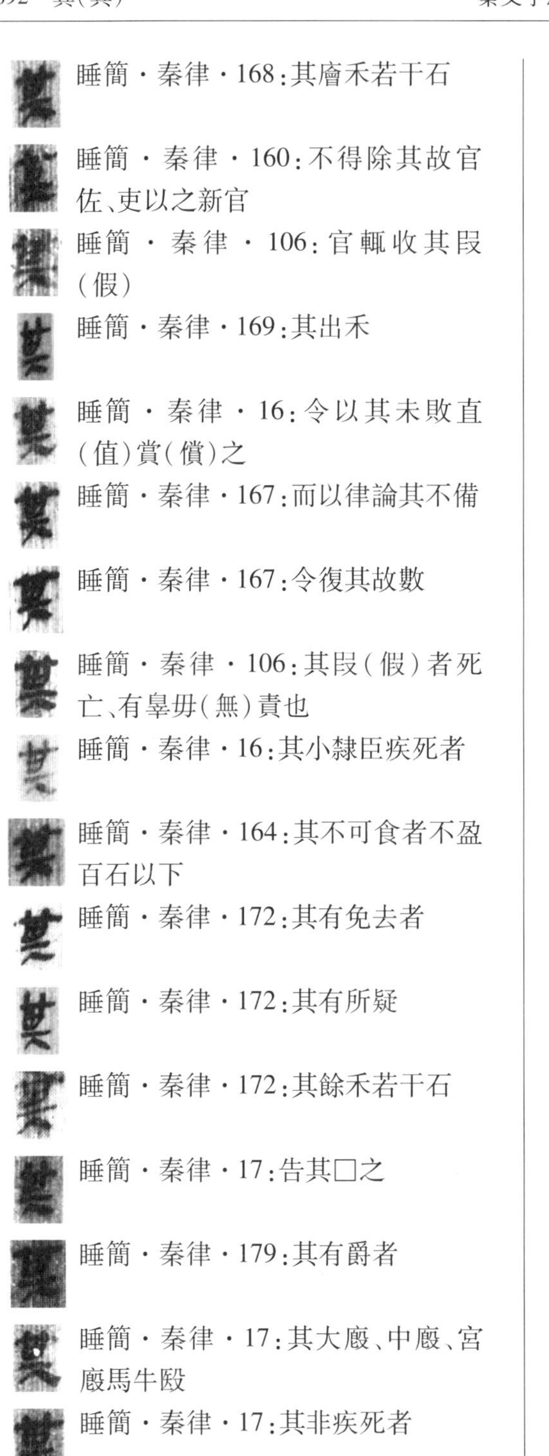

睡簡・秦律・168:其廥禾若干石

睡簡・秦律・160:不得除其故官佐、吏以之新官

睡簡・秦律・106:官輒收其叚(假)

睡簡・秦律・169:其出禾

睡簡・秦律・16:令以其未敗直(值)賞(償)之

睡簡・秦律・167:而以律論其不備

睡簡・秦律・167:令復其故數

睡簡・秦律・106:其叚(假)者死亡、有辠毋(無)責也

睡簡・秦律・16:其小隸臣疾死者

睡簡・秦律・164:其不可食者不盈百石以下

睡簡・秦律・172:其有免去者

睡簡・秦律・172:其有所疑

睡簡・秦律・172:其餘禾若干石

睡簡・秦律・17:告其□之

睡簡・秦律・179:其有爵者

睡簡・秦律・17:其大廄、中廄、宮廄馬牛毆

睡簡・秦律・17:其非疾死者

睡簡・秦律・171:效者見其封及隄(題)

睡簡・秦律・17:以其診書告官論之

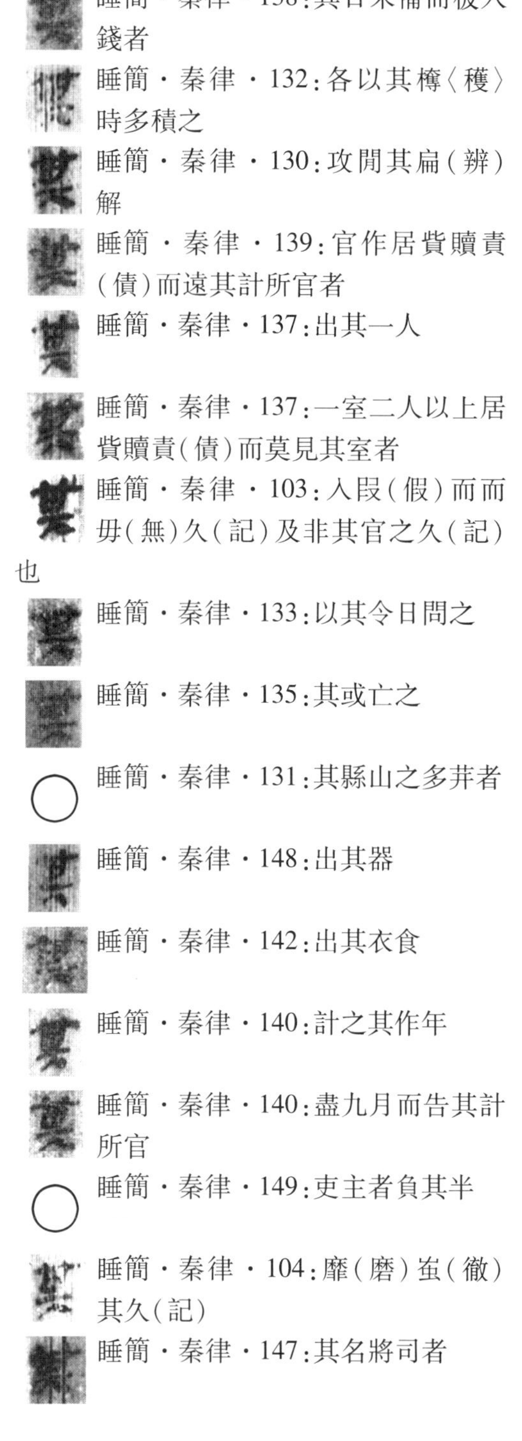

睡簡・秦律・170:有(又)書其出者

睡簡・秦律・138:令居其衣如律然

睡簡・秦律・138:其日未備而被入錢者

睡簡・秦律・132:各以其櫄〈穫〉時多積之

睡簡・秦律・130:攻閒其扁(辨)解

睡簡・秦律・139:官作居貲贖責(債)而遠其計所官者

睡簡・秦律・137:出其一人

睡簡・秦律・137:一室二人以上居貲贖責(債)而莫見其室者

睡簡・秦律・103:入叚(假)而而毋(無)久(記)及非其官之久(記)也

睡簡・秦律・133:以其令日問之

睡簡・秦律・135:其或亡之

睡簡・秦律・131:其縣山之多茾者

睡簡・秦律・148:出其器

睡簡・秦律・142:出其衣食

睡簡・秦律・140:計之其作年

睡簡・秦律・140:盡九月而告其計所官

睡簡・秦律・149:吏主者負其半

睡簡・秦律・104:靡(磨)蚩(徹)其久(記)

睡簡・秦律・147:其名將司者

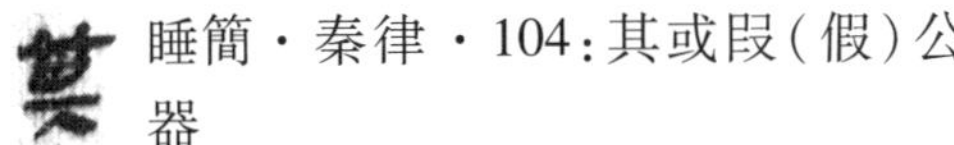
睡簡・秦律・104:其或叚(假)公器

睡簡・秦律・14:其以牛田〖注〗其,如果。

睡簡・秦律・140:毋過九月而㽼(畢)到其官

睡簡・秦律・141:其與城旦舂作者

睡簡・秦律・156:其不完者

睡簡・秦律・157:其有死亡及故有夬(缺)者

睡簡・秦律・105:其事已及免

睡簡・秦律・153:皆不得受其爵及賜

睡簡・秦律・153:其已拜

睡簡・秦律・153:有辠瀌耐䙴(遷)其後

睡簡・秦律・105:還其未靡

睡簡・秦律・119:其土惡不能雨

睡簡・秦律・116:令其徒復垣之

睡簡・秦律・101:其叚(假)公

睡簡・秦律・115:其得殿

睡簡・秦律・111:其後歲賦紅(功)與故等

睡簡・雜抄・23:貲其曹長一盾

睡簡・雜抄・6:使其弟子贏律

睡簡・雜抄・37:論其後

睡簡・雜抄・31:其六毋(無)子

睡簡・雜抄・31:其四毋(無)子

睡簡・雜抄・42:縣尉時循視其攻(功)及所爲

睡簡・雜抄・14:軍人稟所、所過縣百姓買其稟

睡簡・雜抄・15:敢深益其勞歲數者、貲一甲

睡簡・日甲・80背:其面不全

睡簡・日甲・80正:其忌

睡簡・日甲・88背:其後必有別

睡簡・日甲・88正:其忌

睡簡・日甲・89背:其後必有死者三人

睡簡・日甲・89背:其咎在六室

睡簡・日甲・86背:其後必有子將弟也死

睡簡・日甲・87背:其後必有敬(警)

睡簡・日甲・87背:其咎在五室馬牛

睡簡・日甲・87正:其忌

睡簡・日甲・83背:其咎才(在)渡衖

睡簡・日甲・83正:其忌

睡簡・日甲・84背:其後必有病者三人

睡簡・日甲・84正:其忌

 睡簡・日甲・28背:見其神以投之

 睡簡・日甲・22背:其後必肉食

 睡簡・日甲・29背:人毋(無)故鬼昔(藉)其宮

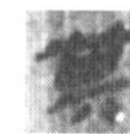 睡簡・日甲・27背:其所不可咼(過)也

 睡簡・日甲・21背:日出炙其韓

 睡簡・日甲・90背:其室寡

 睡簡・日甲・98正:其日乙未、甲午、甲辰垣之

 睡簡・日甲・98正:其生(牲)清(青)

 睡簡・日甲・92背:其後必有小子死

 睡簡・日甲・96正:其日癸酉、壬辰、壬午垣之

 睡簡・日甲・96正:其生(牲)黑

 睡簡・日甲・97正:其日辛酉、庚午、庚辰垣之

 睡簡・日甲・97正:其生(牲)白

 睡簡・日甲・93背:其咎在室馬牛豕也

 睡簡・日甲・94背:其咎在三室

 睡簡・日甲・91背:其咎在二室

 睡簡・日甲・60背:多益其旁人

 睡簡・日甲・66正:東數反其鄉

 睡簡・日甲・67背:其鬼恆夜謼(呼)焉

 睡簡・日甲・67正:南數反其鄉

 睡簡・日甲・64背:完掇其葉二七

 睡簡・日甲・64正:西數反其鄉

 睡簡・日甲・65背:其鬼歸之者

 睡簡・日甲・65正:北數反其鄉

 睡簡・日甲・79背:其爲人也剛履

 睡簡・日甲・77背:其爲人也鞞鞞(諀諀)然

 睡簡・日甲・75背:其身不全

 睡簡・日甲・38背:其上旱則淳

 睡簡・日甲・39背:是會蟲居其室西臂(壁)

 睡簡・日甲・36背:以棘椎桃秉(柄)以䯝(敲)其心

 睡簡・日甲・36正:其後乃昌

 睡簡・日甲・34背:不見其鼓

 睡簡・日甲・35背:以良劍刺其頸

 睡簡・日甲・31背:睘(環)其宮

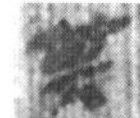 睡簡・日甲・40正:是胃(謂)其羣不捧

 睡簡・日甲・49背:人毋(無)故而鬼祠(伺)其宮

 睡簡・日甲・45背:以沙人(砂仁)一升挃(實)其舂臼

 睡簡・日甲・41背:其上毋(無)草

 睡簡·日甲·50 背:其居所水則乾

 睡簡·日甲·50 背:爰母處其室

 睡簡·日甲·58 背:乃棄其屨於中道

 睡簡·日甲·58 背:周其室

 睡簡·日甲·59 背:寺(待)其來也

 睡簡·日甲·57 背:得其所

 睡簡·日甲·57 正:入寄者必代居其室

 睡簡·日甲·51 背:屈(掘)其室中三尺

 睡簡·日甲·107 正:其肉未索必死

 睡簡·日甲·120 正:其主昌富

 睡簡·日甲·128 正:凡是日赤啻(帝)恆以開臨下民而降其英(殃)

 睡簡·日甲·122 正:其主必富三渫(世)

 睡簡·日甲·122 正:其主爲巫

 睡簡·日甲·129 正:其央(殃)不出歲中

 睡簡·日甲·124 正:其主痒(癃)

睡簡·日甲·121 正·摹:其主且爲巫

 睡簡·日甲·19 背:其君不痒(癃)必窮

 睡簡·日甲·130 正:出其門

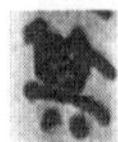 睡簡·日甲·139 背:其家日減

 睡簡·日甲·131 背:當其地不可起土攻(功)

 睡簡·日甲·144 正:去其邦北

 睡簡·日甲·145 正:去其邦

 睡簡·日甲·150 正:其日在首

 睡簡·日甲·158 背:令其□者(啫)□

 睡簡·日甲·158 背:令其鼻能糗(嗅)鄉(香)

 睡簡·日甲·152 背:其歲或弗食

 睡簡·日甲·157 背:敺(驅)其央(殃)

 睡簡·日甲·118 正:其主必富

 睡簡·日甲·119 正:其主昌

 睡簡·日甲·117 正:其主必富

 睡簡·日甲·111 背:掓其畫中央土而懷之

 睡簡·日乙·殘 5:□敫其□

 睡簡·日乙·202:其後有憙

 睡簡·日乙·206:其東受兇(凶)

 睡簡·日乙·203:其東有憙

 睡簡·日乙·220:不去其室有死

 睡簡·日乙·223:其南晋之

 睡簡·日乙·240:去其邦

 睡簡・日乙・241:去其邦北亟

 睡簡・日乙・258:其閒在室

 睡簡・日乙・258:其子已死矣

 睡簡・日乙・259:其北壁臣

 睡簡・日乙・259:其人黑

 睡簡・日乙・259:其室在西方

 睡簡・日乙・253:其門西北出

 睡簡・日乙・254:内盜有□人在其室□

 睡簡・日乙・255:其室在西方

 睡簡・日乙・210:其東受兇(凶)

 睡簡・日乙・210:其西北有憙

 睡簡・日乙・216:其東受兇(凶)

 睡簡・日乙・217:其南晋之

 睡簡・日乙・213:其女子也

 睡簡・日乙・213:其西受兇(凶)

 睡簡・日乙・215:其東北受兇(凶)

 睡簡・日乙・211:其南有憙(禧)

 睡簡・日乙・68:其忌

 睡簡・日乙・66:其忌

 睡簡・日乙・70:其忌乙巳

 睡簡・日乙・73:其忌

 睡簡・日乙・48:其歲或弗食

 睡簡・日乙・56:不成其行

 睡簡・日乙・189:其吉日

 睡簡・日乙・183:其人赤色

 睡簡・日乙・196:不見其光

 睡簡・日乙・195:其室日減

 睡簡・日乙・17:人必奪其室

 睡簡・日乙・134:其央(殃)不出歲

 睡簡・日乙・142:凡行者毋犯其大忌

 睡簡・日乙・145:其謞(號)曰大常行

 睡簡・日乙・145:其祝曰

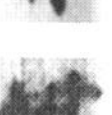 睡簡・日乙・145:席叕(餟)其後

 睡簡・爲吏・20:二曰不安其鼂(朝)

 睡簡・爲吏・20:乃(仍)署其籍曰

 睡簡・爲吏・22:反赦其身

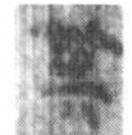 睡簡・爲吏・9:不賃(任)其人

睡簡・爲吏・36:各樂其所樂

睡簡・爲吏・35:人各食其所耆(嗜)

睡簡・爲吏・18:聽其有矢

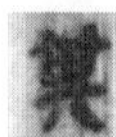睡簡・爲吏・13:索其政

睡簡・效律・22:其不可飤(食)者

睡簡・效律・29:其出禾

睡簡・效律・29:有(又)書其出者

睡簡・效律・26:而以律論其不備

睡簡・效律・20:其盈歲

睡簡・效律・24:以其秏(耗)石數論饍(負)之

睡簡・效律・25:令復其故數

睡簡・效律・60:而復責其出殹

睡簡・效律・32:其有免去者

睡簡・效律・32:其有所疑

睡簡・效律・30:效者見其封及隄(題)以效之

睡簡・效律・31:其余禾若干石

睡簡・效律・41:而責其不備旅衣札

睡簡・效律・41:入其贏旅衣札

睡簡・效律・58:直(值)其賈(價)

睡簡・效律・52:及都倉、庫、田、亭嗇夫坐其離官屬於鄉者

睡簡・效律・52:其他冗吏、令史掾計者

睡簡・效律・54:其令、丞坐之

睡簡・效律・51:其吏主者坐以貲、誶如官嗇夫

睡簡・效律・12:其貲、誶如數者然

睡簡・效律・12:縣料而不備其見(現)數五分一以上

睡簡・效律・12:直(值)其賈(價)

睡簡・效律・17:各坐其所主

睡簡・效律・17:縣令令人效其官

睡簡・效律・1:其有贏、不備

岳山牘・M36:43 正:其忌

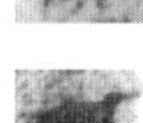岳山牘・M36:43 正:其忌

岳山牘・M36:43 正:其忌

岳山牘・M36:43 正:其忌

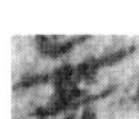岳山牘・M36:43 正:其忌

龍簡・159:□或即言其田實(?)□

龍簡・157・摹:黔首田實多其□

龍簡・154:黔首皆從千(阡)佰(陌)彊(疆)畔之其□

龍簡・155:黔首錢假其田已(?)□者

龍簡・119・摹:其未能祧〈逃〉

龍簡·83:食其肉而入其皮

龍簡·86·摹:入其皮□縣道官

龍簡·83:食其肉而入其皮

龍簡·29·摹:射耎中□之□有□殹(也)□其□

龍簡·26:沒入其販假殹(也)

龍簡·27·摹:取者其罪與盜禁中[同]□

龍簡·2:斬其男子左趾

龍簡·9:其傳□

龍簡·6:或取其□

龍簡·70·摹:其□

龍簡·73:其罪匿之□

龍簡·30:黔首其欲弋射耎獸者勿禁

龍簡·3·摹:□[不]行其所當行□

龍簡·34:取其豺、狼、貇、貈〈貉〉、狐、貍、縠、□、雉、兔者

龍簡·44:有(又)駕(加)其罪

龍簡·50·摹:□行□中過□其□

龍簡·58:有(又)沒入其車、馬、牛、縣、道[官]

龍簡·54:其騎及以乘車、軺車□

龍簡·10:其[田](?)及□[作]務□

龍簡·18:城旦舂其追盜賊、亡人

龍簡·185·摹:□其程盡以□

龍簡·198:勿予其言殹

龍簡·199:宦者其有言䙴(遷)及有罪者□

龍簡·19:其在(?)禁(?)□當出(?)

龍簡·160·摹:迸徙其田中之臧(贓)而不□

龍簡·169:□租其□

龍簡·164·摹:□田以其半□

龍簡·139:其部□貲二甲

龍簡·137:直(值)其所失臧(贓)及所受臧(贓)

龍簡·134·摹:□希(稀)其程率

龍簡·148·摹:其所受臧(贓)

龍簡·149:其□

龍簡·146:除其罪

龍簡·147:與灋(法)沒入其匿田之稼

龍簡·147:坐其所匿稅臧(贓)

里簡·J1(9)11背:其以律令從事

里簡·J1(9)11正:已訾責其家

里簡·J1(9)12背:其以律令從事

 里簡・J1(8)134 正:其聽書從事

 里簡・J1(8)134 正:其亡之

 里簡・J1(9)1 背:其以律令從事

 里簡・J1(9)1 正:已訾其家

 里簡・J1(9)4 正:已訾責其家

 里簡・J1(9)5 正:已訾責其家

 里簡・J1(9)6 正:已訾其家

 里簡・J1(9)7 背:其以律令從事

 里簡・J1(9)7 正:已訾其家

 里簡・J1(9)8 正:已訾其家

 里簡・J1(9)9 背:其以律令從事

 里簡・J1(9)10 背:其以律令從事

 里簡・J1(9)10 正:已訾其家

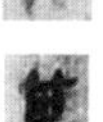 關簡・346:而最(撮)其土

 關簡・346:以靡(摩)其鼻中

 關簡・351:農夫使其徒來代之

 關簡・352:歲歸其禱

 關簡・351:某不能腸(傷)其富

 關簡・299:其下有旱

 關簡・297:其下有白衣之冣

 關簡・243:得其時宿

 關簡・300:其下有大敗

 關簡・302:其下有水

 關簡・324:洗其□

 關簡・377:各盡其復(腹)

 關簡・331:其一曰

 帛書・足臂・20:其病

 帛書・足臂・25:其病

 帛書・足臂・27:其病

 帛書・足臂・31:其病

 帛書・病方・265:時從其空(孔)出有白蟲時從其空出

 帛書・病方・320:而其瓣材其瓜

 帛書・病方・無編號:其

 帛書・病方・265:時從其空(孔)出有白蟲時從其空出

 帛書・病方・320:而其瓣材其瓜

 帛書・病方・無編號:其

 帛書・脈法・75:則稱其小大而□之

 帛書・病方・4:孰(熟)□[飲]其汁

帛書・病方・11:以安(按)其痏

帛書・病方・18:出其汁

帛書・病方・34:浚取其汁

帛書・病方・35:節(即)其病甚弗能飲者

帛書・病方・35:强啟其口

帛書・病方・36:如其實數

帛書・病方・36:飲其汁

帛書・病方・41:毋去其足

帛書・病方・45:其育(肓)直而口釦

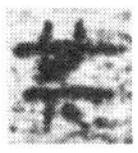

帛書・病方・56:取其靡(磨)如麋(糜)者

帛書・病方・62:以熨其傷

帛書・病方・63:冬日煮其本

帛書・病方・64:而令人以酒財沃其傷

帛書・病方・69:而潪(晉)去其宰(滓)

帛書・病方・85:產其中者

帛書・病方・87:以宰(滓)封其痏

帛書・病方・87:飲其汁

帛書・病方・88:以葪(芥)印其中顛

帛書・病方・97:問其名

帛書・病方・101:以還(環)封其傷

帛書・病方・102:卽燔其末

帛書・病方・107:置甾(塊)其處

帛書・病方・112:卽以刀剝其頭

帛書・病方・113:冒其所以犬矢濕者

帛書・病方・115:其一名灌曾

帛書・病方・117:□其□與其□真□

帛書・病方・122:雖俞(愈)而毋去其藥

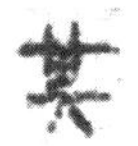

帛書・病方・126:其卵雖有人(仁)

帛書・病方・128:卽置其編於稷火上

帛書・病方・134:其所發毋恒處

帛書・病方・157:□飲之而復(覆)其栝(杯)

帛書・病方・168:浚取其汁

帛書・病方・168:以其汁煮膠一廷(梃)半

帛書・病方・169:有(又)以涂(塗)隋(脽)□下及其上

帛書・病方・170:亨(烹)葵而飲其汁

帛書・病方・171:熱欼(歠)其汁

帛書・病方・174:浚取其汁

帛書・病方・176:浚取其汁

帛書・病方・178:卽燒陳稾其中

帛書・病方・178:令其灰不盈半尺

帛書・病方・187:烝(蒸)而取其汁

帛書・病方・189:以醯、酉(酒)三乃(沥)煮黍稷而飲其汁

帛書・病方・201:歠(歠)其汁

帛書・病方・204:某狐叉非其處所

帛書・病方・217:令其空(孔)盡容積(癩)者腎與朡

帛書・病方・221:以砭(砭)穿其[脽(脽)]旁

帛書・病方・221:引下其皮

帛書・病方・221:有(又)久(灸)其痏

帛書・病方・222:而久(灸)其泰(太)陰、泰(太)陽□

帛書・病方・225:以奎蠡蓋其堅〈腎〉

帛書・病方・226:其藥曰陰乾黃牛膽

帛書・病方・228:卽道其□

帛書・病方・229:炊者必順其身

帛書・病方・229:須其身安定

帛書・病方・239:把其本小者而盭(盭)絕之

帛書・病方・239:有空(孔)其中

帛書・病方・240:而入之其空(孔)中

帛書・病方・241:取其汁漬(漬)美黍米三斗

帛書・病方・245:其中有如兔髕

帛書・病方・252:其莖有刺(刺)

帛書・病方・252:其葉可亨(烹)而酸

帛書・病方・255:[燔]□炭其中

帛書・病方・261:其蟲出

帛書・病方・262:取其脬

帛書・病方・262:徐以刀[剝]去其巢

帛書・病方・263:而到(倒)縣(懸)其人

帛書・病方・263:以寒水戔(濺)其心腹

帛書・病方・265:其直(脏)痛

帛書・病方・265:痔者其直(脏)旁有小空(孔)

帛書・病方・267:穿其斷

帛書・病方・267:而燔其艾、蕈

帛書・病方・267:而置艾其中

帛書・病方・268:而毋蓋其盎空(孔)

帛書・病方・272:其餘各一

帛書・病方・275:其一骨□

帛書・病方・286:卽急抒置甑□置其□

 帛書・病方・287:□卽取其汁盡飲之

 帛書・病方・312:以其灰傅之

 帛書・病方・325:而以氣熏其痏

 帛書・病方・328:隋(墮)其尾

 帛書・病方・329:冬日取其本

 帛書・病方・330:善擇去其蔡、沙石

 帛書・病方・335:其瘳殹□癰

 帛書・病方・335:其甚者五、六入湯中而瘳

 帛書・病方・337:卒其時〖注〗卒其時,卽晬時,一晝夜。

 帛書・病方・338:令其□溫適

 帛書・病方・342:以久脂涂(塗)其上

 帛書・病方・347:去其甲足

帛書・病方・376:候其洎不盡一斗

帛書・病方・383:飲其□一音(杯)

帛書・病方・390:其病所在曰□覈(核)

帛書・病方・399:以熏其痏

帛書・病方・400:□布其汁中

 帛書・病方・402:以桑薪燔□其□令汁出

 帛書・病方・409:潰其灌

 帛書・病方・410:蚩(撤)其汁

 帛書・病方・414:以靡(磨)其騷(瘙)

帛書・病方・416:而入豬膏□者一合其中

 帛書・病方・417:有(又)飲熱酒其中

 帛書・病方・423:行山中而疕出其身

 帛書・病方・427:其祝曰

 帛書・病方・428:□其灰

 帛書・病方・448:復再三傅其處而已

 帛書・病方・449:疣其末大本小□者

 帛書・病方・殘2:□而炙其□

 帛書・病方・殘4:□視其指端及□

 帛書・病方・殘5:□其已潰□

 帛書・病方・殘6:□入其□

 帛書・病方・無編號:其

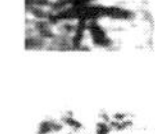 帛書・死候・85:其病唯折骨列(裂)膚一死

 帛書・灸經甲・40:其所產病

 帛書・灸經甲・46:其所產病

 帛書・灸經甲・51:其所產病

 帛書・灸經甲・53:其所產病

帛書・灸經甲・55:其所[產病]

帛書・灸經甲・71:其所產[病]

帛書・足臂・1:其直者貫□

帛書・足臂・2:其直者貫目内漬(眥)

帛書・足臂・3:其病

帛書・足臂・6:其直者貫腋

帛書・足臂・7:其病

帛書・足臂・11:其病

帛書・足臂・14:其病

帛書・足臂・17:其病

封泥印・待考166:□其□□

0994　𢍰

不其簋蓋(秦銅・3):不𢍰(其)拜頶(稽)手(首)休〖注〗𢍰,爲"其"字異構,象人跪而執箕之形。李學勤説"𢍰"乃秦莊公名,"不"爲無義助詞。

不其簋蓋(秦銅・3):不𢍰(其)

秦公簋・蓋(秦銅・14.2):𢍰嚴戠各〖注〗𢍰,即"其",語氣助詞。

秦編鐘・乙鐘(秦銅・10.2):秦公𢍰畯龄才(在)立(位)

秦鎛鐘・2號鎛(秦銅・12.6):秦公𢍰畯龄才(在)立(位)

秦鎛鐘・1號鎛(秦銅・12.3):秦公𢍰畯龄才(在)立(位)

滕縣不其簋器(秦銅・4):不𢍰(其)

不其簋蓋(秦銅・3):不𢍰(其)

滕縣不其簋器(秦銅・4):不𢍰(其)

秦鎛鐘・2號鎛(秦銅・12.6):𢍰康寶

秦鎛鐘・3號鎛(秦銅・12.9):𢍰康寶

滕縣不其簋器(秦銅・4):不𢍰(其)拜頶(稽)手(首)休

秦編鐘・乙鐘左鼓・摹(秦銅・11.6):秦公𢍰畯龄才(在)立(位)

秦編鐘・乙鐘左篆部・摹(秦銅・11.7):𢍰康寶

0995　丌　丌

秦駰玉版・乙・摹:亓(其)□里

秦駰玉版・乙・摹:亓(其)齒七(?)

秦駰玉版・乙・摹:氏(是)亓(其)名曰陘(經)

秦陶・417:亓(其)

秦陶・418:亓(其)

秦陶・419:亓(其)

睡簡・日乙・213:亓(其)女子也

0996　典 𥫗　典 𥫗

秦駰玉版・甲・摹:典灋(法)薛(鮮)亡〖注〗典法,典章、法令。

秦駰玉版・乙・摹:典瀍(法)蘚(鮮)亡

睡簡・答問・98:典、老雖不存

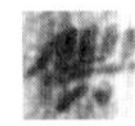
睡簡・答問・98:其四鄰、典、老皆出不存

睡簡・答問・164:吏、典已令之

睡簡・雜抄・32:典、老贖耐〖注〗典,卽里典(正)。

睡簡・雜抄・33:典、老弗告

龍簡・150:告典、田典

龍簡・150・摹:告典、田典〖注〗田典,主管農田事務的小吏,或卽"田嗇夫"。

龍簡・239・摹:□上典

里簡・J1(8)157 背:今有(又)除成爲典何

里簡・J1(8)157 背:廿七戶已有一典

里簡・J1(8)157 正:[成]爲典

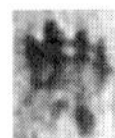
里簡・J1(8)157 正:成里典、啟陵郵人缺

集證・158.410:顫里典

封泥集 220・1:典達

封泥集 220・2:典達

秦印編 82:典達

集證・160.435:典達

封泥集 220・3:典達

秦印編 82:安石里典

0997 畀

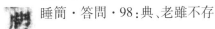

睡簡・答問・23:皆畀其主

睡簡・答問・5:各畀主〖注〗畀,交予。

睡簡・答問・171:且畀夫

睡簡・答問・23:當以衣及布畀不當

睡簡・答問・73:畀主

睡簡・答問・74:畀主

睡簡・答問・195:畀其主

睡簡・答問・168:當畀

睡簡・答問・139:以畀乙

帛書・足臂・20:疾畀(痹)

集證・161.451:小畀

秦印編 82:畀我

秦印編 82:張畀

0998 奠

秦編鐘・甲鐘(秦銅・10.1):以康奠協朕或(國)〖注〗康奠,安定。

秦編鐘・甲鐘左篆部・摹(秦銅・11.4):以康奠協朕或(國)

秦編鐘・丁鐘(秦銅・10.4):以康奠協朕或(國)

秦鎛鐘・1 號鎛(秦銅・12.2):以康奠協朕或(國)

秦鎛鐘・2 號鎛(秦銅・12.5):以康奠協朕或(國)

秦鎛鐘・3 號鎛(秦銅・12.8):以康奠協朕或(國)

集證・192.16:奠(鄭)亭〖注〗鄭,地名。

0999　　左

秦編鐘・甲鐘頂篆部・摹(秦銅・11.3):咸畜左右〖注〗左右,近旁、身邊。

秦編鐘・丁鐘(秦銅・10.4):咸畜左右

秦鎛鐘・1 號鎛(秦銅・12.2):咸畜左右

秦鎛鐘・2 號鎛(秦銅・12.5):咸畜左右

秦鎛鐘・3 號鎛(秦銅・12.8):咸畜左右

杜虎符(秦銅・25):左才(在)杜

卌年銀耳杯・摹(臨淄 173.1):卌年左工〖注〗左工,官名。

新郪虎符・摹(集證・37):左才(在)新郪

陽陵虎符(秦銅・97):左才(在)陽陵

卅三年銀盤・摹(齊王・18.3):卅三年左工□

咸陽四斗方壺(珍金・120):左

咸陽四斗方壺・摹(珍金・120):左

信宮罍(珍金・131):西廿〈共〉左

信宮罍・摹(珍金・131):西廿〈共〉左

信宮罍(珍金・129):古西共左今左般〖注〗左般,官名。

信宮罍・摹(珍金・129):古西共左今左般

信宮罍(珍金・129):古西共左今左般

信宮罍・摹(珍金・129):古西共左今左般

信宮罍(珍金・130):信宮左般

信宮罍・摹(珍金・130):信宮左般

北私府橢量・二世詔(秦銅・147):刻此詔故刻左

大騩銅權(秦銅・131):刻此詔故刻左

二世元年詔版八(秦銅・168):刻此詔故刻左

二世元年詔版二(秦銅・162):刻此詔故刻左

二世元年詔版九(秦銅・169):刻此詔故刻左

二世元年詔版六(秦銅・166):刻此詔故刻左

二世元年詔版七(秦銅・167):刻此詔故刻左

二世元年詔版三(秦銅・163):刻此詔故刻左

二世元年詔版十二(秦銅・172):刻此詔故刻左

二世元年詔版十一(秦銅・171):刻此詔故刻左

二世元年詔版四(秦銅・164):刻此詔故刻左

二世元年詔版五(秦銅・165):刻此詔故刻左

二世元年詔版一(秦銅・161):刻此詔故刻左

兩詔斤權一・摹(集證・46):刻此詔故刻左

兩詔斤權二・摹(集證・49):刻此詔故刻左

兩詔斤權二・照片(集證・47.2):刻此詔故刻左

兩詔斤權一(集證・45):左〖注〗左,指麗山左食官。或說爲編號。

兩詔銅權二(秦銅・176):刻此詔故刻左

兩詔銅權三(秦銅・178):刻此詔故刻左

兩詔銅權一(秦銅・175):刻此詔故刻左

兩詔橢量二(秦銅・149):刻此詔故刻左

兩詔橢量三之二(秦銅・151):刻此詔故刻左

兩詔橢量一(秦銅・148):刻此詔故刻左

美陽銅權(秦銅・183):刻此詔故刻左

平陽銅權・摹(秦銅・182):刻此詔故刻左

僅存銘兩詔銅權(秦銅・135-18.2):刻此詔故刻左

旬邑銅權(秦銅・133):刻此詔故刻左

左樂兩詔鈞權(集證・43):刻此詔故刻左

左樂兩詔鈞權(集證・43):左樂〖注〗左樂,王輝說即左樂府。

傳世秦子戈(集證・11):左右市(師)□用逸宜〖注〗左右師,指軍隊組織形式。

故宮藏秦子戈(集證・10):左右市(師)鮇(旅)用逸宜〖注〗市鮇,也有學者讀"旅賁"或"匜夾"、"披甲"。

故宮藏秦子戈・摹(集證・10):左右市(師)鮇(旅)用逸宜

香港秦子戈二・摹(新戈・2):左右市(師)鮇(旅)逸宜

珍秦齋秦子戈(珍金・38):秦子乍(作)造(造)左辟元用〖注〗辟,卽官。左辟,指公族左將官帥。

珍秦齋秦子戈(珍金・38):左右市(師)鮇(旅)用逸宜

珍秦齋秦子戈・摹(珍金・38):秦子乍(作)造(造)左辟元用

珍秦齋秦子戈・摹(珍金・38):左右市(師)鮇(旅)用逸宜

六年漢中守戈(集證・19):左工師齊

六年漢中守戈・摹(集證・19):左工師齊

王廿三年家丞戈(珍金・68):左工丞闌

王廿三年家丞戈・摹(珍金・68):左工丞闌

元年丞相斯戈・摹(秦銅・160):櫟陽左工去疾

十五年寺工鈹一・摹(秦銅・75):左

十五年寺工鈹三・摹(秦銅・77):左

十七年寺工鈹四・摹(秦銅・82):左

十七年寺工鈹五・摹(秦銅・83):左

十九年寺工鈹三・摹(秦銅・88):左

十九年寺工鈹五・摹(秦銅・90):左

大墓殘磬(集證·76):左(佐)以靁(靈)神〖注〗左,讀爲"佐",祐助。

石鼓文·而師(先鋒本):左驂□□

石鼓文·田車(先鋒本):左驂旛=

石鼓文·吾水(先鋒本):左驂□□

玉璜刻文·摹(集證·243.2):左百□(十?)一〖注〗左百□(十?)一:編號。

天簡34·乙:甲辰旬申酉虛寅卯孤失虛左正西

睡簡·日甲·118正:左井右囷

睡簡·日乙·104:左行

睡簡·雜抄·23:大(太)官、右府、左府、右采鐵、左采鐵課殿〖注〗左采鐵,官名,主鐵官。

睡簡·日甲·100正:筑(築)左圩(序)

睡簡·日甲·130正:從左吝

睡簡·日乙·145:祠道左

睡簡·雜抄·23:大(太)官、右府、左府、右采鐵、左采鐵課殿

睡簡·答問·52:聲聞左右者

睡簡·答問·126:斬左止(趾)爲城旦

睡簡·答問·1:斬左止(趾)

睡簡·封診式·56:某頭左角刃痏一所

睡簡·日甲·14背:宇右長左短

睡簡·日甲·15背:宇左長

龍簡·2·摹:斬其男子左趾

關簡·341:左操杯

關簡·58:甲午并左曹〖注〗左曹,官署名。

關簡·344:即以左手撟杯水歙(飲)女子

關簡·13:丁未去左曹

關簡·263:左之

關簡·243:以廷子爲平旦而左行〖注〗左行,左周而行,即逆時針方向旋轉。

關簡·340:以左手袤〈牽〉繘

帛書·病方·451:□[馬]左頰骨

帛書·病方·53:取若門左

帛書·病方·155:久(灸)左足中指

帛書·病方·190:以衣中衽(紝)緇〈繢〉約左手大指一

帛書·病方·235:穨(癩)□久(灸)左胻□〖注〗左胻,左小腿。

秦印編82:杜陽左尉

秦印編83:左尉

秦印編82:曲陽左尉

秦印編83:左田

秦印編82:瀘丘左尉

秦印編 83:左僕

秦印編 82:左廏將馬

秦印編 83:左蕣

秦印編 82:左中馬將

秦印編 83:張左

秦印編 82:原都左尉

秦印編 83:閒枝長左

秦印編 82:左田之印

秦印編 83:左忠

秦印編 82:左礜桃支

秦印編 83:左志

秦印編 82:琅左鹽丞

秦印編 83:左雲夢丞

秦印編 82:琅左鹽丞

秦印編 83:左樂丞印

秦印編 82:泰上寖左田

秦印編 83:左樂丞印

秦印編 82:左尉

秦印編 83:左礜桃支

秦印編 83:趙郡左田

秦印編 83:雝左樂鐘

秦印編 83:宜春左園

秦印編 83:左司空印

秦印編 83:郡左邸印

秦印編 83:郎中左田

秦印編 83:江左鹽丞

秦印編 83:左司空丞

秦印編 83:左司空丞

秦印編 83:左市

秦印編 83:左市

秦印編 83:左市

秦印編 83:左市

秦印編 83:左府

秦印編 83:左府

秦印編 83:左水

秦印編 83:左司

秦印編 83:左水

秦印編 83:左水

秦印編 83:左水

秦印編 83:左試

秦印編 83:左司空瓦

秦印編 83:左司

封泥集 107・1:左丞相印

封泥集 107・2:左丞相印

封泥集 107・3:左丞相印

封泥集 114・1:郎中左田

封泥集 114・2:郎中左田

封泥集 114・3:郎中左田

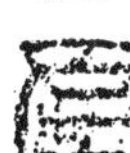封泥集 115・4:郎中左田

封泥集 115・5:郎中左田

封泥集 139・2:左樂丞印

封泥集 139・5:左樂丞印

封泥集 139・6:左樂丞印

封泥集 139・8:左樂丞印

封泥集 139・9:左樂丞印

封泥集 139・10:左樂丞印

封泥集 139・11:左樂丞印

封泥集 139・12:左樂丞印

封泥集 144・2:左司空丞

封泥集 144・4:左司空丞

封泥集 144・5:左司空丞

封泥集 144・7:左司空丞

封泥集 144・8:左司空丞

封泥集 145・9:左司空丞

封泥集 145・10:左司空丞

封泥集 145・11:左司空丞

封泥集 145・12:左司空丞

封泥集 145・13:左司空丞

封泥集 145・14:左司空丞

封泥集 145・16:左司空丞

封泥集 145・17:左司空丞

封泥集 145・18:左司空丞

封泥集 145・19:左司空丞

封泥集 146・1:左司空印

封泥集 152・1:左[織]縵丞〖注〗左織,官名。

封泥集 155・1:郡左邸印

封泥集 155・2:郡左邸印

封泥集 155・3:郡左邸印

封泥集 155・4:郡左邸印

封泥集 155・6:郡左邸印

封泥集 155・8:郡左邸印

封泥集 155・9:郡左邸印

封泥集 155・10:郡左邸印

封泥集 155・11:郡左邸印

封泥集 155・12:郡左邸印

封泥集 155・13:郡左邸印

封泥集 155・14:郡左邸印

封泥集 192・1:左廄丞印

封泥集 192・2:左廄丞印

封泥集 217・1:左雲夢丞

封泥集 226・1:左礜桃支

封泥集 227・2:左礜桃丞

封泥集 227・3:左礜桃丞

封泥集 227・4:左礜桃丞

封泥集 227・5:左礜桃丞

封泥集 227・6:左礜桃丞

封泥集 227・8:左礜桃丞

封泥集 227・9:左礜桃丞

封泥集 227・10:左礜桃丞

封泥集 227・12:左礜桃丞

封泥集 230・1:左田之印

封泥集 248・1:雝左樂鐘

封泥集 253・1:蜀左織官

封泥集 255・1:趙郡左田

封泥集 262・1:齊左尉印

封泥集 266・1:琅邪左鹽

封泥集 270・1:江左鹽丞

封泥集 335・1:左鄉

封泥集 335・2:左鄉

封泥集 335・3:左鄉

集證・133. 3:左丞相印

集證・133. 4:左丞相印

集證・138. 83:左樂丞印

集證・138. 84:左樂丞印

集證・138.85:雍左樂鐘

集證・140.111:郡左邸印

集證・141.131:左司空丞

集證・141.135:左司空丞

集證・142.147:安臺左塈〖注〗左塈,官名。

集證・147.224:左廄丞印〖注〗左廄,廄名。

集證・149.255:左雲夢丞

集證・149.263:趙郡左田〖注〗左田,官名;或讀“佐田”,田官之副佐。

集證・149.266:左田之印

集證・149.267:郎中左田

集證・149.268:郎中左田

集證・160.431:左礜桃丞

集證・160.433:左礜桃支

新封泥 C・16.3:左樂丞印

新封泥 C・16.9:左廄

新封泥 C・18.9:左司空丞

封泥印 1:左丞相印

封泥印 7:左樂丞印

封泥印 8:寺樂左瑟〖注〗左瑟,官名。

封泥印 10:郎中左田

封泥印 22:郡左邸印

封泥印 28:江左鹽丞

封泥印 37:左司空印

封泥印 38:左司空丞

封泥印 41:蜀左織官

封泥印 41:左□繌丞

封泥印 72:左雲夢丞

封泥印・附二 193:齊左尉印

封泥印・附二 199:琅邪左□

封泥印・待考 155:左礜桃支

封泥印・待考 156:左礜桃丞

封泥印・待考 158:左般私官

新封泥 D・24:左般私官

新封泥 A・1.8:左樂

封泥集・附一 400:左礜桃支

封泥集・附一 401:泰上寖左田

封泥集・附一 402:左廄將馬

封泥集・附一 402:左田之印

封泥集・附一403:左廄將馬

封泥集・附一403:左中將馬

封泥集・附一404:左田

封泥集・附一405:曲陽左尉

封泥集・附一406:瀘丘左尉

封泥集・附一407:琅左鹽丞

封泥集・附一408:左尉

封泥集・附一409:杜陽左尉

封泥集・附一409:原都左尉

封泥集・附一410:長枝間左

集證・146.221:左中將馬

集證・147.222:左廄將馬

集證・147.223:左廄將馬

集證・149.262:泰上寢左田

集證・149.264:左田

集證・153.327:杜陽左尉

集證・153.328:瀘丘左尉

集證・154.342:曲陽左尉

集證・154.345:原都左尉

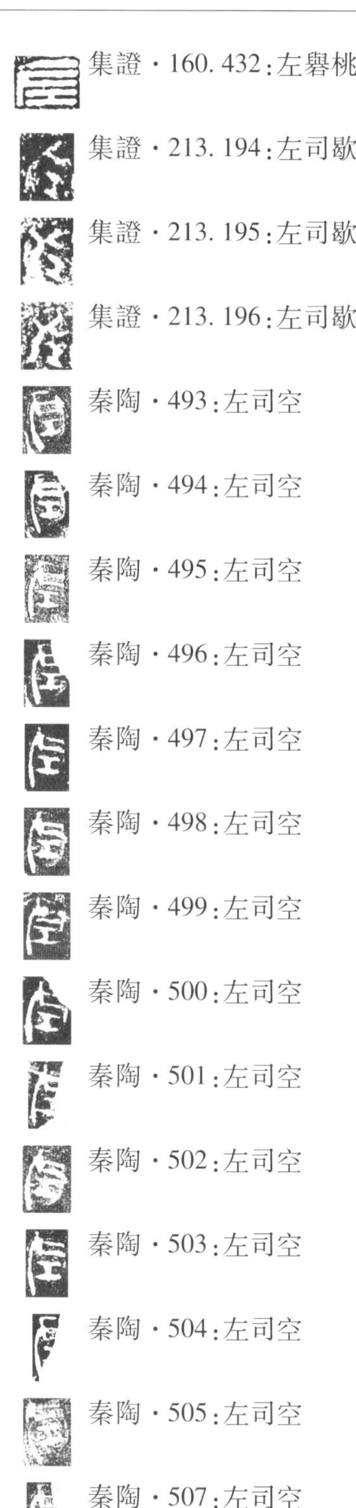

集證・160.432:左礜桃支

集證・213.194:左司歇瓦

集證・213.195:左司歇瓦

集證・213.196:左司歇瓦

秦陶・493:左司空

秦陶・494:左司空

秦陶・495:左司空

秦陶・496:左司空

秦陶・497:左司空

秦陶・498:左司空

秦陶・499:左司空

秦陶・500:左司空

秦陶・501:左司空

秦陶・502:左司空

秦陶・503:左司空

秦陶・504:左司空

秦陶・505:左司空

秦陶・507:左司空

秦陶・508:左司空

秦陶·509:左司空

秦陶·510:左司空

秦陶·511:左司空

秦陶·512:左司空

秦陶·513:左司

秦陶·514:左司

秦陶·515:左司

秦陶·516:左司

秦陶·517:左司

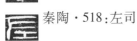

秦陶·518:左司

秦陶·519:左司

秦陶·521:左司空

秦陶·522:左司

秦陶·523:左司

秦陶·524:左司

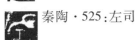

秦陶·525:左司

秦陶·526:左司

秦陶·527:左司

秦陶·528:左司

秦陶·529:左司

秦陶·530:左司

秦陶·531:左司

秦陶·532:左司陘瓦

秦陶·533:左司陘瓦

秦陶·534:左司陘瓦

秦陶·535:左司陘瓦

秦陶·536:左司陘瓦

秦陶·537:左司陘瓦

秦陶·538:左司陘瓦

秦陶·539:左司高瓦

秦陶·540:左司高瓦

秦陶·542:左司陘瓦

秦陶·543:左司高瓦

秦陶·544:左宫〖注〗左宫,袁仲一説爲“左宫水”省稱,官署名。

秦陶·545:左午

秦陶·546:左午

秦陶·548:左午

秦陶·549:左悁

 秦陶・550:左司

 秦陶・551:左司

 秦陶・552:左司

 秦陶・553:左司

 秦陶・554:左司

 秦陶・555:左司

 秦陶・556:左司歇瓦

 秦陶・557:左司歇瓦

 秦陶・558:左司歇瓦

 秦陶・559:左司歇瓦

 秦陶・562:左頮

 秦陶・565:左司歇瓦

 秦陶・566:左司歇瓦

 秦陶・569:左禹

 秦陶・572:左慘

 秦陶・573:左戎

 秦陶・574:左試

 秦陶・577:左宗

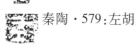

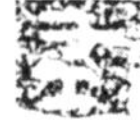 秦陶・579:左胡

 秦陶・580:左宗

 秦陶・583:左嘉

 秦陶・588:左胡

 秦陶・589:左胡

 秦陶・590:左胡

 秦陶・593:左貝

 秦陶・595:左試

 秦陶・596:左□

 秦陶・597:左試

 秦陶・598:左宗

 秦陶・599:左宗

 秦陶・600:左宗

 秦陶・601:左□

 秦陶・602:左□

 秦陶・603:左□

 秦陶・605:左嘉

 秦陶・606:左□

 秦陶・610:左旦

 秦陶・614:左旦

秦陶·689:左水

秦陶·690:左水

秦陶·691:左水

秦陶·692:左水

秦陶·693:左水

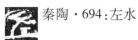

秦陶·694:左水

秦陶·695:左水

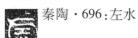

秦陶·696:左水

秦陶·697:左水

秦陶·698:左水

秦陶·699:左水

秦陶·700:左水

秦陶·701:左水

秦陶·702:左水

秦陶·703:左水

秦陶·704:左水

秦陶·705:左水

秦陶·706:左水

秦陶·707:左水

秦陶·708:左水

秦陶·709:左水

秦陶·710:左水

秦陶·711:左水

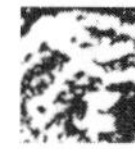秦陶·712:左水

秦陶·713:左水

秦陶·714:左水

秦陶·715:左水

秦陶·716:左水

秦陶·717:左水

秦陶·718:左水

秦陶·719:左水

秦陶·720:左水

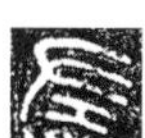秦陶·721:左水

秦陶·722:左水

秦陶·723:左水

秦陶·724:左水

秦陶·725:左水

秦陶·726:左水

秦陶・728:左水

秦陶・729:左水

秦陶・730:左水

秦陶・731:左水

秦陶・732:左水

秦陶・733:左水

秦陶・734:左水

秦陶・735:左水

秦陶・736:左水

秦陶・737:左水

秦陶・738:左水

秦陶・739:左水

秦陶・740:左水

秦陶・741:左水

秦陶・742:左水

秦陶・743:左水

秦陶・744:左水

秦陶・745:左水

秦陶・746:左水

秦陶・747:左水

秦陶・748:左水

秦陶・749:左水

秦陶・750:左水

秦陶・751:左水

秦陶・753:左水

秦陶・755:左水

秦陶・757:左水

秦陶・758:左水

秦陶・759:左水

秦陶・760:左水

秦陶・761:左水

秦陶・762:左水

秦陶・763:左水

秦陶・764:左水

秦陶・765:左水

秦陶・766:左水

秦陶・767:左水疖

秦陶・768:左水疖

秦陶·769:左水疕

秦陶·770:左水

秦陶·772:左水

秦陶·773:左水

秦陶·774:左水

秦陶·775:左水

秦陶·776:左水

秦陶·777:左水

秦陶·778:左水

秦陶·779:左水

秦陶·780:左司

秦陶·781:左水

秦陶·782:左水

秦陶·1131:左

秦陶·1461:左廄容八斗

秦陶·1470:麗山飤官左〖注〗左,編號。

集證·203.72:左水疕

集證·208.131:左司高瓦

集證·208.132:左司高瓦

集證·208.133:左司高瓦

集證·208.134:左司高瓦

集證·208.135:左司高瓦

集證·208.136:左司高瓦

集證·208.137:左司高瓦

集證·208.138:左司高瓦

集證·208.139:左司高瓦

集證·208.140:左司高瓦

集證·208.141:左司高瓦

集證·208.142:左司高瓦

集證·209.143:左司高瓦

集證·209.144:左司高瓦

集證·209.145:左司高瓦

集證·209.146:左司高瓦

集證·209.147:左司高瓦

集證·209.148:左司高瓦

集證·209.149:左司高瓦

集證·209.152:左司高瓦

集證·209.153:左司高瓦

集證・209.154:左司高瓦

集證・210.155:左司悁瓦

集證・210.157:左司悁瓦

集證・210.158:左司悁瓦

集證・210.159:左司悁瓦

集證・210.160:左司悁瓦

集證・210.161:左司悁瓦

集證・211.167:左司悁瓦

集證・211.169:左司悁瓦

集證・211.172:左司悁瓦

集證・211.173:左司悁瓦

集證・211.175:左司悁瓦

集證・211.176:左司悁瓦

集證・212.178:左司歍瓦

集證・212.180:左司歍瓦

集證・212.181:左司歍瓦

集證・212.182:左司歍瓦

集證・212.183:左司歍瓦

集證・212.184:左司歍瓦

集證・212.185:左司歍瓦

集證・212.188:左司歍瓦

集證・212.189:左司歍瓦

集證・213.191:左司歍瓦

集證・213.192:左司歍瓦

集證・213.200:左司歍瓦

漆器M13・22(雲夢・附二):左里□娶〖注〗左里,里名。

1000　差差

集證・180.700:路差〖注〗路差,人名。

秦印編84:路差

秦印編84:橋差

秦印編84:差帶

集證・172.588:差

秦印編84:差

1001　工

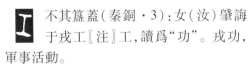

不其簋蓋(秦銅・3):女(汝)肇誨于戎工〖注〗工,讀爲“功”。戎功,軍事活動。

滕縣不其簋器(秦銅・4):女(汝)肇誨于戎工

高陵君鼎(集證・22):工□一斗五升大半

高陵君鼎・摹(集證・22):工□一斗五升大半

高陵君鼎(集證・22):工師游〖注〗工師,官名。

高陵君鼎・摹(集證・22):工師游

卅四年工師文罍・摹(集證・28):卅四年工市(師)文

卅四年工師文罍・摹(集證・28):工安

卅六年私官鼎・口沿(秦銅・49):工疑

卅六年私官鼎・口沿(秦銅・49):卅六年工市(師)瘨

卅六年邦工師扁壺(隨州・4):工室□〖注〗工室,官名。

卅六年邦工師扁壺・摹(隨州・4):工室□

卅六年邦工師扁壺・摹(隨州・4):卅六年邦工市(師)〖注〗邦工師,官名。

卲宮私官盉(秦銅・194):私工₌感〖注〗私工,"私官工師"省文。

卅七年銀器足・摹(金銀器344):卅七年工右舍〖注〗工右舍,官名。

卌年銀耳杯・摹(臨淄173.1):卌年左工〖注〗左工,官名。

卌一年銀耳杯・摹(臨淄173.2):工

卌一年銀耳杯・摹(臨淄173.2):卌一年工右狃(?)

虎形轄(精華168):工免

虎形轄(精華168):禾工

二年寺工壺(集證・32):二年寺工師初

二年寺工壺・摹(秦銅・52):二年寺工師初

雍工敃壺・摹(秦銅・53):雍工敃〖注〗工,"工師"之省。

工敃鼎・摹(秦銅・54):工敃□鼎〖注〗工,或釋"中"。

廿一年寺工車軎・甲軎(秦銅・93):工上造但

廿一年寺工車軎・甲軎(秦銅・93):廿一年寺工獻

卅三年銀盤・摹(齊王・18.3):卅三年左工□

卅三年銀盤・摹(齊王・19.4):工

高奴禾石銅權(秦銅・32.1):工隸臣牟

高奴禾石銅權(秦銅・32.1):三年漆工配、丞詘造

宜工銅權(精粹103):宜工重卅斤〖注〗宜工,"宜陽工師"省稱。

四年相邦樛斿戈(秦銅・26.1):櫟陽工上造間

王四年相邦張儀戈(集證・17):□工師賤工卯〖注〗賤工,指鄙賤或技藝不高的工匠。一說賤爲工名。

王五年上郡疾戈(秦銅・27):高奴工□

王五年上郡疾戈・摹(秦銅・27):高奴工□

王八年内史操戈(珍金・56):□易(陽)工市(師?)屯(?)

王八年内史操戈・摹(珍金・56):□易(陽)工市(師?)屯(?)

十三年相邦義戈・摹(秦銅・30):工大人耆〖注〗工大人,工師助手,官名。

十三年相邦義戈・摹(秦銅・30):工積

十三年相邦義戈・摹(秦銅・30):咸陽工市(師)田

六年漢中守戈(集證·19):左工師齊

六年漢中守戈·摹(集證·19):工牲

六年漢中守戈·摹(集證·19):左工師齊

六年上郡守閒戈(登封·4.2):高奴工師蕃鬼薪工臣

六年上郡守閒戈(登封·4.2):高奴工師蕃鬼薪工臣

七年上郡守閒戈·摹(秦銅·33):工鬼薪帶

七年上郡守閒戈·摹(秦銅·33):桼(漆)垣工師嬰

七年上郡守閒戈·照片(秦銅·33):桼(漆)垣工師嬰

十二年上郡守壽戈·摹(秦銅·35):工更長琦

十二年上郡守壽戈·摹(秦銅·35):漆垣工師乘

十三年上郡守壽戈·摹(集證·21):工更長琦

十三年上郡守壽戈·摹(集證·21):桼(漆)垣工師乘

□□年上郡守戈(集證·20):工更長琦

□□年上郡守戈(集證·20):漆垣工師乘

□□年上郡守戈·摹(集證·20):工更長琦

□□年上郡守戈·摹(集證·20):漆垣工師乘

十四年相邦冉戈·摹(秦銅·38):工禺

十四年相邦冉戈·摹(秦銅·38):樂(櫟)工市(師)□

十五年上郡守壽戈(集證·23):漆垣工師乘

十五年上郡守壽戈(集證·23):冶工隸臣□〖注〗冶工,卽工匠。

十五年上郡守壽戈·摹(集證·24):漆垣工師乘

十五年上郡守壽戈·摹(集證·24):冶工隸臣□

□□年丞相觸戈·摹(秦銅·39):工

十七年丞相啟狀戈·摹(秦銅·40):工邪

十八年上郡戈·摹(秦銅·41):工正

十八年上郡戈·摹(秦銅·41):十八年桼(漆)工朐丞巨造

廿年相邦冉戈(集證·25.1):西工師□

廿年相邦冉戈·摹(秦銅·42):西工師□

廿一年相邦冉戈一·摹(秦銅·47.1):雝(雍)工帀(師)葉

廿一年相邦冉戈二(珍金·64):雝(雍)工帀(師)葉

廿一年相邦冉戈二·摹(珍金·64):工秦

廿一年相邦冉戈二·摹(珍金·64):雝(雍)工帀(師)葉

王廿三年家丞戈(珍金·68):工老

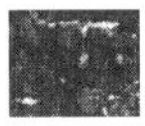

王廿三年家丞戈(珍金·68):左工丞闌

王廿三年家丞戈·摹(珍金·68):工老

王廿三年家丞戈·摹(珍金·68):左工丞闌

廿五年上郡守厝戈·摹(秦銅·43):高奴工師竈丞申

廿五年上郡守厝戈·摹(秦銅·43):工鬼薪詘

廿五年上郡守周戈(登封・4.1):工隸臣□

廿六年戈・王輝摹(珍金179):工□

廿六年戈・王輝摹(珍金179):西工室閹

廿七年上郡守趞戈・故宫藏・摹(秦銅・46):工隸臣積

廿七年上郡守趞戈・故宫藏・摹(秦銅・46):漆工師□

廿七年上郡守趞戈(集證・25.2):工隸臣積

廿七年上郡守趞戈(集證・25.2):漆工師□

卅二年相邦冉戈(珍金・80):工兒

卅二年相邦冉戈(珍金・80):雝(雍)工帀(師)齒

卅二年相邦冉戈・摹(珍金・80):工兒

卅二年相邦冉戈・摹(珍金・80):雝(雍)工帀(師)齒

卅四年蜀守戈・摹(集證・29):工□

卅四年蜀守戈・摹(集證・29):西工帀(師)□

卅七年上郡守慶戈・摹(精粹19):工城旦貴

卅七年上郡守慶戈・摹(精粹19):桼(漆)工□

卅八年上郡守慶戈(長平圖版):工隸臣于

卅八年上郡守慶戈(長平圖版):漆工督

卅八年上郡守慶戈・摹(長平圖版):工隸臣于

卅八年上郡守慶戈・摹(長平圖版):漆工督

卌年上郡守起戈一・摹(秦銅・50):□工帀(師)耤(?)

卌年上郡守起戈二・摹(集證・30):工隸臣□

卌年上郡守起戈二・摹(集證・30):漆工師(?)□

卌八年上郡假守鼂戈(珍金・88):工騳

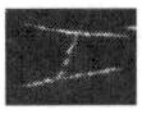

卌八年上郡假守鼂戈(珍金・88):漆工平

卌八年上郡假守鼂戈・摹(珍金・88):工騳

卌八年上郡假守鼂戈・摹(珍金・88):漆工平

五十年詔事戈・摹(集證・31):工中

元年上郡假守暨戈・摹(珍金・92):工隸臣□

元年上郡假守暨戈・摹(珍金・92):桼(漆)工壯

二年上郡守冰戈・摹(秦銅・55):高工丞沐□

二年上郡守冰戈・摹(秦銅・55):工隸臣徒

三年上郡守冰戈・摹(秦銅・57):工城旦□

三年上郡守冰戈・摹(秦銅・57):桼(漆)工師□

□年相邦呂不韋戈(珍金・98):工豫

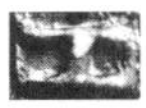

□年相邦呂不韋戈(珍金・99):寺工

□年相邦呂不韋戈・摹(珍金・98):工豫

□年相邦呂不韋戈・摹(珍金・99):寺工

二年寺工讋戈・摹(秦銅・58):二年寺工讋

二年寺工礨戈・摹(秦銅・58):寺工

□年寺工礨戈(集成 11197):□工嘉

□年寺工礨戈(集成 11197):□年寺工礨

□年寺工礨戈(集成 11197):寺工

三年相邦呂不韋戈・摹(秦銅・60):寺工

三年相邦呂不韋戈・摹(秦銅・60):寺工□

四年相邦呂不韋戈・摹(秦銅・63):寺工礨

五年相邦呂不韋戈一(集證・33):工寅

五年相邦呂不韋戈二(秦銅・68.1):工寅

五年相邦呂不韋戈二・摹(秦銅・68.1):工寅

五年相邦呂不韋戈三・摹(秦銅・69):工九

五年相邦呂不韋戈三・摹(秦銅・69):少府工室阾

八年相邦呂不韋戈・摹(秦銅・71):工奭

八年丞甬戈・摹(集證・34):八年□□□□丞甬工悍蜀□

十年寺工戈・摹(俑坑・3.1):丞楊工造(?)

十年寺工戈・摹(俑坑・3.1):十年寺工

十年寺工戈・摹(俑坑・3.1):寺工

十四年屬邦戈・摹(秦銅・74):十四年屬邦工□□蔵

十六年少府戈(珍金・102):工毋

十六年少府戈(珍金・102):十六年少府工師乙

十六年少府戈・摹(珍金・102):工毋

十六年少府戈・摹(珍金・102):十六年少府工師乙

廿年上郡戈・摹(集成 11548.1):工□

廿年上郡戈・摹(集成 11548.1):廿年漆工帀(師)攻(?)丞□造

廿二年臨汾守戈(集證・36.1):工歍造

廿二年臨汾守戈・摹(集證・36.1):工歍造

廿三年少府戈(珍金・106):廿三年少工爲

廿三年少府戈・摹(珍金・107):廿三年少工爲

廿四年葭萌戈・摹(集證・26.2):□□□丞□庫□工□

廿六年蜀守武戈(集證・36.2):工□

廿六年蜀守武戈・摹(集證・36.2):工□

蜀西工戈一(秦銅・206):蜀西工
〖注〗西工,"西工師"省文。

蜀西工戈一・摹(秦銅・206):蜀西工

元年丞相斯戈・摹(秦銅・160):工上

元年丞相斯戈・摹(秦銅・160):櫟陽左工去

三年相邦呂不韋矛一・摹(秦銅・59):高工□丞申

三年相邦呂不韋矛一・摹(秦銅・59):工地

四年相邦呂不韋矛・摹(秦銅・66):工地

四年相邦呂不韋矛·摹(秦銅·66):高工龠

十三年少府矛·摹(秦銅·73):十三年少府工簷

寺工矛一·摹(秦銅·95):寺工

寺工矛三·摹(秦銅·153):寺工

寺工銅鐏(秦銅·154):寺工

寺工銅鐏·摹(秦銅·154):寺工

廿四年上郡守戟(潛山·19):丞申工隸臣渠

廿四年上郡守戟(潛山·19):高奴工師□

三年相邦呂不韋戟(秦銅·61):工寫

三年相邦呂不韋戟(秦銅·61):寺工讋

三年相邦呂不韋戟·摹(秦銅·61):工寫

三年相邦呂不韋戟·摹(秦銅·61):寺工讋

四年相邦呂不韋戟·摹(秦銅·65):工可

四年相邦呂不韋戟·摹(秦銅·65):寺工讋

四年相邦呂不韋戟·摹(秦銅·65):寺工

七年相邦呂不韋戟一(秦銅·70):工競

七年相邦呂不韋戟一(秦銅·70):寺工周

七年相邦呂不韋戟一(秦銅·70):寺工

七年相邦呂不韋戟二·摹(俑坑·3.2):寺工周

七年相邦呂不韋戟二·摹(俑坑·3.2):寺工

七年相邦呂不韋戟二·摹(俑坑·3.2):工同

九年相邦呂不韋戟(集證·35):蜀東工〖注〗東工,官署名。

十五年寺工鈹一·摹(秦銅·75):工甲

十五年寺工鈹一·摹(秦銅·75):十五年寺工敏

十五年寺工鈹一·摹(秦銅·75):寺工

十五年寺工鈹二·摹(秦銅·76):工寫

十五年寺工鈹二·摹(秦銅·76):十五年寺工敏

十五年寺工鈹二·摹(秦銅·76):寺工

十五年寺工鈹二·摹(秦銅·76):寺工

十五年寺工鈹三·摹(秦銅·77):工池

十五年寺工鈹三·摹(秦銅·77):十[五]年寺工敏

十五年寺工鈹三·摹(秦銅·77):寺工

十六年寺工鈹·摹(秦銅·78):寺工

十六年寺工鈹·摹(秦銅·78):寺工

十六年寺工鈹·摹(秦銅·78):工黑

十六年寺工鈹·摹(秦銅·78):十六年寺工敏造

十七年寺工鈹一·摹(秦銅·79):工寫

十七年寺工鈹一·摹(秦銅·79):十七年寺工敏造

十七年寺工鈹一·摹(秦銅·79):寺工

十七年寺工鈹一·摹(秦銅·79):寺工

十七年寺工鈹二·摹(秦銅·91.1):寺工

十七年寺工鈹二·摹(秦銅·91.2):工池

十七年寺工鈹二·摹(秦銅·91.2):十七年寺工敏

十七年寺工鈹二·摹(秦銅·91.2):寺工

十七年寺工鈹四·摹(秦銅·82):工池

十七年寺工鈹四·摹(秦銅·82):十七年寺工敏

十七年寺工鈹五·摹(秦銅·83):寺工

十七年寺工鈹五·摹(秦銅·83):寺工

十七年寺工鈹五·摹(秦銅·83):工池

十七年寺工鈹五·摹(秦銅·83):十七年寺工敏造

十七年寺工鈹五·摹(秦銅·83):四工□

十七年寺工鈹六·摹(秦銅·84):工寫

十七年寺工鈹六·摹(秦銅·84):十七年寺工敏

十八年寺工鈹·摹(秦銅·85):工寫

十八年寺工鈹·摹(秦銅·85):十八年寺工敏

十九年寺工鈹一·摹(秦銅·86):十九年寺工邦

十九年寺工鈹二·摹(秦銅·87):工目

十九年寺工鈹二·摹(秦銅·87):十九年寺工邦

十九年寺工鈹二·摹(秦銅·87):寺工

十九年寺工鈹三·摹(秦銅·88):工目

十九年寺工鈹四·摹(秦銅·89):工目

十九年寺工鈹四·摹(秦銅·89):十九年寺工邦

十九年寺工鈹四·摹(秦銅·89):寺工

十九年寺工鈹五·摹(秦銅·90):工目

十九年寺工鈹五·摹(秦銅·90):十九年寺工邦

十九年寺工鈹五·摹(秦銅·90):寺工

石鼓文·車工(先鋒本):避車既工〖注〗《説文》:“工,巧飾也。”潘迪釋爲“攻”,堅緻也。

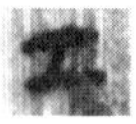

睡簡·秦律·111:新工初工事

睡簡·秦律·111:新工初工事

睡簡·答問·13:工盜以出

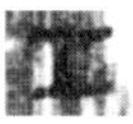

睡簡·效律·46:貲工及吏將者各二甲

睡簡·日乙·238:不武乃工考(巧)

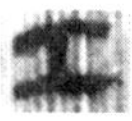

睡簡·爲吏·21:兵甲工用

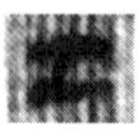

睡簡·秦律·98:工律〖注〗工律,律名,關於官營手工業的法律。

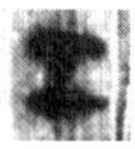

睡簡·秦律·99:工律

睡簡·秦律·108:工人程〖注〗工人程,律名,關於官營手工業生産定

額的法律。

睡簡・秦律・108：隸臣、下吏、城旦與工從事者冬作

睡簡・秦律・100：工律

睡簡・秦律・109：更隸妾四人當工[一]人

睡簡・秦律・109：工人程

睡簡・秦律・109：冗隸妾二人當工一人

睡簡・秦律・109：小隸臣妾可使者五人當工一人

睡簡・秦律・103：工

睡簡・秦律・156：工隸臣斬首及人爲斬首以免者

睡簡・秦律・156：皆令爲工

睡簡・秦律・156：以爲隱官工

睡簡・秦律・100：縣及工室聽官爲正衡石贏(纍)、斗用(桶)、升〖注〗工室,官名,職掌官營手工業。

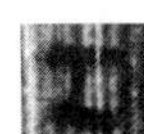睡簡・秦律・112：均工

睡簡・秦律・101：工律

睡簡・秦律・110：工人程

睡簡・秦律・113：隸臣有巧可以爲工者

睡簡・秦律・114：□均工

睡簡・秦律・111：工師善教之

睡簡・秦律・111：故工一歲而成

睡簡・秦律・111：新工二歲而成

睡簡・秦律・100：有工者勿爲正

睡簡・雜抄・24：工久(記)榦曰不可用

睡簡・雜抄・24：工擇榦

睡簡・雜抄・25：而貲工曰不可者二甲

睡簡・雜抄・18：工師及丞貲各二甲

睡簡・雜抄・18：縣工新獻

睡簡・雜抄・19：城旦爲工殿者

睡簡・雜抄・17：貲工師二甲

睡簡・雜抄・17：貲工師一甲

集證・142.145：工師之印

秦印編84：工師之印

新封泥A・2.20：北宮工室

秦印編84：寺工

新封泥A・1.14：寺工

秦印編84：漆工

秦印編84：工脩

秦印編84：革工

封泥集256・1：邯鄲造工〖注〗造工,官名。

秦印編 84:邯鄲造工

封泥集 256・2:邯鄲造工

封泥集 256・7:邯鄲造工

集證・142.152:邯鄲造工

封泥印 91:邯鄲造工

封泥集 182・1:屬邦工丞

秦印編 84:屬邦工丞

封泥集 183・13:屬邦工丞

封泥集 183・15:屬邦工丞

封泥集 183・12:屬邦工丞

封泥集 182・4:屬邦工丞

封泥集 182・5:屬邦工丞

封泥集 183・16:屬邦工丞

封泥集 182・7:屬邦工丞

封泥集 182・8:屬邦工丞

封泥集 183・10:屬邦工丞

集證・139.110:屬邦工丞

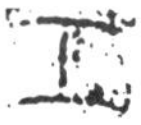

封泥印 24:屬邦工丞

秦印編 84:都船工疕

秦陶・1009:都船工疕

秦陶・1016:都船工疕

秦印編 84:寺工丞印

封泥集 168・2:寺工丞印

封泥集 168・16:寺工丞印

封泥集 169・2:寺工丞印

封泥集 168・3:寺工丞印

封泥集 168・4:寺工丞印

封泥集 168・5:寺工丞印

封泥集 168・11:寺工丞印

集證・142.149:寺工丞印

集證・142.150:寺工丞印

封泥印 51:寺工丞印

秦印編 84:寺工之印

集證・142.148:寺工之印

封泥印 50:寺工之印

秦印編 84:少府工丞

秦印編 84:少府工丞

封泥集 130・4:少府工丞

封泥集 130・7:少府工丞

封泥集 130・10:少府工丞

封泥集 130・11:少府工丞

封泥集 130・12:少府工丞

封泥集 130・15:少府工丞

封泥集 130・16:少府工丞

封泥集 130・17:少府工丞

封泥集 130・19:少府工丞

封泥集 130・20:少府工丞

封泥印 33:少府工丞

集證・134.23:少府工丞

新封泥 C・16.18:少府工丞

集證・142.144:櫟陽右工室丞

封泥印 97:櫟陽右工室丞

秦印編 84:北工

秦陶・986:北工

秦印編 84:邯造工瓦

秦印編 84:莤陽工葵

封泥集 131・1:少府工室

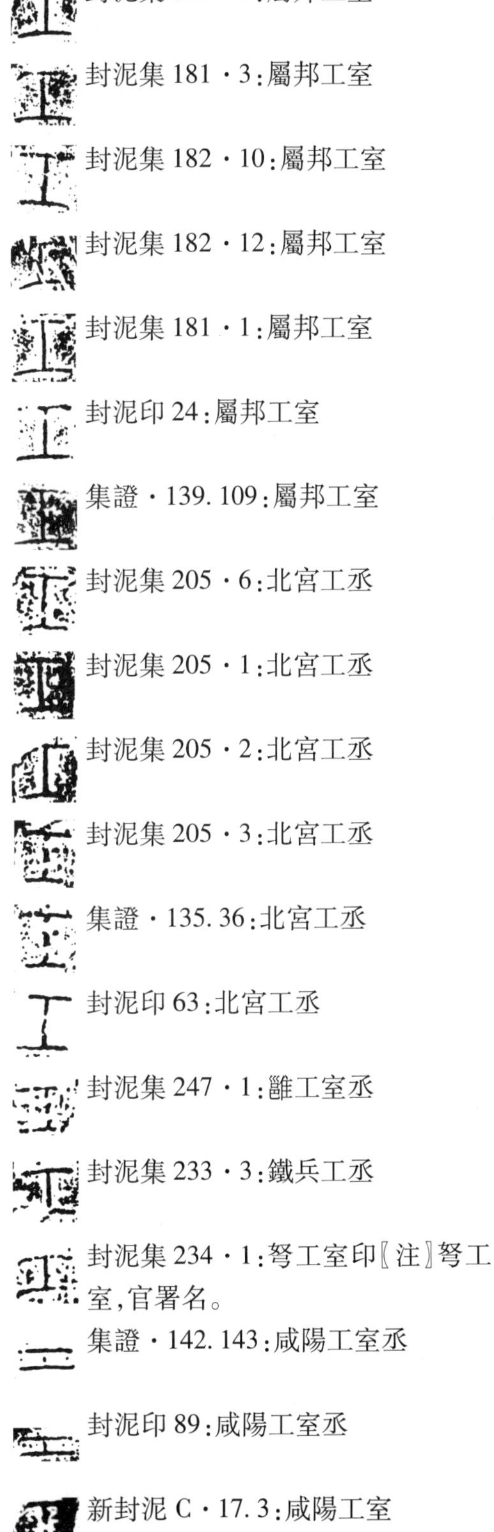

封泥集 181・6:屬邦工室

封泥集 181・3:屬邦工室

封泥集 182・10:屬邦工室

封泥集 182・12:屬邦工室

封泥集 181・1:屬邦工室

封泥印 24:屬邦工室

集證・139.109:屬邦工室

封泥集 205・6:北宮工丞

封泥集 205・1:北宮工丞

封泥集 205・2:北宮工丞

封泥集 205・3:北宮工丞

集證・135.36:北宮工丞

封泥印 63:北宮工丞

封泥集 247・1:雝工室丞

封泥集 233・3:鐵兵工丞

封泥集 234・1:弩工室印〖注〗弩工室,官署名。

集證・142.143:咸陽工室丞

封泥印 89:咸陽工室丞

新封泥 C・17.3:咸陽工室

封泥集257・7:邯造工丞

封泥集257・1:邯造工丞

封泥集257・6:邯造工丞

封泥集257・9:邯造工丞

封泥印91:邯造工丞

集證・142.153:邯造工丞

新封泥B・3.3:櫟陽左工室丞

新封泥A・1.15:寺工丞璽

秦陶A・3.14:咸陽工崖

秦陶・333:工路

集證・222.276:頻[陽]工□

集證・223.279:美陽工倉

集證・223.285:安邑工頭

秦陶・1198.2:美陽工蒼

秦陶・1199:美陽工蒼

秦陶・1201:美陽工蒼

秦陶・1202:美陽工蒼

秦陶・1206:美陽工蒼

秦陶・1217:莤陽工癸

秦陶・1218:莤陽工癸

秦陶・1254:頻陽工處

秦陶・1257:頻陽工處

秦陶・1269:頻陽工處

秦陶・1262:楊工積

秦陶・1258:高陽工烏

秦陶・1273:美陽工□

集證・192.12:工

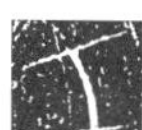集證・192.13:工

集證・221.260:寺工毋死

秦陶A・2.10:宜陽工昌

秦陶A・2.11:宜陽工肆

秦陶A・3.1:邽工共□

秦陶A・2.9:宜陽工武

秦陶A・3.12:美陽工蒼

秦陶A・3.13:美□工蒼

十七年漆盒・摹(漆盒・3):工季

秦陶A・3.2:上邽工明

十七年漆盒・摹(漆盒・3):十七年大(太)后詹事丞□工師□

廿九年漆奩・黄盛璋摹(集證・27):右工帀(師)象

廿九年漆奩・王輝摹(集證・27):工大人臺

廿九年漆奩・王輝摹(集證・27):右工帀(師)象

廿九年漆奩・黄盛璋摹(集證・27):工大人臺〖注〗工大人,官名。

1002　式

會稽刻石・宋刻本:初平灋式

天簡24・乙:爲式

天簡24・乙:其式

睡簡・秦律・66:其廣袤不如式者

帛書・脈法・75:用砭(砭)啟脈(脈)者必如式

1003　巧

秦懷后磬・摹:子〈孔〉聖盡巧〖注〗巧,善。

睡簡・日甲・70正・摹:生子,巧

睡簡・日甲・143正:攻(工)巧

睡簡・日甲・154正:在手者巧

睡簡・秦律・113:隸臣有巧可以爲工者〖注〗巧,技藝。

睡簡・日乙・98:生子,巧

睡簡・爲吏・12:下恆行巧而威故移

1004　巨 榘　巨 榘

十八年上郡戈・摹(秦銅・41):十八年桼(漆)工朐丞巨造〖注〗巨,人名。

睡簡・語書・5:毋巨(歫)於辠〖注〗歫,至。

龍簡・96・摹:勿令巨(歫)罪

秦印編84:咸陽巨鬲

集證・217.226:咸陽巨巻〖注〗巨巻,人名。

集證・217.226:咸陽巨巻

秦陶・1284:咸陽巨鬲〖注〗巨鬲,人名。

秦陶・1285:咸陽巨鬲

秦陶・1289:咸陽巨巻

集證・216.213:咸陽巨巻

集證・216.219:咸陽巨巻

集證・217.225:咸陽巨巻

集證・217.227:巨巻

集證・217.229:咸陽巨昌〖注〗巨昌,人名。

1005　巻

集證・217.226:咸陽巨巻〖注〗巨巻,人名。

集證・217.226:咸陽巨巻

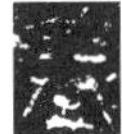集證・217.227:咸陽巨巻

集證・216.213:咸陽巨巻

集證・217.225:咸陽巨巻

秦陶・1289:咸陽巨巻

集證・216.219:咸陽巨巻

1006　巫 𢍰　　巫 𢍰

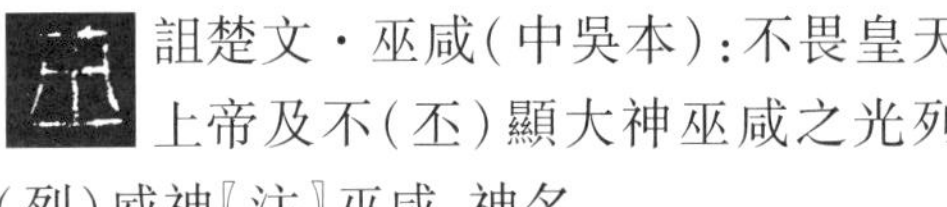詛楚文・巫咸(中吳本):不畏皇天上帝及不(丕)顯大神巫咸之光列(烈)威神〖注〗巫咸,神名。

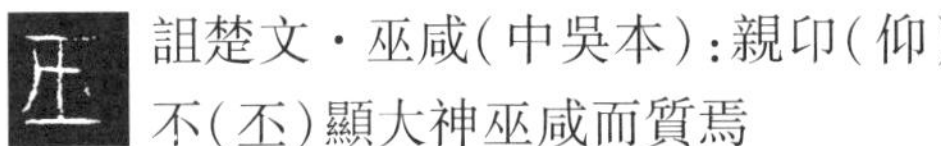詛楚文・巫咸(中吳本):親卬(仰)不(丕)顯大神巫咸而質焉

詛楚文・巫咸(中吳本):求蔑瀍(廢)皇天上帝及不(丕)顯大神巫咸之卹祠、圭玉、羲(犧)牲

詛楚文・巫咸(中吳本):使其宗祝卲鼛布愍(檄)告於不(丕)顯大神巫咸

詛楚文・巫咸(中吳本):亦應受皇天上帝及不(丕)顯大神巫咸[之]幾(機)靈德賜

天簡28・乙:大祝靁巫

天簡35・乙:中宵畏忌室有靈巫

睡簡・日乙・166:巫爲姓(眚)

睡簡・日乙・184:巫堪

睡簡・日乙・160:巫亦爲姓(眚)

睡簡・日乙・162:□巫爲姓(眚)

睡簡・日乙・176:巫爲姓(眚)

睡簡・日甲・27正:五丑不可以巫

睡簡・日甲・92背:酉,巫也

睡簡・日甲・72正:巫堪行

睡簡・日甲・75正:妻爲巫

睡簡・日甲・120正:女子爲巫

睡簡・日甲・123正:其主爲巫

睡簡・日甲・121正:其主且爲巫

睡簡・日乙・242:女子爲巫

睡簡・日乙・253:其疵其上得□其女若母爲巫

睡簡・日乙・94:女爲巫

睡簡・日乙・103:妻爲巫

帛書・病方・443:毋匿□北□巫婦求若固得

1007　甘　　甘

帛書・病方・174:令㲋(纔)甘〖注〗纔甘,稍甜。

帛書・病方・329:皆以甘〈口〉沮(咀)而封之〖注〗口咀,即咬咀,将藥物咬成小顆。

帛書・病方・1:□膏、甘草各二〖注〗甘草,藥名。

帛書・病方・17:甘草□廷(梃)

帛書·病方·23:□薪(辛)夷、甘草各與[鼢]鼠等

帛書·病方·44:冶黄黔(芩)、甘草相半

帛書·病方·117:□甘鹽□

秦陶·1047:甘

秦陶·1097:甘

秦陶·1123:甘

1008　甚

詛楚文·湫淵(中吳本):淫夨(泆)甚(耽)亂〖注〗甚,副詞。或讀爲“耽、湛”。

詛楚文·巫咸(中吳本):淫夨(泆)甚(耽)亂

詛楚文·亞駝(中吳本):淫夨(泆)甚(耽)亂

睡簡·語書·4:甚害於邦

睡簡·日甲·49背:鳥獸虫豸甚衆

睡簡·日乙·殘3:□居室唯甲寅甚害□

睡簡·爲吏·2:欲貴大(太)甚

睡簡·爲吏·1·摹:欲富大(太)甚

關簡·325:已虔(痿)病亟甚

帛書·灸經甲·40:甚則無膏

帛書·灸經甲·60:甚則嗌乾

帛書·灸經甲·68:甚[則]交兩手而戰

帛書·病方·35:節(即)其病甚弗能飲者

帛書·病方·122:□食甚□搜

帛書·病方·161:痛甚

帛書·病方·295:人擕之甚□

1009　曰

不其簋蓋(秦銅·3):白(伯)氏曰

不其簋蓋(秦銅·3):白(伯)氏曰

滕縣不其簋器(秦銅·4):白(伯)氏曰

滕縣不其簋器(秦銅·4):白(伯)氏曰

秦編鐘·甲鐘(秦銅·10.1):公及王姬曰

秦編鐘·甲鐘(秦銅·10.1):秦公曰

秦編鐘·甲鐘鉦部·摹(秦銅·11.1):秦公曰

秦編鐘·甲鐘左鼓·摹(秦銅·11.2):公及王姬曰

秦編鐘·丙鐘(秦銅·10.3):公及王姬曰

秦編鐘·丙鐘(秦銅·10.3):秦公曰

秦鎛鐘·1號鎛(秦銅·12.1):公及王姬曰

秦鎛鐘·1號鎛(秦銅·12.1):秦公曰

秦鎛鐘·2號鎛(秦銅·12.4):公及王姬曰

 秦鎛鐘・2號鎛(秦銅・12.4):秦公曰

 秦鎛鐘・3號鎛(秦銅・12.7):公及王姬曰

 秦鎛鐘・3號鎛(秦銅・12.7):秦公曰

 秦公鎛鐘・摹(秦銅・16.1):秦公曰

 秦公鎛鐘・摹(秦銅・16.2):曰

 秦公鎛鐘・摹(秦銅・16.3):氒(厥)名曰昚(協)邦

 秦公簋・器(秦銅・14.1):秦公曰

 卌年銀耳杯・摹(臨淄173.1):名曰三〖注〗曰三,人名。

 秦懷后磬・摹:氒(厥)名曰懷后

秦懷后磬・摹:氒(厥)益曰鄣

 大墓殘磬(集證・63):曰

 詛楚文・湫淵(中吳本):曰

 詛楚文・巫咸(中吳本):倍(吾)不敢曰可

 詛楚文・巫咸(中吳本):曰

 詛楚文・亞駝(中吳本):曰

 詛楚文・湫淵(中吳本):倍(吾)不敢曰可

 秦駰玉版・甲・摹:又(有)秦曾孫小子駰曰

 秦駰玉版・乙・摹:氏(是)亓(其)名曰陘(經)

 秦駰玉版・乙・摹:又(有)秦曾孫小子駰曰

 秦駰玉版・甲・摹:氏(是)亓(其)名曰陘(經)

 琅邪臺刻石:皇帝曰

 琅邪臺刻石:制曰

 泰山刻石・宋拓本:皇帝曰

 泰山刻石・宋拓本:制曰

 繹山刻石・宋刻本:皇帝曰

 繹山刻石・宋刻本:制曰

 天簡38・乙:曰是=大□

 天簡26・乙:名曰環

 天簡27・乙:大族蕤賓毋射之卦曰

 天簡29・乙:癧(應)鐘皆曰

 天簡35・乙:卦曰

 睡簡・爲吏・15:二曰貴以大(泰)

 睡簡・爲吏・11:五曰龔(恭)敬多讓

 睡簡・效律・27:及籍之曰

 睡簡・效律・30:終歲而爲出凡曰

 睡簡・11號牘・正:黑夫寄益就書曰

 睡簡・答問・8:或曰貲二甲

 睡簡・答問・80:律曰

睡簡·答問·20:有(又)曰"與同皋"

睡簡·答問·204:命客吏曰"匧"

睡簡·答問·204:行旞曰"面"

睡簡·答問·96:有(又)曰

睡簡·答問·95:命都官曰"長"

睡簡·答問·48:告人曰邦亡

睡簡·答問·46:即告吏曰盜三羊

睡簡·答問·44:或曰爲告不審

睡簡·答問·45:即端告曰甲盜牛

睡簡·答問·50:誣人曰盜一豬

睡簡·答問·122:或曰當䙴(遷)䙴(遷)所定殺

睡簡·答問·121:或曰生埋

睡簡·答問·196:或曰守囚即"更人"殹

睡簡·答問·196:所道旞者命曰"署人"

睡簡·答問·174:或曰完

睡簡·答問·142:令曰爲之

睡簡·答問·142:令曰勿爲

睡簡·封診·83:曰

睡簡·封診·22:告曰

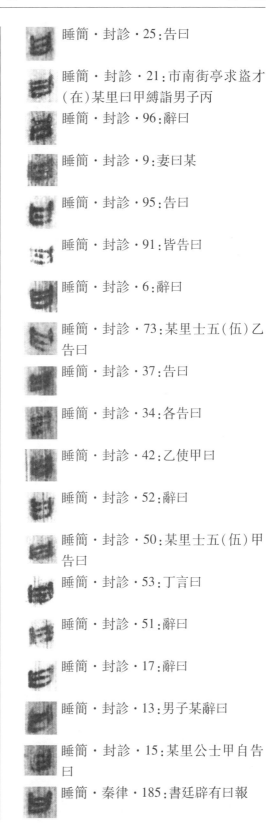

睡簡·封診·25:告曰

睡簡·封診·21:市南街亭求盜才(在)某里曰甲縛詣男子丙

睡簡·封診·96:辭曰

睡簡·封診·9:妻曰某

睡簡·封診·95:告曰

睡簡·封診·91:皆告曰

睡簡·封診·6:辭曰

睡簡·封診·73:某里士五(伍)乙告曰

睡簡·封診·37:告曰

睡簡·封診·34:各告曰

睡簡·封診·42:乙使甲曰

睡簡·封診·52:辭曰

睡簡·封診·50:某里士五(伍)甲告曰

睡簡·封診·53:丁言曰

睡簡·封診·51:辭曰

睡簡·封診·17:辭曰

睡簡·封診·13:男子某辭曰

睡簡·封診·15:某里公士甲自告曰

睡簡·秦律·185:書廷辟有曰報

睡簡・秦律・168:籍之曰

睡簡・秦律・171:終歲而爲出凡曰

睡簡・秦律・105:官輒告叚(假)器者曰

睡簡・雜抄・24:工久(記)榦曰不可用

睡簡・雜抄・25:而貲工曰不可者二甲

睡簡・雜抄・38:捕盜律曰

睡簡・雜抄・39:戍律曰

睡簡・雜抄・36:告曰戰圍以折亡

睡簡・雜抄・35:辭曰日已備

睡簡・日甲・8 背:十二日曰見莫取

睡簡・日甲・8 背:月生五日曰杵

睡簡・日甲・82 背:庚名曰甲郢相衛魚

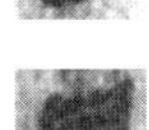
睡簡・日甲・82 背:癸名曰陽生先智丙

睡簡・日甲・82 背:壬名曰黑疾齊𧨸

睡簡・日甲・82 背:辛名曰秦桃乙忌慧

睡簡・日甲・82 背:己名曰宜食成怪目

睡簡・日甲・81 背:丙名曰𩌏可癸上

睡簡・日甲・81 背:丁名曰浮妾榮辨僕上

睡簡・日甲・81 背:甲盜名曰耤鄭壬𩠑强當良

睡簡・日甲・81 背:戊名曰匽爲勝死

睡簡・日甲・81 背:乙名曰舍徐可不詠亡恴(憂)

睡簡・日甲・25 背:鬼恆召(詔)人曰

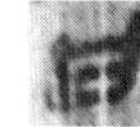
睡簡・日甲・25 背:謼(呼)之曰

睡簡・日甲・9 背:十五日曰臣代主

睡簡・日甲・62 背:曰"氣(餼)我食"云

睡簡・日甲・33 背:狼恆謼(呼)人門曰

睡簡・日甲・129 正:命曰央(殃)蚤(早)至

睡簡・日甲・13 背:[𥗪](禱)之曰

睡簡・日甲・156 背:祝曰

睡簡・日甲・118 正:命曰吉恙(祥)門

睡簡・日甲・111 背:敢告曰

睡簡・日甲・11 正:□可名曰毄(擊)日

睡簡・日乙・106:曰:皋

睡簡・日乙・104:曰□

睡簡・日乙・126:命曰毋(無)上剛

睡簡・日乙・125:命曰毋(無)後

睡簡・日乙・194:祝曰:綼(皋)

睡簡・日乙・146:其祝曰

睡簡・日乙・145:其謞(號)曰大常行

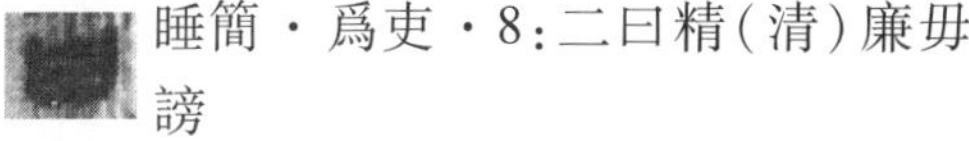
睡簡・爲吏・8:二曰精(清)廉毋謗

睡簡・爲吏・20:二曰不安其鼂(朝)

睡簡・爲吏・20:乃(仍)署其籍曰

睡簡・爲吏・28:三曰興事不當

睡簡・爲吏・22:四曰受令不僂

睡簡・爲吏・26:二曰不智(知)所使

睡簡・爲吏・23:五曰安家室忘官府

睡簡・爲吏・24:一曰不察所親

睡簡・爲吏・21:三曰居官善取

睡簡・爲吏・7:一曰中(忠)信敬上

睡簡・爲吏・30:四曰善言隋(惰)行

睡簡・爲吏・32:五曰非上

睡簡・爲吏・10:四曰喜爲善行

睡簡・爲吏・18:五曰賤士而貴貨貝

睡簡・爲吏・19:一曰見民杲(倨)敖(傲)

睡簡・爲吏・16:三曰擅裚割

睡簡・爲吏・17:四曰犯上弗智(知)害

睡簡・爲吏・14:一曰誇以迣

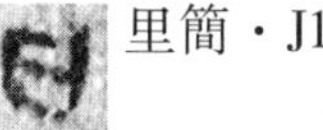
里簡・J1(16)9正:告都鄉曰

里簡・J1(16)9正:令曰

里簡・J1(9)981正:謾曰亡

里簡・J1(9)981正:廷曰

里簡・J1(16)6正:令曰

里簡・J1(8)134正:報曰

里簡・J1(8)134正:名曰桅(?)

里簡・J1(8)154正:令曰

里簡・J1(16)8背:□之令曰上

關簡・351:即言困下曰

關簡・350:曰

關簡・262:曰

關簡・243:求斗術曰

關簡・326:曰

關簡・379:女杯復産□之期曰益若子乳

關簡・376:曰

關簡・330:祝曰

關簡・338:祝曰

關簡・332:曰

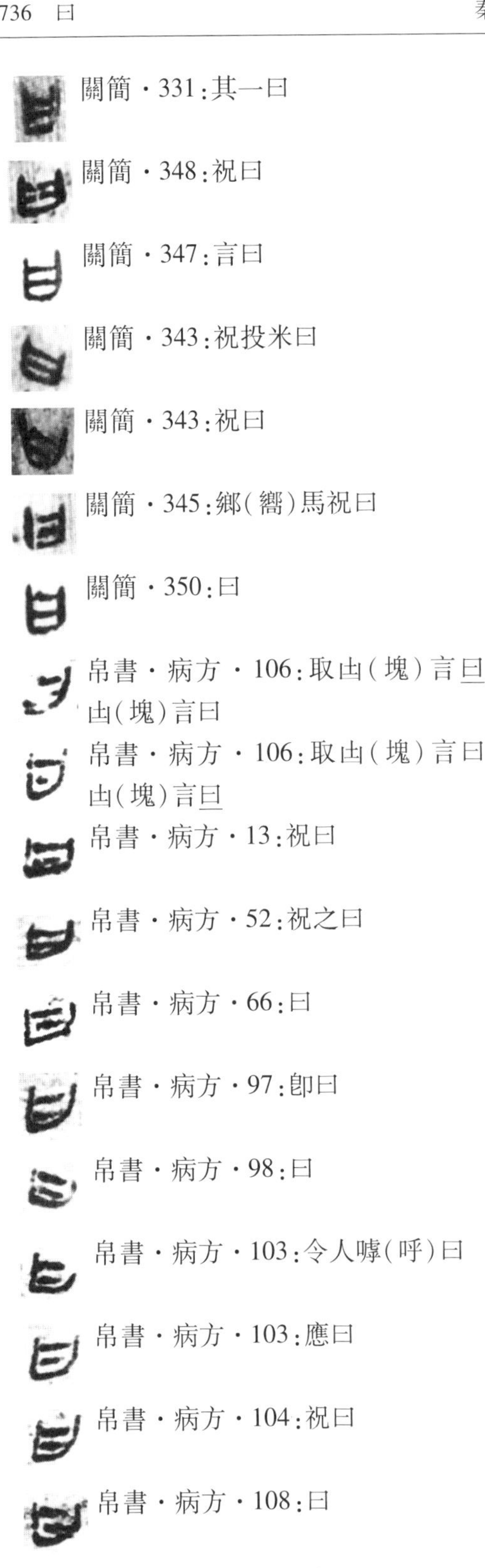

關簡·331:其一曰

關簡·348:祝曰

關簡·347:言曰

關簡·343:祝投米曰

關簡·343:祝曰

關簡·345:鄉(嚮)馬祝曰

關簡·350:曰

帛書·病方·106:取甴(塊)言曰甴(塊)言曰

帛書·病方·106:取甴(塊)言曰甴(塊)言曰

帛書·病方·13:祝曰

帛書·病方·52:祝之曰

帛書·病方·66:曰

帛書·病方·97:卽曰

帛書·病方·98:曰

帛書·病方·103:令人嘑(呼)曰

帛書·病方·103:應曰

帛書·病方·104:祝曰

帛書·病方·108:曰

帛書·病方·109:言曰

帛書·病方·111:曰

帛書·病方·195:曰

帛書·病方·199:曰

帛書·病方·204:以辛巳日古(辜)曰

帛書·病方·204:曰

帛書·病方·206:祝曰

帛書·病方·207:卽曰

帛書·病方·208:更名曰禹

帛書·病方·208:曰

帛書·病方·210:步嘑(呼)曰

帛書·病方·226:其藥曰陰乾黃牛膽

帛書·病方·251:荊名曰[萩]

帛書·病方·251:荊名曰盧茹

帛書·病方·257:駱阮一名曰白苦、苦浸

帛書·病方·308:古(辜)曰

帛書·病方·380:卽曰

帛書·病方·380:唾曰

帛書·病方·381:祝曰

帛書·病方·427:其祝曰

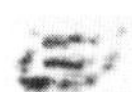帛書·病方·443:祝曰

帛書·病方·無編號:曰

瓦書(秦陶·1610):大田佐敖童曰未

瓦書(秦陶·1610):史曰初

瓦書(秦陶·1610):曰

瓦書·郭子直摹:大良造庶長游出命曰

瓦書·郭子直摹:大田佐敖童曰未

瓦書·郭子直摹:史曰初

瓦書·郭子直摹:曰

瓦書(秦陶·1610):大良造庶長游出命曰

1010  曹

秦駰玉版·甲·摹:余身曹(遭)病〖注〗曹,讀爲"遭",遇。

秦駰玉版·乙·摹:余身曹(遭)病

睡簡·答問·199:有大繇(徭)而曹鬭相趣〖注〗曹鬭,分成兩群互相鬥毆。

睡簡·答問·13:其曹人當治(笞)不當〖注〗曹人,同班的工匠。

睡簡·雜抄·23:貲其曹長一盾

睡簡·雜抄·25:射虎車二乘爲曹〖注〗曹,偶。

睡簡·雜抄·19:縣嗇夫、丞、吏、曹長各一盾

睡簡·雜抄·17:丞、曹長一甲

睡簡·雜抄·17:丞及曹長一盾

睡簡·語書·9:以一曹事不足獨治殹〖注〗曹,古代分科辦事的官署機構。

睡簡·語書·13:當居曹奏令、丞

睡簡·語書·13:府令曹畫之

睡簡·語書·13:移書曹

關簡·13:丁未去左曹

關簡·49:不坐椽曹從公

關簡·58:甲午并左曹〖注〗左曹,官署名。

秦印編84:曹繒

秦印編84:曹市

封泥集377·1:曹冣

1011 朁

秦公鎛鐘·摹(秦銅·16.3):氒(厥)名曰朁(協)邦〖注〗朁,徐中舒釋爲"叶"。王輝讀爲"協","協邦"乃"協和邦國"之義。或釋爲"固"。

大墓殘磬(集證·85):朁〖注〗朁,鐘、磬別名。

1012 朁

秦印編288:比朁

1013 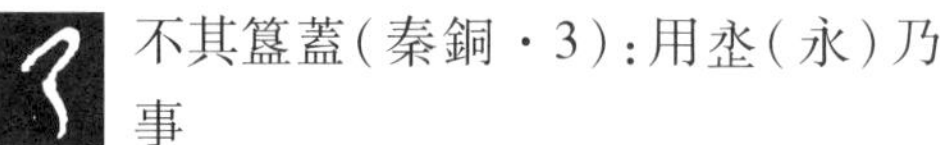

不其簋蓋（秦銅・3）：用夆（永）乃事

滕縣不其簋器（秦銅・4）：用夆（永）乃事

杜虎符（秦銅・25）：乃敢行之

新郪虎符（集證・38）：乃敢行之

新郪虎符・摹（集證・37）：乃敢行之

武城銅橢量（秦銅・109）：乃詔丞相狀、綰

旬邑銅權（秦銅・133）：乃詔丞相狀、綰

左樂兩詔鈞權（集證・43）：乃詔丞相狀、綰

北私府橢量・始皇詔（秦銅・146）：乃詔丞相狀、綰

兩詔銅權一（秦銅・175）：乃詔丞相狀、綰

北私府橢量・始皇詔（秦銅・146）：乃詔丞相狀、綰

兩詔銅權一（秦銅・175）：乃詔丞相狀、綰

大騩銅權（秦銅・131）：乃詔丞相狀、綰

高奴禾石銅權（秦銅・32.2）：乃詔丞相狀、綰

兩詔斤權一・摹（集證・46）：乃詔丞相狀、綰

兩詔版（秦銅・174.1）：乃詔丞相狀、綰

兩詔斤權二・摹（集證・49）：乃詔丞相狀、綰

兩詔斤權二・照片（集證・47.2）：乃詔丞相狀、綰

兩詔斤權一（集證・45）：乃詔丞相狀、綰

兩詔銅權二（秦銅・176）：乃詔丞相狀、綰

兩詔銅權四（秦銅・179.1）：乃詔丞相狀、綰

兩詔銅權五（秦銅・180）：乃詔丞相狀、綰

兩詔橢量二（秦銅・149）：乃詔丞相狀、綰

兩詔橢量三之一（秦銅・150）：乃詔丞相狀、綰

美陽銅權（秦銅・183）：乃詔丞相狀、綰

平陽銅權・摹（秦銅・182）：乃詔丞相狀、綰

僅存銘兩詔銅權（秦銅・135-18.1）：乃詔丞相狀、綰

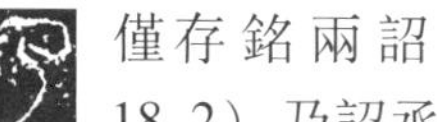
僅存銘兩詔銅權（秦銅・135-18.2）：乃詔丞相狀、綰

僅存銘始皇詔銅權・八（秦銅・135-8）：乃詔丞相狀、綰

僅存銘始皇詔銅權・二（秦銅・135-2）：乃詔丞相狀、綰

僅存銘始皇詔銅權・九（秦銅・135-9）：乃詔丞相狀、綰

僅存銘始皇詔銅權・七（秦銅・135-7）：乃詔丞相狀、綰

僅存銘始皇詔銅權・三（秦銅・135-3）：乃詔丞相狀、綰

僅存銘始皇詔銅權・十（秦銅・135-10）：乃詔丞相狀、綰

僅存銘始皇詔銅權・十六（秦銅・135-16）：乃詔丞相狀、綰

僅存銘始皇詔銅權・十七（秦銅・135-17）：乃詔丞相狀、綰

僅存銘始皇詔銅權・十三（秦銅・135-13）：乃詔丞相狀、綰

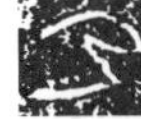僅存銘始皇詔銅權・十四(秦銅・135-14):乃詔丞相狀、綰

僅存銘始皇詔銅權・十一(秦銅・135-11):乃詔丞相狀、綰

僅存銘始皇詔銅權・四(秦銅・135-4):乃詔丞相狀、綰

僅存銘始皇詔銅權・五(秦銅・135-5):乃詔丞相狀、綰

僅存銘始皇詔銅權・一(秦銅・135-1):乃詔丞相狀、綰

始皇詔版九・殘(集證・44.2):乃詔丞相狀、綰

始皇詔八斤銅權二(秦銅・135):乃詔丞相狀、綰

始皇詔八斤銅權一(秦銅・134):乃詔丞相狀、綰

始皇詔版八(秦銅・144):乃詔丞相狀、綰

始皇詔版二(秦銅・137):乃詔丞相狀、綰

始皇詔版七(秦銅・143):乃詔丞相狀、綰

始皇詔版一(秦銅・136):乃詔丞相狀、綰

始皇詔十六斤銅權二(秦銅・128):乃詔丞相狀、綰

始皇詔十六斤銅權三(秦銅・129):乃詔丞相狀、綰

始皇詔十六斤銅權四(秦銅・130.1):乃詔丞相狀、綰

始皇詔十六斤銅權一(秦銅・127):乃詔丞相狀、綰

始皇詔鐵石權三(秦銅・122):乃詔丞相狀、綰

始皇詔鐵石權四(秦銅・123):乃詔丞相狀、綰

始皇詔銅方升二(秦銅・99):乃詔丞相狀、綰

始皇詔銅方升三(秦銅・100):乃詔丞相狀、綰

始皇詔銅方升四(秦銅・101):乃詔丞相狀、綰

始皇詔銅方升一(秦銅・98):乃詔丞相狀、綰

始皇詔銅權二(秦銅・111):乃詔丞相狀、綰

始皇詔銅權九(秦銅・118):乃詔丞相狀、綰

始皇詔銅權六(秦銅・115):乃詔丞相狀、綰

始皇詔銅權三(秦銅・112):乃詔丞相狀、綰

始皇詔銅權十(秦銅・119):乃詔丞相狀、綰

始皇詔銅權四(秦銅・113):乃詔丞相狀、綰

始皇詔銅權五(秦銅・114):乃詔丞相狀、綰

始皇詔銅權一(秦銅・110):乃詔丞相狀、綰

始皇詔銅橢量二(秦銅・103):乃詔丞相狀、綰

始皇詔銅橢量六(秦銅・107):乃詔丞相狀、綰

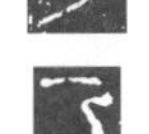始皇詔銅橢量三(秦銅・104):乃詔丞相狀、綰

始皇詔銅橢量四(秦銅・105):乃詔丞相狀、綰

始皇詔銅橢量五(秦銅・106):乃詔丞相狀、綰

始皇詔銅橢量一(秦銅・102):乃詔丞相狀、綰

繹山刻石・宋刻本:乃降專惠

王家臺・12:乃

天簡 28・乙:乃

天簡 28・乙:氒(厥)乃處之

睡簡・效律・39:[毋齎]者乃直(值)之

睡簡・爲吏・37:民心乃寧

睡簡・爲吏・4:民心將移乃難親

睡簡・答問・80:非必珥所入乃爲夬(決)

睡簡・答問・27:必已置乃爲"具"

睡簡・答問・27:置豆俎鬼前未徹乃爲"未闐"

睡簡・答問・68:人乃後告甲

睡簡・答問・30:抉籥(鑰)者已抉啟之乃爲抉

睡簡・答問・33:其獄鞫乃直(值)臧(贓)

睡簡・答問・35:獄鞫乃直(值)臧(贓)

睡簡・答問・31:已啟乃爲抉

睡簡・答問・49:乃後覺

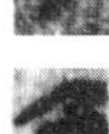睡簡・答問・51:翏(戮)之已乃斬之之謂殹

睡簡・答問・162:乃爲"錦履"

睡簡・答問・167:乃告請(情)

睡簡・答問・164:已閱及敦(屯)車食若行到繇(徭)所乃亡

睡簡・答問・115:獄斷乃聽之

睡簡・答問・115:獄已斷乃聽

睡簡・封診式・69:乃視舌出不出

睡簡・封診式・4:乃治(笞)諒(掠)

睡簡・秦律・88:乃燔之

睡簡・秦律・89:乃糞之

睡簡・秦律・25:乃入焉

睡簡・秦律・65:乃發用之

睡簡・秦律・128:毋(無)金錢者乃月爲言脂、膠

睡簡・秦律・197:乃閉門戶

睡簡・秦律・177:毋齎者乃直(值)之

睡簡・秦律・104:久必乃受之

睡簡・秦律・159:乃令視事及遣之

睡簡・雜抄・41:乃令增塞埤塞

睡簡・日甲・68 背:可得也乃

睡簡・日甲・68 背:乃解衣弗衽入而傅(搏)者之

睡簡・日甲・68 背:已乃痡(餔)〖注〗已乃,已而、此後。

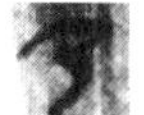睡簡・日甲・64 背:東北鄉(嚮)如(茹)之乃臥〖注〗乃,而。

睡簡・日甲・65 背:乃爲灰室而牢之

睡簡・日甲・78 正:三乃五

 睡簡・日甲・36 正:其後乃昌

 睡簡・日甲・3 正:乃盈志

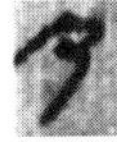 睡簡・日甲・58 背:乃棄其屨於中道

 睡簡・日甲・57 背:乃投以屨

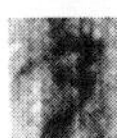 睡簡・日甲・54 背:三日乃能人矣

 睡簡・日甲・13 背:乃繹(釋)髮西北面坐

 睡簡・日甲・14 背:非繭乃絮

 睡簡・日甲・143 正:乃有疵前

 睡簡・日甲・119 正:乃狂

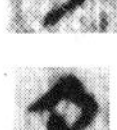 睡簡・日甲・117 正:弗而耐乃刑〖注〗乃,且。

 睡簡・日甲・115 正:乃去

 睡簡・日乙・238:不武乃工考(巧)

 睡簡・日乙・255:乃折齒

 睡簡・日乙・255:爲閒者不寡夫乃寡婦

 睡簡・爲吏・20:乃(仍)署其籍曰

睡簡・爲吏・21:故某慮贅壻某叟之乃(仍)孫〖注〗仍孫,耳孫。

 睡簡・爲吏・7:掇民之欲政乃立

睡簡・爲吏・14:百姓榣(搖)貳乃難請

龍簡・279・摹:□已央(決)乃□

 里簡・J1(9)8 正:乃移戍所

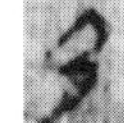 里簡・J1(9)10 正:乃移戍所

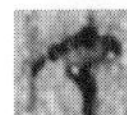 里簡・J1(9)11 正:乃移戍所

 里簡・J1(16)6 正:乃興繇(徭)

 里簡・J1(9)1 正:乃移戍所

 里簡・J1(9)4 正:乃移戍所

 里簡・J1(9)5 正:乃移戍所

 里簡・J1(9)6 正:乃移戍所

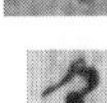 里簡・J1(9)7 正:乃移

 關簡・369:十五日乃已

 關簡・328:乃以所操瓦蓋之

 關簡・327:乃禹步

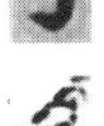 帛書・病方・69:乃以脂□所冶藥傅之

 帛書・病方・129:十歲以前藥乃乾

帛書・病方・189:以醯、酉(酒)三乃(沥)煮黍稷而飲其汁

 帛書・病方・341:乃傅

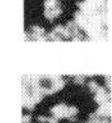 帛書・病方・416:居二日乃浴

 帛書・病方・殘 2:□乃更傅□

 帛書・病方・無編號:乃

 陶量(秦印編85):乃

 秦印編85:乃喜

 陶量(秦印編85):乃

 秦陶・1592:乃

 始皇詔陶印(《研究》附):乃詔丞相狀、綰

 瓦書・郭子直摹:乃爲瓦書

 瓦書(秦陶・1610):乃爲瓦書

 秦陶・1582:乃詔丞□

 秦陶・1583:乃詔□

1014　卤(迺)鹵

 繹山刻石・宋刻本:迺今皇帝

 睡簡・封診・17・摹:迺四月中盜牛〖注〗迺,是。

 里簡・J1(9)981 正:迺甲寅夜水多

1015　卣(逌)

 石鼓文・田車(先鋒本):君子逌樂〖注〗《説文》:"逌,氣行貌。讀若攸。"薛尚功釋爲"迺"。

 石鼓文・乍邍(先鋒本):䮂=逌罟

1016　寧

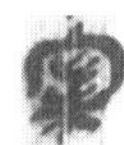 睡簡・封診・91:丙有寧毒言〖注〗寧,語中助詞,無義。

 睡簡・日乙・80:不寧

 睡簡・日乙・192:人反寧之

睡簡・日乙・192:辛卯壬午不可寧人〖注〗寧人,對人進行慰問。

 睡簡・爲吏・39・摹:民心既寧

 睡簡・爲吏・37:民心乃寧

 秦印編85:寧秦〖注〗寧秦,地名。

 秦印編85:寧秦丞印

 封泥集273・1:寧秦丞印

 封泥印95:寧秦丞印

 秦陶・1212:寧秦

 秦陶・1213:寧秦

秦陶・1385:□釐□寧

1017　可

四年相邦呂不韋戈・摹(秦銅・63):[工]可〖注〗可,人名。

 四年相邦呂不韋戟・摹(秦銅・65):工可

 石鼓文・汧殹(先鋒本):可(何)以櫜之

石鼓文·汧殹(先鋒本):其魚隹(惟)可(何)〖注〗可,通“何”。

詛楚文·湫淵(中吳本):吾(吾)不敢曰可〖注〗可,郭沫若說讀爲“何”。

詛楚文·巫咸(中吳本):吾(吾)不敢曰可

詛楚文·亞駝(中吳本):吾(吾)不敢曰可

秦駰玉版·甲·摹:□(清?)可以爲正

秦駰玉版·乙·摹:可(何)永懃憂盩

繹山刻石·宋刻本:制曰:可

秦駰玉版·甲·摹:潔可以爲瀘

秦駰玉版·甲·摹:可(何)永懃憂盩

秦駰玉版·乙·摹:□(清?)可以爲正

秦駰玉版·乙·摹:潔可以爲瀘

泰山刻石·宋拓本:制曰:可

青川牘·摹:而有陷敗不可行

天簡38·乙:安食可

天簡22·甲:可爲嗇夫

天簡22·甲:夫可以祝祠

天簡23·甲:死可以治

天簡24·乙:彼日毋可以有爲殹

天簡29·乙:女可殹

天簡34·乙:庚申不可垣

天簡34·乙:三月己丑不可

天簡38·乙:冬三月戊戌不可北行

睡簡·效律·22:其不可飤(食)者

睡簡·效律·24:禾粟雖敗而尚可飤(食)殹

睡簡·語書·13:故如此者不可不爲罰

睡簡·秦律·88:凡糞其不可買(賣)而可以爲薪及蓋蘙〈蘙〉者

睡簡·雜抄·24:榦可用而久(記)以爲不可用

睡簡·日乙·54:可□可以祠

睡簡·答問·75:可(何)論

睡簡·答問·15:可(何)以論妻

睡簡·答問·117:可(何)論

睡簡·秦律·88:凡糞其不可買(賣)而可以爲薪及蓋蘙〈蘙〉者

睡簡·雜抄·24:榦可用而久(記)以爲不可用

睡簡·日甲·9背:不可取妻

睡簡·日甲·40正:可取不可鼠(予)

睡簡·日乙·54:可□可以祠

睡簡·日乙·59:可取不可鼠(予)

睡簡·日乙·59:可取不可鼠(予)

睡簡・11號牘・背:爲黑夫、驚多問嬰記季事可(何)如

睡簡・11號牘・正:可以爲襌裙襦者

睡簡・11號牘・正:傷未可智(知)也

睡簡・答問・88:可(何)論

睡簡・答問・82:大可(何)如爲"提"

睡簡・答問・89:可(何)論

睡簡・答問・8:可(何)論

睡簡・答問・80:可(何)論

睡簡・答問・86:各可(何)論

睡簡・答問・87:論可(何)殹

睡簡・答問・83:論各可(何)殹

睡簡・答問・84:可(何)論

睡簡・答問・81:論可(何)殹(也)

睡簡・答問・28:可(何)謂"盜埱厓"

睡簡・答問・202:可(何)謂"瓊"

睡簡・答問・209:可(何)如爲"大誤"

睡簡・答問・200:可(何)謂"旅人"

睡簡・答問・206:可(何)謂"介人"

睡簡・答問・27:可(何)謂"祠未闐"

睡簡・答問・207:可(何)謂"介人"

睡簡・答問・203:可(何)謂"璽玉"

睡簡・答問・204:可(何)謂"医面"

睡簡・答問・25:可(何)論

睡簡・答問・205:可(何)謂"臧(贓)人"

睡簡・答問・210:草實可食殹

睡簡・答問・210:可(何)謂"羊軀(軀)"

睡簡・答問・92:可(何)論

睡簡・答問・99:可(何)謂"四鄰"

睡簡・答問・90:可(何)謂"擎(撍)"

睡簡・答問・93:可(何)謂"縱囚"

睡簡・答問・94:問史可(何)論

睡簡・答問・9:問乙可(何)論

睡簡・答問・95:可(何)謂"官長"

睡簡・答問・95:可(何)謂"嗇夫"

睡簡・答問・91:可(何)謂"梃"

睡簡・答問・91:木可以伐者爲"梃"

睡簡・答問・67:甲可(何)論

睡簡・答問・63:可(何)論

睡簡・答問・64:可(何)如爲"封"

睡簡・答問・64:可(何)重也

睡簡・答問・6:問甲可(何)論

睡簡・答問・65:可(何)論

睡簡・答問・61:論可(何)殹(也)

睡簡・答問・78:可(何)論

睡簡・答問・7:可(何)論

睡簡・答問・70:可(何)論

睡簡・答問・76:可(何)謂牧

睡簡・答問・75:可(何)論

睡簡・答問・38:告者可(何)論

睡簡・答問・38:問告者可(何)論

睡簡・答問・32:可(何)謂"府中"

睡簡・答問・30:可(何)謂"抉籥(鑰)"

睡簡・答問・36:論可(何)殹

睡簡・答問・30:論皆可(何)殹

睡簡・答問・37:論可(何)殹

睡簡・答問・33:問甲及吏可(何)論

睡簡・答問・35:問甲及吏可(何)論

睡簡・答問・48:可(何)論

睡簡・答問・48:論可(何)殹

睡簡・答問・40:告者可(何)論

睡簡・答問・46:問乙可(何)論

睡簡・答問・47:可(何)論

睡簡・答問・47:問可(何)論

睡簡・答問・43:問甲可(何)論

睡簡・答問・56:盜封嗇夫可(何)論

睡簡・答問・5:論各可(何)殹

睡簡・答問・50:論可(何)殹(也)

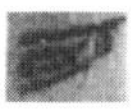

睡簡・答問・55:"僑(矯)丞令"可(何)殹

睡簡・答問・51:"翏(戮)"者可(何)如

睡簡・答問・10:問乙論可(何)殹

睡簡・答問・188:可(何)謂"宫更人"

睡簡・答問・180:可(何)謂"邦徒"、"僞使"

睡簡・答問・187:可(何)謂"宫均人"

睡簡・答問・181:可(何)以論之

睡簡・答問・128:可(何)論

睡簡・答問・122:問甲可(何)以論

 睡簡・答問・129:論可(何)毆

 睡簡・答問・120:可(何)論

 睡簡・答問・127:可(何)論

 睡簡・答問・127:問甲可(何)論

 睡簡・答問・124:可(何)論

 睡簡・答問・125:可(何)皋得"處隱官"

 睡簡・答問・121:"定殺"可(何)如

睡簡・答問・198:可(何)謂"衛(率)敖"

睡簡・答問・192:可(何)謂"爨人"

 睡簡・答問・19:可(何)論

 睡簡・答問・109:可(何)謂"當刑爲隸臣"

 睡簡・答問・190:可(何)謂"甸人"

睡簡・答問・196:可(何)謂"署人、更人"

睡簡・答問・197:可(何)謂"竇署"

睡簡・答問・193:可(何)謂"集人"

睡簡・答問・194:可(何)謂"耐卜隸、耐史隸"

睡簡・答問・195:可(何)謂"人貉"

睡簡・答問・1:可(何)謂"駕(加)皋"

睡簡・答問・100:可(何)謂"州告"

睡簡・答問・162:"履錦履"之狀可(何)如

睡簡・答問・106:可(何)謂"家皋"

睡簡・答問・167:論可(何)毆

睡簡・答問・164:可(何)謂"逋事"及"乏繇(徭)"

睡簡・答問・165:可(何)謂"匿戶"及"敖童弗傅"

睡簡・答問・161:可(何)如爲"奇"

睡簡・答問・172:可(何)論

睡簡・答問・179:可(何)謂"亡券而害"

睡簡・答問・179:炎之可(何)

睡簡・答問・176:可(何)謂"夏"

睡簡・答問・177:可(何)謂"夏子"

睡簡・答問・177:可(何)謂"真"

睡簡・答問・173:丙論可(何)毆

睡簡・答問・175:可(何)論

睡簡・答問・103:"非公室告"可(何)毆

睡簡・答問・139:問吏及乙論可(何)毆

睡簡・答問・136:問甲當購□幾可(何)

睡簡・答問・134:購幾可(何)

睡簡・答問・135:購幾可(何)

睡簡・答問・142:可(何)如爲“犯令、灋(廢)令”

睡簡・答問・104:可(何)謂“非公室告”

睡簡・答問・140:可(何)以購之

睡簡・答問・14:可(何)以論妻

睡簡・答問・147:問吏可(何)論

睡簡・答問・144:可(何)論

睡簡・答問・152:倉鼠穴幾可(何)而當論及誶

睡簡・答問・15:可(何)以論妻

睡簡・答問・157:且可(何)爲

睡簡・答問・153:其論可(何)殹

睡簡・答問・118:可(何)論

睡簡・答問・119:可(何)論

睡簡・答問・116:可(何)謂“從母爲收”

睡簡・答問・116:子小不可別

睡簡・答問・116:子小未可別

睡簡・答問・117:可(何)論

睡簡・答問・113:可(何)謂“贖宮”

睡簡・答問・113:可(何)謂“贖鬼薪鋈(夭)足”

睡簡・答問・115:論可(何)殹

睡簡・答問・11:乙論可(何)殹(也)

睡簡・封診・80:不可迹

睡簡・封診・80:皆不可爲廣袤

睡簡・封診・69:頭足去終所及地各幾可(何)

睡簡・封診・6:可定名事里

睡簡・封診・67:不可智(知)人迹

睡簡・封診・67:堪上可道終索

睡簡・封診・74:不智(知)穴盜者可(何)人、人數

睡簡・封診・40:所坐論云可(何)

睡簡・封診・58:皆不可爲廣袤

睡簡・封診・52:不可智(知)其可(何)病

睡簡・封診・59:不可智(知)賊迹

睡簡・封診・53:不可智(知)其可(何)病

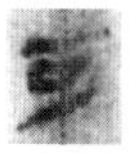

睡簡・封診・13:可定名事里

睡簡・封診・13:所坐論云可(何)

睡簡・封診・14:亡及逋事各幾可(何)日

睡簡・秦律・89:可殹

睡簡・秦律・89:取不可葆繕者

睡簡・秦律・86:縣、都官以七月糞公器不可繕者

睡簡・秦律・87:糞其有物不可以須時

睡簡・秦律・24:可毆

睡簡・秦律・9:可毆

睡簡・秦律・38:可毆

睡簡・秦律・30:可毆

睡簡・秦律・184:隸臣妾老弱及不可誠仁者勿令

睡簡・秦律・128:可毆

睡簡・秦律・102:其不可刻久(記)者

睡簡・秦律・109:小隸臣妾可使者五人當工一人

睡簡・秦律・164:其不可食者不盈百石以下

睡簡・秦律・165:禾粟雖敗而尚可食毆

睡簡・秦律・131:令縣及都官取柳及木楘(柔)可用書者

睡簡・秦律・104:不可久(記)者

睡簡・秦律・105:其久(記)靡(磨)不可智(知)者、令齎賞(償)

睡簡・秦律・113:隸臣有巧可以爲工者

睡簡・雜抄・24:工久(記)榦曰不可用

睡簡・雜抄・25:而貲工曰不可者二甲

睡簡・日甲・80 正:不可爲室及入之

睡簡・日甲・8 背:不可取妻、家(嫁)子

睡簡・日甲・86 正:不可食六畜

睡簡・日甲・87 正:春三月庚辰可以筑(築)羊卷(圈)

睡簡・日甲・87 正:可以敫(徼)人攻讎

睡簡・日甲・85 正:不可食六畜

睡簡・日甲・85 正:戊午不可殺牛

睡簡・日甲・81 背:丙名曰䎽可癸上

睡簡・日甲・81 背:乙名曰舍徐可不詠亡恴(憂)

睡簡・日甲・81 正:不可爲它事

睡簡・日甲・81 正:不可行

睡簡・日甲・22 正:辛卯不可以初穫禾

睡簡・日甲・27 背:其所不可咼(過)也

睡簡・日甲・27 正:弦望及五辰不可以興樂□

睡簡・日甲・90 正:可以送鬼

睡簡・日甲・98 背:六壬不可以船行

睡簡・日甲・9 背:不可取妻

睡簡・日甲・92 正:不可出女

睡簡・日甲・92 正:可以出入鷄

睡簡・日甲・99 背:六庚不可以行

睡簡・日甲・93 正:申不可出貨

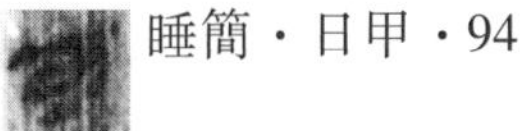
睡簡·日甲·94 正:不可臧(藏)

睡簡·日甲·94 正:可以出

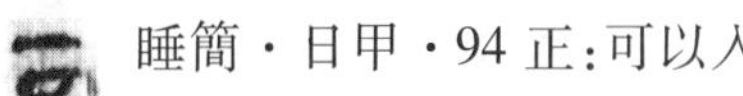
睡簡·日甲·94 正:可以入

睡簡·日甲·91 正:可請謁

睡簡·日甲·91 正:可田邋(獵)

睡簡·日甲·91 正:可以寇〈冠〉

睡簡·日甲·9 正:不可以行作

睡簡·日甲·68 背:可得也

睡簡·日甲·7 背:不可家(嫁)女、取妻

睡簡·日甲·7 背:交徙人也可也

睡簡·日甲·72 正:可以行水

睡簡·日甲·76 正:不可殺牛

睡簡·日甲·73 正:不可取妻

睡簡·日甲·75 正:可以攻伐

睡簡·日甲·71 正:可爲室屋

睡簡·日甲·38 正:不可臨官、飲食、樂、祠祀

睡簡·日甲·38 正:不可取婦、家(嫁)女、出入貨及生(牲)

睡簡·日甲·38 正:可以穿井、行水、蓋屋、飲樂、外除

睡簡·日甲·32 正:可取婦、家(嫁)女、斲(製)衣常(裳)

睡簡·日甲·36 正:不可見人

睡簡·日甲·36 正:不可取婦、家(嫁)女

睡簡·日甲·36 正:不可殺

睡簡·日甲·33 正:不可復(覆)室蓋屋

睡簡·日甲·34 正:可葬貍(埋)

睡簡·日甲·40 正:不可飲食哥(歌)樂

睡簡·日甲·40 正:可取,不可鼠(予)

睡簡·日甲·42 背:不可辭

睡簡·日甲·42 背:不可止

睡簡·日甲·42 正:可取婦、家(嫁)女、葬貍(埋)

睡簡·日甲·49 背:不可去

睡簡·日甲·49 正:離日不可以家(嫁)女、取婦及入人民畜生

睡簡·日甲·46 背:不可以辭

睡簡·日甲·46 正:不可又(有)爲也

睡簡·日甲·46 正:而可以葬貍(埋)

睡簡·日甲·47 背:不可得也

睡簡·日甲·44 正:不可祠祀、哥(歌)樂

睡簡·日甲·44 正:不可又(有)爲也

睡簡·日甲·41 背:不可御(禦)

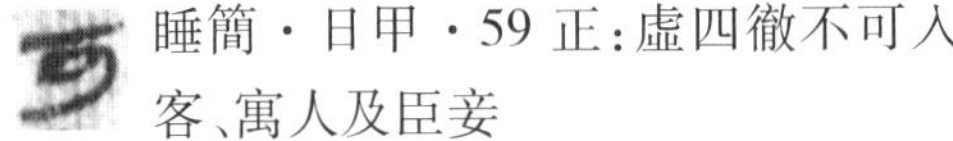
睡簡・日甲・59 正:虚四徹不可入客、寓人及臣妾

睡簡・日甲・53 正:日不可以行

睡簡・日甲・100 正:不可以取婦、家(嫁)女、禱祠、出貨

睡簡・日甲・100 正:不可以筑(築)室

睡簡・日甲・108 背:是日在行不可以歸

睡簡・日甲・108 背:在室不可以行

睡簡・日甲・108 正:不可以垣

睡簡・日甲・102 背:不可以殺

睡簡・日甲・106 背:此皆不可殺

睡簡・日甲・106 正:不可興土攻(功)

睡簡・日甲・106 正:十一月、十二月不可興土攻(功)

睡簡・日甲・106 正:五月六月不可興土攻(功)

睡簡・日甲・107 正:不可壞垣

睡簡・日甲・103 背:不可以殺

睡簡・日甲・104 背:不可以殺

睡簡・日甲・104 正:不可□井池

睡簡・日甲・104 正:不可爲土攻(功)

睡簡・日甲・105 背:不可以殺

睡簡・日甲・105 正:毋可有爲

睡簡・日甲・101 正:不可以爲室、覆屋

睡簡・日甲・10 正:不可以之野外

睡簡・日甲・18 正:可以臧(藏)

睡簡・日甲・1 背:毋可有爲

睡簡・日甲・128 背:丁卯不可以船行

睡簡・日甲・128 背:六庚不可以行

睡簡・日甲・128 背:六壬不可以船行

睡簡・日甲・128 正:不可具爲百事

睡簡・日甲・126 正:不可燔糞

睡簡・日甲・127 背:子、卯、午、酉不可入寄者及臣妾

睡簡・日甲・124 正:未不可以澍(樹)木

睡簡・日甲・125 正:戌不可以爲牀

睡簡・日甲・121 背:不可材(裁)衣

睡簡・日甲・121 背:不可爲複衣

睡簡・日甲・19 正:不可以行

睡簡・日甲・16 正:可以產

睡簡・日甲・16 正:可以築宮室、爲嗇夫

睡簡・日甲・16 正:可以築閒(閑)牢

睡簡・日甲・17 正:可以取妻、入人、起事

睡簡・日甲・139 背:不可垣

睡簡・日甲・136 正:不可以行

睡簡・日甲・136 正:可以取婦、家(嫁)女

睡簡・日甲・137 背:不可垣

睡簡・日甲・134 背:不可爲土攻(功)

睡簡・日甲・134 正:凡此日不可以行

睡簡・日甲・131 背:當其地不可起土攻(功)

睡簡・日甲・131 正:冬三月戊戌不可北

睡簡・日甲・131 正:凡春三月己丑不可東

睡簡・日甲・131 正:秋三月己未不可西

睡簡・日甲・131 正:夏三月戊辰不可南

睡簡・日甲・148 背:正月不可垣

睡簡・日甲・146 背:凡此日不可入官及入室

睡簡・日甲・143 背:不可初穿門、爲戶牖、伐木、壞垣、起垣、徹屋及殺

睡簡・日甲・144 背:丁亥不可爲戶

睡簡・日甲・14 正:可以祠

睡簡・日甲・14 正:可以入人、始寇〈冠〉、乘車

睡簡・日甲・14 正:可以爲嗇夫

睡簡・日甲・150 背:不可初田及興土攻(功)

睡簡・日甲・117 背:不可材(裁)衣

睡簡・日甲・117 背:不可爲複衣

睡簡・日甲・113 正:可以漬米爲酒

睡簡・日甲・115 背:不可以裚(製)新衣

睡簡・日甲・1 正:凡不可用者

睡簡・日乙・80:不可爲室及入之

睡簡・日乙・89:可以爲土事

睡簡・日乙・86:不可食畜生

睡簡・日乙・87:可以敫人攻讎

睡簡・日乙・85:不可食六畜

睡簡・日乙・81:不可爲它事

睡簡・日乙・81:不可行

睡簡・日乙・殘 8:□可以出□

睡簡・日乙・殘 8:□乙酉不可家□

睡簡・日乙・殘 4:□可爲蟲□

睡簡・日乙・殘 4:□酉乙亥未辛酉可□

睡簡・日乙・殘 5:□寅卯四月巳午不可以殺□

睡簡・日乙・22:生子年不可遠行

睡簡・日乙・236:皆可見人

睡簡・日乙・25:皆可

睡簡・日乙・21:不可以行

睡簡・日乙・90:可以從〈送〉鬼

睡簡・日乙・92:不可出女

睡簡・日乙・99:可以爲室

睡簡・日乙・96:不可蓋室

睡簡・日乙・97:可入貨

睡簡・日乙・94:不可臧(藏)

睡簡・日乙・95:可入貨

睡簡・日乙・91:可請謁

睡簡・日乙・91:可始寇〈冠〉

睡簡・日乙・91:可田邋(獵)

睡簡・日乙・60:可取婦□

睡簡・日乙・62:不可以見人、取妻、嫁女

睡簡・日乙・67:可以伐木

睡簡・日乙・64:不可以鼠(予)

睡簡・日乙・70:可以出入牛、服之

睡簡・日乙・77:皆不可以大祠

睡簡・日乙・77:可有求也

睡簡・日乙・39:可以請謁

睡簡・日乙・40:無不可有爲也

睡簡・日乙・48:不可以始種穫、始賞(嘗)

睡簡・日乙・42:凡五巳不可入寄者

睡簡・日乙・42:可以入臣妾

睡簡・日乙・46:可以蓋臧(藏)及謀

睡簡・日乙・46:毋可有爲也

睡簡・日乙・43:不可祠

睡簡・日乙・43:可以攻軍、入城及行

睡簡・日乙・44:不可以使人及畜六畜

睡簡・日乙・44:丁卯不可以船行

睡簡・日乙・44:六庚不可以行

睡簡・日乙・44:六壬不可以船行

睡簡・日乙・45:不可以臧(藏)蓋

睡簡・日乙・45:毋可有爲也

睡簡・日乙・41:可以入馬牛、臣[妾]□

睡簡・日乙・59:不可攻

睡簡・日乙・59:可魚(漁)邋(獵)

睡簡・日乙・56:不可取妻、嫁女、見人

睡簡・日乙・56:毋(無)可爲

睡簡・日乙・57:不可取妻、嫁女

睡簡・日乙・54:可以葬

睡簡・日乙・100:可以水

睡簡・日乙・100:不可祠及行

睡簡・日乙・102:[出]邦門,可

睡簡・日乙・102:不可祠

睡簡・日乙・103:不可攻

睡簡・日乙・104:不可殺牛

睡簡・日乙・101:不可取妻

睡簡・日乙・129:不可以裚□

睡簡・日乙・127:□亥不可伐室中尌(樹)木

睡簡・日乙・124:不可以入臣妾及寄者

睡簡・日乙・125:不可築興土攻(功)

睡簡・日乙・125:可以家(嫁)女、取婦、寇〈冠〉帶、祠

睡簡・日乙・192:辛卯壬午不可寧人

睡簡・日乙・191:不可卜筭〈筮〉、爲屋

睡簡・日乙・191:辰不可以哭、穿肂(殔)

睡簡・日乙・134:不可具爲百[事]

睡簡・日乙・14:不可以作大事

睡簡・日乙・147:丁不可祠道旁

睡簡・日乙・147:戊辰不可祠道蹄(旁)

睡簡・日乙・147:正□癸不可祠人伏

睡簡・日乙・155:皆可

睡簡・日乙・118:不可取婦、家(嫁)女、入畜生

睡簡・日乙・113:不可以蓋

睡簡・爲吏・8:下雖善欲獨可(何)急

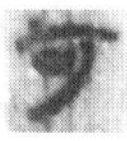

睡簡・爲吏・2:賤不可得

睡簡・爲吏・36:食不可賞(償)

睡簡・爲吏・37:不可[不]長

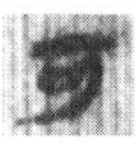

睡簡・爲吏・33:材(財)不可歸

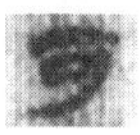

睡簡・爲吏・34:謀不可遺

睡簡・爲吏・35:言不可追

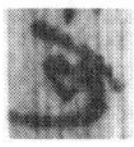

睡簡・爲吏・48:言不可追

睡簡・爲吏・49:某(謀)不可遺

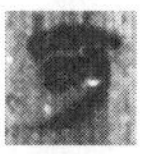

睡簡・爲吏・41:毋行可悔

睡簡・爲吏・50:貨不可歸

睡簡・爲吏・1:[毋(無)辠]可赦

睡簡・爲吏・10：及官之豈可悔

睡簡・爲吏・1：貧不可得

睡簡・爲吏・13：毋發可異史（使）煩請

睡簡・爲吏・11：不有可茝

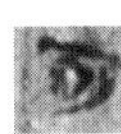里簡・J1（16）6 正：［興黔首］可省少弗省少而多興者

里簡・J1（16）6 正：急事不可留

里簡・J1（16）6 正：有可令傳甲兵

里簡・J1（8）152 正：舉事可爲恆程者

關簡・363：毋須良日可也

關簡・331：以米亦可

關簡・340：令可下免_（甕）

關簡・221：少可

關簡・265：以此見人及戰斲（鬬）皆可

關簡・212：少可

帛書・足臂・23：可治

帛書・脈法・84：言不可不察殹

帛書・病方・100：多可殹

帛書・病方・126：猶可用殹

帛書・病方・128：潰之□可河（和）

帛書・病方・130：皆可

帛書・病方・166：前［日］至可六、七日秀（秀）

帛書・病方・224：男女皆可

帛書・病方・252：其葉可亨（烹）而酸

帛書・病方・260：有可

帛書・病方・263：人州出不可入者

帛書・病方・288：□飲之可

帛書・病方・293：令諄叔□鑿（熬）可□

帛書・病方・333：可入足

帛書・病方・395：可八［九日］而傷平

帛書・病方・殘 8：韰去湯可一寸□

帛書・灸經甲・40：［不］可以反稷（側）

帛書・灸經甲・48：不可以顧

帛書・灸經甲・60：不可以印（仰）

集證・179.689：潘可

集證・185.763：交仁必可〖注〗交仁必可，與仁人交往，必可無禍。

秦印編 85：王可

秦印編 85：王冬可

秦印編 85：交仁必可

秦印編 85:可思

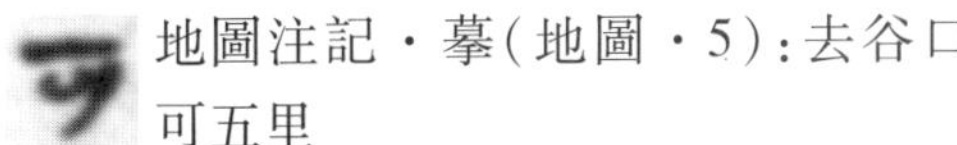

地圖注記・摹(地圖・5):去谷口可五里

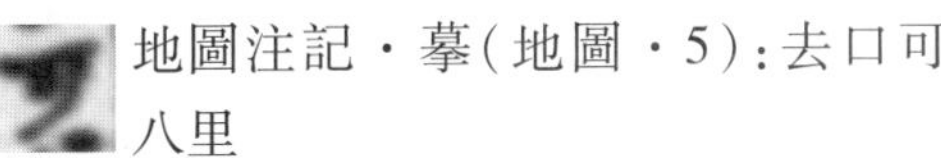

地圖注記・摹(地圖・5):去口可八里

1018　奇

卅三年銀盤・摹(齊王・18.3):奇

睡簡・日甲・45 背:爲桑丈(杖)奇(倚)戶内

睡簡・日乙・194:敢告璽(爾)宛奇

睡簡・日乙・195:宛奇强飲食

睡簡・答問・161:可(何)如爲"奇"

睡簡・答問・161:擅興奇祠〖注〗奇祠,不合法的祠廟。

睡簡・答問・161:爲"奇"

睡簡・日甲・26 背:連行奇(踦)立〖注〗《説文》:"踦,一足也。"

秦印編 85:任奇

秦印編 85:奇衆

秦印編 85:咸蒲里奇

集證・217.232:咸蒲里奇〖注〗奇,人名。

秦陶・1384:咸蒲里奇

集證・216.216:咸蒲里奇

1019　哥

睡簡・日甲・40 正:不可飲食哥(歌)樂

睡簡・日甲・42 正:以祠祀、飲食、哥(歌)樂

睡簡・日甲・44 正:不可祠祀、哥(歌)樂

1020　義

詛楚文・湫淵(中吳本):求蔑灋(廢)皇天上帝及大神氒(厥)湫之卹祠、圭玉、義(犧)牲

詛楚文・巫咸(中吳本):求蔑灋(廢)皇天上帝及不(丕)顯大神巫咸之卹祠、圭玉、義(犧)牲

詛楚文・亞駝(中吳本):求蔑灋(廢)皇天上帝及不(丕)顯大神亞駝之卹祠、圭玉、義(犧)牲

秦駰玉版・甲・摹:義(犧)豭既美

秦駰玉版・乙・摹:請□祠(?)用牛義(犧)貳(二)〖注〗牛犧,牛牲。

秦駰玉版・乙・摹:義(犧)豭既美

1021　號

北私府橢量・始皇詔(秦銅・146):立號爲皇帝

北私府橢量・始皇詔(秦銅・146):立號爲皇帝

北私府橢量・二世詔(秦銅・147):今襲號而刻辭不稱始皇帝

大騩銅權(秦銅・131):今襲號而刻辭不稱始皇帝

大騩銅權（秦銅・131）：立號爲皇帝

二世元年詔版八（秦銅・168）：今襲號而刻辭不稱始皇帝

二世元年詔版二（秦銅・162）：今襲號而刻辭不稱始皇帝

二世元年詔版九（秦銅・169）：今襲號而刻辭不稱始皇帝

二世元年詔版三（秦銅・163）：今襲號而刻辭不稱始皇帝

二世元年詔版十二（秦銅・172）：今襲號而刻辭不稱始皇帝

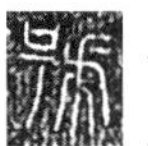
二世元年詔版十三（集證・50）：今襲號而刻辭不稱始皇帝

二世元年詔版十一（秦銅・171）：今襲號而刻辭不稱始皇帝

二世元年詔版五（秦銅・165）：今襲號而刻辭不稱始皇帝

兩詔斤權一・摹（集證・46）：今襲號而刻辭不稱始皇帝

兩詔斤權一・摹（集證・46）：立號爲皇帝

兩詔版（秦銅・174.1）：今襲號而刻辭不稱始皇帝

兩詔版（秦銅・174.1）：立號爲皇帝

兩詔斤權二・摹（集證・49）：今襲號而刻辭不稱始皇帝

兩詔斤權二・摹（集證・49）：立號爲皇帝

兩詔斤權一（集證・45）：立號爲皇帝

兩詔銅權二（秦銅・176）：今襲號而刻辭不稱始皇帝

兩詔銅權二（秦銅・176）：立號爲皇帝

兩詔銅權四（秦銅・179.1）：立號爲皇帝

兩詔銅權四（秦銅・179.2）：今襲號而刻辭不稱始皇帝

兩詔銅權一（秦銅・175）：今襲號而刻辭不稱始皇帝

兩詔銅權一（秦銅・175）：立號爲皇帝

兩詔橢量二（秦銅・149）：今襲號而刻辭不稱始皇帝

兩詔橢量三之二（秦銅・151）：今襲號而刻辭不稱始皇帝

兩詔橢量三之一（秦銅・150）：立號爲皇帝

兩詔橢量一（秦銅・148）：今襲號而刻辭不稱始皇帝

美陽銅權（秦銅・183）：今襲號而刻辭不稱始皇帝

美陽銅權（秦銅・183）：立號爲皇帝

平陽銅權・摹（秦銅・182）：今襲號而刻辭不稱始皇帝

平陽銅權・摹（秦銅・182）：立號爲皇帝

僅存銘兩詔銅權（秦銅・135-18.1）：立號爲皇帝

僅存銘兩詔銅權（秦銅・135-18.2）：今襲號而刻辭不稱始皇帝

僅存銘始皇詔銅權・八（秦銅・135-8）：立號爲皇帝

僅存銘始皇詔銅權・二（秦銅・135-2）：立號爲皇帝

僅存銘始皇詔銅權・九（秦銅・135-9）：立號爲皇帝

僅存銘始皇詔銅權・六（秦銅・135-6）：立號爲皇帝

僅存銘始皇詔銅權・七（秦銅・135-7）：立號爲皇帝

僅存銘始皇詔銅權・三（秦銅・135-3）：立號爲皇帝

僅存銘始皇詔銅權・十（秦銅・135-10）：立號爲皇帝

僅存銘始皇詔銅權・十二（秦銅・135-12）：立號爲皇帝

僅存銘始皇詔銅權・十六（秦銅・135-16）：立號爲皇帝

僅存銘始皇詔銅權・十七（秦銅・135-17）：立號爲皇帝

僅存銘始皇詔銅權・十三（秦銅・135-13）：立號爲皇帝

僅存銘始皇詔銅權・十四（秦銅・135-14）：立號爲皇帝

僅存銘始皇詔銅權・十一（秦銅・135-11）：立號爲皇帝

僅存銘始皇詔銅權・一（秦銅・135-1）：立號爲皇帝

秦箕斂（箕斂・封3）：立號爲皇帝

始皇詔版九・殘（集證・44.2）：立號爲皇帝

始皇詔八斤銅權二（秦銅・135）：立號爲皇帝

始皇詔八斤銅權一（秦銅・134）：立號爲皇帝

始皇詔版八（秦銅・144）：立號爲皇帝

始皇詔版二（秦銅・137）：立號爲皇帝

始皇詔版七（秦銅・143）：立號爲皇帝

始皇詔版一（秦銅・136）：立號爲皇帝

始皇詔十六斤銅權二（秦銅・128）：立號爲皇帝

始皇詔十六斤銅權三（秦銅・129）：立號爲皇帝

始皇詔十六斤銅權四（秦銅・130.1）：立號爲皇帝

始皇詔十六斤銅權一（秦銅・127）：立號爲皇帝

始皇詔鐵石權七（秦銅・125）：立號爲皇帝

始皇詔鐵石權四（秦銅・123）：立號爲皇帝

始皇詔鐵石權一（秦銅・120）：立號爲皇帝

始皇詔銅方升二（秦銅・99）：立號爲皇帝

始皇詔銅方升三（秦銅・100）：立號爲皇帝

始皇詔銅方升四（秦銅・101）：立號爲皇帝

始皇詔銅方升一（秦銅・98）：立號爲皇帝

始皇詔銅權二（秦銅・111）：立號爲皇帝

始皇詔銅權九（秦銅・118）：立號爲皇帝

始皇詔銅權六（秦銅・115）：立號爲皇帝

始皇詔銅權三（秦銅・112）：立號爲皇帝

始皇詔銅權十（秦銅・119）：立號爲皇帝

始皇詔銅權十一（珍金・125）：立號爲皇帝

始皇詔銅權四（秦銅・113）：立號爲皇帝

始皇詔銅權一（秦銅・110）：立號爲皇帝

始皇詔銅石權（秦銅・126）：立號爲皇帝

始皇詔銅橢量二（秦銅・103）：立號爲皇帝

始皇詔銅橢量六（秦銅・107）：立號爲皇帝

始皇詔銅橢量三(秦銅·104):立號爲皇帝

始皇詔銅橢量四(秦銅·105):立號爲皇帝

始皇詔銅橢量五(秦銅·106):立號爲皇帝

始皇詔銅橢量一(秦銅·102):立號爲皇帝

武城銅橢量(秦銅·109):立號爲皇帝

旬邑銅權(秦銅·133):今襲號而刻辭不稱始皇帝

旬邑銅權(秦銅·133):立號爲皇帝

左樂兩詔鈞權(集證·43):立號爲皇帝

琅邪臺刻石:今襲號而金石刻辭不稱始皇帝

繹山刻石·宋刻本:今襲號而金石刻辭不稱始皇帝

繹山刻石·宋刻本:上薦高號

睡簡·答問·98·摹:甲號寇〖注〗號,呼喊。

睡簡·答問·98:不聞號寇

陶量(秦印編85):號

秦陶·1580:立號爲皇□

秦陶·1607:號

秦陶·1550:立號爲皇帝

秦陶·1578:立號爲□

始皇詔陶印(《研究》附):立號爲皇帝

1022 亐 于

不其簋蓋(秦銅·3):弗以我車圅(陷)于囏

不其簋蓋(秦銅·3):女(汝)以我車宕伐嚴允(玁狁)于高陶(陶)

不其簋蓋(秦銅·3):女(汝)肇誨于戎工

不其簋蓋(秦銅·3):王命我羞追于西

不其簋蓋(秦銅·3):余命女(汝)御追于䍐

滕縣不其簋器(秦銅·4):弗以我車圅(陷)于囏

滕縣不其簋器(秦銅·4):女(汝)以我車宕伐嚴允(玁狁)于高陶(陶)

滕縣不其簋器(秦銅·4):女(汝)肇誨于戎工

滕縣不其簋器(秦銅·4):王命我羞追于西

滕縣不其簋器(秦銅·4):余命女(汝)御追于䍐

秦子簋蓋(珍金·34):卲(昭)于□四方

秦子簋蓋·摹(珍金·31):卲(昭)于□四方

秦編鐘·甲鐘(秦銅·10.1):剌=(烈=)卲文公、静公、憲公不家(墜)于上

秦編鐘·甲鐘鉦部·摹(秦銅·11.1):剌=(烈=)卲文公、静公、憲公不家(墜)于上

秦編鐘·丙鐘(秦銅·10.3):剌=(烈=)卲文公、静公、憲公不家(墜)于上

秦鎛鐘·1 號鎛(秦銅·12.1):剌=(烈=)卲文公、静公、憲公不家(墜)于上

秦鎛鐘·2 號鎛(秦銅·12.4):剌=(烈=)卲文公、静公、憲公不家(墜)于上

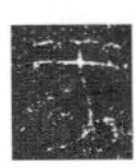
秦鎛鐘·3 號鎛(秦銅·12.7):剌=(烈=)卲文公、静公、憲公不家(墜)于上

秦公鎛鐘·摹(秦銅·16.3):于秦執事

卅八年上郡守慶戈(長平圖版):工隸臣于〖注〗于,人名。

卅八年上郡守慶戈·摹(長平圖版):工隸臣于

秦懷后磬·摹:樂又(有)聞于百□

大墓殘磬(集證·64):極(亟)事于秦

大墓殘磬(集證·65):極(亟)事于秦

石鼓文·田車(先鋒本):遊以隮于遼(原)

石鼓文·霝雨(先鋒本):□于水一方

詛楚文·湫淵(中吳本):使其宗祝卲鼛布愍(檄)告于不(丕)顯大神氒(厥)湫

詛楚文·巫咸(中吳本):使其宗祝卲鼛布愍(檄)告于不(丕)顯大神巫咸

詛楚文·亞駝(中吳本):使其宗祝卲鼛布愍(檄)告于不(丕)顯大神亞駝

秦駰玉版·甲·摹:以告于嶂(華)大山

秦駰玉版·乙·摹:以告于嶂(華)大山

秦駰玉版·乙·摹:至于足□之病

繹山刻石·宋刻本:登于繹山

泰山刻石·宋拓本:陲于後嗣

天簡 28·乙:長比于宫聲以爲

睡簡·日甲·122 背:以坐而飲酉(酒)矢兵不入于身

睡簡·秦律·199:歲讎辟律于御史

睡簡·秦律·135:居于官府

睡簡·日甲·118 背:矢兵不入于身

睡簡·效律·53:及都倉、庫、田、亭嗇夫坐其離官屬于鄉者

睡簡·答問·184:詣符傳于吏是謂"布吏"

睡簡·答問·129:餽遺亡鬼薪于外

睡簡·答問·131:盜辠輕于亡

睡簡·答問·140:盜出朱(珠)玉邦關及買(賣)于客者

睡簡·答問·155:吏從事于官府

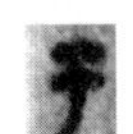
睡簡·秦律·25:而書入禾增積者之名事邑里于廥籍

睡簡·秦律·135:人奴妾居贖貲責(債)于城旦

龍簡·136:□輕重于程

龍簡·111·摹:□馬、牛、羊、犬、彘于人田□

龍簡·11:□于禁苑中者

龍簡·26:錢財它物于縣、道官

集證·177.654:淳于慶忌〖注〗淳于,複姓。

秦印編85:于改

秦印編85:鮮于趙

秦印編85:笱樊于

秦印編85:鮮于何

秦印編85:淳于鼻

秦印編85:淳于慶忌

瓦書·郭子直摹:北到于桑匽(堰)之封

瓦書·郭子直摹:取杜才(在)酆邱到于潏水

1023 虧 虧

秦印編86:王虧

1024 平

平鼎·摹(秦銅·204):平〖注〗平,記號。

平陽銅權·摹(秦銅·182):平陽斤〖注〗平陽,地名。

七年上郡守閒戈·照片(秦銅·33):平周〖注〗平周,地名。

廿五年上郡守周戈(登封·3.2):平周

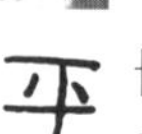
卌年上郡守起戈二·摹(集證·30):平周

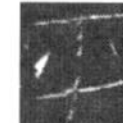
卌八年上郡假守鼂戈(珍金·88):漆工平〖注〗平,人名。

卌八年上郡假守鼂戈·摹(珍金·88):漆工平

元年上郡假守暨戈(珍金·93):平陸〖注〗平陸,地名。

元年上郡假守暨戈·摹(珍金·93):平陸

十四年□平匽氏戟(珍金·60):十四年□平匽氏造戟〖注〗平、匽,皆古姓氏。李學勤說"□平"爲地名;匽氏爲職官名。董珊說匽氏爲人名;"□平"爲職官名。吳鎮烽說"平"爲"守"字之訛。

十四年□平匽氏戟·摹(珍金·60):十四年□平匽氏造戟

十四年□平匽氏戟(珍金·61):平陸

十四年□平匽氏戟·摹(珍金·61):平陸

廿四年莒傷銅斧(沂南·2):佐平

大墓殘磬(集證·60):四方以鼏(宓)平

大墓殘磬(集證·62):四方以鼏(宓)平

會稽刻石·宋刻本:初平灋式

會稽刻石·宋刻本:嘉保泰平

會稽刻石·宋刻本:平壹宇内

泰山刻石·宋拓本:既平天下

天簡22·甲:平子定丑

天簡28·乙:平旦

天簡30·乙:盈戌平亥定子

天簡32・乙:盈亥平子定丑

天簡32・乙:盈丑平寅定卯

睡簡・日乙・19:平達之日

睡簡・爲吏・13:和平毋怨

睡簡・效律・35:以平辠人律論之

睡簡・秦律・175:以平辠人律論之〖注〗平,相等。

睡簡・日甲・23正:平寅

睡簡・日甲・24正:平卯

睡簡・日甲・25正:平辰

睡簡・日甲・18正:平酉

睡簡・日甲・19正:平戌

睡簡・日甲・16正:平未

睡簡・日甲・17正:平日

睡簡・日甲・17正:平申

睡簡・日甲・14正:平巳

睡簡・日乙・7:平達

龍簡・141:然租不平而劾者

龍簡・140・摹:租笄索不平一尺以上

關簡・57:乙未宿尋平〖注〗尋平,地名。

關簡・169:平旦

關簡・367:平旦晋

關沮牘・背・1:以十二月戊戌嘉平

關簡・29:正月丁卯嘉平視事

關簡・243:斄(數)東方平旦以雜之

關簡・243:以廷子爲平旦而左行

關簡・244:此正月平旦毄(繫)申者

關簡・244:今此十二月子日皆爲平

關簡・24:辛酉嘉平〖注〗嘉平,臘日。

帛書・病方・395:可八[九日]而傷平

秦印編86:樂平君印

秦印編86:平陸丞印

秦印編86:安平鄉印

秦印編86:長平鄉印

秦印編86:陽平君印

秦印編86:戚平

秦印編86:笵平

秦印編86:李平

秦印編86:平士

秦印編 86:咸平沃夤

秦印編 86:安平鄉印

秦印編 86:平壽丞印

秦印編 86:東安平丞

秦印編 86:東平陵丞

秦印編 86:西平鄉印

封泥集 304・1:長平丞印

封泥集 318・1:東平陵丞

封泥集 318・2:東平陵丞

封泥集 321・1:東安平丞

封泥集 323・1:平壽丞印

封泥集 323・2:平壽丞印

封泥集 353・1:平望鄉印

封泥集 353・2:平望鄉印

封泥集 353・3:平望鄉印

封泥集 354・4:平望鄉印

封泥集 355・1:西平鄉印

封泥集 355・2:西平鄉印

封泥集 362・1:安平鄉印

封泥集 362・2:安平鄉印

封泥集 362・3:安平鄉印

封泥集 362・4:安平鄉印

封泥集 362・5:安平鄉印

封泥集 362・6:安平鄉印

封泥集 362・7:安平鄉印

封泥集 362・8:安平鄉印

封泥集 362・10:安平鄉印

封泥集 376・1:孫平

集證・155. 352:長平丞印

封泥印 73:平阿禁印

封泥印 139:平城丞印

封泥印・附二 208:東平陵丞

封泥印・附二 210:平壽丞印

封泥印・附二 216:東安平丞

封泥印・待考 160:行平官印

新封泥 A・3. 12:平原禁印

封泥集・附一 405:長平鄉印

封泥集・附一 410:安平鄉印

集證·158.401:安平鄉印

集證·169.565:笵平

秦陶·1283:平市

秦陶·1399:咸平沃貪

集證·216.218:咸平沃貪

集證·216.217:平貪

集證·216.217:平貪

秦陶·488:平陰居貲北游公士滕〖注〗平陰,縣名。

秦陶·489:平陽驛

漆器(龍簡·7):平

漆器(龍簡·7):平

漆器 M11·23(雲夢·附二):平宇金市

1025 旨 舌

仲滋鼎·摹(集證·14):盛(?)旨羞

睡簡·日乙·243:旨(嗜)酉(酒)

1026 嘗

睡簡·封診·93:亦未嘗召丙飲

帛書·病方·430:嘗試〖注〗嘗試,曾經試用。

帛書·病方·441:漬女子未嘗丈夫者[布]□音(杯)

帛書·病方·36:嘗[試]

帛書·病方·65:嘗試

帛書·病方·136:嘗試

帛書·病方·238:嘗[試]

帛書·病方·288:嘗試

帛書·病方·362:嘗試

秦印編86:百嘗〖注〗百嘗,嘗百味,比喻經歷豐富。

秦印編86:百嘗

1027 喜 歖

大墓殘磬(集證·59):天子匽(燕)喜

天簡26·乙:長面大目喜疾行

睡簡·語書·11:喜爭書

睡簡·爲吏·51:施而喜之

睡簡·日乙·191:得喜也

睡簡·爲吏·30:怒能喜

睡簡·爲吏·3:毋喜富

睡簡·爲吏·10:四曰喜爲善行

睡簡·編年·19:喜治獄鄢〖注〗喜,人名。

睡簡・日甲・85 正:喜斲(鬬)

睡簡・日甲・98 背:日中以行有五喜

睡簡・日甲・99 背:市日以行有七喜

睡簡・日甲・97 背:莫(暮)市以行有九喜

睡簡・日甲・35 背:喜契(潔)清

睡簡・日甲・100 背:莫(暮)食以行有三喜

睡簡・日甲・101 背:旦以行有二喜

睡簡・日甲・160 正:朝見,喜

睡簡・日甲・134 正:有三喜

睡簡・日甲・135 正:有二喜

睡簡・日甲・135 正:有九喜

睡簡・日甲・135 正:有七喜

睡簡・日甲・135 正:有五喜

睡簡・日乙・85:喜斲(鬬)

睡簡・日乙・189:甲乙夢被黑裘衣寇〈冠〉,喜

睡簡・日乙・122:有喜

睡簡・日乙・192:喜也

睡簡・日乙・193:喜也

帛書・灸經甲・44:喜龍〖注〗喜龍,疑原作"喜申(伸)"。

秦印編 86:張喜

秦印編 87:忠心喜治

秦印編 86:王喜

秦印編 87:咸芮里喜

秦印編 86:涿喜

秦印編 86:毛喜

秦印編 86:乃喜

秦印編 86:女喜

集證・174. 609:張喜

集證・185. 765:忠心喜治〖注〗喜,喜歡。

秦陶・1419:咸芮里喜〖注〗喜,人名。

秦陶・1422:咸芮里喜

秦陶・1417:咸芮里喜

秦印編 87:任歕

秦印編 87:橋歕

秦印編 87:歕

1028　　憙

天簡 25・乙:憙大息:〖編者按〗《説文》:"憙,説也。"《韻會》:"悦也。"或讀爲"禧",福。

睡簡·日乙·210:其西北有憙

睡簡·日乙·215:正北有憙

睡簡·日乙·211:其南有憙

睡簡·日乙·208:東有憙

睡簡·日乙·202:其後有憙〖注〗憙,讀爲"禧",福。

睡簡·日乙·209:正西南有憙

秦印編 87:憙

秦印編 87:臣憙

秦印編 87:楊憙

1029　壴　　壴

秦印編 87:吳壴

秦印編 87:壴嬴

秦印編 87:宮水壴

秦陶·914:宮水壴

1030　尌　　尌

睡簡·日甲·105 正·摹:尌(樹)木

睡簡·日乙·127:□亥不可伐室中尌(樹)木

睡簡·日乙·128:伐尌(樹)木

秦印編 87:嬰尌

1031　彭　　彭

秦印編 87:彭城丞印

秦印編 87:彭里

秦印編 87:彭沮

封泥印 142:彭城丞印

封泥印 143:彭陽丞印

集證·163.483:王彭沮

集證·175.625:彭祖

1032　嘉　　嘉

□年寺工讋戈(集成 11197):□工嘉〖注〗嘉,人名。

十七年丞相啟狀戈·摹(秦銅·40):郃陽嘉

石鼓文·吾水(先鋒本):嘉尌(樹)鼎(則)里〖注〗嘉,美好。

會稽刻石·宋刻本:嘉保泰平

里簡·J1(16)6 正:嘉、穀、尉在所縣上書嘉、穀、尉

里簡·J1(16)6 正:嘉、穀、尉在所縣上書嘉、穀、尉

里簡·J1(9)1 背:嘉手〖注〗嘉,人名。

里簡·J1(9)2 背:嘉手

里簡·J1(9)3背:嘉手

里簡·J1(9)4背:嘉手

里簡·J1(9)5背:嘉手

里簡·J1(9)6背:嘉手

里簡·J1(9)7背:嘉手

里簡·J1(9)8背:嘉手

里簡·J1(9)9背:嘉手

里簡·J1(9)10背:嘉手

里簡·J1(9)11背:嘉手

里簡·J1(9)12背:嘉手

里簡·J1(16)6正:洞庭守禮謂縣嗇夫、卒史嘉、叚(假)卒史穀、屬尉

里簡·J1(16)6正:嘉、穀、尉各謹案所部縣卒

里簡·J1(16)9正:都鄉守嘉言

關沮牘·背·1:以十二月戊戌嘉平

關簡·29:正月丁卯嘉平視事

關簡·24:辛酉嘉平〖注〗嘉平,臘日。

秦印編87:嘉

秦印編88:枚嘉

秦印編87:嘉

秦印編88:趙嘉

秦印編87:嘉

秦印編88:衛嘉

秦印編87:趙嘉

秦印編88:顏嘉

秦印編87:李嘉

秦印編88:孫嘉

秦印編88:狼嘉

秦印編88:尹嘉

秦印編87:衛嘉

秦陶·605:左嘉

秦陶·675:右嘉

秦陶·1113:嘉

秦陶·575:嘉

秦陶·576:嘉

秦陶·583:左嘉

秦陶·584:左嘉

秦陶·604:左嘉

秦陶·1114:嘉

 秦陶・1418:咸高里嘉(?)

1033　憙

睡簡・日乙・219:有憙(憙)

睡簡・日乙・221:有憙(憙)

睡簡・日乙・203:其東有憙(憙)

1034　鼓 鼙　鼓鼓

睡簡・日甲・29 背:鬼恆夜鼓人門〖注〗鼓,敲。

睡簡・日甲・32 背・摹:男女未入宮者毄(擊)鼓奮鐸喿(譟)之

睡簡・日甲・34 背:不見其鼓

睡簡・日甲・34 背:是鬼鼓

睡簡・日甲・34 背:一室中有鼓音

睡簡・日甲・34 背:以人鼓應之

睡簡・爲吏・22・摹:鼓而乘之

帛書・病方・156:取桮(杯)水歕(噴)鼓三

1035　鼛

詛楚文・湫淵(中吳本):使其宗祝卲鼛布憝(檄)告于不(丕)顯大神乓(厥)湫〖注〗卲鼛,人名。陳世輝說"卲"讀爲"詔",詔告;卲鼛,卽詔告擊鼛鼓。

詛楚文・巫咸(中吳本):使其宗祝卲鼛布憝(檄)告于不(丕)顯大神巫咸

詛楚文・亞駝(中吳本):使其宗祝卲鼛布憝(檄)告于不(丕)顯大神亞駝

1036　豈　豈

睡簡・爲吏・10:及官之敨豈可悔

1037　豆 𣅀　豆昰

睡簡・答問・27:置豆俎鬼前未徹乃爲"未闐"〖注〗豆,盛肉或菹醢等物的食器。

帛書・病方・68:合盧大如□豆卅

帛書・足臂・2:上於豆(脰)〖注〗脰,項,卽頸後部。

1038　豊　豊

王七年上郡守疾(?)戈・摹(秦銅・29):□豊〖注〗豊,人名。

1039　豐 豐　豐豐

新封泥 C・16.19:豐璽〖注〗豐,地名。

1040　虞　虞

秦印編 88:虞年

集證・173.606:郭虞

秦印編 88:船虞

秦印編 88:段虞

睡簡・秦律・125・摹:及載縣(懸)鐘虞〈虡〉用輻(輻)

1041　　虘

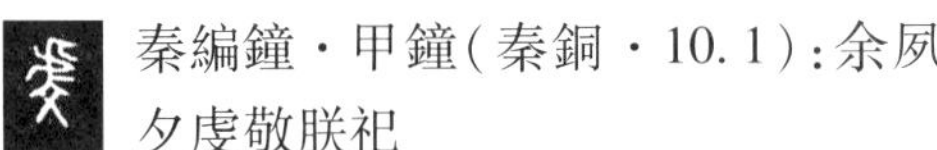
秦編鐘・甲鐘(秦銅・10.1):余夙夕虘敬朕祀

秦編鐘・甲鐘左鼓・摹(秦銅・11.2):余夙夕虘敬朕祀

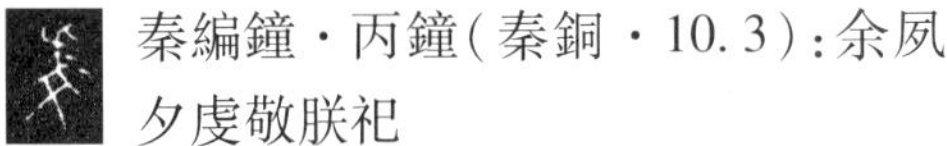
秦編鐘・丙鐘(秦銅・10.3):余夙夕虘敬朕祀

秦鎛鐘・1 號鎛(秦銅・12.1):余夙夕虘敬朕祀

秦鎛鐘・2 號鎛(秦銅・12.4):余夙夕虘敬朕祀

秦鎛鐘・3 號鎛(秦銅・12.7):余夙夕虘敬朕祀

秦公鎛鐘・摹(秦銅・16.2):虘敬朕祀

秦公簋・蓋(秦銅・14.2):虘敬朕祀

秦懷后磬・摹:以虘夙夜才(在)立(位)〖注〗虘,敬。

秦駰玉版・乙・摹:虘心以下

秦印編 88:任虘

1042　　虖

封泥印 119:虖□丞印

集證・169.557:者虖〖注〗者,疑讀爲"諸"。者虖,人名。

1043　　虐　虐

會稽刻石・宋刻本:暴虐恣行

詛楚文・湫淵(中吳本):内之則虣(暴)虐(虐)不(無)姑(辜)

詛楚文・巫咸(中吳本):内之則虣(暴)虐(虐)不(無)辜

詛楚文・亞駝(中吳本):内之則虣(暴)虐(虐)不(無)辜

1044　　虎　虝勮

大墓殘磬(集證・59):□㪊虎(鉏鋙)虩(載)入〖注〗㪊虎,孫常敍說讀爲"鉏鋙",一種止樂櫛齒狀物。

大墓殘磬(集證・62):□㪊虎(鉏鋙)虩(載)入

石鼓文・鑾車(先鋒本):迂貙如虎

睡簡・日甲・71 背:寅,虎也

睡簡・雜抄・26:虎失(佚)

睡簡・雜抄・26:虎欲犯

睡簡・雜抄・25:虎環(還)

睡簡・雜抄・25:虎未越泛蘚

睡簡・雜抄・25:射虎車二乘爲曹〖注〗射虎車,一種有防禦設備專用於獵射猛獸的車。

睡簡・日甲・71 背:多〈名〉虎豻貙豹申

帛書・病方・370:梃若以虎蚤

集證・169.561:虎

秦印編89:虎

集證・169.560:虎印

秦印編88:虎

秦印編88:楊虎

秦印編88:臣虎

秦印編88:李虎

集證・149.259:虎□之□

地圖注記・摹(地圖・5):虎谷

1045　虢

秦編鐘・甲鐘(秦銅・10.1):以虢事䜌(蠻)方〖注〗虢,恐懼,小心謹慎。

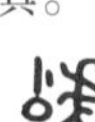秦編鐘・甲鐘鉦部・摹(秦銅・11.1):以虢事䜌(蠻)方

秦鎛鐘・1號鎛(秦銅・12.1):以虢事䜌(蠻)方

秦鎛鐘・2號鎛(秦銅・12.4):以虢事䜌(蠻)方

秦公鎛鐘・摹(秦銅・16.2):虢事䜌(蠻)夏

秦公簋・器(秦銅・14.1):虢事䜌(蠻)夏

1046　虒

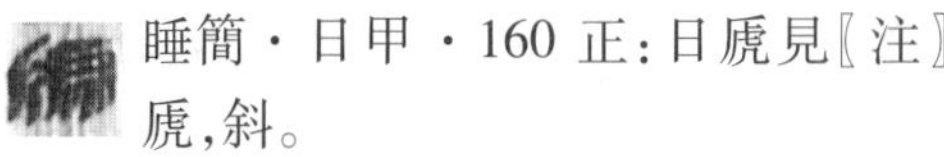睡簡・日甲・160正:日虒見〖注〗虒,斜。

睡簡・日甲・162正:日虒見

睡簡・日甲・166正:日虒見

睡簡・日甲・163正:日虒見

睡簡・日甲・164正:日虒見

睡簡・日甲・165正:日虒見

睡簡・日甲・161正:日虒見

睡簡・日甲・159正:日虒見

睡簡・日甲・157正:日虒見

秦印編89:逢虒

秦印編89:李虒

集證・168.546:李逯虒

秦印編89:官虒

秦印編89:戠虒

秦印編89:逯虒

1047　䖑(虣暴)

詛楚文・湫淵(中吳本):内之則虣(暴)唐(虐)不(無)姑(辜)〖注〗虣,象兩手持戈以搏虎,卽"暴"字。〖編者按〗《說文新附》:"䖑,虐也。"今通作"暴"。

詛楚文・亞駝(中吳本):内之則虣(暴)唐(虐)不(無)辜

1048　　䖝

集證・192.14：䖝

1049　　虘

帛書・病方・131：以蚤（爪）挈（契）虘令赤〖注〗虘，皮膚病名。〖編者按〗此字本不清晰，原整理者如此隸定。

1050　𥁊　盂

帛書・病方・95：令下盂中

1051　𥂝　盛

北私府橢量・二世詔（秦銅・147）：不稱成功盛德

大騶銅權（秦銅・131）：不稱成功盛德

二世元年詔版八（秦銅・168）：不稱成功盛德

二世元年詔版二（秦銅・162）：不稱成功盛德

二世元年詔版九（秦銅・169）：不稱成功盛德

二世元年詔版六（秦銅・166）：不稱成功盛德

二世元年詔版七（秦銅・167）：不稱成功盛德

二世元年詔版三（秦銅・163）：不稱成功盛德

二世元年詔版十三（集證・50）：不稱成功盛德

二世元年詔版四（秦銅・164）：不稱成功盛德

二世元年詔版五（秦銅・165）：不稱成功盛德

二世元年詔版一（秦銅・161）：不稱成功盛德

兩詔斤權一・摹（集證・46）：不稱成功盛德

兩詔斤權二・摹（集證・49）：不稱成功盛德

兩詔銅權二（秦銅・176）：不稱成功盛德

兩詔銅權三（秦銅・178）：不稱成功盛德

兩詔銅權四（秦銅・179.2）：不稱成功盛德

兩詔銅權一（秦銅・175）：不稱成功盛德

兩詔橢量二（秦銅・149）：不稱成功盛德

兩詔橢量三之二（秦銅・151）：不稱成功盛德

兩詔橢量一（秦銅・148）：不稱成功盛德

美陽銅權（秦銅・183）：不稱成功盛德

平陽銅權・摹（秦銅・182）：不稱成功盛德

僅存銘兩詔銅權（秦銅・135-18.2）：不稱成功盛德

旬邑銅權（秦銅・133）：不稱成功盛德

詛楚文・湫淵（中吳本）：奮士盛師

詛楚文・亞駝（中吳本）：奮士盛師

琅邪臺刻石：不稱成功盛德

繹山刻石・宋刻本：不稱成功盛德

關簡·309:取肥牛膽盛黑叔(菽)中

關簡·309:盛之而係(繫)

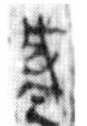
關簡·341:以一杯盛米

帛書·病方·41:以□并盛

帛書·病方·52:盛以栝(杯)

帛書·病方·92:盛以新瓦甕

帛書·病方·227:而盛竹甬(筩)中

帛書·病方·318:盛(成),即□囊而傅之

帛書·病方·351:以瓦器盛

秦印編89:盛疵

秦印編89:謝盛

秦印編89:盛子

1052　盍　盍

帛書·病方·266:令廣深大如盍〖注〗盍,陶制小盆。

帛書·病方·267:而取盍

帛書·病方·268:而毋蓋其盍空(孔)

帛書·病方·268:即令痔者居(踞)盍

帛書·病方·268:令直(膱)直(值)盍空(孔)

帛書·病方·268:即被盍以衣

帛書·病方·268:以土雍(壅)盍

1053　盧　盧

盧氏戈(彙編1330):盧氏〖注〗盧氏,地名。

帛書·病方·412:取茹盧(蘆)本〖注〗茹盧本,即茹蘆根,茜根的别名。

帛書·病方·413:取犁(藜)盧二齊〖注〗藜盧,藥名。

帛書·病方·418:冶黎(藜)盧二升

帛書·病方·68:合盧大如□豆卅〖注〗合盧,藥名。

帛書·病方·251:荊名曰盧茹

帛書·病方·350:冶烏豙(喙)、黎(藜)盧、蜀叔(菽)

帛書·病方·362:財冶犁(藜)盧

帛書·病方·366:取烏豙(喙)、黎(藜)盧

帛書·病方·421:以黎(藜)盧二

新封泥D·39:奴盧府印〖注〗奴盧府,官署名。

集證·170.571:南盧〖注〗南盧,人名。

集證·158.398:盧丞之印

秦印編89:盧利

秦印編89:王盧

秦印編89:盧忠

秦印編 89:盧和

秦印編 89:盧丘丞印

秦印編 89:好盧府印

秦印編 89:盧丘丞印

集證・160.441:奴盧之印

新封泥 A・3.16:盧山禁印

封泥集 319・1:盧丞之印

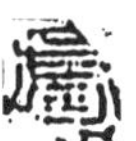
封泥集 331・1:盧丘丞印

封泥集 383・1:盧孔

新封泥 B・3.13:盧氏丞印

封泥印 87:□盧丞印

封泥印 110:盧氏丞印

封泥印 62:盧山禁丞

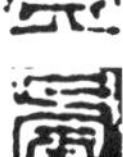
封泥印 86:奴盧府印〖注〗盧,讀爲“盧”,奴盧府,官署名。

封泥印 133:盧丞之印

新封泥 D・36:盧山禁丞

遺址・3:盧

1054　盄

秦公鎛鐘・摹(秦銅・16.3):乍(作)盄(淑)龢□(鐘?)

秦懷后磬・摹:盄(淑)允異〖注〗盄,王輝讀爲“淑”,和也。

大墓殘磬(集證・83):□煌龢盄(淑)〖注〗淑,善。龢淑,指音調和諧、優美。

1055　盎

睡簡・封診・88:卽置盎水中榣(搖)之〖注〗盎,盆。

睡簡・日甲・58 背:取盎之中道

1056　盆

帛書・灸經甲・68:缺盆痛〖注〗缺盆,鎖骨上窩處。

帛書・足臂・8:缺盆痛

1057　醯

睡簡・日甲・26 背:入人醯、醬、滫、將(漿)中〖注〗醯,醋。

帛書・病方・338:少殽以醯

帛書・病方・346:饍以醯

帛書・病方・378:醯六

帛書・病方・127:以美醯□之於瓦鴈中

帛書・病方・161:以美醯三□煮

帛書・病方・163:醯寒溫適

帛書・病方・189:以醯、酉(酒)三乃(扔)煮黍稷而飲其汁

帛書・病方・202：破卵音（杯）醯中

帛書・病方・216：并以醯二升和

帛書・病方・236：漬美醯一桮（杯）

帛書・病方・247：淬醯中

帛書・病方・274：取商〈商〉牢漬醯中

1058　　益

秦懷后磬・摹：乑（厥）益曰鄴〖注〗益，李學勤讀爲“系”，世系。

天簡 30・乙：爲病益篤市旅

睡簡・雜抄・15：敢深益其勞歲數者、貲一甲〖注〗深，讀爲“甚”。深益，增加。

睡簡・日甲・59 背：多益其旁人

睡簡・日乙・15：君子益事

睡 11 號牘・正：黑夫寄益就書曰

睡簡・答問・25：今或益〈盜〉一腎

睡簡・秦律・47：有（又）益壺〈壹〉禾之

睡簡・秦律・57・摹：城旦爲安事而益其食

睡簡・秦律・57：盡月而以其餘益爲後九月稟所

睡簡・秦律・122：欲以城旦舂益爲公舍官府及補繕之

關簡・310：復益歓（飲）之

帛書・脈法・73：治病者取有餘而益不足殹

帛書・脈法・74：陽上於環二寸而益爲一久（灸）

帛書・病方・24：財益藥

帛書・病方・161：弱（溺）□痛益甚

帛書・病方・259：不智（知）益一

帛書・病方・283：益（嗌）雎（疽）者

秦印編 89：聶益耳

集證・162.469：王益

秦印編 89：段益來

1059　　盈

石鼓文・霝雨（先鋒本）：盈湀濟=

天簡 30・乙：盈戌平亥定子

天簡 32・乙：盈亥平子定丑

天簡 32・乙：盈丑平寅定卯

睡簡・效律・46：不盈二百斗以下到百斗

睡簡・效律・47：不盈百斗以下到十斗

睡簡・效律・47・摹：不盈十斗以下及稟鬃縣中而負者

睡簡・效律・14：百分一以到不盈十分一

睡簡・答問・26：一［具］之臧（贓）不盈一錢

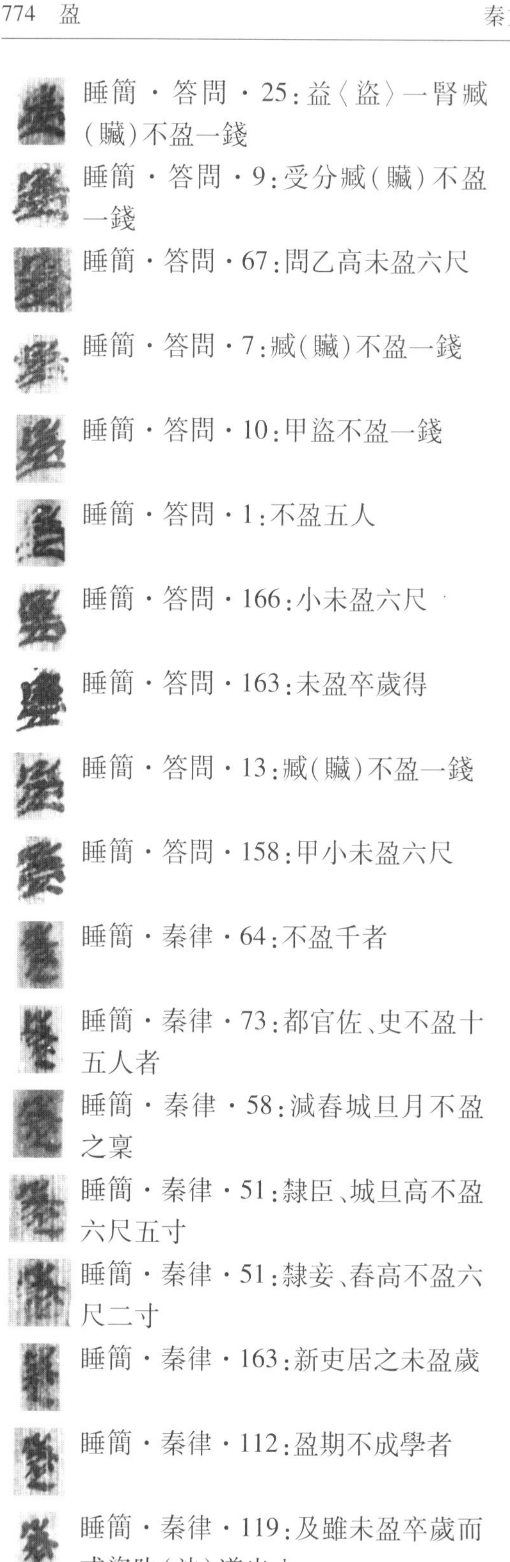

睡簡・答問・25:益〈盜〉一臀臧(贓)不盈一錢

睡簡・答問・9:受分臧(贓)不盈一錢

睡簡・答問・67:問乙高未盈六尺

睡簡・答問・7:臧(贓)不盈一錢

睡簡・答問・10:甲盜不盈一錢

睡簡・答問・1:不盈五人

睡簡・答問・166:小未盈六尺

睡簡・答問・163:未盈卒歲得

睡簡・答問・13:臧(贓)不盈一錢

睡簡・答問・158:甲小未盈六尺

睡簡・秦律・64:不盈千者

睡簡・秦律・73:都官佐、史不盈十五人者

睡簡・秦律・58:減舂城旦月不盈之稟

睡簡・秦律・51:隸臣、城旦高不盈六尺五寸

睡簡・秦律・51:隸妾、舂高不盈六尺二寸

睡簡・秦律・163:新吏居之未盈歲

睡簡・秦律・112:盈期不成學者

睡簡・秦律・119:及雖未盈卒歲而或盜抉(決)道出入

睡簡・日甲・22 正:盈子

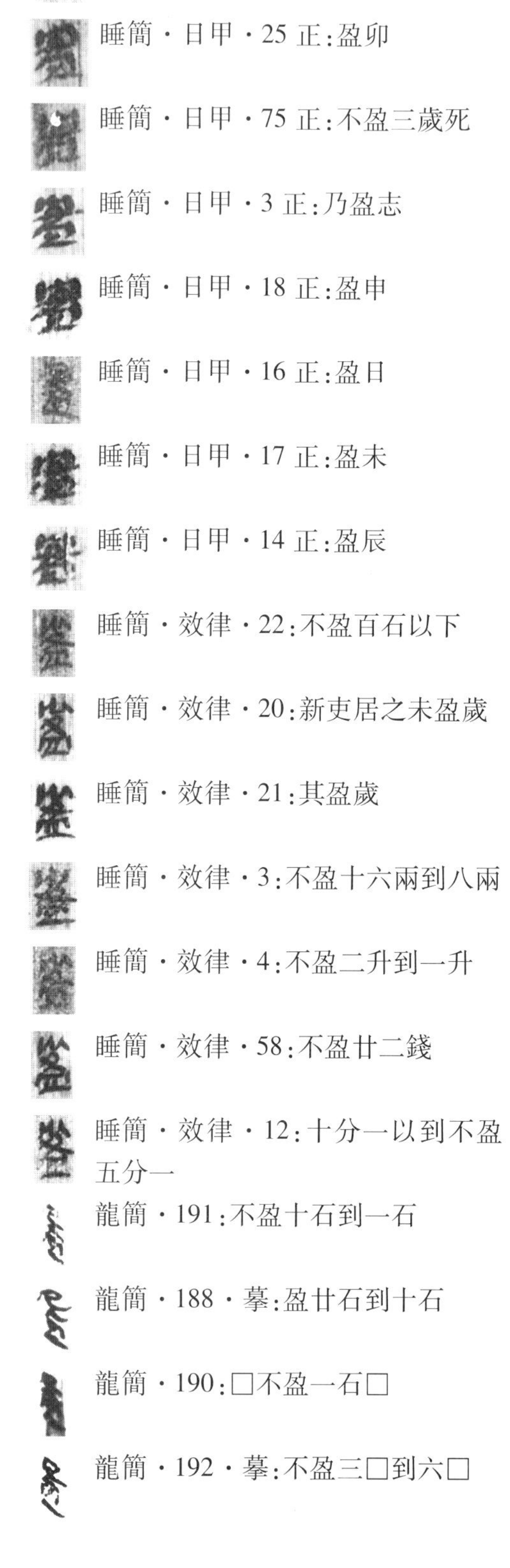

睡簡・日甲・24 正:盈寅

睡簡・日甲・25 正:盈卯

睡簡・日甲・75 正:不盈三歲死

睡簡・日甲・3 正:乃盈志

睡簡・日甲・18 正:盈申

睡簡・日甲・16 正:盈日

睡簡・日甲・17 正:盈未

睡簡・日甲・14 正:盈辰

睡簡・效律・22:不盈百石以下

睡簡・效律・20:新吏居之未盈歲

睡簡・效律・21:其盈歲

睡簡・效律・3:不盈十六兩到八兩

睡簡・效律・4:不盈二升到一升

睡簡・效律・58:不盈廿二錢

睡簡・效律・12:十分一以到不盈五分一

龍簡・191:不盈十石到一石

龍簡・188・摹:盈廿石到十石

龍簡・190:□不盈一石□

龍簡・192・摹:不盈三□到六□

龍簡・133・摹:盡□盈□希□

龍簡・41:不盈廿二錢到一錢

龍簡・193・摹:不盈十石及過十□

龍簡・193:不盈廿石到十石

龍簡・191・摹:不盈九斗到十□

帛書・病方・26:醇酒盈一衷桮(杯)

帛書・病方・169:盈隋(脽)

帛書・病方・173:脬盈者方

帛書・病方・178:令其灰不盈半尺

帛書・病方・227:盈甬(筩)□

帛書・病方・392:傅藥薄厚盈空(孔)而止

帛書・死侯・86:脣反人盈

1060 盡 盡

北私府橢量・始皇詔(秦銅・146):皇帝盡并(併)兼天下諸侯

〖注〗盡,皆、完全。

始皇詔銅橢量六(秦銅・107):皇帝盡并(併)兼天下諸侯

北私府橢量・始皇詔(秦銅・146):皇帝盡并(併)兼天下諸侯

始皇詔銅橢量六(秦銅・107):皇帝盡并(併)兼天下諸侯

北私府橢量・二世詔(秦銅・147):盡始皇帝爲之

大騩銅權(秦銅・131):皇帝盡并(併)兼天下諸侯

大騩銅權(秦銅・131):盡始皇帝爲之

二世元年詔版八(秦銅・168):盡始皇帝爲之

二世元年詔版二(秦銅・162):盡始皇帝爲之

二世元年詔版九(秦銅・169):盡始皇帝爲之

二世元年詔版六(秦銅・166):盡始皇帝爲之

二世元年詔版三(秦銅・163):盡始皇帝爲之

二世元年詔版十二(秦銅・172):盡始皇帝爲之

二世元年詔版十三(集證・50):盡始皇帝爲之

二世元年詔版十一(秦銅・171):盡始皇帝爲之

二世元年詔版四(秦銅・164):盡始皇帝爲之

二世元年詔版五(秦銅・165):盡始皇帝爲之

二世元年詔版一(秦銅・161):盡始皇帝爲之

高奴禾石銅權(秦銅・32.2):皇帝盡并(併)兼天下諸侯

兩詔斤權一・摹(集證・46):皇帝盡并(併)兼天下諸侯

兩詔斤權一・摹(集證・46):盡始皇帝爲之

兩詔版(秦銅・174.1):皇帝盡并(併)兼天下諸侯

兩詔斤權二・摹(集證・49):皇帝盡并(併)兼天下諸侯

兩詔斤權二・摹(集證・49):盡始皇帝爲之

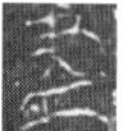 兩詔斤權二・照片（集證・47.2）：皇帝盡并（併）兼天下諸矦

 兩詔斤權一（集證・45）：皇帝盡并（併）兼天下諸矦

 兩詔斤權一（集證・45）：盡始皇帝爲之

 兩詔銅權二（秦銅・176）：皇帝盡并（併）兼天下諸矦

 兩詔銅權三（秦銅・178）：盡始皇帝爲之

 兩詔銅權四（秦銅・179.1）：皇帝盡并（併）兼天下諸矦

 兩詔銅權四（秦銅・179.2）：盡始皇帝爲之

 兩詔銅權一（秦銅・175）：皇帝盡并（併）兼天下諸矦

 兩詔銅權一（秦銅・175）：盡始皇帝爲之

 兩詔橢量二（秦銅・149）：盡始皇帝爲之

 兩詔橢量三之二（秦銅・151）：盡始皇帝爲之

 兩詔橢量三之一（秦銅・150）：皇帝盡并（併）兼天下諸矦

 兩詔橢量一（秦銅・148）：盡始皇帝爲之

 美陽銅權（秦銅・183）：皇帝盡并（併）兼天下諸矦

 美陽銅權（秦銅・183）：盡始皇帝爲之

 平陽銅權・摹（秦銅・182）：皇帝盡并（併）兼天下諸矦

 平陽銅權・摹（秦銅・182）：盡始皇帝爲之

 僅存銘兩詔銅權（秦銅・135-18.1）：皇帝盡并（併）兼天下諸矦

 僅存銘兩詔銅權（秦銅・135-18.2）：盡始皇帝爲之

 僅存銘始皇詔銅權・八（秦銅・135-8）：皇帝盡并（併）兼天下諸矦

 僅存銘始皇詔銅權・二（秦銅・135-2）：皇帝盡并（併）兼天下諸矦

 僅存銘始皇詔銅權・九（秦銅・135-9）：皇帝盡并（併）兼天下諸矦

 僅存銘始皇詔銅權・七（秦銅・135-7）：皇帝盡并（併）兼天下諸矦

 僅存銘始皇詔銅權・三（秦銅・135-3）：皇帝盡并（併）兼天下諸矦

 僅存銘始皇詔銅權・十（秦銅・135-10）：皇帝盡并（併）兼天下諸矦

 僅存銘始皇詔銅權・十七（秦銅・135-17）：皇帝盡并（併）兼天下諸矦

 僅存銘始皇詔銅權・十三（秦銅・135-13）：皇帝盡并（併）兼天下諸矦

  僅存銘始皇詔銅權・十四（秦銅・135-14）：皇帝盡并（併）兼天下諸矦

 僅存銘始皇詔銅權・十一（秦銅・135-11）：皇帝盡并（併）兼天下諸矦

 僅存銘始皇詔銅權・四（秦銅・135-4）：皇帝盡并（併）兼天下諸矦

  僅存銘始皇詔銅權・一（秦銅・135-1）：皇帝盡并（併）兼天下諸矦

 秦箕斂（箕斂・封3）：皇帝盡并兼天下諸矦

 商鞅方升（秦銅・21）：皇帝盡并（併）兼天下諸矦

 始皇詔版九・殘（集證・44.2）：皇帝盡并（併）兼天下諸矦

 始皇詔八斤銅權二（秦銅・135）：皇帝盡并（併）兼天下諸矦

 始皇詔八斤銅權一（秦銅・134）：皇帝盡并（併）兼天下諸矦

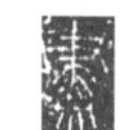 始皇詔版八（秦銅・144）：皇帝盡并（併）兼天下諸矦

 始皇詔版二（秦銅・137）：皇帝盡并（併）兼天下諸矦

 始皇詔版三（秦銅・138）：皇帝盡并（併）兼天下諸侯

 始皇詔版一（秦銅・136）：皇帝盡并（併）兼天下諸侯

 始皇詔十六斤銅權二（秦銅・128）：皇帝盡并（併）兼天下諸侯

 始皇詔十六斤銅權三（秦銅・129）：皇帝盡并（併）兼天下諸侯

 始皇詔十六斤銅權四（秦銅・130.1）：皇帝盡并（併）兼天下諸侯

 始皇詔十六斤銅權一（秦銅・127）：皇帝盡并（併）兼天下諸侯

 始皇詔鐵石權二（秦銅・121）：皇帝盡并（併）兼天下諸侯

 始皇詔鐵石權七（秦銅・125）：皇帝盡并（併）兼天下諸侯

 始皇詔鐵石權五（秦銅・124）：皇帝盡并（併）兼天下諸侯

 始皇詔銅方升三（秦銅・100）：皇帝盡并（併）兼天下諸侯

 始皇詔銅方升一（秦銅・98）：皇帝盡并（併）兼天下諸侯

 始皇詔銅權二（秦銅・111）：皇帝盡并（併）兼天下諸侯

 始皇詔銅權九（秦銅・118）：皇帝盡并（併）兼天下諸侯

 始皇詔銅權六（秦銅・115）：皇帝盡并（併）兼天下諸侯

 始皇詔銅權三（秦銅・112）：皇帝盡并（併）兼天下諸侯

 始皇詔銅權十（秦銅・119）：皇帝盡并（併）兼天下諸侯

 始皇詔銅權十一（珍金・125）：皇帝盡并（併）兼天下諸侯

 始皇詔銅權四（秦銅・113）：皇帝盡并（併）兼天下諸侯

 始皇詔銅權一（秦銅・110）：皇帝盡并（併）兼天下諸侯

 始皇詔銅橢量二（秦銅・103）：皇帝盡并（併）兼天下諸侯

 始皇詔銅橢量三（秦銅・104）：皇帝盡并（併）兼天下諸侯

 始皇詔銅橢量四（秦銅・105）：皇帝盡并（併）兼天下諸侯

 始皇詔銅橢量五（秦銅・106）：皇帝盡并（併）兼天下諸侯

 始皇詔銅橢量一（秦銅・102）：皇帝盡并（併）兼天下諸侯

 武城銅橢量（秦銅・109）：皇帝盡并（併）兼天下諸侯

 旬邑銅權（秦銅・133）：皇帝盡并（併）兼天下諸侯

 旬邑銅權（秦銅・133）：盡始皇帝爲之

 左樂兩詔鈞權（集證・43）：皇帝盡并（併）兼天下諸侯

 左樂兩詔鈞權（集證・43）：盡始皇帝爲之

 秦懷后磬・摹：子〈孔〉聖盡巧

 琅邪臺刻石：金石刻盡始皇帝所爲也

 泰山刻石・宋拓本：金石刻盡始皇帝所爲也

 繹山刻石・宋刻本：金石刻盡始皇帝所爲也

 天簡24・乙：人必盡

 睡簡・日乙・197：正東盡

 睡簡・秦律・90：冬衣以九月盡十一月稟之

 睡簡・秦律・90：夏衣以四月盡六月稟之

 睡簡・日乙・199：正西盡

睡簡・答問・81:縛而盡拔其須麋(眉)

睡簡・答問・26:不盡一具

睡簡・答問・201:盡當坐辠人之謂殹

睡簡・答問・37:赦後盡用之而得

睡簡・答問・136:今中〈甲〉盡捕告之

睡簡・答問・153:赦期已盡六月而得

睡簡・答問・154:盡稾出之

睡簡・封診・2:其辭已盡書而毋(無)解

睡簡・秦律・3:盡八月□之

睡簡・秦律・46:及告歸盡月不來者

睡簡・秦律・57:盡月而以其餘益爲後九月稟所

睡簡・秦律・51:到九月盡而止其半石

睡簡・秦律・139:盡八月各以其作日及衣數告其計所官

睡簡・秦律・140:盡九月而告其計所官

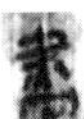
睡簡・日甲・2背:室必盡

睡簡・日甲・34正:它毋(無)小大盡吉

睡簡・日甲・103正:月不盡五日

睡簡・日甲・121背:月不盡五日

睡簡・日甲・117背:月不盡五日

睡簡・日乙・198:二月、六月、十月、正南盡

龍簡・185・摹:□其程盡以□

龍簡・133・摹:盡□盈□希□

關沮牘・背・1:月不盡四日

帛書・灸經甲・41:節盡痛

帛書・病方・49:下盡身

帛書・病方・55:徵盡而止

帛書・病方・62:犬毛盡

帛書・病方・93:令泥盡火而歠(歠)之

帛書・病方・159:沸盡而去之

帛書・病方・174:如此以盡三分

帛書・病方・175:藥盡更爲

帛書・病方・207:而父與母皆盡柏築之顛

帛書・病方・217:令其空(孔)盡容穨(癩)者腎與腸

帛書・病方・219:爲之恆以入月旬六日□盡

帛書・病方・219:以盡二七杙而已

帛書・病方・287:□即取其汁盡飲之

帛書・病方・376:候其洎不盡一斗

帛書・病方・377:□[癰]種(腫)盡去

帛書・病方・378:勿盡傅

帛書・病方・429:汁盡

帛書・病方・439:令鷄、蛇盡燋

帛書・病方・440:盡藥

陶量(秦印編90):盡

陶量(秦印編90):盡

陶量(秦印編90):盡

秦陶・1567:帝盡并(併)□天

秦陶・1570:□帝盡并(併)兼□

秦陶・1608:盡

赤峰秦瓦量・殘(銘刻選43):皇帝盡并(併)兼天下諸矦

秦陶・1547:皇帝盡并(併)兼

秦陶・1548:皇帝盡并(併)兼

秦陶・1549:盡并(併)兼天下諸矦

秦陶・1563:□帝盡□

始皇詔陶印(《研究》附):皇帝盡并(併)兼天下諸矦

地圖注記・摹(地圖・5):陽盡柏木

1061　盄

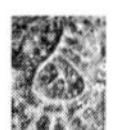
秦子簋蓋(珍金・35):盄(淑)龔(恭)□(穆?)〖注〗淑恭,淑良恭敬。

秦子簋蓋・摹(珍金・31):盄(淑)龔(恭)□(穆?)

1062　䀋

秦公鎛鐘・摹(秦銅・16.3):䀋₌(藹₌)文武〖注〗䀋₌,于省吾讀爲"藹藹",賢士濟濟之貌。

秦公簋・蓋(秦銅・14.2):䀋₌(藹₌)文武

秦編鐘・丁鐘(秦銅・10.4):䀋₌(藹₌)允義

秦編鐘・甲鐘顶篆部・摹(秦銅・11.3):䀋₌(藹₌)允義

秦鎛鐘・1號鎛(秦銅・12.2):䀋₌(藹₌)允義

秦鎛鐘・2號鎛(秦銅・12.5):䀋₌(藹₌)允義

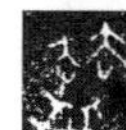
秦鎛鐘・3號鎛(秦銅・12.8):䀋₌(藹₌)允義

1063　䀈

睡簡・秦律・12・摹:百姓居田舍者毋敢䀈(酤)西(酒)〖注〗酤酒,賣酒。

1064　溘

帛書・病方・316:漬以溘(醯)〖注〗醯,醋。

1065　㿾

帛書・病方・239:把其本小者而㿾(盭)絕之〖注〗盭絕,卽戾絕,扭斷。《說文》:"盭,弼戾也。讀若戾。"

1066　𠫓　去

北私府橢量・二世詔（秦銅・147）：元年制詔丞相斯、去疾〖注〗去疾，人名，姓馮。

大騩銅權（秦銅・131）：元年制詔丞相斯、去疾

二世元年詔版八（秦銅・168）：元年制詔丞相斯、去疾

二世元年詔版二（秦銅・162）：元年制詔丞相斯、去疾

二世元年詔版七（秦銅・167）：元年制詔丞相斯、去疾

二世元年詔版三（秦銅・163）：元年制詔丞相斯、去疾

二世元年詔版十二（秦銅・172）：元年制詔丞相斯、去疾

二世元年詔版十三（集證・50）：元年制詔丞相斯、去疾

二世元年詔版四（秦銅・164）：元年制詔丞相斯、去疾

二世元年詔版五（秦銅・165）：元年制詔丞相斯、去疾

二世元年詔版一（秦銅・161）：元年制詔丞相斯、去疾

兩詔斤權一・摹（集證・46）：元年制詔丞相斯、去疾

兩詔版（秦銅・174.1）：元年制詔丞相斯、去疾

兩詔斤權二・摹（集證・49）：元年制詔丞相斯、去疾

兩詔斤權一（集證・45）：元年制詔丞相斯、去疾

兩詔銅權五（秦銅・180）：元年制詔丞相斯、去疾

兩詔銅權一（秦銅・175）：元年制詔丞相斯、去疾

兩詔橢量二（秦銅・149）：元年制詔丞相斯、去疾

兩詔橢量三之二（秦銅・151）：元年制詔丞相斯、去疾

兩詔橢量一（秦銅・148）：元年制詔丞相斯、去疾

美陽銅權（秦銅・183）：元年制詔丞相斯、去疾

平陽銅權・摹（秦銅・182）：元年制詔丞相斯、去疾

僅存銘兩詔銅權（秦銅・135-18.2）：元年制詔丞相斯、去疾

旬邑銅權（秦銅・133）：元年制詔丞相斯、去疾

左樂兩詔鈞權（集證・43）：元年制詔丞相斯、去疾

元年丞相斯戈・摹（秦銅・160）：櫟陽左工去疾

琅邪臺刻石：丞相臣斯、臣去疾、御史大夫臣德昧死言

泰山刻石・廿九字本：□□臣斯、臣去疾、御史大夫臣□昧死言

泰山刻石・宋拓本：丞相臣斯、臣去疾、御史大夫臣德昧死言

繹山刻石・宋刻本：丞相臣斯、臣去疾、御史大夫臣德昧死言

睡簡・效律・19：官嗇夫必與去者效代者

睡簡・語書・3：去其淫避（僻）

睡簡・答問・29：甲即牽羊去

睡簡・答問・30：抉之弗能啟即去

睡簡・答問・31：弗能啟即去

睡簡・答問・127：有（又）去亡

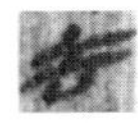睡簡・答問・12:已去而偕得

睡簡・答問・197:“賨署”卽去殹

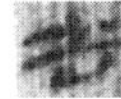睡簡・答問・197:卽去署殹〖注〗去署,擅離崗位。

睡簡・答問・166:去亡

睡簡・答問・167:女子甲去夫亡

睡簡・答問・176:欲去秦屬是謂“夏”

睡簡・答問・132:去亡

睡簡・封診・81:東北去廦各四尺

睡簡・封診・29:丁與戊去亡

睡簡・封診・96:以迺二月不識日去亡

睡簡・封診・69:頭足去終所及地各幾可(何)

睡簡・封診・65:頭上去權二尺

睡簡・封診・79:垣北去小堂北脣丈

睡簡・封診・79:垣東去内五步

睡簡・封診・46:令終身毋得去畱(遷)所

睡簡・封診・17:去亡以命

睡簡・秦律・162:官嗇夫必與去者效代者

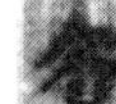睡簡・秦律・163:去者弗坐

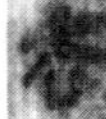睡簡・秦律・163:去者與居吏坐之

睡簡・秦律・172:其有免去者

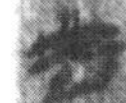睡簡・日甲・26背:求而去之

睡簡・日甲・39背:屈(掘)而去之

睡簡・日甲・34背:見它人而去

睡簡・日甲・40背:去地五尺

睡簡・日甲・49背:不可去

睡簡・日甲・41背:弗去

睡簡・日甲・41背:屈(掘)而去之

睡簡・日甲・58背:則去矣

睡簡・日甲・56背:果(裹)以賁(奔)而遠去之

睡簡・日甲・51背:蠪(龍)去矣

睡簡・日甲・127背:毋以戌、亥遠去室

睡簡・日甲・162正:不計去

睡簡・日甲・165正:必辱去

睡簡・日甲・144正:去父母南

睡簡・日甲・144正:去其邦北

睡簡・日甲・157背:去其不羊(祥)

睡簡・日甲・115正:乃去

睡簡・日乙・208:去室西南受兇(凶)

睡簡・日乙・204:不去有死

睡簡・日乙・204:去室西

睡簡・日乙・205:不去有咎

睡簡・日乙・205:去室北

睡簡・日乙・220:不去其室有死

睡簡・日乙・230:傷(逷)去〖注〗傷,讀爲"逷"。逷去,遠去。

睡簡・日乙・235:未、辰、午入官、辱而去

睡簡・日乙・240:去其邦

睡簡・日乙・249:去不恙(祥)

睡簡・日乙・249:去不恙(祥)

睡簡・日乙・241:去其邦北亟

睡簡・日乙・250:去不恙(祥)也

睡簡・日乙・251:去不善

睡簡・日乙・43:長行毋以戌亥遠去室

睡簡・爲吏・23:止欲去顚(願)

睡簡・爲吏・43:民將姚(逃)去

睡簡・爲吏・5:過(禍)去福存

睡簡・效律・20:去者與居吏坐之

睡簡・效律・21:去者弗坐

睡簡・效律・32:其有免去者

龍簡・31・摹:去甬道、禁苑□

龍簡・48:去道過一里濯者□水(?)□

龍簡・28:□去耎(壖)廿里毋敢每(謀)殺□

龍簡・27・摹:去苑卌里

龍簡・197・摹:吏及徒去辨□〖注〗去,去掉、拿掉。

關簡・339:令某癰槃(數)去

關簡・329:稅(脫)去黑者

關簡・364:乙未去宛

關簡・315:去黑子方

關簡・13:丁未去左曹〖注〗去,離開。

帛書・病方・41:毋去其足

帛書・病方・69:而溍(晉)去其宰(滓)

帛書・病方・92:揚去氣

帛書・病方・98:去之

帛書・病方・98:徐去徐已

帛書・病方・102:卽拔尤(疣)去之

帛書・病方・107:去勿顧

帛書・病方・122:雖俞(愈)而毋去其藥

帛書·病方·159:沸盡而去之

帛書·病方·174:去滓

帛書·病方·193:不去〖注〗不去,不消。

帛書·病方·193:浚去汁

帛書·病方·194:穜(腫)去

帛書·病方·320:去故般(瘢)

帛書·病方·347:去其甲足

帛書·病方·360:去□目□

帛書·病方·377:□[癰]穜(腫)盡去

帛書·病方·379:而以湯洒去藥

帛書·病方·394:已去藥

帛書·病方·429:摹以捚去之

帛書·病方·448:□去

帛書·病方·449:去人馬疣

帛書·病方·450:□疣去矣

帛書·病方·455:有去者

帛書·病方·殘4:□挈去先所傅□

帛書·病方·殘4:挈去□

帛書·病方·殘8:𩎟去湯可一寸□

帛書·病方·殘8:□操而去之

帛書·病方·目錄:去人馬尤(疣)

秦印編90:去疢

集證·164.504:江去疾

秦印編90:張去疾

秦印編90:去疾

秦印編90:去疾

秦印編90:去疾

秦印編90:李去疾

秦印編90:去疾

秦印編90:癹去疾

秦印編90:江去疾

秦陶·483:博昌去疾〖注〗去疾,人名。

地圖注記·摹(地圖·5):去谷口可五里

地圖注記·摹(地圖·5):去口可八里

1067 𦤎

秦公鎛鐘·摹(秦銅·16.1):保𦤎(乂)氒(厥)秦〖注〗𦤎,卽"業"字。保業,保乂、長保。

秦公簋·器(秦銅·14.1):保𦤎氒(厥)秦

1068 血

繹山刻石・宋刻本:流血於野

睡簡・封診・88:音(衃)血子毆

睡簡・封診・89:皆言甲前旁有乾血

睡簡・封診・89:今尚血出而少

睡簡・封診・86:診甲前血出及癰狀

睡簡・封診・57:㓿(腦)角出(頔)皆血出

睡簡・日甲・104正:是謂血明

睡簡・日乙・62:必鬬見血

關簡・316:令血欲出

關簡・319:令欲出血

帛書・病方・345:靡(磨)之血

帛書・死候・87:則血先□死

帛書・病方・11:止血出者

帛書・病方・12:毋血出

帛書・病方・13:傷者血出

帛書・病方・53:下如䏾(衃)血

帛書・病方・54:有血如蠅羽者

帛書・病方・130:取丹沙與鱣魚血

帛書・病方・130・摹:若以鷄血

帛書・病方・184:血痒〖注〗血痒,血癃,病名。

帛書・病方・245:若有堅血如拍末而出者

帛書・病方・248:後而潰出血

帛書・病方・253:血出者方

帛書・病方・254:令血出

帛書・病方・264:血肨(痔)

帛書・病方・289:血睢(疽)始發

帛書・病方・340:以血涂(塗)之

帛書・病方・341:以牡□膏、鱣血饍

1069 卹(恤)

詛楚文・巫咸(中吳本):求蔑灋(廢)皇天上帝及不(丕)顯大神巫咸之卹祠、圭玉、羲(犧)牲〖注〗卹祠,血祀,即血食祭品。于省吾說"卹"訓敬慎。《說文》:"卹,憂也。"段玉裁注:"後人多改爲恤。"

詛楚文・亞駝(中吳本):求蔑灋(廢)皇天上帝及不(丕)顯大神亞駝之卹祠、圭玉、羲(犧)牲

詛楚文・湫淵(中吳本):求蔑灋(廢)皇天上帝及不(丕)顯大神亞駝之卹祠、圭玉、羲(犧)牲

1070 衁(衁)

睡簡・日乙・11:衁絕

1071　　　　邺

邺 睡簡・爲吏・26・摹:將軍勿邺(恤)視〖注〗《字彙》:"邺,與恤同。"

1072　主　　　　主

天簡 32・乙:宜春夏主人多

天簡 34・乙:主人

睡簡・語書・6:是即明避主之明灋(法)殹

睡簡・語書・3:是即灋(廢)主之明灋(法)殹

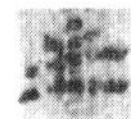睡簡・答問・20:人奴妾盜其主之父母

睡簡・答問・23:皆畀其主

睡簡・答問・21:不同居不爲盜主

睡簡・答問・21:同居者爲盜主

睡簡・答問・21:爲盜主

睡簡・答問・90:邦客與主人

睡簡・答問・76:臣妾牧殺主

睡簡・答問・76:欲賊殺主

睡簡・答問・73:畀主

睡簡・答問・74:畀主

睡簡・答問・75:比毆主

睡簡・答問・75:臣强與主奸

睡簡・答問・5:各畀主

睡簡・答問・5:人臣甲謀遣人妾乙盜主牛

睡簡・答問・182:其主已取錢

睡簡・答問・189:皆主王犬者殹

睡簡・答問・187:宮中主循者殹

睡簡・答問・192:古主爨竈者殹

睡簡・答問・195:畀其主

睡簡・答問・195:其子入養主之謂也

睡簡・答問・195:雖不養主而入量(糧)者

睡簡・答問・104:臣妾告主

睡簡・答問・141:問主購之且公購

睡簡・答問・104:主擅殺、刑、髡其子、臣妾

睡簡・封診・6:敢告某縣主〖注〗主,負責官吏。

睡簡・封診・47:告灋(廢)丘主

睡簡・封診・43:丞某告某鄉主

睡簡・封診・14:敢告主

睡簡・秦律・21:而遺倉嗇夫及離邑倉佐主稟者各一戶以氣(餼)

睡簡・秦律・95:亡、不仁其主及官者

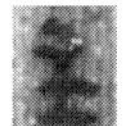
睡簡・秦律・79:令其官嗇夫及吏主者代賞(償)之

睡簡・秦律・32:令有秩之吏、令史主

睡簡・秦律・57:以犯令律論吏主者

睡簡・秦律・55:令吏主

睡簡・秦律・169:而遺倉嗇夫及離邑倉佐主稟者各一戶

睡簡・秦律・172:新佐、史主廥者

睡簡・秦律・175:有(又)與主廥者共賞(償)不備

睡簡・秦律・149・摹:吏主者負其半

睡簡・秦律・14:治(笞)主者寸十

睡簡・秦律・116:司空將紅(功)及君子主堵者有辠

睡簡・雜抄・41:縣司空佐主將者

睡簡・日甲・2 正:寄人必奪主室

睡簡・日甲・102 正:大主死

睡簡・日甲・120 正:其主昌富

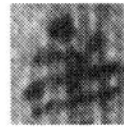
睡簡・日甲・122 正:其主必富三渫(世)

睡簡・日甲・122 正:其主爲巫

睡簡・日甲・123 正:其主富

睡簡・日甲・124 正:其主瘩(癃)

睡簡・日甲・121 正:其主且爲巫

睡簡・日甲・149 背:田亳主以乙巳死

睡簡・日甲・159 背:主君勉飲勉食

睡簡・日甲・157 背:到主君所

睡簡・日甲・157 背:主君笱屏詷馬

睡簡・日甲・118 正:其主必富

睡簡・日甲・119 正:其主昌

睡簡・日甲・117 正:其主必富

睡簡・日乙・203:死者主也

睡簡・日乙・124:有咎主

睡簡・日乙・110:大主死、瘩(癃)

睡簡・日乙・112:主人必大傷

睡簡・效律・29:而遺倉嗇夫及離邑倉佐主稟者各一戶

睡簡・效律・32:新倉嗇夫、新佐、史主廥者

睡簡・效律・35:有(又)與主廥者共賞(償)不備

睡簡・效律・51:其吏主者坐以貲、誶如官嗇夫

睡簡・效律・17:各坐其所主

睡簡・效律・17:同官而各有主殹

龍簡・162:稼償主

龍簡・152:部主者各二甲〖注〗主者,主管官吏。

龍簡・234・摹:□主弗得

里簡・J1(9)11 正:報署主責發

里簡・J1(16)6 背:告鄉司空、倉主

里簡・J1(8)133 背:遷陵守丞陘告司空主

里簡・J1(8)155:廷主戶發

里簡・J1(8)158 正:敢告主

里簡・J1(8)158 正:主令史下絡帬直(值)書已到

里簡・J1(9)1 正:報署主責發〖注〗主責,官名。

里簡・J1(9)2 正:報署主責發

里簡・J1(9)4 正:報署主責發

里簡・J1(9)5 正:報署主責發

里簡・J1(9)6 正:報署主責發

里簡・J1(9)7 正:報署主責發

里簡・J1(9)8 正:報署主責發

里簡・J1(9)9 正:報署主責發

里簡・J1(9)10 正:報署主責發

關簡・299:築(築)囚、行、炊主歲=爲下

關簡・297:上公、兵死、陽主歲=在中

關簡・302:里袜、冢主歲=爲上

帛書・灸經甲・71:是臂少陰脈(脈)主治

帛書・脈法・81:□虛則主病它脈(脈)□

帛書・病方・66:西方□主冥冥人星

帛書・死候・86:三陰貸(腐)臧(臟)煉(爛)腸而主殺

帛書・灸經甲・46:是陽明脈(脈)主治

帛書・灸經甲・49:是肩脈(脈)主治

帛書・灸經甲・51:是耳脈(脈)主治

帛書・灸經甲・53:是齒脈(脈)主治

帛書・灸經甲・55:是钜陰脈(脈)主治

帛書・灸經甲・60:是厥陰脈(脈)主治

秦印編 90:讎主

秦印編 90:主壽

集證・150.273:公主田印

漆器 M9・44(雲夢・附二):南主廿

1073　　咅𣢾

睡簡・封診・88:咅(衃)血子毆

睡簡・封診・89:出水中有(又)咅(衃)血狀

帛書・病方・203:入半咅(杯)酒中飲之

帛書・病方・383:飲其□一咅(杯)

帛書・病方・2:□毀一垸音(杯)酒中

帛書・病方・6:入三指最(撮)半音(杯)温酒□

帛書・病方・8:□一垸温酒一音(杯)中□

帛書・病方・24:入温酒一音(杯)中而飲之

帛書・病方・42:和以温酒一音(杯)

帛書・病方・57:注音(杯)中

帛書・病方・60:[醯]半音(杯)

帛書・病方・77:而煮水一甕□一音(杯)

帛書・病方・97:湮汲一音(杯)入奚蠡中

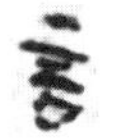

帛書・病方・98:飲半音(杯)

帛書・病方・172:以酒一音(杯)

帛書・病方・202:破卵音(杯)醯中

帛書・病方・441:漬女子未嘗丈夫者[布]□音(杯)

1074 丹

睡簡・秦律・102:以丹若鬃書之

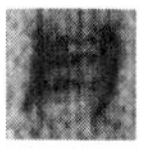

睡簡・爲吏・36:朱珠丹青

關簡・377:而食以丹

帛書・病方・454:治以丹□爲一合

帛書・病方・130:取丹沙與鱣魚血〖注〗丹沙,即硃砂。

帛書・病方・318:丹一

秦印編90:丹

秦印編90:丹

秦印編90:王丹

秦印編90:藥丹

秦印編90:高丹

秦印編90:王丹

秦印編90:咸亭郚里丹器〖注〗丹,人名。

南郊707・194.7:咸亭完里丹器

南郊707・194.8:咸亭完里丹器

南郊707・194.10:咸亭完里丹器

集證・194.32:咸亭完里丹器

集證・194.33:咸亭完里丹器

集證・196.45:咸亭完里丹器

南郊707・194.6:咸亭完里丹器

1075 彤

石鼓文・鑾車(先鋒本):彤矢□□〖注〗《說文》:"彤,丹飾也。"

1076 青

睡簡・秦律・34:别黄、白、青

睡簡・日甲・69 正・摹:青色死

睡簡・日甲・73 背:青赤色

睡簡・日乙・192:庚辛夢青黑

睡簡・爲吏・36:朱珠丹青

關簡・190:占物,青、赤

關簡・198:占物,青、黄

關簡・192:占物,青、黄

關簡・200:占物,黄、青

關簡・238:占物,青、黄

關簡・236:占物,青、黄

關簡・234:占物,青、赤

關簡・240:占物,青、黄

關簡・214:占物,青、黑

帛書・病方・248:以煮青蒿大把二、鮒魚如手者七〖注〗青蒿,萩,藥名。

帛書・病方・251:青蒿者

帛書・病方・51:屎(矢)不□化而青

帛書・病方・92:以青粱米爲鬻(粥)

帛書・病方・96:青傅之〖注〗青,空青,銅礦石的一種。

帛書・病方・115:取灌青〖注〗灌青,藥名。

帛書・病方・116:有(又)復之而□灌青

集證・169.556:青肩〖注〗青肩,人名。

封泥印 29:采青丞印

新封泥 D・17:采青丞印〖注〗采青,官名。

秦印編 91:朱青

1077 靜

秦編鐘・甲鐘(秦銅・10.1):剌=(烈=)卲文公、靜公、憲公不家(墜)于上〖注〗靜公,文公太子。

秦編鐘・甲鐘鉦部・摹(秦銅・11.1):剌=(烈=)卲文公、靜公、憲公不家(墜)于上

秦鎛鐘・1 號鎛(秦銅・12.1):剌=(烈=)卲文公、靜公、憲公不家(墜)于上

秦鎛鐘・2 號鎛(秦銅・12.4):剌=(烈=)卲文公、靜公、憲公不家(墜)于上

秦公鎛鐘・摹(秦銅・16.3):炅(鎮)靜不廷〖注〗炅,或爲"鎮"之異構。鎮靜,安靜,用作動詞。

秦公簋・蓋(秦銅・14.2):炅(鎮)靜不廷

秦印編 91:吳靜

秦印編 91:臣靜

1078 井 井

秦公鎛鐘・摹(秦銅・16.2):叡専(敷)明井(型)

睡簡・日甲・115 正:井居西南

睡簡・日乙・89:東井

睡簡・日乙・94:六月東井廿七日

睡簡・日甲・20 背:井居西北㢌

睡簡・日甲・21 背:鄉(嚮)井

睡簡・日甲・38 正:可以穿井、行水、蓋屋、飲樂、外除

睡簡・日甲・4 正:鑿井

睡簡・日甲・58 正:東井、輿鬼大吉

睡簡・日甲・5 背:中夏參、東井

睡簡・日甲・52 正:東井、輿鬼致死

睡簡・日甲・53 背:更爲井

睡簡・日甲・55 正:柳、東井、輿鬼大凶

睡簡・日甲・103 正:毋以寅祭祀鑿井

睡簡・日甲・18 背:井當戶牖閒

睡簡・日甲・19 背:井居西南㢌

睡簡・日甲・118 正:左井右囷

睡簡・日乙・57:利以穿井、蓋屋

睡簡・日乙・16:以風鑿井

關簡・161:東井

關簡・152:五月東井〖注〗東井,二十八宿之一。

關簡・2:丁酉宿井韓鄉〖注〗井韓鄉,地名。

關簡・229:斗乘東井

關簡・340:汲井

帛書・病方・41:漬井𩰲□出之〖注〗井𩰲,指井底。

帛書・病方・61:以井上罋𩰲處土與等

帛書・病方・101:取井中泥

帛書・病方・104:入帚井中

帛書・病方・104:以月晦日之丘井有水者

秦印編 91:井耤

秦印編 91:華井

秦陶・1489:井

秦陶・1486:井

1079 阱 穽 汬 阱(穽)汬

睡簡・秦律・5:置穽罔(網)

龍簡・103:毋敢穿穽及置它機〖注〗《說文》:“阱,陷也。穽,阱或

从穴。"

1080　𠛬　刑

詛楚文・湫淵(中吳本):刑戮孕婦

詛楚文・巫咸(中吳本):刑戮孕婦

詛楚文・亞駝(中吳本):刑戮孕婦

秦駰玉版・甲・摹:姓(生)爲刑灋(法)〖注〗刑法,懲罰罪犯的法律。李學勤說"刑"爲名詞,法典;"法"爲動詞,治理範限。

秦駰玉版・乙・摹:姓(生)爲刑灋(法)

會稽刻石・宋刻本:始定刑名

睡簡・答問・72:擅殺、刑、髡其後子

睡簡・答問・3:當刑爲城旦

睡簡・日甲・115 正:刑門

睡簡・日乙・76:西北鄉(嚮)者被刑

睡簡・答問・33:吏爲失刑辠〖注〗失刑,用刑不當。

睡簡・答問・188:宮隸有刑

睡簡・答問・108:以當刑隸臣辠誣告人

睡簡・答問・125:將盜戒(械)囚刑辠以上

睡簡・答問・125:已刑者處隱官

睡簡・答問・103:父母擅殺、刑、髡子及奴妾

睡簡・答問・136:皆當刑城旦

睡簡・答問・137:當刑城旦

睡簡・答問・112・摹:是謂"當刑鬼薪"

睡簡・答問・115:如失刑辠

睡簡・封診式・32:與戰刑(邢)丘城

睡簡・秦律・138:以日當刑而不能自衣食者

睡簡・雜抄・5:公士以下刑爲城旦

睡簡・日甲・22 背:不窮必刑

睡簡・日甲・117 正:弗而耐乃刑

睡簡・日甲・117 正:刑門

帛書・病方・340:刑赤蝪〖注〗刑,殺。

秦印編 91:刑□

集證・166.528:刑舍之

秦印編 91:刑顛

1081　𡿭　卽

秦編鐘・甲鐘(秦銅・10.1):具卽其服〖注〗卽,就,引申爲奉行。

秦編鐘・甲鐘左篆部・摹(秦銅・11.4):具卽其服

秦編鐘・丁鐘(秦銅・10.4):具卽其服

秦鎛鐘・1 號鎛(秦銅・12.2):具卽其服

秦鎛鐘・2號鎛(秦銅・12.5):具卽其服

秦鎛鐘・3號鎛(秦銅・12.8):具卽其服

大墓殘磬(集證・64):卽服□

石鼓文・車工(先鋒本):卽遨卽時

石鼓文・車工(先鋒本):卽遨卽時

石鼓文・霝雨(先鋒本):君子卽涉

天簡25・乙:卽以鐘音之數矣

睡簡・語書・6:是卽不勝任、不智殹

睡簡・日甲・61背:卽止矣

睡簡・日甲・111背:卽五畫地

睡簡・語書・6:是卽明避主之明灋(法)殹

睡簡・語書・3:是卽灋(廢)主之明灋(法)殹

睡6號牘・正:卽死矣

睡簡・答問・205:卽告亡

睡簡・答問・99:"四鄰"卽伍人謂殹

睡簡・答問・69:卽弗舉而殺之

睡簡・答問・64:"封"卽田千佰(阡陌)

睡簡・答問・77:卽葬貍(薶)之

睡簡・答問・38:卽端盜駕(加)十錢

睡簡・答問・30:抉之弗能啟卽去

睡簡・答問・31:弗能啟卽去

睡簡・答問・46:卽告吏曰盜三羊

睡簡・答問・45:卽端告曰甲盜牛

睡簡・答問・12:卽各盜

睡簡・答問・196:或曰守囚卽"更人"殹

睡簡・答問・197:"賓署"卽去殹

睡簡・答問・197:卽去署殹

睡簡・答問・167:乙卽弗棄

睡簡・答問・164:卽亡弗會

睡簡・答問・153:卽出禾以當叔(菽)、麥

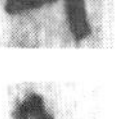
睡簡・封診・85:卽令令史某往執丙

睡簡・封診・85:甲到室卽病復(腹)痛

睡簡・封診・91:卽疏書甲等名事關諜(牒)北(背)

睡簡・封診・69:卽視索終

睡簡・封診・50:卽令令史己往執

睡簡・封診・16:卽令[令]史某往執丙

睡簡・秦律・80:嗇夫卽以其直(值)錢分負其官長及冗吏

睡簡・秦律・18:卽入其筋、革、角

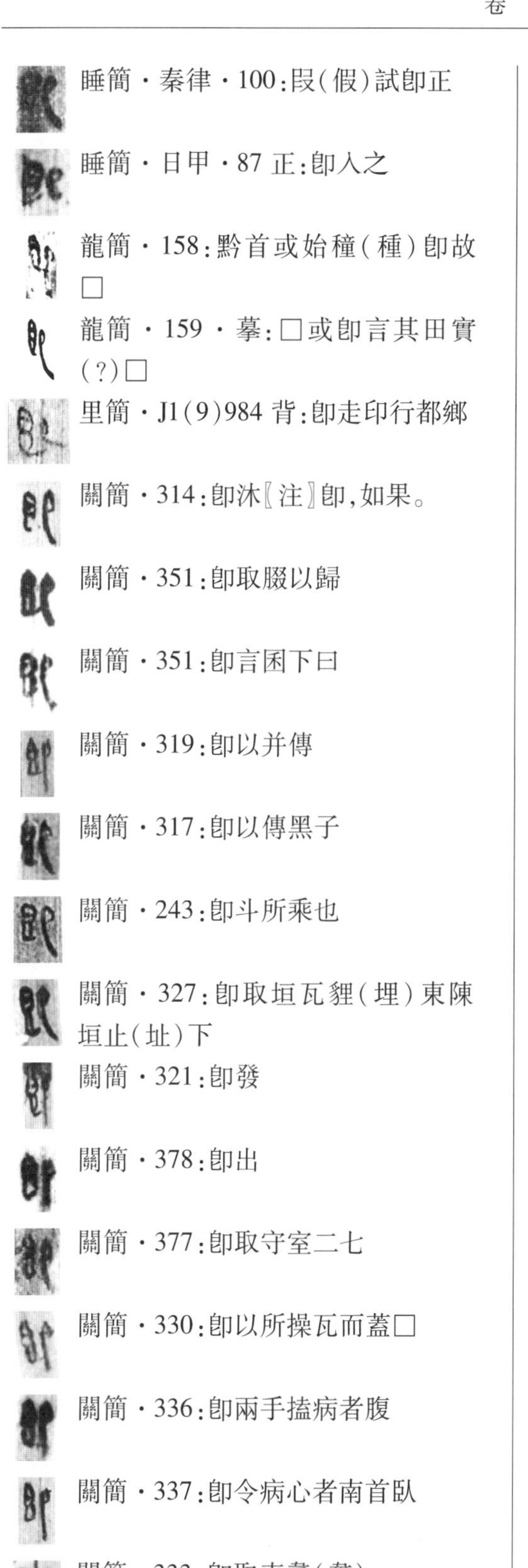

睡簡・秦律・100:叚(假)試即正

睡簡・日甲・87 正:即入之

龍簡・158:黔首或始穜(種)即故□

龍簡・159・摹:□或即言其田實(?)□

里簡・J1(9)984 背:即走印行都鄉

關簡・314:即沐〖注〗即,如果。

關簡・351:即取褪以歸

關簡・351:即言囷下曰

關簡・319:即以并傅

關簡・317:即以傅黑子

關簡・243:即斗所乘也

關簡・327:即取垣瓦貍(埋)東陳垣止(址)下

關簡・321:即發

關簡・378:即出

關簡・377:即取守室二七

關簡・330:即以所操瓦而蓋□

關簡・336:即兩手搕病者腹

關簡・337:即令病心者南首臥

關簡・333:即取車䡅(舝)

關簡・342:即操杯米

關簡・349:即□邑最富者

關簡・347:即行捧(拜)

關簡・344:即以左手撟杯水歓(飲)女子

關簡・350:即名富者名

關簡・350:即已

關簡・352:即斬豚耳

帛書・病方・3:即以赤荅一斗并□

帛書・病方・18:即并煎□孰(熟)

帛書・病方・19:即以布捉[取]

帛書・病方・21:蟲即出

帛書・病方・31:入即出

帛書・病方・42:即有頸(痙)者

帛書・病方・43:即溫衣陝(夾)坐四旁

帛書・病方・44:即以布足(捉)之

帛書・病方・44:即以彘膏財足以煎之

帛書・病方・69:即以汁□淒夕[下]

帛書・病方・90:即燔鹿角

帛書・病方・93:即封涂(塗)厚二寸

帛書・病方・97:卽曰

帛書・病方・98:卽復(覆)奚蠡

帛書・病方・102:卽拔尤(疣)去之

帛書・病方・102:卽燔其末

帛書・病方・112:卽以刀剝(劙)其頭

帛書・病方・112:卽以犬矢[濕]之

帛書・病方・113:卽孰(熟)所冒雞而食之

帛書・病方・120:卽縣(懸)陰燥□

帛書・病方・123:卽炙□

帛書・病方・124:欲食卽食

帛書・病方・128:卽置其編於梯火上

帛書・病方・146:男子□卽以女子初有布

帛書・病方・171:卽□隸

帛書・病方・178:卽燒陳稾其中

帛書・病方・200:卽以鐵椎攺段之二七

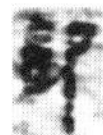
帛書・病方・205:卽操布攺之二七

帛書・病方・207:卽曰

帛書・病方・217:卽内(納)腎臑於壺空(孔)中

帛書・病方・225:卽取桃支(枝)東鄉(嚮)者

帛書・病方・226:乾卽稍□

帛書・病方・228:□卽萛(冪)以布

帛書・病方・228:卽道其□之

帛書・病方・242:卽取蓌(鋊)末、菽醬之宰(滓)半

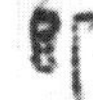
帛書・病方・245:卽已

帛書・病方・268:卽被盌以衣

帛書・病方・268:卽令痔者居(踞)盌

帛書・病方・270:卽歠(歠)之而已

帛書・病方・287:□卽取其汁盡飲之

帛書・病方・293:卽浚□

帛書・病方・307:卽冶厚柎(朴)和傅

帛書・病方・308:卽三涶(唾)之

帛書・病方・318:卽□囊而傅之

帛書・病方・333:卽□居□

帛書・病方・333:卽炊湯

帛書・病方・333:卽置小木湯中

帛書・病方・334:病卽俞(愈)矣

帛書・病方・334:熱卽止火

帛書・病方・335:病不□者一入湯中卽瘳

帛書・病方・336:卽自合而瘳矣

帛書・病方・362:卽埶□加(痂)□而已

帛書・病方・380:卽曰

帛書・病方・381:卽唾之

帛書・病方・388:卽□

帛書・病方・391:卽以傅

帛書・病方・394:卽洒去[藥]

帛書・病方・394:卽以㼜□

帛書・病方・397:欲食卽食

帛書・病方・417:卽入湯中

帛書・病方・428:卽燔數年[陳]藁

帛書・病方・434:卽□蔥封之

帛書・病方・435:卽以食邪者

帛書・病方・437:卽□病者

帛書・病方・438:卽蓋以□

帛書・病方・439:卽出而治之

帛書・病方・殘1:卽以□

帛書・病方・殘2:□病卽已

帛書・病方・殘3:卽已

帛書・病方・殘4:□病卽俞(愈)□

帛書・病方・殘4:卽□

封泥集268・1:卽墨□□

秦印編91:卽墨丞印〖注〗卽墨,地名。

秦印編91:卽墨丞印

秦印編91:卽墨丞印

封泥集326・3:卽墨丞印

封泥集326・1:卽墨丞印

封泥集326・2:卽墨丞印

封泥集326・4:卽墨丞印

封泥集326・5:卽墨丞印

集證・155.357:卽墨丞印

集證・155.358:卽墨丞印

封泥集267・1:卽墨

秦印編91:卽成

封泥集371・1:卽則〖注〗卽則,人名。

封泥集382・2:蔡卽

封泥集382・1:蔡卽

1082　既

石鼓文・車工(先鋒本):遊車既工

石鼓文・車工(先鋒本):遊車既好

石鼓文・車工(先鋒本):遊馬既駘

石鼓文・車工(先鋒本):遊馬既同

石鼓文・田車(先鋒本):四介既簡(閑)

石鼓文・吾水(先鋒本):遊□既止

石鼓文・吾水(先鋒本):遊導(道)既平

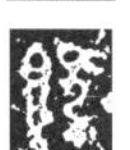
石鼓文・吾水(先鋒本):遊水既瀞

石鼓文・吾水(先鋒本):□馬既迪

泰山刻石・宋拓本:既平天下

秦駰玉版・甲・摹:玉□(帛?)既精

秦駰玉版・甲・摹:周世既叟(沒)

秦駰玉版・乙・摹:義(犧)豭既美

秦駰玉版・乙・摹:玉□(帛?)既精

秦駰玉版・乙・摹:周世既叟(沒)

秦駰玉版・甲・摹:義(犧)豭既美

繹山刻石・宋刻本:既獻泰成

睡簡・爲吏・24・摹:民之既教

睡簡・爲吏・38:百事既成

睡簡・爲吏・39:民心既寧

睡簡・日甲・32 正:既美且長

睡簡・爲吏・40:既毋(無)後憂

1083　鬱

睡簡・封診・66:索迹椒(椒)鬱
〖注〗椒,讀爲"蹙"。蹙鬱,青紫瘀血。參頁 906 第 1300。

睡簡・封診・71:索迹不鬱

帛書・病方・332:鬱、茱(朮)皆[治]〖注〗鬱,即鬱金。

1084　爵 [illegible]

睡簡・11 號牘・正・摹:報必言相家爵來未來

睡簡・答問・63:有爵

睡簡・答問・185:内公孫毋(無)爵者當贖刑

睡簡・答問・113:爵當上造以上

睡簡・秦律・182:上造以下到官佐、史毋(無)爵者

睡簡・秦律・179:爵食之

睡簡・秦律・179:其有爵者

睡簡・秦律・156:軍爵

睡簡・秦律・153・摹:皆不得受其爵及賜

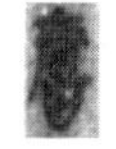睡簡・秦律・154:軍爵律

睡簡・秦律・155:欲歸爵二級以免親父母爲隸臣妾者一人

睡簡・雜抄・38:捕人相移以受爵者

睡簡・雜抄・37:奪後爵

睡簡・日甲・122 正・摹:利毋(無)爵者

睡簡・日乙・97:必有爵

帛書・病方・307:爵(嚼)蘖米

1085  食

天簡 21・甲:申旦吉安食凶

天簡 23・甲:安食凶日中吉

天簡 23・甲:戌旦凶安食凶

天簡 38・乙:安食可

睡簡・秦律・46:月食者已致稟而公使有傳食

睡簡・秦律・46:月食者已致稟而公使有傳食

睡簡・答問・210:草實可食殹

睡簡・答問・18:共食肉

睡簡・答問・164:已閲及敦(屯)車食若行到繇(徭)所乃亡

睡簡・答問・17:與食肉

睡簡・答問・158:食人稼一石

睡簡・答問・15:妻與共飲食之

睡簡・答問・154:吏有故當止食

睡簡・封診・91:甲等難飲食焉

睡簡・秦律・82:稍減其秩、月食以賞(償)之

睡簡・秦律・20:吏主者、徒食牛者及令、丞皆有辠〖注〗食,飼養。

睡簡・秦律・201:受者以律續食衣之

睡簡・秦律・60:食餓囚

睡簡・秦律・78:以其日月減其衣食

睡簡・秦律・78:終歲衣食不踐以稍賞(償)

睡簡・秦律・7:食其肉而入皮

睡簡・秦律・74:食其母日粟一斗

睡簡・秦律・37:都官以計時讎食者籍

睡簡・秦律・37:縣上食者籍及它費大(太)倉〖注〗食,口糧。

睡簡・秦律・48:令就衣食焉

睡簡・秦律・48:妾未使而衣食公

睡簡・秦律・46:而以其來日致其食

睡簡・秦律・46:止其後朔食

睡簡・秦律・47:其顧來有(又)一食禾

睡簡・秦律・47:毋過日一食

 睡簡・秦律・47:一食禾

 睡簡・秦律・45:齎食〖注〗齎食,攜帶口糧。

 睡簡・秦律・59:食男子旦半夕参

 睡簡・秦律・56:参食之

 睡簡・秦律・56:以律食之

 睡簡・秦律・57:城旦爲安事而益其食

 睡簡・秦律・57:日食城旦

 睡簡・秦律・53:以十月益食

 睡簡・秦律・54:以律稟食

 睡簡・秦律・55:参食之

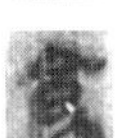 睡簡・秦律・55:稱議食之

 睡簡・秦律・180:傳食律

 睡簡・秦律・182:傳食律

 睡簡・秦律・180:食糲(糲)米半斗

 睡簡・秦律・181:傳食律

 睡簡・秦律・128:官長及吏以公車牛稟其月食及公牛乘馬之稟

 睡簡・秦律・126:及叚(假)人食牛不善

 睡簡・秦律・120:其近田恐獸及馬牛出食稼者

 睡簡・秦律・164:其不可食者不盈百石以下

 睡簡・秦律・165:禾粟雖敗而尚可食殹

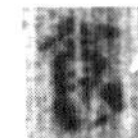 睡簡・秦律・179:爵食之

 睡簡・秦律・179:食粺米半斗

 睡簡・秦律・138:以日當刑而不能自衣食者

 睡簡・秦律・138:亦衣食而令居之

 睡簡・秦律・133:公食者

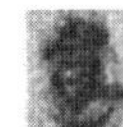 睡簡・秦律・133:居官府公食者

 睡簡・秦律・142:出其衣食

 睡簡・秦律・142:貣(貸)衣食公

 睡簡・秦律・143:公食當責者

 睡簡・秦律・141:勿責衣食

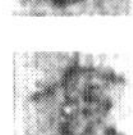 睡簡・秦律・141:衣食之如城旦舂

 睡簡・雜抄・13:同車食、敦(屯)長、僕射弗告〖注〗同車食,指同屬

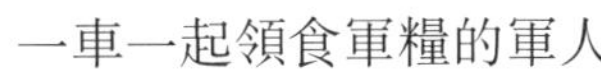
一車一起領食軍糧的軍人。

 睡簡・日甲・82 背:已名曰宜食成怪目

 睡簡・日甲・86 正:不可食六畜

 睡簡・日甲・85 正:不可食六畜

 睡簡・日甲・22 背:其後必肉食

 睡簡・日甲・29 背:鼠(予)我食

 睡簡・日甲・68 背:以望之日日始出而食之

睡簡·日甲·62背:曰“氣(餼)我食”云

睡簡·日甲·66背:享(烹)而食之

睡簡·日甲·38正:不可臨官、飲食、樂、祠祀

睡簡·日甲·32正:利祠、飲食、歌樂

睡簡·日甲·36背:不飲食

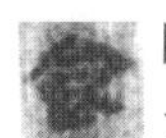睡簡·日甲·33背:殺而享(烹)食之

睡簡·日甲·40正:不可飲食哥(歌)樂

睡簡·日甲·42正:以祠祀、飲食、哥(歌)樂

睡簡·日甲·49背:烰(炮)而食之

睡簡·日甲·45背:以黍肉食宲(殍)人

睡簡·日甲·55背:三月食之若傅之

睡簡·日甲·100背:莫(暮)食以行有三喜

睡簡·日甲·124正:食過門

睡簡·日甲·147正:肉食

睡簡·日甲·152背:其歲或弗食

睡簡·日甲·159背:主君勉飲勉食

睡簡·日乙·85:不可食六畜

睡簡·日乙·239:肉食

睡簡·日乙·233:清旦、食時、日則(昃)、莫(暮)、夕

睡簡·日乙·24:居有食

睡簡·日乙·253:食五口

睡簡·日乙·49:歲或弗食

睡簡·日乙·195:宛奇强飲食

睡簡·日乙·132:[凡且有]大行遠行若飲食歌樂

睡簡·日乙·146:勉飲食

睡簡·日乙·156:莫(暮)食巳

睡簡·日乙·156:食時辰

睡簡·爲吏·26:享(烹)牛食士

睡簡·爲吏·36:食不可賞(償)

睡簡·爲吏·35:人各食其所耆(嗜)

睡簡·爲吏·31:衣食饑寒

龍簡·121:侵食冢廬

龍簡·83:食其肉而入其皮

龍簡·99:馬、牛、羊、食人□之□

龍簡·120:侵食道、千(阡)、邵(陌)

關簡·164:食時

關簡·245:莫食

關簡·367:食時錢

關簡·377:而食以丹

關簡·373:善食之〖注〗善食,指精心餵養。

關簡·349:先農柩(恆)先泰父食

關簡·316:因多食葱

關簡·162:廷食

關簡·162:晏食

帛書·病方·27:藥先食後食次(恣)〖注〗先食,飯前。

帛書·病方·33:熨先食後食次(恣)

帛書·病方·40:傅藥先食後食次(恣)

帛書·病方·124:欲食卽食

帛書·病方·397:欲食卽食

帛書·病方·27:藥先食後食次(恣)〖注〗後食,飯後。

帛書·病方·33:熨先食後食次(恣)

帛書·病方·40:傅藥先食後食次(恣)

帛書·病方·124:欲食卽食

帛書·病方·397:欲食卽食

帛書·脈法·77:石食(蝕)肉殹〖注〗《史記》集解:"虧毀爲蝕。"

帛書·病方·4:食之自次(恣)

帛書·病方·27:毋食魚

帛書·病方·57:小(少)多如再食浮(漿)

帛書·病方·85:蛭食(蝕)人胻股[膝]

帛書·病方·94:以食□逆甗下

帛書·病方·96:伏食

帛書·病方·99:食[之]

帛書·病方·113:卽執(熟)所冒雞而食之

帛書·病方·116:而先食飲之

帛書·病方·122:□食甚□搜

帛書·病方·124:出入飲食自次(恣)

帛書·病方·124:先毋食□二、三日

帛書·病方·177:先莫(暮)毋食

帛書·病方·181:夕毋食

帛書·病方·186:已食飲之

帛書·病方·201:食之

帛書·病方·215:食衣白魚一七

帛書·病方·216·摹:以先食飲之

帛書·病方·237:取野獸肉食者五物之毛等

帛書·病方·238:到莫(暮)有(又)先食飲

帛書·病方·238:服藥時禁毋食彘肉、鮮魚

帛書・病方・258:食鷄

帛書・病方・259:始食一

帛書・病方・260:恆先食食之

帛書・病方・402:貣(蟘)食(蝕)口鼻

帛書・病方・407:貣(蟘)食(蝕)齒〖注〗蟘蝕齒,即齲齒。

帛書・病方・410:夕毋食

帛書・病方・434:如食頃而已

帛書・病方・435:即以食邪者

帛書・病方・殘3:誨(每)食

帛書・病方・殘12:□食者□

帛書・病方・目錄:諸食病

帛書・病方・無編號:食

帛書・灸經甲・55:食欲歐(嘔)

帛書・灸經甲・56:不能食

帛書・足臂・17:不耆(嗜)食

帛書・足臂・22:溫〈温(脈)〉絕如食頃

1086　餅

帛書・病方・5:□淳酒漬而餅之

1087　養𢼄

睡簡・答問・195:其子入養主之謂也〖注〗養,供養。

睡簡・答問・195:雖不養主而入量(糧)者

睡簡・秦律・72・摹:其佐、史與共養

睡簡・秦律・72:養各一人〖注〗養,做飯的人。

睡簡・秦律・72:養一人

睡簡・秦律・73:各與其官長共養、車牛

睡簡・秦律・74:三人以上鼠(予)養一人

睡簡・秦律・150:司寇勿以爲僕、養、守官府及除有爲殹

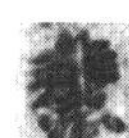睡簡・秦律・113:勿以爲人僕、養

睡簡・日甲・52背:一室人皆養(癢)體(體)

睡簡・爲吏・27:尊賢養孽

睡簡・語書・6:而養匿邪避(僻)之民〖注〗養匿,縱容包庇。

帛書・病方・246:時養(癢)時痛者方

帛書・病方・265:胸養(癢)

帛書・病方・419:疕毋名而養(癢)

帛書・病方・目錄:胸養(癢)

1088 飯

睡簡・爲吏・26:賜之參飯而勿鼠(予)殺

帛書・病方・424:燔飯焦

1089 飤

睡簡・效律・22:其不可飤(食)者

睡簡・效律・24:禾粟雖敗而尚可飤(食)殹

封泥印6:麗山飤(食)官〖注〗食官,官名。

秦陶・1470:麗山飤(食)官左

秦陶・1466:麗山飤(食)官

秦陶・1467:麗山飤(食)官右

秦陶・1468:麗山飤(食)官右

秦陶・1469:麗山飤(食)官右

1090 餔 逋

睡簡・日甲・135正:庚辛戊己壬癸餔時行

關簡・367:餔時浚兒

關簡・164:餔時

帛書・病方・105:以月晦日日下餔(晡)時〖注〗日下餔時,即下晡。

帛書・病方・334:到餔[時]出休

1091 餘

睡簡・秦律・22:餘之索而更爲發戶

睡簡・秦律・92・摹:有餘褐十以上

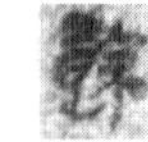
睡簡・秦律・57:盡月而以其餘益爲後九月稟所

睡簡・秦律・172:其餘禾若干石

睡簡・效律・31:其餘禾若干石

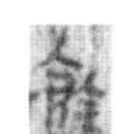
里簡・J1(9)3正:陽陵下里士五(伍)不識有貲餘錢千七百廿八

里簡・J1(9)11正:陽陵谿里士五(伍)采有貲餘錢八百五十二

里簡・J1(9)984正:亭里士五(伍)順小妾□餘有律事□遷□

里簡・J1(9)1正:陽陵宜居士五(伍)毋死有貲餘錢八千六十四

關簡・309:取十餘叔(菽)置鬻(粥)中而歓(飲)之

帛書・病方・272:其餘各一

帛書・病方・281:以餘藥封而裹□

帛書・脈法・73:治病者取有餘而益不足殹

帛書・病方・78・摹:□以財餘薤□

帛書・病方・328:孰(熟)者(煮)餘疾

1092 饐

帛書・灸經甲・65:饐(噎)

1093　𩚵　飢

睡簡・爲吏・31:衣食飢寒

帛書・灸經甲・63:病飢

1094　𩛠　餓

睡簡・日甲・62背・摹:是是餓鬼

1095　𩜐　餽

睡簡・答問・129:餽遺亡鬼薪於外〖注〗餽,通"饋",《說文》:"餉也。"饋遺,送食物給人。

1096　𩚴　鮇

關簡・373:而歙(飲)以鮇〖注〗鮇,疑讀爲"沫"。

1097　饍

帛書・病方・339・摹:以攻(釭)脂饍而傅〖注〗饍,攪拌摻合。〖編者按〗《玉篇》:"饍,食也。與膳同。"

帛書・病方・341:以牡□膏、鱣血饍

帛書・病方・346:饍以醯

帛書・病方・349:以善截饍而封之

帛書・病方・360:以牡彘膏饍

1098　飵

睡簡・秦律・60・摹:食飵囚〖注〗飵,飢餓。

1099　合　合

秦編鐘・甲鐘(秦銅・10.1):卲合(答)皇天〖注〗合,讀爲"答",報答。

秦編鐘・甲鐘鉦部・摹(秦銅・11.1):卲合(答)皇天

秦編鐘・丙鐘(秦銅・10.3):卲合(答)皇天

秦鎛鐘・1號鎛(秦銅・12.1):卲合(答)皇天

秦鎛鐘・2號鎛(秦銅・12.4):卲合(答)皇天

秦鎛鐘・3號鎛(秦銅・12.7):卲合(答)皇天

會稽刻石・宋刻本:六合之中

會稽刻石・宋刻本:以事合從

天簡25・乙:合日辰

天簡25・乙:參合之

天簡35・乙:不合音婁(數)者是謂天絕紀

睡簡・日乙・145:合三土皇

睡簡・封診式・72:以合(答)其故

睡簡・日甲・40正:以辭不合(答)

睡簡・日甲・139背:是胃(謂)召(招)䍃(搖)合日

睡簡·日甲·137背:是胃(謂)召(招)䍃(搖)合日

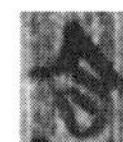
睡簡·日甲·156背:馬禖合神〖注〗《周禮》注:"得耦爲合。"

睡簡·日乙·59:[以辭]不合(答)

龍簡·5·摹:闌合符

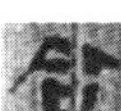
關簡·196:不合

關簡·200:不合

關簡·208:不合

關簡·202:不合

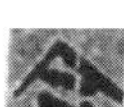
關簡·228:不合

關簡·222:不合

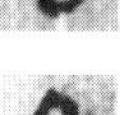
關簡·227:不合

關簡·224:不合

關簡·230:不合

關簡·236:不合

關簡·240:不合

關簡·242:不合

關簡·212:不合

關簡·216:不合

關簡·214:不合

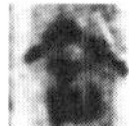
關簡·378:和合樂□[歙](飲)食

關簡·188:不合〖注〗合,合戰。

關簡·190:不合

關簡·198:不合

帛書·病方·416:而入豬膏□者一合其中

帛書·病方·454:治以丹□爲一合

帛書·病方·24:皆合撓

帛書·病方·46:合撓而烝(蒸)

帛書·病方·68:合盧大如□豆卅〖注〗合盧,藥名。

帛書·病方·173:合撓

帛書·病方·179:合而一區

帛書·病方·237:合撓□

帛書·病方·283:罷合一〖注〗罷合,藥名。

帛書·病方·336:卽自合而瘳矣

帛書·病方·350:庶、蜀椒、桂各一合

1100   僉 

龍簡·226·摹:□僉縣(?)□

1101 今 今

信宫罍(珍金·129):古西共左今左般

信宫罍·摹(珍金·129):古西共左今左般

左樂兩詔鈞權(集證·43):今襲號而刻辭不稱始皇帝

旬邑銅權(秦銅·133):今襲號而刻辭不稱始皇帝

北私府橢量·二世詔(秦銅·147):今襲號而刻辭不稱始皇帝

大騩銅權(秦銅·131):今襲號而刻辭不稱始皇帝

二世元年詔版八(秦銅·168):今襲號而刻辭不稱始皇帝

二世元年詔版二(秦銅·162):今襲號而刻辭不稱始皇帝

二世元年詔版六(秦銅·166):今襲號而刻辭不稱始皇帝

二世元年詔版三(秦銅·163):今襲號而刻辭不稱始皇帝

二世元年詔版十二(秦銅·172):今襲號而刻辭不稱始皇帝

二世元年詔版十三(集證·50):今襲號而刻辭不稱始皇帝

二世元年詔版四(秦銅·164):今襲號而刻辭不稱始皇帝

二世元年詔版五(秦銅·165):今襲號而刻辭不稱始皇帝

二世元年詔版一(秦銅·161):今襲號而刻辭不稱始皇帝

兩詔斤權一·摹(集證·46):今襲號而刻辭不稱始皇帝

兩詔版(秦銅·174.1):今襲號而刻辭不稱始皇帝

兩詔斤權二·摹(集證·49):今襲號而刻辭不稱始皇帝

兩詔斤權一(集證·45):今襲號而刻辭不稱始皇帝

兩詔銅權二(秦銅·176):今襲號而刻辭不稱始皇帝

兩詔銅權三(秦銅·178):今襲號而刻辭不稱始皇帝

兩詔橢量二(秦銅·149):今襲號而刻辭不稱始皇帝

兩詔橢量三之二(秦銅·151):今襲號而刻辭不稱始皇帝

兩詔橢量一(秦銅·148):今襲號而刻辭不稱始皇帝

美陽銅權(秦銅·183):今襲號而刻辭不稱始皇帝

平陽銅權·摹(秦銅·182):今襲號而刻辭不稱始皇帝

僅存銘兩詔銅權(秦銅·135-18.2):今襲號而刻辭不稱始皇帝

繹山刻石·宋刻本:迺今皇帝

詛楚文·湫淵(中吳本):今楚王熊相康回無道

詛楚文·湫淵(中吳本):今又悉興其眾

詛楚文·巫咸(中吳本):今楚王熊相康回無道

詛楚文·巫咸(中吳本):今有(又)悉興其眾

詛楚文·亞駝(中吳本):今楚王熊相康回無道

詛楚文·亞駝(中吳本):今又悉興其眾

琅邪臺刻石:今襲號而金石刻辭不稱始皇帝

繹山刻石·宋刻本:今襲號而金石刻辭不稱始皇帝

睡簡·11號牘·正·摹:今復會矣

 睡簡·11號牘·正:今書節(卽)到

 睡簡·答問·80:今夬(決)耳故不穿

 睡簡·答問·23:今盜盜甲衣

 睡簡·答問·25:今或益〈盜〉一腎

 睡簡·答問·96:今甲曰伍人乙賊殺人

 睡簡·答問·95:今郡守爲廷不爲

 睡簡·答問·68:今甲病死已葬

 睡簡·答問·69:今生子

 睡簡·答問·65:今内(納)人

 睡簡·答問·78:今毆高大父母

 睡簡·答問·47:今乙盜羊

 睡簡·答問·43:今乙不盜牛、不傷人

 睡簡·答問·44:今乙賊傷人

 睡簡·答問·122:今甲癘

 睡簡·答問·127:今甲從事

 睡簡·答問·19:今叚(假)父盜叚(假)子〖注〗今,若。

 睡簡·答問·168:今得

 睡簡·答問·163:今士五(伍)甲不會

 睡簡·答問·174:今隸臣死

 睡簡·答問·136:今中〈甲〉盡捕告之

 睡簡·答問·137:今甲捕得其八人

 睡簡·答問·147:今甲有耐、貲辠

 睡簡·答問·145:今初任者有辠

 睡簡·答問·158:今馬爲人敗

 睡簡·答問·159:今舍公官(館)

 睡簡·封診·89:今尚血出而少

 睡簡·封診·85:今甲裹把子來詣自告

 睡簡·封診·22:今日見亭旁

 睡簡·封診·96:今來自出

 睡簡·封診·32:今日見丙戲旞

 睡簡·秦律·19:今課縣、都官公服牛各一課

 睡簡·日甲·157背:今日良日

 睡簡·爲吏·18:自今以來

 睡簡·語書·7:今且令人案行之

 睡簡·語書·3:今灋律令已具矣

 睡簡·語書·5:今灋律令已布

 里簡·J1(8)134正:今寫校券一牒

 里簡·J1(16)9正:今問之劾等徙□書

里簡・J1(16)9 正:毋以智(知)劾等初產至今年數

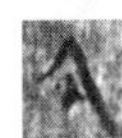里簡・J1(8)152 正:今書已到

里簡・J1(9)1 正:今爲錢校券一

里簡・J1(9)2 正:今爲錢校券一

里簡・J1(9)2 正:至今未報

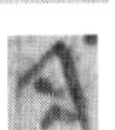里簡・J1(9)3 正:今爲錢校券一

里簡・J1(9)4 正:今爲錢校券一

里簡・J1(9)4 正:至今未報

里簡・J1(9)5 正:今爲錢校券一

里簡・J1(9)5 正:至今未報

里簡・J1(9)6 正:今爲錢券一

里簡・J1(9)6 正:至今未報

里簡・J1(9)7 背:至今未報

里簡・J1(9)7 正:今爲錢校券一

里簡・J1(9)8 正:今爲錢校券一

里簡・J1(9)8 正:至今未報

里簡・J1(9)9 背:至今未報

里簡・J1(9)9 正:今爲錢校券一

里簡・J1(9)10 正:今爲錢校券一

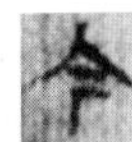里簡・J1(9)11 正:今爲錢校券一

里簡・J1(9)11 正:至今未報

里簡・J1(16)6 正:今洞庭兵輸內史及巴、南郡蒼梧

關簡・244:今此十二月子日皆爲平

關簡・368:今日庚午利浴䗕(蠶)

帛書・病方・380:今若爲下民疕

帛書・病方・91:蚉殺人今茲

帛書・病方・104:今日月晦

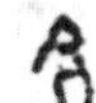帛書・病方・106:今日月晦

帛書・病方・108:今日晦

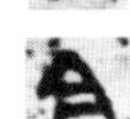帛書・病方・109:今日朔

帛書・病方・111:今日月晦

帛書・病方・206:今日□

帛書・病方・206:今日已

帛書・病方・208:今人挾提穨(癩)者

帛書・病方・208:今日辛卯

1102　舍

卌七年銀器足・摹(金銀器 344):卌七年工右舍〖注〗工右舍,官名。

卌年銀器足・摹(金銀器 344):卌年中舍〖注〗中舍,官名。

睡簡・答問・180：徒、吏與偕使而弗爲私舍人

睡簡・答問・159：今舍公官（館）

睡簡・雜抄・28：志馬舍乘車馬後

睡簡・日甲・81背：乙名曰舍徐可不詠亡悪（憂）

睡簡・答問・159：舍公官（館）

睡簡・答問・159：旞（遺）火燔其舍

睡簡・封診・29：流行毋（無）所主舍

睡簡・秦律・12：百姓居田舍者毋敢醢（酤）酉（酒）〖注〗田舍，農村中的居舍。

睡簡・秦律・122：欲以城旦舂益爲公舍官府及補繕之

睡簡・秦律・121：縣毋敢擅壞更公舍官府及廷

睡簡・秦律・198：節（即）新爲吏舍

睡簡・秦律・195：令人勿新（近）舍

睡簡・秦律・195：毋敢舍焉

睡簡・秦律・147：毋敢之市及留舍闠外

睡簡・秦律・101：邦中之繇（徭）及公事官（館）舍

睡簡・秦律・101：亦令其徒、舍人任其叚（假）〖注〗舍人，指有官府事務者的隨從。

龍簡・15：從皇帝而行及舍禁苑中者皆（?）□〖注〗舍，住宿、休息。

關簡・349：爲先農除舍〖注〗除舍，清掃居處。

集證・150.278：傳舍之印〖注〗傳舍，官署名。

封泥集・附一408：弓舍

秦印編92：傳舍

秦印編92：徐舍

秦印編92：馮舍

秦印編92：鮑可舍

秦印編92：張舍

秦印編92：傳舍

秦印編92：傳舍

封泥集235・1：傳舍

封泥集235・2：傳舍

封泥集235・3：傳舍

封泥集379・1：陳舍

封泥集・附一403：傳舍之印

集證・166.528：刑舍之

秦陶・1161：舍

1103　　䳒

帛書・病方・17：黄䳒（芩）二梃〖注〗黄芩，草藥名。

1104　會 給

杜虎符(秦銅·25):必會君符

杜虎符(秦銅·25):雖母(毋)會符

新郪虎符(集證·38):必會王符

新郪虎符·摹(集證·37):必會王符

新郪虎符·摹(集證·37):雖母(毋)會符

會稽刻石·宋刻本:遂登會稽〖注〗會稽,地名。

睡簡·11號牘·正:今復會矣

睡簡·答問·163:不會

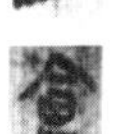
睡簡·日甲·147背:壬申會癸酉

睡簡·爲吏·11:命書時會〖注〗時會,一種朝見的典禮。

睡簡·答問·163:今士五(伍)甲不會

睡簡·答問·164:卽亡弗會

睡簡·答問·153:會赦未論〖注〗會,遇。

睡簡·秦律·187:上會九月内史〖注〗上會,報賬。

睡簡·雜抄·29:及不會膚(臚)期

睡簡·日甲·86背:會眾

睡簡·日甲·39背:是會蟲居其室西臂(壁)

帛書·病方·268:會毋□〖注〗會,密合。

秦印編92:許會

秦印編92:會

1105　倉 仝

睡簡·秦律·21:而遺倉嗇夫及離邑倉佐主稟者各一戶以氣(餼)

睡簡·秦律·21:而遺倉嗇夫及離邑倉佐主稟者各一戶以氣(餼)

睡簡·秦律·169:而遺倉嗇夫及離邑倉佐主稟者各一戶

睡簡·答問·152:倉鼠穴幾可(何)而當論及誶

新見秦宜陽鼎·摹(鼎跋):黽倉

睡簡·效律·32:新倉嗇夫、新佐、史主廥者

睡簡·效律·30:唯倉所自封印是度縣

睡簡·效律·52:及都倉、庫、田、亭嗇夫坐其離官屬于鄉者

睡簡·答問·151:空倉中有薦

睡簡·秦律·28:倉

睡簡·秦律·20:大(太)倉課都官及受服者〖注〗太倉,官署名,朝廷收儲糧食的機構。

睡簡·秦律·27:倉

睡簡·秦律·27:長吏相雜以入禾倉及發

睡簡·秦律·23:唯倉自封印者是度縣

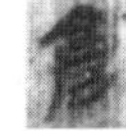
睡簡·秦律·21:入禾倉

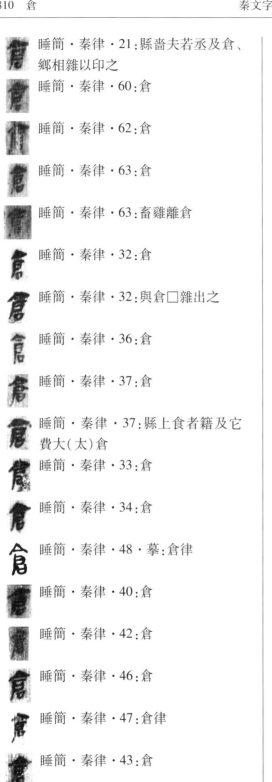

睡簡·秦律·21：縣嗇夫若丞及倉、鄉相雜以印之

睡簡·秦律·60：倉

睡簡·秦律·62：倉

睡簡·秦律·63：倉

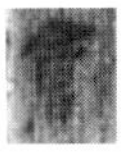

睡簡·秦律·63：畜雞離倉

睡簡·秦律·32：倉

睡簡·秦律·32：與倉□雜出之

睡簡·秦律·36：倉

睡簡·秦律·37：倉

睡簡·秦律·37：縣上食者籍及它費大(太)倉

睡簡·秦律·33：倉

睡簡·秦律·34：倉

睡簡·秦律·48·摹：倉律

睡簡·秦律·40：倉

睡簡·秦律·42：倉

睡簡·秦律·46：倉

睡簡·秦律·47：倉律

睡簡·秦律·43：倉

睡簡·秦律·44：倉

睡簡·秦律·45：倉

睡簡·秦律·58：倉

睡簡·秦律·52：倉

睡簡·秦律·59：倉

睡簡·秦律·56：倉

睡簡·秦律·53·摹：倉

睡簡·秦律·54：倉

睡簡·秦律·195：獨高其置芻廥及倉茅蓋者

睡簡·秦律·168：倉嗇夫某、佐某、史某、稟人某

睡簡·秦律·169：而遺倉嗇夫及離邑倉佐主稟者各一戶

睡簡·秦律·169：縣嗇夫若丞及倉、鄉相雜以封印之

睡簡·秦律·164：倉屚(漏)㱙(朽)禾粟

睡簡·秦律·172：倉嗇夫及佐、史

睡簡·秦律·172：新倉嗇夫

睡簡·秦律·171：唯倉所自封印是度縣

睡簡·日甲·84 正：利入禾粟及爲囷倉

睡簡·日甲·155 背：利爲囷倉

睡簡·日甲·118 正：倉門

睡簡·日甲·115 正：倉門

睡簡・日乙・84:利入禾粟及爲囷倉

睡簡・爲吏・20:倉庫禾粟

睡簡・效律・28:而遺倉嗇夫及離邑倉佐主稟者各一戶

睡簡・效律・28:縣嗇夫若丞及倉、鄉相雜以封印之

睡簡・效律・22:倉屚(漏)死(朽)禾粟

睡簡・效律・29:而遺倉嗇夫及離邑倉佐主稟者各一戶

睡簡・效律・27:倉嗇夫某、佐某、史某、稟人某

睡簡・效律・32:倉嗇夫及佐、史

里簡・J1(16)5 背:司空傳倉

里簡・J1(16)6 背:告鄉司空、倉主

集證・140. 123:倉吏

集證・140. 121:泰倉〖注〗泰倉,即太倉,大倉,官名。

集證・140. 124:蜀邸倉印〖注〗倉,倉廩,官署名。

封泥集・附一 401:蜀邸倉印

秦印編 92:泰倉

新封泥 E・5:大倉丞印

封泥印 31:尚臥倉印

新封泥 A・2. 12:尚臥倉印

封泥印 30:泰倉

秦印編 92:私倉

秦印編 92:廄田倉印

秦印編 92:廄田倉印

秦印編 92:泰倉丞印

封泥印 31:泰倉丞印

封泥集 127・1:泰倉丞印

封泥集 127・3:泰倉丞印

秦印編 92:倉

集證・140. 125:廄田倉印

封泥集・附一 408:廄田倉印

秦陶・1013:都倉

秦陶・1130:咸倉故□

秦陶・1021:都倉

秦陶・1024:都倉

集證・223. 279:美陽工倉〖注〗倉,人名。

秦陶・1015:都倉

秦陶・1019:都倉

1106 　

大墓殘磬(集證・59):彸虎(鉏鋙)覩(載)入

大墓殘磬(集證·62):□飤虎(鉏鋙)𣪠(載)入

天簡24·乙:日入至晨

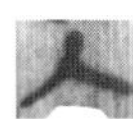天簡26·乙:日入至晨

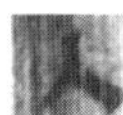天簡34·乙:日中至日入

天簡39·乙:從西方入

天簡26·乙:日入至晨

天簡26·乙:從南方入有從之出

天簡30·乙:日中至日入

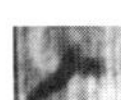天簡31·乙:日入

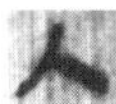睡簡·效律·33:入之

睡簡·效律·41:入其贏旅衣札

睡簡·日甲·146背:凡此日不可入官及入室

睡簡·日甲·146背:凡此日不可入官及入室

睡簡·答問·80:非必珥所入乃爲夬(決)

睡簡·答問·80:所夬(決)非珥所入毆

睡簡·答問·203:者(諸)候(侯)客節(卽)來使入秦

睡簡·答問·90:擊(揞)布入公

睡簡·答問·98:賊入甲室

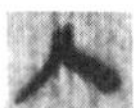睡簡·答問·92:小畜生入人室

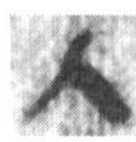睡簡·答問·90:入齎錢如律

睡簡·答問·195·摹:不入養主

睡簡·答問·195:其子入養主之謂也

睡簡·答問·195:雖不養主而入量(糧)者

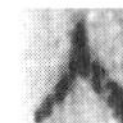睡簡·答問·168:或入公

睡簡·秦律·86:其金及鐵器入以爲銅

睡簡·秦律·8:頃入芻三石、稾二石

睡簡·秦律·8:入芻稾

睡簡·秦律·8:入頃芻稾

睡簡·秦律·81:其入贏者

睡簡·秦律·81:入之

睡簡·秦律·81:隃(逾)歲而弗入及不如令者

睡簡·秦律·28:其出入、增積及效如禾

睡簡·秦律·28:入禾稼、芻稾

睡簡·秦律·26:其出入禾、增積如律令

睡簡·秦律·27:長吏相雜以入禾倉及發

睡簡·秦律·23:非入者是出之

睡簡·秦律·24:其前入者是增積

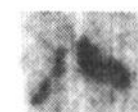睡簡·秦律·24:入禾未盈萬石而欲增積焉

 睡簡・秦律・24:入之

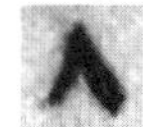 睡簡・秦律・25:後入者獨負之

 睡簡・秦律・25:乃入焉

 睡簡・秦律・21:入禾倉

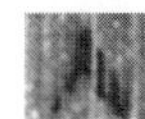 睡簡・秦律・97:令市者見其入

 睡簡・秦律・6:百姓犬入禁苑中而不追獸及捕獸者

 睡簡・秦律・67:其出入錢以當金、布

 睡簡・秦律・7:皆完入公

 睡簡・秦律・7:食其肉而入皮

 睡簡・秦律・70:受者以入計之

 睡簡・秦律・18:及索(索)入其賈(價)錢

 睡簡・秦律・18:卽入其筋、革、角

 睡簡・秦律・102:入叚(假)而而毋(無)久(記)及非其官之久(記)也〖注〗第二個"而"字爲衍文。

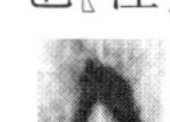 睡簡・秦律・197:毋敢以火入臧(藏)府、書府中

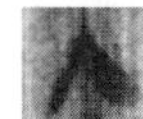 睡簡・秦律・168:是縣入之

 睡簡・秦律・16:其入之其弗亟而令敗者〖注〗入之其,三字系衍文。

 睡簡・秦律・16:縣亟診而入之

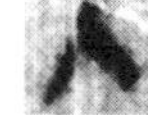 睡簡・秦律・170:如入禾然

 睡簡・秦律・173:入之

 睡簡・秦律・175:入禾、發屚(漏)倉

 睡簡・秦律・138:其日未備而被入錢者

 睡簡・秦律・103:皆沒入公

 睡簡・秦律・152:欲入錢者

 睡簡・秦律・119:及雖未盈卒歲而或盜決(決)道出入

 睡簡・雜抄・14:入粟公

 睡簡・日甲・80 正:不可爲室及入之

 睡簡・日甲・89 背:入七月八日心

 睡簡・日甲・86 背:入四月旬五日心

 睡簡・日甲・87 正:卽入之

 睡簡・日甲・84 正:利入禾粟及爲囷倉

 睡簡・日甲・81 正:不利出入人

 睡簡・日甲・20 背:入里門之右

 睡簡・日甲・28 正:入月一日二日吉

 睡簡・日甲・22 正:不可種之及初穫出入之

 睡簡・日甲・26 背:入人醯、醬、滫、將(漿)中

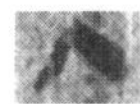 睡簡・日甲・27 背:大袜(魅)恆入人室

 睡簡・日甲・92 背:入十月朔日心

 睡簡・日甲・92 正:可以出入鷄

睡簡・日甲・92 正:勿以出入鶏

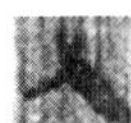睡簡・日甲・93 背:入十一月二旬五日心

睡簡・日甲・93 正:午不可入貨

睡簡・日甲・94 背:入十二月二日三日心

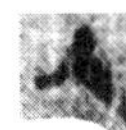睡簡・日甲・95 背:久行毋以庚午入室

睡簡・日甲・68 背:乃解衣弗袵入而傅(搏)者之

睡簡・日甲・62 背:凡鬼恆執匴以入人室

睡簡・日甲・6 正:祭祀、家(嫁)子、取(娶)婦、入材

睡簡・日甲・76 正:以入[牛]

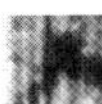睡簡・日甲・71 正:取婦、家(嫁)女、出入貨及祠

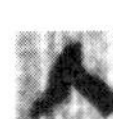睡簡・日甲・38 正:不可取婦、家(嫁)女、出入貨及生(牲)

睡簡・日甲・32 背:好下樂入

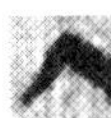睡簡・日甲・32 背:男女未入宮者毄(擊)鼓奮鐸喿(譟)之

睡簡・日甲・37 正:歲半入

睡簡・日甲・42 正:利居室、入貨及生(牲)

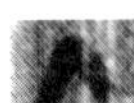睡簡・日甲・49 背:獨入一人室

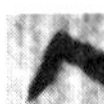睡簡・日甲・47 背:犬恆夜入人室

睡簡・日甲・43 正:不可入(納)寄者

睡簡・日甲・44 正:出入貨及生(牲)

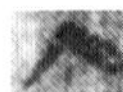睡簡・日甲・50 背:鬼恆羸(裸)入人宮

睡簡・日甲・50 正:離日不可以家(嫁)女、取婦及入人民畜生

睡簡・日甲・58 背:寒風入人室

睡簡・日甲・59 背:鬼入人宮室

睡簡・日甲・59 正:入客戌辰、己巳、辛酉、辛卯、己未、庚午

睡簡・日甲・59 正:虛四徹不可入客、寓人及臣妾

睡簡・日甲・57 背:票(飄)風入人宮而有取焉

睡簡・日甲・57 正:己巳入寄者

睡簡・日甲・57 正:毋以辛酉入寄者

睡簡・日甲・51 背:入人宮

睡簡・日甲・108 正:毋以午出入臣妾、馬[牛]

睡簡・日甲・103 正:凡入月五日

睡簡・日甲・10 正:作事、入材

睡簡・日甲・120 正:入貨吉

睡簡・日甲・122 背:以坐而飲酉(酒)矢兵不入于身

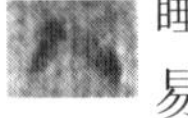睡簡・日甲・122 正:宜錢金而入易虛

睡簡・日甲・127 背:毋以庚午入室

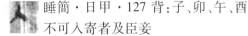

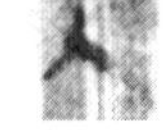睡簡・日甲・127 背:子、卯、午、酉不可入寄者及臣妾

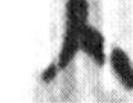睡簡・日甲・121 背:必入之

睡簡·日甲·19 正:必摯(執)而入公而止

睡簡·日甲·160 正:戌入官

睡簡·日甲·162 正:申入官

睡簡·日甲·163 正:酉入官

睡簡·日甲·164 正:卯入官

睡簡·日甲·165 正:未午辰入官

睡簡·日甲·161 正:亥入官

睡簡·日甲·17 正:可以取妻、入人、起事

睡簡·日甲·139 背:入月十七日

睡簡·日甲·133 正:入八月九日

睡簡·日甲·133 正:入二月四日

睡簡·日甲·133 正:入九月廿七日

睡簡·日甲·133 正:入六月廿四日

睡簡·日甲·133 正:入七月九日

睡簡·日甲·133 正:入三月廿一日

睡簡·日甲·133 正:入十二月卅日

睡簡·日甲·133 正:入十一月廿日

睡簡·日甲·133 正:入十月十日

睡簡·日甲·133 正:入四月八日

睡簡·日甲·133 正:入五月十九日

睡簡·日甲·133 正:入正月七日

睡簡·日甲·134 正:己酉從遠行入

睡簡·日甲·146 背:入官必有辠

睡簡·日甲·143 背:入月七日及冬未、春戌、夏丑、秋辰

睡簡·日甲·14 正:可以入人、始寇〈冠〉、乘車〖注〗入人,買進奴隸。

睡簡·日甲·157 正:入官良日

睡簡·日甲·155 背:利入室

睡簡·日甲·118 背:矢兵不入于身

睡簡·日甲·119 背:入七月七日日乙酉

睡簡·日甲·116 背:必入之

睡簡·日甲·114 背:入十月十日乙酉、十一月丁酉材(裁)衣

睡簡·日甲·114 正:三歲中日入一布

睡簡·日乙·80:不可爲室及入之

睡簡·日乙·84:利入禾粟及爲囷倉

睡簡·日乙·殘 9:□戶入□

睡簡·日乙·殘 10:□入寄□

睡簡·日乙·228:子、丑入官

睡簡·日乙·229:戌入官

睡簡・日乙・226:利入官

睡簡・日乙・227:利入官

睡簡・日乙・224:利入官

睡簡・日乙・224:入官

睡簡・日乙・225:利入官

睡簡・日乙・230:亥入官

睡簡・日乙・232:酉入官

睡簡・日乙・233:卯入官

睡簡・日乙・234:實〈寅〉、巳入官

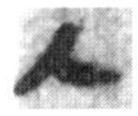

睡簡・日乙・235:未、辰、午入官、辱而去

睡簡・日乙・231:申入官

睡簡・日乙・98:祠及行、出入[貨]

睡簡・日乙・98:入四月旬五日心

睡簡・日乙・99:取婦、家(嫁)女、出入貨

睡簡・日乙・99:入五月旬二日心

睡簡・日乙・96:入二月九日直心

睡簡・日乙・97:可入貨

睡簡・日乙・97:入三月七日直心

睡簡・日乙・95:可入貨

睡簡・日乙・95:入正月二日一日心

睡簡・日乙・60:入貨、人民、畜生

睡簡・日乙・62:出入人民、畜生

睡簡・日乙・70:可以出入牛、服之

睡簡・日乙・42:凡五巳不可入寄者

睡簡・日乙・42:可以入臣妾

睡簡・日乙・43:久行毋以庚午入室

睡簡・日乙・43:可以攻軍、入城及行

睡簡・日乙・45:入月六日、七日、八日、二旬二日皆知

睡簡・日乙・41:可以入馬牛、臣[妾]□

睡簡・日乙・50:凡有入毆

睡簡・日乙・57:出入人民、畜生

睡簡・日乙・53:入人民、畜生

睡簡・日乙・100:入六月旬心

睡簡・日乙・102:入八月五日心

睡簡・日乙・106:入十二月二日三日心

睡簡・日乙・103:入九月三日心

睡簡・日乙・104:入十月朔日心

睡簡・日乙・104:以入牛

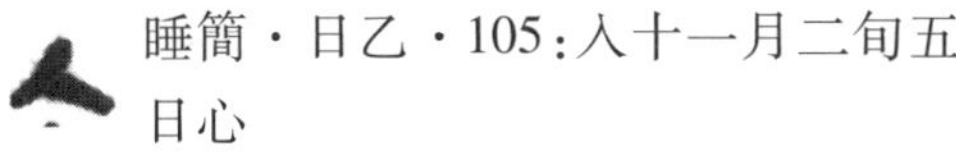
睡簡・日乙・105:入十一月二旬五日心

睡簡・日乙・101:入七月八日心

睡簡・日乙・18:必入資貨

睡簡・日乙・18:利以入(納)室

睡簡・日乙・124:不可以入臣妾及寄者

睡簡・日乙・121:入(納)之所寄之

睡簡・日乙・121:毋以戊辰、己巳入(納)寄者

睡簡・日乙・19:利以行師徒、見人、入邦

睡簡・日乙・196:及入月旬八日皆大凶

睡簡・日乙・195:入月旬七日毁垣

睡簡・日乙・169:以入

睡簡・日乙・167:以入

睡簡・日乙・163:以入

睡簡・日乙・165:以入

睡簡・日乙・161:以入

睡簡・日乙・179:以入

睡簡・日乙・177:以入

睡簡・日乙・175:以入

睡簡・日乙・171:以入

睡簡・日乙・131:入寄之

睡簡・日乙・131:毋以戊辰、己巳入寄人

睡簡・日乙・159:以入

睡簡・日乙・156:牛羊入戌

睡簡・日乙・157:以入

睡簡・日乙・118:不可取婦、家(嫁)女、入畜生

睡簡・效律・28:是縣入之

睡簡・效律・2:官嗇夫、冗吏皆共賞(償)不備之貨而入贏

睡簡・效律・29:如入禾然

睡簡・效律・27:入禾

睡簡・效律・37:入禾及發屚(漏)倉

岳山牘・M36:44 正:壬戌、癸亥不可以之遠□及來歸入室

龍簡・12:有不當入而闌入

龍簡・12:有不當入而闌入

龍簡・112・摹:馬、牛、駒、犢、[羔]皮及□皆入禁□(官)□

龍簡・119:而輿軌(?)疾敺(驅)入之

龍簡・86・摹:入其皮□縣道官

龍簡・83:食其肉而入其皮

龍簡・209・摹:□必言者(?)入□

龍簡・201:言吏入者

龍簡・20:以盜入禁苑律論之

龍簡・2・摹:竇出入及毋(無)符傳而闌入門者

龍簡・2:竇出入及毋(無)符傳而闌入門者〖注〗闌入,無通行憑證擅自闖入。

龍簡・22:智(知)請(情)入之

龍簡・26:沒入其販假殹〖注〗沒入,沒收。

龍簡・23:毆(驅)入禁苑中

龍簡・24:□僞假入縣□

龍簡・211:□入縣官□

龍簡・68・摹:必亟入

龍簡・67:出入之

龍簡・77・摹:黔首犬入禁苑中而不追獸及捕□

龍簡・3:傳者入門

龍簡・4:皆與闌入門同罪

龍簡・5・摹:及□佩〈佩〉入司馬門久(?)□

龍簡・5・摹:及以傳書閱入之

龍簡・58:有(又)沒入其車、馬、牛、縣、道[官]

龍簡・102:沒入私馬、牛、[羊]、[駒]、犢、羔縣道官

龍簡・18・摹:追盜賊、亡人出入禁苑耎(?)者得□

龍簡・12:及以它誰(詐)僞入□

龍簡・13:盜入禁苑□

龍簡・147:與灋(法)沒入其匿田之稼

里簡・J1(9)8正:[家]貧弗能入

里簡・J1(9)9正:[家]貧弗能入

里簡・J1(9)10正:[家]貧弗能入

里簡・J1(9)11正:[家]貧弗能入

里簡・J1(9)1正:[家]貧弗能入

里簡・J1(9)2正:[家]貧弗能入

里簡・J1(9)4正:[家]貧弗能入

里簡・J1(9)5正:[家]貧弗能入

里簡・J1(9)6正:[家]貧弗能入

里簡・J1(9)7正:[家]貧弗能入

關簡・134:入月一日

關簡・135:入月二日

關簡・260:□以孤虛循求盜所道入者及臧(藏)處

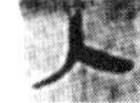
關簡・263:已入月

關簡・360:從北方入

關簡・367:日入雞=

關簡·356:從西南入

關簡·310:鬻(粥)足以入之腸

關簡·312:入酒若鬻(粥)中

關簡·168:日入

關簡·136:入月三日

帛書·足臂·13:入胠

帛書·足臂·19:上入脞間

帛書·足臂·13:入腹

帛書·病方·24:入溫酒一音(杯)中而飲之

帛書·病方·26:入藥中

帛書·病方·30:風入傷

帛書·病方·30:入卽出

帛書·病方·37:風入傷

帛書·病方·97:湮汲一音(杯)入奚蠡中

帛書·病方·100:入酒中

帛書·病方·104:入帚井中

帛書·病方·124:出入飲食自次(恣)

帛書·病方·158:以醇酒入□

帛書·病方·203:入半音(杯)酒中飲之

帛書·病方·240:而入之其空(孔)中

帛書·病方·248:牝痔之入竅中寸

帛書·病方·262:入直(脏)中

帛書·病方·263:入州出不可入者

帛書·病方·263:入矣

帛書·病方·272:并以三指大最(撮)一入桮(杯)酒中

帛書·病方·333:入足湯中

帛書·病方·334:朝已食而入湯中

帛書·病方·335:病不□者一入湯中卽瘳

帛書·病方·335:其甚者五、六入湯中而瘳

帛書·病方·353:□米一升入中

帛書·病方·415:而入豬膏□者一合其中

帛書·病方·417:卽入湯中

帛書·病方·434:燔地穿而入足

帛書·病方·439:令病者每旦以三指三最(撮)藥入一桮(杯)酒若鬻(粥)中而飲之

帛書·病方·441:冶桂入中

帛書·病方·殘3:入三[指撮]□

帛書·病方·殘6:□入其□

帛書·病方·殘7:痿入中

帛書・病方・殘7:痿入中者

帛書・病方・無編號:入

帛書・灸經甲・50:入耳中

帛書・灸經甲・52:入齒中

帛書・足臂・13:入胳(郄)

1107 內 內

王八年內史操戈(珍金・56):王八年內史操左之造〖注〗內史,官名。

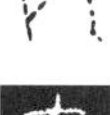
王八年內史操戈・摹(珍金・56):王八年內史操左之造

詛楚文・湫淵(中吳本):內之則虣(暴)虐(虐)不(無)姑(辜)

詛楚文・巫咸(中吳本):內之則虣(暴)虐(虐)不(無)辜

詛楚文・亞駝(中吳本):內之則虣(暴)虐(虐)不(無)辜

泰山刻石・宋拓本:昭隔內外

會稽刻石・宋刻本:防隔內外

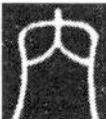
會稽刻石・宋刻本:內飾詐謀

會稽刻石・宋刻本:平壹宇內

石板(集證・227):內西七〖注〗內,指內部。

青川牘・摹:王命丞相戊(茂)、內史匽氏

睡簡・秦律・93:在咸陽者致其衣大內

睡簡・秦律・93:縣、大內皆聽其官致

睡簡・秦律・92:輸大內

睡簡・秦律・112:籍書而上內史

睡簡・日乙・40:戊己內中土

睡6號牘・正:家室外內同□

睡簡・答問・65:今內(納)人

睡簡・答問・65:內(納)奸

睡簡・答問・32:唯縣少內爲"府中"

睡簡・答問・140:上朱(珠)玉內史

睡簡・封診・81:柖在內東北

睡簡・封診・79:內北有垣

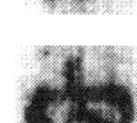
睡簡・封診・76:穴斲(徹)內中

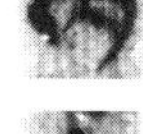
睡簡・封診・73:自宵臧(藏)乙復(複)結衣一乙房內中〖注〗房,旁。房內,居室的側房。

睡簡・封診・74:斲(徹)內中

睡簡・封診・74:人已穴房內

睡簡・封診・75:比大內

睡簡・封診・75:房內在其大內東

睡簡・封診・75:與鄉□隸臣某卽乙、典丁診乙房內

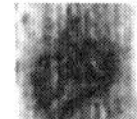
睡簡・封診・39:令少內某、佐某以市正賈(價)賈丙丞某前

睡簡・秦律・188:內史雜

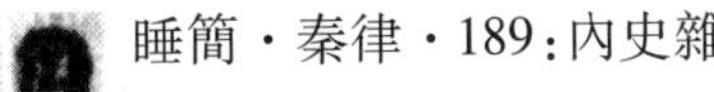
睡簡·秦律·189:内史雜

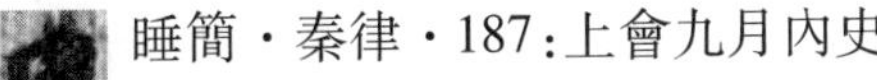
睡簡·秦律·187:上會九月内史

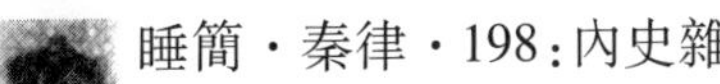
睡簡·秦律·198:内史雜

睡簡·秦律·192:内史雜

睡簡·秦律·190:内史雜

睡簡·秦律·193:内史雜

睡簡·秦律·194:内史雜

睡簡·秦律·191:内史雜

睡簡·秦律·175:至計而上廥籍内史

睡簡·日甲·23背:取婦爲小内

睡簡·日甲·69背:臧(藏)於垣内中糞蔡下

睡簡·日甲·45背:爲桑丈(杖)奇(倚)戶内

睡簡·日甲·100正:筑(築)大内

睡簡·日甲·19背:依道爲小内

睡簡·日甲·16背:内居東北

睡簡·日甲·17背:内居正東

睡簡·日甲·14背:内居西南

睡簡·日甲·15背:内居西北

睡簡·日乙·254:内盜有□人在其室□

睡簡·日乙·111:勿以作事、復(覆)内、暴屋

睡簡·秦律·86:都官輸大内

睡簡·秦律·87:都官遠大内者輸縣

睡簡·秦律·87:以書時謁其狀内史

睡簡·秦律·80:以效少内〖注〗少内,官署名,朝廷管理錢財的機構。

睡簡·秦律·28:上内史

睡簡·秦律·20:内史課縣

里簡·J1(8)156:守府快行少内

里簡·J1(16)6正:今洞庭兵輸内史及巴、南郡蒼梧

里簡·J1(8)152正:少内守是敢言之

里簡·J1(8)156:遷陵守丞色下少内

里簡·J1(16)8正:□少内七人

帛書·足臂·27:出臑内下兼(廉)

帛書·病方·28:毋近内〖注〗近内,房事。

帛書·病方·32:尉時及已熨四日内

帛書·病方·108:靡(磨)又(疣)内辟(壁)二七

帛書·病方·108:弱(搦)又(疣)内北

帛書·病方·108:以月晦日之内後〖注〗内,寢室。

帛書·病方·192:是胃(謂)内復〖注〗内復,"膏溺"别名。

帛書·病方·217:卽內(納)腎臑於壺空(孔)中

帛書·病方·319:私內中

帛書·病方·417:之溫內

帛書·灸經甲·58:去內腂(踝)一寸

帛書·灸經甲·62:觳(繫)於內腂(踝)外廉

帛書·灸經甲·67:出內陰兩骨之間

帛書·灸經甲·70:[出]臑內陰

帛書·足臂·2:其直者貫目內漬(眥)

帛書·足臂·10:上出乳內兼(廉)

帛書·足臂·11:乳內兼(廉)痛

帛書·足臂·13:出內踝窶(婁)中

帛書·足臂·13:循脊內□兼(廉)

帛書·足臂·14:脊內兼(廉)痛

帛書·足臂·14:膊(腨)內痛

帛書·足臂·16:□膝內兼(廉)

帛書·足臂·16:出內踝上兼(廉)

帛書·足臂·16:循胻內[兼(廉)]

帛書·足臂·17:股內痛

帛書·足臂·17:胻內兼(廉)痛

帛書·足臂·19:□股內

帛書·足臂·19:以上出胻內兼(廉)

帛書·足臂·25:以奏(湊)臑內

新封泥E·4:內官丞印〖注〗內官,官名。

新封泥D·6:泰內

新封泥A·2.6:大內〖注〗大內,官名。

新封泥A·2.7:大內丞印

新封泥A·2.8:泰內〖注〗泰內,卽太內,大內,官名。

集證·145.198:內府

集證·145.199:少內

集證·145.200:茝陽少內

秦印編92:茝陽少內

秦印編93:內官丞印

秦印編92:少內

秦印編93:內官丞印

秦印編92:泰內丞印

秦印編93:內史之印

秦印編92:內史之印

秦印編92:內者府印

秦印編 92:內史之印

封泥集 150・1:內者〖注〗內者,官名。

封泥集 150・2:內者

封泥集 150・4:內者

封泥集 150・6:內者

封泥集 151・1:內者府印

封泥集 158・1:內官丞印

封泥集 158・2:內官丞印

封泥集 158・3:內官丞印

封泥集 158・5:內官丞印

封泥集 158・6:內官丞印

封泥集 158・7:內官丞印

封泥集 158・8:內官丞印

封泥集 158・9:內官丞印

封泥集 158・11:內官丞印

封泥集 158・13:內官丞印

封泥集 159・14:內官丞印

封泥集 159・15:內官丞印

封泥集 159・16:內官丞印

封泥集 159・18:內官丞印

封泥集 159・19:內官丞印

封泥集 159・21:內官丞印

封泥集 180・1:內史之印

封泥集 180・2:內史之印

封泥集 180・3:內史之印

封泥集 180・4:內史之印

集證・136. 59:內官丞印

集證・136. 60:內官丞印

集證・136. 61:內者

集證・150. 282:內史之印

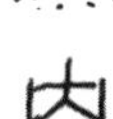集證・150. 283・摹:內史之印

新封泥 C・16. 8:大內丞印

新封泥 C・16. 13:內史之印

封泥印 4:內史之印

封泥印 25:泰內

封泥印 26:泰內丞印

封泥印 39:內者

封泥印 40:內者府印

封泥印 43：內官丞印

封泥集・附一 401：少內

封泥集・附一 406：茝陽少內

1108　仝 全 𠓝　仝（全）𠓝

睡簡・答問・69：其子新生而有怪物其身及不全而殺之〖注〗不全，畸形。

睡簡・答問・69：子身全毆

睡簡・日甲・80 背：其面不全

睡簡・日甲・75 背：其身不全

睡簡・日甲・71 背：不全於身

睡簡・日乙・58：歲善而柀不全

帛書・病方・223：［取］全虫蛻一〖注〗全虫蛻，即蛇蛻。

集證・165. 516：全宣

1109　缶　缶

秦陶・1484：隱成呂氏缶

秦陶・1485：北園王氏缶

秦陶・1487：隱成呂氏缶

秦陶・1488：北園呂氏缶

1110　匋　匋

集證・169. 558：匋冉〖注〗匋，讀爲"陶"。匋冉，人名。

1111　罋　罋

帛書・病方・61・摹：以井上罋𨠭處土與等〖注〗罋，汲水用的陶器。

帛書・病方・77：而煮水一罋□一音（杯）

帛書・病方・249：抒置罋中

1112　䍃　䍃

睡簡・日甲・137 背：是胃（謂）召（招）䍃（搖）合日〖注〗招搖，星名。

睡簡・日甲・139 背：是胃（謂）召（招）䍃（搖）合日

1113　缺　缺

里簡・J1（8）157 正：成里典、啟陵郵人缺

帛書・灸經甲・68：缺盆痛〖注〗缺盆，鎖骨上窩處。

帛書・足臂・8：缺盆痛

1114　缿　缿

睡簡・秦律・97：受錢必輒入其錢缿中〖注〗缿，陶制容錢器，類似後來的撲滿。

1115　編

帛書・病方・129・摹:蓋以編

帛書・病方・128:卽置其編於槎火上〖注〗編,卽甂,盆盂類陶器。

1116　矢

不其簋蓋(秦銅・3):易(賜)女(汝)弓一矢束〖注〗束矢卽一捆矢。

滕縣不其簋器(秦銅・4):易(賜)女(汝)弓一矢束

石鼓文・鑾車(先鋒本):彤矢□□

睡簡・爲吏・18:聽其有矢〖注〗矢,陳述。

睡簡・封診・27:首人以此弩矢□乙

睡簡・封診・25:具弩二、矢廿

睡簡・秦律・108:爲矢程〖注〗矢程,放寬生產的規定標準。

睡簡・日甲・28背:牡棘爲矢

睡簡・日甲・27背:以犬矢爲完(丸)〖注〗矢,通"屎"

睡簡・日甲・24背:爲芻矢以鳶(弋)之

睡簡・日甲・63正:辱者不孰而爲□人矢□

睡簡・日甲・30背:鳶(弋)以芻矢

睡簡・日甲・49背:以犬矢投之

睡簡・日甲・51背:燔豕矢焉

睡簡・日甲・121背:以坐而飲西(酒)矢兵不入于身

睡簡・日甲・118背:矢兵不入于身

睡簡・爲吏・22:樓椑(陴)矢閲(穴)〖注〗閲,讀爲"穴"。矢穴,城上射箭用的穴口。

龍簡・92:□弩矢□

龍簡・17:亡人挾弓、弩、矢居禁中者

關簡・313:以正月取桃橐(蠹)矢少半升。

關簡・324:以羊矢三斗

關簡・321:大如扁(蝙)蝠矢而乾之

帛書・病方・382:奚(鷄)矢鼠襄(壤)涂(塗)桼(漆)王

帛書・病方・399:取雄鷄矢

帛書・病方・10:頪(燔)羊矢

帛書・病方・61:取丘(蚯)引(蚓)矢二升

帛書・病方・112:卽以犬矢[濕]之

帛書・病方・112:先侍(偫)白鷄、犬矢

帛書・病方・113:冒其所以犬矢濕者

帛書・病方・193:取馬矢觕者三斗

帛書・病方・214:以葛爲矢

帛書・病方・316:浴湯熱者熬彘矢

帛書・病方・317:以湯大熱者熬彘矢

帛書・病方・349:燔牡鼠矢

帛書・病方・380:涂(塗)若以豕矢

帛書・病方・380:以桼(漆)弓矢

秦印編 93:矢壐

1117 躲(射)

石鼓文・車工(先鋒本):射其豜蜀

石鼓文・鑾車(先鋒本):射之犻=

石鼓文・田車(先鋒本):秀弓寺(持)射

石鼓文・田車(先鋒本):執而勿射

天簡 27・乙:大族蕤賓毋射之卦曰

天簡 29・乙:毋射犬毆

睡簡・日甲・73 背:多〈名〉獾不圖射亥戌

睡簡・日甲・28 背:見而射之

睡簡・雜抄・2:發弩嗇夫射不中

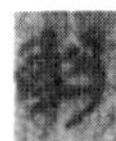
睡簡・雜抄・2:及發弩射不中

睡簡・雜抄・26:徒出射之

睡簡・雜抄・25:射虎車二乘爲曹〖注〗射虎車,一種有防禦設備專用於獵射猛獸的車。

睡簡・雜抄・34:署君子、敦(屯)長、僕射不告〖注〗僕射,職官名。

睡簡・雜抄・12:徒食、敦(屯)長、僕射弗告

睡簡・雜抄・13:同車食、敦(屯)長、僕射弗告

龍簡・156:田□僕射□大人□

龍簡・85:而毋敢射[殺]□

龍簡・29・摹:射奊中□之□有□毆

龍簡・91:□善射者敦□

龍簡・30:黔首其欲弋射奊射獸者勿禁〖注〗弋射,用帶繩的箭矢射。

龍簡・31:諸弋射甬道、禁苑外卅(?)里(?)毄(繫)

帛書・病方・214:旦而射

帛書・病方・226:壹射以三矢

封泥集・附一 408:射官〖注〗射官,官名。

秦印編 93:王射

秦印編 93:射弋

1118 矯

睡簡・語書・2:以矯端民心〖注〗矯端,矯正。

1119 矰

睡簡・日甲・139 背:毋起北南陳垣及矰(增)之〖注〗增,加築。

秦印編 93:王矰

1120　矦厌(侯)

北私府橢量·始皇詔(秦銅·146):皇帝盡并(併)兼天下諸矦

〖注〗諸矦,張文質說指當時被平滅的六國統治者。

北私府橢量·始皇詔(秦銅·146):皇帝盡并(併)兼天下諸矦

大騩銅權(秦銅·131):皇帝盡并(併)兼天下諸矦

高奴禾石銅權(秦銅·32.2):皇帝盡并(併)兼天下諸矦

兩詔斤權一·摹(集證·46):皇帝盡并(併)兼天下諸矦

兩詔版(秦銅·174.1):皇帝盡并(併)兼天下諸矦

兩詔斤權二·摹(集證·49):皇帝盡并(併)兼天下諸矦

兩詔斤權二·照片(集證·47.2):皇帝盡并(併)兼天下諸矦

兩詔斤權一(集證·45):皇帝盡并(併)兼天下諸矦

兩詔銅權二(秦銅·176):皇帝盡并(併)兼天下諸矦

兩詔銅權三(秦銅·178):皇帝盡并(併)兼天下諸矦

兩詔銅權四(秦銅·179.1):皇帝盡并(併)兼天下諸矦

兩詔銅權一(秦銅·175):皇帝盡并(併)兼天下諸矦

兩詔橢量三之一(秦銅·150):皇帝盡并(併)兼天下諸矦

美陽銅權(秦銅·183):皇帝盡并(併)兼天下諸矦

平陽銅權·摹(秦銅·182):皇帝盡并(併)兼天下諸矦

僅存銘兩詔銅權(秦銅·135-18.1):皇帝盡并(併)兼天下諸矦

僅存銘始皇詔銅權·八(秦銅·135-8):皇帝盡并(併)兼天下諸矦

僅存銘始皇詔銅權·二(秦銅·135-2):皇帝盡并(併)兼天下諸矦

僅存銘始皇詔銅權·九(秦銅·135-9):皇帝盡并(併)兼天下諸矦

僅存銘始皇詔銅權·七(秦銅·135-7):皇帝盡并(併)兼天下諸矦

僅存銘始皇詔銅權·三(秦銅·135-3):皇帝盡并(併)兼天下諸矦

僅存銘始皇詔銅權·十(秦銅·135-10):皇帝盡并(併)兼天下諸矦

僅存銘始皇詔銅權·十二(秦銅·135-12):皇帝盡并(併)兼天下諸矦

僅存銘始皇詔銅權·十六(秦銅·135-16):皇帝盡并(併)兼天下諸矦

僅存銘始皇詔銅權·十七(秦銅·135-17):皇帝盡并(併)兼天下諸矦

僅存銘始皇詔銅權·十三(秦銅·135-13):皇帝盡并(併)兼天下諸矦

僅存銘始皇詔銅權·十四(秦銅·135-14):皇帝盡并(併)兼天下諸矦

僅存銘始皇詔銅權·十一(秦銅·135-11):皇帝盡并(併)兼天下諸矦

僅存銘始皇詔銅權·四(秦銅·135-4):皇帝盡并(併)兼天下諸矦

僅存銘始皇詔銅權·一(秦銅·135-1):皇帝盡并(併)兼天下諸矦

始皇詔版九·殘(集證·44.2):皇帝盡并(併)兼天下諸矦

始皇詔八斤銅權二(秦銅·135):皇帝盡并(併)兼天下諸矦

始皇詔八斤銅權一(秦銅·134):皇帝盡并(併)兼天下諸矦

始皇詔版八(秦銅·144):皇帝盡并(併)兼天下諸矦

始皇詔版二(秦銅·137):皇帝盡并(併)兼天下諸矦

始皇詔版一(秦銅·136):皇帝盡并(併)兼天下諸矦

始皇詔十六斤銅權二(秦銅·128):皇帝盡并(併)兼天下諸矦

始皇詔十六斤銅權三(秦銅·129):皇帝盡并(併)兼天下諸矦

始皇詔十六斤銅權四(秦銅·130.1):皇帝盡并(併)兼天下諸矦

始皇詔十六斤銅權一(秦銅·127):皇帝盡并(併)兼天下諸矦

始皇詔鐵石權二(秦銅·121):皇帝盡并(併)兼天下諸矦

始皇詔鐵石權四(秦銅·123):皇帝盡并(併)兼天下諸矦

始皇詔銅方升三(秦銅·100):皇帝盡并(併)兼天下諸矦

始皇詔銅方升一(秦銅·98):皇帝盡并(併)兼天下諸矦

始皇詔銅權八(秦銅·117):皇帝盡并(併)兼天下諸矦。

始皇詔銅權二(秦銅·111):皇帝盡并(併)兼天下諸矦

始皇詔銅權九(秦銅·118):皇帝盡并(併)兼天下諸矦

始皇詔銅權六(秦銅·115):皇帝盡并(併)兼天下諸矦

始皇詔銅權三(秦銅·112):皇帝盡并(併)兼天下諸矦

始皇詔銅權十(秦銅·119):皇帝盡并(併)兼天下諸矦

始皇詔銅權十一(珍金·125):皇帝盡并(併)兼天下諸矦

始皇詔銅權四(秦銅·113):皇帝盡并(併)兼天下諸矦

始皇詔銅權一(秦銅·110):皇帝盡并(併)兼天下諸矦

始皇詔銅橢量二(秦銅·103):皇帝盡并(併)兼天下諸矦

始皇詔銅橢量六(秦銅·107):皇帝盡并(併)兼天下諸矦

始皇詔銅橢量三(秦銅·104):皇帝盡并(併)兼天下諸矦

始皇詔銅橢量四(秦銅·105):皇帝盡并(併)兼天下諸矦

始皇詔銅橢量五(秦銅·106):皇帝盡并(併)兼天下諸矦

始皇詔銅橢量一(秦銅·102):皇帝盡并(併)兼天下諸矦

武城銅橢量(秦銅·109):皇帝盡并(併)兼天下諸矦

旬邑銅權(秦銅·133):皇帝盡并(併)兼天下諸矦

左樂兩詔鈞權(集證·43):皇帝盡并(併)兼天下諸矦

詛楚文·亞駝(中吳本):率者(諸)矦之兵以臨加我

詛楚文·湫淵(中吳本):率者(諸)矦之兵以臨加我

詛楚文·巫咸(中吳本):率者(諸)矦之兵以臨加我

睡簡·日甲·32 正:必得矦王〖注〗矦王,戰國時各國之王。

睡簡·雜抄·6:皆耐爲矦(候)

睡簡·答問·117:當耐爲矦(候)辠誣人

睡簡·秦律·193:矦(候)、司寇及羣下吏毋敢爲官府佐、史及禁苑憲盜〖注〗候,伺望。

睡簡·雜抄·4:耐爲矦(候)

帛書·病方·66:矦(候)天甸(電)而兩手相靡(摩)

集證·172.581:矦嬰

秦印編 94:矦章

秦印編 94:夏矦嬰

秦印編 94:矦直

秦印編 94:邦矦丞印

秦印編 94:矦蒙

秦印編 94:矦歜

秦印編 94:矦嬰

秦印編 94:矦蒙

秦印編 94:矦偃

秦印編 94:矦野

陶量(秦印編 94):矦

陶量(秦印編 94):矦

秦陶・1609:皇帝□諸矦

秦陶・1549:盡并(併)兼天下諸矦

秦陶・1561:諸矦

秦陶・1575:諸矦

始皇詔陶印(《研究》附):皇帝盡并(併)兼天下諸矦

秦陶・1607:矦

天簡 29・乙:矦歲戊雨

卌八年上郡假守鼂戈(珍金・88):丞冠矦

卌八年上郡假守鼂戈・摹本(珍金・88):丞冠矦

1121　短　短

天簡 28・乙:分其短長

睡簡・秦律・98:其小大、短長、廣亦必等

睡簡・日甲・14 背:宇右長左短

睡簡・爲吏・15:辯短長

1122　知　知

睡簡・日乙・46:入月六日、七日、八日、二旬二日皆知

1123　矣　矣

琅邪臺刻石:因明白矣

泰山刻石・廿九字本:因明白矣

泰山刻石・宋拓本:因明白矣

繹山刻石・宋刻本:因明白矣

天簡 25・乙:鐘音之數矣

睡簡・語書・6:則爲人臣亦不忠矣

睡簡・語書・3:今灋律令已具矣

睡簡・日乙・258:其子已死矣

睡簡・日甲・64 背:則止矣

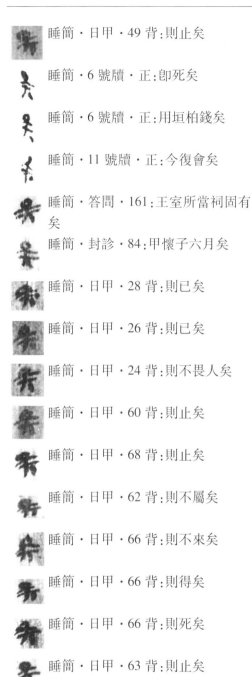

睡簡・日甲・49背:則止矣

睡簡・6號牘・正:即死矣

睡簡・6號牘・正:用垣柏錢矣

睡簡・11號牘・正:今復會矣

睡簡・答問・161:王室所當祠固有矣

睡簡・封診・84:甲懷子六月矣

睡簡・日甲・28背:則已矣

睡簡・日甲・26背:則已矣

睡簡・日甲・24背:則不畏人矣

睡簡・日甲・60背:則止矣

睡簡・日甲・68背:則止矣

睡簡・日甲・62背:則不屬矣

睡簡・日甲・66背:則不來矣

睡簡・日甲・66背:則得矣

睡簡・日甲・66背:則死矣

睡簡・日甲・63背:則止矣

睡簡・日甲・64背:則止矣

睡簡・日甲・61背:即止矣

睡簡・日甲・30背:則不來矣

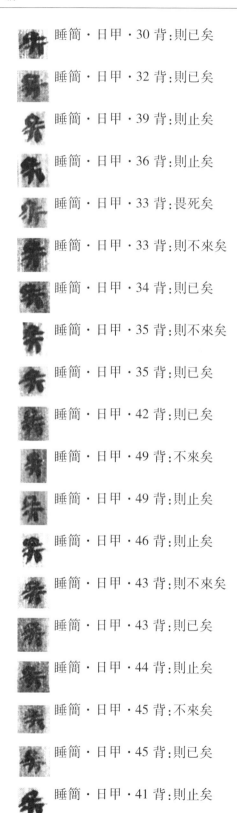

睡簡・日甲・30背:則已矣

睡簡・日甲・32背:則已矣

睡簡・日甲・39背:則止矣

睡簡・日甲・36背:則止矣

睡簡・日甲・33背:畏死矣

睡簡・日甲・33背:則不來矣

睡簡・日甲・34背:則已矣

睡簡・日甲・35背:則不來矣

睡簡・日甲・35背:則已矣

睡簡・日甲・42背:則已矣

睡簡・日甲・49背:不來矣

睡簡・日甲・49背:則止矣

睡簡・日甲・46背:則止矣

睡簡・日甲・43背:則不來矣

睡簡・日甲・43背:則已矣

睡簡・日甲・44背:則止矣

睡簡・日甲・45背:不來矣

睡簡・日甲・45背:則已矣

睡簡・日甲・41背:則止矣

睡簡・日甲・58背:則去矣

睡簡・日甲・52背:則已矣

睡簡・日甲・59背:則亡恙矣

睡簡・日甲・54背:三日乃能人矣

睡簡・日甲・55背:則止矣

睡簡・日甲・51背:龔(龍)去矣

睡簡・日甲・51背:則止矣

睡簡・日甲・14背:則止矣

帛書・灸經甲・66:久(灸)幾息則病已矣

帛書・病方・56:已矣

帛書・病方・263:入矣

帛書・病方・334:病即俞(愈)矣

帛書・病方・336:即毋入[湯]中矣

帛書・病方・336:即自合而瘳矣

帛書・病方・379:已矣

帛書・病方・396:□欲□勿□矣

帛書・病方・429:即可瘳矣

帛書・病方・450:□疣去矣

帛書・死候・88:則不沽〈活〉矣

1124　犾

石鼓文・鑾車(先鋒本):射之犾=〖注〗鄭樵釋爲"族"。鄭業斆釋爲"㹸"。馬叙倫釋爲"犾"之異文。

1125　高　高

不其簋蓋(秦銅・3):女(汝)以我車宕伐嚴允(玁狁)于高陶(陶)〖注〗高陶,地名。

滕縣不其簋器(秦銅・4):女(汝)以我車宕伐嚴允(玁狁)于高陶(陶)

秦公簋・蓋(秦銅・14.2):高引又(有)慶

秦公鎛鐘・摹(秦銅・16.4):高引又(有)慶

高陵君鼎・摹(集證・22):十五年高陵君丞趯〖注〗高陵君,昭襄王同母弟,又號葉陽君。

高奴簋・摹(秦銅・198):高奴一斗名(?)一〖注〗高奴,地名。

高奴禾石銅權(秦銅・32.1):高奴

高奴禾石銅權(秦銅・32.2):高奴

卜淦□高戈・摹(秦銅・188):卜淦□高乍(作)鑄永寶用逸宜

王五年上郡疾戈(秦銅・27):高奴工□

王五年上郡疾戈・摹(秦銅・27):高奴工□

六年上郡守閒戈(登封・4.2):高奴工師蕃鬼薪工臣

廿五年上郡守厝戈・摹(秦銅・43):高奴工師竈丞申

二年上郡守冰戈・摹(秦銅・55):高工丞沐□〖注〗高,"高奴"省文,地名。

三年上郡戈・摹(秦銅・59附圖):高[工□]丞申[工]

高奴戈(珍金・114):高奴

高奴戈・摹(珍金・115):高奴

三年相邦呂不韋矛一・摹(秦銅・59):高工□丞申

三年相邦呂不韋矛二(撫順・1):高工□

四年相邦呂不韋矛・摹(秦銅・66):高工龠

高奴矛(秦銅・201):高奴

廿四年上郡守戟(潛山・19):高奴工師□

大墓殘磬(集證・60):高陽又(有)靁(靈)〖注〗高陽,傳說中古帝顓頊之號。

大墓殘磬(集證・62):高□

會稽刻石・宋刻本:追道高明

繹山刻石・宋刻本:上薦高號

青川牘・摹:大稱其高

青川牘・摹:封高四尺

青川牘・摹:捋(埒)高尺

睡簡・爲吏・22:雖有高山

睡簡・答問・6:盜牛時高六尺

睡簡・答問・6:高六尺七寸

睡簡・日乙・178:高王父爲姓(眚)

睡簡・日乙・158:高王父譴適(讁)

睡簡・答問・67:問乙高未盈六尺

睡簡・答問・78:今毆高大父母〖注〗高大父母,曾祖父母。

睡簡・封診・76:上高二尺三寸

睡簡・秦律・61:其老當免老、小高五尺以下及隸妾欲以丁粼者一人贖

睡簡・秦律・52:高五尺二寸

睡簡・秦律・51:隸臣、城旦高不盈六尺五寸

睡簡・秦律・51:隸妾、舂高不盈六尺二寸

睡簡・秦律・195:有實官高其垣墻

睡簡・日甲・20背:宇南方高

睡簡・日甲・23背:垣東方高西方之垣

睡簡・日甲・21背:宇東方高

睡簡・日甲・7背:天以震高山

睡簡・日甲・18背:中央高

睡簡・日甲・121正:高門

睡簡・日甲・19背:宇北方高

睡簡・日甲・17背:宇四旁高

睡簡・日甲・15 背:凡宇最邦之高

睡簡・日甲・115 正:高門

睡簡・日乙・168:高王父譴姓(眚)

關簡・335:敢告泰=山=高也

關簡・345:高山高郭

關簡・345:高山高郭

帛書・病方・454:牡高膚

集證・185.770:高志〖注〗高志,崇高遠大的志向;或人名。

集證・185.771:高志

集證・173.604:高志

秦印編 94:高志

秦印編 94:高志

秦印編 94:高志

秦印編 94:高志

秦印編 94:高志

秦印編 94:高志

秦印編 94:高志

秦印編 94:高陵司馬

秦印編 94:高陵右尉

秦印編 95:高陽丞印

集證・154.337:高陽丞印

秦印編 94:高陵鄉印

集證・158.402:高陵鄉印

秦印編 94:高樛

秦印編 95:高陽工烏

秦印編 95:高陽里昌

秦印編 94:笵高

秦印編 94:楊高處

秦陶・539:左司高瓦

秦印編 95:左司高瓦

秦陶・540:左司高瓦

秦陶・541:左司高瓦

秦陶・543:左司高瓦

秦陶・564:左司高瓦

集證・208.131:左司高瓦

集證・208.132:左司高瓦

集證・208.133:左司高瓦

集證・208.134:左司高瓦

集證・208.135:左司高瓦

集證・208.136:左司高瓦

集證・208.137:左司高瓦

集證・208.138:左司高瓦

集證・208.139:左司高瓦

集證・208.140:左司高瓦

集證・208.141:左司高瓦

集證・208.142:左司高瓦

集證・209.143:左司高瓦

集證・209.144:左司高瓦

集證・209.145:左司高瓦

集證・209.146:左司高瓦

集證・209.147:左司高瓦

集證・209.148:左司高瓦

集證・209.149:左司高瓦

集證・209.150:左司高瓦

集證・209.152:左司高瓦

集證・209.153:左司高瓦

集證・209.154:左司高瓦

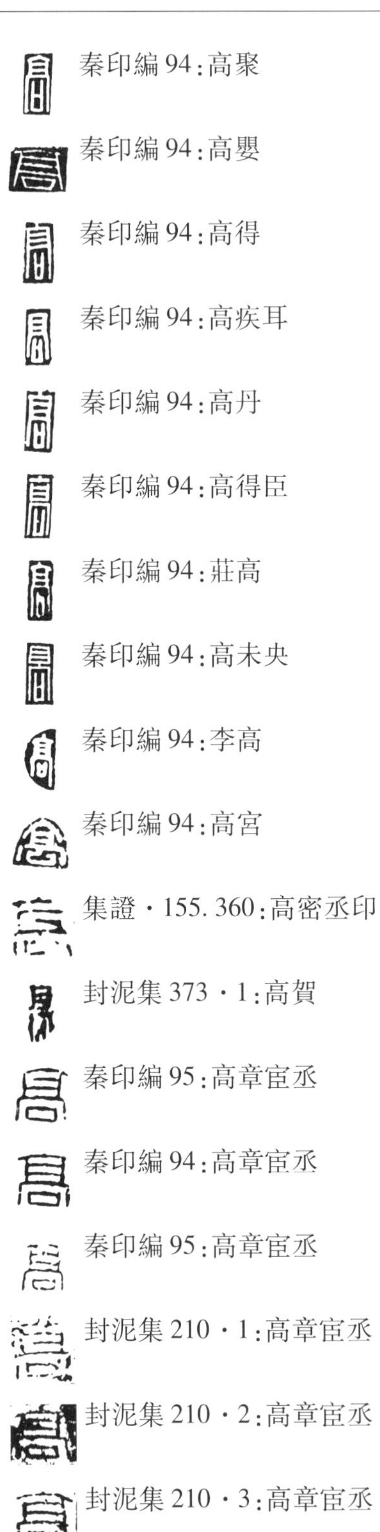

秦印編94:高聚

秦印編94:高嬰

秦印編94:高得

秦印編94:高疾耳

秦印編94:高丹

秦印編94:高得臣

秦印編94:莊高

秦印編94:高未央

秦印編94:李高

秦印編94:高宮

集證・155.360:高密丞印

封泥集373・1:高賀

秦印編95:高章宦丞

秦印編94:高章宦丞

秦印編95:高章宦丞

封泥集210・1:高章宦丞

封泥集210・2:高章宦丞

封泥集210・3:高章宦丞

封泥集210・4:高章宦丞

封泥集 210・5:高章宦丞

封泥集 210・6:高章宦丞

封泥集 210・7:高章宦丞

封泥集 210・8:高章宦丞

封泥集 210・9:高章宦丞

封泥集 210・10:高章宦丞

封泥集 210・11:高章宦丞

封泥集 210・12:高章宦丞

封泥集 210・13:高章宦丞

封泥集 211・14:高章宦丞

封泥集 211・16:高章宦丞

封泥集 211・18:高章宦丞

封泥集 211・20:高章宦丞

封泥集 211・21:高章宦丞

封泥集 211・22:高章宦丞

封泥集 211・23:高章宦丞

封泥集 211・25:高章宦丞

封泥集 211・26:高章宦丞

封泥集 211・27:高章宦丞

封泥集 209・1:高章宦者

封泥印 67:高章宦丞

集證・136.52:高章宦丞

集證・136.53:高章宦者

集證・136.50:高章宦丞

集證・136.51:高章宦丞

新封泥 C・16.17:高章宦者

封泥印 66:高章宦者

封泥集 274・1:高陵丞印

封泥集 274・2:高陵丞印

封泥集 274・3:高陵丞印

封泥集 274・4:高陵丞印

封泥集 274・5:高陵丞印

集證・152.307:高陵丞印

封泥印 96:高陵丞印

新封泥 A・3.11:高櫟苑丞

新封泥 A・4.2:高泉家丞

集證・152.308:高陵右尉

秦陶・1386・摹:咸廣里高

集證・217.230:咸廣里高

集證・217.231:咸廣里高

秦陶・1418:咸高里嘉(?)

秦陶・1456:咸□高□

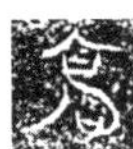秦陶・368:咸陽高

集證・222.272:降高

秦陶 A・3.8:降高

任家嘴 240・183.8:高市

集證・194.30:高市

集證・172.589:高

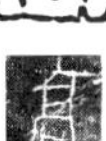秦陶・461:高

1126  亭

睡簡・封診・22:今日見亭旁

睡簡・封診・21:市南街亭求盜才(在)某里曰甲縛詣男子丙〖注〗街亭,城市内所設的亭。

睡簡・封診・60:男子死(屍)所到某亭百步

睡簡・效律・52:及都倉、庫、田、亭嗇夫坐其離官屬于鄉者

帛書・病方・341:冶亭(葶)磿(藶)、莁夷(荑)〖注〗葶藶,藥名。

集證・159.416:脩故亭印

集證・159.417:召亭之印〖注〗召亭,亭名。

集證・159.418:都亭〖注〗都亭,設在縣城内的亭。

秦印編 95:市亭

秦印編 95:都亭

秦印編 95:召亭之印

秦印編 95:亭

秦印編 95:咸陽亭印

秦印編 95:咸陽亭丞

秦印編 95:美亭

秦印編 95:亭

秦印編 95:□亭

秦印編 95:亭

秦印編 95:咸亭當柳恚器

秦印編 95:咸亭沙壽□器

秦印編 95:亭

秦印編 95:亭

秦印編 95:亭

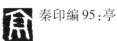

秦印編 95:亭

秦印編 95:亭

封泥集 364・1:咸陽亭印

封泥集 364・2:咸陽亭印

封泥集 364・3:咸陽亭印

封泥集 365・1:邳亭

封泥集 365・1:咸陽亭丞

封泥集 365・2:咸陽亭丞

封泥集 365・3:咸陽亭丞

集證・159.414:咸陽亭印

集證・159.415:咸陽亭丞

封泥印 88:咸陽亭丞

封泥印 88:咸陽亭印

封泥集・附一 410:召亭之印

集證・159.419:亭印

新封泥 C・15:咸陽亭久

雲夢秦墓・69:安陸市亭

秦陶・1303:亭

秦陶・1279:杜亭

秦陶・1298:亭

秦陶・1299:亭

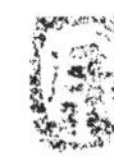秦陶・1300:亭

秦陶・1302:亭

秦陶・1501:咸亭芮里嬰器

秦陶・1304:□亭

秦陶・1305:雋亭

秦陶・1306:夾(陜)亭

秦陶・1307:雋亭

秦陶・1331:咸亭郿里紊器

秦陶・1332:咸亭郿里芮器

秦陶・1398:咸亭右里道器

秦陶・1400:咸亭東里倕器

秦陶・1401:咸亭涇里僨器

秦陶・1403:咸亭涇里忿器

秦陶・1412:咸亭完里□□

秦陶・1421:咸亭當柳昌器

集證・225.288:犛亭

集證・192.15:麗亭

集證・192.16:奠亭

集證・194.33:咸亭完里丹器

 集證・196.45:咸亭完里丹器

 集證・225.287:犛亭

 任家嘴 240・183.14:咸亭商里□器

 任家嘴 240・183.1:咸亭完里□器

 任家嘴 240・183.2:咸亭完里□器

 任家嘴 240・183.3:咸亭完里□器

 任家嘴 240・183.4:咸亭完里□器

 南郊 707・194.8:咸亭完里丹器

 秦陶 A・4.11:麗亭

 南郊 137・124.5:杜亭

 南郊 137・124.6:杜亭

 南郊 137・124.8:杜亭

 南郊 137・124.9:杜亭

 南郊 137・124.10:杜亭

 南郊 137・124.14:杜亭

 南郊 137・124.15:杜亭

 南郊 703・189.3:杜亭

 南郊 703・189.4:杜亭

 南郊 703・189.5:杜亭

 南郊 703・189.6:杜亭

 南郊 703・189.7:杜亭

 南郊 703・189.8:杜亭

南郊 703・189.10:杜亭

 南郊 703・189.11:杜亭

 南郊 703・189.12:杜亭

 南郊 703・189.13:杜亭

 南郊 703・189.16:杜亭

 南郊 703・189.18:杜亭

 南郊 703・189.22:杜亭

 南郊 703・189.23:杜亭

 南郊 703・189.24:杜亭

 南郊 704・190.2:杜亭

 南郊 704・190.3:杜亭

 南郊 704・190.5:杜亭

 南郊 704・190.6:杜亭

 南郊 704・190.12:杜亭

 南郊 704・190.14:杜亭

 南郊 704・190.15:杜亭

南郊704·190.18:杜亭

南郊704·190.19:杜亭

南郊704·190.20:杜亭

南郊704·190.22:杜亭

南郊705·191.2:杜亭

南郊705·191.3:杜亭

南郊705·191.4:杜亭

南郊707·194.6:咸亭完里丹器

漆器M13·18(雲夢·附二):亭

漆器M13·32(雲夢·附二):亭

漆器M14·17(雲夢·附二):亭

漆器M13·23(雲夢·附二):亭

漆器(關簡148):亭

漆器(青川牘·15):成亭

漆器M3·18(雲夢·附二):亭

漆器M3·20(雲夢·附二):亭

漆器M6·5(雲夢·附二):亭

漆器M7·7(雲夢·附二):亭

漆器M7·10(雲夢·附二):亭

漆器M8·7(雲夢·附二):亭

漆器M9·10(雲夢·附二):咸亭上

漆器M9·27(雲夢·附二):亭

漆器M9·57(雲夢·附二):亭

漆器M11·10(雲夢·附二):亭

漆器M11·16(雲夢·附二):亭

漆器M11·35(雲夢·附二):亭

漆器M11·52(雲夢·附二):亭

漆器M13·4(雲夢·附二):亭

漆器M13·5(雲夢·附二):亭

漆器M13·10(雲夢·附二):亭

漆器(關簡148):亭

漆器(青川牘·15):成亭〖注〗成亭,亭名。

漆器M3·18(雲夢·附二):亭

漆器M3·20(雲夢·附二):亭

漆器M6·5(雲夢·附二):亭

漆器M7·7(雲夢·附二):亭

漆器M7·10(雲夢·附二):亭

漆器M8·7(雲夢·附二):亭

漆器 M9・10（雲夢・附二）：咸亭上

漆器 M9・27（雲夢・附二）：亭

漆器 M9・57（雲夢・附二）：亭

漆器 M11・10（雲夢・附二）：亭

漆器 M11・16（雲夢・附二）：亭

漆器 M11・35（雲夢・附二）：亭

漆器 M11・52（雲夢・附二）：亭

漆器 M13・4（雲夢・附二）：亭

漆器 M13・5（雲夢・附二）：亭

漆器 M13・10（雲夢・附二）：亭

漆器（關簡 148）：亭

漆器（青川牘・15）：成亭

漆器 M3・20（雲夢・附二）：亭

漆器 M13・4（雲夢・附二）：亭

漆器（關簡 148）：亭

漆器（青川牘・15）：成亭

漆器 M3・20（雲夢・附二）：亭

漆器 M13・4（雲夢・附二）：亭

漆器（龍簡・7）：里亭

漆器 M3・12（雲夢・附二）：亭

漆器 M3・16（雲夢・附二）：亭

漆器 M3・36（雲夢・附二）：亭

漆器 M4・2（雲夢・附二）：亭

漆器 M5・1（雲夢・附二）：亭

漆器 M5・16（雲夢・附二）：亭

漆器 M6・2（雲夢・附二）：亭

漆器 M6・10（雲夢・附二）：亭

漆器 M7・36（雲夢・附二）：亭

漆器 M8・2（雲夢・附二）：亭上

漆器 M8・9（雲夢・附二）：亭

漆器 M8・10（雲夢・附二）：亭

漆器 M9・4（雲夢・附二）：亭

漆器 M9・8（雲夢・附二）：亭

漆器 M9・14（雲夢・附二）：亭

漆器 M9・16（雲夢・附二）：亭

漆器 M9・17（雲夢・附二）：亭

漆器 M9・20（雲夢・附二）：亭

漆器 M9・22（雲夢・附二）：亭

漆器 M9・26(雲夢・附二):亭

漆器 M9・35(雲夢・附二):亭

漆器 M9・38(雲夢・附二):亭

漆器 M9・48(雲夢・附二):亭

漆器 M9・51(雲夢・附二):咸亭□

漆器 M11・1(雲夢・附二):咸亭

漆器 M11・3(雲夢・附二):亭上

漆器 M11・3(雲夢・附二):咸亭包

漆器 M11・4(雲夢・附二):亭上

漆器 M11・4(雲夢・附二):咸亭上包

漆器 M11・4(雲夢・附二):咸亭上

漆器 M11・9(雲夢・附二):安亭〖注〗安亭,亭名。

漆器 M11・17(雲夢・附二):亭

漆器 M11・18(雲夢・附二):亭

漆器 M11・21(雲夢・附二):亭

漆器 M11・22(雲夢・附二):亭

漆器 M11・28(雲夢・附二):亭

漆器 M11・31(雲夢・附二):亭

漆器 M11・47(雲夢・附二):亭上

漆器 M11・47(雲夢・附二):咸亭上

漆器 M11・51(雲夢・附二):亭

漆器 M12・6(雲夢・附二):亭

1127　亳

睡簡・日甲・149背・摹:田亳主以乙巳死

1128　市

天簡30・乙:市旅折事□

睡簡・日乙・103:利祠及行賈、賈市

睡簡・日乙・156:下市申

睡簡・日乙・85:賈市

睡簡・答問・71:當棄市〖注〗棄市,在市場中當眾處死。

睡簡・答問・172:棄市

睡簡・封診・18:自晝甲見丙陰市庸中

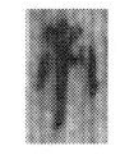

睡簡・秦律・97:關市〖注〗關市,官名,管理關和市的稅收等事務。

睡簡・秦律・68:賈市居死者及官府之吏

睡簡・秦律・65:百姓市用錢

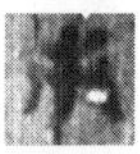

睡簡・秦律・147:當行市中者

睡簡・秦律・147:毋敢之市及留舍闠外

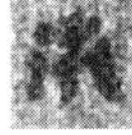睡簡・雜抄・11:令市取錢焉〖注〗市,貿易。

睡簡・日甲・89 正:市良日

睡簡・日甲・20 背:利賈市

睡簡・日甲・99 背:市日以行有七喜

睡簡・日甲・97 背:莫(暮)市以行有九喜〖注〗市或說讀爲“食”。

睡簡・日甲・75 正:利祠及行賈、賈市

睡簡・日甲・120 正:所利賈市

關簡・194:占市旅〖注〗市旅,商販。

關簡・347:令女子之市買牛胙、市酒

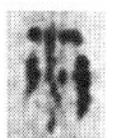關簡・200:占市旅者

關簡・208:占市旅者

關簡・202:占市旅

關簡・206:占市旅

關簡・204:占市旅者

關簡・220:占市旅者

關簡・228:市旅

關簡・222:占市旅

關簡・226:占市旅

關簡・224:占市旅

關簡・230:市旅

關簡・238:占市旅

關簡・232:占市旅

關簡・236:占市旅者

關簡・234:占市旅

關簡・240:占市旅

關簡・242:占市旅

關簡・218:占市旅者

關簡・216:占市旅

關簡・214:占市旅

關簡・367:夕市時發□

關簡・347:令女子之市買牛胙、市酒

關簡・190:占市旅

關簡・192:占市旅

關簡・196:占市旅

帛書・病方・53:礫薄(膞)若市〖注〗市,市場。

秦印編 95:軍市

秦印編 96:東武市

秦印編 95:市印

秦印編 96:公孫市

秦印編 95:寺從市府

秦印編 96:胡市

秦印編 95:市器

秦印編 96:右市

秦印編 95:丁市

秦印編 96:西市

秦印編 95:殷市

秦印編 96:市府

秦印編 96:市府

秦印編 96:宜陽市丞

秦印編 96:右市

秦印編 96:左市

秦印編 96:左市

秦印編 96:市府

秦印編 96:右市

秦印編 96:襄陰市

秦印編 96:東武市

秦印編 96:代市

秦印編 96:獘市

集證・159.424:定陽市丞

封泥集・附一 402:寺從市府

封泥集・附一 405:市印

封泥集・附一 410:都市

封泥集・附一 410:軍市

封泥集・附一 410:市東

集證・139.105:寺從市府

集證・159.420:市印

集證・159.421:都市

集證・159.422:軍市

集證・164.502:史市

南郊 706・193.8:杜市

南郊 706・193.9:杜市

南郊 706・193.10:杜市

秦陶・1277:咸陽市牛

秦陶・1280:杜市

秦陶・1283:平市

秦陶・1318:櫟市〖注〗櫟市,“櫟陽市”省文。

秦陶・1319:櫟市

集證・191.4:杜市

集證・194.30:高市

集證・196.40:麗市〖注〗麗,即麗邑,地名。

集證・196.47:麗市

集證・202.66:麗市

集證・223.284:麗市

任家咀240・183.8:高市

秦陶A・4.12:麗市

南郊137・124.1:杜市

南郊137・124.2:杜市

南郊137・124.3:杜市

南郊137・124.4:杜市

南郊137・124.7:杜市

南郊705・192.1:杜市

南郊705・192.2:杜市

南郊705・192.3:杜市

南郊705・192.4:杜市

南郊705・192.5:杜市

南郊705・192.6:杜市

南郊705・192.7:杜市

南郊705・192.8:杜市

南郊705・192.9:杜市

南郊705・192.10:杜市

南郊705・192.11:杜市

南郊705・192.12.1:杜市

南郊705・192.12.2:杜市

南郊705・192.13:杜市

南郊705・192.14:杜市

南郊705・192.15:杜市

南郊705・192.16:杜市

南郊705・192.17:杜市

南郊705・192.18:杜市

南郊705・192.19:杜市

南郊706・193.1:杜市

南郊706・193.2:杜市

南郊706・193.4:杜市

南郊706・193.5:杜市

南郊 706·193.6:杜市

南郊 706·193.7:杜市

雲夢秦墓·69:安陸市亭〖注〗安陸市,袁仲一説爲"安陸市府"的代稱。

漆器 M6·9(雲夢·附二):咸市

漆器 M11·23(雲夢·附二):平宇金市

1129　㒸　央

睡簡·日乙·135:命之央(殃)蚤(早)至

睡簡·日甲·25 背:道(導)令民毋麗兇(凶)央(殃)

睡簡·日甲·92 背:中央土

睡簡·日甲·91 正:有央(殃)

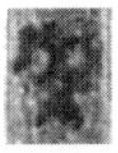

睡簡·日甲·106 背:大殺大央(殃)

睡簡·日甲·106 背:小殺小央(殃)

睡簡·日甲·18 背:中央高

睡簡·日甲·129 正:命曰央(殃)蚤(早)至

睡簡·日甲·129 正:其央(殃)不出歲中

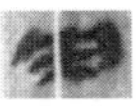

睡簡·日甲·17 背:中央下

睡簡·日甲·157 背:毆(驅)其央(殃)

睡簡·日甲·111 背:掓其畫中央土而懷之

睡簡·日乙·207:東南受央(殃)

睡簡·日乙·134:凡是日赤啻(帝)恆以開臨下民而降央(殃)

睡簡·日乙·134:其央(殃)不出歲

睡簡·日乙·135:命之央(殃)蚤(早)至

帛書·灸經甲·62:出胎(郄)[中]央

秦印編 96:高未央

秦印編 96:僕央

秦印編 96:王央

1130　𩫏　章

石鼓文·吳人(先鋒本):□曾受其章〖注〗薛尚功釋爲"享"。鄭業斆釋爲"郭"。

集證·176.640:章圂

集證·175.636:章起

封泥印 144:章丞□□

封泥印 148:章延

封泥集 380·1:章延

封泥集 359·1:涓章鄉印

秦印編 96:章癸

集證·175.635:章闞

秦印編 97:章講

秦印編 96:章□

秦印編 96:章鈞

秦印編 97:章洋

秦印編 97:章

秦印編 96:章利

秦印編 97:章謝

秦印編 96:章牟

秦印編 97:章吸

秦印編 96:章□□父

秦印編 97:章歜

秦印編 97:章讋

秦印編 97:章枚

秦印編 96:章壽

集證·175.632:章臘

集證·175.637:章洋

集證·175.638:章訢

睡簡·秦律·5·摹:唯不幸死而伐綰(棺)章(槨)者

集證·175.634:章閈

1131 京

秦印編 97:郭京閭

1132 就就

睡簡·11 號牘·正:黑夫寄益就書曰

睡簡·日甲·93 背·摹:戌,就也

睡簡·日甲·56 正:丙申以就(僦)

睡簡·效律·49:百姓或之縣就(僦)及移輸者

關簡·17:辛亥就建□陵

帛書·病方·376:夸就□炊之

秦印編 97:就邦

秦印編 97:咸鄽里就

秦陶·1301·摹:就

秦陶·1375:咸鄽里就〖注〗就,人名。

漆器 M8·2(雲夢·附二):武就

漆器 M8·2(雲夢·附二):武就

1133 亯(享)

不其簋蓋(秦銅·3):子=孫=其永寶用享

秦子簋蓋(珍金·34):秦子姬用享

秦子簋蓋・摹(珍金・31):秦子姬用享

秦公鎛鐘・摹(秦銅・16.4):以卲(昭)零(各)孝享

1134　亨

睡簡・日甲・66背:亨(烹)而食之

〖編者按〗"亯(享)、亨"《說文》一字,但秦時已分化,"亨"即其篆文字隸定。

睡簡・日甲・37背:亨(烹)而食之

睡簡・日甲・33背:殺而亨(烹)食之

帛書・病方・94:亨(烹)三宿雄鷄二

帛書・病方・171:亨(烹)葵

帛書・病方・201:以汁亨(烹)肉

帛書・病方・241:亨(烹)肥𦎧

帛書・病方・252:其葉可亨(烹)而酸

1135　䯧 𦎫

不其簋蓋(秦銅・3):女(汝)及戎大䯧(敦)戟(搏)

滕縣不其簋器(秦銅・4):女(汝)及戎大䯧(敦)

1136　厚 垕

青川牘・摹:下厚二尺

帛書・病方・121:厚蔽肉

帛書・病方・242:厚如韭葉

帛書・病方・307:即治厚柎(樸)和傅〖注〗厚柎,即厚樸,藥名。

帛書・病方・93:即封涂(塗)厚二寸

1137　畐

睡簡・日乙・195:賜某大畐(富)

秦陶・469:畐

1138　良 目 㫗 𨇶

仲滋鼎・摹(集證・14):囂(鐈)良鈇黄〖注〗良,吉、善。

商鞅方升(秦銅・21):大良造鞅爰積十六尊(寸)五分尊(寸)壹爲升

〖注〗大良造,秦爵之第十六級。

十六年大良造鞅戈鐓(秦銅・17):十六年大良造庶長鞅之造

十九年大良造鞅殳鐏(集證・15):十九年大良造庶長鞅之造殳

十九年大良造鞅殳鐏・摹(集證・15):十九年大良造庶長鞅之造殳

大良造鞅戟(秦銅・24):□年大良造鞅之造戟

天簡22・甲:建日良日毆

睡簡・日乙・73:豬良日

睡簡・日乙・76:鷄良日

睡簡・日乙・72:羊良日

睡簡・日乙・74:犬良日

睡簡·語書·9:凡良吏明灋律令

睡簡·日甲·80正:人良日

睡簡·日甲·89正:市良日

睡簡·日甲·86正:羊良日

睡簡·日甲·84正:牛良日

睡簡·日甲·81背:甲盜名曰耤鄭壬牘强當良

睡簡·日甲·24正:困良日

睡簡·日甲·93正:金錢良日

睡簡·日甲·94正:蠶良[日]

睡簡·日甲·78正:祠父母良日

睡簡·日甲·79正:祠行良日

睡簡·日甲·35背:以良劍刺其頸

睡簡·日甲·129背:土良日

睡簡·日甲·146正:庚申生子,良

睡簡·日甲·14正:良日也

睡簡·日甲·157背:今日良日

睡簡·日甲·157正:入官良日

睡簡·日甲·119背:衣良日

睡簡·日甲·113背:衣良日

睡簡·日乙·68:馬良日

睡簡·日乙·66:木良日

睡簡·日乙·70:牛良日

睡簡·日乙·78:見人良日

岳山牘·M36:43正:水良日

關簡·363:不得須良日

關簡·363:毋須良日可也

帛書·病方·346:壽(擣)慶(蜣)良(螂)〖注〗蜣螂,藥名。

帛書·病方·347:取慶(蜣)良(螂)一斗

帛書·病方·456:用良叔(菽)、雷矢各□而耆(擣)之

帛書·病方·126:俞(逾)良〖注〗逾良,更有療效。

秦印編97:良鄉

秦印編97:良夫

瓦書·郭子直摹:大良造庶長游出命曰

瓦書(秦陶·1610):大良造庶長游出命曰

1139 稟 稟

二年寺工壺(集證·32):稟(廩)人莽〖注〗廩人,官名,掌穀入之藏者。裘錫圭説爲廩取糧食之人,廩食於公之人。

稟丘戈·摹(秦銅·191):稟丘〖注〗稟丘,讀爲"廩丘",地名。

睡簡・秦律・128:官長及吏以公車牛稟其月食及公牛乘馬之稟

睡簡・秦律・128:官長及吏以公車牛稟其月食及公牛乘馬之稟

睡簡・雜抄・14:軍人稟所、所過縣百姓買其稟

睡簡・雜抄・11:不當稟軍中而稟者

睡簡・答問・153:有稟叔(菽)、麥

睡簡・答問・154:盡稟出之

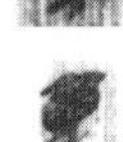睡簡・秦律・201:必署其已稟年日月

睡簡・秦律・92:已稟衣

睡簡・秦律・90:過時者勿稟

睡簡・秦律・93:以律稟衣

睡簡・秦律・94:稟衣者

睡簡・秦律・90:夏衣以四月盡六月稟之

睡簡・秦律・91:爲褐以稟衣

睡簡・秦律・33:以稟人

睡簡・秦律・34:桒(秫)勿以稟人

睡簡・秦律・49・摹:勿稟

睡簡・秦律・46:月食者已致稟而公使有傳食

睡簡・秦律・43:稟毁(毇)粺者

睡簡・秦律・44:稟縣以減其稟

睡簡・秦律・44:已稟者

睡簡・秦律・44:輒移其稟縣

睡簡・秦律・58:減舂城旦月不盈之稟

睡簡・秦律・57:盡月而以其餘益爲後九月稟所

睡簡・秦律・54:以律稟食

睡簡・秦律・51:以二月月稟二石半石

睡簡・秦律・50:亦稟之

睡簡・秦律・168:倉嗇夫某、佐某、史某、稟人某〖注〗稟人,即廩人,管理穀物的收藏出納。

睡簡・秦律・169:而遺倉嗇夫及離邑倉佐主稟者各一戶

睡簡・秦律・167:先索以稟人

睡簡・秦律・11:乘馬服牛稟〖注〗稟,廩給,指牛馬的飼料。

睡簡・秦律・11:過二月弗稟、弗致者〖注〗稟,領取。

睡簡・雜抄・12:軍人買(賣)稟稟所及過縣

睡簡・雜抄・14・摹:軍人稟所、所過縣百姓買其稟

睡簡・雜抄・15:稟卒兵

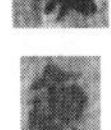睡簡・雜抄・11:不當稟軍中而稟者

睡簡・效律・28:倉嗇夫某、佐某、史某、稟人某

睡簡・效律・29:而遺倉嗇夫及離邑倉佐主稟者各一戶

睡簡・效律・48:不盈十斗以下及稟禼縣中而負者

 睡簡・效律・46:工稟鬃它縣

1140 亶 亶

 秦印編98:亶耐

1141 嗇 嗇

天簡22・甲:可爲嗇夫

睡簡・效律・14:貲官嗇夫一甲

睡簡・效律・15:貲官嗇夫一盾

睡簡・效律・10:貲官嗇夫二甲

睡簡・秦律・136:大嗇夫、丞及官嗇夫有辠

睡簡・秦律・136:大嗇夫、丞及官嗇夫有辠

睡簡・秦律・82・摹:復爲嗇夫

睡簡・秦律・83:官嗇夫免

睡簡・秦律・80:嗇夫即以其直(值)錢分負其官長及冗吏

睡簡・秦律・22・摹:嗇夫免

睡簡・秦律・21:而遺倉嗇夫及離邑倉佐主稟者各一戸以氣(餼)

睡簡・秦律・21:縣嗇夫若丞及倉、鄉相雜以印之〖注〗縣嗇夫,指縣令、長。

睡簡・秦律・79・摹:令其官嗇夫及吏主者代賞(償)之

睡簡・秦律・74:小官毋(無)嗇夫者

睡簡・秦律・120:縣嗇夫材興有田其旁者

睡簡・秦律・162:節(即)官嗇夫免而效

○ 睡簡・秦律・13:賜田嗇夫壺酉(酒)束脯〖注〗田嗇夫,官名,地方管理農事的小官。

○ 睡簡・秦律・14:誶田嗇夫

睡簡・語書・1・摹:南郡守騰謂縣、道嗇夫〖注〗嗇夫,官名。

睡簡・雜抄・31:貲嗇夫、佐各一盾

睡簡・答問・94:史不與嗇夫和

睡簡・答問・95:辭者不先辭官長、嗇夫

睡簡・答問・95:可(何)謂"嗇夫"

睡簡・答問・95:縣曰"嗇夫"

睡簡・答問・61:嗇夫不以官爲事

睡簡・答問・56:盜封嗇夫可(何)論

睡簡・答問・55:爲有秩僞寫其印爲大嗇夫

睡簡・秦律・189:過二月弗置嗇夫

睡簡・秦律・196:大嗇夫、丞任之

睡簡・秦律・197:官嗇夫及吏夜更行官

○ 睡簡・秦律・168:倉嗇夫某、佐某、史某、稟人某

睡簡・秦律・162:官嗇夫必與去者效代者

睡簡・秦律・169:而遺倉嗇夫及離邑倉佐主稟者各一戸

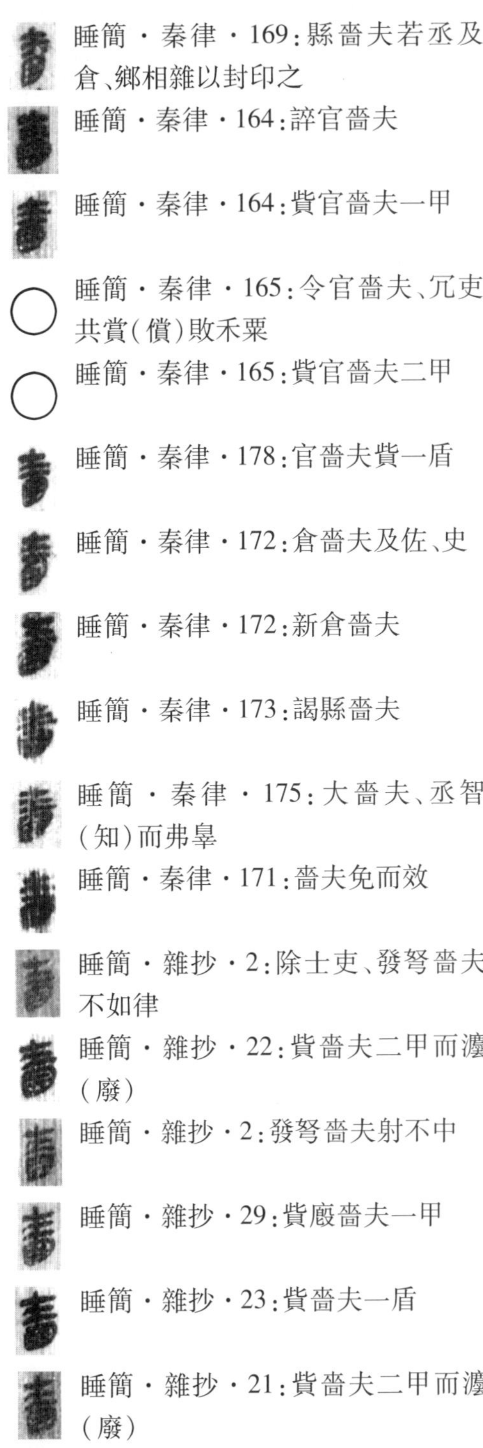

睡簡・秦律・169:縣嗇夫若丞及倉、鄉相雜以封印之

睡簡・秦律・164:誶官嗇夫

睡簡・秦律・164:貲官嗇夫一甲

睡簡・秦律・165:令官嗇夫、冗吏共賞(償)敗禾粟

睡簡・秦律・165:貲官嗇夫二甲

睡簡・秦律・178:官嗇夫貲一盾

睡簡・秦律・172:倉嗇夫及佐、史

睡簡・秦律・172:新倉嗇夫

睡簡・秦律・173:謁縣嗇夫

睡簡・秦律・175:大嗇夫、丞智(知)而弗皐

睡簡・秦律・171:嗇夫免而效

睡簡・雜抄・2:除士吏、發弩嗇夫不如律

睡簡・雜抄・22:貲嗇夫二甲而灋(廢)

睡簡・雜抄・2:發弩嗇夫射不中

睡簡・雜抄・29:貲廄嗇夫一甲

睡簡・雜抄・23:貲嗇夫一盾

睡簡・雜抄・21:貲嗇夫二甲而灋(廢)

睡簡・雜抄・21:貲嗇夫一甲

睡簡・雜抄・20:貲嗇夫一甲

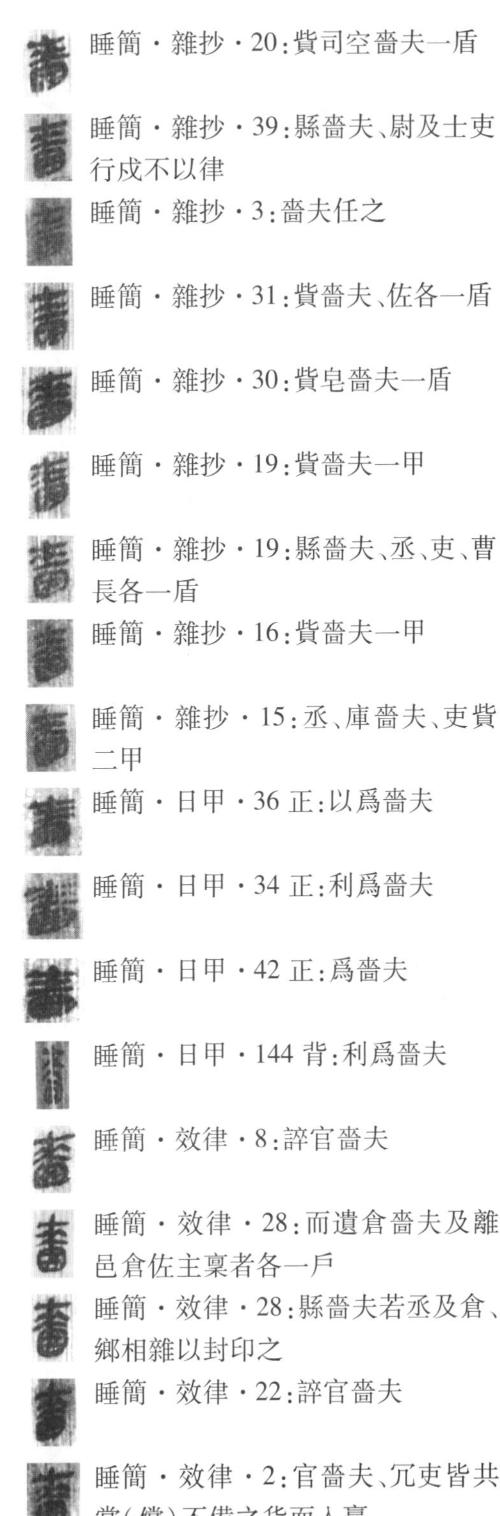

睡簡・雜抄・20:貲司空嗇夫一盾

睡簡・雜抄・39:縣嗇夫、尉及士吏行戍不以律

睡簡・雜抄・3:嗇夫任之

睡簡・雜抄・31:貲嗇夫、佐各一盾

睡簡・雜抄・30:貲皂嗇夫一盾

睡簡・雜抄・19:貲嗇夫一甲

睡簡・雜抄・19:縣嗇夫、丞、吏、曹長各一盾

睡簡・雜抄・16:貲嗇夫一甲

睡簡・雜抄・15:丞、庫嗇夫、吏貲二甲

睡簡・日甲・36 正:以爲嗇夫

睡簡・日甲・34 正:利爲嗇夫

睡簡・日甲・42 正:爲嗇夫

睡簡・日甲・144 背:利爲嗇夫

睡簡・效律・8:誶官嗇夫

睡簡・效律・28:而遺倉嗇夫及離邑倉佐主稟者各一戶

睡簡・效律・28:縣嗇夫若丞及倉、鄉相雜以封印之

睡簡・效律・22:誶官嗇夫

睡簡・效律・2:官嗇夫、冗吏皆共賞(償)不備之貨而入贏

睡簡・效律・29:嗇夫免而效

睡簡・效律・27:倉嗇夫某、佐某、史某、稟人某

睡簡・效律・23:令官嗇夫、冗吏共賞(償)敗禾粟

睡簡・效律・23:貲官嗇夫一甲

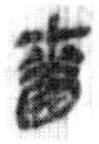

睡簡・效律・9:貲官嗇夫一甲

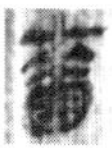

睡簡・效律・9:貲嗇夫一盾

睡簡・效律・32:倉嗇夫及佐、史

睡簡・效律・32:新倉嗇夫、新佐、史主廥者

睡簡・效律・33:謁縣嗇夫

睡簡・效律・35:大嗇夫、丞智(知)而弗辠

睡簡・效律・3:貲官嗇夫一甲

睡簡・效律・42:貲官嗇夫一甲

睡簡・效律・43:大者貲官嗇夫一盾

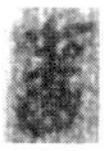

睡簡・效律・44:貲官嗇夫一盾

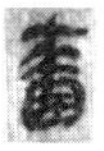

睡簡・效律・52:及都倉、庫、田、亭嗇夫坐其離官屬于鄉者

睡簡・效律・52:其吏主者坐以貲、誶如官嗇夫

睡簡・效律・59:貲官嗇夫一盾

睡簡・效律・59:貲官嗇夫一甲

睡簡・效律・51:官嗇夫貲二甲

睡簡・效律・51:官嗇夫貲一甲

睡簡・效律・18:大嗇夫及丞除

睡簡・效律・19:官嗇夫必與去者效代者

睡簡・效律・19:節(卽)官嗇夫免而效不備

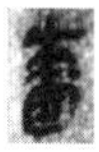

睡簡・效律・17:官嗇夫坐效以貲

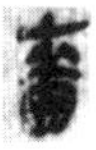

睡簡・效律・13:誶官嗇夫

睡簡・效律・14:貲官嗇夫一盾

龍簡・39:禁苑嗇夫、吏數循行

里簡・J1(16)6 正:洞庭守禮謂縣嗇夫、卒史嘉、叚(假)卒史穀、屬尉

1142　牆

睡簡・秦律・195・摹:有實官高其垣牆

1143　來

不其簋蓋(秦銅・3):余來歸獻禽(擒)

滕縣不其簋器(秦銅・4):余來歸獻禽(擒)

商鞅方升(秦銅・21):齊遣卿夫=(大夫)衆來聘

石鼓文・而師(先鋒本):天子□來

石鼓文・車工(先鋒本):其來遭=

石鼓文・車工(先鋒本):其來趩=

石鼓文・車工(先鋒本):其來大□(次?)

石鼓文・而師(先鋒本):□□來樂

石鼓文・而師(先鋒本):□具肝來

石鼓文・而師(先鋒本):古(故)我來□

會稽刻石・宋刻本:外來侵邊

睡簡・爲吏・18:自今以來

睡簡・11 號牘・正:報必言相家爵<u>來</u>未來

睡簡・11 號牘・正:報必言相家爵來未<u>來</u>

睡簡・11 號牘・正:令與錢偕來

睡簡・11 號牘・正:母操夏衣來

睡簡・11 號牘・正:徒[以]錢來

睡簡・答問・203:者(諸)候(侯)客節(卽)來使入秦

睡簡・答問・180:其邦徒及僞吏不來〖注〗來,歸來。

睡簡・答問・181:邦亡來通錢過萬

睡簡・答問・181:後來盜而得

睡簡・答問・179:者(諸)侯客來者

睡簡・封診・85:今甲裹把子來詣自告

睡簡・封診・22:而捕來詣

睡簡・封診・20:來詣之

睡簡・封診・96:今來自出

睡簡・封診・91:來告之

睡簡・封診・32:而捕來詣

睡簡・封診・36:有失伍及菌(遲)不來者

睡簡・封診・18:而捕以來自出

睡簡・封診・16:來自告

睡簡・秦律・90:後計冬衣來年

睡簡・秦律・46:而以其來日致其食

睡簡・秦律・46:及告歸盡月不來者

睡簡・秦律・185:宜到不來者

睡簡・雜抄・35:致未來

睡簡・日甲・68 正:從東方來

睡簡・日甲・66 背:則不來矣

睡簡・日甲・30 背:則不來矣

睡簡・日甲・36 背:則不來

睡簡・日甲・33 背:鬼來而毄(擊)之

睡簡・日甲・33 背:則不來矣

睡簡・日甲・35 背:則不來矣

睡簡・日甲・31 背:鬼來陽(揚)灰毄(擊)箕以喿(譟)之

睡簡・日甲・49 背:不來矣

 睡簡・日甲・43 背:則不來矣

 睡簡・日甲・45 背:不來矣

 睡簡・日甲・50 背:則不來矣

 睡簡・日甲・59 背:寺(待)其來也

 睡簡・日甲・51 背:則不來矣

 睡簡・日乙・180:黑肉從東方來

 睡簡・日乙・160:脂肉從東方來

睡簡・日乙・168:赤肉從東方來

睡簡・日乙・166:乾肉從東方來

睡簡・日乙・164:狗肉從東方來

睡簡・日乙・170:赤肉從南方來

睡簡・日乙・178:鮮魚從西方來

睡簡・日乙・172:赤肉從南方來

睡簡・日乙・176:赤肉從北方來

睡簡・日乙・174:鮮魚從西方來

睡簡・日乙・158:黑肉從北方來

睡簡・爲吏・5:來者有稽莫敢忘

 岳山牘・M36:44 正:壬戌、癸亥不可以之遠□及來歸入室

龍簡・116・摹:廿四年正月甲寅以來

 龍簡・30:時來鳥

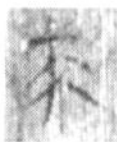 里簡・J1(9)981 背:佐壬以來

 里簡・J1(16)5 背:求盜簪裹(梟)陽成辰以來

里簡・J1(16)9 背:不更成里午以來

 關簡・190:占來者

 關簡・198:占來者

 關簡・192:占來者

 關簡・196:占來者

 關簡・206:占來者,未來

 關簡・206:占來者,未來

 關簡・200:占來者

 關簡・208:占來者

 關簡・202:占來者

 關簡・204:占來者

 關簡・220:占來者

關簡・228:占來者

關簡・222:占來者

 關簡・224:占來者

 關簡・225:占來者

 關簡・230:來者

 關簡・238:占來者

 關簡・232:占來者

 關簡・234:占來者

 關簡・240:占來者

 關簡・242:占來者

 關簡・210:占來者

 關簡・218:占來者

 關簡・212:占來者

 關簡・216:占來者

 關簡・351:農夫使其徒來代之

 關簡・187:占來者

 秦印編 98:段益來

 秦印編 98:趙來

 瓦書・郭子直摹:周天子使卿夫=(大夫)辰來致文武之酢(胙)

漆器 M9・6(雲夢・附二):武□來

漆器 M9・6(雲夢・附二):武□來

1144　麥

睡簡・答問・153:即出禾以當叔(菽)、麥

睡簡・答問・153:有稟叔(菽)、麥

睡簡・秦律・38:禾、麥畝一斗

睡簡・秦律・43:麥十斗

睡簡・秦律・40:縣遺麥以爲種用者

睡簡・日乙・65:子麥

睡簡・日乙・46:田及子麥

帛書・病方・304:麥孰(熟)

1145　麱

睡簡・秦律・43:爲麱三斗〖注〗《說文》:"麱,麥覈屑也,十斤爲三斗。"麱爲麥麩中雜有麵。

1146　麩

帛書・病方・293:令諦叔麩(熬)可□

1147　致

睡簡・答問・93:端令不致〖注〗致,讀爲"至"。

睡簡・答問・177:致耐辠以上

睡簡・答問・150:實官戶扇不致

睡簡・秦律・93:縣、大內皆聽其官致

睡簡・秦律・93:在它縣者致衣從事之縣

睡簡・秦律・93：在咸陽者致其衣大内〖注〗致，券，憑證。

睡簡・秦律・46：而以其來日致其食

睡簡・秦律・46：月食者已致稟而公使有傳食

睡簡・秦律・11・摹：過二月弗稟、弗致者〖注〗致，送發。

睡簡・秦律・11：勿深致〖注〗致，憑券。

睡簡・雜抄・35：致未來〖注〗致，文券。

睡簡・日甲・49正：角、犺（亢）致死

睡簡・日甲・58正：斗、牽牛致死

睡簡・日甲・52正：東井、輿鬼致死

睡簡・日甲・56正：危、營室致死

睡簡・日甲・57正：須女、虚致死

睡簡・日甲・53正：畢、此（觜）巂致死

睡簡・日甲・54正：胃、参致死

睡簡・日甲・55正：奎、婁致死

睡簡・日甲・51正：七星致死

睡簡・日乙・135：小大必致（至）

睡簡・日乙・135：有死亡之志致（至）

睡簡・爲吏・31：精而勿致（至）〖注〗致，讀爲“至”，達到極點。

睡簡・語書・7：致（抵）以律〖注〗致，讀爲“抵”，當。

龍簡・8：所致縣、道官〖注〗致，送發、送達。

里簡・J1(8)156：謹案致之

秦印編98：咸郿里致

秦印編98：咸郿里致

秦印編98：咸郿里致

集證・178.679：楊致

瓦書・郭子直摹：周天子使卿夫＝（大夫）辰來致文武之酢（胙）

秦陶・1364：咸郿里致

秦陶・1379：咸郿里致

秦陶・1380：咸郿里致

集證・218.235：咸郿里致

1148　　憂

秦駰玉版・甲・摹：可（何）永𢡱憂盩〖注〗𢡱憂，憂懼、恐懼。

秦駰玉版・甲・摹：爲我感憂

秦駰玉版・乙・摹：可（何）永𢡱憂盩

秦駰玉版・乙・摹：爲我感憂

睡簡・日甲・55背：免於憂矣

睡簡・爲吏・40：既毋後憂

關簡・233：所言者憂病事也

 關簡・191:所言者憂病事也

 關簡・205:所言者憂病事也

 關簡・220:有憂

1149　　愛

睡簡・日甲・82 正・䓨:女子愛而口臭

睡簡・日甲・83 正・䓨:男子愛

 睡簡・日甲・84 正:妻愛

 睡簡・日甲・6 背:妻愛夫

 睡簡・日甲・72 正:人愛之

睡簡・日甲・153 正:在掖(腋)者愛

睡簡・日乙・82:女子愛

睡簡・日乙・83:男子愛之

 睡簡・日乙・84:妻愛

睡簡・日乙・100:人愛之

睡簡・爲吏・51:茲(慈)愛萬姓

1150　　夏　𡕾

 秦公簋・器(秦銅・14.1):虩事緣(蠻)夏

秦公鎛鐘・䓨(秦銅・16.2):虩事緣(蠻)夏

 大墓殘磬(集證・64):竈(肇)尃(敷)緣(蠻)夏〖注〗夏,華夏。

 天簡 32・乙:春夏

 睡簡・日乙・111:夏壬癸

 睡簡・日乙・77:春三月戌、夏丑

 睡簡・日乙・110:夏三月壬癸

 睡簡・11 號牘・正・䓨:母操夏衣來

 睡簡・日乙・225:夏三月

 睡簡・答問・176:臣邦人不安其主長而欲去夏者

 睡簡・答問・176:可(何)謂"夏"〖注〗夏,華夏。

 睡簡・答問・176:欲去秦屬是謂"夏"

 睡簡・答問・177:可(何)謂"夏子"

 睡簡・秦律・94:夏五十五錢

 睡簡・秦律・94:夏卌四錢

 睡簡・秦律・95:夏卅三錢

 睡簡・秦律・95:夏卌四錢

 睡簡・秦律・90:夏衣以四月盡六月稟之

 睡簡・秦律・4:不夏月

 睡簡・秦律・108:賦之三日而當夏二日

 睡簡・秦律・119:夏有壞者

睡簡・日甲・80背:名豚孤夏穀□亥

睡簡・日甲・97正:夏三月

睡簡・日甲・64正:二月楚夏尿

睡簡・日甲・50背:夏大暑

睡簡・日甲・5背:中夏參、東井

睡簡・日甲・102正:夏三月壬癸

睡簡・日甲・103背:夏三月丙丁

睡簡・日甲・1背:夏三月季壬癸

睡簡・日甲・136正:夏三月丑敫

睡簡・日甲・134背:夏三月戊申、己未

睡簡・日甲・131正:夏三月戊辰不可南

睡簡・日甲・143背:入月七日及冬未、春戌、夏丑、秋辰

睡簡・日甲・153正:夏

睡簡・日甲・112正:紡月、夏夕〈尸〉、八月作事西方

睡簡・日甲・1正:夏三月亥

睡簡・日乙・207:夏三月

帛書・病方・254:先道(導)以滑夏鋌〖注〗夏,楸木。滑夏鋌,潤滑的楸木棒。

帛書・病方・329:夏日取堇葉

帛書・病方・378:治半夏一

帛書・病方・164:以夏日至到□毒堇

帛書・病方・420:夏日勿漬

封泥集375・1:夏賀

封泥印141:陽夏丞印〖注〗陽夏,地名。

秦印編98:夏矦偃

秦印編98:叚夏

秦印編98:陽夏丞印

封泥集360・2:陽夏鄉印

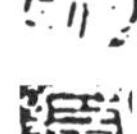封泥集360・3:陽夏鄉印

封泥集361・4:陽夏鄉印

地圖注記・摹(地圖・5):北有灌夏百錦

1151 叟

廿年相邦冉戈(集證・25.1):丞叟(?)〖注〗叟,人名。

漆器M13・22(雲夢・附二):左里□叟

1152 夒

秦子簋蓋(珍金・35):又(有)夒(柔)孔嘉〖注〗又夒,李學勤讀爲"有柔"。《詩毛傳》:"柔,安。"

秦子簋蓋・摹(珍金・31):又(有)夒(柔)孔嘉

1153　　　　　䙬

石鼓文·乍邍（先鋒本）：爲所斿䙬〖注〗錢大昕云："斿䙬"即"游優"，與"優游"義同。張德容釋爲"憂"。

1154　　　　　憂

睡簡·日乙·47：[辰]申憂〖編者按〗裘錫圭説"憂、韋"一字，讀爲"害"。

睡簡·日乙·48：午戌憂

睡簡·日乙·49：申子憂

睡簡·日乙·50：戌寅憂

睡簡·日乙·51：巳辰憂

睡簡·日乙·52：寅午憂

睡簡·日乙·59：憂，羣不搾

1155　　　　　韋

關簡·333：即取車韋（轄）

1156　　　　　韋　　　　韋𡪄

□年相邦吕不韋戈（珍金·98）：□年相邦吕不韋造

□年相邦吕不韋戈·摹（珍金·98）：□年相邦吕不韋造

五年相邦吕不韋戈一（集證·33）：五年相邦吕不韋造

五年相邦吕不韋戈二（秦銅·68.1）：五年相邦吕不韋造

五年相邦吕不韋戈二·摹（秦銅·68.1）：五年相邦吕不韋造

五年相邦吕不韋戈三·摹（秦銅·69）：五年相邦吕不韋造

八年相邦吕不韋戈·摹（秦銅·71）：八年相邦吕不韋造

四年相邦吕不韋矛·摹（秦銅·66）：四年相邦吕不韋造

三年相邦吕不韋戟（秦銅·61）：三年相邦吕不韋造

三年相邦吕不韋戟·摹（秦銅·61）：三年相邦吕不韋造

四年相邦吕不韋戟·摹（秦銅·65）：四年相邦吕不韋造

七年相邦吕不韋戟一（秦銅·70）：七年相邦吕不韋造

七年相邦吕不韋戟二·摹（俑坑·3.2）：七年相邦吕不韋造

九年相邦吕不韋戟·摹（集證·35）：九年相邦吕不韋造

睡簡·秦律·89：韋革、紅器相補繕〖注〗韋革，生熟皮革。

睡簡·日甲·40正：利弋邋（獵）、報讎、攻軍、韋（圍）城、始殺

帛書·病方·165：裹以韋臧（藏）〖注〗韋，柔軟的皮革。

帛書·病方·185：三溫煮石韋若酒而飲之〖注〗石韋，治淋藥物。

秦印編98：莫韋

1157　　　　　韓　　　　韓

睡簡·編年·24：攻韓

關簡·2：丁酉宿井韓鄉〖注〗井韓鄉，地名。

秦印編 98:韓匽

秦印編 98:韓窯

秦印編 99:韓遂

秦印編 98:韓丁

秦印編 99:韓閔

秦印編 99:韓勃

集證・182. 724:韓枯

秦印編 99:韓得

秦印編 99:韓□

秦印編 99:韓杞

秦印編 99:韓妥

秦印編 99:韓駕

秦印編 98:韓陽

秦印編 98:韓賢

集證・182. 726:韓賢〖編者按〗鈕樹玉《説文校録》:"韓,俗作韓。"

1158　韓

秦印編 99:韓鱅

秦印編 99:韓昌

秦印編 99:韓成

秦印編 99:韓波馬

1159　韓

帛書・病方・殘 8:□韓,韓去湯可一寸□〖注〗韓,疑"韓"字之誤,可讀爲"幹"。

1160　轓

睡簡・日甲・81 背:丙名曰轓可癸上

1161　弟

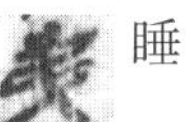睡簡・答問・71:其弟子以爲後

睡簡・雜抄・6・辜:除弟子律〖注〗除弟子律,律名,關於任用弟子的法律。

睡簡・雜抄・6:當除弟子籍不得

睡簡・雜抄・6:使其弟子赢律

睡簡・日甲・86 背:其後必有子將弟也死

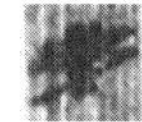睡簡・日甲・2 正:生子毋(無)弟

睡簡・日甲・13 正:生子吉,弟凶

睡簡・日乙・242:寡弟

關簡・193:多昆弟

秦印編 99:孫弟

秦印編 99:張弟

秦印編99：孝弟

秦印編99：孝弟

1162　禼

睡簡・日甲・27正・摹：午戌禼

〖編者按〗此與1154號“夒”或爲一字之異。

睡簡・日甲・28正：申子禼

1163　㇈　久

北私府橢量・二世詔（秦銅・147）：其於久遠也

大騩銅權（秦銅・131）：其於久遠也

二世元年詔版八（秦銅・168）：其於久遠也

二世元年詔版九（秦銅・169）：其於久遠也

二世元年詔版六（秦銅・166）：其於久遠也

二世元年詔版七（秦銅・167）：其於久遠也

二世元年詔版三（秦銅・163）：其於久遠也

二世元年詔版十二（秦銅・172）：其於久遠也

二世元年詔版十三（集證・50）：其於久遠也

二世元年詔版十一（秦銅・171）：其於久遠也

二世元年詔版四（秦銅・164）：其於久遠也

二世元年詔版五（秦銅・165）：其於久遠也

二世元年詔版一（秦銅・161）：其於久遠也

兩詔斤權一・摹（集證・46）：其於久遠殹

兩詔斤權二・摹（集證・49）：其於久遠殹

兩詔斤權一（集證・45）：其於久遠殹

兩詔銅權三（秦銅・178）：其於久遠殹

兩詔銅權五（秦銅・180）：其於久遠也

兩詔銅權一（秦銅・175）：其於久遠也

兩詔橢量二（秦銅・149）：其於久遠也

兩詔橢量三之二（秦銅・151）：其於久遠也

兩詔橢量一（秦銅・148）：其於久遠也

美陽銅權（秦銅・183）：其於久遠也

平陽銅權・摹（秦銅・182）：其於久遠殹

僅存銘兩詔銅權（秦銅・135-18.2）：其於久遠也

旬邑銅權（秦銅・133）：其於久遠也

左樂兩詔鈞權（集證・43）：其於久遠也

琅邪臺刻石：其於久遠也

泰山刻石・宋拓本：其於久遠也

繹山刻石・宋刻本：經時不久

繹山刻石・宋刻本：利澤長久

繹山刻石・宋刻本:其於久遠也

睡簡・秦律・103:入叚(假)而而毋(無)久(記)及非其官之久(記)也

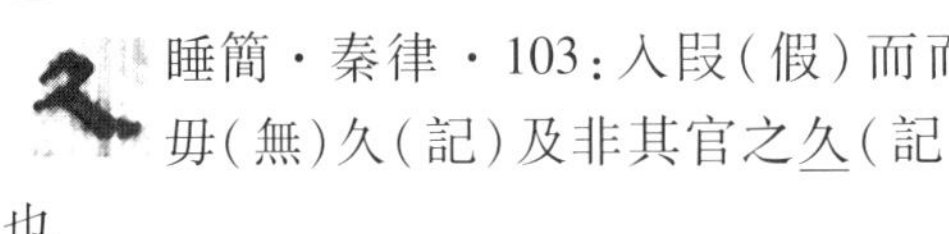睡簡・秦律・103:入叚(假)而而毋(無)久(記)及非其官之久(記)也

睡簡・11號牘・正:攻反城久

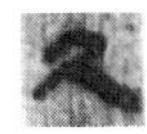睡簡・答問・146:亡久書、符券、公璽、衡羸(纍)〖注〗久,讀爲"記"。記書,即地方政權對下級指示的文書。

睡簡・秦律・86:有久(記)識者靡(磨)蚩(徹)之〖注〗久,讀爲"記",標誌。

睡簡・秦律・102:必書其久(記)

睡簡・秦律・102:公甲兵各以其官名刻久(記)之

睡簡・秦律・102:其不可刻久(記)者

睡簡・秦律・178:公器不久(記)刻者

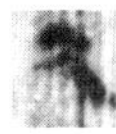睡簡・秦律・136:所弗問而久毄(繫)之

睡簡・秦律・104:不可久(記)者

睡簡・秦律・104:公器官□久(記)

睡簡・秦律・104:久毄必乃受之〖注〗久必,標記符合。

睡簡・秦律・104:以鬃久(記)之

睡簡・秦律・105:器敝久(記)恐靡(磨)者

睡簡・秦律・105:謁更其久(記)

睡簡・雜抄・24:負久(灸)者

睡簡・雜抄・24:榦可用而久(記)以爲不可用

睡簡・雜抄・24:工久(記)榦曰不可用

睡簡・日甲・95背:久行毋以庚午入室

睡簡・日甲・42正:爲嗇夫,久

睡簡・日甲・46正:久不已

睡簡・日甲・44正:久不巳

睡簡・日甲・127背:久行

睡簡・日乙・228:久,七徙

睡簡・日乙・62:以毄(繫),久

睡簡・日乙・43:久行毋以庚午入室

睡簡・日乙・141:久宦者毋以甲寅到室

睡簡・爲吏・19:久(記)刻職(識)物

睡簡・爲吏・15:困造之士久不陽

帛書・足臂・32:[皆]久(灸)臂少陽之温(脈)

帛書・足臂・34:皆久(灸)臂陽明温(脈)

帛書・脈法・74:□過之□會環而久(灸)之

帛書・脈法・74:陽上於環二寸而益爲一久(灸)

帛書・病方・21:久傷者

帛書・病方・45:如產時居濕地久

帛書・病方・102:以久(灸)尤(疣)末

帛書・病方・132:與久膏而□傅之

帛書・病方・155:久(灸)左足中指

帛書・病方・209:以久(灸)穨(癩)者中顛

帛書・病方・221:有(又)久(灸)其痏

帛書・病方・222:而久(灸)其泰(太)陰、泰(太)陽□

帛書・病方・238:雖久病必□

帛書・病方・239:疾久(灸)熱

帛書・病方・330:取久溺中泥〖注〗久溺中泥,或稱"溺白垽、人中白"。

帛書・病方・332:胻久傷者癰

帛書・病方・342:以久脂涂(塗)其上

帛書・病方・417:雖久騷(瘙)[已]

帛書・病方・422:久疕不已

帛書・病方・424:以久膏和傅

帛書・灸經甲・66:久(灸)幾息則病已矣

帛書・足臂・4:皆久(灸)泰(太)陽温(脈)

帛書・足臂・9:皆久(灸)少陽温(脈)

帛書・足臂・12:皆久(灸)陽明温(脈)

帛書・足臂・26:皆久(灸)臂泰(太)陰温(脈)

帛書・足臂・30:皆久(灸)臂泰(太)陽温(脈)

秦印編99:亭久

秦印編99:行司空久

秦陶・1282:咸陽亭久〖注〗久,人名。

新封泥C・15:咸陽亭久

1164　　桀

睡簡・日甲・93正:爲邑桀(傑)

1165　　磔

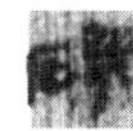睡簡・答問・67:當磔〖注〗磔,車裂。

帛書・病方・53:磔薄(膊)若市

1166　乘 椉

十二年上郡守壽戈・摹(秦銅・35):漆垣工師乘〖注〗乘,人名。

十三年上郡守壽戈・摹(集證・21):桼(漆)垣工師乘

□□年上郡守戈・摹(集證・20):漆垣工師乘

十五年上郡守壽戈(集證・23):漆垣工師乘

十五年上郡守壽戈・摹(集證・24):漆垣工師乘

睡簡・答問・175:以乘馬駕私車而乘之〖注〗乘,乘載。

睡簡・答問・175:以乘馬駕私車而乘之

睡簡・答問・175:以其乘車載女子〖注〗乘車,安車。

睡簡・答問・159:旞(遺)火燔其叚(假)乘車馬

睡簡・秦律・18:其乘服公馬牛亡馬者而死縣

睡簡・秦律・128:官長及吏以公車牛稟其月食及公牛乘馬之稟

睡簡・秦律・11:乘馬服牛稟〖注〗乘馬服牛,駕車的牛馬。

睡簡・雜抄・28:志馬舍乘車馬後

睡簡・雜抄・29:膚(臚)吏乘馬篤、辈(胔)

睡簡・雜抄・27:傷乘輿馬〖注〗乘輿馬,帝王駕車的馬。

睡簡・雜抄・25:射虎車二乘爲曹

睡簡・日甲・14 正:可以入人、始寇〈冠〉、乘車

睡簡・日乙・25:利以乘車、寇〈冠〉、帶劍、裚(製)衣常(裳)、祭、作大事、家(嫁)子

睡簡・日乙・95:乘車、衣常(裳)、取妻

睡簡・日乙・68:未□乘之

睡簡・日乙・38:乘車

睡簡・爲吏・23:乘之

龍簡・59:騎作乘輿御〖注〗乘輿,皇帝與諸侯乘坐的車子。

龍簡・54:其騎及以乘車、軺車□

里簡・J1(16)6 正:必先悉行乘城卒

關簡・207:[斗]乘虛

關簡・203:斗乘牽=(牽牛)

關簡・205:斗乘嫯=(嫯女)

關簡・201:斗乘斗

關簡・229:斗乘東井

關簡・223:斗乘畢

關簡・225:斗乘此(觜)巂

關簡・221:斗乘卯(昴)

關簡・239:斗乘翼

關簡・243:卽斗所乘也

關簡・241:斗乘軫

關簡・219:斗乘胃

關簡・189:斗乘亢

關簡・187:斗乘角

關簡・199:斗乘箕

帛書・病方・403:虜(遽)斬乘車髼椁□

帛書・病方・444:乘人黑豬

帛書・灸經甲・48:乘手北(背)〖注〗乘,登、升。

帛書・灸經甲・52:乘臑

 帛書・灸經甲・58:乘足[跗上廉]

 秦印編 100:百乘

 秦印編 99:王乘

 秦印編 99:王乘

 集證・162. 467:王乘

 秦印編 99:女乘

 秦印編 100:左乘

 秦印編 100:公乘

 秦印編 99:衛乘

 秦印編 99:乘馬遬印

卷　六

1167　木　木

天簡 27・乙：木下

睡簡・日乙・190：木金得也

睡簡・日乙・192：木水得也

睡簡・日乙・127：□亥不可伐室中尌(樹)木

睡簡・日甲・109 正：毋以木〈未〉斬大木

睡簡・答問・91：木可以伐者爲"梃"

睡簡・封診・67：它度毋(無)兵刃木索迹

睡簡・秦律・4：毋敢伐材木山林及雍(壅)隄水

睡簡・秦律・10：禾、芻稾徹(撤)木、薦

睡簡・秦律・131：令縣及都官取柳及木楘(柔)可用書者

睡簡・秦律・148：城旦舂毁折瓦器、鐵器、木器

睡簡・日甲・88 背：東方木

睡簡・日甲・87 背：木勝土

睡簡・日甲・83 背：金勝木

睡簡・日甲・22 背：祠木臨宇〚注〛祠木，疑卽社木。

睡簡・日甲・70 背：臧(藏)牛廄中草木下

睡簡・日甲・75 背：臧(藏)於草木下

睡簡・日甲・109 正：毋以木〈未〉斬大木

睡簡・日甲・105 正：尌(樹)木

睡簡・日甲・124 正：未不可以澍(樹)木

睡簡・日甲・143 背：不可初穿門、爲戶牖、伐木、壞垣、起垣、徹屋及殺

睡簡・日乙・83：金勝木

睡簡・日乙・81：金勝木

睡簡・日乙・66：利爲木事

睡簡・日乙・66：木良日

睡簡・日乙・67：可以伐木

睡簡・日乙・128：伐尌(樹)木

關簡・316：柜(恆)多取櫌桑木

關簡・302：置居木

關簡・363：東行越木

帛書・病方・388：□以木薪炊五斗米

帛書・灸經甲・45：木音則傷〈惕〉然驚

帛書・病方・73:舂(舂)木臼中

帛書・病方・188:煮隱夫木〖注〗隱夫木,藥名。

帛書・病方・218:即以采木椎竅(劙)之

帛書・病方・333:即置小木湯中

帛書・病方・333:踐木滑□

秦陶・373.2:咸陽木〖注〗木,人名。

地圖注記・摹(地圖・5):陽盡柏木

地圖注記・摹(地圖・5):陽有剣木

地圖注記・摹(地圖・4):多休木

1168　橘

封泥印81:橘官

新封泥D・44:橘官

新封泥A・4.17:橘府

封泥集237・1:橘印〖注〗橘,官名。

封泥集237・1:橘監

封泥集237・2:橘監

封泥集237・3:橘監

秦印編100:橘邑丞印

1169　榪

秦印編100:楊榪

1170　杏

洛陽少府戈・摹(珍金220・1):杏陵〖注〗杏陵,地名。董珊說"杏"或讀爲"永",永陵爲秦悼武王墓所在。

帛書・病方・21:薺(齏)杏霾〈覈(核)〉中人(仁)〖注〗杏核中人,即杏仁。

新封泥E・14:杏園

秦陶・473:杏

1171　柰(奈)

秦駰玉版・甲・摹:吾竆(窮)而無柰之〖注〗柰,《廣韻》:"本亦作奈。"

秦駰玉版・乙・摹:吾竆(窮)而無柰之

天簡28・乙:復其故所其柰上商

1172　李　杍

蒼陽鼎(集證・53):李卿〖注〗李卿,人名。

睡簡・日甲・145背:天李正月居子〖注〗天李,即天理。

睡簡・日乙・67:庚辛李

帛書・病方・347:礜大如李〖注〗李,果名。

帛書・病方・34:以水財煮李實

帛書・病方・186:澡石大若李樺

集證・167.543:李

集證・167.545:李戌

秦印編100:李是家印

秦印編101:李强

秦印編102:李逯虒

秦印編100:李羥

秦印編101:李眉

秦印編102:李次非

秦印編100:李逑

秦印編101:李高

秦印編102:李氏

秦印編100:李□

秦印編101:李赤

秦印編100:李□

秦印編101:李隱

秦印編100:李朝

秦印編101:李清

秦印編100:李騺

秦印編101:李妾

秦印編100:李禾

秦印編101:李大夫

秦印編100:李子

秦印編101:李欽

秦印編100:李瘫

秦印編101:李母人

秦印編100:李希

秦印編101:李□

秦印編100:李讐

秦印編101:李黽

秦印編100:李萃

秦印編101:李拍

秦印編100:李勉

秦印編101:李奉

秦印編100:李□

秦印編101:李昌

秦印編100:李湯

 秦印編 101:李唐

 秦印編 100:李疰

 秦印編 101:李印

 秦印編 100:李年

 秦印編 101:李閑

 秦印編 101:李□

 秦印編 101:李快印

 秦印編 101:李疑

秦印編 101:李駘

 秦印編 101:李段

 秦印編 101:李脩

 秦印編 101:李散

 秦印編 101:李徒

 秦印編 101:李齊

 秦印編 101:李翥

 秦印編 101:李同

 秦印編 101:李署

 秦印編 101:李虒

 秦印編 101:李不敬

 秦印編 101:李狐

 秦印編 101:李縮

 秦印編 101:李黽

 集證・168. 546:李逯虒

 集證・167. 530:李駘

 集證・167. 531:李騁

 集證・167. 532:李赤

 集證・167. 533:李朵

 集證・167. 534:李隱

 集證・167. 535:李□

 集證・167. 536:李間

 集證・167. 537:李清

 集證・167. 538:李佗

 集證・167. 539:李萃

 集證・167. 540:李快印

 集證・167. 541:李俿

 集證・167. 542:李牟

 漆器(揚家山・16. 3):李

 漆器 M8・12(雲夢・附二):李

漆器 M8・12(雲夢・附二):李

南郊 714・209:李氏九斗二參

1173　桃

睡簡・日甲・82 背:辛名曰秦桃乙忌慧

睡簡・日甲・24 背:取桃枱〈棓〉椯(段)四隅中央

睡簡・日甲・36 背:以棘椎桃秉(柄)以䯮(敲)其心

關簡・313:以正月取桃橐(蠹)矢(屎)少半升

帛書・病方・225:卽取桃支(枝)東鄉(嚮)者

帛書・病方・417:煮桃葉

帛書・病方・442:取桃東枳(枝)

集證・160.432:左礜桃支

封泥印・待考 156:左礜桃丞

秦印編 102:左礜桃支

秦印編 102:左礜桃丞

秦印編 102:左礜桃支

秦印編 102:左礜桃丞

秦印編 102:左礜桃支

封泥集 226・1:右礜桃支

封泥集 226・1:左礜桃支

封泥集 227・2:左礜桃丞

封泥集 227・3:左礜桃丞

封泥集 227・8:左礜桃丞

封泥集 227・9:左礜桃丞

封泥集 227・12:左礜桃丞

封泥集 228・2:右礜桃丞

封泥集 228・5:右礜桃丞

集證・160.431:左礜桃丞

集證・160.433:左礜桃支

新封泥 E・17:桃枳丞印

封泥印・待考 155:右礜桃支

封泥印・待考 155:左礜桃支

封泥印・待考 156:右礜桃丞

封泥集 227・6:左礜桃丞

1174　桂

帛書・病方・1:桂、畺(薑)、椒□

帛書・病方・67:取牛肶、烏豙(喙)、桂

帛書・病方・259:冶麋(蘼)蕪本、方(防)風、烏豙(喙)、桂皆等

帛書・病方・271:桂、畺(薑)、椒

帛書・病方・299：橿（薑）、桂、椒□居四□

帛書・病方・350：庶、蜀椒、桂各一合

帛書・病方・372：白茝、白衡、菌桂、枯畺（薑）、薪（新）雉〖注〗菌桂，藥名。

帛書・病方・407：以榆皮、白□、美桂

帛書・病方・441：冶桂入中

1175　棠　　棠

秦陶・401：棠

秦陶・403・摹：棠

1176　杜　　杜

杜虎符（秦銅・25）：左才（在）杜〖注〗杜，地名。

帛書・病方・398：以杜（牡）豬膏□

集證・168.548：杜子〖注〗杜子，人名。

集證・168.549：杜祿

集證・153.327：杜陽左尉〖注〗杜陽，縣名。

秦印編102：杜殷周印

秦印編102：杜散

秦印編102：杜徒

秦印編102：杜乳

秦印編102：杜胥

秦印編102：杜卯

秦印編102：杜駕

秦印編102：杜讋

秦印編102：杜□臣

秦印編102：杜長

秦印編102：周杜

秦印編102：杜獎

秦印編102：杜安

秦印編102：杜丞之印

集證・151.298：杜丞之印

封泥集276・2：杜丞之印

封泥集276・3：杜丞之印

集證・151.297：杜丞之印

集證・151.299：杜丞之印

封泥印99：杜丞之印

封泥集215・1：杜南苑丞

秦印編102：杜南苑丞

封泥印68：杜南苑丞

秦陶 A・2.14：杜秦

秦陶 A・2.15：杜徐

新封泥 E・11：杜印

新封泥 E・12：都杜嗇印

集證・191.4：杜市

集證・201.60・摹：杜、茝

瓦書・郭子直摹：取杜才（在）酆邱到于潏水

瓦書（秦陶・1610）：取杜才（在）酆邱到于潏水

秦陶・1279：杜亭

秦陶・1280：杜市

秦陶・1263：杜越

秦陶・1264：杜建

南郊 706・193.11：杜市

南郊 712・204：杜氏

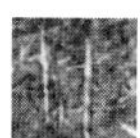南郊 708・195：杜氏十斗

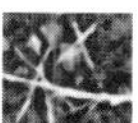南郊 712・203：杜氏

秦陶 A・2.16：杜□

南郊 137・124.1：杜市

南郊 137・124.4：杜市

南郊 137・124.7：杜市

南郊 706・193.6：杜市

南郊 706・193.7：杜市

南郊 137・124.6：杜亭

南郊 137・124.8：杜亭

南郊 137・124.9：杜亭

南郊 137・124.14：杜亭

南郊 137・124.15：杜亭

南郊 138・126.3：杜

南郊 703・189.2：杜亭

南郊 703・189.5：杜亭

南郊 703・189.6：杜亭

南郊 703・189.7：杜亭

南郊 703・189.8：杜亭

南郊 703・189.10：杜亭

南郊 703・189.11：杜亭

南郊 703・189.16：杜亭

南郊 703・189.18：杜亭

南郊 703・189.20：杜亭

南郊 703・189.22:杜亭

南郊 703・189.23:杜亭

南郊 703・189.24:杜亭

南郊 704・190.1:杜亭

南郊 704・190.3:杜亭

南郊 704・190.5:杜亭

南郊 704・190.6:杜亭

南郊 704・190.7:杜亭

南郊 704・190.10:杜亭

南郊 704・190.14:杜亭

南郊 704・190.15:杜亭

南郊 704・190.18:杜亭

南郊 704・190.19:杜亭

南郊 704・190.20:杜亭

南郊 705・191.1:杜亭

南郊 705・191.2:杜亭

南郊 705・191.3:杜亭

南郊 705・191.4:杜亭

南郊 705・192.1:杜市

南郊 705・192.2:杜市

南郊 705・192.3:杜市

南郊 705・192.4:杜市

南郊 705・192.5:杜市

南郊 705・192.8:杜市

南郊 705・192.9:杜市

南郊 705・192.11:杜市

南郊 705・192.12.1:杜市

南郊 705・192.12.2:杜市

南郊 705・192.13:杜市

南郊 705・192.14:杜市

南郊 705・192.15:杜市

南郊 705・192.16:杜市

南郊 705・192.17:杜市

南郊 705・192.18:杜市

南郊 705・192.19:杜市

南郊 706・193.1:杜市

南郊 706・193.2:杜市

南郊 706・193.3:杜市

南郊 706・193.4:杜市

南郊 706・193.5:杜市

南郊 706・193.8:杜市

1177 楢 楢

龍簡・38:諸取禁苑中柞(柞)、棫、橎、楢產葉及皮□〖注〗楢,木名。《説文》:"楢,柔木也,工官以爲耎輪。"

1178 桺 桺

帛書・病方・殘 1:治以□雞、桺〖注〗《説文》:"桺,梅也。"

1179 梤 梤

石鼓文・乍邍(先鋒本):□□櫾梤〖注〗《説文》:"梤,木也。"

1180 椆 椆

關簡・377:置椆中〖注〗椆,容器名。

1181 槫 槫

帛書・病方・144:炙槫□痃〖注〗《説文》:"槫,木也。"

1182 椶 椶

石鼓文・乍邍(先鋒本):□□櫾梤〖注〗櫾,或釋爲"椶"。《説文》:"椶,栟櫚也,可作萆。"

1183 梓 梓 梓 梓

帛書・病方・305:炙梓葉〖注〗梓葉,藥名。

1184 柀 柀

睡簡・荅問・26:而柀盜之〖注〗柀盜,盜取其一部分。

睡簡・封診・57:柀(被)汙頭北(背)及地

睡簡・秦律・48:吏輒柀事之〖注〗柀,或讀爲"罷",罷事即停止役使。

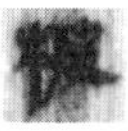

睡簡・秦律・162:實官佐、史柀免、徙

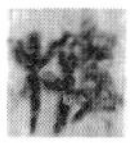

睡簡・秦律・138:其日未備而柀入錢者

睡簡・日甲・24 正:柀(破)午

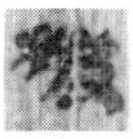

睡簡・日甲・39 正:歲善而柀(疲)不產〖注〗柀,讀爲"疲"。

睡簡・日甲・18 正:柀(破)子

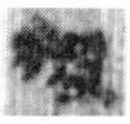

睡簡・日甲・17 正:柀(破)亥

睡簡・日乙・58:歲善而柀(疲)不全

睡簡・效律・19:實官佐、史柀免徙

1185 棫 棫

石鼓文・乍邍(先鋒本):柞(柞)棫其□〖注〗棫,木名。《説文》:"棫,白桵也。"

龍簡・38:諸取禁苑中柞(柞)、棫、橎、楢產葉及皮□

1186　栩　栩

秦印編 102:栩公

秦印編 102:火栩

1187　杙　杙

帛書·病方·219:以盡二七杙而已〖注〗杙,小木樁。

帛書·病方·219:輒椄杙垣下

1188　桔　桔

睡簡·日乙·104:以桔(結)者

1189　柞　柞

石鼓文·乍邍(先鋒本):柞棫其□〖注〗《說文》:"柞,木也。"

帛書·病方·370:以柞椾

龍簡·38:諸取禁苑中柞(柞)、棫、橎、楢產葉及皮□

1190　枋　枋

睡簡·日甲·66背·摹:以莎芾、牡棘枋(柄)

1191　橿　橿

帛書·病方·299:橿(薑)、桂、椒□居四□

1192　楊　楊

十年寺工戈·摹(俑坑·3.1):丞楊〖注〗楊,人名。

石鼓文·汧殹(先鋒本):隹(惟)楊及柳

琅邪臺刻石:五大夫趙嬰、五大夫楊樛從〖注〗楊樛,人名。

集證·178.680:楊勠

秦印編 103:楊悍

秦印編 104:楊辛

秦印編 103:楊轎

秦印編 104:楊□

秦印編 103:楊疾

秦印編 104:楊隱

秦印編 103:楊祿

秦印編 104:楊敢

秦印編 103:楊虎

秦印編 104:楊貴

秦印編 103:楊利

秦印編 104:楊閑

秦印編 103:楊建

秦印編 104:楊洋

秦印編 103：楊黝

秦印編 104：楊獨利

秦印編 103：楊沽

秦印編 104：楊債

秦印編 103：楊顫

秦印編 104：楊肆

秦印編 103：楊巷

秦印編 104：楊者

秦印編 103：楊同

秦印編 104：楊歫

秦印編 103：楊穰

秦印編 104：楊甲

秦印編 103：楊純

秦印編 104：楊嬴

秦印編 103：楊屏

秦印編 103：楊發

秦印編 103：楊□

秦印編 103：楊敢

秦印編 103：楊瘳

秦印編 103：楊依

秦印編 103：楊狐

秦印編 103：楊駕

秦印編 103：楊獲

秦印編 103：楊穿

秦印編 103：楊牼

秦印編 103：楊臺

秦印編 103：楊歜

秦印編 103：楊建

秦印編 103：楊剛

秦印編 103：楊寂

秦印編 103：楊欶

秦印編 103：楊志

秦印編 103：楊奭

秦印編 103：楊睢

秦印編 103：楊毋忌

秦印編 103：楊賈

集證・177.662：楊嬴

集證・177.663：楊□

集證・177.664:楊悍

集證・177.665:楊得

集證・178.666:楊歍

集證・178.667:楊獨利

集證・178.670:楊狀

集證・178.672:楊蓦

集證・178.673:楊肆

集證・178.674:楊建

集證・178.675:楊獲

集證・178.676:楊祿

集證・178.677:楊柏

集證・178.678:楊歫

集證・178.679:楊致

地圖注記・摹(地圖・5):上楊谷

地圖注記・摹(地圖・5):下楊谷

漆器 M4・3-1(雲夢・附二):脩士楊

南郊 710・200・摹:楊母方

秦陶・485:楊氏居貲大教〖注〗楊氏,縣名。

秦陶・487:楊氏居貲武德公士契必

秦陶・1262:楊工積〖注〗楊,地名。

秦陶・1492:楊

秦陶・1493:楊

集證・195.37・摹:楊

集證・195.38・摹:楊

1193　桺　柳

石鼓文・汧殹(先鋒本):隹(惟)楊及柳

睡簡・秦律・131:令縣及都官取柳及木楘(柔)可用書者

睡簡・日甲・57 正:柳、七星大吉

睡簡・日甲・55 正:柳、東井、輿鬼大凶

睡簡・日甲・1 正:六月,柳〖注〗柳,二十八宿之一。

關簡・160:柳

關簡・154:六月,柳

帛書・病方・266:治之以柳蕈一捼、艾二〖注〗柳蕈,藥名。

秦印編 104:孫柳

秦印編 104:王柳

秦印編 104:宋柳

秦印編 104:柳

秦印編 104:咸亭當柳恚器

秦印編 104:咸亭當柳昌器

秦印編 104:柳

秦陶·1421:咸亭當柳昌器〖注〗當柳,里名。

1194 梄(枸)

集證·153.326:梄邑尉印〖注〗梄邑,地名。

秦陶·1241:梄邑□

秦陶·1272:梄邑利瓦

枸矛(秦銅·202):梄〖注〗梄,"枸"字篆文,"枸邑"省文,地名。

秦印編 104:梄邑尉印

1195 欒

帛書·病方·253:牝痔有空(孔)而欒〖注〗欒,《釋名》:"孿也。"彎曲。

新封泥 A·3.19:欒氏家印〖注〗欒氏,人名。

秦印編 105:王欒

1196 棣

地圖注記·摹(地圖·5):棣刊

1197 枳

睡簡·日甲·49 正:□與枳(支)刺艮山之胃(謂)離日

睡簡·日甲·153 背:反枳(支)

睡簡·日甲·153 背:六日反枳(支)

睡簡·日甲·154 背:二日反枳(支)

帛書·病方·442:取桃東枳(枝)

新封泥 E·17:桃枳丞印

1198 權

睡簡·封診·67:權大一圍

睡簡·封診·64 丙死(屍)縣其室東內中北辟權〖注〗權,疑讀爲"椽"。

睡簡·封診·65:頭上去權二尺

睡簡·爲吏·27:則以權衡求利

1199 柜

睡簡·爲吏·19:见民杲(倨)敖(傲)

集證·200.55:杲(柜)里滕〖注〗柜里,里名。

1200 槐

萯陽鼎(集證·54.2):槐里〖注〗槐里,地名。

萯陽鼎(集證·54.3):槐里

帛書·病方·426:以槐東鄉(嚮)本、枝、葉

1201　楮杍

睡簡・日甲・130 正:大顟(顧)是胃(謂)大楮(佇)〖注〗楮,讀爲"佇",站立。

睡簡・日甲・130 正:少(小)顟(顧)是胃(謂)少(小)楮(佇)

1202　杞

帛書・病方・73:取杞本長尺〖注〗杞本,即地骨皮,藥名。

秦印編 105:韓杞

1203　檀

秦印編 105:檀佗

1204　櫟

四年相邦樛斿戈(秦銅・26. 1):櫟陽工上造間〖注〗櫟陽,地名。

元年丞相斯戈・摹(秦銅・160):櫟陽左工去疾

集證・158. 400:櫟陽鄉印

秦印編 105:櫟讙

秦陶・1319:櫟市

集證・142. 144:櫟陽右工室丞

新封泥 A・3. 11:高櫟苑丞

秦陶・1318:櫟市〖注〗櫟市,"櫟陽市"省文。

秦陶・368:櫟陽重

秦陶・1321:櫟

櫟陽戈(精華 117):櫟陽〖編者按〗"櫟陽"二字合文。

秦陶・1308:櫟市〖編者按〗"櫟市"二字合文。後同。

集證 196. 50:櫟市

集證・202. 67:櫟市

1205　柘

新封泥 B・3. 24:柘丞之印〖注〗柘,地名。

1206　梧

里簡・J1(16)6 正:今洞庭兵輸内史及巴、南郡、蒼梧

封泥集・附一 409:蒼梧候丞〖注〗蒼梧,地名。

1207　榮

睡簡・日甲・81 背:丁名曰浮妾榮辨僕上

帛書・病方・51:取屋榮蔡〖注〗屋榮蔡,屋脊上的雜草。

帛書・病方・233:□四榮□

秦印編 105:榮祿

封泥集 381・1:榮係

集證・182. 717:榮祿

1208　　桐

睡簡・日甲・52 背:燔生桐其室中

帛書・病方・348:大皮桐〖注〗大皮桐,藥名。

帛書・病方・365:取桐本一歒所〖注〗桐本,桐樹根。

1209　　檣

龍簡・38:諸取禁苑中柞(柞)、棫、檣、楢產葉及皮□〖注〗檣,木名。《集韻》:“一曰剛木,不華而實。”

1210　　榆

睡簡・日乙・67:甲乙榆

帛書・病方・407:以榆皮、白□、美桂〖注〗榆皮,藥名。

秦印編 106:長榆根

秦陶・478:贛榆距

1211　　梗

睡簡・日甲・71 背:從以上辟(臂)臑梗

秦印編 106:南郭梗

1212　　松 寀

地圖注記・摹(地圖・4):大松休

地圖注記・摹(地圖・4):松休

1213　　柏

睡簡・6 號牘・正:用垣柏錢矣

睡簡・日甲・35 背:令人色柏(白)然毋(無)氣

帛書・病方・196:若以柏杵七

帛書・病方・207:而父與母皆盡柏築之顛

帛書・病方・195:柏杵臼穿

帛書・病方・195:操柏杵

帛書・病方・殘 1:□柏[杵]擣者□

集證・178.677:楊柏

秦印編 106:武柏私府

秦印編 106:任柏

秦印編 106:柏奢

秦印編 106:柏成

秦印編 106:柏如

秦印編 106:公柏

集證・163.491:孔柏

地圖注記・摹(地圖・5):陽盡柏木

地圖注記・摹(地圖・4):柏谷

1214 某 某𣚍

睡簡·秦律·168:倉嗇夫某、佐某、史某、稟人某

睡簡·效律·28:倉嗇夫某、佐某、史某、稟人某

睡簡·效律·27:倉嗇夫某、佐某、史某、稟人某

睡簡·秦律·168:倉嗇夫某、佐某、史某、稟人某

睡簡·爲吏·21:故某慮贅壻某叟之乃(仍)孫

睡簡·效律·28:倉嗇夫某、佐某、史某、稟人某

睡簡·效律·27:倉嗇夫某、佐某、史某、稟人某

睡簡·秦律·168:倉嗇夫某、佐某、史某、稟人某

睡簡·封診·8:封有鞫者某里士五(伍)甲家室、妻、子、臣妾、衣器、畜產

睡簡·封診·84:某里士五(伍)妻甲告曰

睡簡·封診·85:即令令史某往執丙

睡簡·封診·8:鄉某爰書

睡簡·封診·28:居某里

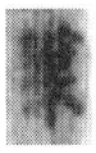

睡簡·封診·29:自晝居某山

睡簡·封診·26:自晝甲將乙等徼循到某山

睡簡·封診·21:市南街亭求盜才(在)某里曰甲縛詣男子丙

睡簡·封診·9:妻曰某

睡簡·封診·95:自晝見某所

睡簡·封診·91:某里公士甲等廿人詣里人士五(伍)丙

睡簡·封診·6:敢告某縣主

睡簡·封診·6:居某里

睡簡·封診·6:男子某有鞫

睡簡·封診·60:男子死(屍)所到某亭百步

睡簡·封診·73:某里士五(伍)乙告曰

睡簡·封診·74:即令令史某往診

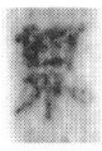

睡簡·封診·39:令少內某、佐某以市正賈(價)賈丙丞某前

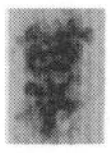

睡簡·封診·47:士五(伍)咸陽才(在)某里曰丙

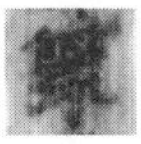

睡簡·封診·43:某里五大夫乙家吏甲詣乙妾丙

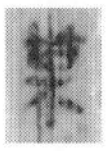

睡簡·封診·4:以某數更言

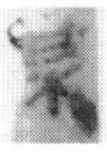

睡簡·封診·50:某里士五(伍)甲告曰

睡簡·封診·51:得某室

睡簡·封診·51:與牢隸臣某執丙

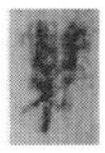

睡簡·封診·5:治(笞)訊某

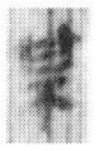

睡簡·封診·19:某里士五(伍)甲、乙

睡簡·封診·16:即令[令]史某往執丙

睡簡·封診·17:居某里

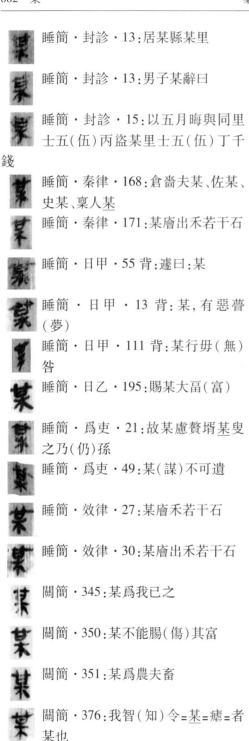

 睡簡・封診・13:居某縣某里

 睡簡・封診・13:男子某辭曰

 睡簡・封診・15:以五月晦與同里士五(伍)丙盜某里士五(伍)丁千錢

 睡簡・秦律・168:倉嗇夫某、佐某、史某、稟人某

 睡簡・秦律・171:某廥出禾若干石

 睡簡・日甲・55背:遽曰:某

 睡簡・日甲・13背:某,有惡瞢(夢)

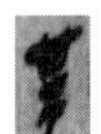 睡簡・日甲・111背:某行毋(無)咎

 睡簡・日乙・195:賜某大畐(富)

 睡簡・爲吏・21:故某慮贅壻某叟之乃(仍)孫

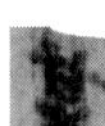 睡簡・爲吏・49:某(謀)不可遺

 睡簡・效律・27:某廥禾若干石

 睡簡・效律・30:某廥出禾若干石

 關簡・345:某爲我已之

 關簡・350:某不能腸(傷)其富

 關簡・351:某爲農夫畜

 關簡・376:我智(知)令=某=瘧=者某也

 關簡・339:某瘺某波(破)

 關簡・376:我智(知)令=某=瘧=者某也

 關簡・339:某瘺某波(破)

 關簡・326:笱(苟)令某齲已

 關簡・326:某病齲齒

 關簡・330:笱(苟)令某齲已

 關簡・332:某病齒齲

 關簡・339:令某瘺斄(數)去

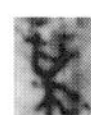 關簡・336:搕某叚(瘕)心疾

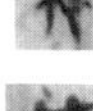 關簡・348:某以壺露、牛胙

 關簡・349:先農笱(苟)令某禾多一邑

 關簡・343:某有子三旬

 關簡・345:某馬心天

 帛書・病方・369:某幸病癰

 帛書・病方・382:令某傷

 帛書・病方・97:某某年□今□

 帛書・病方・156:上有□銳某□

帛書・病方・196:令某䫌(癩)毋一

帛書・病方・204:某狐叉非其處所

 帛書・病方・206:某積(癩)已□

 帛書・病方・206:某積(癩)九

帛書・病方・207：某起

帛書・病方・210：若智（知）某病狐□

秦印編 106：咸鄏里某〖注〗某，人名。

1215　樹尌

石鼓文・吾水（先鋒本）：嘉尌（樹）㓷（則）里

石鼓文・乍邍（先鋒本）：二日尌（樹）□

關簡・195：□樹賞賜事也

帛書・病方・275：□、畺（薑）、蜀焦（椒）、樹（茱）臾（萸）四物而當一物〖注〗茱萸，藥名。

1216　本　𣐿

會稽刻石・宋刻本：本原事蹟

泰山刻石・宋拓本：本原事業

睡簡・封診・53：艮本絕〖注〗艮，疑讀爲“根”。根本，疑即山根，鼻梁。一說指眉毛的根。

睡簡・秦律・38：其有本者

睡簡・爲吏・47：政之本毆

關簡・315：取稾（藁）本小弱者〖注〗稾，借作“藁”。藁本，草藥名。

關簡・315：汖（和）稾（藁）本東〈柬〉灰中

帛書・病方・449：疕其末大本小□者〖注〗本，根。

帛書・病方・63：冬日煮其本

帛書・病方・73：取杞本長尺〖注〗杞本，即地骨皮，藥名。

帛書・病方・76：取鏖（蘼）蕪本若□薺一□傅宥（痏）〖注〗蘼蕪本，即芎藭，今名川芎，藥名。

帛書・病方・109：有（又）以殺本若道旁葥（葥）根二七

帛書・病方・239：把其本小者而盭（盭）絕之

帛書・病方・239：末大本小

帛書・病方・259：冶鏖（蘼）蕪本、方（防）風、烏家（喙）、桂皆等

帛書・病方・329：冬日取其本

帛書・病方・365：取桐本一畝所〖注〗桐本，桐樹根。

帛書・病方・412：取茹盧（蘆）本〖注〗茹盧本，即茹蘆根，茜根別名。

帛書・病方・426：以槐東鄉（嚮）本、枝、葉

秦陶・1189：本

1217　柢

睡簡・語書・11：而有冒柢（抵）之治〖注〗冒抵，冒犯。

1218　朱

卅三年銀盤・𡎸（齊王・18.3）：廿一朱（銖）〖注〗朱，通“銖”。

卅六年私官鼎・口沿（秦銅・49）：十三斤八兩十四朱（銖）〖注〗銖，重量單位，銖爲兩之二十四分之一。

卌七年銀器足・摹(金銀器 344):重八兩十一朱(銖)

卌年銀耳杯・摹(臨淄 173.1):卌年左工重一斤十二兩十四朱(銖)

卌一年銀耳杯・摹(臨淄 173.2):卌一年工右狃(?)一斤六兩六朱(銖)寅

睡簡・答問・140:上朱(珠)玉內史

睡簡・爲吏・36:朱珠丹青

睡簡・效律・7:半朱(銖)[以]上

睡簡・答問・140:盜出朱(珠)玉邦關及買(賣)於客者

帛書・病方・179:豙(藾)之朱(茱)臾(萸)、椒

帛書・病方・271:朱(茱)臾(萸)〖注〗茱萸,草藥名。

封泥集 369・1:朱□

秦印編 106:朱如

秦印編 106:朱竈

秦印編 106:朱頎

秦印編 106:朱嬰

1219 根 根

睡簡・爲吏・6:根(墾)田人(仞)邑

帛書・病方・25:林(朮)根去皮

帛書・病方・389:□時取狼牙根

帛書・病方・415:取闌(蘭)根、白付

帛書・病方・17:以續[鱶(斷)]根一把

1220 末 末

睡簡・封診・65:餘末袤二尺

關簡・201:所言者末事、急事也〖注〗末,非根本的、不重要的事情。

帛書・病方・8:百草末八灰

帛書・病方・57:取竈末灰三指最(撮)□水中〖注〗竈末灰,卽伏龍肝,藥名。

帛書・病方・102:卽燔其末

帛書・病方・102:以久(灸)尤(疣)末

帛書・病方・239:末大本小

帛書・病方・242:卽取褰(鋊)末、菽醬之宰(滓)半〖注〗鋊末,銅屑。

帛書・病方・245:若有堅血如扣末而出者

帛書・病方・449:疣其末大本小□者

帛書・灸經甲・69:四末痛〖注〗四末,四肢。

1221 果 果

睡簡・日甲・3 背:牽牛以取織女而不果

睡簡・日甲・34 正:小事果成

睡簡・日甲・56 背:果(裹)以賁(奔)而遠去之

睡簡・日甲・129 背：凡有土事必果

睡簡・日甲・130 背：凡有土事弗果居

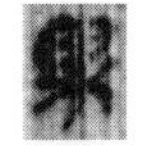睡簡・日甲・156 正：女果以死〖注〗果，疑讀爲“媧”。

睡簡・日甲・155 正：不果

帛書・病方・殘 19：□三果（顆）

帛書・病方・48：取雷尾〈戻（矢）〉三果（顆）

帛書・病方・249：乾薑（薑）二果（顆）

帛書・病方・280：睢（疽）未□烏家（喙）十四果（顆）

帛書・病方・293：□二果（顆）

帛書・病方・347：以烏家（喙）五果（顆）

帛書・病方・353：冶烏家（喙）四果（顆）

秦印編 107：上官果

秦印編 107：王果

秦印編 107：果

秦陶・1365：咸郿里果〖編者按〗果，或釋爲“杲”。

1222　枝

帛書・病方・426：以槐東郷（嚮）本、枝、葉

帛書・足臂・1：枝之下腆〖注〗枝，支脈。

帛書・足臂・2：枝顔下

帛書・足臂・5：枝於骨間

帛書・足臂・5：枝之肩薄（髆）

秦印編 107：長枝間左

秦印編 107：枝起

封泥集・附一 410：長枝間左

1223　朴

帛書・病方・341：燔朴炙之〖注〗朴，指朴木。

1224　枚

卌年銀器足・摹（金銀器 344）：四枚重□

秦印編 107：傅枚

秦印編 107：章枚

集證・172. 582：姚枚

秦印編 107：枚嘉

1225　櫑

秦印編 107：櫑

秦印編 107：櫑

1226 梃

睡簡・答問・91:可(何)謂"梃"

睡簡・答問・91:木可以伐者爲"梃"

睡簡・答問・90:以兵刃、投(殳)梃、拳指傷人〖注〗梃,棍棒。

帛書・病方・17:黄魿(芩)二梃〖注〗《説文》:"梃,一枚也。"

1227 朵

集證・167.533:李朵

1228 柖

睡簡・日甲・47 正:柖(招)榣(搖)毄(繫)未〖注〗招搖,星名。

睡簡・日甲・58 正:柖(招)榣(搖)毄(繫)申

睡簡・日甲・56 正:柖(招)榣(搖)毄(繫)戌

睡簡・日甲・57 正:柖(招)榣(搖)毄(繫)酉

睡簡・日甲・53 正:柖(招)榣(搖)毄(繫)丑

睡簡・日甲・54 正:柖(招)榣(搖)毄(繫)子

睡簡・日甲・55 正:柖(招)榣(搖)毄(繫)亥

睡簡・日甲・51 正:柖(招)榣(搖)毄(繫)卯

1229 榣

睡簡・日甲・47 正:柖(招)榣(搖)毄(繫)未〖注〗招搖,星名。

睡簡・日甲・58 正:柖(招)榣(搖)毄(繫)申

睡簡・日甲・56 正:柖(招)榣(搖)毄(繫)戌

睡簡・日甲・57 正:柖(招)榣(搖)毄(繫)酉

睡簡・日甲・54 正:柖(招)榣(搖)毄(繫)子

睡簡・日甲・55 正:柖(招)榣(搖)毄(繫)亥

睡簡・日甲・51 正:柖(招)榣(搖)毄(繫)卯

睡簡・爲吏・14:百姓榣(搖)貳乃難請〖注〗搖貳,疑惑。

1230 橑

大官盉・摹(秦銅・209):橑大〖注〗橑大,人名。

四年相邦橑斿戈(秦銅・26.1):四年相邦橑斿之造〖注〗橑斿,人名。

琅邪臺刻石:五大夫趙嬰、五大夫楊橑從〖注〗楊橑,人名。

集證・175.631:陽橑

秦印編 107:高居橑競

秦印編 107:橑

秦印編 107:莊橑

秦印編 107:王橑

1231　杕

睡簡・秦律・135・摹:枸櫝欙杕〖注〗杕,讀爲“釱”,套住囚徒脛的鐵鉗。

睡簡・秦律・147:拘櫝欙杕之

1232　枯

睡簡・日甲・55背:必枯骨也

帛書・病方・372:桂、枯畺(薑)、薪(新)雉〖注〗枯薑,乾薑。

秦印編107・摹:橋枯

集證・182.724:韓枯

秦印編107:韓枯

秦印編107:□枯

1233　樸

石鼓文・車工(先鋒本):遬敺其樸〖注〗《說文》:“樸,木素也。”張德容說即“朴”字。

1234　柔

睡簡・爲吏・35:剛能柔

帛書・病方・殘12:之柔□

1235　析

帛書・灸經甲・65□:舌析(坼)〖注〗坼,燥裂。

1236　枋

秦印編108:枋華

1237　材

睡簡・答問・209:人戶、馬牛及者(諸)貨材(財)直(值)過六百六十錢爲“大誤”

睡簡・答問・52:將軍材以錢若金賞

睡簡・答問・140:內史材鼠(予)購

睡簡・秦律・4:毋敢伐材木山林及雍(壅)隄水

睡簡・秦律・120(縣嗇夫材興有田其旁者)〖注〗材,酌量。

睡簡・日甲・6正:祭祀、家(嫁)子、取(娶)婦、入材

睡簡・日甲・10正:作事、入材

睡簡・日甲・120背:秋丙、庚、辛材(裁)衣

睡簡・日甲・120背:十月丁酉材(裁)衣

睡簡・日甲・121背:不可材(裁)衣

睡簡・日甲・121背:丁酉材(裁)衣常(裳)

睡簡・日甲・119背:丁丑材(裁)衣

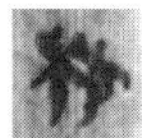睡簡・日甲・119 背：十一月丁酉材（裁）衣

睡簡・日甲・116 背：秋丙、庚、辛材（裁）衣

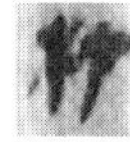睡簡・日甲・117 背：不可材（裁）衣

睡簡・日甲・113 背（丁丑材（裁）衣）〖注〗裁，製。

睡簡・日甲・114 背：入十月十日乙酉、十一月丁酉材（裁）衣

睡簡・日甲・114 背：十月丁酉材（裁）衣

睡簡・爲吏・33：材（財）不可歸

睡簡・爲吏・45：不精於材（財）

帛書・病方・320：而其瓣材其瓜

封泥印・待考 168：□中材廥

新封泥 D・8：□中材廥

新封泥 A・2.10：材官

1238　榑

秦印編 108：任榑

1239　裁

睡簡・秦律・125・摹：縣、都官用貞（楨）、栽爲傰（棚）牏〖注〗栽，築墻用的長板。

1240　築 篁

帛書・病方・206：令人操築西鄉（嚮）〖注〗築，杵。

帛書・病方・207：而父與母皆盡柏築之顛

帛書・病方・207：以築衝穨（癩）二七

1241　榦

睡簡・雜抄・24：工久（記）榦曰不可用

睡簡・雜抄・24：工擇榦〖注〗榦，築夯土牆所用的立木。

睡簡・爲吏・42：以忠爲榦

新封泥 A・3.2：北宮榦官

秦印編 108：北宮榦丞

封泥印 64：北宮榦丞

新封泥 A・2.1：榦官

新封泥 A・2.3：大官榦丞

秦印編 108：榦廥都丞〖注〗榦，俗作“幹”，主管。

集證・140.120：榦廥都丞

封泥集 132・2：榦廥都丞

封泥集 132・4：榦廥都丞

封泥印 34：榦廥都丞

封泥印 55:中官幹丞

新封泥 D・7:少府幹官

秦印編 108:少府幹丞

封泥印 33:少府幹丞

1242　極　極

大墓殘磬(集證・64):極(亟)事于秦〖注〗極,讀爲"亟",疾、急迫。

會稽刻石・宋刻本:常治無極

繹山刻石・宋刻本:威動四極

帛書・病方・260:□爲極〖注〗極,此指最大量。

1243　柱　柱

秦印編 108:柱冡

秦印編 108:李柱

封泥印 9:厎柱丞印〖注〗厎柱,厎柱山。

1244　樓　樓

睡簡・爲吏・22:樓椑(陴)矢閲(穴)

1245　槍　槍

睡簡・爲吏・23:槍閵(藺)環殳〖注〗槍,一種兩端尖鋭的木製武器。

1246　桓　桓

封泥集 374・1:桓段

封泥集 374・3:桓段

集證・170.573:桓段

封泥集 374・6:桓段

封泥集 374・7:桓段

封泥集 374・9:桓段

封泥印 148:桓段

睡 6 號牘・正:用桓柏钱矣

1247　桯　桯

帛書・病方・370:桯若以虎蚤〖注〗《説文》:"桯,牀前几。"

秦印編 108:桯楊

1248　牀　牀

睡簡・日甲・125 正:戌不可以爲牀

關簡・119:此中牀

帛書・病方・360:冶蛇牀實〖注〗蛇牀實,蛇牀子,藥名。

1249　櫝　櫝

詛楚文・湫淵(中吳本):寘(置)者(諸)冥室櫝棺之中

詛楚文・巫咸(中吳本):寘(置)者(諸)冥室櫝棺之中

詛楚文・亞駝(中吳本):寘(置)者(諸)冥室櫝棺之中

龍簡・122・摹:盜槧(槥)櫝〖注〗槥櫝,簡易的棺材。《説文》:"槥,棺櫝也。"

1250　櫛　櫛

帛書・病方・殘11:□櫛〖注〗《説文》:"櫛,梳比之總名也。"

1251　枱 鈶 辝　枱鈶辝

睡簡・日甲・24背:取桃枱〈棓〉椯(段)四隅中央〖注〗陳振裕、劉信芳云:桃枱,卽桃木耒柄,作驅鬼之物。

1252　櫌　櫌

關簡・316:桓(恆)多取櫌桑木〖注〗櫌,讀爲"擾",柔。

1253　杵　杵

睡簡・日甲・50背:大如杵

帛書・病方・195:操柏杵

帛書・病方・196:若以柏杵七

1254　桮 匼　桮(杯)匼

睡簡・封診・93・摹:皆莫肯與丙共桮(杯)器〖注〗杯器,以耳杯爲主的飲食用具。

關簡・369:以脩(滫)清一桮(杯)

關簡・379:女杯復產□之期曰益若子乳

關簡・338:操杯米之池

關簡・342:卽操杯米

關簡・342:前置杯水女子前

關簡・344:而投杯地

關簡・344:卽以左手撟杯水歓(飲)女子

關簡・341:以一杯盛米

關簡・341:左操杯

帛書・病方・439:令病者每旦以三指三最(撮)藥入一桮(杯)酒若鬻(粥)中而飲之

帛書・病方・殘1:□最者一桮(杯)酒中

帛書・病方・26:醇酒盈一衷桮(杯)

帛書・病方・26:酒半桮(杯)

帛書・病方・52:盛以桮(杯)

帛書・病方・54:而洒之桮(杯)水中

帛書・病方・72:以□半桮(杯)

帛書・病方・156:取栝(杯)水歕(噴)鼓三

帛書・病方・157:□飲之而復(覆)其栝(杯)

帛書・病方・236:漬美醯一栝(杯)

帛書・病方・272:并以三指大最(撮)一入栝(杯)酒中

帛書・病方・276:□以酒一栝(杯)□筋者倏倏翟翟□之其□

帛書・病方・237:以溫酒一杯和

1255　案

睡簡・語書・7:今且令人案行之〖注〗案行,巡行視察。

里簡・J1(8)156:謹案致之

里簡・J1(16)6 正:嘉、穀、尉各謹案所部縣卒

1256　杓

睡簡・日甲・138 背:是胃(謂)地杓〖編者按〗杓,《說文》:"枓柄也。"馬敘倫說:"蓋當作枓也,柄也。"

1257　椑

睡簡・爲吏・22:樓椑(陴)矢閲(穴)〖注〗椑,讀爲"陴",城上的女牆。

1258　㬥

睡簡・日乙・156:㬥〈昳〉未

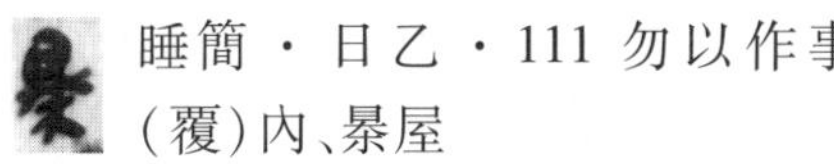

睡簡・日乙・111 勿以作事、復(覆)內、㬥屋

睡簡・日乙・111:以此日㬥屋〖注〗《廣雅・釋詁一》:"㬥,舉也。"㬥屋,樹立屋架。

1259　機

龍簡・103・摹:毋敢穿穽及置它機〖注〗機,捕捉野獸用的機關裝置。

1260　楥

秦印編 109:楥遚

1261　棧

詛楚文・湫淵(中吳本):輹(輪)輸棧輿〖注〗棧輿,即棧車,低劣之車。

詛楚文・巫咸(中吳本):輹(輪)輸棧輿

詛楚文・亞駝(中吳本):輹(輪)輸棧輿

1262　椯

睡簡・日甲・25 背:取桃枱〈棓〉椯(段)四隅中央

1263　椎

睡簡・日甲・36 背:以棘椎桃秉(柄)以㝵(敲)其心

睡簡・日甲・40 背:以鐵椎椯(段)之

帛書・病方・200:即以鐵椎攺段之二七

帛書・病方・218：即以采木椎窡(劙)之

帛書・病方・197：攺椎之

秦印編111：令狐椎

1264　柄 棅

睡簡・爲吏・5：操邦柄〖注〗邦柄，國家的權柄。

1265　柲

秦印編109：柲得

1266　尿 柅

睡簡・日甲・64正：二月楚夏尿

1267　梭

睡簡・爲吏・33：夜以梭(接)日

帛書・病方・218：輒梭杙垣下〖注〗梭，讀爲"插"。

秦印編109：司馬梭

1268　樂

樂府鍾・摹(秦銅・186.2)：樂府

左樂兩詔鈞權(集證・43)：樂〖注〗樂，王輝說爲"樂府"省文，官署名。

左樂兩詔鈞權(集證・43)：左樂〖注〗左樂，即左樂府，官署名。

十四年相邦冉戈・摹(秦銅・38)：樂(櫟)工市(師)□〖注〗樂，讀爲"櫟"，櫟陽，地名。

秦懷后磬・摹：樂又(有)聞于百□

大墓殘磬(集證・59)：百樂咸奏〖注〗百樂，指種類繁多的樂器。

大墓殘磬(集證・59)：允樂子〈孔〉煌

石鼓文・而師(先鋒本)：□□來樂

石鼓文・田車(先鋒本)：君子逌樂

會稽刻石・宋刻本：人樂同則

繹山刻石・宋刻本：刻此樂石

睡簡・爲吏・40：安樂必戒

睡簡・日甲・38正：不可臨官、飲食、樂、祠祀

睡簡・日甲・38正：可以穿井、行水、蓋屋、飲樂、外除

睡簡・日甲・32背：好下樂入

睡簡・日甲・32正：利祠、飲食、歌樂

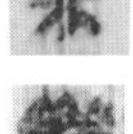
睡簡・日甲・40正：不可飲食哥(歌)樂

睡簡・日甲・42正：以祠祀、飲食、哥(歌)樂

睡簡・日甲・44正：不可祠祀、哥(歌)樂

睡簡・日乙・241：利樂

睡簡・日乙・92：生子，樂

睡簡・日乙・132：[凡且有]大行遠行若飲食歌樂

 睡簡・爲吏・37：各樂其所樂

 關簡・378：和合樂□［歓］（飲）食

 帛書・病方・226：□飲樂（藥）

 帛書・病方・271：芍樂（藥）〖注〗芍藥，藥名。

 帛書・病方・285：日一［傅］樂（藥）

 帛書・病方・414：節（卽）炙裹樂（藥）

 秦印編109：樂陶右尉

 秦印編110：樂成之印

 秦印編109：樂成丞印

  秦印編110：雝左樂鐘

 秦印編109：樂平君印

 秦印編110：樂安成印

 秦印編109：樂疥

 秦印編110：樂陵丞印

 秦印編109：宋樂

 秦印編109：吳樂

 秦印編109：樂家

 秦印編109：孫樂

 秦印編109：田樂

 秦印編109：樂弌

 秦印編109：生樂

 秦印編109：樂敀

 秦印編109：魏樂成

秦印編109：寺樂左瑟

秦印編109：樂府丞印

秦印編109：外樂

 秦印編109：樂安丞印

秦印編109：樂成

 封泥集137・1：樂府丞印

 封泥集137・2：樂府丞印

 封泥集137・3：樂府丞印

 封泥集137・4：樂府丞印

 封泥集137・5：樂府丞印

 封泥集137・9：樂府丞印

 封泥集137・14：樂府丞印

 封泥集137・18：樂府丞印

 封泥集138・19：樂府丞印

 封泥集138・22：樂府丞印

 封泥集 139・1:左樂丞印

 封泥集 139・4:左樂丞印

 封泥集 139・5:左樂丞印

封泥集 139・8:左樂丞印

封泥集 139・10:左樂丞印

封泥集 139・13:左樂丞印

封泥集 140・1:外樂

封泥集 140・2:外樂

封泥集 248・1:雝左樂鐘

封泥集 295・1:樂成〖注〗樂成,地名。

封泥集 296・1:樂成之印

封泥集 317・1:樂陵丞印

封泥集 317・1:樂陵

封泥集 322・1:樂安丞印

封泥集 322・2:樂安丞印

封泥集 322・3:樂安丞印

集證・138.80:樂府丞印

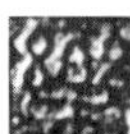 集證・138.81:樂府丞印

 集證・138.82:樂府

 集證・138.83:左樂丞印

 集證・138.84:左樂丞印

集證・138.85:雍左樂鐘

集證・138.86:外樂

集證・138.87:外樂

 新封泥 C・16.3:左樂丞印

 新封泥 E・1:樂府丞印

封泥印 6:樂府

封泥印 7:樂府丞印

封泥印 7:左樂丞印

封泥印 8:寺樂左瑟〖注〗寺樂,即侍樂,日常侍奉天子之樂。

封泥印 8:外樂

封泥印・附二 204:樂安丞印

封泥印・附二 204:樂陵丞印

封泥印・附二 215:樂成之印

封泥印・附二 216:樂成

新封泥 A・1.8:左樂

新封泥 A・1.9:樂官

 封泥集・附一 409:樂陶右尉〖注〗樂陶,地名。

集證・154.343:樂陰右尉〖注〗樂陰,地名。

集證・179.685:樂疥〖注〗樂疥,人名。

集證・222.270:□樂

南郊709・197:樂定王氏九斗〖注〗樂定,地名。

1269　柎

帛書・病方・307:即冶厚柎(樸)和傅〖注〗厚柎,即厚樸,藥名。

帛書・病方・449:取夾□、白柎□〖注〗白柎,藥名。

帛書・足臂・20:足柎(跗)穜(腫)〖注〗跗,腳面。

1270　札

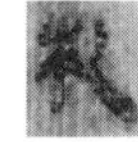睡簡・效律・41:甲旅札贏其籍及不備者〖注〗札,甲衣之葉。

睡簡・效律・41:入其贏旅衣札

1271　檢

睡簡・答问・202:"瓊"者,玉檢殹〖注〗檢,即封檢,古時加封物品的木片。

1272　桼

睡簡・秦律・131・摹:令縣及都官取柳及木桼(柔)可用書者

1273　极

石鼓文・霝雨(先鋒本):极深以□〖注〗《說文》:"极,驢上負也。"《廣韻》:"极,极插。"鄭樵釋爲"楫"。

1274　櫐

睡簡・秦律・135・摹:枸櫝櫐杕〖注〗櫐,讀爲"縲",繫在囚徒頸上的黑索。

1275　橋

青川牘・摹:十月爲橋〖注〗橋,橋樑。

睡簡・爲吏・14:千(阡)佰(陌)津橋

睡簡・爲吏・21:正以橋(矯)之

龍簡・60・摹:馳道與弩道同門、橋及限(?)□

秦印編110:長夷涇橋〖注〗涇橋,官名。

集證・150.275:長夷涇橋

秦印編110:橋獲

集證・179.693:橋贊

秦印編110:橋綰

秦印編110:橋錯

秦印編110:橋睆

秦印編110:橋美

 秦印編 110:橋稱

 秦印編 110:橋景

 秦印編 110:橋林

 秦印編 110:橋得

 秦印編 110:橋弨

 秦印編 110:橋歕

 秦印編 110:橋祿

 秦印編 110:橋得

 集證・179.692:橋更

 秦印編 110:橋爲

 秦印編 110:橋烏

 秦印編 110:橋邦

 秦印編 110:橋差

 秦印編 110:橋簮家印

 秦印編 110:橋絹

 秦印編 110:牟橋

 秦印編 110:橋冣

 秦印編 110:橋枯

 秦印編 110:橋最

 集證・179.691:橋息

 集證・180.695:橋詃

1276　梁 洡

 青川牘・摹:利津梁〖注〗梁,水橋。〖編者按〗湯餘惠釋爲“潤”。

1277　校

 睡簡・封診・95:捕校上來詣之〖注〗校,木械。

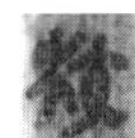 睡簡・效律・56:計校相繆(謬)殹

 里簡・J1(9)10 正:今爲錢校券一〖注〗校券,作爲憑證的符券。

 里簡・J1(9)11 正:今爲錢校券一

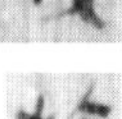 里簡・J1(9)1 正:今爲錢校券一

 里簡・J1(9)2 正:今爲錢校券一

 里簡・J1(9)3 正:今爲錢校券一

 里簡・J1(9)4 正:今爲錢校券一

 里簡・J1(9)5 正:今爲錢校券一

 里簡・J1(9)7 正:今爲錢校券一

 里簡・J1(9)8 正:今爲錢校券一

 里簡・J1(9)9 正:今爲錢校券一

 秦陶・680:右校〖注〗右校,官名。

1278　采

睡簡・雜抄・23:大(太)官、右府、左府、右采鐵、左采鐵課殿〖注〗右采鐵,官名,主鐵官。

睡簡・雜抄・23:大(太)官、右府、左府、右采鐵、左采鐵課殿〖注〗左采鐵,官名,主鐵官。

睡簡・答問・7:或盜采人桑葉〖注〗盜采,偷采。

睡簡・秦律・181:采(菜)羹

睡簡・秦律・179:采(菜)羹

睡簡・雜抄・21:采山重殿〖注〗采山,卽采礦。

里簡・J1(9)11 正:不采成洞庭郡〖注〗不采,人名。

里簡・J1(9)11 正:陽陵谿里士五(伍)采有貲餘錢八百五十二〖注〗采,人名。

帛書・病方・28:麻洙采(菜)〖注〗麻洙菜,古食品名。

帛書・病方・218:而以采爲四寸杙二七〖注〗《史記》索隱:"采,木名,卽今之櫟木。"

帛書・病方・218:卽以采木椎窡(剟)之

帛書・病方・444:以采〈奚〉蠡爲車〖注〗采,疑爲"奚"字。奚蠡,卽大腹的瓢。

帛書・病方・461:剝取皮□采根□

新封泥 A・4.15:郿采金印〖注〗采金,官名。

新封泥 A・4.16:郿采金丞

集證・141.129:西采金印

新封泥 D・18:皇□采□

封泥印・待考 161:皇□采□

新封泥 D・17:采青丞印

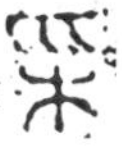

封泥印 29:采青丞印〖注〗采青,官名。

新封泥 A・4.12:采銀〖注〗采銀,官名。

1279　橫

秦印編 111:王橫

秦印編 111:郭橫

1280　析

睡簡・編年・9:攻析〖注〗析,地名。

帛書・病方・193:孰析〖注〗析,分解。

1281　枼

詛楚文・湫淵(中吳本):枼(世)萬子孫〖注〗枼,卽"葉"字,世也。

詛楚文・巫咸(中吳本):枼(世)萬子孫

詛楚文・亞駝(中吳本):枼(世)萬子孫

秦駰玉版・甲・摹:枼萬子孫

秦駰玉版・乙・摹:枼萬子孫

睡簡・日乙・180：母枼（世）見之爲姓（眚）

睡簡・日乙・170：外鬼兄枼（世）爲姓（眚）

睡簡・日乙・176：外鬼父枼（世）見

睡簡・爲吏・20：三枼（世）之後

里簡・J1（16）9 正：啟陵鄉未有枼（牒）

1282　休 庥　　休庥

不其簋蓋（秦銅・3）：不嬰（其）拜頧（稽）手（首）休

不其簋蓋（秦銅・3）：女（汝）休〖注〗汝休，汝善自爲之。

滕縣不其簋器（秦銅・4）：不嬰（其）拜頧（稽）手（首）休

滕縣不其簋器（秦銅・4）：女（汝）休

秦駰玉版・甲・摹：而靡又（有）息休

秦駰玉版・乙・摹：而靡又（有）[息]休

會稽刻石・宋刻本：光陲休銘

會稽刻石・宋刻本：皇帝休烈

會稽刻石・宋刻本：蒙被休經

帛書・病方・39：休得爲□

帛書・病方・250：蘗寒而休

帛書・病方・269：圈（倦）而休

封泥集 346・1：休鄉之印

封泥集 346・2：休鄉之印

1283　桓　　桓

關簡・316：桓（恆）多取櫌桑木

1284　棺　　棺

詛楚文・湫淵（中吳本）：寘（置）者（諸）冥室櫝棺之中

詛楚文・巫咸（中吳本）：寘（置）者（諸）冥室櫝棺之中

詛楚文・亞駝（中吳本）：寘（置）者（諸）冥室櫝棺之中

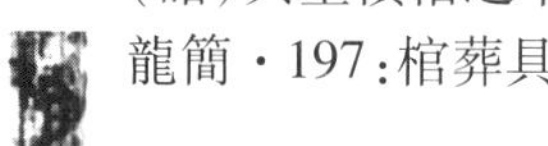
龍簡・197：棺葬具

1285　槥　　槥

龍簡・122・摹：盜檕（槥）櫝〖注〗《說文》："槥，棺櫝也。"胡平生說"檕"字上部从軎从殳，讀爲"軎"；下部从米，係木之誤。"檕"讀爲"槥"。

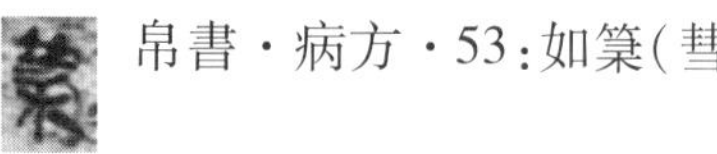
帛書・病方・53：如篲（彗）星

1286　楬　　楬

關簡・211：所言者分楬事也〖注〗楬，作標誌用的小木樁。

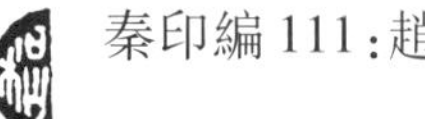
秦印編 111：趙楬

1287　　椒

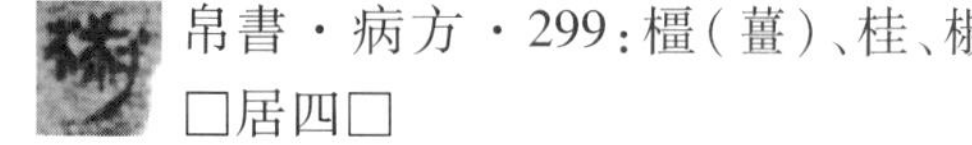
帛書・病方・299：橿（薑）、桂、椒□居四□

帛書·病方·179:冡(藾)之朱(茱)臾(萸)、椒

1288　栖

集證·185.762:栖仁〖編者按〗栖,"西"之繁化,本義爲鳥居巢上,引申爲居住、停留、依靠。《廣韻》:"栖同棲。"

1289　柁

睡簡·日甲·119正:柁衣常(裳)〖注〗柁,疑讀爲"袉"。袉衣裳,衣裳鑲邊。

1290　柨

睡簡·封診·66:索迹柨(椒)鬱〖注〗椒,讀爲"蹙"。

帛書·病方·350:庶、蜀柨(椒)、桂各一合

帛書·病方·1:桂、畺(薑)、柨(椒)□

帛書·病方·271:桂、畺(薑)、柨(椒)

1291　梌

睡簡·日甲·2背:禹以取梌(塗)山之女日也〖注〗梌,古書多作"塗",《說文》作"嵞"。

1292　橁

睡簡·秦律·132:各以其橁〈穫〉時多積之

1293　柃

帛書·病方·68:以黄柃(芩)〖注〗黄芩,藥名。

1294　林

帛書·病方·25:林(朮)根去皮〖注〗朮,《說文》作"茶"。

帛書·病方·29:治林(朮)

1295　樺

帛書·病方·186:澡石大若李樺〖注〗樺,疑讀爲"核"。

1296　橪

帛書·病方·370:□以柞橪

1297　𣎵　東

卅三年銀盤·摹(齊王·18.3):名東

秦政伯喪戈一(珍金·42):竈(肇)尃(撫)東方

秦政伯喪戈一·摹(珍金·42):竈(肇)尃(撫)東方

秦政伯喪戈二(珍金·43):竈(肇)尃(撫)東方

秦政伯喪戈二·摹(珍金·43):竈(肇)尃(撫)東方

廿六年蜀守武戈(集證·36.2):東工師宦

廿六年蜀守武戈·摹(集證·36.2):東工師宦

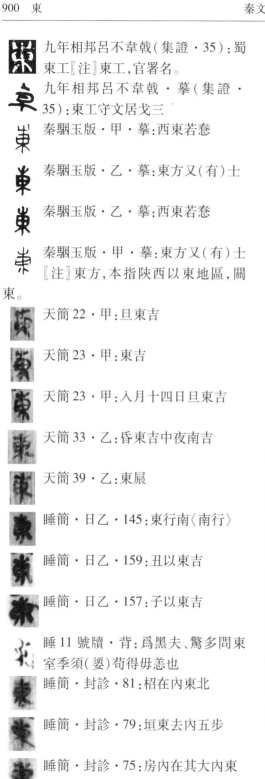

九年相邦呂不韋戟(集證·35):蜀東工〖注〗東工,官署名。

九年相邦呂不韋戟·摹(集證·35):東工守文居戈三

秦駰玉版·甲·摹:西東若惷

秦駰玉版·乙·摹:東方又(有)士

秦駰玉版·乙·摹:西東若惷

秦駰玉版·甲·摹:東方又(有)士〖注〗東方,本指陜西以東地區,關東。

天簡22·甲:旦東吉

天簡23·甲:東吉

天簡23·甲:入月十四日旦東吉

天簡33·乙:昏東吉中夜南吉

天簡39·乙:東辰

睡簡·日乙·145:東行南〈南行〉

睡簡·日乙·159:丑以東吉

睡簡·日乙·157:子以東吉

睡11號牘·背:爲黑夫、驚多問東室季須(嬃)苟得毋恙也

睡簡·封診·81:柖在內東北

睡簡·封診·79:垣東去內五步

睡簡·封診·75:房內在其大內東

睡簡·日甲·88背:東方木

睡簡·日甲·81正:東辟(壁)

睡簡·日甲·20背:宇多於東南

睡簡·日甲·22背:圈居宇東南

睡簡·日乙·173:申以東北得

睡簡·日乙·175:酉以東藺(吝)

睡簡·日乙·171:未以東得

睡簡·日甲·23背:垣東方高西方之垣

睡簡·日甲·21背:圈居宇正東方

睡簡·日甲·21背:廡居東方

睡簡·日甲·21背:宇東方高

睡簡·日甲·96正:毋起東鄉(嚮)室

睡簡·日甲·97正:東鄉(嚮)門

睡簡·日甲·60正:東南少吉

睡簡·日甲·60正:東徙大吉

睡簡·日甲·62正:東北刺離

睡簡·日甲·62正:東南毀

睡簡·日甲·69正:煩居東方

睡簡·日甲·69正:歲在東方

睡簡·日甲·66正:東數反其鄉

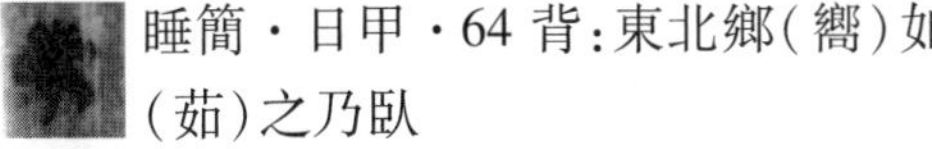
睡簡・日甲・64 背:東北鄉(嚮)如(茹)之乃臥

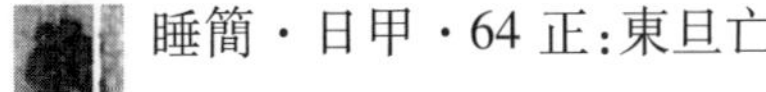
睡簡・日甲・64 正:東旦亡

睡簡・日甲・64 正:歲在東方

睡簡・日甲・65 正:以東大羊(祥)

睡簡・日甲・61 正:東北困

睡簡・日甲・61 正:東毀

睡簡・日甲・61 正:東南辱

睡簡・日甲・73 背:臧(藏)東南反(阪)下

睡簡・日甲・75 背:旦啟夕閉東方

睡簡・日甲・58 正:東井、輿鬼大吉

睡簡・日甲・5 背:中秋奎、東辟(壁)

睡簡・日甲・5 背:中夏參、東井

睡簡・日甲・59 正:東南刺離

睡簡・日甲・59 正:若以是月殹(也)東徙

睡簡・日甲・55 正:柳、東井、輿鬼大凶

睡簡・日甲・18 背:宇多於東北之北

睡簡・日甲・126 背:以甲子、寅、辰東徙

睡簡・日甲・121 背:以西有(又)以東行

睡簡・日甲・19 背:宇多於東北

睡簡・日甲・17 背:內居正東

睡簡・日甲・17 背:囷居宇東北亙

睡簡・日甲・138 正:東南、西吉

睡簡・日甲・132 正:毋以丁庚東北行

睡簡・日甲・132 正:毋以辛壬東南行

睡簡・日甲・136 正:東西凶

睡簡・日甲・137 正:東凶

睡簡・日甲・131 正:凡春三月己丑不可東

睡簡・日甲・140 背:春三月毋起東鄉(嚮)室

睡簡・日甲・15 背:囷居宇東南亙

睡簡・日甲・156 背:東鄉(嚮)南鄉(嚮)各一馬□中土

睡簡・日甲・118 背:以西有(又)以東行

睡簡・日甲・112 正:䰜(獻)馬、中夕、屈夕作事東方

睡簡・日甲・119 正:東門

睡簡・日甲・115 正:東門

睡簡・日甲・1 正:五月東

睡簡・日乙・89:東井

睡簡・日乙・81:東臂(壁)

睡簡・日乙・殘 11:□之東□

睡簡・日乙・200:正東夬麗

睡簡・日乙・208:東有憙

睡簡・日乙・202:正東有得

睡簡・日乙・206:其東受兇(凶)

睡簡・日乙・207:東南受央(殃)

睡簡・日乙・203:其東有憙(禧)

睡簡・日乙・222:東南咠之

睡簡・日乙・256:室在東方

睡簡・日乙・210:其東受兇(凶)

睡簡・日乙・216:其東受兇(凶)

睡簡・日乙・217:東方

睡簡・日乙・215:其東北受兇(凶)

睡簡・日乙・90:二月東辟(壁)廿七日

睡簡・日乙・94:六月東井廿七日

睡簡・日乙・74:生東鄉(嚮)者貴

睡簡・日乙・180:黑肉從東方來

睡簡・日乙・198:東南反鄉

睡簡・日乙・198:正東吉富

睡簡・日乙・199:東北執辱

睡簡・日乙・199:東南續光

睡簡・日乙・199:正東郤(隙)逐

睡簡・日乙・197:東南夬麗

睡簡・日乙・197:東北

睡簡・日乙・197:正東盡

睡簡・日乙・160:腤肉從東方來

睡簡・日乙・168:赤肉從東方來

睡簡・日乙・169:午以東先行

睡簡・日乙・166:乾肉從東方來

睡簡・日乙・167:巳以東吉

睡簡・日乙・163:卯以東吉

睡簡・日乙・165:辰以東吉

睡簡・日乙・161:寅以東北吉

睡簡・日乙・179:亥以東南得

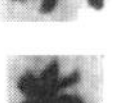
睡簡・日乙・177:戌以東得

關簡・229:斗乘東井

關簡・243:鼗(數)東方平旦以雜之

關簡・329:之東西垣日出所燭

關簡・326:敢告東陳垣君子

關簡・146:東首者貴

關簡・144:東辟(壁)〖注〗東壁,二十八宿之一。

關簡・152:五月東井〖注〗東井,二十八宿之一。

關簡・326:見東陳垣

關簡・327:卽取垣瓦貍(埋)東陳垣止(址)下

關簡・362:求東方

關簡・363:東行越木

關簡・361:求東南方

關簡・338:東鄉(嚮)

關簡・348:東鄉(嚮)

關簡・315:沃(和)稾(藁)本東〈柬〉灰中

關簡・315:取東〈柬〉灰一升〖注〗東,"柬"之訛字。柬,讀作"爛"。

關簡・54:壬辰宿迣離涌東

關簡・168:東

關簡・175:東辟(壁)

帛書・病方・66:東方之王

帛書・病方・183:㾼(寑)東鄉(嚮)弱(溺)之

帛書・病方・196:直(置)東鄉(嚮)窗道外

帛書・病方・198:令斬足者清明東鄉(嚮)

帛書・病方・200:令穨(癩)者東鄉(嚮)

帛書・病方・206:令穨(癩)者屋霤下東鄉(嚮)

帛書・病方・208:立堂下東鄉(嚮)

帛書・病方・217:東鄉(嚮)坐於東陳垣下

帛書・病方・225:卽取桃支(枝)東鄉(嚮)者

帛書・病方・426:以槐東鄉(嚮)本、枝、葉

帛書・病方・438:□東鄉(嚮)竈炊之

帛書・病方・442:取桃東枳(枝)

集證・158.406:東鄉

封泥集336・1:東鄉

封泥集337・9:東鄉

封泥集336・8:東鄉

封泥集337・10:東鄉

封泥集336・2:東鄉

封泥集336・3:東鄉

封泥集336・4:東鄉

封泥集336・5:東鄉

封泥集336・6:東鄉

封泥集336・7:東鄉

秦印編 111:東武市

秦印編 111:東武市

秦印編 111:東門脫

秦印編 111:東陶

秦印編 111:潦東守印〖注〗潦東,地名,即遼東。

集證・150.284:潦東守印

封泥印・附二 196:潦東守印

秦印編 111:東閭鄉印

封泥集 357・7:東閭鄉印

封泥集 357・3:東閭鄉印

封泥集 357・4:東閭鄉印

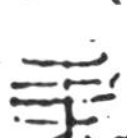
封泥集 357・5:東閭鄉印

封泥集 357・6:東閭鄉印

封泥集 357・1:東閭鄉印

封泥集 357・2:東閭鄉印

秦印編 111:上東陽鄉

封泥集 363・3:上東陽鄉

封泥集 363・1:上東陽鄉

封泥集 363・2:上東陽鄉

秦印編 111:東牟丞印

集證・155.362:東牟丞印

封泥印・附二 212:東牟丞印

秦印編 111:東平陵丞

封泥印・附二 208:東平陵丞

封泥集 214・2:東苑丞印

封泥印 58:東苑

封泥印 58:東苑丞印

集證・148.250:東苑丞印

封泥集 321・1:東安平丞

封泥集 321・2:東安平丞

新封泥 B・3.17:東阿丞印

封泥印 133:東阿丞印

封泥印 93:東晦□馬〖注〗東晦,即東海,地名。

新封泥 A・2.9:東園大匠

封泥集・附一 410:市東

秦陶・1455:□東□歐

秦陶・1482:東園□

秦陶・481:東武東閒居貲不更瞗〖注〗東武,地名。

秦陶・481:東武東閒居貲不更瞗〖注〗東閒,地名。

瓦書・郭子直摹:自桑𣴎之封以東

秦陶・477:東武羅

秦陶・478:東武徐

秦陶・479:東武居貲上造慶忌

秦陶・480:東武不更所資

秦陶・1072:東

秦陶・1197:泰右東十八

秦陶・1400:咸亭東里倕器〖注〗東里,里名。

木器(遺址・7):東□八

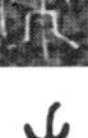漆器(青川牘・15):東

1298  林

睡簡・編年・24:攻林〖注〗林,地名。

睡簡・秦律・4:毋敢伐材木山林及雍(壅)隄水

集證・219.248:咸鬮里林〖注〗林,人名。

集證・148.242:上林郎池〖注〗上林,地名。

封泥印74:桑林

秦印編112:橋林

秦印編112:林□

秦印編112:上林丞印

封泥集167・2:上林丞印

新封泥C・19.3:桑林丞印

封泥印50:上林丞印

新封泥A・3.10:上林禁印

1299 無

不其簋蓋(秦銅・3):釁(眉)壽無彊(疆)

滕縣不其簋器(秦銅・4):釁(眉)壽無彊(疆)

秦編鐘・乙鐘左篆部・摹(秦銅・11.7):釁(眉)壽無彊(疆)

秦編鐘・乙鐘(秦銅・10.2):釁(眉)壽無彊(疆)

秦鎛鐘・2號鎛(秦銅・12.6):釁(眉)壽無彊(疆)

秦公鎛鐘・摹(秦銅・16.4):釁(眉)壽無疆

秦公簋・蓋(秦銅・14.2):釁(眉)壽無疆

大墓殘磬(集證・70):𩐋(申)用無疆

大墓殘磬(集證・73):𩐋(申)用無疆

大墓殘磬(集證・74):𩐋(申)用無疆

大墓殘磬(集證・82):受釁(眉)壽無疆〖注〗眉壽無疆,即大壽萬年。

詛楚文・湫淵(中吳本):今楚王熊相康回無道

詛楚文・巫咸(中吳本):今楚王熊相康回無道

詛楚文・亞駝(中吳本):今楚王熊相康回無道

秦駰玉版・乙・摹:余無辠也

秦駰玉版・甲・摹:無間無瘳

秦駰玉版・乙・摹:無間無瘳

秦駰玉版・甲・摹:無間無瘳

秦駰玉版・乙・摹:無間無瘳

秦駰玉版・甲・摹:而無辠□友□

秦駰玉版・甲・摹:吾窮(窮)而無柰之

秦駰玉版・甲・摹:余無辠也

秦駰玉版・乙・摹:而無辠□友□

秦駰玉版・乙・摹:吾窮(窮)而無柰之

繹山刻石・宋刻本:世無萬數

會稽刻石・宋刻本:被澤無彊(疆)

會稽刻石・宋刻本:常治無極

會稽刻石・宋刻本:殺之無辠

泰山刻石・宋拓本:化及無窮

睡簡・日甲・76背:爲人我我然好歌無(舞)

睡簡・日乙・40:無不可有爲也

睡簡・語書・9:事無不能毆

睡簡・秦律・8・摹:無豤(墾)不豤(墾)

帛書・病方・327:取無(蕪)夷(荑)中覈(核)〖注〗蕪荑,藥名。

新封泥B・3.30:徐無丞印〖注〗徐無,地名。

封泥印139:徐無丞印

秦印編246:王無

秦印編246:無終□□

秦印編246:無鹽丞印

封泥集294・1:無鹽丞印

封泥集307・1:無終□□〖注〗無終,地名。

1300 鬱

睡簡・封診・66・摹:索迹栐(椒)鬱〖注〗椒,讀爲"蹙"。蹙鬱,指青紫瘀血。參頁796第1083。

1301 楚

詛楚文・湫淵(中吳本):敢數楚王熊相之倍(背)盟犯詛〖注〗楚王,楚懷王。

詛楚文・湫淵(中吳本):今楚王熊相康回無道

詛楚文・湫淵(中吳本):克劑(翦)楚師

詛楚文・湫淵(中吳本):昔我先君穆公及楚成王是繆(勠)力同心

詛楚文・湫淵(中吳本):以底(詆)楚王熊相之多辠

詛楚文·巫咸(中吳本):敢數楚王熊相之倍(背)盟犯詛

詛楚文·巫咸(中吳本):今楚王熊相康回無道

詛楚文·巫咸(中吳本):克劑(翦)楚師

詛楚文·巫咸(中吳本):以底(詆)楚王熊相之多辠

詛楚文·亞駝(中吳本):敢數楚王熊相之倍(背)盟犯詛

詛楚文·亞駝(中吳本):今楚王熊相康回無道

詛楚文·亞駝(中吳本):克劑(翦)楚師

詛楚文·亞駝(中吳本):昔我先君穆公及楚成王是繆(勠)力同心

詛楚文·亞駝(中吳本):以底(詆)楚王熊相之多辠

睡簡·日甲·66 正:八月楚爨月

睡簡·日甲·66 正:十二月楚援夕

睡簡·日甲·66 正:四月楚七月

睡簡·日甲·67 正:五月楚八月

睡簡·日甲·64 正:二月楚夏杘

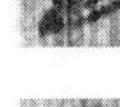睡簡·日甲·64 正:六月楚九月

睡簡·日甲·64 正:十月楚冬夕

睡簡·日甲·65 正:十一月楚屈夕

睡簡·日乙·243:姓楚

集證·169.564:楚萃

秦印編 112:楚

1302　𠂇　才

秦編鐘·乙鐘(秦銅·10.2):秦公嬰畯紷才(在)立(位)

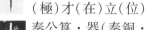

秦編鐘·乙鐘左鼓·摹(秦銅·11.6):秦公嬰畯紷才(在)立(位)

秦鎛鐘·1 號鎛(秦銅·12.3):秦公嬰畯紷才(在)立(位)

秦鎛鐘·2 號鎛(秦銅·12.6):秦公嬰畯紷才(在)立(位)

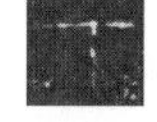秦鎛鐘·3 號鎛(秦銅·12.9):秦公嬰畯紷才(在)立(位)

秦公鎛鐘·摹(秦銅·16.4):畯疐(極)才(在)立(位)

秦公簋·器(秦銅·14.1):才(在)帝之坏

秦公簋·蓋(秦銅·14.2):畍(畯)疐(極)才(在)天

杜虎符(秦銅·25):右才(在)君

杜虎符(秦銅·25):左才(在)杜

新郪虎符(集證·38):右才(在)王

新郪虎符·摹(集證·37):右才(在)王

新郪虎符·摹(集證·37):左才(在)新郪

陽陵虎符(秦銅·97):右才(在)皇帝

陽陵虎符(秦銅·97):左才(在)陽陵

秦懷后磬·摹:以虔夙夜才(在)立(位)

睡簡·封診·21:市南街亭求盜才(在)某里曰甲縛詣男子丙

睡簡・封診・47:士五(伍)咸陽才(在)某里曰丙

睡簡・秦律・30:廥才(在)都邑

睡簡・日甲・83 背:其咎才(在)渡衖

瓦書・郭子直摹(取杜才(在)酆邱到于潏水):〖注〗才,讀爲“在”,自。

瓦書(秦陶・1610):取杜才(在)酆邱到于潏水

1303　桑

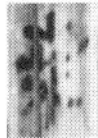天簡 25・乙:旁桑殹

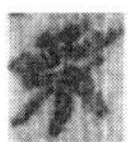睡簡・荅問・7:或盜采人桑葉

睡簡・日甲・32 背:以桑心爲丈(杖)

睡簡・日甲・45 背:爲桑丈(杖)奇(倚)戶內

睡簡・日乙・67:戊己桑

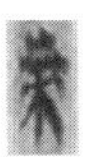關簡・316:柂(恆)多取櫌桑木

帛書・病方・373:并以金銚熘桑炭

帛書・病方・402:以桑薪燔□其□令汁出

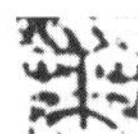新封泥 C・19.3:桑林丞印

封泥印 74:桑林

瓦書・郭子直摹:北到于桑匽(堰)之封〖注〗匽,讀爲“堰”。桑堰,地名。

瓦書・郭子直摹:自桑障之封以東〖注〗桑障,地名。

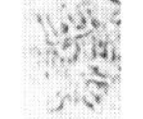瓦書(秦陶・1610):自桑障之封以東

1304　之

秦子簋蓋(珍金・34):秦子之光

秦子簋蓋・摹(珍金・31):秦子之光

秦公簋・器(秦銅・14.1):才(在)帝之坏

杜虎符(秦銅・25):兵甲之符

杜虎符(秦銅・25):燔燧之事

杜虎符(秦銅・25):乃敢行之

新郪虎符(集證・38):甲兵之符

新郪虎符(集證・38):乃敢行之

新郪虎符・摹(集證・37):甲兵之符

新郪虎符・摹(集證・37):乃敢行之

陽陵虎符(秦銅・97):甲兵之符

左樂兩詔鈞權(集證・43):如後嗣爲之者

北私府橢量・始皇詔(秦銅・146):皆明壹之

兩詔銅權一(秦銅・175):皆明壹之

北私府橢量・始皇詔(秦銅・146):皆明壹之

兩詔銅權一(秦銅・175):皆明壹之

北私府橢量・二世詔(秦銅・147):盡始皇帝爲之

北私府橢量・二世詔(秦銅・147):如後嗣爲之者

大騩銅權(秦銅・131):皆明壹之

大騩銅權(秦銅・131):盡始皇帝爲之

大騩銅權(秦銅・131):如後嗣爲之者

二世元年詔版八(秦銅・168):盡始皇帝爲之

二世元年詔版八(秦銅・168):如後嗣爲之者

二世元年詔版二(秦銅・162):盡始皇帝爲之

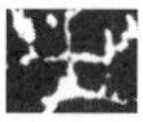

二世元年詔版九(秦銅・169):盡始皇帝爲之

二世元年詔版九(秦銅・169):如後嗣爲之者

二世元年詔版六(秦銅・166):盡始皇帝爲之

二世元年詔版六(秦銅・166):如後嗣爲之者

二世元年詔版七(秦銅・167):盡始皇帝爲之

二世元年詔版三(秦銅・163):盡始皇帝爲之

二世元年詔版三(秦銅・163):如後嗣爲之者

二世元年詔版十二(秦銅・172):如後嗣爲之者

二世元年詔版十三(集證・50):盡始皇帝爲之

二世元年詔版十三(集證・50):如後嗣爲之者

二世元年詔版四(秦銅・164):盡始皇帝爲之

二世元年詔版四(秦銅・164):如後嗣爲之者

二世元年詔版五(秦銅・165):盡始皇帝爲之

二世元年詔版五(秦銅・165):如後嗣爲之者

二世元年詔版一(秦銅・161):盡始皇帝爲之

二世元年詔版一(秦銅・161):如後嗣爲之者

高奴禾石銅權(秦銅・32.2):皆明壹之

兩詔斤權一・摹(集證・46):皆明壹之

兩詔斤權一・摹(集證・46):盡始皇帝爲之

兩詔斤權一・摹(集證・46):如後嗣爲之者

兩詔版(秦銅・174.1):皆明壹之

兩詔版(秦銅・174.1):盡始皇帝爲之

兩詔版(秦銅・174.1):如後嗣爲之者

兩詔斤權二・摹(集證・49):皆明壹之

兩詔斤權二・摹(集證・49):盡始皇帝爲之

兩詔斤權二・摹(集證・49):如後嗣爲之者

兩詔斤權一(集證・45):皆明壹之

兩詔斤權一(集證・45):盡始皇帝爲之

兩詔銅權二(秦銅・176):皆明壹之

兩詔銅權二(秦銅・176):盡始皇帝爲之

兩詔銅權二(秦銅・176):如後嗣爲之者

兩詔銅權三（秦銅・178）：如後嗣爲之者

兩詔銅權四（秦銅・179.1）：皆明壹之

兩詔銅權一（秦銅・175）：盡始皇帝爲之

兩詔銅權一（秦銅・175）：如後嗣爲之者

兩詔橢量二（秦銅・149）：皆明壹之

兩詔橢量二（秦銅・149）：盡始皇帝爲之

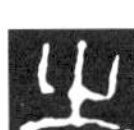兩詔橢量二（秦銅・149）：如後嗣爲之者

兩詔橢量三之二（秦銅・151）：盡始皇帝爲之

兩詔橢量三之一（秦銅・150）：皆明壹之

兩詔橢量一（秦銅・148）：盡始皇帝爲之

兩詔橢量一（秦銅・148）：如後嗣爲之者

美陽銅權（秦銅・183）：皆明壹之

美陽銅權（秦銅・183）：盡始皇帝爲之

美陽銅權（秦銅・183）：如後嗣爲之者

平陽銅權・摹（秦銅・182）：皆明壹之

平陽銅權・摹（秦銅・182）：盡始皇帝爲之

平陽銅權・摹（秦銅・182）：如後嗣爲之者

僅存銘兩詔銅權（秦銅・135－18.1）：皆明壹之

僅存銘兩詔銅權（秦銅・135－18.2）：皆明壹之

僅存銘兩詔銅權（秦銅・135－18.2）：盡始皇帝爲之

僅存銘兩詔銅權（秦銅・135－18.2）：如後嗣爲之者

僅存銘始皇詔銅權・八（秦銅・135-8）：皆明壹之

僅存銘始皇詔銅權・二（秦銅・135-2）：皆明壹之

僅存銘始皇詔銅權・九（秦銅・135-9）：皆明壹之

僅存銘始皇詔銅權・六（秦銅・135-6）：皆明壹之

僅存銘始皇詔銅權・七（秦銅・135-7）：皆明壹之

僅存銘始皇詔銅權・三（秦銅・135-3）：皆明壹之

僅存銘始皇詔銅權・十（秦銅・135-10）：皆明壹之

僅存銘始皇詔銅權・十二（秦銅・135－12）：皆明壹之

僅存銘始皇詔銅權・十七（秦銅・135－17）：皆明壹之

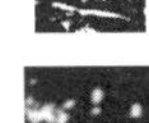僅存銘始皇詔銅權・十三（秦銅・135－13）：皆明壹之

僅存銘始皇詔銅權・十四（秦銅・135－14）：皆明壹之

僅存銘始皇詔銅權・十一（秦銅・135－11）：皆明壹之

僅存銘始皇詔銅權・四（秦銅・135-4）：皆明壹之

僅存銘始皇詔銅權・一（秦銅・135-1）：皆明壹之

秦箕斂（箕斂・封3）：皆明壹之

商鞅方升（秦銅・21）：皆明壹之

始皇詔八斤銅權二（秦銅・135）：皆明壹之

始皇詔八斤銅權一（秦銅·134）：皆明壹之

始皇詔版八（秦銅·144）：皆明壹之

始皇詔版六·殘（秦銅·142）：皆明壹之

始皇詔版七（秦銅·143）：皆明壹之

始皇詔版三（秦銅·138）：皆明壹之

始皇詔版五·殘（秦銅·141）：皆明壹之

始皇詔版一（秦銅·136）：皆明壹之

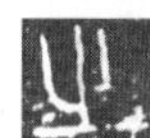始皇詔十六斤銅權二（秦銅·128）：皆明壹之

始皇詔十六斤銅權三（秦銅·129）：皆明壹之

始皇詔十六斤銅權四（秦銅·130.2）：皆明壹之

始皇詔十六斤銅權一（秦銅·127）：皆明壹之

始皇詔鐵石權四（秦銅·123）：皆明壹之

始皇詔銅方升二（秦銅·99）：皆明壹之

始皇詔銅方升三（秦銅·100）：皆明壹之

始皇詔銅方升一（秦銅·98）：皆明壹之

始皇詔銅權八（秦銅·117）：皆明壹之

始皇詔銅權二（秦銅·111）：皆明壹之

始皇詔銅權九（秦銅·118）：皆明壹之

始皇詔銅權六（秦銅·115）：皆明壹之

始皇詔銅權三（秦銅·112）：皆明壹之

始皇詔銅權十（秦銅·119）：皆明壹之

始皇詔銅權十一（珍金·124）：皆明壹之

始皇詔銅權四（秦銅·113）：皆明壹之

始皇詔銅權五（秦銅·114）：皆明壹之

始皇詔銅權一（秦銅·110）：皆明壹之

始皇詔銅橢量二（秦銅·103）：皆明壹之

始皇詔銅橢量六（秦銅·107）：皆明壹之

始皇詔銅橢量三（秦銅·104）：皆明壹之

始皇詔銅橢量四（秦銅·105）：皆明壹之

始皇詔銅橢量五（秦銅·106）：皆明壹之

始皇詔銅橢量一（秦銅·102）：皆明壹之

武城銅橢量（秦銅·109）：皆明壹之

旬邑銅權（秦銅·133）：皆明壹之

旬邑銅權（秦銅·133）：盡始皇帝爲之

旬邑銅權（秦銅·133）：如後嗣爲之者

左樂兩詔鈞權（集證·43）：皆明壹之

四年相邦樛斿戈（秦銅·26.1）：四年相邦樛斿之造〖注〗之造，戰國中期秦器刻銘習語，即造。

王四年相邦張儀戈（集證·17）：庶長□操之造□界戟

王六年上郡守疾戈・摹(秦銅・28.2):王六年上郡守疾之造□

王七年上郡守疾(?)戈・摹(秦銅・29):王七(?)年上郡守疾(?)之造

王八年内史操戈(珍金・56):王八年内史操左之造

王八年内史操戈・摹(珍金・56):王八年内史操左之造

十三年相邦義戈・摹(秦銅・30):十三年相邦義之造

六年上郡守閒戈(登封・4.2):六年上郡守閒之造

十五年上郡守壽戈(集證・23):十五年上郡守壽之造

十五年上郡守壽戈・摹(集證・24):十五年上郡守壽之造

廿六年戈・王輝摹(珍金179):廿六年□相守□之造

少府戈二・摹(集成11106.2):邦之(?)□

有司伯喪矛一(珍金・46):又(有)嗣(司)白(伯)喪之車矛

有司伯喪矛一・摹(珍金・46):又(有)嗣(司)白(伯)喪之車矛

有司伯喪矛二(珍金・47):又(有)嗣(司)白(伯)喪之車矛

有司伯喪矛二・摹(珍金・47):又(有)嗣(司)白(伯)喪之車矛

大良造鞅殳鐏(集證・16):庶長鞅之造殳

大良造鞅殳鐏・摹(集證・16):庶長鞅之造殳

十六年大良造鞅戈鐓(秦銅・17):十六年大良造庶長鞅之造

十九年大良造鞅殳鐏・摹(集證・15):十九年大良造庶長鞅之造殳

大良造鞅戟・摹(秦銅・24):大良造鞅之造戟

秦懷后磬・摹:□之配

秦懷后磬・摹:天君賜之釐

秦懷后磬・摹:王始(姒)之釐

石鼓文・汧殹(先鋒本):䜌之㝷=

石鼓文・車工(先鋒本):君子之求

石鼓文・鑾車(先鋒本):射之㛸=

石鼓文・汧殹(先鋒本):君子漁之

石鼓文・汧殹(先鋒本):可(何)以橐之

石鼓文・馬薦(先鋒本):□天□虹□皮□𦸗走驕=馬薦𦸗=莽=敚=雉□心其一□之

石鼓文・汧殹(先鋒本):鰋鯉處之

詛楚文・亞駝(中吳本):以底(詆)楚王熊相之多辠

詛楚文・亞駝(中吳本):以盟(明)大神之威神

詛楚文・亞駝(中吳本):亦應受皇天上帝及不(丕)顯大神亞駝之幾(機)靈德賜

詛楚文・亞駝(中吳本):寘(置)者(諸)冥室櫝棺之中

詛楚文・湫淵(中吳本):不畏皇天上帝及大沈氒(厥)湫之光列(烈)威神

詛楚文・湫淵(中吳本):敢數楚王熊相之倍(背)盟犯詛

詛楚文・湫淵(中吳本):將之以自救也

詛楚文・湫淵(中吳本):率者(諸)侯之兵以臨加我

詛楚文・湫淵(中吳本):內之則虣(暴)虐(虐)不(無)姑(辜)

詛楚文・湫淵(中吳本):外之則冒改氒(厥)心

詛楚文・湫淵(中吳本):唯是秦邦之羸眾敝賦

詛楚文・湫淵(中吳本):以底(詆)楚王熊相之多辠

詛楚文・湫淵(中吳本):以盟(明)大神之威神

詛楚文・湫淵(中吳本):亦應受皇天上帝及大沈氒(厥)湫之幾(機)靈德賜

詛楚文・湫淵(中吳本):寘(置)者(諸)冥室櫝棺之中

詛楚文・巫咸(中吳本):不畏皇天上帝及不(丕)顯大神巫咸之光列(烈)威神

詛楚文・巫咸(中吳本):而兼倍(背)十八世之詛盟

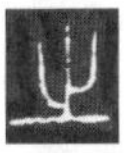

詛楚文・巫咸(中吳本):敢數楚王熊相之倍(背)盟犯詛

詛楚文・巫咸(中吳本):將之以自救殹

詛楚文・巫咸(中吳本):率者(諸)侯之兵以臨加我

詛楚文・巫咸(中吳本):內之則虣(暴)虐(虐)不(無)辜

詛楚文・巫咸(中吳本):求蔑灋(廢)皇天上帝及不(丕)顯大神巫咸之卹祠、圭玉、羲(犧)牲

詛楚文・巫咸(中吳本):外之則冒改氒(厥)心

詛楚文・巫咸(中吳本):唯是秦邦之羸眾敝賦

詛楚文・巫咸(中吳本):以底(詆)楚王熊相之多辠

詛楚文・巫咸(中吳本):以盟(明)大神之威神

詛楚文・巫咸(中吳本):寘(置)者(諸)冥室櫝棺之中

詛楚文・亞駝(中吳本):不畏皇天上帝及不(丕)顯大神亞駝之光列(烈)威神

詛楚文・亞駝(中吳本):而兼倍(背)十八世之詛盟

詛楚文・亞駝(中吳本):敢數楚王熊相之倍(背)盟犯詛

詛楚文・亞駝(中吳本):將之以自救殹

詛楚文・亞駝(中吳本):率者(諸)侯之兵以臨加我

詛楚文・亞駝(中吳本):內之則虣(暴)虐(虐)不(無)辜

詛楚文・亞駝(中吳本):求蔑灋(廢)皇天上帝及不(丕)顯大神亞駝之卹祠、圭玉、羲(犧)牲

詛楚文・亞駝(中吳本):外之則冒改氒(厥)心

詛楚文・亞駝(中吳本):唯是秦邦之羸眾敝賦

秦駰玉版・乙・摹:以余小子駰之病日復

秦駰玉版・乙・摹:至于足□之病

秦駰玉版・甲・摹:壹(一)璧先之

秦駰玉版・乙・摹:壹(一)璧先之

秦駰玉版・甲・摹:壹(一)璧先之

秦駰玉版・乙・摹:壹(一)璧先之

秦駰玉版・甲・摹:掔=(掔掔)桑(烝)民之事明神

秦駰玉版・甲・摹:吾敢告之

秦駰玉版・甲・摹:吾窮(窮)而無柰之

秦駰玉版・乙・摹:而道(導)崋(華)大山之陰陽

秦駰玉版・乙・摹:豎=(堅豎)烝(烝)民之事明神

秦駰玉版・乙・摹:吾敢告之

秦駰玉版・乙・摹:吾窮(窮)而無柰之

會稽刻石・宋刻本:殺之無辠

會稽刻石・宋刻本:義威誅之

繹山刻石・宋刻本:如後嗣爲之者

會稽刻石・宋刻本:六合之中

琅邪臺刻石:如後嗣爲之者

泰山刻石・宋拓本:如後嗣爲之者

青川牘・摹:輒爲之

青川牘・摹:非除道之時

青川牘・摹:及發千(阡)百(陌)之大草

天簡 35・乙:四以四倍之至於四

天簡 25・乙:遠數有參之

天簡 25・乙:卽以鐘音之數矣

天簡 25・乙:參合之

天簡 26・乙:有從之出

天簡 27・乙:大族蕤賓毋射之卦曰

天簡 27・乙:從之出

天簡 28・乙:氒(厥)乃處之

天簡 28・乙:啻乃訛之分其短長

天簡 31・乙:其所中之

天簡 32・乙:凡爲行者毋犯其鄉之忌

天簡 34・乙:千里之行

天簡 35・乙:倍之

天簡 35・乙:三以三倍之到三止

睡簡・語書・13:府令曹畫之

睡簡・語書・14:志千里使有籍書之

睡簡・語書・11:而有冒柢(抵)之治

睡簡・語書・11:毋(無)公端之心

睡簡・答問・51:翏(戮)之已乃斬之之謂殹

睡簡・答問・141:公購之

睡簡・秦律・61:許之

睡簡・日甲・57 背:是粲迓(牙?)之鬼處之

睡簡・日甲・55 背:三月食之若傅之

睡簡・日甲・117 正:成之卽之蓋

睡簡・日乙・121:入(納)之所寄之
睡簡・效律・50:以效贏、不備之律貲之 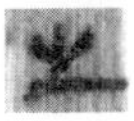
睡簡・答問・51:翏(戮)之已乃斬之之謂殹
睡簡・答問・141:公購之之
睡簡・秦律・61:許之 
睡簡・秦律・70:不能逮其輸所之計 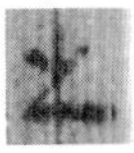
睡簡・日甲・68 背:以望之日日始出而食之 
睡簡・日甲・57 背:是粲迓(牙?)之鬼處之 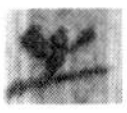
睡簡・日甲・55 背:三月食之若傅之 
睡簡・日甲・166 正:令復見之 
睡簡・日甲・117 正:成之即之蓋 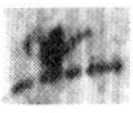
睡簡・日乙・121:入(納)之所寄之 
睡簡・效律・50:以效贏、不備之律貲之 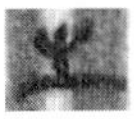
睡簡・11 號牘・正:母必爲之 
睡簡・答問・89:各以其律論之 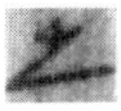
睡簡・答問・20:此二物其同居、典、伍當坐之 
睡簡・答問・20:人奴妾盜其主之父母 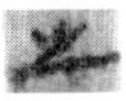
睡簡・答問・208:及將長令二人扶出之 
睡簡・答問・202:節(即)亡玉若人貿傷(易)之 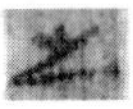

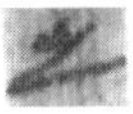

睡簡・答問・202:視檢智(知)小大以論及以齎負之
睡簡・答問・26:盜之當耐 
睡簡・答問・26:而柀盜之 
睡簡・答問・206:貣(貸)之 
睡簡・答問・207:不當氣(餼)而誤氣(餼)之 
睡簡・答問・203:當以玉問王之謂殹 
睡簡・答問・205:而實弗盜之謂殹 
睡簡・答問・205:欲令乙爲盜之 
睡簡・答問・92:室人以投(殳)梃伐殺之 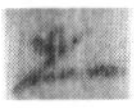
睡簡・答問・96:以所辟皋皋之 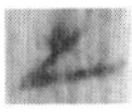
睡簡・答問・69:其子新生而有怪物其身及不全而殺之 
睡簡・答問・63:將上不仁邑里者而縱之 
睡簡・答問・64:而盜徙之 
睡簡・答問・70:即弗舉而殺之 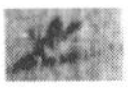
睡簡・答問・79:夫毆治之 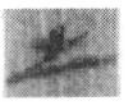
睡簡・答問・77:即葬貍(薶)之 
睡簡・答問・73:城旦黥之 
睡簡・答問・71:而擅殺之 
睡簡・答問・32:府中公金錢私貣用之

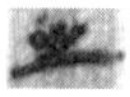

睡簡·答問·30:抉籥(鑰)者已抉啟之乃爲抉

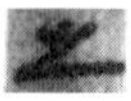

睡簡·答問·30:抉之弗能啟即去

睡簡·答問·30:抉之且欲有盜

睡簡·答問·36:吏智(知)而端重若輕之

睡簡·答問·37:赦後盡用之而得

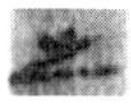

睡簡·答問·31:抉之非欲盜殹

睡簡·答問·48:沒錢五千而失之

睡簡·答問·5:當城旦黥之

睡簡·答問·59:有(又)灋之

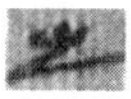

睡簡·答問·53:見輒燔之

睡簡·答問·53:毄(繫)投書者鞫審讞之

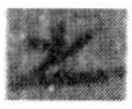

睡簡·答問·54:鞫審讞之之謂殹

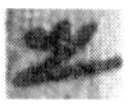

睡簡·答問·10:其見智(知)之而弗捕

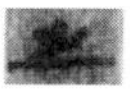

睡簡·答問·108:殺傷父臣妾、畜產及盜之

睡簡·答問·181:可(何)以論之

睡簡·答問·102:當三環(原)之不

睡簡·答問·122:當遷(遷)癘所處之

睡簡·答問·124:殺之

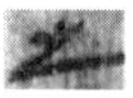

睡簡·答問·124:傷之

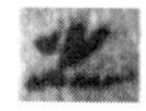

睡簡·答問·121:生定殺水中之謂殹

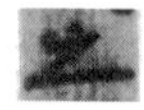

睡簡·答問·121:生埋之異事殹

睡簡·答問·195:其子入養主之謂也

睡簡·答問·162:"履錦履"之狀可(何)如

睡簡·答問·106:父死而誧(甫)告之

睡簡·答問·106:父死而告之

睡簡·答問·164:吏、典已令之

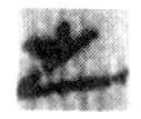

睡簡·答問·165:弗令出戶賦之謂殹

睡簡·答問·107:而誧(甫)告之

睡簡·答問·179:是以炎之

睡簡·答問·179:炎之可(何)

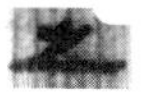

睡簡·答問·174:完之當殹

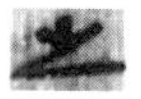

睡簡·答問·175:以乘馬駕私車而乘之

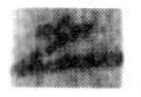

睡簡·答問·136:今中〈甲〉盡捕告之

睡簡·答問·142:而爲之

睡簡·答問·142:令曰爲之

睡簡·答問·140:可(何)以購之

睡簡·答問·14:妻智(知)夫盜而匿之

睡簡·答問·141:問主購之且公購

睡簡·答問·158:有馬一匹自牧之

睡簡·答問·159:當出之

睡簡·答問·15:妻與共飲食之

睡簡·答問·154:盡稾出之

睡簡·答問·105:它人有(又)襲其告之

睡簡·答問·110:稓葆子之謂毆

睡簡·答問·116:亡之

睡簡·答問·115:獄斷乃聽之

睡簡·答問·100:有(又)以它事告之

睡簡·封診·80:不智(知)盜人數及之所

睡簡·封診·80:類足歫之之迹

睡簡·封診·86:即診嬰兒男女、生髪及保(胞)之狀

睡簡·封診·96:問之□名事定

睡簡·封診·91:來告之

睡簡·封診·53:令醫丁診之

睡簡·秦律·88:乃燔之

睡簡·秦律·8:芻自黄𥝩(穌)及蘑束以上皆受之

睡簡·秦律·82:稍減其秩、月食以賞(償)之

睡簡·秦律·89:乃糞之

睡簡·秦律·86:有久(記)識者靡(磨)蚩(徹)之

睡簡·秦律·87:內受買(賣)之

睡簡·秦律·87:縣受買(賣)之

睡簡·秦律·83:令以律居之

睡簡·秦律·84:牧將公畜生而殺、亡之

睡簡·秦律·84:未賞(償)及居之未備而死

睡簡·秦律·85:皆出之

睡簡·秦律·81:皆以律論之

睡簡·秦律·81:入之

睡簡·秦律·81:少內以收責之

睡簡·秦律·8:以其受田之數

睡簡·秦律·22:餘之索而更爲發戶

睡簡·秦律·29:出之未索(索)而已備者

睡簡·秦律·29:與出之

睡簡·秦律·27:見𧉮(蟓?)之粟積

睡簡·秦律·27:義積之

睡簡·秦律·23:出者負之

睡簡·秦律·23:而復雜封之

睡簡·秦律·23:非入者是出之

 睡簡・秦律・23:令出之

 睡簡・秦律・23:令度之

 睡簡・秦律・24:入之

 睡簡・秦律・25:而書入禾增積者之名事邑里于廥籍

 睡簡・秦律・25:后入者獨負之

 睡簡・秦律・201:受者以律續食衣之

 睡簡・秦律・21:萬石一積而比黎之爲戶

 睡簡・秦律・21:縣嗇夫若丞及倉、鄉相雜以印之

 睡簡・秦律・90:冬衣以九月盡十一月稟之

 睡簡・秦律・94:隸臣、府隸之毋(無)妻者及城旦

 睡簡・秦律・95:隸臣妾之老及小不能自衣者

 睡簡・秦律・90:夏衣以四月盡六月稟之

 睡簡・秦律・68:賈市居死者及官府之吏

 睡簡・秦律・68:吏循之不謹

 睡簡・秦律・6:麛時毋敢將犬以之田

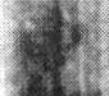 睡簡・秦律・63:買(賣)之

 睡簡・秦律・63:豬、鷄之息子不用者

 睡簡・秦律・64:亦封印之

 睡簡・秦律・64:雜實之

 睡簡・秦律・65:美惡雜之

 睡簡・秦律・65:乃發用之

 睡簡・秦律・78:計之

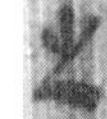 睡簡・秦律・78:令居之

 睡簡・秦律・78:其弗令居之

 睡簡・秦律・72:都官之佐、史冗者

 睡簡・秦律・79:令其官嗇夫及吏主者代賞(償)之

 睡簡・秦律・76:輒移居縣責之

 睡簡・秦律・77:其日踐以收責之

 睡簡・秦律・7:殺之

 睡簡・秦律・70:受者以入計之

 睡簡・秦律・74:旬五日而止之

 睡簡・秦律・75:別紨以叚(假)之

 睡簡・秦律・71:皆深以其年計之

 睡簡・秦律・30:當□者與雜出之

 睡簡・秦律・32:更之而不備

 睡簡・秦律・32:與倉□雜出之

 睡簡・秦律・3:盡八月□之

 睡簡・秦律・35:別粲(秈?)、穤(糯)之襄(釀)

睡簡・秦律・35:歲異積之

睡簡・秦律・31:令其故吏與新吏雜先索(索)出之

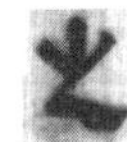睡簡・秦律・31:令有秩之吏、令史主

睡簡・秦律・30:欲一縣之

睡簡・秦律・3:遠縣令郵行之

睡簡・秦律・48:叚(假)之

睡簡・秦律・48:吏輒柀事之

睡簡・秦律・42:其人弗取之

睡簡・秦律・47:有(又)益壺〈壹〉禾之

睡簡・秦律・44:令縣貣(貸)之

睡簡・秦律・44:移居縣責之

睡簡・秦律・40:穀禾以臧(藏)之

睡簡・秦律・41:舂之爲糲(糲)米一石

睡簡・秦律・58:減舂城旦月不盈之稟

睡簡・秦律・5:到七月而縱之

睡簡・秦律・52:皆作之

睡簡・秦律・56:參食之

睡簡・秦律・55:稱議食之

睡簡・秦律・50:亦稟之

睡簡・秦律・5:邑之紤(近)皂及它禁苑者

睡簡・秦律・108:賦之三日而當夏二日

睡簡・秦律・183:留者以律論之

睡簡・秦律・183:輒行之

睡簡・秦律・180:使者之從者

睡簡・秦律・185:追之

睡簡・秦律・128:官長及吏以公車牛稟其月食及公牛乘馬之稟

睡簡・秦律・122:必灋之

睡簡・秦律・122:爲之

睡簡・秦律・122:欲以城旦舂益爲公舍官府及補繕之

睡簡・秦律・102:公甲兵各以其官名刻久(記)之

睡簡・秦律・123:度攻(功)必令司空與匠度之

睡簡・秦律・123:上之所興

睡簡・秦律・102:受之以久(記)

睡簡・秦律・12:田嗇夫、部佐謹禁御之

睡簡・秦律・125:皆爲用而出之

睡簡・秦律・121:以垣繕之

睡簡・秦律・102:以丹若鬃書之

睡簡・秦律・120:至秋毋(無)雨時而以繇(徭)爲之

 睡簡・秦律・19:官告馬牛縣出之

 睡簡・秦律・19:令其人備之而告官

 睡簡・秦律・196:大嗇夫、丞任之

 睡簡・秦律・194:正之如用者

 睡簡・秦律・168:籍之曰

 睡簡・秦律・168・摹:是縣入之

 睡簡・秦律・168:萬［石一積而］比黎之爲戶

 睡簡・秦律・160:不得除其故官佐、吏以之新官

 睡簡・秦律・162:代者［與］居吏坐之

 睡簡・秦律・169:縣嗇夫若丞及倉、鄉相雜以封印之

 睡簡・秦律・16:令以其未敗直(值)賞(償)之

 睡簡・秦律・166:以其秏(耗)石數論負之

 睡簡・秦律・16:其入之其弗亟而令敗者〖注〗入之其,三字系衍文。

 睡簡・秦律・163:去者與居吏坐之

 睡簡・秦律・163:新吏居之未盈歲

 睡簡・秦律・163:新吏與居吏坐之

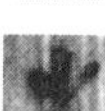 睡簡・秦律・164:及積禾粟而敗之

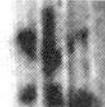 睡簡・秦律・165:程之

 睡簡・秦律・16:縣亟診而入之

 睡簡・秦律・172:必以廥籍度之

 睡簡・秦律・179:爵食之

 睡簡・秦律・176:必令長吏相雜以見之

 睡簡・秦律・173:入之

 睡簡・秦律・173:縣嗇夫令人復度及與雜出之

 睡簡・秦律・174:羣它物當負賞(償)而僞出之以彼(貱)賞(償)

 睡簡・秦律・175:以平辠人律論之

 睡簡・秦律・171:以效之

 睡簡・秦律・17:以其診書告官論之

 睡簡・秦律・138:許之

 睡簡・秦律・132:毋(無)苪者以蒲、藺以枲萷(䊸)之

 睡簡・秦律・139:亦衣食而令居之

 睡簡・秦律・136:許之

 睡簡・秦律・137:或欲籍(藉)人與並居之

 睡簡・秦律・137:令相爲兼居之

 睡簡・秦律・137:許之

 睡簡・秦律・103:入叚(假)而而毋(無)久及非其官之久也

 睡簡・秦律・130:爲車不勞稱議脂之

 睡簡・秦律・135:將司之

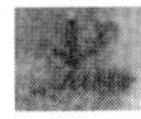睡簡・秦律・135:其或亡之

睡簡・秦律・131・摹:方之以書

睡簡・秦律・131:其縣山之多茾者

睡簡・秦律・103:以齎(資)律責之

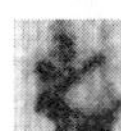睡簡・秦律・130:以數分膠以之

睡簡・秦律・13:以正月大課之

睡簡・秦律・148:孰(熟)治(笞)之

睡簡・秦律・148:輒治(笞)之

睡簡・秦律・104:歸之

睡簡・秦律・140:計之其作年

睡簡・秦律・104:久(記)必乃受之

睡簡・秦律・104:久(記)之

睡簡・秦律・147:將司之

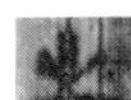睡簡・秦律・147:拘櫝欙杕之

睡簡・秦律・147:毋敢之市及留舍闠外

睡簡・秦律・141:衣食之如城旦舂

睡簡・秦律・104:以髼久(記)之

睡簡・秦律・14:有(又)里課之

睡簡・秦律・158・摹:爲補之

睡簡・秦律・150:必復請之

睡簡・秦律・159:及相聽以遣之

睡簡・秦律・159:嗇夫之送見它官者

睡簡・秦律・159:已除之

睡簡・秦律・159:以律論之

睡簡・秦律・156・摹:許之

睡簡・秦律・157:盡三月而止之

睡簡・秦律・150:有上令除之

睡簡・秦律・118:令縣復興徒爲之

睡簡・秦律・118:縣葆者補繕之

睡簡・秦律・112:上且有以賞之

睡簡・秦律・119:令苑輒自補繕之

睡簡・秦律・119:縣所葆禁苑之傅山、遠山

睡簡・秦律・116:令其徒復垣之

睡簡・秦律・116:興徒以爲邑中之紅(功)者

睡簡・秦律・117:興徒以斬(塹)垣離(籬)散及補繕之

睡簡・秦律・117:苑吏循之

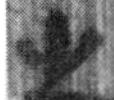睡簡・秦律・111:工師善教之

睡簡・秦律・11:以其致到日稟之

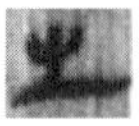

睡簡・雜抄・26:徒出射之

睡簡・雜抄・23:未取省而亡之

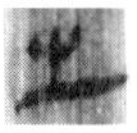

睡簡・雜抄・24:久(灸)者謁用之

睡簡・雜抄・25:從之

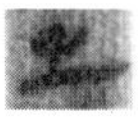

睡簡・雜抄・6:及治(笞)之

睡簡・雜抄・33:皆罨(遷)之

睡簡・雜抄・5:責之

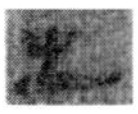

睡簡・雜抄・10:到軍課之

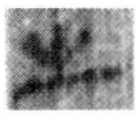

睡簡・日甲・80 正:不可爲室及入之

睡簡・日甲・87 正:卽入之

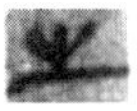

睡簡・日甲・83 正:人意之

睡簡・日甲・20 背:入里門之右

睡簡・日甲・28 背:操以咼(過)之

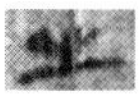

睡簡・日甲・28 背:見而射之

睡簡・日甲・28 背:以白石投之

睡簡・日甲・28 正:見之

睡簡・日甲・2 背:禹以取梌(塗)山之女日也

睡簡・日甲・29 背:取故丘之土

睡簡・日甲・29 背:人見之

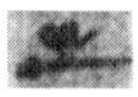

睡簡・日甲・29 背:是哀乳之鬼

睡簡・日甲・26 背:求而去之

睡簡・日甲・23 背:垣東方高西方之垣

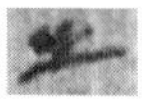

睡簡・日甲・24 背:告如詰之

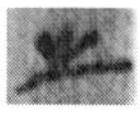

睡簡・日甲・24 背:爲芻矢以甍(弋)之

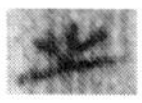

睡簡・日甲・25 背:鬼之所惡

睡簡・日甲・25 背:謼(呼)之曰

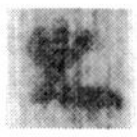

睡簡・日甲・21 正:不可種之及初穫出入之

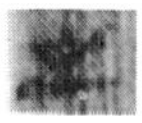

睡簡・日甲・98 正:其日乙未、甲午、甲辰垣之

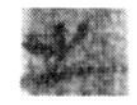

睡簡・日甲・9 背:甲寅之旬

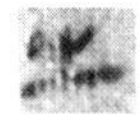

睡簡・日甲・96 正:其日癸酉、壬辰、壬午垣之

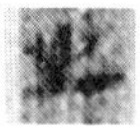

睡簡・日甲・97 正:其日辛酉、庚午、庚辰垣之

睡簡・日甲・9 正:之四方野外

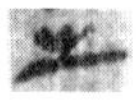

睡簡・日甲・68 背:乃解衣弗袵入而傅(搏)者之

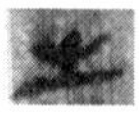

睡簡・日甲・68 背:以望之日日始出而食之

睡簡・日甲・6 背:凡取妻、出女之日

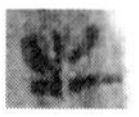

睡簡・日甲・6 背:皆棄之

睡簡・日甲・66 背:刊之以蓾

睡簡・日甲・66 背:熱(爇)以寺(待)之

睡簡·日甲·66背:享(烹)而食之

睡簡·日甲·63背:取丘下之莠

睡簡·日甲·63背:以屨投之

睡簡·日甲·64背:東北鄉(嚮)如(茹)之乃臥

睡簡·日甲·64背:擇(釋)以投之

睡簡·日甲·65背:乃爲灰室而牢之

睡簡·日甲·65背:其鬼歸之者

睡簡·日甲·65背:是水亡傷(殤)取之

睡簡·日甲·61背:毋(無)氣之徒而𨔵(動)

睡簡·日甲·70正:得之赤肉、雄鷄、西(酒)

睡簡·日甲·72正:得之於黄色索魚、堇西(酒)

睡簡·日甲·72正:人愛之

睡簡·日甲·76正:得之於西(酒)脯脩節(鼈)肉

睡簡·日甲·74正:得之犬肉、鮮卵白色

睡簡·日甲·30背:以黄土濆之

睡簡·日甲·32背:人毋(無)故而鬼惑之

睡簡·日甲·32背:以水沃之

睡簡·日甲·39背:屈(掘)而去之

睡簡·日甲·36背:以牡棘之劍刺之

睡簡·日甲·33背:鬼來而毄(擊)之

睡簡·日甲·33背:男女未入宫者毄(擊)鼓奮鐸喿(譟)之

睡簡·日甲·33背:殺而享(烹)食之

睡簡·日甲·34背:以人鼓應之

睡簡·日甲·35背:以人火應之

睡簡·日甲·31背:鬼來陽(揚)灰毄(擊)箕以喿(譟)之

睡簡·日甲·31背:是地𡸔(蠥)居之

睡簡·日甲·31正:必復之

睡簡·日甲·3正:上下羣神鄉(饗)之

睡簡·日甲·40背:一宅之中毋(無)故室人皆疫

睡簡·日甲·42-43背:以牡棘之劍〈刺〉之

睡簡·日甲·42背:以人火鄉(嚮)之

睡簡·日甲·49背:烰(炮)而食之

睡簡·日甲·49背:以犬矢投之

睡簡·日甲·49背:以若(箬)便(鞭)毄(擊)之

睡簡·日甲·49背:以桑皮爲□之

睡簡·日甲·49正:□與枳(支)刺艮山之胃(謂)離日

睡簡·日甲·46背:取女筆以拓之

睡簡·日甲·47正:禹之離日也

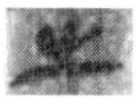

睡簡・日甲・42-43 背:以牡棘之劍〈刺〉之

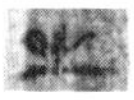

睡簡・日甲・44 背:以人火鄉(嚮)之

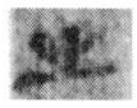

睡簡・日甲・45 背:張傘以鄉(嚮)之

睡簡・日甲・41 背:屈(掘)而去之

睡簡・日甲・41 背:以白沙救之

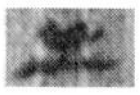

睡簡・日甲・50 背:以灰濆之

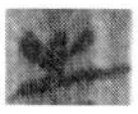

睡簡・日甲・50 背:幼蠪(龍)處之

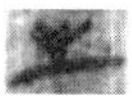

睡簡・日甲・58 背:取盎之中道

睡簡・日甲・58 背:取白茅及黄土而西(洒)之

睡簡・日甲・5 背:敝毛之士以取妻

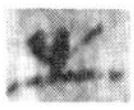

睡簡・日甲・52 背:癘鬼居之

睡簡・日甲・52 背:是不辜鬼處之

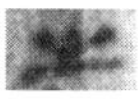

睡簡・日甲・59 背:沃之

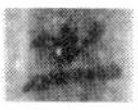

睡簡・日甲・56 背:果(裹)以賁(奔)而遠去之

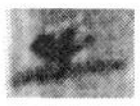

睡簡・日甲・56 背:人之六畜毋(無)故而皆死

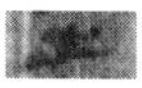

睡簡・日甲・51 背:以廣灌爲戠以燔之

睡簡・日甲・102 正:以之

睡簡・日甲・10 正:不可以之野外

睡簡・日甲・18 背:宇多於東北之北

睡簡・日甲・121 背:必入之

睡簡・日甲・16 背:宇多於西南之西

睡簡・日甲・16 背:宇最邦之下

睡簡・日甲・166 正:令復見之

睡簡・日甲・17 背:宇多於西北之北

睡簡・日甲・130 正:它日雖有不吉之名

睡簡・日甲・13 背:禱(禱)之曰

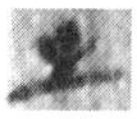

睡簡・日甲・13 背:走歸豿竒之所

睡簡・日甲・132 正:辰之門也

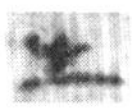

睡簡・日甲・132 正:凡四門之日

睡簡・日甲・132 正:日之門也

睡簡・日甲・132 正:星之門也

睡簡・日甲・132 正:月之門也

睡簡・日甲・139 背:毋起北南陳垣及矰(增)之

睡簡・日甲・136 背:春之乙亥

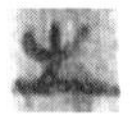

睡簡・日甲・136 背:冬之癸亥

睡簡・日甲・136 背:秋之辛亥

睡簡・日甲・142 背:冬三月之日

睡簡・日甲・15 背:凡宇最邦之高

睡簡・日甲・157 正:令復見之

睡簡・日甲・153 正:必得之

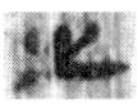

睡簡・日甲・154 正:得之

睡簡・日甲・155 正:及春之未戌

睡簡・日甲・110 背:是謂出亡歸死之日也

睡簡・日甲・11 背:必復之

睡簡・日甲・112 背:掓其畫中央土而懷之

睡簡・日甲・119 正:居之凶

睡簡・日甲・116 背:必入之

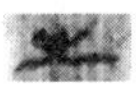

睡簡・日甲・114 正:成之

睡簡・日乙・80:不可爲室及入之

睡簡・日乙・83:人意之

睡簡・日乙・83:男子愛之

睡簡・日乙・殘 11:□之東□

睡簡・日乙・20:成外陽之日

睡簡・日乙・20:利以祭、之四旁(方)野外

睡簡・日乙・206:明鬼祟之

睡簡・日乙・203:正西惡之

睡簡・日乙・22:踒外陰之日

睡簡・日乙・222:東南晋之

睡簡・日乙・223:其南晋之

睡簡・日乙・221:且晋之

睡簡・日乙・23:蓋絕紀之日

睡簡・日乙・24:成決光之日

睡簡・日乙・25:復秀之日

睡簡・日乙・257:其上作折其□齒之其□

睡簡・日乙・253:一宇閒之

睡簡・日乙・21:空外遣之日

睡簡・日乙・216:明鬼祟之

睡簡・日乙・217:其南晋之

睡簡・日乙・21:之四鄰

睡簡・日乙・68:未□乘之

睡簡・日乙・70:可以出入牛、服之

睡簡・日乙・45:它人必發之

睡簡・日乙・100:人愛之

睡簡・日乙・108:必復之

睡簡・日乙・108:必復之

睡簡・日乙・180:母枼(世)見之爲姓(眚)

睡簡・日乙・188:長死之

睡簡・日乙・189:少者死之

睡簡・日乙・18:作陰之日

睡簡・日乙・120:二月、六月、十月之戌

睡簡・日乙・120:三月、七月之未

睡簡・日乙・120:四月、八月、十二月之辰

睡簡・日乙・120:正月、五月、九月之丑

睡簡・日乙・129:丁巳衣之

睡簡・日乙・192:人反寧之

睡簡・日乙・19:平達之日

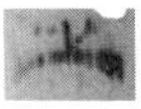

睡簡・日乙・193:代之

睡簡・日乙・194:覺而擇(釋)之

睡簡・日乙・195:老來□之

睡簡・日乙・16:建交之日

睡簡・日乙・17:窞羅之日

睡簡・日乙・177:冬之吉

睡簡・日乙・137:它日唯(雖)有不吉之名

睡簡・日乙・135:命之央(殃)蚤(早)至

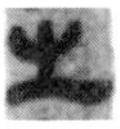

睡簡・日乙・131:寄人反寄之

睡簡・日乙・131:入寄之

睡簡・日乙・14:窓結之日

睡簡・日乙・15:贏陽之日

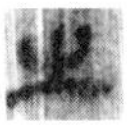

睡簡・爲吏・20:勞以衛(率)之

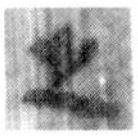

睡簡・爲吏・20:三枼(世)之后

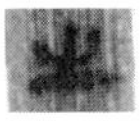

睡簡・爲吏・20:因而徵之

睡簡・爲吏・20:欲士(仕)士(仕)之

睡簡・爲吏・28:安而行之

睡簡・爲吏・2:惠以聚之

睡簡・爲吏・29:使民望之

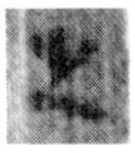

睡簡・爲吏・26:賜之参飯而勿鼠(予)殺

睡簡・爲吏・23:乘之

睡簡・爲吏・24:民之既教

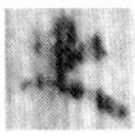

睡簡・爲吏・24:且殺之

睡簡・爲吏・21:故某慮贅壻某叟之乃(仍)孫

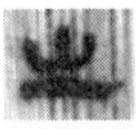

睡簡・爲吏・21:將而興之

睡簡・爲吏・21:正以橋(矯)之

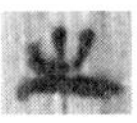

睡簡・爲吏・7:邦之急

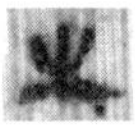

睡簡・爲吏・7:掇民之欲政乃立

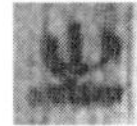睡簡・爲吏・32:興之必疾

睡簡・爲吏・3:寬以治之

睡簡・爲吏・36:綦之綦[之]

睡簡・爲吏・37:術(怵)悐(惕)之心

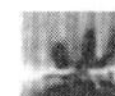睡簡・爲吏・33:戒之戒之

睡簡・爲吏・34:觀民之詐

睡簡・爲吏・34:謹之謹之

睡簡・爲吏・35:慎之慎之

睡簡・爲吏・49:思之思[之]

睡簡・爲吏・49:治之紀殹

睡簡・爲吏・46:失之毋□

睡簡・爲吏・47:政之本殹

睡簡・爲吏・41:從政之經

睡簡・爲吏・50:慎之[慎之]

睡簡・爲吏・51:施而喜之

睡簡・爲吏・10:及官之敃豈可悔

睡簡・爲吏・18:非邦之故也

睡簡・爲吏・1:凡爲吏之道

睡簡・爲吏・1:敬而起之

睡簡・爲吏・19:從而賊(則)之

睡簡・爲吏・16:施(弛)而息之

睡簡・爲吏・17:攢(密)而牧之

睡簡・爲吏・15:敬自賴之

睡簡・爲吏・15:困造之士久不陽

睡簡・爲吏・11:彼邦之𡑞(傾)

睡簡・爲吏・11:申之義

睡簡・爲吏・11:欲令之具下勿議

睡簡・效律・28:是縣入之

睡簡・效律・28:縣嗇夫若丞及倉、鄉相雜以封印之

睡簡・效律・20:代者與居吏坐之

睡簡・效律・22:及積禾粟而敗之

睡簡・效律・27:及籍之曰

睡簡・效律・27:萬石一積而比黎之爲戶

睡簡・效律・20:去者與居吏坐之

睡簡・效律・24:程之

睡簡・效律・20:新吏居之未盈歲

睡簡・效律・21:新吏與居吏坐之

睡簡・效律・32:必以廥籍度之

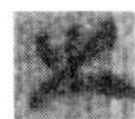 睡簡・效律・39:[毋齎]者乃直(值)之

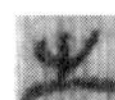 睡簡・效律・33:入之

 睡簡・效律・33:縣嗇夫令人復度及與雜出之

 睡簡・效律・34:羣它物當負賞(償)而僞出之以彼(貱)賞(償)

 睡簡・效律・35:以平辠人律論之

 睡簡・效律・30:效者見其封及隄(題)以效之

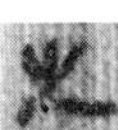 睡簡・效律・48:負之如故

 睡簡・效律・42:數穆(燖)風之

 睡簡・效律・49:百姓或之縣就(僦)及移輸者

 睡簡・效律・49:以律論之

 睡簡・效律・46:到官試之

 睡簡・效律・44:及物之不能相易者

 睡簡・效律・45:以職(識)耳不當之律論之

 睡簡・效律・58:及不當出而出之

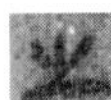 睡簡・效律・54:其令、丞坐之

 睡簡・效律・55:司馬令史坐之

 睡簡・效律・1:物直(值)之

 睡簡・效律・1:以其賈(價)多者辠之

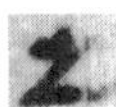 睡簡・語書・6:而養匿邪避(僻)之民

 睡簡・語書・6:是卽明避主之明灋殹

 睡簡・語書・7:今且令人案行之

 睡簡・語書・3:而使之之於爲善殹〖注〗之於,達到。

 睡簡・語書・3:是卽灋(廢)主之明灋殹

 睡簡・語書・3:鄉俗淫失(泆)之民不止

 睡簡・語書・4:故騰爲是而脩灋律令、田令及爲閒(奸)私方而下之

 睡簡・語書・5:令吏民皆明智(知)之

 睡簡・語書・5:私好、鄉俗之心不變

 睡簡・語書・12:而上猶智之殹(也)

 岳山牘・M36:43正:以五卯祠之必有得也

 岳山牘・M36:44正:壬戌、癸亥不可以之遠□及來歸入室

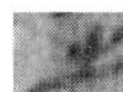 岳山牘・M36:44正:壬戌、癸亥不可以之遠□及來歸入室

 龍簡・117・摹:論之如律〖注〗論之如律,法律用語,依法論處。

 龍簡・119:而輿軌(?)疾敺(驅)入之

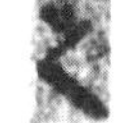 龍簡・154:黔首皆從千(阡)佰(陌)彊(疆)畔之其□

龍簡・119・摹:亟散離(?)之

 龍簡・101:馬、牛殺之及亡之

 龍簡・101:馬、牛殺之及亡之

 龍崗牘・正:鞫之

龍簡・8:必復請之

龍簡・82:殺之

龍簡・22:智(知)請(情)入之

龍簡・225:□律論之□

龍簡・29・摹:射叜中□之□有□殹(也)

龍簡・274・摹:□之□

龍簡・259・摹:□之不如[令]□

龍簡・218:□如盜之□

龍簡・21:以盜入禁苑律論之

龍簡・67:出入之

龍簡・61:其故與徼(徹)(?)□(弩)□(道)行之

龍簡・73:其罪匿之□

龍簡・3:必行其所當行之道

龍簡・43:耐者假將司之

龍簡・5・摹:及以傳書閱入之

龍簡・58:行之

龍簡・54:皆罨(遷)之

龍簡・100:牧縣官馬、牛、羊盜□之

龍簡・128・摹:詐(詐)一程若二程□之□

龍簡・19:□追捕之

龍簡・160:迸徙其田中之臧(贓)而不□

龍簡・163:□之租□

龍簡・161:□罪及稼臧(贓)論之

龍簡・179:之亦與買者□

龍簡・131・摹:□程直(值)希(稀)之□

龍簡・146:有(又)嘗之

龍簡・147:與灋(法)沒入其匿田之稼

龍簡・143:虛租而失之如□

龍簡・150:典、田典令黔首皆智(知)之

里簡・J1(16)8背:□之令曰上

里簡・J1(16)9正:今問之劾等徙□書

里簡・J1(16)9正:啟陵鄉□敢言之

里簡・J1(16)8背:敢言之

里簡・J1(9)2正:敢言之

里簡・J1(9)4正:敢言之

里簡・J1(9)5正:敢言之

里簡・J1(9)6正:敢言之

里簡・J1(9)7正:敢言之

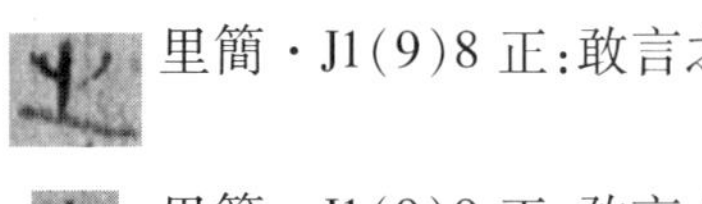

里簡・J1(9)8 正:敢言之

里簡・J1(9)9 正:敢言之

里簡・J1(9)11 正:敢言之

里簡・J1(9)1 正:敢言之

里簡・J1(9)2 正:敢言之

里簡・J1(9)4 正:敢言之

里簡・J1(9)5 正:敢言之

里簡・J1(9)6 正:敢言之

里簡・J1(9)8 正:敢言之

里簡・J1(9)10 正:敢言之

里簡・J1(8)152 正:敢言之

里簡・J1(8)152 正:少内守是敢言之

里簡・J1(8)156:謹案致之

里簡・J1(9)1 正:敢言之

里簡・J1(9)1 正:司空騰敢言之

里簡・J1(9)1 正:陽陵守丞廚敢言之

里簡・J1(9)2 背:報之

里簡・J1(9)2 正:敢言之

里簡・J1(9)2 正:司空騰敢言之

里簡・J1(9)2 正:陽陵守丞恬敢言之

里簡・J1(9)2 正:陽陵遬敢言之

里簡・J1(9)3 背:報之

里簡・J1(9)3 背:敢言之

里簡・J1(9)3 正:司空騰敢言之

里簡・J1(9)3 正:陽陵守丞恬敢言之

里簡・J1(9)4 背:報之

里簡・J1(9)4 正:敢言之

里簡・J1(9)4 正:司空騰敢言之

里簡・J1(9)4 正:陽陵守丞廚敢言之

里簡・J1(9)4 正:陽陵守丞欣敢言之

里簡・J1(9)5 背:報之

里簡・J1(9)5 正:敢言之

里簡・J1(9)5 正:司空騰敢言之

里簡・J1(9)5 正:陽陵守丞廚敢言之

里簡・J1(9)5 正:陽陵遬敢言之

里簡・J1(9)6 背:報之

里簡・J1(9)6 正:敢言之

里簡・J1(9)6 正:司空騰敢言之

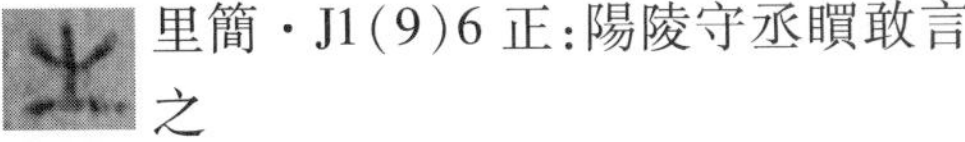
里簡・J1(9)6 正:陽陵守丞瞑敢言之

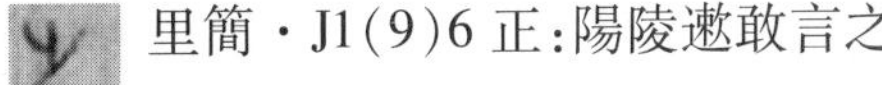
里簡・J1(9)6 正:陽陵遬敢言之

里簡・J1(9)7 背:報之

里簡・J1(9)7 背:敢言之

里簡・J1(9)7 背:陽陵遬敢言之

里簡・J1(9)7 正:敢言之

里簡・J1(9)7 正:司空騰敢言之

里簡・J1(9)7 正:陽陵守丞廚敢言之

里簡・J1(9)8 背:報之

里簡・J1(9)8 正:敢言之

里簡・J1(9)8 正:司空騰敢言之

里簡・J1(9)8 正:陽陵守丞廚敢言之

里簡・J1(9)8 正:陽陵遬敢言之

里簡・J1(9)10 背:報之

里簡・J1(9)10 背:敢言之

里簡・J1(9)10 背:陽陵守丞慶敢言之

里簡・J1(9)10 正:敢言之

里簡・J1(9)10 正:司空騰敢言之

里簡・J1(9)10 正:陽陵守丞廚敢言之

里簡・J1(9)11 背:報之

里簡・J1(9)11 背:敢言之

里簡・J1(9)11 正:敢言之

里簡・J1(9)11 正:司空騰敢言之

里簡・J1(9)11 正:陽陵守丞恬敢言之

里簡・J1(9)11 正:陽陵遬敢言之

里簡・J1(9)12 背:報之

里簡・J1(9)12 背:敢言之

里簡・J1(9)12 背:陽陵遬敢言之

里簡・J1(9)981 正:敢言之

里簡・J1(9)1 背:報之

里簡・J1(9)1 背:敢言之

里簡・J1(9)1 背:陽陵守慶敢言之

里簡・J1(9)9 背:報之

里簡・J1(9)9 背:敢言之

里簡・J1(9)9 背:陽陵遬敢言之

里簡・J1(9)9 正:敢言之

里簡・J1(9)9 正:司空騰敢言之

里簡・J1(9)9 正:陽陵守丞恬敢言之

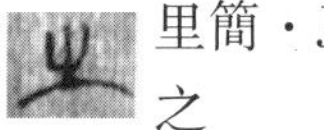 里簡・J1(9)981 正:田官守敬敢言之

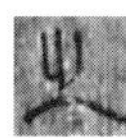 里簡・J1(9)981 正:問之

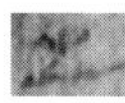 里簡・J1(16)6 正:節傳之

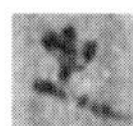 里簡・J1(16)6 正:縣弗令傳之而興黔首

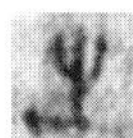 里簡・J1(8)133 正:敢言之

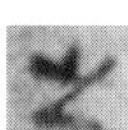 里簡・J1(8)134 正:其亡之

 里簡・J1(8)154 正:問之

 里簡・J1(8)154 正:敢言之

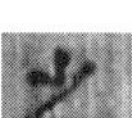 里簡・J1(8)154 正:遷陵守丞都敢言之

 里簡・J1(8)157 背:遷陵丞昌郄(卻)之啟陵

 里簡・J1(8)157 正:敢言之

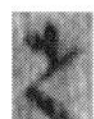 里簡・J1(8)157 正:啟陵鄉夫敢言之

 里簡・J1(12)10 正:鞫之

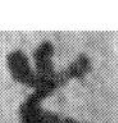 關簡・139:凡大徶(徹)之日

 關簡・141:凡小徶(徹)之日

 關簡・200:得而復失之

 關簡・204:得之

 關簡・204:勝之

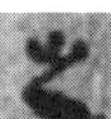 關簡・223:得之

 關簡・224:勝之

 關簡・297:其下有白衣之冣

 關簡・262:復環之

 關簡・263:倍之

 關簡・263:左之

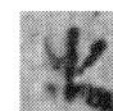 關簡・263:右之

 關簡・263:鄉(嚮)之

 關簡・264:復倍之

 關簡・237:得之

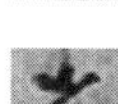 關簡・246:令復見之

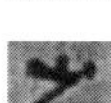 關簡・247:復好見之

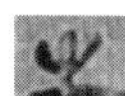 關簡・247:聽之

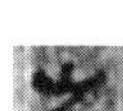 關簡・243:斆(數)東方平旦以雜之

 關簡・250:聽之

 關簡・252:聽之

 關簡・253:聽之

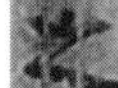 關簡・254:令復之

 關簡・251:聽之

 關簡・218:得之

 關簡・219:必後失之

 關簡・215:得之

 關簡・211:得之

 關簡・309:取十餘叔(菽)置鬻(粥)中而歓(飲)之

 關簡・309:盛之而係(繫)

 關簡・309:用之

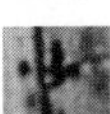 關簡・320:以粉傅之

 關簡・328:堅貍(埋)之

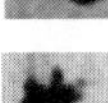 關簡・328:乃以所操瓦蓋之

 關簡・322:以□四分升一歓(飲)之

 關簡・323:男子七以歓(飲)之

關簡・323:卒(淬)之醇酒中

 關簡・324:而三溫鬻(煮)之

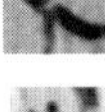 關簡・321:大如扁(蝙)蝠矢而乾之

關簡・369:并之

 關簡・369:浴瞥(蠶)必以日毚(纔)始出時浴之

 關簡・378:□之乾

 關簡・372:涂而燔之

 關簡・372:冶之

 關簡・379:女杯復產□之期曰益若子乳

 關簡・377:并命和之

 關簡・373:善食之

 關簡・374:參(三)煴(溫)鬻(煮)之

 關簡・338:操杯米之池

 關簡・337:而左足踐之二七

 關簡・333:毋令人見之

 關簡・335:□之盂也

 關簡・335:人席之

 關簡・347:令女子之市買牛胙、市酒

 關簡・345:某爲我已之

 關簡・351:農夫使其徒來代之

 關簡・310:復益歓(飲)之

 關簡・310:鬻(粥)足以入之腸

 關簡・318:寒輒更之

 關簡・312:歓(飲)之

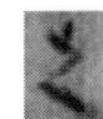 關簡・319:令人孰(熟)以靡(摩)之

 關簡・316:以靡(摩)之

 關簡・317:而取牛肉剝(劙)之

 關簡・317:而炙之炭火

 關簡・313:歙(飲)之

 關簡・315:漬之

 關簡・311:歙(飲)之

 關簡・190:得之

 關簡・197:得之

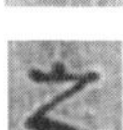 關簡・193:得之

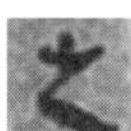 關簡・191:得之

 關簡・132:從朔日始籔(數)之

 帛書・足臂・32:[皆]久(灸)臂少陽之温(脈)

 帛書・足臂・33:之口

 帛書・病方・184:三溫之而飲之

 帛書・病方・396:欲裹之則裹之

帛書・病方・無編號:之

帛書・灸經甲・70:起於臂兩骨之間之間

 帛書・病方・184:三溫之而飲之

帛書・病方・396:欲裹之則裹之

帛書・病方・無編號:之

 帛書・灸經甲・70:起於臂兩骨之間之間〖注〗後"之間"兩字係衍文。

帛書・病方・無編號:之

帛書・脈法・72:脈(脈)亦聽(聖)人之所貴殹

帛書・脈法・74:過之□會環而久(灸)之

帛書・脈法・75:則稱其小大而□之

帛書・脈法・77:胃(謂)之碧(砭)□

帛書・脈法・79:□走而求之

帛書・脈法・82:臂之大(太)陰、少陰

帛書・脈法・82:之少陰

帛書・脈法・83:□脈(脈)之縣(玄)

帛書・脈法・83:書而熟學之

帛書・病方・2:飲之

帛書・病方・4:食之自次(恣)

帛書・病方・5:□淳酒漬而餅之

帛書・病方・6:熘之如□

帛書・病方・9:飲之

帛書・病方・10:傅之

帛書・病方・13:五畫地□之

帛書・病方・14:傅之

 帛書・病方・15:以男子洎傅之

帛書・病方・16:鉈(施)之

帛書・病方・19:冶黃黔(芩)與□彘膏□之

帛書・病方・20:涅之

帛書・病方・24:入溫酒一咅(杯)中而飲之

帛書・病方・30:治之

帛書・病方・35:爲灌之

帛書・病方・42:出之

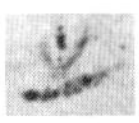

帛書・病方・42:飲之

帛書・病方・43:[飲]之

帛書・病方・44:即以彘膏財足以煎之

帛書・病方・45:取封殖(埴)土冶之

帛書・病方・48:以豬煎膏和之

帛書・病方・49:以浴之

帛書・病方・52:祝之曰

帛書・病方・54:而棄之於垣

帛書・病方・54:而洒之桮(杯)水中

帛書・病方・54:候之

帛書・病方・55:數復之

帛書・病方・60:飲之

帛書・病方・62:而以美[醯]□之

帛書・病方・63:以汁洒之

帛書・病方・65:已沃而□越之

帛書・病方・66:鄉(嚮)甸(電)祝之

帛書・病方・68:□搗(擣)而煮之

帛書・病方・70:節(即)復欲傅之

帛書・病方・70:乃以脂□所冶藥傅之

帛書・病方・70:淒傅之如前

帛書・病方・72:以三指大捽(撮)飲之

帛書・病方・75:飲之

帛書・病方・80:令牛吔(舐)之

帛書・病方・80:以鹽傅之

帛書・病方・81:以疾(蒺)黎(藜)、白蒿封之

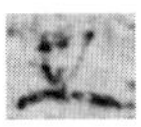

帛書・病方・82:湩(唾)之

帛書・病方・85:炊之

帛書・病方・87:數更之

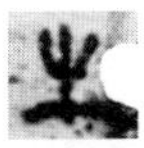

帛書・病方・89:以產豚豙(蓏)麻(磨)之

帛書・病方・90:以堇一陽筑(築)封之

帛書・病方・90:以弱(溺)飲之

帛書・病方・91:有(又)復之

帛書・病方・93:令泥盡火而歠(歠)之

帛書・病方・97:左承之

帛書・病方・98:去之

帛書・病方・100:以汁□之

帛書・病方・100:飲之

帛書・病方・102:卽拔尤(疣)去之

帛書・病方・102:取敝蒲席若籍之弱(蒻)

帛書・病方・104:以月晦日之丘井有水者〖汴〗之,往。

帛書・病方・106:以晦往之凷(塊)所

帛書・病方・108:以月晦日之內後

帛書・病方・111:以月晦日之室北

帛書・病方・112:卽以犬矢[濕]之

帛書・病方・113:卽孰(熟)所冒鷄而食之

帛書・病方・114:湮汲以飲之

帛書・病方・116:而先食飲之

帛書・病方・118:卵次之

帛書・病方・120:已涂(塗)之

帛書・病方・121:□之於□熱弗能支而止

帛書・病方・122:炙之之時

帛書・病方・123:及毋手傅之

帛書・病方・124:已炙□之而起

帛書・病方・125:已□卽用之

帛書・病方・127:以美醯□之於瓦編中

帛書・病方・128:令藥已成而發之

帛書・病方・131:以□之

帛書・病方・132:與久膏而□傅之

帛書・病方・133:以涂(塗)之

帛書・病方・135:□而以鹽財和之

帛書・病方・136:以傅蟲所齧□之

帛書・病方・157:□飲之而復(覆)其桮(杯)

帛書・病方・159:□飲之

帛書・病方・159:沸盡而去之

帛書・病方・161:[治]之

帛書・病方・165:取之

帛書・病方・173:三分之

帛書・病方・175:□飲之

帛書・病方・176:三[沥]煮之

帛書・病方・177:[欬(歠)]之

帛書・病方・177:復之

帛書・病方・178:薄洒之以美酒

帛書・病方・179:燔之坎中

帛書・病方・179:冡(蘱)之朱(茱)臾(萸)、椒

帛書・病方・180:令病者北(背)火炙之

帛書・病方・181:孰(熟)而啜之

帛書・病方・182:并以酒煮而飲之

帛書・病方・183:匽(寢)東鄉(嚮)弱(溺)之

帛書・病方・183:復之

帛書・病方・185:三温煮石韋若酒而飲之

帛書・病方・186:復之

帛書・病方・186:已食飲之

帛書・病方・188:羹之

帛書・病方・188:飲之

帛書・病方・192:以水與弱(溺)煮陳葵種而飲之

帛書・病方・192:有(又)盞(齏)陽□而羹之

帛書・病方・193:治之

帛書・病方・197:攺椎之

帛書・病方・198:以箒趣之二七

帛書・病方・200:即以鐵椎攺段之二七

帛書・病方・200:以日出爲之

帛書・病方・201:食之

帛書・病方・202:飲之

帛書・病方・203:入半音(杯)酒中飲之

帛書・病方・203:治之

帛書・病方・205:即操布攺之二七

帛書・病方・207:而父與母皆盡柏築之顛

帛書・病方・207:子胡不已之有

帛書・病方・211:取死者叕烝(蒸)之

帛書・病方・216:以先食飲之

帛書・病方・218:再靡(磨)之

帛書・病方・219:□再爲之

帛書・病方・219:爲之恆以入月旬六日□盡

帛書・病方・220:爲之恆以星出時爲之

帛書・病方・226:飲之

帛書・病方・228:而傅之隋(脽)下

帛書・病方・229:□之

帛書・病方・232:灸之令溫□

帛書・病方・236:以飲之

帛書・病方・237:取野獸肉食者五物之毛等

帛書・病方・237:飲之

帛書・病方・239:□之

帛書・病方・240:而入之其空(孔)中

帛書・病方・241:炊之

帛書・病方・241:有(又)以脩(滫)之

帛書・病方・242:卽取蓑(鋊)末、菽醬之宰(滓)半

帛書・病方・244:以小角角之

帛書・病方・246:牡痔之居竅㾊(廉)

帛書・病方・246:先剥之

帛書・病方・247:以傅之

帛書・病方・247:有(又)復之

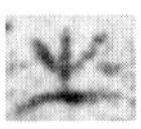

帛書・病方・248:牝痔之入竅中寸

帛書・病方・251:取署(署)苽(蓏)汁二斗以漬之

帛書・病方・251:飲之

帛書・病方・254:牝痔之有數竅

帛書・病方・258:炮之

帛書・病方・259:而吞之

帛書・病方・259:漬以淳酒而垸之

帛書・病方・260:恆先食食之

帛書・病方・261:置般(盤)中而居(踞)之

帛書・病方・262:炊(吹)之

帛書・病方・263:冶黃黔(芩)而婁(屢)傅之

帛書・病方・266:令之乾

帛書・病方・266:治之以柳蕈一挼、艾二

帛書・病方・267:以復(覆)之

帛書・病方・269:寒,則下之

帛書・病方・269:則舉之

帛書・病方・270:卽㰰(歠)之而已

帛書・病方・270:孰(熟)燔之

帛書・病方・272:日五六飲之

帛書・病方・281:令如□灸手以靡(磨)□傅□之

帛書・病方・283:□飲之

帛書・病方・284:以堯膏未湔(煎)者灸銷(消)以和□傅之

帛書・病方・287:□卽取其汁盡飲之

帛書・病方・287:醇酒一斗淳之

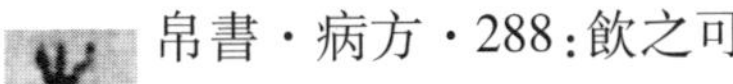
帛書·病方·288:飲之可

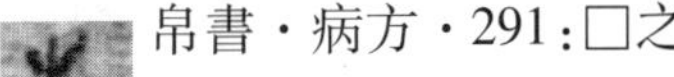
帛書·病方·291:□之

帛書·病方·295:人擕之甚□

帛書·病方·295:如人殚之□

帛書·病方·296:[飲]之

帛書·病方·302:□即潑而□之

帛書·病方·304:以汁洒之

帛書·病方·305:溫之

帛書·病方·306:以犬毛若羊毛封之

帛書·病方·306:以人泥塗之

帛書·病方·308:即三湩(唾)之

帛書·病方·309:傅之數日

帛書·病方·309:浚而熬之

帛書·病方·309:以汁弁之

帛書·病方·310:傅之

帛書·病方·311:傅之

帛書·病方·312:以其灰傅之

帛書·病方·313:布以傅之

帛書·病方·314:以汁傅之

帛書·病方·315:裹以熨之

帛書·病方·316:封之

帛書·病方·317:封之

帛書·病方·318:盛(成),即□囊而傅之

帛書·病方·321:有(又)傅之

帛書·病方·321:以□傅之

帛書·病方·325:取秋竹者(煮)之

帛書·病方·329:皆以甘〈口〉沮(咀)而封之

帛書·病方·331:傅□之

帛書·病方·332:治之

帛書·病方·334:湯寒則炊之

帛書·病方·339:炙之

帛書·病方·340:以血涂(塗)之

帛書·病方·341:燔朴炙之

帛書·病方·342:孰洒加(痂)而傅之

帛書·病方·344:以□脂若豹膏□而炙之

帛書·病方·345:靡(磨)之血

帛書·病方·346:封而炙之

帛書·病方·347:并以截□斗煮之

帛書·病方·347:以傅之

帛書·病方·348:以蓋而約之

帛書·病方·349:以善截饍而封之

帛書·病方·351:□[傅]之

帛書·病方·352:傅之

帛書·病方·352:以布裹[而]約之

帛書·病方·353:以傅之

帛書·病方·354:熱傅之

帛書·病方·355:燔冶之

帛書·病方·356:乾而傅之

帛書·病方·357:燔而冶之

帛書·病方·357:以布約之

帛書·病方·359:傅之

帛書·病方·361:以水銀、穀汁和而傅之

帛書·病方·362:以蠭(蜂)駘弁和之

帛書·病方·366:□之

帛書·病方·366:冶之

帛書·病方·369:我直(值)百疾之□

帛書·病方·371:□鄉(嚮)涶(唾)之

帛書·病方·376:夸就□炊之

帛書·病方·377:抒臧(藏)之

帛書·病方·379:復傅之

帛書·病方·380:以履下靡(磨)抵之

帛書·病方·381:卽唾之

帛書·病方·388:□之

帛書·病方·391:以□洒之

帛書·病方·400:傅之

帛書·病方·409:令□而傅之

帛書·病方·409:孰撓之

帛書·病方·410:以淳酒半斗煮之

帛書·病方·411:壽(擣)之以舂(舂)

帛書·病方·411:脂弁之

帛書·病方·412:鳌之

帛書·病方·412:而以[涂(塗)]之

帛書·病方·412:以酒漬之

帛書·病方·415:舂之

帛書·病方·415:以截、沐相半洎之

帛書·病方·416:以傅疥而炙之

帛書・病方・417:之溫內

帛書・病方・418:同傅之

帛書・病方・419:治之

帛書・病方・419:以傅之

帛書・病方・420:以傅之

帛書・病方・429:摹以捚去之

帛書・病方・431:以熨之

帛書・病方・432:以兔產𡇒(腦)塗之

帛書・病方・433:以封之

帛書・病方・434:卽□葱封之

帛書・病方・434:若烝(蒸)葱熨之

帛書・病方・438:□東鄉(嚮)竈炊之

帛書・病方・439:卽出而冶之

帛書・病方・439:令病者每旦以三指三最(撮)藥入一棓(杯)酒若鬻(粥)中而飲之

帛書・病方・441:而以□飲之

帛書・病方・442:中別爲□之倡而笄門戶上各一

帛書・病方・447:安炊之

帛書・病方・451:冶之

帛書・病方・452:以彘膏已湔(煎)者膏之

帛書・病方・454:撓之

帛書・病方・455:傅之

帛書・病方・456:用良叔(菽)、雷矢各□而耆(擣)之

帛書・病方・457:傅[藥]必先洒之

帛書・病方・458:暴(曝)乾之□

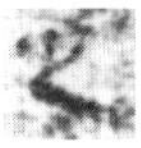

帛書・病方・461:乾之

帛書・病方・殘1:□子令女子浴之

帛書・病方・殘1:之

帛書・病方・殘3:□冶之

帛書・病方・殘4:□之以□

帛書・病方・殘4:熱之皆到□

帛書・病方・殘7:起□復飲之

帛書・病方・殘7:炊之

帛書・病方・殘7:飲之

帛書・病方・殘8:□操而去之

帛書・病方・殘12:之柔□

帛書・病方・殘14:□蕩之五□

帛書・病方・殘18:□見之皆□

帛書・病方・無編號:之

帛書・灸經甲・39:毄(繫)於外踝之前廉

帛書・灸經甲・39:上出魚股之[外]

帛書・灸經甲・54:出[内]踝之上廉

帛書・灸經甲・58:毄(繫)於足大指菆(叢)[毛]之上

帛書・灸經甲・61:有陽脈(脈)與之[俱]病

帛書・灸經甲・62:上穿脊之□廉

帛書・灸經甲・65:[少]陰之脈(脈)

帛書・灸經甲・67:出内陰兩骨之間

帛書・灸經甲・67:筋之上

帛書・灸經甲・70:筋之下

帛書・灸經甲・70:之下骨上廉

帛書・足臂・1:枝之下胸〖注〗之,往。

帛書・足臂・2:之鼻

帛書・足臂・5:枝之肩薄(髆)

帛書・足臂・10:以上之鼻

帛書・足臂・21:三陰之病亂

帛書・足臂・25:之心

集證・166.528:刑舍之

集證・183.732:魏得之

秦印編112:冀丞之印

秦印編112:召亭之印

秦印編112:左田之印

秦印編112:北鄉之印

秦印編112:工師之印

秦印編112:北鄉之印

秦印編112:字丞之印

秦印編112:莊駘之印

秦印編112:魏得之

秦印編112:高成之印

秦印編112:令狐得之

秦印編112:兼之

秦印編112:李澤之

秦印編112:王之印

秦印編112:宮之

陶量:秦印編112:之

秦印編112:岐丞之印

秦印編112:御府之印

秦印編112:中尉之印

秦印編 112:魯丞之印

秦印編 112:杜丞之印

秦印編 112:白狼之丞

秦印編 112:杜丞之印

封泥集 109·1:御史之印

封泥集 115·2:謁者之印

封泥集 116·2:衛尉之印

封泥集 121·1:[廷]尉之印

封泥集 147·1:御府之印

封泥集 147·2:御府之印

封泥集 167·2:寺工之印

封泥集 172·1:中尉之印

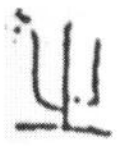

封泥集 172·3:中尉之印

封泥集 180·1:内史之印

封泥集 180·2:内史之印

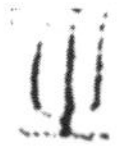

封泥集 180·3:内史之印

封泥集 180·4:内史之印

封泥集 198·1:騶丞之印

封泥集 198·2:騶丞之印

封泥集 198·3:騶丞之印

封泥集 217·2:白水之苑

封泥集 221·1:特庫之印

封泥集 230·1:左田之印

封泥集 233·1:奴盧之印

封泥集 238·1:吳炊之印

封泥集 246·1:雝(雍)丞之印

封泥集 246·3:雝(雍)丞之印

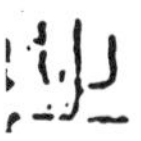

封泥集 247·4:雝(雍)丞之印

封泥集 247·5:雝(雍)丞之印

封泥集 247·6:雝(雍)丞之印

封泥集 256·1:邯鄲之丞

封泥集 256·2:邯鄲之丞

封泥集 276·1:杜丞之印

封泥集 276·3:杜丞之印

封泥集 276·4:杜丞之印

封泥集 276·6:杜丞之印

封泥集 276·7:杜丞之印

封泥集 280·1:犛丞之印

封泥集 280 · 2:犛丞之印
封泥集 280 · 3:犛丞之印
封泥集 280 · 4:犛丞之印
封泥集 280 · 5:犛丞之印 
封泥集 283 · 1:鄘丞之印 
封泥集 285 · 1:商丞之印 
封泥集 285 · 2:商丞之印 
封泥集 285 · 3:商丞之印 
封泥集 288 · 1:卷丞之印
封泥集 289 · 1:懷令之印 
封泥集 291 · 1:丞(承)丞之印 
封泥集 291 · 2:丞(承)丞之印
封泥集 292 · 1:魯丞之印 
封泥集 293 · 1:薛丞之印 
封泥集 293 · 2:薛丞之印 
封泥集 294 · 1:葉丞之印 
封泥集 295 · 2:鄧丞之印 
封泥集 296 · 1:樂成之印 
封泥集 300 · 1:吳丞之印 
封泥集 301 · 1:烏呈之印 
封泥集 302 · 1:芒丞之印 
封泥集 307 · 1:白狼之丞 
封泥集 307 · 2:白狼之丞 
封泥集 308 · 1:資丞之印 
封泥集 309 · 1:廣成之丞 
封泥集 311 · 1:代丞之印 
封泥集 314 · 1:相丞之印 
封泥集 315 · 1:蓍丞之印 
封泥集 315 · 2:蓍丞之印 
封泥集 319 · 1:盧丞之印 
封泥集 319 · 2:盧丞之印 
封泥集 321 · 1:狄城之印 
封泥集 326 · 1:黃丞之印 
封泥集 327 · 1:腄丞之印 
封泥集 329 · 1:夜丞之印 
封泥集 330 · 1:岐丞之印 
封泥集 332 · 1:秋城之印 
封泥集 333 · 1:都鄉之印

封泥集 333・2:都鄉之印

封泥集 333・3:都鄉之印

封泥集 334・4:都鄉之印

封泥集 336・1:右鄉之印

封泥集 338・1:西鄉之印

封泥集 338・2:西鄉之印

封泥集 338・3:西鄉之印

封泥集 338・5:西鄉之印

封泥集 342・1:安鄉之印

封泥集 342・2:安鄉之印

封泥集 342・3:安鄉之印

封泥集 342・4:安鄉之印

封泥集 346・1:休鄉之印

封泥集 346・2:休鄉之印

封泥集 346・3:休鄉之印

封泥集 348・1:請鄉之印

封泥集・附 393・31:之

封泥集・附 393・34:之

封泥集・附 393・37:之

封泥集・附 394・54:之

封泥集・附 394・55:之

封泥集・附 394・56:之

新封泥 B・3. 11:宜陽之丞

新封泥 B・3. 12:碭丞之印

新封泥 B・3. 14:軹丞之印

新封泥 B・3. 19:酇丞之印

新封泥 B・3. 24:柘丞之印

新封泥 B・3. 26:慎丞之印

集證・134. 26:謁者之印

集證・143. 161:□尉之印

集證・143. 162:中尉之印

集證・144. 176:御府之印

集證・144. 177:御府之印

集證・145. 204:特庫之印

集證・149. 259:虎□之□

集證・149. 266:左田之印

集證・150. 282:內史之印

集證・150. 283:內史之印

集證·151.297:杜丞之印
集證·151.298:杜丞之印 
集證·151.299:杜丞之印 
集證·153.320:斄丞之印 
集證·153.323:雍丞之印
集證·153.325:雍丞之印 
集證·153.332:商丞之印
集證·154.339:葉丞之印 
集證·154.340:鄧丞之印 
集證·155.361:夜丞之印 
集證·155.363:腄丞之印 
集證·155.364:黄丞之印 
集證·156.369:承丞之印 
集證·156.370:承丞之印 
集證·156.371:相丞之印 
集證·156.373:芒丞之印 
集證·156.376:吳丞之印 
集證·157.381:邯鄲之丞 
集證·157.382:邯鄲之丞 
集證·157.384:魯丞之印 
集證·157.385:魯丞之印 
集證·157.386:騶丞之印 
集證·157.387:騶丞之印 
集證·157.389:薛丞之印 
集證·157.390:薛丞之印 
集證·160.440:吳炊之印
集證·160.441:奴盧之印 
新封泥 C·17.19:雝丞之印 
新封泥 C·18.6:廄丞之印 
新封泥 C·18.8:西丞之印 
新封泥 C·19.8:魯丞之印 
新封泥 E·16:官臣之印 
封泥印 4:內史之印 
封泥印 21:廷尉之印 
封泥印 50:寺工之印 
封泥印 54:狡士之印 
封泥印 57:御府之印 
封泥印 71:白水之苑

封泥印 76:謁者之印

封泥印 80:池室之印

封泥印 82:特庫之印

封泥印 83:中尉之印

封泥印 90:邯鄲之丞

封泥印 99:杜丞之印

封泥印 100:茝丞之印

封泥印 104:犛丞之印

封泥印 105:漆丞之印

封泥印 106:雝丞之印

封泥印 108:商丞之印

封泥印 109:酆丞之印

封泥印 112:溫丞之印

封泥印 117:慎丞之印

封泥印 120:相丞之印

封泥印 125:芒丞之印

封泥印 128:徐丞之印

封泥印 128:薛丞之印

封泥印 129:虹丞之印

封泥印 130:郯丞之印

封泥印 133:盧丞之印

封泥印 135:僮丞之印

封泥印 135:吳丞之印

封泥印 140:呂丞之印

封泥印 141:蕃丞之印

封泥印・附二 201:懷令之印

封泥印・附二 201:岐丞之印

封泥印・附二 208:蓍丞之印

封泥印・附二 211:掖丞之印

封泥印・附二 214:代丞之印

封泥印・附二 215:白狼之丞

封泥印・附二 215:樂成之印

封泥印・待考 158:吳炊之印

封泥印・待考 161:旱丞之印

封泥印・待考 162:斬丞之印

封泥印・待考 163:機之丞印

新封泥 D・45:罕丞之印

新封泥 A・1.1:邦尉之璽

 新封泥 A・3.6:安台之印

 新封泥 A・4.10:官臣之印

 封泥集・附一 400:北鄉之印

 封泥集・附一 400:雒丞之印

 封泥集・附一 402:左田之印

 封泥集・附一 403:傳舍之印

 封泥集・附一 409:冀丞之印

 封泥集・附一 409:隅陵之部

 封泥集・附一 410:召亭之印

 集證・142.145:工師之印

 集證・153.324:雍丞之印

 集證・156.377:冀丞之印

 集證・158.404:北鄉之印

 集證・159.417:召亭之印

 瓦書・郭子直摹:卑司御不更顝封之

 瓦書・郭子直摹:顝以四年冬十壹月癸酉封之

瓦書・郭子直摹:周天子使卿夫=(大夫)辰來致文武之酢(胙)

 瓦書・郭子直摹:自桑䧢之封以東

瓦書(秦陶・1610):卑司御不更顝封之

瓦書(秦陶・1610・摹):顝以四年冬十壹月癸酉封之

 瓦書(秦陶・1610):周天子使卿夫=(大夫)辰來致文武之酢(胙)

瓦書・摹(秦陶・1610):自桑䧢之封以東

 秦陶・954:宮之

 秦陶・964:宮之

 秦陶・1182:之

 秦陶・1603:皆□壹之

 秦陶 A・1.10:宮之

 始皇詔陶印(《研究》附):皆明壹之

漆器 M11・1(雲夢・附二):之

漆器 M11・1(雲夢・附二):之

漆筒墨書(集證・226.1):寂之寺(持)簧

1305　帀　　　帀

卌四年工師文罍・摹(集證・28):卌四年工帀(師)文〖注〗工師,官名。

卌六年私官鼎・口沿(秦銅・49):卌六年工帀(師)瘨

 卌六年邦工師扁壺(隨州・4):卌六年邦工帀(師)〖注〗邦工師,官名。

卌六年邦工師扁壺・摹(隨州・4):卌六年邦工帀(師)

傳世秦子戈(集證・11):左右帀(師)□用逸宜〖注〗左右師,指軍隊

的組織形式。〖編者按〗此及下五文陳平釋爲"市"。

故宫藏秦子戈(集證·10):左右帀(師)鮭(旅)用逸宜

故宫藏秦子戈·摹(集證·10):左右帀(師)鮭(旅)用逸宜

珍秦齋秦子戈:珍金·38(左右帀(師)鮭(旅)用逸宜)〖注〗帀鮭,王輝讀爲"師旅"。李學勤訓爲《説文》"帀"字,今作"匝";"鮭"讀爲"夾",訓爲輔,"帀鮭"讀爲"匝夾",聯綿詞,義爲圍繞、輔衛。

珍秦齋秦子戈·摹(珍金·38):左右帀(師)鮭(旅)用逸宜

香港秦子戈二·摹(新戈·2):左右帀(師)鮭(旅)逸宜

十三年相邦義戈·摹(秦銅·30):咸陽工帀(師)田

十四年相邦冉戈·摹(秦銅·38):樂(櫟)工帀(師)□

□□年丞相觸戈·摹(秦銅·39):咸□□[陽工]帀(師)葉

廿一年相邦冉戈一·摹(秦銅·47.1):雝(雍)工帀(師)葉

廿一年相邦冉戈二(珍金·64):雝(雍)工帀(師)葉

廿一年相邦冉戈二·摹(珍金·64):雝(雍)工帀(師)葉

卅二年相邦冉戈(珍金·80):雝(雍)工帀(師)齒

卅二年相邦冉戈·摹(珍金·80):雝(雍)工帀(師)齒

卅四年蜀守戈·摹(集證·29):西工帀(師)□

卌年上郡守起戈一·摹(秦銅·50):□工帀(師)稓(?)

廿年上郡戈·摹(集成11548.1):廿年漆工帀(師)攻(?)丞□造

秦子矛(集證·12):□右帀(師)鮭(旅)用逸宜

秦印編113:帀□

秦陶·665:右工帀

廿九年漆奩·黄盛璋摹(集證·27):右工帀(師)象

廿九年漆奩·王輝摹(集證·27):右工帀(師)象

1306　師　𡴀　　師　𡴀

高陵君鼎·摹(集證·22):工師游〖注〗工師,官名。

二年寺工壺(集證·32):二年寺工師初〖注〗寺工師,"寺工工師"之省文。

二年寺工壺·摹(秦銅·52):二年寺工師初

六年漢中守戈(集證·19):左工師齊〖注〗左工師,官名。

六年漢中守戈·摹(集證·19):左工師齊

六年上郡守閒戈(登封·4.2):高奴工師蕃鬼薪工臣

七年上郡守閒戈·照片(秦銅·33):桼(漆)垣工師嬰

七年上郡守閒戈·摹(秦銅·33):桼(漆)垣工師嬰

十二年上郡守壽戈·摹(秦銅·35):漆垣工師乘

十三年上郡守壽戈·摹(集證·21):桼(漆)垣工師乘

□□年上郡守戈(集證·20):漆垣工師乘

□□年上郡守戈·摹(集證·20):漆垣工師乘

 十五年上郡守壽戈(集證・23):漆垣工師乘

 十五年上郡守壽戈・摹(集證・24):漆垣工師乘

 廿年相邦冉戈(集證・25.1):西工師□

 廿年相邦冉戈・摹(秦銅・42):西工師□

廿五年上郡守厝戈・摹(秦銅・43):高奴工師竈丞申

廿七年上郡守趞戈・故宫藏・摹(秦銅・46):漆工師□

廿七年上郡守趞戈(集證・25.2):漆工師□

 十六年少府戈(珍金・102):十六年少府工師乙

十六年少府戈・摹(珍金・102):十六年少府工師乙

廿六年蜀守武戈・摹(集證・36.2):東工師宦

 廿四年上郡守戟(潛山・19):高奴工師□

 石鼓文・而師(先鋒本):□□而師

詛楚文・巫咸(中吳本):奮士[盛]師

 詛楚文・亞駝(中吳本):奮士盛師

詛楚文・亞駝(中吳本):克劑(翦)楚師

 詛楚文・巫咸(中吳本):克劑(翦)楚師

 詛楚文・湫淵(中吳本):奮士盛師

詛楚文・湫淵(中吳本):克劑(翦)楚師

 睡簡・雜抄・17:貲工師二甲

 睡簡・雜抄・17:貲工師一甲

 睡簡・秦律・111:工師善教之

 睡簡・雜抄・18:工師及丞貲各二甲

 睡簡・日乙・19:利以行師徒、見人、入邦

 集證・142.145:工師之印

秦印編113:師

秦印編113:師越

十七年漆盒・摹(漆盒・3):十七年大(太)后詹事丞□工師□

1307　𡳿　出

秦陵木車馬金銀泡刻字(序號1)・摹(集證・228～237):出

秦陵木車馬金銀泡刻字(序號4)・摹(集證・228～237):出

秦陵木車馬金銀泡刻字(序號5)・摹(集證・228～237):出

秦陵木車馬金銀泡刻字(序號7)・摹(集證・228～237):出

秦陵木車馬金銀泡刻字(序號8)・摹(集證・228～237):出

秦陵木車馬金銀泡刻字(序號11)・摹(集證・228～237):出

秦陵木車馬金銀泡刻字(序號13)・摹(集證・228～237):出

秦陵木車馬金銀泡刻字(序號16)・摹(集證・228～237):出

秦陵木車馬金銀泡刻字(序號25)・摹(集證・228～237):出

秦陵木車馬金銀泡刻字(序號27)・摹(集證・228～237):出

秦陵木車馬金銀泡刻字（序號31）·摹（集證·228～237）：出

秦陵木車馬金銀泡刻字（序號32）·摹（集證·228～237）：出

秦陵木車馬金銀泡刻字（序號43）·摹（集證·228～237）：出

秦陵木車馬金銀泡刻字（序號44）·摹（集證·228～237）：出

秦陵木車馬金銀泡刻字（序號45）·摹（集證·228～237）：出

秦陵木車馬金銀泡刻字（序號46）·摹（集證·228～237）：出

秦陵木車馬金銀泡刻字（序號47）·摹（集證·228～237）：出

秦陵木車馬金銀泡刻字（序號48）·摹（集證·228～237）：出

秦陵木車馬金銀泡刻字（序號49）·摹（集證·228～237）：出

秦陵木車馬金銀泡刻字（序號50）·摹（集證·228～237）：出

秦陵木車馬金銀泡刻字（序號51）·摹（集證·228～237）：出

秦陵木車馬金銀泡刻字（序號52）·摹（集證·228～237）：出

秦陵木車馬金銀泡刻字（序號53）·摹（集證·228～237）：出

秦陵木車馬金銀泡刻字（序號55）·摹（集證·228～237）：出

秦陵木車馬金銀泡刻字（序號56）·摹（集證·228～237）：出

秦陵木車馬金銀泡刻字（序號57）·摹（集證·228～237）：出

秦陵木車馬金銀泡刻字（序號60）·摹（集證·228～237）：出

秦陵木車馬金銀泡刻字（序號85）·摹（集證·228～237）：出

秦陵木車馬金銀泡刻字（序號86）·摹（集證·228～237）：出

秦陵木車馬金銀泡刻字（序號88）·摹（集證·228～237）：出

秦陵木車馬金銀泡刻字（序號89）·摹（集證·228～237）：出

秦陵木車馬金銀泡刻字（序號90）·摹（集證·228～237）：出

秦陵木車馬金銀泡刻字（序號91）·摹（集證·228～237）：出

秦陵木車馬金銀泡刻字（序號92）·摹（集證·228～237）：出

秦陵木車馬金銀泡刻字（序號93）·摹（集證·228～237）：出

秦陵木車馬金銀泡刻字（序號94）·摹（集證·228～237）：出

秦陵木車馬金銀泡刻字（序號95）·摹（集證·228～237）：出

秦陵木車馬金銀泡刻字（序號96）·摹（集證·228～237）：出

秦陵木車馬金銀泡刻字（序號97）·摹（集證·228～237）：出

秦陵木車馬金銀泡刻字（序號98）·摹（集證·228～237）：出

秦陵木車馬金銀泡刻字（序號99）·摹（集證·228～237）：出

秦陵木車馬金銀泡刻字（序號133）·摹（集證·228～237）：出

秦陵木車馬金銀泡刻字（序號134）·摹（集證·228～237）：出

秦陵木車馬金銀泡刻字（序號136）·摹（集證·228～237）：出

秦陵木車馬金銀泡刻字（序號137）·摹（集證·228～237）：出

秦陵木車馬金銀泡刻字（序號138）·摹（集證·228～237）：出

石鼓文·田車（先鋒本）：□出各亞

天簡39·乙：從西方出

天簡26・乙:有從之出

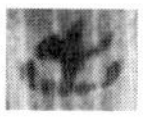

天簡27・乙:從之出

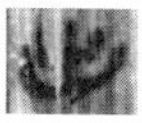

天簡27・乙:大復(腹)出目必得

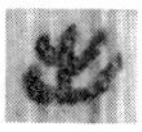

睡簡・效律・58:計脫實及出實多於律程

睡簡・答問・153:當出未出

睡簡・答問・153:當出未出

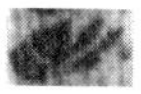

睡簡・封診・69:乃視舌出不出

睡簡・封診・69:乃視舌出不出

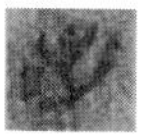

睡簡・效律・58:及不當出而出之

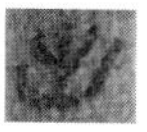

睡簡・效律・58:及不當出而出之

睡簡・答問・208:及將長令二人扶出之〖注〗出,歸。

睡簡・答問・48:未出徼闌亡

睡簡・答問・5:出徼

睡簡・答問・166:得及自出

睡簡・答問・165:弗令出戶賦之謂敔

睡簡・答問・132:未論而自出

睡簡・答問・13:工盜以出

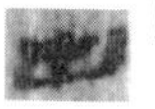

睡簡・答問・131:自出

睡簡・答問・140:盜出朱(珠)玉邦關及買(賣)於客者

睡簡・答問・150:禾稼能出

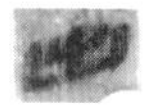

睡簡・答問・159:當負不當出

睡簡・答問・153:即出禾以當叔(菽)、麥

睡簡・封診・89:今尚血出而少

睡簡・封診・86:診甲前血出及癰狀

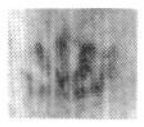

睡簡・封診・27:山儉(險)不能出身山中

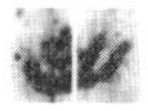

睡簡・封診・66:其口鼻氣出渭(喟)然

睡簡・封診・66:舌出齊唇吻

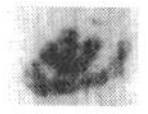

睡簡・封診・57:𡿺(腦)角出(頔)皆血出〖注〗出,讀爲"頔",眼眶下部。

睡簡・封診・57:𡿺(腦)角出(頔)皆血出

睡簡・秦律・84:抉出其分

睡簡・秦律・85:皆出之

睡簡・秦律・28:其出入、增積及效如禾

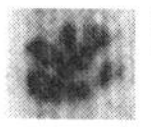

睡簡・秦律・22:皆輒出

睡簡・秦律・29:出之未素(索)而已備者

睡簡・秦律・29:禾、芻稾積素(索)出日

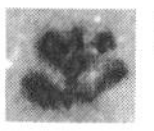

睡簡・秦律・29:與出之

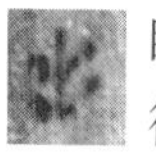

睡簡・秦律・26:其出入禾、增積如律令

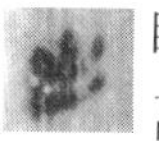

睡簡・秦律・26:萬石之積及未盈萬石而被(柀)出者

睡簡・秦律・23:出者負之

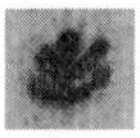

睡簡・秦律・23:非入者是出之

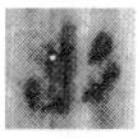

睡簡・秦律・23:令出之

睡簡・秦律・24:雜出禾者勿更

睡簡・秦律・99・摹:不同程者毋同其出

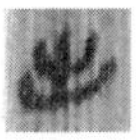

睡簡・秦律・67:其出入錢以當金、布

睡簡・秦律・64:出錢

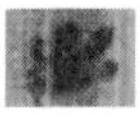

睡簡・秦律・70:以書告其出計之年

睡簡・秦律・30:當□者與雜出之

睡簡・秦律・32:與倉□雜出之

睡簡・秦律・31:令其故吏與新吏雜先索(索)出之

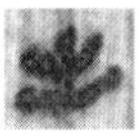

睡簡・秦律・187:都官歲上出器求補者數

睡簡・秦律・120:其近田恐獸及馬牛出食稼者

睡簡・秦律・125:皆爲用而出之〖注〗出,罷、注銷。

睡簡・秦律・121:以田少多出人

睡簡・秦律・19:官告馬牛縣出之〖注〗出,銷賬。

睡簡・秦律・169:其出禾

睡簡・秦律・173:縣嗇夫令人復度及與雜出之

睡簡・秦律・174:羣它物當負賞(償)而僞出之以彼(貱)賞(償)

睡簡・秦律・171:某廥出禾若干石

睡簡・秦律・171:終歲而爲出

睡簡・秦律・170:有(又)書其出者

睡簡・秦律・137:出其一人

睡簡・秦律・148:出其器

睡簡・秦律・142:出其衣食

睡簡・秦律・119:及雖未盈卒歲而或盜快(決)道出入

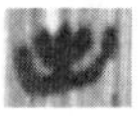

睡簡・雜抄・26:徒出射之

睡簡・雜抄・37:戰死事不出〖注〗出,讀爲"屈"。

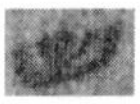

睡簡・雜抄・5:有爲故秦人出〖注〗出,出境。

睡簡・日甲・81正:不利出入人

睡簡・日甲・2背:直參以出女

睡簡・日甲・21背:日出炙其

睡簡・日甲・92背:不出三月有得

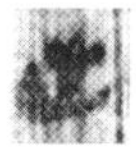

睡簡・日甲・92正:不可出女

睡簡・日甲・92正:勿以出入鷄

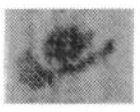

睡簡・日甲・96背:不出卒歲

睡簡・日甲・93正:申不可出貨

睡簡・日甲・91背:□此胃者不出

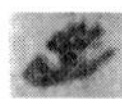 睡簡・日甲・68 背:以望之日日始出而食之

 睡簡・日甲・6 背:丁巳以出女

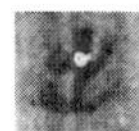 睡簡・日甲・6 背:凡參、翼、軫以出女

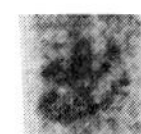 睡簡・日甲・6 背:凡取妻、出女之日

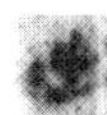 睡簡・日甲・78 正:不出三月有大得

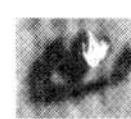 睡簡・日甲・79 正:不出三歲必有大得

 睡簡・日甲・7 正:利以行帥〈師〉出正(征)、見人

 睡簡・日甲・7 正:女必出於邦

 睡簡・日甲・38 正:不可取婦、家(嫁)女、出入貨及生(牲)

 睡簡・日甲・3 背:不出三歲

睡簡・日甲・3 背:直營室以出女

 睡簡・日甲・33 正:亟出

 睡簡・日甲・4 背:不出二歲

 睡簡・日甲・4 背:囊(攘)婦以出

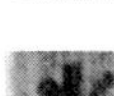 睡簡・日甲・4 背:直牽牛、須女出女

睡簡・日甲・44 正:出入貨及生(牲)

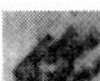 睡簡・日甲・41 背:不出三年

 睡簡・日甲・41 正:亟出

 睡簡・日甲・58 正:不出歲亦寄焉

 睡簡・日甲・59 背:不出壹歲

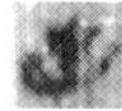 睡簡・日甲・108 正:毋以午出入臣妾、馬[牛]

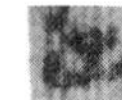 睡簡・日甲・101 正:不可以取婦、家(嫁)女、禱祠、出貨

睡簡・日甲・18 背:水瀆(竇)南出

 睡簡・日甲・129 正:不出三月

 睡簡・日甲・129 正:其央(殃)不出歲中

 睡簡・日甲・19 背:出逐

 睡簡・日甲・16 背:水瀆(竇)西出

 睡簡・日甲・17 背:門出衡

 睡簡・日甲・17 背:水瀆(竇)北出

 睡簡・日甲・130 正:出其門

睡簡・日甲・158 背:弗敺(驅)自出

睡簡・日甲・155 背:利壞垣、徹屋、出寄者

 睡簡・日甲・110 背:是謂出亡歸死之日也

 睡簡・日甲・114 正:日出一布

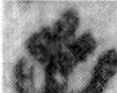 睡簡・日乙・殘 8:□可以出□

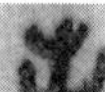 睡簡・日乙・247:不出三日必死

 睡簡・日乙・253:其門西北出

 睡簡・日乙・98:祠及行、出入[貨]

睡簡・日乙・92:不可出女

睡簡・日乙・99:取婦、家(嫁)女、出入貨

睡簡・日乙・62:出入人民、畜生

睡簡・日乙・64:己□出種及鼠(予)人

睡簡・日乙・70:可以出入牛、服之

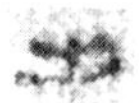

睡簡・日乙・42:不出三歲必代寄焉

睡簡・日乙・45:必復出

睡簡・日乙・50:有出殹(也)

睡簡・日乙・59:亟出

睡簡・日乙・57:出入人民、畜生

睡簡・日乙・134:其央(殃)不出歲

睡簡・日乙・135:不出三月

睡簡・日乙・140:以出

睡簡・日乙・156:日出卯

睡簡・日乙・117:以出母〈女〉、取婦

睡簡・爲吏・49:出則敬

睡簡・效律・29:其出禾

睡簡・效律・29:有(又)書其出者

睡簡・效律・60:而復責其出殹

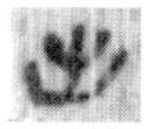

睡簡・效律・33:縣嗇夫令人復度及與雜出之

睡簡・效律・34:羣它物當負賞(償)而僞出之以彼(貱)賞(償)

睡簡・效律・31:某廥出禾若干石

睡簡・效律・30:終歲而爲出

龍簡・36:風荼穴(突)出

龍簡・18・摹:追盜賊、亡人出入禁苑耎(?)者得□

龍簡・150:租者且出以律

龍簡・20:□不出者

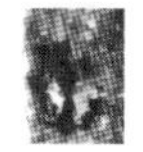

龍簡・2:竇出入及毋(無)符傳而闌入門者

龍簡・230:□甲出□

龍簡・68・摹:出□

龍簡・67・摹:出入之

龍簡・39:及見獸出在外

龍簡・39:垣有壞決獸道出

關簡・165:日出時

關簡・329:之東西垣日出所燭

關簡・369:浴蠶(蠶)必以日毚(纔)始出時浴之

關簡・367:日出俊

關簡・378:卽出

關簡·349:到明出種

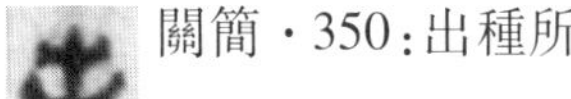
關簡·350:出種所

關簡·350:與皆出種

關簡·316:令血欲出

關簡·316:令汗出

關簡·168:日出

帛書·足臂·33:出臑□上

帛書·足臂·33:出中指間

帛書·病方·265:時從其空(孔)出有白蟲時從其空出

帛書·病方·265:時從其空(孔)出有白蟲時從其空出

帛書·病方·11:止血出者

帛書·病方·12:毋血出

帛書·病方·13:傷者血出

帛書·病方·18:出其汁

帛書·病方·21:虫即出

帛書·病方·31:入即出

帛書·病方·32:一熨寒汗出

帛書·病方·42:出之

帛書·病方·92:出

帛書·病方·94:孰(熟)而出

帛書·病方·111:不出一月宥(疣)已

帛書·病方·124:出入飲食自次(恣)

帛書·病方·158:□及癟不出者方

帛書·病方·164:類石如泔從前出

帛書·病方·206:以日出時

帛書·病方·219:爲之恆以星出時爲之

帛書·病方·239:有嬴肉出

帛書·病方·245:若有堅血如拍末而出者

帛書·病方·248:後而潰出血

帛書·病方·253:血出者方

帛書·病方·254:令血出

帛書·病方·254:蟯白徒道出者方

帛書·病方·261:其蟲出

帛書·病方·262:引出

帛書·病方·263:人州出不可入者〖注〗州,竅,即肛門。州出,脱肛。

帛書·病方·265:空(孔)兑兑然出

帛書·病方·291:令汗出到足

帛書·病方·295:出禮(體)

帛書・病方・308:從竈出毋延

帛書・病方・319:毋出

帛書・病方・334:到餔[時]出休

帛書・病方・346:蟲環出

帛書・病方・402:以桑薪燔□其□令汁出

帛書・病方・423:行山中而疕出其身

帛書・病方・439:卽出而冶之

帛書・病方・殘1:□出舌

帛書・灸經甲・39:上出魚股之[外]

帛書・灸經甲・41:汗出

帛書・灸經甲・50:出臂外兩骨之間

帛書・灸經甲・52:出臂上廉

帛書・灸經甲・54:出[內]踝之上廉

帛書・灸經甲・54:出魚股陰下廉

帛書・灸經甲・59:上出魚股內廉

帛書・灸經甲・62:出郄(郄)[中]央

帛書・灸經甲・67:出內陰兩骨之間

帛書・足臂・1:出外踝窶(婁)中

帛書・足臂・1:出於郄(郄)

帛書・足臂・5:出脅

帛書・足臂・5:出於股外兼(廉)

帛書・足臂・5:出於踝前

帛書・足臂・6:出䐔(枕)

帛書・足臂・6:出目外漬(眥)

帛書・足臂・6:出於項、耳

帛書・足臂・10:出股

帛書・足臂・10:上出乳內兼(廉)

帛書・足臂・12:數熱汗出

帛書・足臂・13:出肝

帛書・足臂・13:出股

帛書・足臂・13:出內踝窶(婁)中

帛書・足臂・16:出大指內兼(廉)骨蔡(際)

帛書・足臂・16:出股內兼(廉)

帛書・足臂・16:出內踝上兼(廉)

帛書・足臂・19:以上出胻內兼(廉)

帛書・足臂・23:唐(溏)[泄]恆出

帛書・足臂・25:出夜(腋)內兼(廉)

帛書・足臂・27:出臑內下兼(廉)

帛書·足臂·27:出夜(腋)

帛書·足臂·29:出肩外兼(廉)

帛書·足臂·29:出臑下兼(廉)

帛書·足臂·29:出小指

帛書·足臂·31:出中指

瓦書·郭子直摹:大良造庶長游出命曰〖注〗出命,宣佈王命。

瓦書(秦陶·1610):大良造庶長游出命曰

秦陶·1053:安出

秦陶·1056:安出

1308 索

睡簡·封診·68:索袤丈

睡簡·封診·69:即視索終〖注〗索,繩索。

睡簡·封診·66:解索

睡簡·封診·66:索迹椒(椒)鬱

睡簡·封診·67:它度毋(無)兵刃木索迹

睡簡·封診·65:索上終權

睡簡·封診·70·摹:道索終所試脫頭

睡簡·封診·70:乃解索

睡簡·封診·71·摹:索迹不鬱

睡簡·封診·71:索終急不能脫

睡簡·秦律·22:餘之索而更爲發戶〖注〗索,空。

睡簡·秦律·167:先索以稟人

睡簡·日甲·72正:得之於黄色索魚、堇酉(酒)〖注〗索,疑讀爲“臘”。

睡簡·日乙·184:□索魚堇□閒

睡簡·爲吏·13:索其政〖注〗索,求。

龍簡·140·摹:租笄索不平一尺以上〖注〗笄索,疑爲收繳租穀的一種工具或方法。

帛書·病方·4:汁宰(滓)皆索〖注〗索,盡。

帛書·病方·45:嬰兒索痙〖注〗嬰兒索痙,產婦子瘈一類病症。或說,爲小兒臍帶風。

1309 南 𡴘

天簡21·甲:旦南吉

天簡21·甲:中夜南吉

天簡21·甲:南吉

天簡22·甲:南吉

天簡23·甲:南吉昏北吉

天簡23·甲:日中南吉

天簡26·乙:從南方

天簡27·乙:從南方

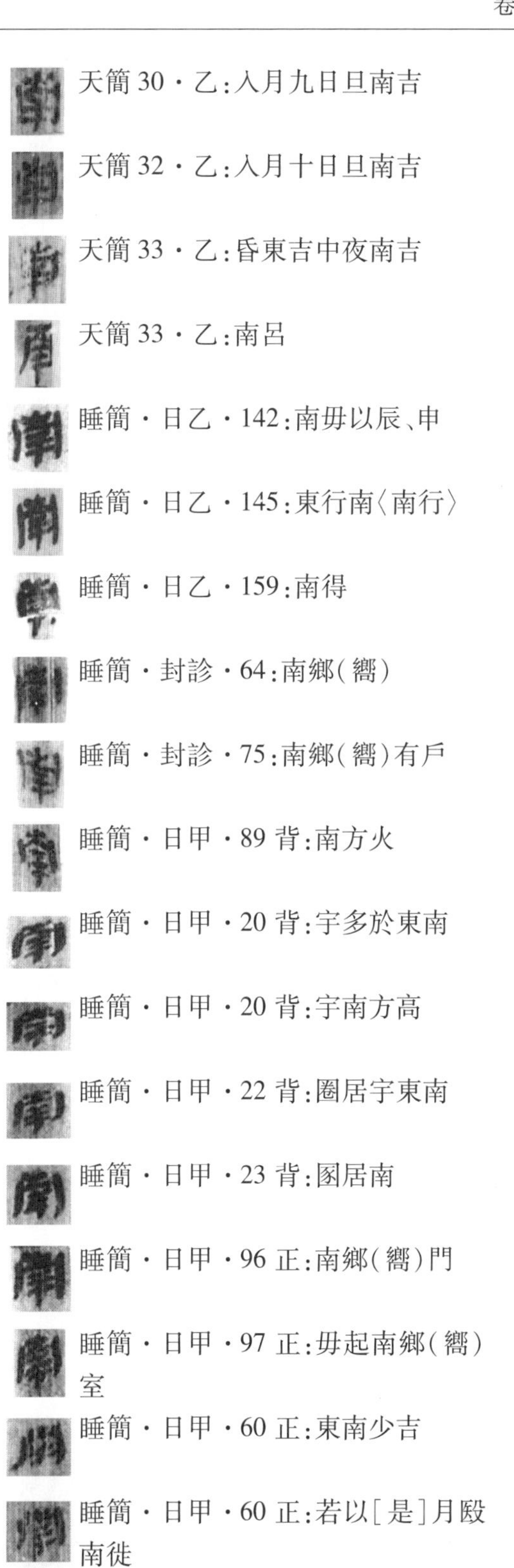

天簡30・乙:入月九日旦南吉

天簡32・乙:入月十日旦南吉

天簡33・乙:昏東吉中夜南吉

天簡33・乙:南吕

睡簡・日乙・142:南毋以辰、申

睡簡・日乙・145:東行南〈南行〉

睡簡・日乙・159:南得

睡簡・封診・64:南鄉(嚮)

睡簡・封診・75:南鄉(嚮)有戶

睡簡・日甲・89背:南方火

睡簡・日甲・20背:宇多於東南

睡簡・日甲・20背:宇南方高

睡簡・日甲・22背:圈居宇東南

睡簡・日甲・23背:圂居南

睡簡・日甲・96正:南鄉(嚮)門

睡簡・日甲・97正:毋起南鄉(嚮)室

睡簡・日甲・60正:東南少吉

睡簡・日甲・60正:若以[是]月殹南徙

睡簡・日甲・60正:西南刺離

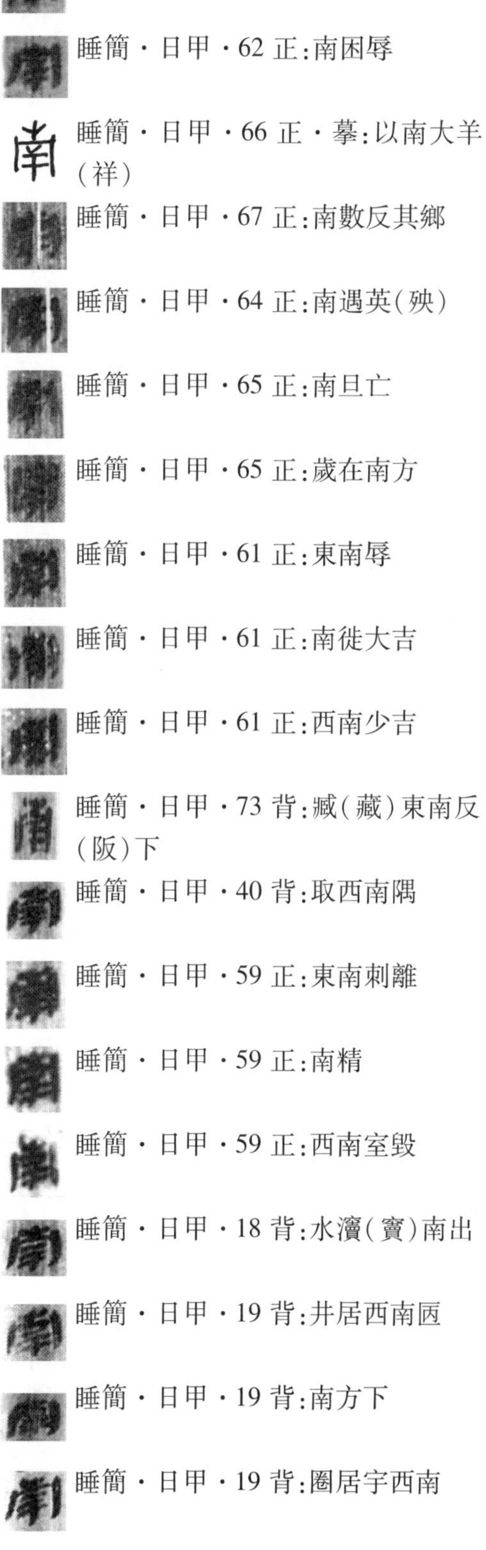

睡簡・日甲・62正:南精

睡簡・日甲・62正:南困辱

睡簡・日甲・66正・摹:以南大羊(祥)

睡簡・日甲・67正:南數反其鄉

睡簡・日甲・64正:南遇英(殃)

睡簡・日甲・65正:南旦亡

睡簡・日甲・65正:歲在南方

睡簡・日甲・61正:東南辱

睡簡・日甲・61正:南徙大吉

睡簡・日甲・61正:西南少吉

睡簡・日甲・73背:臧(藏)東南反(阪)下

睡簡・日甲・40背:取西南隅

睡簡・日甲・59正:東南刺離

睡簡・日甲・59正:南精

睡簡・日甲・59正:西南室毀

睡簡・日甲・18背:水瀆(竇)南出

睡簡・日甲・19背:井居西南㢖

睡簡・日甲・19背:南方下

睡簡・日甲・19背:圈居宇西南

睡簡・日甲・16背:困居宇西南匧

睡簡・日甲・16背:宇多於西南之西

睡簡・日甲・138背:毋起北南陳垣及矰(增)之

睡簡・日甲・138正:南凶

睡簡・日甲・138正:東南、西吉

睡簡・日甲・132正:毋以癸甲西南行

睡簡・日甲・132正:毋以辛壬東南行

睡簡・日甲・136正:南得

睡簡・日甲・136正:日中南得

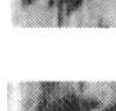睡簡・日甲・136正:西南吉

睡簡・日甲・137正:西南吉

睡簡・日甲・131正:夏三月戊辰不可南

睡簡・日甲・140背:夏三月毋起南鄉(嚮)室

睡簡・日甲・14背:爲池西南

睡簡・日甲・144正:去父母南

睡簡・日甲・15背:困居宇東南匧

睡簡・日甲・110正:三月南方

睡簡・日甲・112正:刑尸作事南方

睡簡・日甲・119正:南門

睡簡・日甲・116正:南門

睡簡・日甲・115正:井居西南

睡簡・日乙・200:南執辱

睡簡・日乙・200:正南續光

睡簡・日乙・208:去室西南受兇(凶)

睡簡・日乙・209:正西南有憙(禧)

睡簡・日乙・207:東南受央(殃)

睡簡・日乙・222:東南晋之

睡簡・日乙・223:其南晋之

睡簡・日乙・221:南室有亡子

睡簡・日乙・240:女子於南

睡簡・日乙・257:盜在南方

睡簡・日乙・217:其南晋之

睡簡・日乙・213:南方

睡簡・日乙・211:其南有憙(禧)

睡簡・日乙・74:南鄉(嚮)者富

睡簡・日乙・183:煩及歲皆在南方

睡簡・日乙・122:壬子、癸丑南

睡簡・日乙・198:東南反鄉

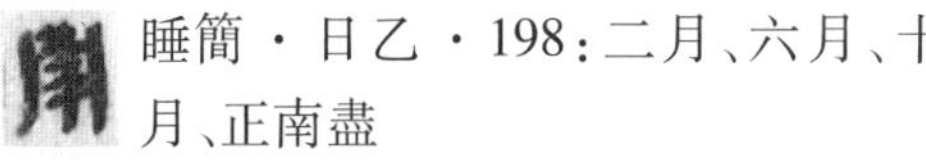
睡簡·日乙·198:二月、六月、十月、正南盡

睡簡·日乙·198:西南斲(鬭)

睡簡·日乙·199:西南反鄉

睡簡·日乙·199:西南反鄉

睡簡·日乙·199:正南吉富

睡簡·日乙·197:東南夬麗

睡簡·日乙·197:西南執辱

睡簡·日乙·169:南兇(凶)

睡簡·日乙·167:南見疾

睡簡·日乙·163:西南得

睡簡·日乙·165:南得

睡簡·日乙·161:南得

睡簡·日乙·170:赤肉從南方來

睡簡·日乙·172:赤肉從南方來

睡簡·日乙·179:亥以東南得

睡簡·日乙·177:南兇(凶)

睡簡·日乙·173:南兇(凶)

睡簡·日乙·175:南聞言

睡簡·日乙·171:西南吉

龍簡·214·摹:南郡用節不紿時令☐〖注〗南郡,郡名。

關簡·13:坐南𩪇

關簡·147:南首者富

關簡·156:南

關簡·363:南行越火

關簡·361:求東南方

關簡·361:求南方

關簡·337:卽令病心者南首臥

關簡·356:從西南入

帛書·病方·96:毋居南止

帛書·病方·105:令南北[列]

帛書·病方·106:道南方始

秦印編113:小廄南田

秦印編113:南海司空

秦印編113:南宮尚浴

秦印編113:南池里印

秦印編113:南鄉

秦印編113:南鄉喪事

秦印編113:南郡侯印

秦印編 113:南盧

秦印編 113:杭南

秦印編 113:谷南

秦印編 113:南顆

秦印編 113:南郭梗

秦印編 113:南宮郎中

秦印編 113:南頓丞印

秦印編 113:南市

秦印編 113:南頓

秦印編 113:南宮郎丞

秦印編 113:杜南苑丞

封泥集 203・1:南宮郎丞

封泥集 203・2:南宮郎丞

封泥集 203・3:南宮郎丞

封泥集 203・4:南宮郎丞

封泥集 203・5:南宮郎丞〖注〗南宮,宮名。

封泥集 203・6:南宮郎丞

封泥集 204・9:南宮郎丞

封泥集 204・10:南宮郎丞

封泥集 204・11:南宮郎丞

封泥集 204・12:南宮郎丞

封泥集 215・2:杜南苑丞

封泥集 215・3:杜南苑丞

封泥集 253・1:南郡司空

封泥集 297・1:南鄭丞印

封泥集 305・1(南頓丞印):〖注〗南頓,地名。

封泥集 305・1:南頓

封泥集 339・1:南鄉

封泥集 339・2:南鄉

封泥集 339・3:南鄉

封泥集 339・4:南鄉

封泥集 339・5:南鄉

封泥集 360・1:南成鄉印

封泥集 360・2:南成鄉印

封泥集 360・3:南成鄉印

封泥集 361・1:南陽鄉印

封泥集 361・2:南陽鄉印

封泥集 361・3:南陽鄉印

集證・138.94:南宮郎丞

集證・148.251:杜南苑丞

集證・155.353:南頓丞印

集證・155.354:南頓

集證・156.374:南鄭丞印

新封泥 C・17.21:南陽郎丞

新封泥 E・18:南郡府丞

封泥印 62:南宮郎中

封泥印 63:南宮郎丞

封泥印 68:杜南苑丞

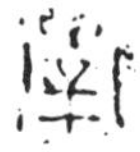

封泥印 123:南鄭丞印

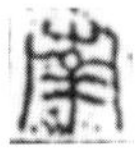

新封泥 D・28:南宮郎中

新封泥 A・3.9:南室府丞

封泥集・附一 400:南鄉

封泥集・附一 401:南宮尚浴

封泥集・附一 404:南盧

封泥集・附一 404:小廄南田〖注〗南田,官名。

封泥集・附一 407:南海司空

封泥集・附一 407:南郡候印

封泥集・附一 410:南池里印

封泥集・附一 410:南鄉喪吏

集證・135.42:南宮尚浴

集證・141.141:南海司空

集證・150.274:小廄南田

集證・158.408:南鄉

集證・160.430:南郡候印

集證・160.443:南鄉喪吏

集證・170.571:南盧

秦陶・1251:汧南

秦陶・1256:汧南

南郊 137・124.16:武南

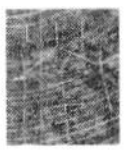

南郊 709・198:南陽趙氏十斗〖注〗南陽,地名。

漆器 M9・44(雲夢・附二):南主廿

1310　生　生

秦公鎛鐘・摹(秦銅・16.3):萬生(姓)是敕〖注〗萬姓,萬民,指一般民眾。

大墓殘磬(集證・75):□百生(姓)〖注〗百姓,王輝說指來宗廟助祭的異姓貴族。

天簡 33・乙:上北而生者

天簡 26・乙:金生

天簡 33・乙:下八而生者三

天簡 39・乙:生

天簡 27・乙:火生

天簡 28・乙:畜生

睡簡・日乙・132:聚具畜生

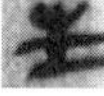睡簡・日乙・159:已大翏(瘳)、死生

睡簡・日乙・157:死生在申

睡簡・日乙・118:不可取婦、家(嫁)女、入畜生

睡簡・日乙・106:以生子

睡簡・答問・92:小畜生入人室

睡簡・答問・69:不欲其生

睡簡・答問・69:今生子

睡簡・答問・51:生翏(戮)

睡簡・答問・121:或曰生埋

睡簡・答問・121:生定殺水中之謂殹

睡簡・答問・167:生子

睡簡・封診式・86:即診嬰兒男女、生髮及保(胞)之狀

睡簡・秦律・84:牧將公畜生而殺、亡之

睡簡・秦律・77:及隸臣妾有亡公器、畜生者

睡簡・秦律・74:猥生者

睡簡・秦律・4:取生荔、麛䴠(卵)鷇

睡簡・秦律・1:稼已生後而雨

睡簡・日甲・80 正・摹:生子

睡簡・日甲・8 背:月生五日曰杵

睡簡・日甲・82 背:癸名曰陽生先智丙

睡簡・日甲・82 正:生子

睡簡・日甲・87 正:生子

睡簡・日甲・83 正:生子亡者

睡簡・日甲・85 正:以生子

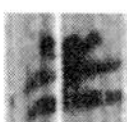睡簡・日甲・81 正:以生子

睡簡・日甲・25 正・摹:入臣徒、馬牛、它生(牲)

睡簡・日甲・90 正:以生子

睡簡・日甲・98 正:其生(牲)清(青)

睡簡・日甲・92 正:生子

睡簡・日甲・97 正:其生(牲)白

睡簡・日甲・93 正:以生子

睡簡・日甲・94 正:生子

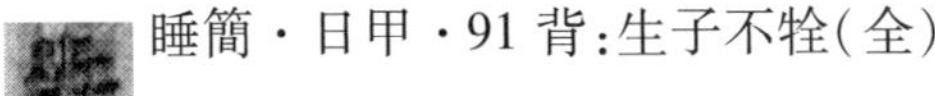
睡簡・日甲・91 背:生子不牷(全)

睡簡・日甲・91 正:以生子

睡簡・日甲・70 正:生子

睡簡・日甲・78 正:毋(無)它同生

睡簡・日甲・78 正:以生子

睡簡・日甲・79 正:生子

睡簡・日甲・76 正:生子

睡簡・日甲・77 正:生子

睡簡・日甲・73 正:生子

睡簡・日甲・74 正:生子

睡簡・日甲・75 正:生子

睡簡・日甲・71 正:生子

睡簡・日甲・7 正:生子

睡簡・日甲・38 正:不可取婦、家(嫁)女、出入貨及生(牲)

睡簡・日甲・38 正:以生子

睡簡・日甲・32 正:利見人及畜畜生

睡簡・日甲・37 正:生子

睡簡・日甲・34 正:生子

睡簡・日甲・40 正:以生子

睡簡・日甲・42 正:利居室、入貨及生(牲)

睡簡・日甲・42 正:生子

睡簡・日甲・44 背:是宲宲〈是是宲〉人生爲鬼

睡簡・日甲・44 正:出入貨及生(牲)

睡簡・日甲・44 正:以生子

睡簡・日甲・52 背:燔生桐其室中

睡簡・日甲・51 正:離日不可以家(嫁)女、取婦及入人民畜生

睡簡・日甲・102 背:天所以張生時

睡簡・日甲・103 背:天所以張生時

睡簡・日甲・104 背:天所以張生時

睡簡・日甲・105 背:天所以張生時

睡簡・日甲・127 正:凡且有大行、遠行若飲食、歌樂、聚畜生及夫妻同衣

睡簡・日甲・12 正:以生子

睡簡・日甲・139 正:不可祠祀、殺生(牲)

睡簡・日甲・13 正:生子吉

睡簡・日甲・148 正:壬辰生子

睡簡・日甲・148 正:壬申生子

睡簡・日甲・148 正:壬戌生子

睡簡・日甲・148 正:壬寅生子

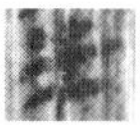

睡簡・日甲・148 正:壬子生子

睡簡・日甲・142 正:丙辰生子

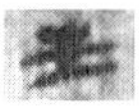

睡簡・日甲・142 正:丙申生子

睡簡・日甲・142 正:丙午生子

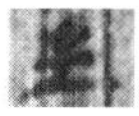

睡簡・日甲・142 正:丙戌生子

睡簡・日甲・142 正:丙寅生子

睡簡・日甲・142 正:丙子生子

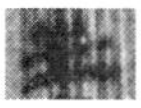

睡簡・日甲・149 正:癸丑生子

睡簡・日甲・149 正:癸卯生子

睡簡・日甲・149 正:癸酉生子

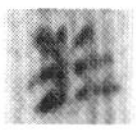

睡簡・日甲・146 正:庚辰生子

睡簡・日甲・146 正:庚申生子

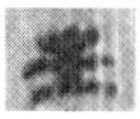

睡簡・日甲・146 正:庚午生子

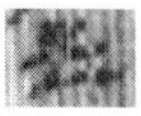

睡簡・日甲・146 正:庚戌生子

睡簡・日甲・146 正:庚寅生子

睡簡・日甲・146 正:庚子生子

睡簡・日甲・147 正:辛丑生子

睡簡・日甲・147 正:辛亥生子

睡簡・日甲・147 正:辛卯生子

睡簡・日甲・147 正:辛未生子

睡簡・日甲・147 正:辛酉生子

睡簡・日甲・143 正:丁丑生子

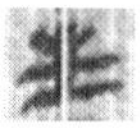

睡簡・日甲・143 正:丁亥生子

睡簡・日甲・143 正:丁卯生子

睡簡・日甲・143 正:丁巳生子

睡簡・日甲・143 正:丁未生子

睡簡・日甲・143 正:或生(眚)於目〖注〗眚,《説文》:"目病生翳也。"

睡簡・日甲・144 正:戊辰生子

睡簡・日甲・144 正:戊申生子

睡簡・日甲・144 正:戊午生子

睡簡・日甲・144 正:戊戌生子

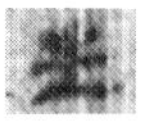

睡簡・日甲・144 正:戊寅生子

睡簡・日甲・144 正:戊子生子

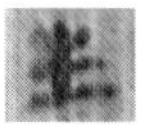

睡簡・日甲・145 正:己丑生子

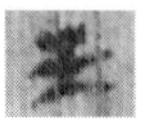

睡簡・日甲・145 正:己亥生子

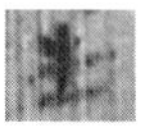

睡簡・日甲・145 正:己卯生子

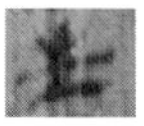

睡簡・日甲・145 正:己巳生子鬼

睡簡・日甲・145 正:己未生子

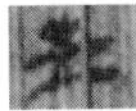睡簡・日甲・145 正:己酉生子

睡簡・日甲・141 正:乙卯生子

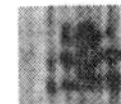睡簡・日甲・141 正:乙未生子

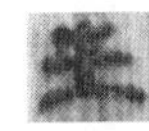睡簡・日甲・156 正:月生一日、十一日、廿一日

睡簡・日甲・113 正:以大生(牲)大凶

睡簡・日甲・113 正:以小生(牲)小凶

睡簡・日甲・11 正:以生子

睡簡・日乙・80:生子

睡簡・日乙・82:生爲吏

睡簡・日乙・89:必五生(牲)死

睡簡・日乙・89:生子

睡簡・日乙・86:不可食畜生

睡簡・日乙・87:生子

睡簡・日乙・83:生子亡者

睡簡・日乙・84:生子

睡簡・日乙・85:以生

睡簡・日乙・81:以生子

睡簡・日乙・22:生子年不可遠行

睡簡・日乙・238:丙寅生

睡簡・日乙・238:甲子生

睡簡・日乙・238:戊辰生

睡簡・日乙・238:乙丑生

睡簡・日乙・238:己巳生

睡簡・日乙・239:庚午生

睡簡・日乙・239:癸酉生

睡簡・日乙・239:甲戌生

睡簡・日乙・239:壬申生

睡簡・日乙・239:生

睡簡・日乙・239:辛未生

睡簡・日乙・239:乙亥生

睡簡・日乙・240:丙子生

睡簡・日乙・240:丁丑生

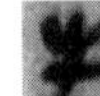睡簡・日乙・240:戊寅生

睡簡・日乙・240:辛巳生

睡簡・日乙・240:己卯生

睡簡・日乙・240:有生(眚)目

睡簡・日乙・248:凡生子北首西鄉(嚮)

睡簡・日乙・242:庚寅生

睡簡・日乙・242:癸巳生

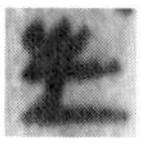

睡簡・日乙・242:己丑生

睡簡・日乙・242:甲午生

睡簡・日乙・242:壬辰生

睡簡・日乙・242:辛卯生

睡簡・日乙・246:丁巳生

睡簡・日乙・246:庚申生

睡簡・日乙・246:己未生

睡簡・日乙・246:壬戌生

睡簡・日乙・246:戊午生

睡簡・日乙・246:辛酉生

睡簡・日乙・247:凡己巳生

睡簡・日乙・247:庚子生

睡簡・日乙・243:丙申生

睡簡・日乙・243:丁酉生

睡簡・日乙・243:己亥生

睡簡・日乙・243:壬寅生

睡簡・日乙・243:戊戌生

睡簡・日乙・243:辛丑生

睡簡・日乙・243:乙未生

睡簡・日乙・24:生子

睡簡・日乙・244:丁未生

睡簡・日乙・244:癸卯生

睡簡・日乙・244:甲辰生

睡簡・日乙・244:戊申生

睡簡・日乙・245:丙辰生

睡簡・日乙・245:庚戌生

睡簡・日乙・245:癸丑生

睡簡・日乙・245:壬子生

睡簡・日乙・245:辛亥生

睡簡・日乙・245:乙卯生

睡簡・日乙・241:丙戌生

睡簡・日乙・241:丁亥生

睡簡・日乙・241:癸未生

睡簡・日乙・241:甲申生

睡簡・日乙・241:壬午生

睡簡・日乙・241:戊子生

睡簡・日乙・241:乙酉生

睡簡·日乙·90:以生子

睡簡·日乙·98:生子

睡簡·日乙·92:生子

睡簡·日乙·99:生子

睡簡·日乙·96:生子

睡簡·日乙·97:生子

睡簡·日乙·93:以生子

睡簡·日乙·94:生子

睡簡·日乙·95:生子

睡簡·日乙·60:入貨、人民、畜生

睡簡·日乙·62:出入人民、畜生

睡簡·日乙·62:以生子

睡簡·日乙·74:生東鄉(嚮)者貴

睡簡·日乙·57:出入人民、畜生

睡簡·日乙·53:入人民、畜生

睡簡·日乙·100:生子

睡簡·日乙·102:生子

睡簡·日乙·106:毋(無)它同生

睡簡·日乙·107:生子

睡簡·日乙·103:生子

睡簡·日乙·105:生子

睡簡·日乙·101:生子

睡簡·日乙·181:生人爲姓(眚)

睡簡·日乙·120:小生(牲)兇(凶)

睡簡·日乙·120:以大生(牲)兇(凶)

睡簡·日乙·128:□畜生

睡簡·日乙·169:死生在寅

睡簡·日乙·167:死生在寅

睡簡·日乙·16:生男女□

睡簡·日乙·164:死生在亥

睡簡·日乙·165:死生在子

睡簡·日乙·161:死生在子

睡簡·日乙·178:死生在酉

睡簡·日乙·179:死生在子

睡簡·日乙·173:死生在辰

睡簡·日乙·175:死生在未

睡簡·日乙·171:[死]生在寅

關簡·344:疾生

秦印編 113:生樂

秦印編 113:李生

秦印編 113:張生

秦印編 113:張生

1311 丰 丰

帛書・病方・236:旦取丰(蜂)卵一〖注〗蜂卵,即蜂子。

秦陶 A・4.5:丰

1312 產 產

泰山刻石・宋拓本:者(諸)產得宜

睡簡・答問・177:臣邦父母產子及產它邦而是謂"真"

睡簡・答問・177:臣邦父母產子及產它邦而是謂"真"

睡簡・答問・108:殺傷父臣妾、畜產及盜之

睡簡・6號牘・背:姑秭(姊)子產得毋恙□

睡簡・封診・8:封有鞫者某里士五(伍)甲家室、妻、子、臣妾、衣器、畜產〖注〗畜產,畜生。

睡簡・日甲・39正:歲善而柀不產

睡簡・日甲・39正:子不產

睡簡・日甲・16正:可以產

睡簡・爲吏・35:畜產肥腔(胔)

龍簡・38:諸取禁苑中柞(柞)、棫、檣、楢產葉及皮□

里簡・J1(16)9正:毋以智(知)劾等初產至今年數

關簡・145:產子占

關簡・379・摹:女杯復產□之期曰益若子乳

帛書・足臂・31:產聾

帛書・病方・無編號:產

帛書・病方・45:如產時居濕地久

帛書・病方・71:飲小童弱(溺)若產齊赤〖注〗產齊赤,藥名。

帛書・病方・82:兄父產大山

帛書・病方・85:產其中者

帛書・病方・89:以產豚冢(蘈)麻(磨)之〖注〗產,生。

帛書・病方・96:同產三夫

帛書・病方・135:治之以鮮產魚

帛書・病方・199:等與人產子

帛書・病方・200:獨產穨(癩)九

帛書・病方・322:產膚

帛書・病方・358:產痂

帛書・病方・393:肉產

帛書・病方・395:三日而肉產

帛書・病方・432:以兔產𦘔(腦)塗之〖注〗兔產腦,新鮮的兔腦。

帛書・灸經甲・40:其所產病

帛書・灸經甲・46:其所產病

帛書・灸經甲・51:其所產病

帛書・灸經甲・71:其所產[病]

帛書・足臂・3:產寺(痔)

帛書・足臂・4:產聾

帛書・足臂・8:產馬

秦印編 114:王產

秦印編 114:王產

秦印編 114:時產

秦印編 114:蘇產

1313　甡

睡簡・日乙・174:甡(牲?)爲姓(眚)

1314　華

石鼓文・乍邍(先鋒本):亞箬其華〖注〗華,即花。

睡簡・編年・34:攻華陽〖注〗華陽,地名。

帛書・病方・152:逸華〖注〗逸華,藥名。

帛書・病方・413:芫華(花)一齊〖注〗芫花,藥名。

秦印編 114:枋華

秦印編 114:華井

秦印編 114:華陽丞印

集證・136.49:華陽丞印

封泥集 202・10:華陽丞印

封泥印 61:華陽丞印

封泥集 202・9:華陽丞印

封泥集 202・4:華陽丞印

封泥集 202・5:華陽丞印

封泥集 202・2:華陽丞印

封泥集 202・3:華陽丞印

封泥集 202・7:華陽丞印

封泥集 202・6:華陽丞印

集證・183.729:聶華

1315　稽

會稽刻石・宋刻本:遂登會稽〖注〗會稽,地名。

睡簡・爲吏・5・摹:來者有稽莫敢忘〖注〗稽,考察。

1316 巢

帛書・病方・66:巢者〖注〗巢,指瘻管。

帛書・病方・261:未有巢者

帛書・病方・262:巢塞直(脰)者

帛書・病方・262:徐以刀[剝]去其巢

帛書・病方・目録:巢者

1317 桼

七年上郡守閒戈・摹(秦銅・33):桼(漆)垣工師嬰〖注〗漆垣,秦縣名。

七年上郡守閒戈・照片(秦銅・33):桼(漆)垣工師嬰

十三年上郡守壽戈・摹(集證・21):桼(漆)垣工師乘

十八年上郡戈・摹(秦銅・41):十八年桼(漆)工朐丞巨造

卅七年上郡守慶戈・摹(精粹19):桼(漆)工□

三年上郡守冰戈・摹(秦銅・57):桼(漆)工師□

帛書・病方・382:歕,桼(漆)王

帛書・病方・382:若不能桼(漆)甲兵

帛書・病方・380:歕,桼(漆)

帛書・病方・380:以桼(漆)弓矢

帛書・病方・382:奚(鷄)矢鼠襄(壤)涂(塗)桼(漆)王

1318 髼

睡簡・秦律・104:以髼久(記)之

睡簡・日乙・67:壬辰髼(漆)

睡簡・效律・46:工稟髼它縣

睡簡・效律・48・摹:不盈十斗以下及稟髼縣中而負者

睡簡・雜抄・20:髼園殿

睡簡・雜抄・21:髼園三歲比殿

帛書・病方・383:令人終身不髼

帛書・病方・403:虖(遽)斬乘車髼椁□

1319 朿

不其簋蓋(秦銅・3):易(賜)女(汝)弓一矢朿

滕縣不其簋器(秦銅・4):易(賜)女(汝)弓一矢朿

睡簡・秦律・8:芻自黄穌(穌)及蘑朿以上皆受之

帛書・病方・殘7:之以朿

帛書・病方・154:以龍須(鬚)一朿并者(煮)□

帛書・病方・176:取景天長尺、大圍朿一

1320 朿

關簡・375:取朿灰一斗

1321　刺

秦編鐘・甲鐘(秦銅・10.1):刺=(烈=)卲文公、静公、憲公不豢(墜)于上〖注〗刺=(烈=),形容功業、德行顯赫、光耀。

秦編鐘・甲鐘鉦部・摹(秦銅・11.1):刺=(烈=)卲文公、静公、憲公不豢(墜)于上

秦編鐘・丙鐘(秦銅・10.3):刺=(烈=)卲文公、静公、憲公不豢(墜)于上

秦鎛鐘・1號鎛(秦銅・12.1):刺=(烈=)卲文公、静公、憲公不豢(墜)于上

秦鎛鐘・2號鎛(秦銅・12.4):刺=(烈=)卲文公、静公、憲公不豢(墜)于上

秦公鎛鐘・摹(秦銅・16.3):刺(烈)=趄(桓)=〖注〗刺(烈)=趄(桓)=,形容威武之貌。

秦公簋・器(秦銅・14.1):刺(烈)=趄(桓)=

1322　葪

詛楚文・巫咸(中吴本):變輸(渝)盟葪(約)

詛楚文・巫咸(中吴本):幽葪(約)敍(亲)戚〖注〗葪,郭沫若釋爲"約"字。幽約,幽縊,暗中縊殺。一説即囚禁。

詛楚文・湫淵(中吴本):幽葪(約)敍(亲)戚

詛楚文・湫淵(中吴本):變輸(渝)盟葪(約)

詛楚文・亞駝(中吴本):變輸(渝)盟葪(約)

詛楚文・亞駝(中吴本):幽葪(約)敍(亲)戚

1323　棗

瓦當・1.2(棗泉宫當):〖注〗棗泉宫,宫名。

瓦當・1.3:棗泉宫當

瓦當・1.4:棗泉宫當

秦印編114:棗治勝

睡簡・雜抄・16:臧(藏)皮革棗(蠹)突

睡簡・爲吏・18・摹:皮革棗(蠹)突〖注〗蠹突,被蟲嚙穿。

關簡・313:以正月取桃棗(蠹)矢(屎)少半升〖注〗棗,借作"蠹",蛀蟲。

關簡・321:上棗莫以丸礜〖注〗棗莫,馬繼興説疑爲"棗吾",草藥名。

帛書・病方・60:冶礜與棗莫

1324　囊

睡簡・日甲・4背:囊(攘)婦以出〖注〗囊,疑讀爲"攘",盜取。

睡簡・日甲・159背:腹爲百草囊

帛書・病方・211:以囊□前行□

1325　橐

石鼓文・汧殹(先鋒本):可(何)以橐之〖注〗《説文》:"橐,囊張大皃。"

帛書·病方·193·摹:黑實槖

1326　橐

帛書·死候·87·摹:舌掐(陷)橐(卵)卷〖注〗橐,人體之卵的專字。

1327　圜

帛書·病方·267:令其大圜寸

帛書·病方·378·摹:圜一寸

1328　回

詛楚文·湫淵(中吳本):今楚王熊相康回無道〖注〗康回,姜亮夫釋爲庸回。

詛楚文·巫咸(中吳本):今楚王熊相康回無道

詛楚文·亞駝(中吳本):今楚王熊相康回無道

睡簡·秦律·148:回,勿行

秦陶·1068:回

1329　圖

五年相邦呂不韋戈一(集證·33):詔事圖〖注〗圖,人名。

五年相邦呂不韋戈二(秦銅·68.1):詔事圖

五年相邦呂不韋戈二·摹(秦銅·68.1):詔事圖

八年相邦呂不韋戈·摹(秦銅·71):詔事圖

睡簡·日甲·73背·摹:多〈名〉獾不圖射亥戌

睡簡·爲吏·1·摹:謁私圖〖注〗私圖,私謀。

秦印編114:隗圖

秦印編114:趞圖

秦印編114:趙圖

秦印編114:商圖

1330　國

秦公鎛鐘·摹(秦銅·16.1):竈(肇)又(有)下國

會稽刻石·宋刻本:秦聖臨國

嶧山刻石·宋刻本:皇帝立國

秦印編114:國友

秦印編114:國强

集證·191.5:國〖編者按〗此字本模糊,不能肯定。

集證·194.29:國

1331　困

天簡27·乙:臧(藏)困屋扆

天簡39·乙:困屋

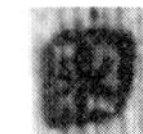
睡簡·爲吏·15:困屋蘠(墻)垣〖注〗困,圓形的穀倉。

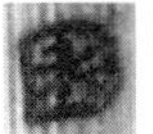睡簡・爲吏・15:囷造之士久不陽

睡簡・日甲・84 正:利入禾粟及爲囷倉

睡簡・日甲・24 正:囷良日

睡簡・日甲・16 背:囷居宇西南西

睡簡・日甲・17 背:囷居宇東北西

睡簡・日甲・14 背:囷居宇西北西

睡簡・日甲・15 背:囷居宇東南西

睡簡・日甲・155 背:利爲囷倉

睡簡・日甲・118 正:左井右囷

睡簡・日甲・116 正:豕囷

睡簡・日甲・115 正:囷居北鄉(嚮)廥

睡簡・日乙・84:利入禾粟及爲囷倉

關簡・351:卽言囷下曰

關簡・371:己巳、卯溉囷垤穴

關簡・348:到囷下

關簡・352:與腏以并塗囷廥下

關簡・351:到囷下

帛書・病方・227:冶囷(菌)[桂]尺、獨□一升〖注〗菌桂,藥名。

秦陶・1483:囷

1332  圈

天簡 27・乙・摹:在牢圈

睡簡・日甲・20 背:圈居宇正北

睡簡・日甲・22 背:圈居宇東南

睡簡・日甲・23 背:圈居宇西北

睡簡・日甲・21 背:圈居宇正東方

睡簡・日甲・19 背:圈居宇西南

帛書・病方・114:取犬尾及禾在圈垣上[者]

帛書・病方・269:圈(倦)而休

集證・149. 258 麋圈〖注〗麋圈,囿、苑養鹿之所。

封泥印 70:麋圈

1333 囿 圞

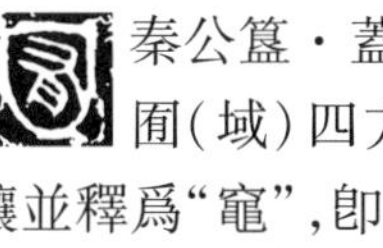秦公簋・蓋(秦銅・14. 2):竈(肇)囿(域)四方〖注〗竈,劉心源、孫詒讓並釋爲"竈",卽"造"字,其異體作"竈"。楊樹達說"竈"當讀"肇":"竈、肇音近,囿、域二字音義並近,古通。"

石鼓文・吳人(先鋒本):中囿孔□:〖注〗《說文》:"囿,苑有垣也。一曰所以養禽獸曰囿。"

睡簡・爲吏・34・摹:苑囿園池

1334 園

麗山園鍾(秦銅・185):麗山園容十二斗三升〖注〗園,園寢、陵園。
睡簡・雜抄・21:槃園三歲比殿
睡簡・雜抄・20:槃園殿
睡簡・日甲・78背:臧(藏)於園中草下
睡簡・日甲・77背・摹:盜者園(圓)面
睡簡・爲吏・34:苑囿園池
集證・149.260:具園
新封泥E・14:杏園
秦印編115:園印
秦印編115:咸園□相
秦印編115:張園
秦印編115:具園
秦印編115:宜春左園
封泥集・附一408:衛園邑印
秦陶・1033:園
封泥印75:東園□□
新封泥D・27:康園
秦陶・1488:北園呂氏缶〖注〗北園,地名。

秦陶・1482:東園□

秦陶・1485:北園王氏缶

1335 因

琅邪臺刻石:因明白矣
泰山刻石・二十九字本:因明白矣
泰山刻石・宋拓本:因明白矣
繹山刻石・宋刻本:因明白矣
睡簡・爲吏・20:因而徵之
睡簡・語書・11:因恙(佯)瞋目扼掊(腕)以視(示)力
關簡・316:因多食葱
帛書・病方・416:因炊[三]沸
帛書・病方・52:因唾匕
帛書・病方・53:因以匕周揖嬰兒瘛所
帛書・病方・250:因(咽)敝(蔽)

1336 囚

睡簡・答問・93:可(何)謂"縱囚"〖注〗縱囚,放走罪犯。
睡簡・答問・125:將盜戒(械)囚刑辠以上
睡簡・答問・196:或曰守囚即"更人"殹

睡簡・答問・196：囚道一署旞

睡簡・秦律・90：囚有寒者爲褐衣

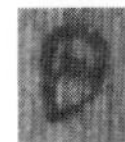
睡簡・秦律・60：食飢囚

關簡・299：籔（築）囚、行、炊主歲=爲下

1337　固

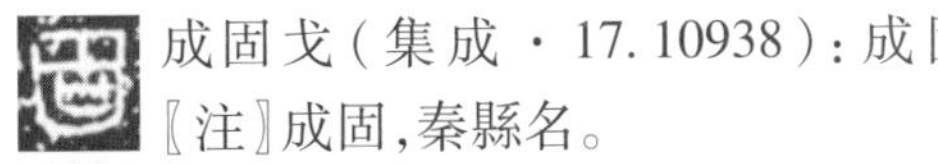
成固戈（集成・17.10938）：成固〖注〗成固，秦縣名。

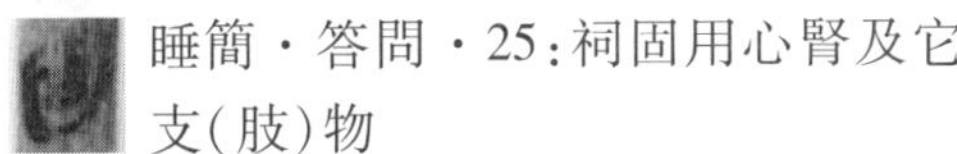
睡簡・答問・25：祠固用心腎及它支（肢）物

睡簡・答問・116：人固買（賣）

睡簡・爲吏・36：地脩城固

睡簡・爲吏・3：慎謹堅固

睡簡・爲吏・35：罔服必固

睡簡・爲吏・1：敢爲固

帛書・病方・443：毋匿□北□巫婦求若固得

秦印編115：李固

秦印編115：田固

封泥集366・1：田固

1338　圍

睡簡・封診・67：權大一圍〖注〗圍，度量圓周的估量單位。

睡簡・雜抄・36：告曰戰圍以折亡

帛書・病方・176：取景天長尺、大圍束一

1339　困 朱

睡簡・日甲・60正：北困辱

睡簡・日甲・62正：南困辱

睡簡・日甲・61正：東北困

睡簡・日甲・59正：西困

睡簡・日甲・111背：行到邦門困（閫）〖注〗閫，直豎於門中的門限。

睡簡・爲吏・2：孤寡窮困

1340　圂

元年上郡假守暨戈（珍金・92）：丞圂〖注〗圂，人名。

元年上郡假守暨戈・摹（珍金・92）：丞圂

睡簡・日乙・188：己丑爲圂廁

睡簡・日乙・190：凡癸爲屏圂

睡簡・日甲・80背：臧（藏）於圂中垣下

睡簡・日甲・20背：圂居西北匧

睡簡・日甲・22背：圂居東北

睡簡・日甲・23背：圂居南

睡簡・日甲・21背:圂居正北

睡簡・日乙・188:圂忌日

里簡・J1(8)154背:圂手〖注〗圂,人名。

帛書・病方・50:輒棄其水圂中〖注〗圂,廁所。

秦印編115:遽圂

秦印編115:閻圂

集證・176.640:章圂

1341 

大墓残磬(集證・63):□圝(紹)天命〖注〗圝,讀爲"紹",《爾雅・釋詁》:"紹,繼也。"繼承。一説應讀爲恪。

1342 

帛書・病方・315:烝(蒸)困土〖注〗困,疑即圈字。

1343 

睡簡・爲吏・13:令數囚環〖注〗囚,讀爲"究"。究環,追回。

1344 員 鼎 員鼎

石鼓文・車工(先鋒本):君子鼎(員)邋(獵)〖注〗員,借爲"云"。

石鼓文・車工(先鋒本):鼎(員)邋鼎(員)斿

睡簡・爲吏・29:作務員程

睡簡・爲吏・26・摹:外不員(圓)

睡簡・秦律・123:贏員及減員自二日以上〖注〗員,數。

睡簡・秦律・123:贏員及減員自二日以上

秦印編115:員奢

秦印編115:行員

地圖注記・摹(地圖・5):九員

青川銅鼎(青川牘・11.2):員

1345 

睡簡・爲吏・18:五曰賤士而貴貨貝〖注〗貨貝,錢財。

秦印編115:咸鄏里貝〖注〗貝,人名。

秦陶・1358:咸鄏里貝

秦陶・578:貝

秦陶・1357:咸鄏里貝

1346 財 財

龍簡・26:錢財它物于縣、道官

龍簡・178:諸以錢財它勿(物)假田□

關簡・225:所言者錢財事也

關簡・219:占得利、貨、財

帛書・病方・24:財益藥〖注〗財,通"裁",適當。

帛書・病方・34:以水財煮李實

帛書・病方・44:卽以彘膏財足以煎之

帛書・病方・64:而令人以酒財沃其傷

帛書・病方・135:□而以鹽財和之

帛書・病方・223:皆燔□酒飲財

帛書・病方・362:財冶犁(藜)盧

1347　貨

睡簡・答問・209:人戶、馬牛及者(諸)貨材(財)直(值)過六百六十錢爲"大誤"

睡簡・日甲・93 正:申不可出貨

睡簡・日甲・38 正:不可取婦、家(嫁)女、出入貨及生(牲)

睡簡・日甲・42 正:利居室、入貨及生(牲)

睡簡・日甲・44 正:出入貨及生(牲)

睡簡・日甲・103 正:閉貨貝〖注〗貨貝,錢財。

睡簡・日甲・101 正:不可以取婦、家(嫁)女、禱祠、出貨

睡簡・日甲・120 正:貨門

睡簡・日甲・120 正:入貨吉

睡簡・日甲・17 背:毋(無)臧(藏)貨

睡簡・日甲・115 正:貨門

睡簡・日乙・241:好貨

睡簡・日乙・250:亡貨

睡簡・日乙・99:取婦、家(嫁)女、出入貨

睡簡・日乙・97:可入貨

睡簡・日乙・95:可入貨

睡簡・日乙・60:入貨、人民、畜生

睡簡・日乙・18:必入資貨

睡簡・爲吏・50・摹:貨不可歸

睡簡・爲吏・18:五曰賤士而貴貨貝

關簡・219:占得利、貨、財

1348　資

睡簡・日乙・18:必入資貨〖注〗資,資財。

1349　賢

石鼓文・鑾車(先鋒本):□□多賢

睡簡・日甲・32 正:有賢等

睡簡・爲吏・27:尊賢養孽

睡簡・爲吏・5:賢鄙溉(既)㝵(乂)

秦印編 116:石賢

秦印編 115:卜賢

秦印編 115:異賢

秦印編 115:上賢事能

集證·182.726:韓賢

集證·161.448:上官賢

集證·170.567:泠賢

集證·170.568:泠賢

集證·176.649:畢賢

1350  賁

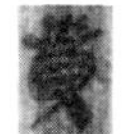睡簡·日甲·56 背:果(裹)以賁(奔)而遠去之〖編者按〗賁,鄭剛讀爲"蕡",麻。

帛書·病方·195:賁者一襄胡

帛書·病方·196:賁者潼(腫)

帛書·病方·204:賁辛巳日

帛書·病方·82:賁(噴)〖注〗噴,吐氣。

帛書·病方·96:賁(噴)吙

秦印編 116:賁鮮

秦印編 116:賁

1351 賀

睡簡·日乙·95:必賀〖注〗賀,讀爲"嘉"。

秦印編 116:王賀

秦印編 116:衛賀

封泥集 373·1:高賀

秦印編 116:仲山賀

秦印編 116:公孫賀

秦印編 116:薛賀

秦印編 116:王賀

秦印編 116:笵賀

封泥集 375·1:夏賀

新封泥 A·5.6:賀

1352   贊

集證·179.693:橋贊

秦印編 116:贊俉

秦印編 116:李贊

秦印編 116:胡贊

秦印編 116:宋贊

 秦印編 116:贊□

 秦陶・1088:□贊

1353 齎 齎

睡簡・答問・202:視檢智(知)小大以論及以齎(資)負之〖注〗齎,通"資",資財。

睡簡・答問・90:入齎(資)錢如律

睡簡・秦律・45:齎食〖注〗齎食,攜帶口糧。

睡簡・秦律・177:毋(無)齎者乃直(值)之

睡簡・秦律・177:以齎(資)律論及賞(償)

睡簡・秦律・103:以齎(資)律責之

睡簡・秦律・105:其久(記)靡(磨)不可智(知)者、令齎(資)賞(償)

1354 貣 貣

睡簡・答問・206:不當貣(貸)

睡簡・答問・206:貣(貸)人贏律及介人〖注〗貸,借予錢財。

睡簡・答問・32:府中公金錢私貣(貸)用之

睡簡・秦律・44:令縣貣(貸)之

睡簡・秦律・45:毋以傳貣(貸)縣

帛書・病方・402・摹:貣(蟘)食(蝕)口鼻〖注〗《說文》:"蟘,蟲食苗葉者。"

帛書・病方・407:貣(蟘)食(蝕)齒〖注〗蟘蝕齒,即齲齒。

秦印編 116:趙貣

1355 賸 賸

睡簡・答問・170:妻賸(媵)臣妾、衣器當收不當〖注〗媵,陪嫁。

睡簡・答問・171:妻賸(媵)臣妾、衣器當收

1356 贛 贑 贛 贑

帛書・病方・169:贛戎鹽若美鹽〖注〗贛,疑讀爲"匴",小杯。

秦陶・478:贛榆距〖注〗贛榆,縣名。

秦陶・490:贛榆得

1357 賞 賞

睡簡・答問・52:廣衆心,聲聞左右者,賞

睡簡・答問・52:將軍材以錢若金賞

睡簡・答問・158:不當論及賞(償)稼

睡簡・封診・38:甲未賞(嘗)身免丙

睡簡・秦律・82:而坐其故官以貲賞(償)及有它責(債)

睡簡・秦律・82:貧窶毋(無)以賞(償)者

睡簡・秦律・82:稍減其秩、月食以賞(償)之

睡簡・秦律・83:吏坐官以負賞(償)

睡簡・秦律・84:未賞(償)及居之未備而死

睡簡・秦律・80:縣、都官坐效、計以負賞(償)者

睡簡・秦律・78:終歲衣食不踐以稍賞(償)

睡簡・秦律・79:令其官嗇夫及吏主者代賞(償)之

睡簡・秦律・76:公有責(債)百姓未賞(償)

睡簡・秦律・76:縣賞(償)

睡簡・秦律・77:百姓叚(假)公器及有責(債)未賞(償)

睡簡・秦律・32:令令、丞與賞(償)不備

睡簡・秦律・106:吏代賞(償)

睡簡・秦律・16:令以其未敗直(值)賞(償)之

睡簡・秦律・107:毀傷公器及□者令賞(償)

睡簡・秦律・177:以齎(資)律論及賞(償)

睡簡・秦律・174:及者(諸)移贏以賞(償)不備

睡簡・秦律・174:羣它物當負賞(償)而僞出之以彼(貱)賞(償)

睡簡・秦律・174:羣它物當負賞(償)而僞出之以彼(貱)賞(償)

〖注〗貱,《説文》:"移予也。"貱償,補墊。

睡簡・秦律・175:有(又)與主廥者共賞(償)不備

睡簡・秦律・105:其久(記)靡(磨)不可智(知)者、令齎(資)賞(償)

睡簡・秦律・112:上且有以賞之

睡簡・日甲・143 正:必賞(嘗)毄(繫)囚

睡簡・日甲・152 背:不可以始種及穫賞(嘗)

睡簡・日乙・48:不可以始種穫、始賞(嘗)

睡簡・爲吏・7:審當賞罰

睡簡・爲吏・36:食不可賞(償)

睡簡・爲吏・4:均繇(徭)賞罰

睡簡・爲吏・12:必有大賞

睡簡・效律・2:官嗇夫、冗吏皆共賞(償)不備之貨而入贏

睡簡・效律・24:令官嗇夫、冗吏共賞(償)敗禾粟

睡簡・效律・36:有(又)與主廥者共賞(償)不備

睡簡・效律・34:及者(諸)移贏以賞(償)不備

睡簡・效律・34:羣它物當負賞(償)而僞出之以彼(貱)賞(償)

睡簡・效律・35:羣它物當負賞(償)而僞出之以彼(貱)賞(償)

睡簡・效律・50:而勿令賞(償)

關簡・195:□樹賞賜事也

集證・186.780:百賞

秦印編 117:百賞

秦印編 117:司徒賞

秦印編 117:恙白賞

龍簡・146・摹:有(又)賞之

1358 𧸖 賜

秦懷后磬・摹:天君賜之釐

詛楚文・湫淵(中吳本):亦應受皇天上帝及大沈𠂤(厥)湫之幾(機)靈德賜

詛楚文・巫咸(中吳本):亦應受皇天上帝及不(丕)顯大神巫咸[之]幾(機)靈德賜

詛楚文・亞駝(中吳本):亦應受皇天上帝及不(丕)顯大神亞駝之幾(機)靈德賜

秦駰玉版・乙・摹:大山又(有)賜〖注〗賜,賜福。

睡簡・秦律・13:賜牛長日三旬

睡簡・秦律・13:賜田嗇夫壺西(酒)束脯

睡簡・秦律・14:賜田典日旬殿

睡簡・秦律・153:皆不得受其爵及賜

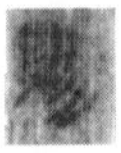

睡簡・秦律・154:賜未受而死及法耐署(遷)者

睡簡・秦律・154:鼠(予)賜

睡簡・日乙・195:賜某大畐(富)

龍簡・166・摹:□律賜苗□

關簡・45:辛巳賜

關簡・53:己丑論脩賜〖注〗賜,人名。

關簡・195:□樹賞賜事也

秦陶・320:咸陽賜〖注〗賜,人名。

秦印編117:聞賜

秦印編117:周賜

秦印編117:賜璽

集證・182.721:賜

秦印編117:賜

1359 贏 贏

睡簡・秦律・81:其人贏者

睡簡・秦律・29:上贏不備縣廷

睡簡・秦律・24:其贏者〖注〗贏,多餘。

睡簡・秦律・122・摹:贏員及減員自二日以上

睡簡・日乙・3:贏陽

睡簡・日乙・15:贏陽之日

睡簡・答問・206:貣(貸)人贏律及介人

睡簡・答問・207:氣(餼)人贏律及介人

睡簡・秦律・177:效公器贏、不備

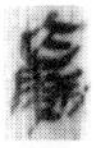

睡簡・秦律・173:禾贏

睡簡・秦律・174:及者(諸)移贏以賞(償)不備

睡簡・秦律・174:有贏、不備而匿弗謁

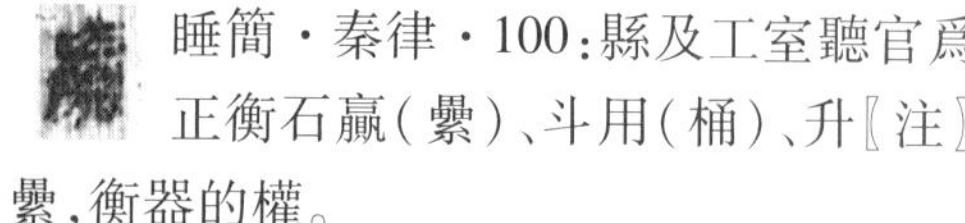
睡簡・秦律・100：縣及工室聽官爲正衡石贏（纍）、斗用（桶）、升〖注〗纍，衡器的權。

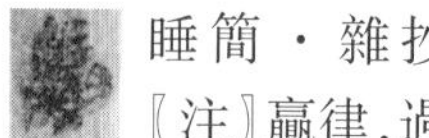
睡簡・雜抄・6：使其弟子贏律〖注〗贏律，過律，超出法律規定。

睡簡・效律・8：數而贏、不備

睡簡・效律・2：官嗇夫、冗吏皆共賞（償）不備之貨而入贏

睡簡・效律・33：禾贏

睡簡・效律・34：及者（諸）移贏以賞（償）不備

睡簡・效律・34：有贏不備

睡簡・效律・41：入其贏旅衣札

睡簡・效律・50：計用律不審而贏、不備

睡簡・效律・50：以效贏、不備之律貲之

睡簡・效律・1：其有贏、不備

關簡・50：戊子宿迣贏邑北上渧〖注〗贏邑，地名。

秦印編117：壴贏

秦印編117：蘇贏

秦印編117：孟贏

集證・177.662：楊贏

集證・171.575：苑贏

封泥集379・1：陳贏

1360　賴

睡簡・爲吏・15・摹：治則敬自賴之

1361　負

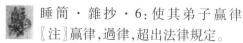

會稽刻石・宋刻本：負力而驕

睡簡・6號牘・正：驚多問新負（婦）、妴皆得毋恙也

睡簡・6號牘・正・摹：新負（婦）勉力視瞻兩老□

睡簡・答問・202：視檢智（知）小大以論及以齎負之

睡簡・效律・48：不盈十斗以下及稟縣中而負者〖注〗負，虧欠。

睡簡・效律・48：負之如故

睡簡・效律・34：羣它物當負賞（償）而僞出之以彼（貱）賞（償）

睡簡・答問・159：當負不當出

睡簡・秦律・83：吏坐官以負賞（償）

睡簡・秦律・80：嗇夫即以其直（值）錢分負其官長及冗吏〖注〗分負，分攤負擔。

睡簡・秦律・84：及恒作官府以負責（債）

睡簡・秦律・80：縣、都官坐效、計以負賞（償）者

睡簡・秦律・23：出者負之〖注〗負，賠償。

睡簡・秦律・166：以其秏（耗）石數論負之

睡簡・秦律・174：羣它物當負賞（償）而僞出之以彼（貱）賞（償）

睡簡・秦律・149：吏主者負其半

睡簡・雜抄・22：殿而不負費

睡簡・雜抄・24：負久（灸）者〖注〗負，虧欠。

睡簡・雜抄・11：吏自佐、史以上負從馬、守書私卒〖注〗負從馬，馱運行李的馬。

1362　貳

秦駰玉版・甲・摹：□用貳（二）義（犧）羊豢

秦駰玉版・乙・摹：□用貳（二）義（犧）羊豢

秦駰玉版・乙・摹：請□祠（？）用牛義（犧）貳（二）

睡簡・爲吏・14：百姓榣（搖）貳乃難請〖注〗搖貳，疑惑。

1363　賓賨

天簡 27・乙：大族蕤賓毋射之卦曰

1364　貰

睡簡・爲吏・13・摹：貰責（債）在外〖注〗貰，借貸。

1365　贅

睡簡・爲吏・23：贅壻後父

睡簡・爲吏・21：故某慮贅壻某叟之乃（仍）孫

睡簡・爲吏・19：贅壻後父〖注〗贅壻，一種身份低下的貧苦人民。朱駿聲《說文通訓定聲》："贅耳不贖，主家配以女，則謂之贅壻。"

1366　質

詛楚文・湫淵（中吳本）：親卬（仰）大沈氒（厥）湫而質焉

詛楚文・巫咸（中吳本）：親卬（仰）不（丕）顯大神巫咸而質焉

詛楚文・亞駝（中吳本）：親卬（仰）不（丕）顯大神亞駝而質焉

睡簡・答問・148：勿敢擅强質〖注〗質，抵押。

睡簡・答問・148・摹：和受質者

睡簡・答問・148：及和受質者

龍簡・48・摹：中質〖注〗質，目標。

1367　貿

睡簡・答問・202：節（即）亡玉若人貿傷（易）之〖注〗貿，換易。貿易，更換。

秦陶・682：右貿

1368　贖

睡簡・答問・94・摹：贖辠不直

睡簡・答問・64：贖耐

睡簡・答問・65：贖耐

睡簡・答問・30：贖黥

 睡簡·答問·31:當贖黥

 睡簡·答問·185:得比公士贖耐不得

 睡簡·答問·177:令贖

 睡簡·答問·113:可(何)謂"贖宮"

 睡簡·答問·113:可(何)謂"贖鬼薪鋈(夭)足"

 睡簡·答問·113:令贖鬼薪鋈(夭)足

 睡簡·答問·113:有辠當贖者

 睡簡·秦律·62:不得贖

 睡簡·秦律·62:以其贖爲隸臣

 睡簡·秦律·61:隸臣欲以人丁粼者二人贖

 睡簡·秦律·61:其老當免老、小高五尺以下及隸妾欲以丁粼者一人贖

 睡簡·秦律·61:贖者皆以男子

睡簡·秦律·76:有責(債)於公及貲、贖者居它縣〖注〗贖,繳納財物去贖死刑或肉刑等罪。

 睡簡·秦律·139:官作居貲贖責(債)而遠其計所官者

 睡簡·秦律·136:居貲贖責(債)欲代者

 睡簡·秦律·133:有辠以貲贖及有責(債)於公

 睡簡·秦律·134:人奴妾居贖貲責(債)於城旦

 睡簡·秦律·135:葆子以上居贖刑以上到贖死

 睡簡·秦律·140:百姓有貲贖責(債)而有一臣若一妾

 睡簡·秦律·145:居貲贖責(債)當與城旦舂作者

 睡簡·雜抄·32:典、老贖耐

 龍簡·234·摹:皆贖耐

 龍簡·109·摹:贖耐

 龍簡·121·摹:贖耐

 里簡·J1(16)6正:居貲贖責(債)

 里簡·J1(9)9正:陽陵仁陽士五(伍)頪有贖錢七千六百八十

 里簡·J1(16)6正:必先悉行城旦舂、隸臣妾、居貲贖責(債)

 里簡·J1(16)6正:居貲贖責(債)

1369 費 

 睡簡·秦律·37:縣上食者籍及它費大(太)倉

 睡簡·雜抄·22:殿而不負費〖注〗負費,虧欠。

 秦印編117:費馬

 秦印編117:費猷

1370 責

 秦公簋·器(秦銅·14.1):鼏(宓)宅禹責(蹟)〖注〗責,王輝說爲"蹟"之借字。

 睡簡·日乙·122:以責人,得〖注〗責,求。

 睡簡·爲吏·13:貰責(債)在外

睡簡・效律・60:而復責其出殹

睡簡・答問・148:百姓有責(債)

睡簡・答問・159:勿責

睡簡・秦律・82:而坐其故官以貲賞(償)及有它責(債)

睡簡・秦律・84:及恆作官府以負責(債)

睡簡・秦律・85:毋責妻、同居

睡簡・秦律・81:其責(債)毋敢隃(逾)歲

睡簡・秦律・81:少內以收責之

睡簡・秦律・76:公有責(債)百姓未賞(償)

睡簡・秦律・76:有責(債)於公及貲、贖者居它縣

睡簡・秦律・76:輒移居縣責之

睡簡・秦律・77:百姓叚(假)公器及有責(債)未賞(償)

睡簡・秦律・77:而弗收責〖注〗收責,收回。

睡簡・秦律・77:其日踐以收責之

睡簡・秦律・44:移居縣責之

睡簡・秦律・139:官作居貲贖責(債)而遠其計所官者

睡簡・秦律・136:居貲贖責(債)欲代者

睡簡・秦律・137:居貲贖責(債)者

睡簡・秦律・137:一室二人以上居貲贖責(債)而莫見其室者

睡簡・秦律・133:有辠以貲贖及有責(債)於公

睡簡・秦律・135:人奴妾居贖貲責(債)於城旦

睡簡・秦律・103:以齎(資)律責之

睡簡・秦律・140:百姓有貲贖責(債)而有一臣若一妾

睡簡・秦律・142:責衣

睡簡・秦律・143:公食當責者

睡簡・秦律・144:居貲贖責(債)者歸田農

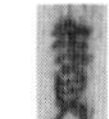
睡簡・秦律・145:居貲贖責(債)當與城旦舂作者

睡簡・秦律・141:勿責衣食

睡簡・秦律・15:受勿責〖注〗責,勒令賠償。

睡簡・雜抄・5:責之〖注〗責,誅責。

睡簡・日甲・77背:名責環貉豺干都寅

睡簡・日甲・42背:鬼恆責人

睡簡・日甲・138正:利以漁邋(獵)、請謁、責人、摯(執)盜賊

睡簡・日乙・122:以責,得

睡簡・效律・41:而責其不備旅衣札

里簡・J1(16)6正:居貲贖責(債)

里簡・J1(9)11正:已訾責其家

里簡・J1(9)9正:令穎署所縣受責

里簡・J1(9)9 正:已訾責額家

里簡・J1(9)10 正:報署主責發

里簡・J1(16)6 正:必先悉行城旦舂、隸臣妾、居貲贖責(債)

里簡・J1(16)6 正:居貲贖責(債)

里簡・J1(9)1 正:報署主責(債)發
〖注〗主責,官名。

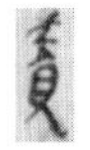

里簡・J1(9)1 正:令毋死署所縣責

里簡・J1(9)2 正:報署主責發

里簡・J1(9)2 正:令不狱署所縣責

里簡・J1(9)2 正:已訾責不狱家

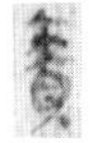

里簡・J1(9)3 正:令署所縣責

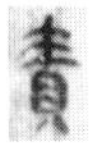

里簡・J1(9)4 正:報署主責發

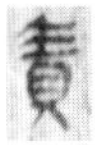

里簡・J1(9)4 正:令衷署所縣責

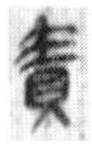

里簡・J1(9)4 正:已訾責其家

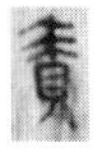

里簡・J1(9)5 正:報署主責發

里簡・J1(9)5 正:令鹽署所縣責

里簡・J1(9)5 正:已訾責其家

里簡・J1(9)6 正:報署主責發

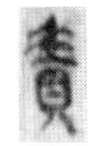

里簡・J1(9)6 正:令署所縣責

里簡・J1(9)7 正:報署主責發

里簡・J1(9)7 正:令申署所縣責

里簡・J1(9)8 正:報署主責發

里簡・J1(9)8 正:令越人署所縣責

里簡・J1(9)9 正:報署主責發

里簡・J1(9)11 正:報署主責發

里簡・J1(9)11 正:令署所縣責

里簡・J1(9)10 正:令勝日署所縣責

1371　賈

睡簡・答問・184:客未布吏而與賈

睡簡・答問・153:叔(菽)、麥賈(價)賤禾貴

睡簡・封診・83:以此直(值)衣賈(價)

睡簡・封診・38:受賈(價)錢

睡簡・封診・39:賈(價)若干錢

睡簡・秦律・68・摹:賈市居死者及官府之吏

睡簡・秦律・69:各嬰其賈(價)

睡簡・秦律・136:作務及賈而負責(債)者

睡簡・日甲・20 背:利賈市

睡簡・日甲・75 正:利祠及行賈、賈市

睡簡・日甲・120 正:所利賈市

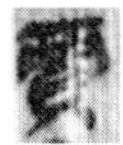 睡簡・日甲・146 正:女爲賈

 睡簡・日乙・85:邋(獵)、賈市

 睡簡・日乙・103:利祠及行賈、賈市

 睡簡・日乙・105:祠、賈市、取妻

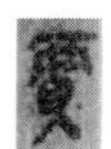 睡簡・效律・58:直(值)其賈(價)

 睡簡・效律・12:直(值)其賈(價)

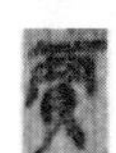 睡簡・效律・1:以其賈(價)多者辠之

 龍簡・37・摹:盜死獸直(值)賈(價)以開(關)□〖注〗價,價錢。

 集證・178.669:楊賈

 秦印編 117:賈壽

 秦印編 118:賈安

 秦印編 117:賈擾

 秦印編 117:賈取

 秦印編 117:賈祿

 集證・177.659:賈鈞

 秦印編 117:賈悝

 秦印編 117:公子賈

 集證・177.661:賈□□

 秦印編 117:賈聯

 秦印編 117:賈逭

 秦印編 117:賈疕

 集證・177.660:賈廚

1372　販　販

販 龍簡・26・摹:沒入其販假殹〖注〗販,出賣。

販 龍簡・180・摹:□敢販假□贏□

1373　買　買

睡簡・答問・23:買(賣),以買布衣而得

睡簡・答問・23:買(賣),以買布衣而得

睡簡・答問・23:當以布及其它所買畀甲

睡簡・答問・23:買(賣)所盜

睡簡・答問・23:以買它物

睡簡・答問・5:買(賣),把錢偕邦亡

睡簡・答問・140:盜出朱(珠)玉邦關及買(賣)於客者

睡簡・答問・11:甲盜錢以買絲

睡簡・答問・116:弗買(賣)子母謂毆

 睡簡・答問・116:人固買(賣)

 睡簡・秦律・88:凡糞其不可買(賣)而可以爲薪及蓋蘙〈蘙〉者

睡簡・秦律・86:内受買(賣)之

睡簡・秦律・87:求先買(賣)

睡簡・秦律・87:縣受買(賣)之

睡簡・秦律・18:縣診而雜買(賣)其肉

睡簡・秦律・128:官有金錢者自爲買脂、膠

睡簡・雜抄・12:軍人買(賣)稟稟所及過縣

睡簡・雜抄・14:軍人稟所、所過縣百姓買其稟

龍簡・179:之亦與買者□

里簡・J1(8)154 正:恆以朔日上所買徒隸數

關簡・347:令女子之市買牛胙、市酒

秦印編 118:李買

新封泥 A・5.3:買

集證・177.658:買臣

秦印編 118:買璽

秦印編 118:周買

秦印編 118:殷買臣

1374 賤

王四年相邦張儀戈(集證・17):工師賤工卯〖注〗賤工,指鄙賤或技藝不高的工匠。或說"賤"爲人名。

會稽刻石・宋刻本:貴賤並通

泰山刻石・宋拓本:貴賤分明

睡簡・爲吏・18:五曰賤士而貴貨貝〖注〗賤,輕視。

睡簡・答問・153:叔(菽)、麥賈(價)賤禾貴

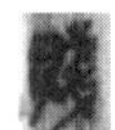
睡簡・秦律・121:無貴賤

睡簡・日甲・126 正:賤人弗敢居

睡簡・日甲・151 正:在足下者賤

睡簡・日甲・119 正:賤人弗敢居

睡簡・日甲・116 正:賤人弗敢居

睡簡・日乙・237:是胃(謂)貴勝賤

睡簡・日乙・75:北鄉(嚮)者賤

睡簡・爲吏・2:賤不可得

1375 賦

詛楚文・湫淵(中吳本):唯是秦邦之羸眾敝賦

詛楚文・巫咸(中吳本):唯是秦邦之羸眾敝賦

詛楚文・亞駝(中吳本):唯是秦邦之羸眾敝賦

睡簡・爲吏・7:賦斂毋(無)度

睡簡・秦律・108:賦之三日而當夏二日〖注〗賦,收取。

睡簡・秦律・111:其後歲賦紅(功)與故等

 睡簡・答問・165：弗令出戶賦之謂殹(也)

 睡簡・雜抄・22：賦歲紅(功)

 睡簡・雜抄・10・摹：先賦驀馬

1376  

 會稽刻石・宋刻本：貪戾慠猛

1377 貧 穷

 睡簡・秦律・82：貧窶毋(無)以賞(償)者〖注〗貧窶，窮困。

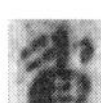 睡簡・日甲・73正・摹：生子，貧

 睡簡・日甲・74正・摹：貧富半

 睡簡・日甲・18背：小宮大門，貧

 睡簡・日甲・18背：中央高，貧

 睡簡・日甲・16背：水瀆(竇)西出，貧

 睡簡・日甲・146正：庚午生子，貧

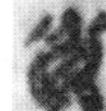 睡簡・日甲・146正：武而貧

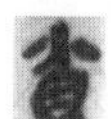 睡簡・日甲・145正：貧而疾

 睡簡・日甲・15背：貴貧

睡簡・日乙・239：庚午生，貧

睡簡・日乙・246：癸亥，貧

 睡簡・日乙・244：貧，爲人臣

 睡簡・日乙・245：武，貧

 睡簡・日乙・98：取妻，妻貧

 睡簡・日乙・102：生子，貧富半

 睡簡・日乙・101：生子，貧

 睡簡・爲吏・36：不踐以貧(分)人

 睡簡・爲吏・37：而踐以貧(分)人

 睡簡・爲吏・4：毋惡貧

 睡簡・爲吏・45：貧毋(無)告也

 睡簡・爲吏・1：貧不可得

 里簡・J1(9)10正：[家]貧弗能入

 里簡・J1(9)11正：[家]貧弗能入

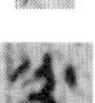 里簡・J1(9)1正：[家]貧弗能入

 里簡・J1(9)2正：[家]貧弗能入

 里簡・J1(9)4正：[家]貧弗能入

 里簡・J1(9)5正：[家]貧弗能入

 里簡・J1(9)6正：[家]貧弗能入

 里簡・J1(9)7正：[家]貧弗能入

里簡・J1(9)8正：[家]貧弗能入

里簡・J1(9)9 正:[家]貧弗能入

1378　𧶠　賃

睡簡・爲吏・9:不賃(任)其人

睡簡・爲吏・9:以賃(任)吏

1379　𧸖　購

睡簡・答問・141:問主購之且公購

睡簡・答問・44:亦不當購〖注〗購,獎賞。

睡簡・答問・138:問甲當購不當

睡簡・答問・139:勿購

睡簡・答問・139:約分購

睡簡・答問・136:人購二兩

睡簡・答問・136・摹:問甲當購□幾可(何)

睡簡・答問・137:問甲當購幾可(何)

睡簡・答問・134:當購二兩

睡簡・答問・134:甲當購

睡簡・答問・135:購幾可(何)

睡簡・答問・140:購如捕它辠人

睡簡・答問・140:可(何)以購之

睡簡・答問・140:內史材鼠(予)購

睡簡・答問・141:問主購之且公購

睡簡・答問・140:不購

龍簡・145・摹:購金一兩〖注〗購,獎賞。又作"構"。

1380　𧶬　貲

睡簡・效律・57:貲一甲

睡簡・答問・169:貲二甲

睡簡・雜抄・28:貲一盾

睡簡・雜抄・39:貲二甲

睡簡・雜抄・31:貲嗇夫、佐各一盾

睡簡・雜抄・1:貲二甲

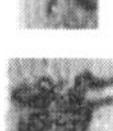
睡簡・答問・8:或曰貲二甲

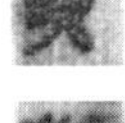
睡簡・答問・86:當貲二甲

睡簡・答問・25:當貲以下耐爲隸臣

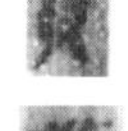
睡簡・答問・92:當貲二甲

睡簡・答問・90:如貲布

睡簡・答問・94:當貲一盾

睡簡・答問・77:當貲一甲

睡簡・答問・7:貲繇(徭)三旬〖注〗貲徭,罰服徭役。

 睡簡·答問·38:當貲二甲

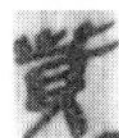 睡簡·答問·38:當貲一盾

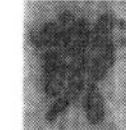 睡簡·答問·31:未啟當貲二甲

 睡簡·答問·49:當貲二甲一盾

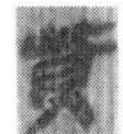 睡簡·答問·47:貲盾

 睡簡·答問·47:貲盾不直

 睡簡·答問·58:且它縣當盡貲

 睡簡·答問·58:咸陽及它縣發弗智(知)者當皆貲

 睡簡·答問·59:貲盾以上

 睡簡·答問·57:今當獨咸陽坐以貲

 睡簡·答問·10:當貲一盾

 睡簡·答問·184:貲一甲

 睡簡·答問·127:當貲一盾

 睡簡·答問·160:當貲一盾

 睡簡·答問·169:貲二甲

 睡簡·答問·161:貲二甲

 睡簡·答問·160:貲一甲

 睡簡·答問·175:貲二甲

 睡簡·答問·139:當貲各二甲

 睡簡·答問·148:皆貲二甲

 睡簡·答問·149:廷行事貲一甲

 睡簡·答問·140:貲辠

 睡簡·答問·152:廷行事鼠穴三以上貲一盾

 睡簡·答問·153:當貲一甲

 睡簡·答問·150:廷行事貲一甲

 睡簡·答問·151:廷行[事]貲一甲

 睡簡·答問·101:當貲二甲

 睡簡·秦律·82:而坐其故官以貲賞(償)及有它責(債)

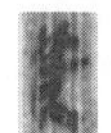 睡簡·秦律·97:不從令者貲一甲

 睡簡·秦律·76:有責(債)於公及貲、贖者居它縣〖注〗貲,有罪而被罰令繳納財物。

 睡簡·秦律·164:貲官嗇夫一甲

 睡簡·秦律·178:官嗇夫貲一盾

 睡簡·秦律·139:官作居貲贖責(債)而遠其計所官者

 睡簡·秦律·136:居貲贖責(債)欲代者

 睡簡·秦律·137:居貲贖責(債)者

 睡簡·秦律·137:一室二人以上居貲贖責(債)而莫見其室者

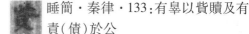

 睡簡·秦律·133:有辠以貲贖及有責(債)於公

 睡簡·秦律·140:百姓有貲贖責(債)而有一臣若一妾

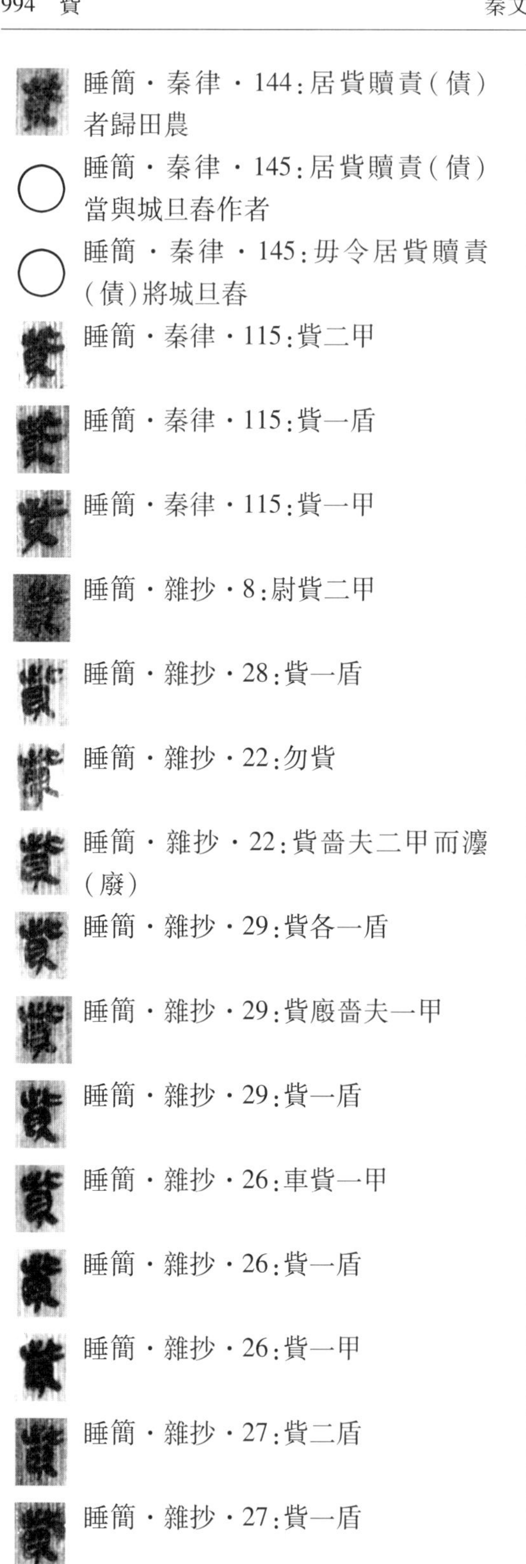

睡簡・秦律・144:居貲贖責(債)者歸田農

睡簡・秦律・145:居貲贖責(債)當與城旦舂作者

睡簡・秦律・145:毋令居貲贖責(債)將城旦舂

睡簡・秦律・115:貲二甲

睡簡・秦律・115:貲一盾

睡簡・秦律・115:貲一甲

睡簡・雜抄・8:尉貲二甲

睡簡・雜抄・28:貲一盾

睡簡・雜抄・22:勿貲

睡簡・雜抄・22:貲嗇夫二甲而灋(廢)

睡簡・雜抄・29:貲各一盾

睡簡・雜抄・29:貲廄嗇夫一甲

睡簡・雜抄・29:貲一盾

睡簡・雜抄・26:車貲一甲

睡簡・雜抄・26:貲一盾

睡簡・雜抄・26:貲一甲

睡簡・雜抄・27:貲二盾

睡簡・雜抄・27:貲一盾

睡簡・雜抄・27:貲一甲

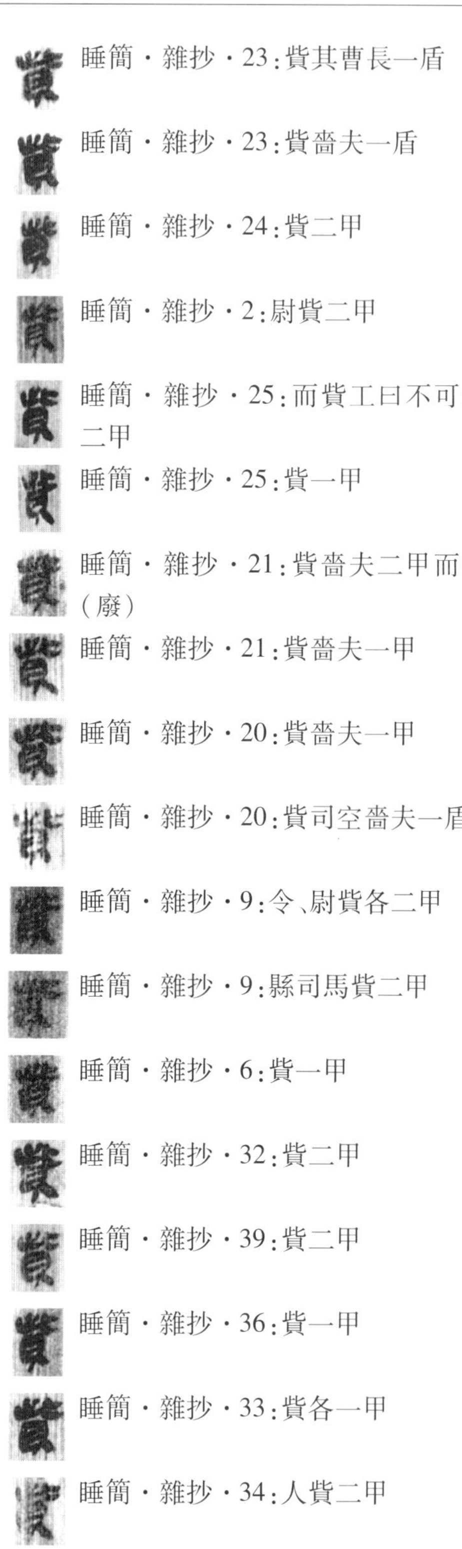

睡簡・雜抄・23:貲其曹長一盾

睡簡・雜抄・23:貲嗇夫一盾

睡簡・雜抄・24:貲二甲

睡簡・雜抄・2:尉貲二甲

睡簡・雜抄・25:而貲工曰不可者二甲

睡簡・雜抄・25:貲一甲

睡簡・雜抄・21:貲嗇夫二甲而灋(廢)

睡簡・雜抄・21:貲嗇夫一甲

睡簡・雜抄・20:貲嗇夫一甲

睡簡・雜抄・20:貲司空嗇夫一盾

睡簡・雜抄・9:令、尉貲各二甲

睡簡・雜抄・9:縣司馬貲二甲

睡簡・雜抄・6:貲一甲

睡簡・雜抄・32:貲二甲

睡簡・雜抄・39:貲二甲

睡簡・雜抄・36:貲一甲

睡簡・雜抄・33:貲各一甲

睡簡・雜抄・34:人貲二甲

睡簡・雜抄・34:貲各一盾

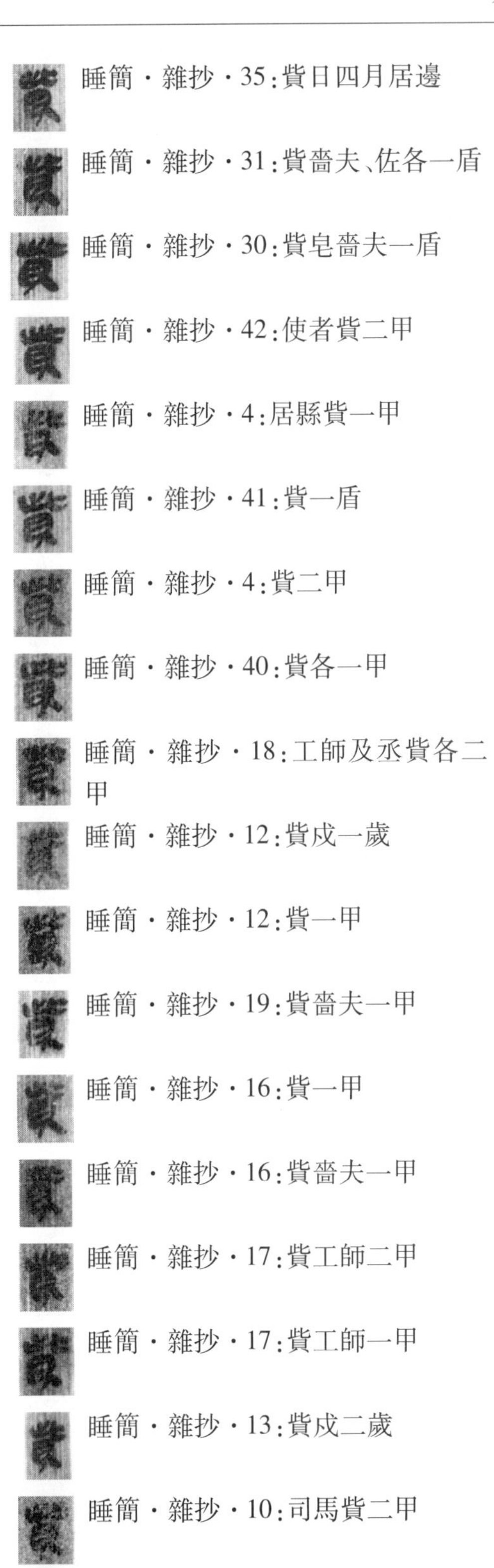

睡簡・雜抄・35:貲日四月居邊

睡簡・雜抄・31:貲嗇夫、佐各一盾

睡簡・雜抄・30:貲皂嗇夫一盾

睡簡・雜抄・42:使者貲二甲

睡簡・雜抄・4:居縣貲一甲

睡簡・雜抄・41:貲一盾

睡簡・雜抄・4:貲二甲

睡簡・雜抄・40:貲各一甲

睡簡・雜抄・18:工師及丞貲各二甲

睡簡・雜抄・12:貲戍一歲

睡簡・雜抄・12:貲一甲

睡簡・雜抄・19:貲嗇夫一甲

睡簡・雜抄・16:貲一甲

睡簡・雜抄・16:貲嗇夫一甲

睡簡・雜抄・17:貲工師二甲

睡簡・雜抄・17:貲工師一甲

睡簡・雜抄・13:貲戍二歲

睡簡・雜抄・10:司馬貲二甲

睡簡・雜抄・14:貲二甲

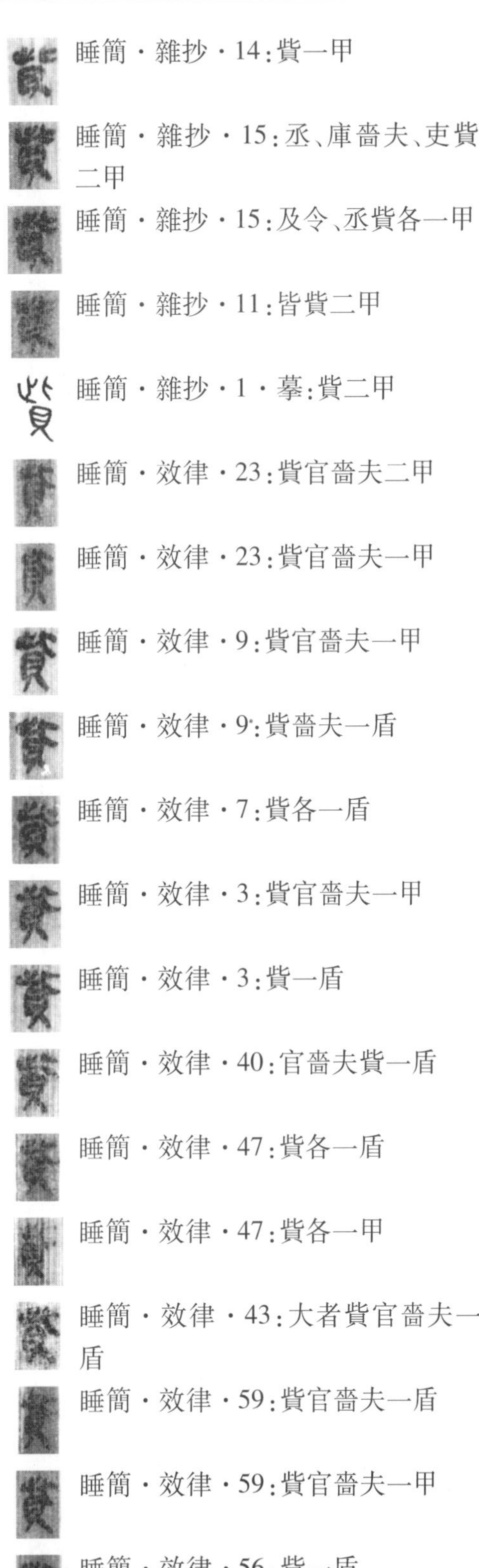

睡簡・雜抄・14:貲一甲

睡簡・雜抄・15:丞、庫嗇夫、吏貲二甲

睡簡・雜抄・15:及令、丞貲各一甲

睡簡・雜抄・11:皆貲二甲

睡簡・雜抄・1・摹:貲二甲

睡簡・效律・23:貲官嗇夫二甲

睡簡・效律・23:貲官嗇夫一甲

睡簡・效律・9:貲官嗇夫一甲

睡簡・效律・9:貲嗇夫一盾

睡簡・效律・7:貲各一盾

睡簡・效律・3:貲官嗇夫一甲

睡簡・效律・3:貲一盾

睡簡・效律・40:官嗇夫貲一盾

睡簡・效律・47:貲各一盾

睡簡・效律・47:貲各一甲

睡簡・效律・43:大者貲官嗇夫一盾

睡簡・效律・59:貲官嗇夫一盾

睡簡・效律・59:貲官嗇夫一甲

睡簡・效律・56:貲一盾

睡簡·效律·57:貲一盾

睡簡·效律·57:貲一甲

睡簡·效律·51:官嗇夫貲二甲

睡簡·效律·51:官嗇夫貲一甲

睡簡·效律·51:令、丞貲一盾

睡簡·效律·51:令、丞貲一甲

睡簡·效律·51:其吏主者坐以貲、誶如官嗇夫

睡簡·效律·50:以效贏、不備之律貲之

睡簡·效律·5:貲一盾

睡簡·效律·18:官嗇夫坐效以貲

睡簡·效律·12:其貲、誶如數者然

睡簡·效律·14:貲官嗇夫一盾

睡簡·效律·14:貲官嗇夫一甲

睡簡·效律·15:貲官嗇夫一盾

睡簡·效律·10:貲官嗇夫二甲

龍簡·120·摹:貲一甲

龍簡·208·摹:皆貲二甲

龍簡·202·摹:貲二[甲]

龍簡·288·摹:□貲一□

龍簡·236:□貲一甲

龍簡·235:□以上貲二□

龍簡·247·摹:□者吏貲□

龍簡·219·摹:□貲一盾□

龍簡·64:貲官嗇□

龍簡·76·摹:□捕者貲二甲□

龍簡·73·摹:貲二甲

龍簡·41·摹:貲二甲

龍簡·53·摹:貲各二甲

龍簡·106·摹:貲二甲

里簡·J1(9)981正:令居貲目取船〖注〗居貲,刑徒名,服勞役以抵償罰貲。

里簡·J1(16)6正:居貲贖責(債)

里簡·J1(16)6正:必先悉行城旦舂、隸臣妾、居貲贖責(債)

里簡·J1(9)1正:陽陵宜居士五(伍)毋死有貲餘錢八千六十四

里簡·J1(9)2正:陽陵仁陽士五(伍)不豺有貲錢八百卅六

里簡·J1(9)3正:陽陵下里士五(伍)不識有貲餘錢千七百廿八

里簡·J1(9)4正:陽陵孝里士五(伍)衷有貲錢千三百卌四

里簡·J1(9)5正:陽陵下里士五(伍)鹽有貲錢三百八十四

里簡·J1(9)6正:陽陵褆陽上造徐有貲錢二千六百八十八

里簡・J1(9)7 正:陽陵褆陽士五(伍)小欬有貲錢萬一千二百七十一

里簡・J1(9)8 正:陽陵逆都士五(伍)越人有貲錢千三百卌四

里簡・J1(9)10 正:陽陵叔作士五(伍)勝日有貲錢千三百卌四

里簡・J1(9)11 正:陽陵谿里士五(伍)采有貲餘錢八百五十二

秦陶・488:平陰居貲北游公士滕

秦陶・491:闌(蘭)陵居貲便里不更牙

秦陶・479:東武居貲上造慶忌

秦陶・481:東武東閒居貲不更睢

秦陶・485:楊氏居貲大教

秦陶・486:[楊]氏居貲公士富

秦陶・487:楊氏居貲武德公士契必

秦陶・492.2・摹:𦘫(訾)[居]貲□不更□必

1381　貴

卅七年上郡守慶戈・摹(精粹 19):工城旦貴〖注〗貴,人名。

會稽刻石・宋刻本:貴賤並通

泰山刻石・宋拓本:貴賤分明

睡簡・爲吏・15・摹:二曰貴以大(泰)

睡簡・11 號牘・正・摹:其絲布貴

睡簡・答問・153:叔(菽)、麥賈(價)賤禾貴

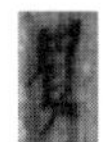
睡簡・秦律・121:無貴賤

睡簡・日甲・19 背:貴吉

睡簡・日甲・146 正:男好衣佩而貴

睡簡・日甲・15 背:貴貧

睡簡・日甲・151 正:夾頸者貴

睡簡・日乙・237:是胃(謂)貴勝賤

睡簡・日乙・74:生東鄉(嚮)者貴

睡簡・爲吏・2:欲貴大(太)甚

睡簡・爲吏・46:貴不敬

睡簡・爲吏・18:五曰賤士而貴貨貝〖注〗貴,重視。

關簡・146:東首者貴

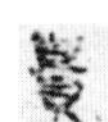
帛書・脈法・72:脤(脈)亦聽(聖)人之所貴殹

秦印編 118:司貴

集證・186.781:富貴

秦印編 118:福貴

秦印編 118:鮮貴

1382　䝮

詛楚文・湫淵(中吳本):將欲復其䝮(凶)速(迹)〖注〗䝮,“兇”之本字。

詛楚文·亞駝(中吳本):將欲復其䝩(凶)速(迹)

詛楚文·巫咸(中吳本):將欲復其䝩(凶)速(迹)

1383 賷

睡簡·答問·203:可(何)謂"賷玉"〖注〗賷玉,諸侯使者來秦,應以玉贈送給王。

1384 饋

睡簡·日甲·81背:甲盜名曰耤鄭壬饋强當良

1385 邑

旬邑銅權(秦銅·132):旬邑〖注〗旬邑,地名。

元年丞相斯戈·摹(秦銅·160):石邑〖注〗石邑,地名。

睡簡·編年·20:攻安邑〖注〗安邑,地名。

睡簡·答問·63:將上不仁邑里者而縱之

睡簡·爲吏·6:根(墾)田人(仞)邑〖注〗仞邑,使城邑人口充實。

睡簡·效律·29:而遺倉嗇夫及離邑倉佐主稟者各一戶

睡簡·答問·160:其邑邦門

睡簡·秦律·25:而書入禾增積者之名事邑里于廥籍

睡簡·秦律·21:而遺倉嗇夫及離邑倉佐主稟者各一戶以氣(餼)

睡簡·秦律·30:廥才(在)都邑〖注〗《左傳》:"凡邑,有宗廟先君之主曰都,無曰邑。"

睡簡·秦律·5:邑之紤(近)皂及它禁苑者

睡簡·秦律·169:而遺倉嗇夫及離邑倉佐主稟者各一戶

睡簡·秦律·116:興徒以爲邑中之紅(功)者

睡簡·日甲·93正:爲邑桀(傑)

睡簡·日甲·144正:好田野邑屋

睡簡·日乙·93:以生子,爲邑桀(傑)

龍簡·250:□鄉邑上□〖注〗鄉邑,古代的居民聚居區。

里簡·J1(12)10正:越人以城邑反

關簡·349:先農笱(苟)令某禾多一邑〖注〗多一邑,在一邑中居最多。

關簡·55:癸巳宿區邑〖注〗區邑,地名。

秦印編118:樛邑尉印

秦印編118:救邑

秦印編118:安邑丞印

秦印編118:安邑工頭

秦印編118:尚邑丞印

秦印編118:安邑自王

秦印編118:咸邑如頃

封泥集292·1:堂邑丞印

封泥集 312・1:安邑丞印

封泥集 312・2:安邑丞印

新封泥 B・3.25:下邑丞印

集證・154.334:安邑丞印

集證・156.365:堂邑丞印

封泥印 110:安邑丞印

封泥集・附一 408:衛園邑印

封泥集・附一 409:栒邑尉印

集證・153.326:栒邑尉印

集證・223.285:安邑工頭

秦陶 A・2.5:安邑祿

秦陶 A・2.6:安邑皇

瓦書・郭子直摹:以爲右庶長歜宗邑〖注〗宗邑,宗廟所在。

瓦書・郭子直摹:以爲宗邑

瓦書(秦陶・1610):以爲右庶長歜宗邑

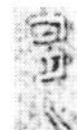瓦書(秦陶・1610):以爲宗邑

秦陶・368:安邑□

秦陶・1204:安邑□

秦陶・1272:栒邑利瓦

秦陶・1295:咸邑如頃〖注〗咸邑,“咸陽邑”省文。

秦陶・1477:麗邑

秦陶・1478:麗邑五升

秦陶・1479:麗邑九升

集證・222.271:安邑祿

集證・223.282:安邑皇

秦陶 A・4.1:當陽邑□

1386

邦 𡴀

秦公鎛鐘・摹(秦銅・16.3):乍(厥)名曰咠(協)邦〖注〗邦,邦國。

秦公鎛鐘・摹(秦銅・16.3):𩰫(柔)燮百邦

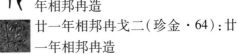

卅六年邦工師扁壺(隨州・4):卅六年邦工帀(師)〖注〗邦工師,官名。

卅六年邦工師扁壺・摹(隨州・4):卅六年邦工帀(師)

四年相邦樛斿戈(秦銅・26.1):四年相邦樛斿之造〖注〗相邦,官名。

王四年相邦張儀戈(集證・17):王四年相邦張義(儀)

十三年相邦義戈・摹(秦銅・30):十三年相邦義之造

十四年相邦冉戈・摹(秦銅・38):十四年相邦冉造

廿年相邦冉戈・摹(秦銅・42):廿年相邦冉造

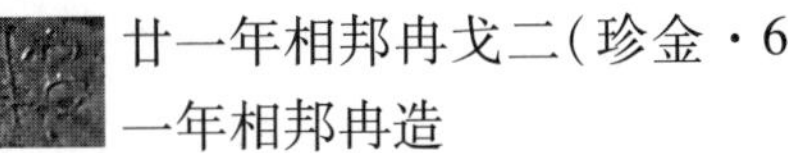廿一年相邦冉戈二(珍金・64):廿一年相邦冉造

廿一年相邦冉戈二・摹(珍金・64):廿一年相邦冉造

廿一年相邦冉戈一·摹(秦銅·47.1):廿一年相邦冉造

卅年詔事戈·摹(珍金·75):受(授)屬邦

卅二年相邦冉戈(珍金·80):卅二年相邦冉造

卅二年相邦冉戈·摹(珍金·80):卅二年相邦冉造

□年相邦呂不韋戈(珍金·98):□年相邦呂不韋造

□年相邦呂不韋戈·摹(珍金·98):□年相邦呂不韋造

三年相邦呂不韋戈·摹(秦銅·60):三年相邦呂□□(不韋)造

四年相邦呂不韋戈·摹(秦銅·63):四年相邦呂不[韋造]

五年相邦呂不韋戈二(秦銅·68.1):五年相邦呂不韋造

五年相邦呂不韋戈二·摹(秦銅·68.1):五年相邦呂不韋造

五年相邦呂不韋戈三·摹(秦銅·69):五年相邦呂不韋造

五年相邦呂不韋戈一(集證·33):五年相邦呂不韋造

五年相邦呂不韋戈一(集證·33):屬邦

八年相邦呂不韋戈·摹(秦銅·71):八年相邦呂不韋造

八年相邦呂不韋戈·摹(秦銅·71):屬邦〖注〗屬邦,官署名,管理少數民族的機構。

十四年屬邦戈·摹(秦銅·74):十四年屬邦工□□蔵

少府戈二·摹(集成11106.2):邦之(?)□

四年相邦呂不韋矛·摹(秦銅·66):四年相邦呂不韋造

十三年少府矛·摹(秦銅·73):武庫受(授)屬邦

少府矛·摹(秦銅·72):武庫受(授)屬邦

寺工矛一·摹(秦銅·95):武庫受(授)屬邦

三年相邦呂不韋戟(秦銅·61):三年相邦呂不韋造

三年相邦呂不韋戟·摹(秦銅·61):三年相邦呂不韋造

四年相邦呂不韋戟·摹(秦銅·65):四年相邦呂不韋造

七年相邦呂不韋戟一(秦銅·70):七年相邦呂不韋造

七年相邦呂不韋戟二·摹(俑坑·3.2):七年相邦呂不韋造

九年相邦呂不韋戟·摹(集證·35):九年相邦呂不韋造

十九年寺工鈹一·摹(秦銅·86):十九年寺工邦〖注〗邦,人名。

十九年寺工鈹二·摹(秦銅·87):十九年寺工邦

十九年寺工鈹三·摹(秦銅·88):十九年寺工邦

十九年寺工鈹四·摹(秦銅·89):十九年寺工邦

十九年寺工鈹五·摹(秦銅·90):十九年寺工邦

詛楚文·湫淵(中吳本):兩邦若壹(一)

詛楚文·湫淵(中吳本):唯是秦邦之羸眾敝賦

詛楚文·巫咸(中吳本):兩邦若壹(一)

詛楚文·巫咸(中吳本):唯是秦邦之羸眾敝賦

詛楚文·亞駝(中吳本):兩邦若壹(一)

詛楚文·亞駝(中吳本):唯是秦邦之羸眾敝賦

繹山刻石・宋刻本:分土建邦

睡簡・爲吏・17:告相邦〖注〗相邦,相國。

睡簡・爲吏・11:彼邦之䙍(傾)

天簡34・乙:邦君必或死之

睡簡・語書・1:害於邦〖注〗邦,國。

睡簡・語書・4:甚害於邦

榔室門楣刻字:五十一年曲陽士五(伍)邦〖注〗邦,人名。

睡簡・答問・177:臣邦父母產子及產它邦而是謂"真"

睡簡・答問・113:臣邦真戎君長

睡簡・答問・204:它邦耐吏、行旞與偕者

睡簡・答問・90:邦客與主人

睡簡・答問・48:告人曰邦亡

睡簡・答問・5:把錢偕邦亡〖注〗邦亡,逃出秦國國境。

睡簡・答問・180:可(何)謂"邦徒、僞使"

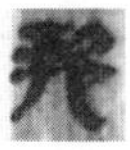

睡簡・答問・180:其邦徒及僞吏不來

睡簡・答問・180:使者(諸)侯、外臣邦

睡簡・答問・180:是謂"邦徒、僞使"

睡簡・答問・181:邦亡來通錢過萬

睡簡・答問・160:其邑邦門

睡簡・答問・177:臣邦父母產子及產它邦而是謂"真"

睡簡・答問・177:真臣邦君公有辠

睡簡・答問・140:盜出朱(珠)玉邦關及買(賣)於客者

睡簡・秦律・201:屬邦

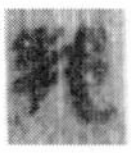

睡簡・雜抄・14:邦司空一盾

睡簡・日甲・67背:凡邦中之立叢

睡簡・日甲・7正:女必出於邦

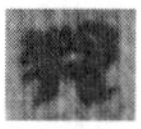

睡簡・日甲・3正:邦郡得年

睡簡・日甲・16背:宇最邦之下〖注〗邦,城。

睡簡・日甲・144正:去其邦北

睡簡・日甲・145正:去其邦

睡簡・日甲・15背:凡宇最邦之高

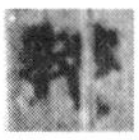

睡簡・日甲・119正:是胃(謂)邦君門

睡簡・日甲・111背:行到邦門困(閫)

睡簡・日乙・239:有問(聞)邦

睡簡・日乙・240:去其邦

睡簡・日乙・248:女子爲邦君妻

睡簡・日乙・242:去其邦北亟

睡簡・日乙・251:邦有年

睡簡・日乙・102:[出]邦門

睡簡・日乙・19:利以行師徒、見人、入邦

睡簡・爲吏・7:邦之急

睡簡・爲吏・5(操邦柄):〖注〗邦柄,國家的權柄。

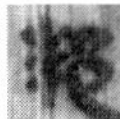睡簡・爲吏・18:非邦之故也

帛書・病方・無編號:邦

封泥集・附一410:邦候

集證・143.164:邦候

集證・143.163:邦司馬印

秦印編119:橋邦

秦印編118:邦候丞印

秦印編119:就邦

秦印編119:屬邦工室

封泥集181・1:屬邦工室

封泥集181・2:屬邦工室

封泥集181・3:屬邦工室

封泥集181・5:屬邦工室

封泥集182・10:屬邦工室

集證・139.109:屬邦工室

封泥印24:屬邦工室

封泥印24:屬邦工丞

秦印編119:屬邦工丞

秦印編119:屬邦工丞

秦印編119:屬邦工丞

封泥集183・12:屬邦工丞

封泥集183・14:屬邦工丞

封泥集183・15:屬邦工丞

封泥集182・1:屬邦工丞

封泥集182・2:屬邦工丞

封泥集182・3:屬邦工丞

封泥集182・4:屬邦工丞

封泥集182・5:屬邦工丞

封泥集182・6:屬邦工丞

封泥集183・11:屬邦工丞

封泥集183・17:屬邦工丞

集證・139.110:屬邦工丞

秦印編118:趙邦

新封泥C・16.25:邦騎尉印

新封泥 A・1.2:邦騎尉印

封泥印 23:屬邦之印

新封泥 D・23:屬邦

秦陶・1211:新城邦〖注〗邦,人名。

秦陶 A・3.7:新城邦

秦印編 118:邦印

漆器(滎經・8):王邦

新封泥 A・4.19:大□邦□

1387 郡

王五年上郡疾戈(秦銅・27):王五年上郡疾造〖注〗上郡,郡名。

王五年上郡疾戈・摹(秦銅・27):王五年上郡疾造

王六年上郡守疾戈・摹(秦銅・28.2):王六年上郡守疾之造□

王七年上郡守疾(?)戈・摹(秦銅・29):王七(?)年上郡守疾(?)之造

六年上郡守閒戈(登封・4.2):六年上郡守閒之造

七年上郡守閒戈・摹(秦銅・33):七年上郡守閒造

七年上郡守閒戈・照片(秦銅・33):七年上郡守閒造

十二年上郡守壽戈・摹(秦銅・35):十二年上郡守壽造

十三年上郡守壽戈・摹(集證・21):十三年上郡守壽造

□□年上郡守戈(集證・20):□□年上郡守□造

□□年上郡守戈・摹(集證・20):□□年上郡守□造

十五年上郡守壽戈(集證・23):十五年上郡守壽之造

十五年上郡守壽戈・摹(集證・24):十五年上郡守壽之造

十八年上郡戈・摹(秦銅・41):上郡武庫

廿五年上郡守厝戈・摹(秦銅・43):廿五年上郡守厝造

廿五年上郡守厝戈・摹(秦銅・43):上郡武庫

廿五年上郡守周戈(登封・4.1):廿五年上郡守周造

卅七年上郡守慶戈・摹(精粹 19):卅七年上郡守慶造

卅八年上郡守慶戈(長平圖版):卅八年上郡守慶造

卅八年上郡守慶戈・摹(長平圖版):卅八年上郡守慶造

卌年上郡守起戈一・摹(秦銅・50):卌年上郡守起[造]

卌年上郡守起戈二・摹(集證・30):卌年上郡守起造

卌八年上郡假守鼂戈(珍金・88):卌八年上郡叚(假)守鼂造

卌八年上郡假守鼂戈(珍金・89):上郡武庫

卌八年上郡假守鼂戈・摹(珍金・88):卌八年上郡叚(假)守鼂造

卌八年上郡假守鼂戈・摹(珍金・89):上郡武庫

元年上郡假守暨戈(珍金・92):元年上郡叚(假)守暨造

元年上郡假守暨戈・摹(珍金・92):元年上郡叚(假)守暨造

二年上郡守冰戈・摹(秦銅・55):二年上郡守冰造

二年上郡守戈(集證・18):二年上郡守冰(?)造

三年上郡守冰戈・摹(秦銅・57):三年上郡守冰造

三年上郡戈・摹(秦銅・59附圖):三年上郡[□(守)□(不)□(造)]

廿年上郡戈・摹(集成11548.2):上郡武庫

三年相邦吕不韋矛一・摹(秦銅・59):[上]郡假守憲(?)

三年相邦吕不韋矛二(撫順・1):上郡叚(假)守定

廿四年上郡守戟(潛山・19):廿四年上郡守□造

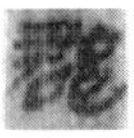

睡簡・答問・95:今郡守爲廷不爲

睡簡・答問・144:郡縣除佐

睡簡・答問・144:事它郡縣而不視其事者

睡簡・秦律・157:縣、都官、十二郡免除吏及佐、羣官屬

睡簡・日甲・3正・摹:邦郡得年

龍簡・214・摹:南郡用節不給時令□〖注〗南郡,郡名。

里簡・J1(9)11正:不采戍洞庭郡

里簡・J1(16)6正:今洞庭兵輸内史及巴、南郡、蒼梧

里簡・J1(9)1正:毋死戍洞庭〖注〗洞庭郡,郡名。

里簡・J1(9)2正:不豺戍洞庭郡

里簡・J1(9)3正:不識戍洞庭郡

里簡・J1(9)4正:衷戍洞庭郡

里簡・J1(9)5正:鹽戍洞庭郡

里簡・J1(9)7正:欬戍洞庭郡

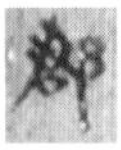

里簡・J1(9)8正:越人戍洞庭郡

里簡・J1(9)9正:頯戍洞庭郡

里簡・J1(9)10正:勝日戍洞庭郡

封泥印23:郡右邸印〖注〗郡……邸,諸郡設于京師之會館。

封泥印・附二192:東郡司馬

秦印編119:郡右邸印

秦印編119:郡左邸印

秦印編119:郡左邸印

秦印編119:郡右邸印

封泥集155・1:郡左邸印

封泥集252・1:東郡司馬

封泥集253・1:南郡司空

封泥集155・2:郡左邸印

封泥集155・3:郡左邸印

封泥集155・4:郡左邸印

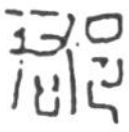

封泥集155・6:郡左邸印

封泥集155・7:郡左邸印

封泥集 155・8:郡左邸印

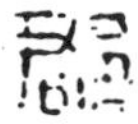

封泥集 155・9:郡左邸印

封泥集 155・10:郡左邸印

封泥集 155・11:郡左邸印

封泥集 155・12:郡左邸印

封泥集 155・13:郡左邸印

封泥集 155・14:郡左邸印

封泥集 156・1:郡右邸印

封泥集 156・2:郡右邸印

封泥集 156・3:郡右邸印

封泥集 156・5:郡右邸印

封泥集 156・9:郡右邸印

封泥集 156・11:郡右邸印

封泥集 156・12:郡右邸印

封泥集 156・13:郡右邸印

封泥集 157・17:郡右邸印

封泥集 157・18:郡右邸印

封泥集 157・19:郡右邸印

封泥集 157・22:郡右邸印

封泥集 157・27:郡右邸印

封泥集 157・29:郡右邸印

封泥集 157・30:郡右邸印

封泥印 22:郡左邸印

集證・160. 430:南郡候印

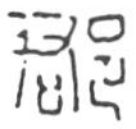

集證・140. 111:郡左邸印

集證・140. 112:郡左邸印

集證・140. 113:郡右邸印

集證・140. 115:郡右邸印

集證・160. 429:上郡候丞

新封泥 C・17. 24:郡右邸印

新封泥 C・18. 11:□□郡印

新封泥 E・18:南郡府丞

1388　　都

十二年上郡守壽戈(秦銅・35):洛都〖注〗洛都,地名。

十二年上郡守壽戈・摹(秦銅・35):洛都

十五年上郡守壽戈・摹(集證・24):西都〖注〗西都,地名。

廿五年上郡守厝戈・摹(秦銅・43):洛都

武都矛・摹(秦銅・208):武都〖注〗武都,地名。

九年相邦吕不韋戟・摹（集證・35）：成都〖注〗成都，地名。

睡簡・日甲・77 背：名責環貉豺干都寅

睡簡・效律・52・摹：及都倉、庫、田、亭嗇夫坐其離官屬於鄉者〖注〗都，總。

睡簡・秦律・44：宦者、都官吏、都官人有事上爲將

睡簡・秦律・44：宦者、都官吏、都官人有事上爲將

睡簡・答問・95・摹：命都官曰"長"

睡簡・秦律・86：都官輸大内

睡簡・秦律・86：縣、都官以七月糞公器不可繕者

睡簡・秦律・87：都官遠大内者輸縣

睡簡・秦律・80：縣、都官坐效、計以負賞（償）者

睡簡・秦律・20：大（太）倉課都官及受服者

睡簡・秦律・92：都官有用□其官

睡簡・秦律・72：都官之佐、史冗者

睡簡・秦律・73：都官佐、史不盈十五人者

睡簡・秦律・30：廥才（在）都邑〖注〗《左傳》："凡邑，有宗廟先君之主曰都，無曰邑。"

睡簡・秦律・37：都官以計時讎食者籍

睡簡・秦律・187：都官歲上出器求補者數

睡簡・秦律・125：縣、都官用貞（楨）、栽爲傰（棚）牏

睡簡・秦律・19：今課縣、都官公服牛各一課〖注〗都官，又稱中都官，官署名，直屬朝廷的機構。

睡簡・秦律・131：令縣及都官取柳及木楘（柔）可用書者

睡簡・秦律・157・摹：縣、都官、十二郡免除吏及佐、羣官屬

睡簡・效律・1：爲都官及縣效律

里簡・J1（16）9 正：告都鄉曰

里簡・J1（8）154 正：遷陵守丞都敢言之〖注〗都，人名。

里簡・J1（16）9 正：都鄉守嘉言〖注〗都鄉，鄉名。

里簡・J1（16）9 正：劾等十七戶徙都鄉

里簡・J1（16）9 正：謁令都鄉具問劾等年數

里簡・J1（9）8 正：陽陵逆都士五（伍）越人有貲錢千三百卌四〖注〗逆都，鄉里名。

里簡・J1（9）984 背：即走印行都鄉

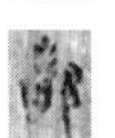里簡・J1（9）984 正：遷陵拔謂都鄉嗇夫

里簡・J1（16）5 背：都鄉別啟陵、貳春

里簡・J1（16）5 背：尉別都鄉司空

里簡・J1（16）6 背：尉別書都鄉司空

關簡・18：甲寅宿都鄉

關簡・14：庚戌宿都鄉

秦印編 119：都司馬印

 秦印編 119:都司馬印

 秦印編 120:都船工疕

 秦陶・1010:都船工疕

 秦陶・1009:都船工疕

 秦陶・1016:都船工疕

 集證・221. 264:都船兵

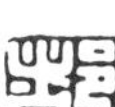 秦印編 119:都矦

 秦印編 119:都矦

 封泥集・附一 407:浙江都水

 集證・159. 418:都亭〖注〗都亭,設在縣城内的亭。

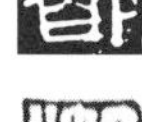 封泥集・附一 409:原都左尉

 集證・176. 644:陸都

 秦印編 119:周都

 秦印編 119:呂都

 秦印編 119:閔都君印

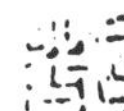 秦印編 119:都船丞印

 封泥集 174・1:都船丞印

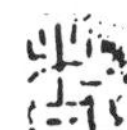 封泥集 174・2:都船丞印

 封泥集 174・6:都船丞印

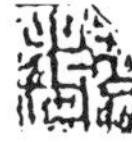 封泥集 174・7:都船丞印

封泥集 174・3:都船丞印

封泥集 174・4:都船丞印

秦印編 119:都鄉之印

封泥集 333・2:都鄉之印

封泥集 333・3:都鄉之印

封泥集 334・4:都鄉之印

封泥集 328・1:都昌丞印

集證・158. 397:都昌丞印

秦印編 119:琅琊都水

集證・140. 120:榦廥都丞

集證・140. 119:榦廥都丞

封泥集 132・3:榦廥都丞

封泥印 34:榦廥都丞

封泥集 112・1:都水丞印

封泥集 112・3:都水丞印

集證・150. 280:都水丞印

封泥印 9:都水丞印

新封泥 C・17. 8:都水丞印

封泥集 230・1:都田之印

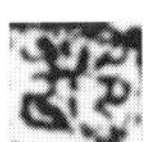新封泥 E・2:都船丞印

集證・143.170:都船丞印

秦印編 119:都歐

秦陶・1028:都歐

秦陶・1027:都歐

秦陶・1017:都歐

秦陶・1022:都歐

封泥集 265・1:琅邪都水

封泥集 285・1:洛都

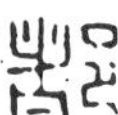封泥印 138:洛都□□

封泥集 333・1:都鄉

新封泥 C・17.7:陰都船丞

新封泥 C・17.11:陽都船丞

新封泥 E・12:都杜廥印

封泥印 16:都廏

新封泥 D・22:都船

秦陶・1259:都船

封泥印 13:都船

新封泥 A・4.3:都共

新封泥 A・4.4:都共丞印

集證・159.421:都市〖注〗都市,官名。

集證・221.262:都水

秦陶・1014:都效

秦陶・1008:都倉

秦陶・1013:都倉

秦陶・1025:都倉

秦陶・1015:都倉

秦陶・1012:都倉

秦陶・1019:都倉

秦陶・1021:都倉

秦陶・1018:都昌

秦陶・1023:都昌

秦陶 A・1.14:都船掩

1389　　鄰

睡簡・答問・98:其四鄰、典、老皆出不存〖注〗四鄰,同伍之人。

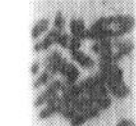睡簡・答問・99:可(何)謂"四鄰"

睡簡・日乙・21:之四鄰

1390　鄭　鄭

新封泥 B・3. 19:鄭丞之印〖注〗鄭,地名。

封泥印 109:鄭丞之印

1391　鄙　鄙

睡簡・爲吏・9:簡而毋鄙〖注〗鄙,鄙俗。

睡簡・爲吏・5:賢鄙溉(既)辥(乂)〖注〗鄙,與“賢”相對,不賢能之人。

秦印編 120:鄙□

1392　邸　邸

秦印編 120:蜀邸倉印〖注〗邸,郡邸。

集證・140. 124:蜀邸倉印

封泥集・附一 401:蜀邸倉印

秦印編 120:邸弱

秦印編 120:郡左邸印〖注〗郡……邸,諸郡設于京師之會館。

秦印編 120:郡左邸印

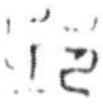

秦印編 120:郡左邸印

封泥印 22:郡左邸印

封泥集 155・1:郡左邸印

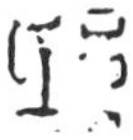

封泥集 155・2:郡左邸印

封泥集 155・3:郡左邸印

封泥集 155・4:郡左邸印

集證・140. 111:郡左邸印

封泥集 155・8:郡左邸印

封泥集 155・9:郡左邸印

封泥集 155・10:郡左邸印

封泥集 155・11:郡左邸印

封泥集 155・13:郡左邸印

封泥集 155・14:郡左邸印

集證・140. 112:郡左邸印

秦印編 120:郡右邸印

封泥集 156・1:郡右邸印

集證・140. 113:郡右邸印

集證・140. 114:郡右邸印

秦印編 120:郡右邸印

封泥印 23:郡右邸印

新封泥 C・17. 24:郡右邸印

集證・140. 115:郡右邸印

封泥集 156・2:郡右邸印

封泥集 156・3:郡右邸印

封泥集 156・5:郡右邸印

封泥集 156・11:郡右邸印

封泥集 156・12:郡右邸印

封泥集 157・14:郡右邸印

封泥集 157・15:郡右邸印

封泥集 157・16:郡右邸印

封泥集 157・17:郡右邸印

封泥集 157・18:郡右邸印

封泥集 157・19:郡右邸印

封泥集 157・20:郡右邸印

封泥集 157・21:郡右邸印

封泥集 157・22:郡右邸印

封泥集 157・27:郡右邸印

封泥集 157・28:郡右邸印

封泥集 157・30:郡右邸印

1393　郵

睡簡・秦律・3:遠縣令郵行之

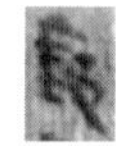
睡簡・語書・8:以郵行〖注〗郵,傳遞文書的驛站。

里簡・J1(8)157 正:成里典、啟陵郵人缺

里簡・J1(8)157 正:匄爲郵人

里簡・J1(6)2:遷陵以郵行洞庭

里簡・J1(6)1 背:行郵人視

里簡・J1(6)1 背・摹:以郵行

里簡・J1(8)154 背:郵人得行

關簡・12:戊申宿黄郵〖注〗黄郵,地名。

集證・150. 279:郵印

1394　竈

睡簡・日甲・22 背・摹:不竈(窮)必刑

睡簡・日甲・19 背:其君不痒(癃)必竈(窮)

睡簡・爲吏・2:孤寡竈(窮)困〖注〗竈,困頓。

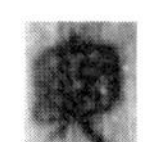
睡簡・爲吏・47・摹:毋竈竈(窮窮)

秦印編 147:高竈

秦印編 147:靳竈

1395　郊(岐)嶅

封泥集 330・1:岐丞之印〖注〗岐,地名。

封泥印・附二 201:岐丞之印

1396　郁

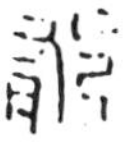

封泥集 358・1:郁狼鄉印〖注〗郁狼鄉,鄉名。

封泥集 358・2:郁狼鄉印

新封泥 E・20:郁郅

1397　鄠

萯陽鼎(集證・55):鄠,萯陽共鼎〖注〗鄠,地名。

1398　郝(郝)

秦印編 121:郝穀

秦印編 121:郝巳

秦印編 121:郝𢓊〖編者按〗郝,"郝"之異体。

秦印編 121:郝□

秦印編 121:郝趙

集證・171. 574:郝氏

秦印編 121:郝弱

秦印編 121:郝衍

秦印編 121:郝積

秦印編 121:郝有

秦印編 121:郝野

秦印編 121:郝屈

秦印編 121:郝慶

1399　酆

封泥集 284・1:酆丞〖注〗酆,地名。

秦印編 121:酆丞

集證・152. 305:酆丞

封泥印 98:酆印

瓦書・郭子直摹:取杜才(在)酆邱到于潏水〖注〗酆邱,地名。

瓦書(秦陶・1610):取杜才(在)酆邱到于潏水

1400　鄭

十九年大良造鞅殳鐏(集證・15):犛、鄭〖注〗鄭,地名。或說爲人名。

十九年大良造鞅殳鐏・摹(集證・15):犛、鄭

睡簡・日甲・81 背:甲盜名曰耤鄭壬𩞄强當良

關簡・176:人鄭〖注〗鄭,讀爲"定"。人定,夜深安息之時。

集證・159. 428:鄭大夫〖注〗鄭,地名。

集證・172. 584:姚鄭

秦印編 121:鄭哆

 秦印編 122:鄭處

 秦印編 121:鄭申

秦印編 122:南鄭丞印〖注〗南鄭,地名。

秦印編 121:鄭禹

秦印編 122:南鄭丞印

秦印編 121:鄭安

秦印編 121:鄭繹

 封泥印 123:南鄭丞印

1401 郘

十七年丞相啟狀戈·摹(秦銅·40):郘陽嘉〖注〗郘陽,地名。

十七年丞相啟狀戈·摹(秦銅·40):郘陽

1402 邽

秦陶 A·3.2:上邽工明〖注〗上邽,地名。

集證·152.301:下邽丞印

封泥集 274·1:下邽丞印〖注〗下邽,地名。

封泥印 96:下邽丞印

集證·222.274:下邽

秦陶 A·3.3:下邽

秦陶 A·3.4:下邽

集證·223.278:下邽

秦陶·1255:下邽

集證·222.275:下邽

1403 部

睡簡·答問·157:部佐匿者(諸)民田〖注〗部佐,鄉部之佐。

睡簡·答問·157:部佐爲匿田

睡簡·雜抄·14:吏部弗得〖注〗吏部,疑爲"部吏"誤倒,部吏,鄉部、亭部之吏。

龍簡·152·摹:部主者各二甲〖注〗部主者,此疑指鄉部主管官吏。

龍簡·10:取傳書鄉部稗官〖注〗鄉部,官署名,鄉一級官府。

龍簡·139·摹:其部□貲二甲

里簡·J1(16)6 正:嘉、穀、尉各謹案所部縣卒

集證·181.711:趙部耇

秦印編 122:隅陵之部

1404 郤

睡簡·日乙·198:正北郤(隙)逐

睡簡·日乙·199:正東郤(隙)逐

睡簡·日乙·197:正西郤(隙)逐〖注〗郤,讀爲"隙"。隙逐,因有怨

隙而被驅逐。〖編者按〗李天虹說"郤"爲"卻"字之訛。

秦印編 122:郤政

1405　祁　　祁

封泥集 345・1:祁鄉〖注〗祁鄉,鄉名。

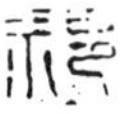

封泥集 345・2:祁鄉

封泥集 345・3:祁鄉

封泥集 345・4:祁鄉

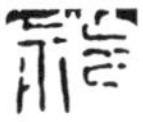

封泥集 345・5:祁鄉

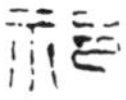

秦印編 122:祁鄉

1406　邢　　邢(邢)

集證・166. 529:邢

1407　邯　　邯

秦印編 123:邯鄲造工〖注〗邯鄲,地名。

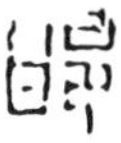

秦印編 123:邯鄲造工

秦印編 123:邯鄲造工

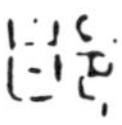

秦印編 123:邯鄲造工

封泥集 256・1:邯鄲造工

封泥集 256・7:邯鄲造工

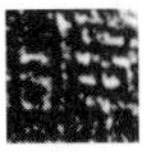

集證・142. 152:邯鄲造工

封泥印 91:邯鄲造工

封泥集 256・2:邯鄲造工

封泥印 91:邯造工丞〖注〗邯,邯鄲,地名。

封泥集 257・9:邯造工丞

封泥集 257・10:邯造工丞

秦印編 123:邯造工丞

封泥集 257・3:邯造工丞

封泥集 257・4:邯造工丞

封泥集 257・5:邯造工丞

封泥集 257・6:邯造工丞

封泥集 257・8:邯造工丞

封泥集 257・11:邯造工丞

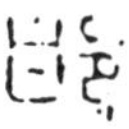

集證・157. 381:邯鄲之丞

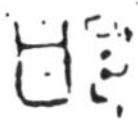

封泥印 90:邯鄲之丞

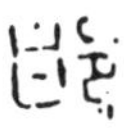

封泥集 256・2:邯鄲之丞

秦印編 123:邯□造□

1408　鄲

封泥集 256・5（邯鄲造工）：〖注〗邯鄲，地名。

封泥集 256・7：邯鄲造工

封泥集 256・1：邯鄲造工

封泥集 256・4：邯鄲造工

封泥印 91：邯鄲造工

封泥集 256・6：邯鄲造工

集證・142.152：邯鄲造工

封泥集 256・2：邯鄲之丞

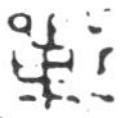

封泥印 90：邯鄲之丞

1409　郪

新郪虎符（集證・38）：左才（在）新郪〖注〗新郪，地名。

新郪虎符・羅福頤摹（集證・37）：左才（在）新郪

1410　鄧

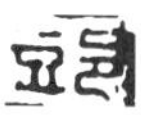

封泥集 295・1：鄧丞之印〖注〗鄧，地名。

集證・154.340：鄧丞之印

秦印編 123：鄧丞之印

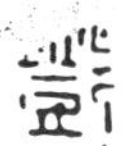

新封泥 B・3.16：鄧印

1411　鄂 邘

睡簡・日甲・82 背：庚名曰甲鄂相衛魚

睡簡・日甲・69 背：多〈名〉鼠鼷孔午鄂

集證・161.449（上官鄂）：〖注〗鄂，人名。

1412　郥

秦陶・1244：郥陽貝〖注〗郥陽，地名。

1413　鄒

秦印編 123：鄒乙

秦印編 123：鄒劉

秦印編 123：梁鄒丞印

封泥集 316・2：梁鄒丞印〖注〗梁鄒，地名。

封泥印・附二 207：梁鄒丞印

1414　郎

集證・148.242：上林郎池

封泥集・附一 409：郎中監印

封泥集・附一 408：旃郎廚丞

秦印編 124：南宮郎丞

秦印編 124:南宮郎丞

秦印編 124:南宮郎丞

秦印編 123:郎中左田〖注〗郎中,官名。

秦印編 123:郎中丞印

秦印編 123:郎中丞印

封泥集 113・4:郎中丞印

封泥集 113・5:郎中丞印

封泥集 113・6:郎中丞印

封泥集 113・7:郎中丞印

封泥集 113・9:郎中丞印

封泥集 113・10:郎中丞印

封泥集 113・11:郎中丞印

封泥集 113・12:郎中丞印

封泥集 114・3:郎中左田

封泥集 114・16:郎中丞印

封泥集 114・17:郎中丞印

封泥集 114・18:郎中丞印

封泥集 115・5:郎中左田

封泥集 203・1:南宮郎丞

封泥集 203・2:南宮郎丞〖注〗郎,官名。《漢表》:"郎掌守門戶,出入充軍騎。"

封泥集 203・3:南宮郎丞

封泥集 203・5:南宮郎丞

封泥集 204・10:南宮郎丞

封泥集 204・11:南宮郎丞

封泥集 204・12:南宮郎丞

集證・138.92:郎中丞印

集證・138.94:南宮郎丞

集證・149.267:郎中左田

集證・149.268:郎中左田

新封泥 C・17.12:郎中丞印

封泥印 10:郎中丞印

封泥印 10:郎中左田

封泥印 62:南宮郎中

新封泥 A・1.5:郎中西田

1415　䣙　邳

秦印編 124:邳鄣尉印〖注〗邳鄣,地名。

封泥集 365・1:邳亭〖注〗邳,地名。

1416　鄣

秦印編 124:邳鄣尉印〖注〗邳鄣,地名。

1417　鄰

秦懷后磬・摹:氒(厥)益曰鄰

1418　部

秦印編 124:部印〖注〗部,地名。

秦印編 124:部丞之印

1419　邪

十七年丞相啟狀戈・摹(秦銅・40):工邪〖注〗邪,人名。

睡簡・秦律・89:葆繕參邪〖注〗參邪,不齊正。

睡簡・語書・6:而養匿邪避(僻)之民〖注〗邪僻,邪惡的行爲。

帛書・病方・435:即以食邪者

秦印編 124:琅邪左鹽

封泥集 263・1:琅邪司馬〖注〗琅邪,地名。

封泥集 264・1:琅邪候印

封泥集 265・1:琅邪都水

封泥集 266・1:琅邪左鹽

集證・141.142:琅邪司丞

集證・143.167:琅邪發弩

封泥印・附二 191:琅邪候印

1420　郭

睡簡・爲吏・8:城郭官府

關簡・345:高山高郭〖注〗此字左似從"京",疑"郭"字誤寫。

集證・173.605:郭夸

集證・173.606:郭虡

秦印編 124:郭鼂

秦印編 125:郭圂

秦印編 125:郭頪

秦印編 125:中郭匽

秦印編 124:郭横

秦印編 125:郭鶩

秦印編 124:郭目

秦印編 125:郭兇奴

秦印編 124:南郭梗

秦印編 125:郭宜

秦印編 124:郭京閭

1421 邱

瓦書・郭子直摹：取杜才（在）酆邱到于潏水〚注〛酆邱，地名。

瓦書（秦陶・1610）：取杜才（在）酆邱到于潏水

1422 郤

秦印編125：段郤

秦印編125：陽成郤

集證・175.629：郤〚編者按〛郤即舒字早期寫法。

1423 郻

詛楚文・湫淵（中吳本）：述（遂）取䇓（吾）邊城新郻及𨜏（於）、長、敎（莘）〚注〛新郻，地名。

詛楚文・亞駝（中吳本）：述（遂）取䇓（吾）邊城新郻及𨜏（於）、長、敎（莘）

詛楚文・巫咸（中吳本）：述（遂）取䇓（吾）邊城新郻及𨜏（於）、長、敎（莘）

新封泥A・4.15：郻采金印〚注〛郻，地名。

新封泥A・4.16：郻采金丞

1424 𨜏

詛楚文・湫淵（中吳本）：述（遂）取䇓（吾）邊城新郻及𨜏（於）、長、敎（莘）〚注〛𨜏，地名，在今河南、陝西界。

詛楚文・亞駝（中吳本）：述（遂）取䇓（吾）邊城新郻及𨜏（於）、長、敎（莘）

詛楚文・巫咸（中吳本）：述（遂）取䇓（吾）邊城新郻及𨜏（於）、長、敎（莘）

1425 郿

秦印編291：咸郿里致〚注〛郿里，里名。

秦印編291：咸郿里𧺆

秦印編291：咸郿里駔

秦印編291：咸郿里貝

秦印編291：咸郿里齝

秦印編291：咸郿里善

秦印編291：咸郿里夸

秦陶・1331：咸亭郿里𡒊器

秦陶・1332：咸亭郿里芮器

秦陶・1333：咸郿里舉

秦陶・1337：咸郿里跬

秦陶・1335：咸郿小有

秦陶・1336：咸郿小有

秦陶・1340：咸郿里善

秦陶・1341：咸郿里某

 秦陶・1339：咸郿里跬

 秦陶・1346：咸郿里紀

 秦陶・1347：咸郿里□

 秦陶・1348：咸郿里□

 秦陶・1350：咸郿里段

 秦陶・1351：咸郿里段

 秦陶・1352：咸郿里段

 秦陶・1367：咸郿里善

 秦陶・1354：咸郿里段

 秦陶・1355：咸郿里薈

 秦陶・1358：咸郿里貝

 秦陶・1365：咸郿里果

 秦陶・1364：咸郿里致

 秦陶・1369：咸郿里善

 秦陶・1371：咸郿里善

 秦陶・1372：咸郿里善

 集證・218.235：咸郿里致

 集證・218.236：咸郿里逋

 集證・217.233：咸郿里宣

 秦陶・1380：咸郿里致

 秦陶・1379：咸郿里致

 秦印編291：咸郿里驕

 秦印編291：咸郿里竭

 秦印編291：咸郿里驕

 秦印編291：咸郿里就

 秦陶・1345：咸郿里宮

 秦陶・1342：咸郿里桊

1426　　郶

 集證・218.239：咸郶里牨〖注〗郶里，里名。

 秦陶・1411：咸郶里奢

 集證・218.238：咸郶里欣

 集證・218.240：咸郶里牨

 秦印編290：咸郶里昧

1427　　郈

 龍簡・120：侵食道、千（阡）、郈（陌）〖注〗阡陌，田間小道，南北爲阡，東西爲陌。

1428 鄁

秦印編 290:鄁

1429 坏

睡簡·日甲·100 正:筑(築)右坏〖編者按〗坏,或釋爲"圩",即"序"字異文。

睡簡·日甲·100 正:筑(築)左坏

1430 鄗

睡簡·日甲·103 正:鄗以細□

1431 御

秦印編 291:任御

1432 鄉

天簡 32·乙:凡爲行者毋犯其鄉之忌日

睡簡·語書·1:民各有卿(鄉)俗:〖注〗鄉俗,地方風俗。〖編者按〗"卿、鄉"本一字分化。秦時已分化爲二字,但仍有同用之例。此條保留若干讀爲"鄉"的"卿"字。參看卷九"卿"字條。

睡簡·語書·3:卿(鄉)俗淫失(泆)之民不止

睡簡·語書·5:私好、卿(鄉)俗之心不變

睡簡·秦律·21:縣嗇夫若丞及倉、卿(鄉)相雜以印之〖注〗鄉,地方基層行政單位。

睡簡·秦律·169:縣嗇夫若丞及倉、卿(鄉)相雜以封印之

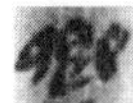
睡簡·日甲·21 背:卿(鄉,嚮)井

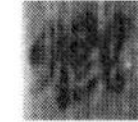
睡簡·日甲·98 正:毋起西卿(鄉,嚮)室

睡簡·日甲·98 正:西卿(鄉,嚮)門

睡簡·日甲·99 正:毋起北卿(鄉,嚮)室

睡簡·日甲·96 正:南卿(鄉,嚮)門

睡簡·日甲·96 正:毋起東卿(鄉,嚮)室

睡簡·日甲·97 正:毋起南卿(鄉,嚮)室

睡簡·日甲·66 正:東數反其卿(鄉)

睡簡·日甲·67 正:南數反其卿(鄉)

睡簡·日甲·64 背:東北卿(鄉,嚮)如(茹)之乃臥

睡簡·日甲·65 正:北數反其卿(鄉)

睡簡·日甲·3 正:上下羣神卿(鄉,饗)之

睡簡·日甲·44 背:以人火卿(鄉,嚮)之

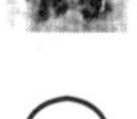
睡簡·日甲·45 背:張傘以卿(鄉,嚮)之

睡簡·日甲·140 背:春三月毋起東鄉(嚮)室

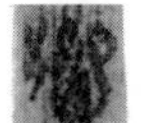
睡簡·日甲·140 背:秋三月毋起西鄉(嚮)室

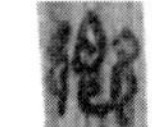
睡簡·日甲·140 背:夏三月毋起南鄉(嚮)室

睡簡·日甲·158 背:令其鼻能糗(嗅)鄉(香)

睡簡・日甲・156 背:東鄉(嚮)南鄉(嚮)各一馬□中土

睡簡・日甲・115 正:困居北卿(鄉,嚮)廥

睡簡・日乙・200:西北反卿(鄉)

睡簡・日乙・248:凡生子北首西卿(鄉,嚮)

睡簡・日乙・74:南鄉(嚮)者富

睡簡・日乙・74:生東鄉(嚮)者貴

睡簡・日乙・75:北鄉(嚮)者賤

睡簡・日乙・75:西北鄉(嚮)者被刑

睡簡・日乙・75:西鄉(嚮)壽

睡簡・日乙・198:東南反卿(鄉)

睡簡・日乙・199:西南反卿(鄉)

睡簡・日乙・194:西北卿(鄉,嚮)擇(釋)髮而駟(呬)

睡簡・效律・28:縣嗇夫若丞及倉、卿(鄉)相雜以封印之

睡簡・效律・53:及都倉、庫、田、亭嗇夫坐其離官屬於卿(鄉)者

龍簡・10:取傳書鄉部稗官〖注〗鄉部,官署名,鄉一級官府。

里簡・J1(16)9 正:謁令都鄉具問勨等年數〖注〗都鄉,鄉名。

里簡・J1(16)5 背:都鄉別啟陵、貳春

里簡・J1(16)5 背:告鄉司空、倉主

里簡・J1(16)5 背:尉別都鄉司空

里簡・J1(16)6 背:告鄉司空、倉主

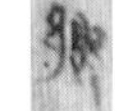
里簡・J1(8)157 正:啟陵鄉夫敢言之

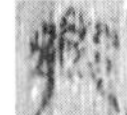
里簡・J1(16)9 正:都鄉守嘉言

里簡・J1(16)9 正:告都鄉曰

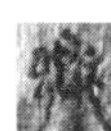
里簡・J1(16)9 正:勨等十七戶徙都鄉

里簡・J1(16)9 正:啟陵鄉□敢言之

關簡・345:鄉(嚮)馬祝曰

關簡・18:甲寅宿都鄉

關簡・14:庚戌宿都鄉

關簡・2:丁酉宿井韓鄉

關簡・263:十三日以到十八日,鄉(嚮)之

關簡・376:北鄉(嚮)

關簡・338:東鄉(嚮)

關簡・348:東鄉(嚮)

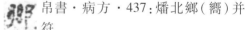

帛書・病方・426:以槐東鄉(嚮)本、枝、葉

帛書・病方・437:燔北鄉(嚮)并符

帛書・病方・438:□東鄉(嚮)竈炊之

帛書・病方・66:鄉(嚮)甸(電)祝之

帛書・病方・97:北鄉(嚮)

帛書・病方・183:偃(寢)東鄉(嚮)弱(溺)之

帛書・病方・196:直(置)東鄉(嚮)窗道外

帛書・病方・198:令斬足者清明東鄉(嚮)

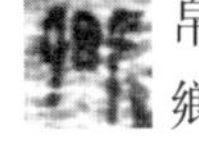
帛書・病方・200:令積(癩)者東鄉(嚮)

帛書・病方・206:令人操築西鄉(嚮)

帛書・病方・206:令積(癩)者屋霤下東鄉(嚮)

帛書・病方・208:立堂下東鄉(嚮)

帛書・病方・210:令積(癩)者北首臥北鄉(嚮)廡中

帛書・病方・225:卽取桃支(枝)東鄉(嚮)者

帛書・病方・248:不後上鄉(嚮)者方

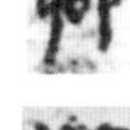
帛書・病方・371:□鄉(嚮)涶(唾)之

帛書・病方・殘1:取蛇兑(蜕)□鄉(嚮)者

集證・158.409:谿鄉

集證・160.443:南鄉喪吏

秦印編125:西鄉

秦印編126:定鄉

秦印編125:南鄉

秦印編126:安鄉

秦印編125:北鄉之印

秦印編126:上東陽鄉

秦印編125:咸陽右鄉

秦印編126:延鄉侯印

秦印編125:街鄉

秦印編126:西昌鄉印

秦印編125:南鄉喪事

秦印編125:高陵鄉印

秦印編125:東鄉

秦印編125:谿鄉

秦印編125:安陽鄉印

秦印編125:宜野鄉印

秦印編125:櫟陽鄉印

秦印編125:安平鄉印

秦印編125:長平鄉印

秦印編125:櫟陽鄉印

秦印編125:廣鄉

秦印編125:良鄉

秦印編125:西鄉

封泥集333・1:都鄉

封泥集 333・2:都鄉之印

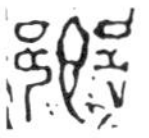

封泥集 334・1:中鄉

封泥集 334・2:中鄉

封泥集 334・3:中鄉

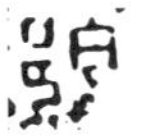

封泥集 334・4:都鄉之印

封泥集 335・1:右鄉

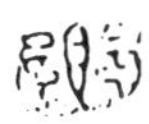

封泥集 335・1:左鄉

封泥集 335・2:右鄉

封泥集 335・2:左鄉

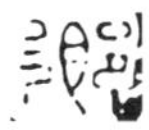

封泥集 336・1:東鄉

封泥集 336・2:東鄉

封泥集 336・3:東鄉

封泥集 336・4:東鄉

封泥集 336・5:東鄉

封泥集 336・6:東鄉

封泥集 336・7:東鄉

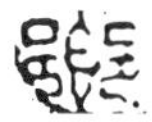

封泥集 336・8:東鄉

封泥集 337・2:西鄉

封泥集 337・3:西鄉

封泥集 337・4:西鄉

封泥集 337・5:西鄉

封泥集 337・6:西鄉

封泥集 337・7:西鄉

封泥集 337・9:東鄉

封泥集 337・10:東鄉

封泥集 338・3:西鄉之印

封泥集 338・4:西鄉之印

封泥集 338・5:西鄉之印

封泥集 339・1:北鄉

封泥集 339・1:南鄉

封泥集 339・2:南鄉

封泥集 339・3:南鄉

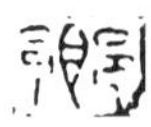

封泥集 339・4:南鄉

封泥集 339・5:南鄉

封泥集 340・1:良鄉

封泥集 340・1:軹鄉

封泥集 340・2:軹鄉

封泥集 341・1:安鄉

封泥集 341・1：晝鄉

封泥集 341・2：安鄉

封泥集 341・3：安鄉

封泥集 342・5：安鄉

封泥集 342・6：安鄉

封泥集 343・1：路鄉

封泥集 343・2：路鄉

封泥集 343・3：猶鄉

封泥集 344・1：端鄉

封泥集 344・1：廣鄉

封泥集 344・2：端鄉

封泥集 344・2：廣鄉

封泥集 344・3：端鄉

封泥集 344・3：廣鄉

封泥集 345・1：祁鄉

封泥集 345・2：祁鄉

封泥集 345・3：祁鄉

封泥集 345・4：廣鄉

封泥集 345・4：祁鄉

封泥集 345・5：祁鄉

封泥集 346・1：拔鄉之印

封泥集 346・1：休鄉之印

封泥集 347・1：定鄉

封泥集 347・2：定鄉

封泥集 347・3：定鄉

封泥集 347・4：定鄉

封泥集 347・5：定鄉

封泥集 347・6：定鄉

封泥集 347・7：定鄉

封泥集 348・1：請鄉之印

封泥集 348・2：建鄉

封泥集 349・1：安國鄉印

封泥集 349・1：臺鄉

封泥集 349・2：臺鄉

封泥集 350・1：廣陵鄉印

封泥集 350・1：宜春鄉印

封泥集 351・1：勮里鄉印

封泥集 351・2：信安鄉印

封泥集 351・3:勮里鄉印
封泥集 351・3:信安鄉印 
封泥集 352・1:朝陽鄉印 
封泥集 352・1:廣文鄉印 
封泥集 352・2:廣文鄉印 
封泥集 352・3:廣文鄉印 
封泥集 353・1:平望鄉印 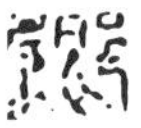
封泥集 353・1:新息鄉印 
封泥集 353・2:平望鄉印 
封泥集 353・2:新息鄉印 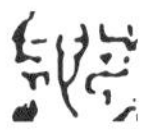
封泥集 353・3:平望鄉印 
封泥集 354・4:平望鄉印 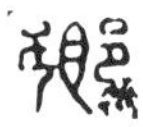
封泥集 355・1:西昌鄉印 
封泥集 355・1:西平鄉印 
封泥集 355・2:西昌鄉印 
封泥集 355・3:西平鄉印 
封泥集 356・1:利居鄉印 
封泥集 356・2:句莫鄉印 
封泥集 356・2:利居鄉印 

封泥集 356・3:句莫鄉印
封泥集 357・1:東閭鄉印 
封泥集 357・2:東閭鄉印 
封泥集 357・3:東閭鄉印 
封泥集 357・5:東閭鄉印 
封泥集 358・1:尚父鄉印 
封泥集 358・1:郁狼鄉印 
封泥集 358・2:尚父鄉印 
封泥集 359・1:纍丘鄉印 
封泥集 360・1:南成鄉印 
封泥集 360・3:南成鄉印 
封泥集 361・1:南陽鄉印 
封泥集 361・2:南陽鄉印 
封泥集 361・3:南陽鄉印 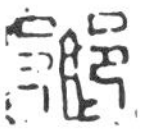
封泥集 361・4:陽夏鄉印 
封泥集 362・1:安平鄉印 
封泥集 362・3:安平鄉印 
封泥集 362・4:安平鄉印 
封泥集 362・5:安平鄉印

封泥集362·6:安平鄉印

封泥集363·1:上東陽鄉

封泥集363·2:上東陽鄉

封泥集363·3:上東陽鄉

封泥集363·4:上東陽鄉

封泥集·附一400:北鄉之印

封泥集·附一400:東鄉

封泥集·附一400:南鄉

封泥集·附一400:西鄉

封泥集·附一405:長平鄉印

封泥集·附一407:咸陽右鄉

封泥集·附一410:安平鄉印

封泥集·附一410:街鄉

封泥集·附一410:櫟陽鄉印

封泥集·附一410:南鄉喪吏

封泥集·附一410:谿鄉

封泥集·附一410:宜野鄉印

集證·158.399:咸陽右鄉

集證·158.400:櫟陽鄉印

集證·158.401:安平鄉印

集證·158.402:高陵鄉印

集證·158.403:宜野鄉印

集證·158.405:街鄉

集證·158.406:東鄉

集證·158.407:西鄉

1433　䢼(巷)

秦印編126:永巷丞印〖注〗永巷,官名。

秦印編126:永巷丞印

秦印編126:永巷

秦印編126:永巷

封泥集149·1:永巷丞印

集證·134.21:永巷

集證·134.18:永巷丞印

封泥印39:永巷丞印

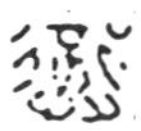

集證·134.19:永巷丞印

集證·134.20:□□永巷

卷　七

1434　日 ⊙　　日 囜

石鼓文・吾水(先鋒本):日隹(惟)丙申

石鼓文・乍邍(先鋒本):□□五日

石鼓文・乍邍(先鋒本):二日尌(樹)□

秦駰玉版・乙・摹:以余小子駰之病日復

繹山刻石・宋刻本:功戰日作

青川牘・摹:□一日

青川牘・摹:□一日

青川牘・摹:□一日

青川牘・摹:辰一日

青川牘・摹:二年十一月己酉朔二日

青川牘・摹:亥一日

青川牘・摹:戌一日

天簡31・乙:至日入

天簡32・乙:入月十日旦南吉

天簡33・乙:五月辰=日大雨

天簡21・甲:日失(昳)吉

天簡21・甲:入月十日

天簡21・甲:日中吉

天簡22・甲:建日良日殹

天簡22・甲:日旦東吉

天簡23・甲:安食凶日中吉

天簡23・甲:入月十一日旦

天簡23・甲:四日旦東吉

天簡30・乙:入月九日

天簡30・乙:日中至日入

天簡31・乙:三月戊臽日

天簡33・乙:入月廿八日旦西吉

天簡33・乙:入月五日旦南吉

天簡35・乙:風不利雞二日

天簡38・乙:日中

天簡21・甲:夕日凶

天簡21・甲:日中西吉

天簡 21・甲:日中吉日

天簡 22・甲:良日毆可爲嗇夫

天簡 22・甲:十一日旦東吉

天簡 23・甲:日失(昳)吉

天簡 23・甲:東吉日中吉

天簡 23・甲:日中南吉

天簡 30・乙:日中西吉

天簡 30・乙:日中至日入

天簡 33・乙:日中北吉

天簡 33・乙:日中西吉

天簡 38・乙:日中吉

天簡 23・甲:安食凶日中吉

天簡 33・乙:夕日吉

天簡 38・乙:日失(昳)吉夕日凶

天簡 38・乙:日中北吉

天簡 21・甲:旦南吉日中西吉

天簡 23・甲:除日逃亡

天簡 24・乙:彼日毋可以有爲毆

天簡 24・乙:日盜以亡

天簡 24・乙:日入至晨投中蕤賓

天簡 26・乙:日入至晨投中夷則

天簡 26・乙:日入至晨投中林鐘

天簡 28・乙:旦至日中投中南呂

天簡 29・乙:旦至日中投中毋射

天簡 31・乙:日中

天簡 33・乙:人八月四日己丑

天簡 34・乙:日中至日入

睡簡・日乙・111:以此日鬃屋

睡簡・日乙・151:正月七日

睡簡・日乙・15:嬴陽之日

睡簡・日乙・117:正月、七月朔日

睡簡・爲吏・33:夜以椄(接)日

睡簡・秦律・108:賦之三日而當夏二日

睡簡・秦律・115:失期三日到五日

睡簡・日甲・29 正:廿二日廿三日吉

睡簡・日甲・94 背:入十二月二日三日心

睡簡・日甲・156 正:月生一日、十一日、廿一日

睡簡・日甲・157 背:今日良日

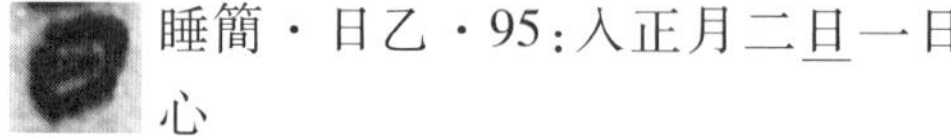

睡簡・日乙・95:入正月二日一日心

睡簡・日乙・106:入十二月二日三日心

睡簡・秦律・108:賦之三日而當夏二日

睡簡・秦律・115:失期三日到五日

睡簡・日甲・29 正:廿二日廿三日吉

睡簡・日甲・94 背:入十二月二日三日心

睡簡・日甲・67 正:日七夕九

睡簡・日甲・14 正:建日,良日也

睡簡・日甲・156 正:月生一日、十一日、廿一日

睡簡・日甲・157 背:今日良日

睡簡・日乙・95:入正月二日一日心

睡簡・日乙・45:入月六日、七日、八日、二旬二日皆知

睡簡・日乙・106:入十二月二日三日心

睡簡・日甲・156 正:月生一日、十一日、廿一日

睡簡・日乙・45:入月六日、七日、八日、二旬二日皆知

睡簡・日乙・45:入月六日、七日、八日、二旬二日皆知

睡簡・日乙・45:入月六日、七日、八日、二旬二日皆知

睡簡・答問・30:一日而得

睡簡・答問・4:一日

睡簡・答問・138:問亡二日

睡簡・答問・132:備毄(繫)日

睡簡・封診・22:今日見亭旁

睡簡・封診・96:以迺二月不識日去亡

睡簡・封診・32:今日見丙戲旞

睡簡・封診・14:亡及逋事各幾可(何)日

睡簡・秦律・29:禾、芻稾積索(索)出日

睡簡・秦律・201:必署其已稟年日月

睡簡・秦律・60:日少半斗

睡簡・秦律・78:以其日月減其衣食

睡簡・秦律・77:其日𨃰(足?)以收責之

睡簡・秦律・74:食其母日粟一斗

睡簡・秦律・74:旬五日而止之

睡簡・秦律・46:而以其來日致其食

睡簡・秦律・47:毋過日一食

睡簡・秦律・57:日食城旦

睡簡・秦律・183:日觱(畢)

睡簡・秦律・184:必書其起及到日月夙莫(暮)

睡簡・秦律・123:贏員及減員自二日以上

睡簡・秦律・138:其日未備而被入錢者

睡簡・秦律・138:以日當刑而不能自衣食者

睡簡・秦律・13:賜牛長日三旬

睡簡・秦律・139:盡八月各以其作日及衣數告其計所官

睡簡・秦律・133:日居六錢

睡簡・秦律・14:賜田典日旬殿

睡簡・秦律・142:日未備而死者

睡簡・秦律・152:日八錢

睡簡・秦律・157:以十二月朔日免除

睡簡・秦律・151:毋賞(償)興日

睡簡・秦律・115:六日到旬

睡簡・秦律・11:以其致到日稟之

睡簡・雜抄・35:辭曰日已備

睡簡・雜抄・35:畀日四月居邊

睡簡・日甲・80 正:人良日

睡簡・日甲・8 背:十二日曰見莫取

睡簡・日甲・8 背:十四日奊(謑)詢

睡簡・日甲・8 背:月生五日曰杵

睡簡・日甲・89 背:入七月八日心

睡簡・日甲・89 正:市良日

睡簡・日甲・86 正:羊良日

睡簡・日甲・83 背:入正月二日一日心

睡簡・日甲・84 正:牛良日

睡簡・日甲・8 正:[外]陽日

睡簡・日甲・28 正:入月一日二日吉

睡簡・日甲・28 正:三日不吉

睡簡・日甲・2 背:禹以取梌(塗)山之女日也

睡簡・日甲・29 正:廿八日廿九日吉

睡簡・日甲・29 正:廿七日恐

睡簡・日甲・29 正:廿四日恐

睡簡・日甲・29 正:廿五日廿六日吉

睡簡・日甲・24 正:朿良日

睡簡・日甲・25 背:壐(爾)必以某(某)月日死

睡簡・日甲・21 背:日出

睡簡・日甲・2 正:結日

睡簡・日甲・98 背:日中以行有五喜

睡簡・日甲・98 正:其日乙未、甲午、甲辰垣之

睡簡・日甲・9 背:十五日曰臣代主

睡簡・日甲・92 正:鷄忌日

睡簡・日甲・92 正:鷄良日

睡簡・日甲・96 正:其日癸酉、壬辰、壬午垣之

睡簡・日甲・97 正:其日辛酉、庚午、庚辰垣之

睡簡・日甲・93 背:日中死兇(凶)

睡簡・日甲・93 背:入十一月二旬五日心

睡簡・日甲・93 正:金錢良日

睡簡・日甲・95 正:其日丙午、丁酉、丙申垣之

睡簡・日甲・9 正:外害日

睡簡・日甲・68 背:日七夕九

睡簡・日甲・68 背:以望之旦日始出而食之

睡簡・日甲・6 背:凡取妻、出女之日

睡簡・日甲・62 背:日九夕七

睡簡・日甲・62 背:日六夕十

睡簡・日甲・66 背:日九夕七

睡簡・日甲・66 正:日八夕八

睡簡・日甲・66 正:日六夕十

睡簡・日甲・66 正:日十夕六

睡簡・日甲・67 背:日八夕八

睡簡・日甲・67 正:日七夕九

睡簡・日甲・67 正:日十一夕五

睡簡・日甲・63 背:日十夕六

睡簡・日甲・64 背:日十一夕五

睡簡・日甲・64 正:日八夕八

睡簡・日甲・64 正:日六夕七〈十〉

睡簡・日甲・64 正:日十夕六

睡簡・日甲・65 背:日十夕六

睡簡・日甲・65 正:日九夕七

睡簡・日甲・65 正:日五夕十一

睡簡・日甲・61 背:不終日

睡簡・日甲・61 背:日五夕十一

睡簡・日甲・61 背:終日

睡簡・日甲・6 正:陰日

睡簡・日甲・78 正:祠父母良日

睡簡・日甲・79 正:祠行良日

睡簡・日甲・7 正:達日

睡簡・日甲・37 正:半日

睡簡・日甲・3 正:陽日

睡簡・日甲・47 正:禹之離日也

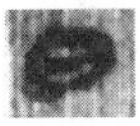

睡簡・日甲・41 正:見日

睡簡・日甲・4 正:交日

睡簡・日甲・52 背:以庚日日始出時濆門以灰

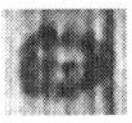

睡簡・日甲・53 正:離日不可以行

睡簡・日甲・5 正:害日

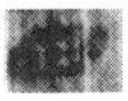

睡簡・日甲・100 正:凡爲室日

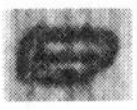

睡簡・日甲・100 正:殺日

睡簡・日甲・10 背:戌興〈與〉亥是胃(謂)分離日

睡簡・日甲・107 背:八月十八日

睡簡・日甲・107 背:二月十四日

睡簡・日甲・107 背:九月廿七日

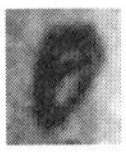

睡簡・日甲・107 背:七月九日

睡簡・日甲・107 背:三月廿一日

睡簡・日甲・107 背:十二月卅日

睡簡・日甲・107 背:十一月廿日

睡簡・日甲・107 背:十月十日

睡簡・日甲・107 背:四月八日

睡簡・日甲・107 背:五月十六日

睡簡・日甲・107 背:正月七日

睡簡・日甲・103 正:凡入月五日

睡簡・日甲・103 正:月不盡五日

睡簡・日甲・101 正:四灋(廢)日

睡簡・日甲・10 正:外陰日

睡簡・日甲・18 正:定日

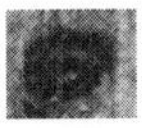

睡簡・日甲・18 正:禾忌日

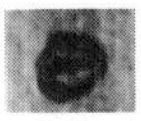

睡簡・日甲・1 背:此大敗日

睡簡・日甲・1 背:日衝

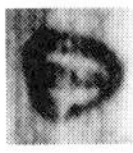

睡簡・日甲・120 背:衣忌日

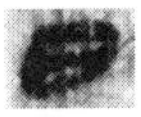

睡簡・日甲・128 正:凡是日赤啻(帝)恒以開臨下民而降其英(殃)

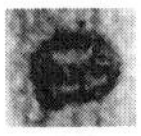

睡簡・日甲・12 背:牝月牡日取妻

睡簡・日甲・129 背:土良日

睡簡・日甲・129 正:必先計月中閒日

睡簡・日甲・129 正:句(苟)毋(無)直赤啻(帝)臨日

睡簡・日甲・129 正:它日雖有不吉之名

睡簡・日甲・124 背:八日刺

睡簡・日甲・124 背:二旬二日刺

睡簡・日甲・124 背:七日刺

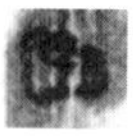

睡簡・日甲・124 背:旬六日毀

睡簡・日甲・121 背:月不盡五日

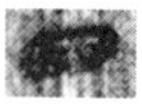

睡簡・日甲・19 正:摯(執)日

睡簡・日甲・160 正:日虒見

睡簡・日甲・162 正:日虒見

睡簡・日甲・166 正:日虒見

睡簡・日甲・163 正:日虒見

睡簡・日甲・164 正:日虒見

睡簡・日甲・165 正:日虒見

睡簡・日甲・161 正:日虒見

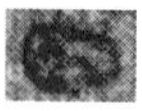

睡簡・日甲・16 正:盈日

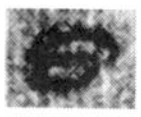

睡簡・日甲・17 正:平日

睡簡・日甲・138 正:凡敫日

睡簡・日甲・132 正:凡四門之日

睡簡・日甲・132 正:日之門也

睡簡・日甲・139 背:其家日減

睡簡・日甲・139 背:入月十七日

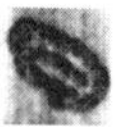

睡簡・日甲・139 背:是胃(謂)召(招)䍃(搖)合日

睡簡・日甲・136 背:是胃(謂)牝日

睡簡・日甲・136 正:凡臽日

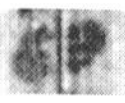

睡簡・日甲・136 正:日中南得

睡簡・日甲・137 背:是胃(謂)召(招)䍃(搖)合日

睡簡・日甲・133 正:凡此日以歸

睡簡・日甲・133 正:入八月九日

睡簡・日甲・133 正:入二月四日

睡簡・日甲・133 正:入九月廿七日

睡簡・日甲・133 正:入六月廿四日

睡簡・日甲・133 正:入七月九日

睡簡・日甲・133 正:入三月廿一日

睡簡・日甲・133 正:入十二月卅日

睡簡・日甲・133 正:入十一月廿日

睡簡・日甲・133 正:入十月十日

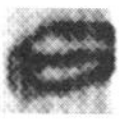

睡簡・日甲・133 正:入四月八日

睡簡・日甲・133 正:入五月十九日

睡簡・日甲・133 正:入正月七日

睡簡・日甲・134 正:凡此日不可以行

睡簡・日甲・135 正:甲乙壬癸丙丁日中行

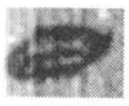

睡簡・日甲・13 正:秀日

睡簡・日甲・142背:冬三月之日

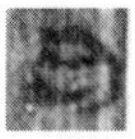

睡簡・日甲・146背:凡此日不可入官及入室

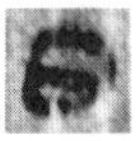

睡簡・日甲・143背:入月七日及冬未、春戌、夏丑、秋辰

睡簡・日甲・14正:建日,良日也

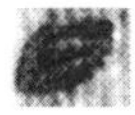

睡簡・日甲・150正:其日在首

睡簡・日甲・158正:日虒見

睡簡・日甲・159正:日虒見

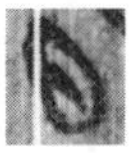

睡簡・日甲・156背:先牧日丙

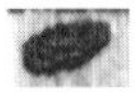

睡簡・日甲・157正:日虒見

睡簡・日甲・157正:入官良日

睡簡・日甲・153背:六日反枳(支)

睡簡・日甲・154背:一日反枳(支)

睡簡・日甲・155背:墨(晦)日

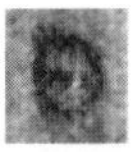

睡簡・日甲・155背:朔日

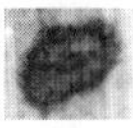

睡簡・日甲・155正:取妻龍日

睡簡・日甲・110背:是謂出亡歸死之日也

睡簡・日甲・11背:牝日以葬

睡簡・日甲・11背:子、寅、卯、巳、酉、戌爲牡日

睡簡・日甲・119背:入七月七日日乙酉

睡簡・日甲・119背:衣良日

睡簡・日甲・117背:月不盡五日

睡簡・日甲・113背:衣良日

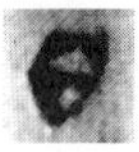

睡簡・日甲・114背:入十月十日乙酉、十一月丁酉材(裁)衣

睡簡・日甲・114正:日出一布

睡簡・日甲・114正:三歲中日入一布

睡簡・日甲・11正:□可名曰毄(擊)日

睡簡・日乙・20:成外陽之日

睡簡・日乙・20:日九夕七

睡簡・日乙・28:日五夕十一

睡簡・日乙・22:毀外陰之日

睡簡・日乙・22:日十一夕五

睡簡・日乙・29:日六夕十

睡簡・日乙・260:日書

睡簡・日乙・26:日七夕九

睡簡・日乙・27:日六夕十

睡簡・日乙・23:蓋絕紀之日

睡簡・日乙・23:日十夕六

睡簡・日乙・233:清旦、食時、日則(昃)、莫(暮)、夕

睡簡·日乙·24:成決光之日

睡簡·日乙·247:不出三日必死

睡簡·日乙·24:日九夕七

睡簡·日乙·25:復秀之日

睡簡·日乙·25:日八夕八

睡簡·日乙·21:空外遠之日

睡簡·日乙·21:日十夕六

睡簡·日乙·98:入四月旬五日心

睡簡·日乙·92:四月房十四日

睡簡·日乙·99:入五月旬二日心

睡簡·日乙·96:八月軫廿八日

睡簡·日乙·96:入二月九日直心

睡簡·日乙·97:九月奎十三日

睡簡·日乙·97:入三月七日直心

睡簡·日乙·93:五月旗(箕)十四日

睡簡·日乙·94:六月東井廿七日

睡簡·日乙·95:七月七星廿八日

睡簡·日乙·91:二月角十三日

睡簡·日乙·68:馬良日

睡簡·日乙·66:木良日

睡簡·日乙·66:木日

睡簡·日乙·64:五穀良日

睡簡·日乙·65:五穀龍日

睡簡·日乙·70:牛良日

睡簡·日乙·70:牛日

睡簡·日乙·78:見人良日

睡簡·日乙·72:忌日

睡簡·日乙·72:羊良日

睡簡·日乙·72:羊日

睡簡·日乙·76:雞良日

睡簡·日乙·76:雞日

睡簡·日乙·73:豬良日

睡簡·日乙·74:犬良日

睡簡·日乙·74:犬日

睡簡·日乙·39:祠□日

睡簡·日乙·39:徐日

睡簡·日乙·37:祠行日

睡簡·日乙·33:祠戶日

睡簡·日乙·35:祠門日

睡簡·日乙·31:祠室中日

睡簡·日乙·40:祠五祀日

睡簡·日乙·40:吉、實日

睡簡·日乙·40:皆利日也

睡簡·日乙·42:敫日

睡簡·日乙·46:閑〈閉〉日

睡簡·日乙·46:五種忌日

睡簡·日乙·46:旬六日毀

睡簡·日乙·43:衝日

睡簡·日乙·44:剽日

睡簡·日乙·45:虛日

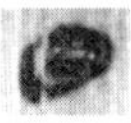

睡簡·日乙·41:窞日

睡簡·日乙·100:十二月斗廿一日

睡簡·日乙·108:凡子、卯、寅、酉男子日

睡簡·日乙·108:男子日如是

睡簡·日乙·108:人日

睡簡·日乙·108:午、未、申、丑、亥女子日

睡簡·日乙·108:以女子日病

睡簡·日乙·108:以女子日死

睡簡·日乙·102:入八月五日心

睡簡·日乙·109:男子日

睡簡·日乙·109:男子日

睡簡·日乙·109:女子日

睡簡·日乙·103:入九月三日心

睡簡·日乙·104:入十月朔日心

睡簡·日乙·105:入十一月二旬五日心

睡簡·日乙·101:入七月八日心

睡簡·日乙·188:圂忌日

睡簡·日乙·189:其吉日

睡簡·日乙·18:日七夕九

睡簡·日乙·183:死火日

睡簡·日乙·184:死土日

睡簡·日乙·18:作陰之日

睡簡·日乙·196:及入月旬八日皆大凶

睡簡·日乙·19:平達之日

睡簡·日乙·19:日八[夕八]

睡簡·日乙·193:壬癸夢日

睡簡・日乙・195:其室日減

睡簡・日乙・195:入月旬七日毁垣

睡簡・日乙・16:建交之日

睡簡・日乙・17:窞羅之日

睡簡・日乙・138:行日

睡簡・日乙・137:它日唯(雖)有不吉之名

睡簡・日乙・137:直赤啻(帝)臨日

睡簡・日乙・134:凡是日赤啻(帝)恒以開臨下民而降央(殃)

睡簡・日乙・149:八月旬八日

睡簡・日乙・149:九月二旬七日

睡簡・日乙・149:七月九日

睡簡・日乙・149:三月旬一日

睡簡・日乙・149:亡日

睡簡・日乙・149:五月旬六日

睡簡・日乙・149:正月七日

睡簡・日乙・14:窻結之日

睡簡・日乙・156:春日酉

睡簡・日乙・156:日出卯

睡簡・日乙・151:八月旬八日

睡簡・日乙・151:二月旬四日

睡簡・日乙・151:九月二旬七日

睡簡・日乙・151:六月二旬四日

睡簡・日乙・151:七月九日

睡簡・日乙・151:三月二日

睡簡・日乙・151:四月八日

睡簡・日乙・151:五月旬六日

睡簡・日乙・151:一日

睡簡・日乙・111:屋以此日爲蓋屋

龍簡・243:□二日以(?)

里簡・J1(8)157背:正月戊戌日中

里簡・J1(9)11正:卅四年八月癸巳朔[朔]日

里簡・J1(8)134正:前日言

里簡・J1(8)154正:恒以朔日上所買徒隸數

里簡・J1(8)154正:卅三年二月壬寅朔[朔]日

里簡・J1(9)2正:卅四年八月癸巳朔[朔]日

里簡・J1(9)5正:卅四年八月癸巳朔[朔]日

里簡・J1(9)7背:卅四年八月癸巳朔[朔]日

里簡・J1(9)8正:卅四年八月癸巳朔[朔]日

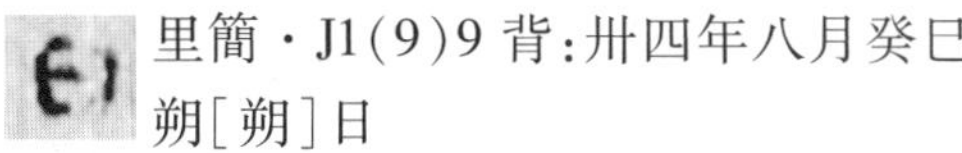
里簡・J1(9)9背:卅四年八月癸巳朔[朔]日

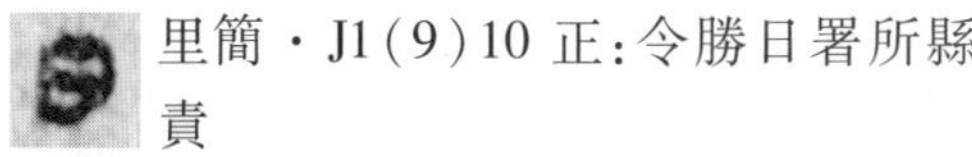
里簡・J1(9)10正:令勝日署所縣責

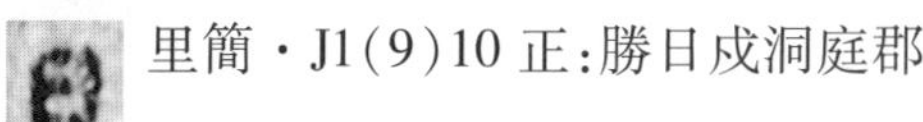
里簡・J1(9)10正:勝日戍洞庭郡

里簡・J1(9)10正:陽陵叔作士五(伍)勝日有貲錢千三百卌四〖注〗勝日,人名。

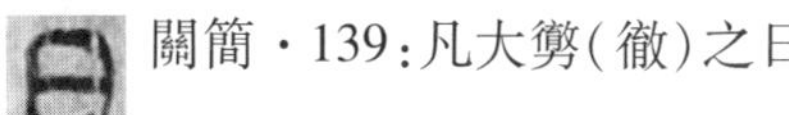
關簡・139:凡大㝬(徹)之日

關簡・133:晝當一日

關簡・143:凡竆(窮)日,不利有爲殹

關簡・141:凡小㝬(徹)之日

關簡・263:七日以到十二<u>日</u>

關簡・263:十九日以到廿四<u>日</u>

關簡・263:十三日以到十八<u>日</u>

關簡・138:入月三日

關簡・136:入月二日

關簡・136:入月三日

關簡・137:入月三日

關簡・134:入月一日

關簡・135:入月二日

關簡・263:斄(數)朔<u>日</u>以到六日

關簡・263:七<u>日</u>以到十二日

關簡・263:十九<u>日</u>以到廿四日

關簡・263:十三<u>日</u>以到十八日

關簡・138:四日

關簡・136:六日

關簡・136:四日

關簡・137:四日

關簡・134:七日

關簡・135:六日

關簡・138:五日

關簡・136:八日

關簡・136:五日

關簡・137:五日

關簡・134:十三日

關簡・135:八日

關簡・138:九日

關簡・136:九日

關簡・137:九日

關簡・134:十九日

關簡・135:十二日

 關簡・138：十日

 關簡・137：十日

 關簡・134：廿五日

 關簡・135：十四日

 關簡・137：十一日

 關簡・135：十四日

 關簡・137：十一日

 關簡・135：十八日

 關沮牘・背・壹：月不盡四日

 關簡・80背：卅六年日

 關簡・262：豰（數）從朔日始

 關簡・263：豰（數）朔日以到六日

 關簡・263：廿五日以到卅日

 關簡・264：廿五日以到卅日

 關簡・244：今此十二月子日皆爲平

 關簡・245：日失（昳）時

 關簡・245：日夕時

 關簡・245：日中

 關簡・329：之東西垣日出所燭

 關簡・368：今日庚午利浴䰍（蠶）

 關簡・369：十五日乃已

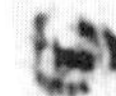 關簡・369：浴䰍（蠶）必以日毚（纔）始出時浴之

 關簡・367：日出俊

 關簡・367：日中弌（一）

 關簡・363：不得須良日

 關簡・363：毋須良日可也

 關簡・372：毋下九日

 關簡・347：以臘日

 關簡・353：恆以臘日塞禱如故

 關簡・168：日出

 關簡・168：日入

 關簡・162：日未中

 關簡・166：日出時

 關簡・167：日毚[入]

 關簡・163：日過中

 關簡・163：日失（昳）

 關簡・132：此所謂戎磨日殹

 關簡・132：從朔日始豰（數）之

帛書・足臂・22:不過三日死

帛書・足臂・22:不過三日死

帛書・病方・2:日[壹]飲

帛書・病方・32:過四日自適

帛書・病方・32:尉時及已熨四日內

帛書・病方・42:陰乾百日

帛書・病方・49:三日已

帛書・病方・63:冬日煮其本

帛書・病方・104:今日月晦

帛書・病方・104:以月晦日之丘井有水者〖注〗月晦日,每月最後一天。

帛書・病方・105:以月晦日日下餔(晡)時〖注〗日下晡時,即下晡。

帛書・病方・106:今日月晦

帛書・病方・108:今日晦

帛書・病方・109:今日朔

帛書・病方・109:以朔日

帛書・病方・110:除日已望

帛書・病方・111:今日月晦

帛書・病方・111:以月晦日之室北

帛書・病方・113:三日而已

帛書・病方・124:先毋食□二、三日

帛書・病方・125:二、三月十五日到十七日取鳥卵

帛書・病方・131:二日

帛書・病方・163:日壹[飲]

帛書・病方・164:三日

帛書・病方・164:以夏日至到□毒堇

帛書・病方・166:前[日]至可六、七日秀(秀)

帛書・病方・188:居一日

帛書・病方・190:三日□

帛書・病方・199:日與月相當

帛書・病方・199:月與日相當

帛書・病方・200:以日出爲之

帛書・病方・203:三、四日

帛書・病方・204:賁辛巳日

帛書・病方・204:以辛巳日古(辜)曰

帛書・病方・206:今日□

帛書・病方・206:今日已

帛書・病方・206:以日出時

帛書・病方・208:今日辛卯

帛書・病方・208:鄉(嚮)日

帛書・病方・208:以辛卯日

帛書・病方・219:日一爲

帛書・病方・219:爲之恆以入月旬六日□盡

帛書・病方・238:恆服藥廿日

帛書・病方・243:二日而已

帛書・病方・250:日三熏

帛書・病方・256:日一熏

帛書・病方・256:五六日清□

帛書・病方・272:日五六飲之

帛書・病方・276:日四飲

帛書・病方・284:日一[傅]樂(藥)

帛書・病方・285:服藥卅日□已

帛書・病方・309:傅之數日

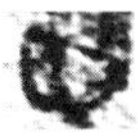

帛書・病方・319:百日已

帛書・病方・329:冬日取其本

帛書・病方・329:夏日取堇葉

帛書・病方・371:朝日未□

帛書・病方・392:□明日有(又)洒以湯

帛書・病方・393:日壹洒

帛書・病方・395:三日而肉產

帛書・病方・395:十餘日而瘳如故

帛書・病方・412:後日一夜

帛書・病方・415:置溫所三日

帛書・病方・416:居二日乃浴

帛書・病方・419:輒停三日

帛書・病方・420:夏日勿漬

帛書・病方・423:是胃(謂)日□

帛書・病方・439:日壹飲

帛書・病方・453:廿日

帛書・病方・457:傅藥六十日

帛書・病方・457:日一洒

帛書・病方・殘7:束□二日□爲筭□

帛書・死候・86:過十日而死

帛書・足臂・21:[不]過十日死

秦印編126:日敬毋治

秦印編126:日敬毋治

秦印編126:日敬毋治

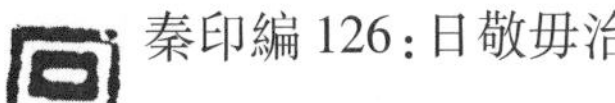

秦印編 126:日敬毋治

集證・150.277:日馬丞〖注〗日,讀爲"馹",傳車、驛馬。

集證・184.743:日敬毋治

1435 時 旹 時旹

石鼓文・車工(先鋒本):即遨即時

繹山刻石・宋刻本:經時不久

青川牘・摹:非除道之時

天簡 31・乙:晨時

睡簡・日乙・156:食時辰

睡簡・爲吏・42:不時怒

睡簡・爲吏・42:興事不時

睡簡・爲吏・13:事有幾時

睡簡・秦律・132:各以其㰖〈穫〉時多積之

睡簡・秦律・144:種時、治苗時各二旬

睡簡・秦律・144:種時、治苗時各二旬

睡簡・答問・35:以得時直(值)臧(贓)

睡簡・答問・106:父時家辠殹

睡簡・封診・92:以卅餘歲時𨗬(遷)

睡簡・秦律・87:糞其有物不可以須時

睡簡・秦律・87:以書時謁其狀內史〖注〗時謁,及時報請。

睡簡・秦律・90・摹:過時者勿稟

睡簡・秦律・6:麛時毋敢將犬以之田

睡簡・秦律・37:都官以計時讎食者籍

睡簡・秦律・5:是不用時

睡簡・秦律・120:至秋毋(無)雨時而以繇(徭)爲之

睡簡・秦律・158・摹:毋須時

睡簡・雜抄・32:至老時不用請

睡簡・雜抄・42:縣尉時循視其攻(功)及所爲

睡簡・日甲・34 正:佸(佸)時以戰

睡簡・日甲・52 背:以庚日日始出時濆門以灰

睡簡・日甲・102 背:天所以張生時

睡簡・日甲・103 背:天所以張生時

睡簡・日甲・104 背・摹:天所以張生時

睡簡・日甲・105 背:天所以張生時

睡簡・日甲・135 正:庚辛戊己壬癸餔時行

睡簡・日乙・233:清旦、食時、日則(昃)、莫(暮)、夕

龍簡・214:南郡用節不紿時令☐

龍簡・30:時來鳥〖注〗時,時節。

龍簡·123·摹:盜賊以田時殺□

龍簡·118:非田時殹

里簡·J1(16)6 正:田時殹

關簡·163:食時

關簡·166:夕時

關簡·163:餔時

關簡·243:得其時宿

關簡·245:日失(昳)時

關簡·245:日夕時

關簡·369:浴䓞(蠶)必以日毚(纔)始出時浴之

關簡·367:餔時浚兒

關簡·367:食時錢

關簡·367:夕市時發□

關簡·354:褱臧(藏)到種禾時

帛書·病方·246:時養(癢)時痛者方

帛書·病方·265:時從其空(孔)出有白蟲時從其空出

帛書·病方·246:時養(癢)時痛者方

帛書·病方·265:時從其空(孔)出有白蟲時從其空出

帛書·病方·27:治病時

帛書·病方·32:尉時及已熨四日內

帛書·病方·33:毋時

帛書·病方·45:如產時居濕地久

帛書·病方·105:以月晦日日下餔(晡)時〖注〗日下晡時,即下晡。

帛書·病方·122:灸之之時

帛書·病方·124:服藥時毋食魚

帛書·病方·125:治病毋時

帛書·病方·164:毋時

帛書·病方·194:毋時

帛書·病方·206:以日出時

帛書·病方·219:爲之恆以星出時爲之

帛書·病方·238:服藥時禁毋食彘肉、鮮魚

帛書·病方·256:時自啟竅

帛書·病方·336:服藥時毋禁

帛書·病方·336:及治病毋時

帛書·病方·337:卒其時〖注〗卒其時,即晬時,一晝夜。

帛書·病方·386:□以朝未食時傅

帛書·病方·387:治病毋時

帛書·病方·389:□時取狼牙根

帛書・病方・397:服藥時□

帛書・病方・429:傅藥時禁□

秦印編 126:時產

秦印編 126:王毋時

秦印編 126:臣時

1436 旱

睡簡・秦律・2:旱〈旱〉及暴風雨、水潦、蚤(螽)蚰、羣它物傷稼者

1437 昧

琅邪臺刻石:臣昧死請

琅邪臺刻石:丞相臣斯、臣去疾、御史大夫臣德昧死言

泰山刻石・廿九字本:□臣斯、臣去疾、御史大夫臣□昧死言

泰山刻石・廿九字本:臣昧死請

泰山刻石・宋拓本:臣昧死請

泰山刻石・宋拓本:丞相臣斯、臣去疾、御史大夫臣德昧死言

繹山刻石・宋刻本:臣昧死請

繹山刻石・宋刻本:丞相臣斯、臣去疾、御史大夫臣德昧死言

1438 昭

泰山刻石・宋拓本:昭隔內外

睡簡・爲吏・27:發正亂昭

睡簡・爲吏・50:昭如有光

秦印編 126:昭妥

秦印編 126:趙昭

秦印編 126:顏昭

1439 晉

關簡・367:平旦晉

關簡・372:置晉斧(釜)中〖注〗晉,讀作“煎”,敖。

秦印編 126:臨晉丞印〖注〗臨晉,地名。

秦印編 126:晉印

秦印編 126:晉歲

封泥集 281・1:臨晉丞印

集證・152.312:臨晉丞印

秦陶・1229:臨晉翏

秦陶・368:臨晉□

1440 昫

秦印編 127:歐昫閭

秦印編 127:烏昫閭

封泥印 136:昫衍導(道)丞〖注〗昫衍,地名。

1441 晏

睡簡·日甲·160 正·摹:晏見

睡簡·日甲·162 正:晏見

睡簡·日甲·166 正:晏見

睡簡·日甲·161 正:晏見

睡簡·日甲·159 正·摹:晏見

關簡·163:晏食〖注〗晏,晚。

1442 景

帛書·病方·176:取景天長尺、大圍束一〖注〗景天,藥名。

秦印編 127:橋景

秦印編 127:景徐

秦印編 127:景除

1443 昏

天簡 21·甲:昏北吉

天簡 21·甲:昏北吉

天簡 22·甲:南吉昏西吉

天簡 23·甲:南吉昏北吉

天簡 23·甲:昏西吉

天簡 23·甲:昏北吉

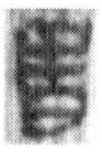

天簡 30·乙:日中西吉昏北吉

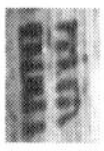

天簡 32·乙:日中西吉昏北吉

天簡 33·乙:昏東吉

關簡·170:黄昏

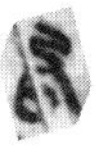

關簡·178:定昏

睡簡·日乙·156:黄昏亥

1444 晦

睡簡·封診·73·摹:乙獨與妻丙晦臥堂上〖注〗晦,夜。

帛書·病方·108:今日晦

帛書·病方·108:以月晦日之內後

帛書·病方·111:今日月晦

帛書·病方·104:今日月晦

帛書·病方·104:以月晦日之丘井有水者〖注〗月晦日,每月最後一天。

帛書·病方·105:以月晦日日下餔(晡)時

帛書·病方·106:今日月晦

帛書·病方·106:以晦往之凷(塊)所

 帛書・病方・111:以月晦日之室北

 帛書・病方・225:晦

 封泥印・待考170:晦□丞□

封泥印93:東晦□馬〖注〗東晦,即東海,地名。

封泥印143:晦陵丞印〖注〗晦,讀爲“海”。海陵,地名。

1445 旱 旱

 睡簡・秦律・13:爲旱〈皂〉者除一更

 睡簡・日甲・38背:其上旱則淳

 睡簡・日甲・33正:正月以朔,旱

 睡簡・日甲・41正:正月以朔,旱

 睡簡・日甲・51背:旱則淳

 睡簡・日乙・59:正月以朔,旱

 睡簡・日乙・53:正月以朔,旱

1446 昌 𣅹 昌 𣅹

 睡簡・日甲・79正:庚申是天昌

 睡簡・日甲・36正:其後乃昌

 睡簡・日甲・34正:是胃(謂)三昌

 睡簡・日甲・34正:是胃(謂)滋昌

 睡簡・日甲・120正:其主昌富

 睡簡・日甲・119正:其主昌

 睡簡・日甲・115正:八歲昌

 里簡・J1(8)157背:遷陵丞昌郤(卻)之啟陵〖注〗昌,人名。

 里簡・J1(8)134正:狼屬(囑)司馬昌官

 里簡・J1(8)134正:謁告昌官令狼歸船

 集證・159.425:昌武君印

 封泥集・附一407:昌武君印

 封泥印・附二210:都昌丞印〖注〗都昌,地名。

 秦印編127:剸昌里印

 秦印編127:呂昌

 秦印編127:呂昌

 秦印編127:秦昌

 秦印編127:李昌

 秦印編127:李昌

 秦印編127:李昌

 秦印編127:韓昌

 秦印編127:攀昌

 秦印編127:王昌

秦印編 127：富昌

秦印編 127：富昌

封泥印・附二 205：博昌丞印

秦印編 127：博昌

封泥印・附二 205：博昌

封泥集 320・1：博昌

封泥集 320・2：博昌

秦印編 127：成高里昌

秦印編 127：昌

秦印編 127：昌

封泥集 355・1：西昌鄉印

秦陶・1421：咸亭當柳昌器〖注〗昌，人名。

秦印編 127：昌陽丞印

封泥集 330・1：昌陽丞印〖注〗昌陽，地名。

集證・158.397：都昌丞印

秦陶・1018：都昌

封泥集 310・1：昌城丞印〖注〗昌城，地名。

封泥集 355・2：西昌鄉印

封泥集 355・3：西昌鄉印

秦陶 A・3.10：商昌

秦陶・483：博昌去疾〖注〗博昌，地名。

秦陶・484：博昌居此（貲）用里不更余

秦陶・1267：烏氏工昌

集證・217.229：咸陽巨昌〖注〗巨昌，人名。

秦陶 A・2.10：宜陽工昌

秦陶 A・2.13：宜陽昌

1447　昱　　昱

石鼓文・吾水（先鋒本）：昱＝薪＝〖注〗羅振玉釋爲"昱"。《說文》："昱，明日也。"《玉篇》："昱，日明也。"

1448　暑　　暑

睡簡・日甲・50 背：夏大暑

1449　㬥　　㬥（暴）曓

睡簡・日甲・42 背：是㬥（暴）鬼

睡簡・爲吏・8：嚴剛毋㬥

帛書・病方・29：㬥（曝）若有所燥

帛書・病方・164：毒堇不㬥（曝）

帛書・病方・458：㬥（曝）乾之□

1450　昔(腊)

詛楚文·湫淵(中吳本):昔我先君穆公及楚成王是繆(勠)力同心

詛楚文·巫咸(中吳本):昔我先君穆公及楚成王是繆(勠)力同心

詛楚文·亞駝(中吳本):昔我先君穆公及楚成王是繆(勠)力同心

繹山刻石·宋刻本:維初在昔

睡簡·日乙·120:以昔肉吉〖注〗昔,乾肉。

睡簡·日甲·113 正:以腊古(腒)吉〖注〗腊,乾肉。

1451　昆

泰山刻石·宋拓本:施於昆嗣

關簡·193:多昆弟

1452　晐

集證·164.496:申晐〖注〗申晐,人名。

1453　昗

石鼓文·田車(先鋒本):□□昗□〖注〗《玉篇》:"昗,日光也。"郭忠恕釋爲"臭"。羅振玉釋爲"昃",《說文》:"日在西方時,側也。"

1454　旦

卅七年上郡守慶戈·摹(精粹 19):工城旦貴〖注〗城旦,刑徒名,男爲城旦,女爲舂。

三年上郡守冰戈·摹(秦銅·57):工城旦□

天簡 21·甲:旦南吉

天簡 21·甲:入月十日旦南吉

天簡 21·甲:申旦吉

天簡 22·甲:丑旦有言怒

天簡 22·甲:旦東吉

天簡 23·甲:入月十一日旦東吉

天簡 23·甲:四日旦東吉

天簡 23·甲:戌旦凶安食凶

天簡 33·乙:入月廿八日旦西吉

天簡 33·乙:五日旦南吉

天簡 28·乙:平旦

天簡 29·乙:旦至日中

天簡 30·乙:入月九日旦南吉

天簡 32·乙:入月十日旦南吉

睡簡·日甲·101 背:旦以行有二喜

睡簡·日甲·136 正:旦北吉

睡簡·日甲·135 正:戊己丙丁庚辛旦行

睡簡·日乙·233:清旦、食時、日則(昃)、莫(暮)、夕

睡簡・秦律・141:隸臣妾、城旦舂之司寇、居貲贖責(債)毄(繫)城旦舂者

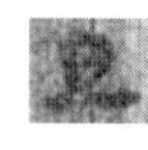睡簡・秦律・141:隸臣妾、城旦舂之司寇、居貲贖責(債)毄(繫)城旦舂者

睡簡・答問・120:當黥城旦而以完城旦誣人

睡簡・答問・86:當黥爲城旦

睡簡・答問・84:當完爲城旦

睡簡・答問・81:當完城旦

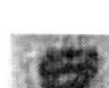睡簡・答問・6:當完城旦

睡簡・答問・69:黥爲城旦舂

睡簡・答問・78:黥爲城旦舂

睡簡・答問・73:城旦黥之

睡簡・答問・3:當刑爲城旦

睡簡・答問・33:甲當黥爲城旦

睡簡・答問・35:黥甲爲城旦

睡簡・答問・48:爲告黥城旦不審

睡簡・答問・5:當城旦黥之

睡簡・答問・50:當完城旦

睡簡・答問・120:當黥城旦而以完城旦誣人

睡簡・答問・122:甲有完城旦辠

睡簡・答問・126:斬左止爲城旦

睡簡・答問・123:城旦、鬼薪癘

睡簡・答問・124:完爲城旦

睡簡・答問・132:隸臣妾毄(繫)城旦舂

睡簡・答問・136:皆當刑城旦

睡簡・答問・137:當刑城旦

睡簡・答問・135:捕亡完城旦

睡簡・答問・118:有(又)毄(繫)城旦六歲

睡簡・答問・119:以黥城旦誣人

睡簡・答問・116:完爲城旦

睡簡・答問・110:其辠當刑城旦

睡簡・答問・1:有(又)黥以爲城旦

睡簡・秦律・93:隸臣妾、舂城旦毋用

睡簡・秦律・94:隸臣、府隸之毋(無)妻者及城旦

睡簡・秦律・49:小城旦、隸臣作者

睡簡・秦律・59:食男子旦半夕參

睡簡・秦律・57:城旦爲安事而益其食

睡簡・秦律・57:日食城旦

睡簡・秦律・55:城旦舂、舂司寇、白粲操土攻(功)

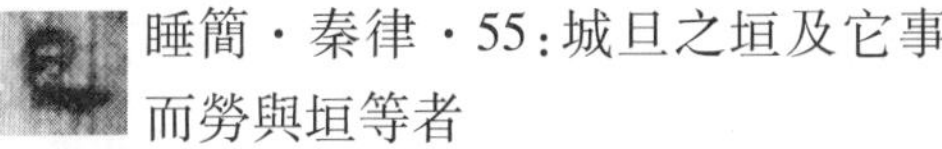
睡簡·秦律·55:城旦之垣及它事而勞與垣等者

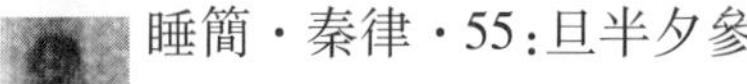
睡簡·秦律·55:旦半夕參

睡簡·秦律·51:隸臣、城旦高不盈六尺五寸

睡簡·秦律·108:隸臣、下吏、城旦與工從事者冬作

睡簡·秦律·122:欲以城旦舂益爲公舍官府及補繕之

睡簡·秦律·135·摹:人奴妾居贖貲責(債)於城旦

睡簡·秦律·148:城旦舂毀折瓦器、鐵器、木器

睡簡·秦律·142:人奴妾毄(繫)城旦舂

睡簡·秦律·146:城旦司寇一人將

睡簡·秦律·146:免城旦勞三歲以上者

睡簡·秦律·146:以爲城旦司寇

睡簡·秦律·147:仗城旦勿將司

睡簡·秦律·143:毄(繫)城旦舂

睡簡·秦律·145:城旦司寇不足以將

睡簡·秦律·145:及城旦傅堅、城旦舂當將司者

睡簡·秦律·145:居貲贖責(債)當與城旦舂作者

睡簡·秦律·145:毋令居貲贖責(債)將城旦舂

睡簡·秦律·141:其與城旦舂作者

睡簡·秦律·141:衣食之如城旦舂

睡簡·雜抄·5:公士以下刑爲城旦

睡簡·雜抄·19:城旦爲工毆者

睡簡·日甲·66正·摹:西旦亡

睡簡·日甲·64正:東旦亡〖注〗旦,疑讀爲"殫"。

睡簡·日甲·65正:南旦亡

睡簡·日甲·78背:旦啟夕閉

睡簡·日甲·72背:旦閉夕啟北方

睡簡·日甲·74背:名西茝亥旦

睡簡·日甲·75背:旦啟夕閉東方

睡簡·日甲·71背:旦閉夕啟西方

睡簡·日甲·43正:旦雨夕齊(霽)

睡簡·日甲·55背:旦而最(撮)之

龍簡·18:城旦舂其追盜賊、亡人〖注〗城旦舂,刑徒名,男子爲城旦,女子爲舂。

龍簡·129·摹:耐城旦舂

關簡·367:平旦晉

關簡·179:毚旦〖注〗毚,即"纔",初。毚旦,天剛亮。

龍崗牘·正:辟死論不當爲城旦

龍簡·267·摹:□旦舂□

龍簡·93:□[黥]爲城旦舂□

龍簡・70・摹:□[黥]爲城旦舂

龍簡・33・摹:當(?)完爲城旦舂

龍簡・42:故罪當完城旦舂以上者

龍簡・109:黥爲城旦舂

里簡・J1(16)6 正:城旦舂

里簡・J1(8)158 背:四月丙辰旦

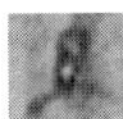里簡・J1(9)981 背:九月庚午旦

里簡・J1(16)6 背:己未旦

里簡・J1(16)6 正:必先悉行城旦舂、隸臣妾、居貲贖責(債)

關簡・243:毄(數)東方平旦以雜之

關簡・243:以廷子爲平旦而左行

關簡・244:此正月平旦毄(繫)申者

帛書・足臂・15:舌輅□旦尚□數腸(喝)

帛書・病方・123:以旦未食傅藥

帛書・病方・177:旦飲藥

帛書・病方・214:旦而射

帛書・病方・236:旦取丰(蜂)卵一

帛書・病方・237:誨(每)旦[先]食

帛書・病方・330:旦以苦酒□

帛書・病方・374:旦以濡漿細□之□

帛書・病方・396:傅藥先旦

秦印編 128:旦客

秦陶・614:左旦

秦印編 128:左旦

1455　暨

元年上郡假守暨戈(珍金・92):元年上郡叚(假)守暨造〖注〗暨,人名,即王齕(齮)。

元年上郡假守暨戈・摹(珍金・92):元年上郡叚(假)守暨造

秦印編 128:王暨

1456  朝

石鼓文・吴人(先鋒本):朝夕敬□

睡簡・日甲・159 正:朝見

睡簡・日乙・169:朝閉夕啟

睡簡・日乙・169:朝兆得

睡簡・日乙・159:朝兆得

睡簡・日乙・157:朝啟夕閉

睡簡・日乙・157:朝兆不得

睡簡・日乙・167:朝閉夕啟

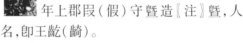

睡簡・日乙・167:朝兆得

睡簡・日乙・163:朝閉夕啟

睡簡・日乙・163:朝兆得

睡簡・日乙・165:朝啟夕閉

睡簡・日乙・165:朝兆不得

睡簡・日乙・161:朝閉夕啟

睡簡・日乙・161:朝兆得

睡簡・日乙・179:朝兆不得

睡簡・日乙・177:朝啟夕閉

睡簡・日乙・177:朝兆不得

睡簡・日乙・173:朝閉夕啟

睡簡・日乙・173:朝兆得

睡簡・日乙・175:朝啟[夕]閉

睡簡・日乙・175:朝兆不得

睡簡・日乙・171:朝啟多夕閉〖注〗"多"字衍。

睡簡・日乙・171:朝兆不得

里簡・J1(9)984 背:朝手

關簡・245:朝

帛書・病方・371・搴:朝日未□

帛書・病方・386:□以朝未食時傅□

帛書・病方・334:朝已食而入湯中

秦印編 128:萫朝

秦印編 128:宮朝

封泥集 352・1:朝陽鄉印

秦印編 128:張朝

秦印編 128:張朝

秦印編 128:萫朝

秦印編 128:朝陽

秦印編 128:李朝

1457　韓

睡簡・日甲・22 背:韓(韓)〖注〗韓,《說文》:"井垣也。"字亦作"榦"。

集證・182. 725:韓綃

秦印編 99:韓絤

1458　㫃　旗

秦印編 128:張旗

秦印編 128:咸戎里旗〖注〗旗,人名。

1459　旌

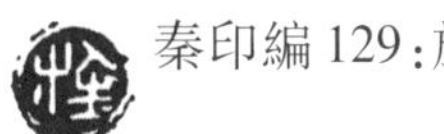
秦印編 129:旌

1460　旞旟

睡簡·答問·204:它邦耐吏、行旞(隊?)與偕者〖注〗旞,疑讀爲“隊”。

睡簡·答問·204:行旞曰“面”

睡簡·答問·196:所道旞(遂)者命曰“署人”〖注〗旞,讀爲“遂”,通行。一説,遂讀爲“述”,巡查。

睡簡·答問·160:旞(遺)火延燔里門

睡簡·答問·159:旞(遺)火燔其段(假)乘車馬〖注〗旞,讀爲“遺”,遺火,即失火。

睡簡·答問·159:旞(遺)火燔其舍

睡簡·封診式·32:今日見丙戲旞(遂)〖注〗旞,疑讀爲“遂”,道。

睡簡·雜抄·26:豹旞(遂),不得〖注〗遂,逃掉。

睡簡·爲吏·41:須身旞(遂)過

集證·159.413:旞夫〖注〗旞夫,官名。

封泥印 87:旞大夫

秦印編 129:王旞

秦印編 299:旞夫

1461　旃旜

新封泥 E·5:旃郎苑丞

封泥集·附一 408:旃郎廚丞

1462　施

睡簡·爲吏·49:毋施當〖注〗施,疑讀爲“弛”,廢弛。

睡簡·爲吏·45:富不施

睡簡·爲吏·51:施而喜之〖注〗施,施捨。

睡簡·爲吏·16:施而息之

帛書·病方·121:扁(遍)施所而止〖注〗施,帛文或作“瘧、虐”,白處別名,一種皮膚病。

帛書·病方·127:足以涂(塗)施者

1463　旖

秦印編 129:旖者

秦印編 129:李旖者印

1464　游逕(遊)

高陵君鼎(集證·22):工師游〖注〗游,人名。

高陵君鼎·摹(集證·22):工師游

睡簡·日甲·49 背:是祖□游

睡簡・日甲・51 背・摹:是游鬼

睡簡・雜抄・5・摹:游士律

封泥集 291・1:游陽丞印〖注〗游陽,地名。

集證・181.706:趙游

秦印編 129:義游

秦印編 129:蘇游

秦印編 129:趙游

秦印編 129:張游

瓦書・郭子直摹:大良造庶長游出命曰〖注〗游,人名,即樛游。

秦陶・488:平陰居貲北游公士滕〖注〗北游,地名。

1465　旋

睡簡・封診・64:旋通繫頸〖注〗旋,讀爲"繯"。旋通,即上吊的繩套。

睡簡・封診・65:旋終在項

1466　旄

天簡 26・乙:中大呂旄牛

睡簡・爲吏・26:金錢羽旄〖注〗旄,旄牛尾。

1467　旛

石鼓文・田車(先鋒本):左驂旛=〖注〗旛,旌旗總名。《釋名》:"旛,幡也。"

1468　旅 𣃨

天簡 30・乙:市旅折事□

天簡 30・乙・摹:市旅得

睡簡・答問・200:是謂"旅人"〖注〗旅人,寄居和外來作客之人。

睡簡・效律・41:入其贏旅衣札

睡簡・答問・200:可(何)謂"旅人"

關簡・192:占市旅〖注〗市旅,商販。

關簡・196:占市旅

關簡・194:占市旅

關簡・200:占市旅者

關簡・208:占市旅者

關簡・202:占市旅

關簡・206:占市旅

關簡・204:占市旅者

關簡・220:占市旅者

關簡・228:市旅

關簡・222:占市旅

關簡・226:占市旅

關簡・224:占市旅

關簡・230:市旅

關簡・238:占市旅

關簡・232:占市旅

關簡・236:占市旅者

關簡・234:占市旅

關簡・240:占市旅

關簡・242:占市旅

關簡・210:占市旅者

關簡・218:占市旅者

關簡・216:占市旅

關簡・214:占市旅

關簡・190:占市旅

關簡・198:占市旅

1469 族

傳世秦子戈(集證・11):秦子乍(作)造(造)公族元用〖注〗公族,本義指公之同族,指握有大權的同姓高官。

香港秦子戈二・摹(新戈・2):秦子乍(作)造(造)公族元用

秦子矛(集證・12):秦子□□公族元用

天簡 27・乙:大族賓毋射之卦曰

帛書・病方・196:必令同族抱□積(癩)者

秦印編 129:公族周

秦印編 129:盼□族ナ

1470 斿

四年相邦樛斿戈(秦銅・26.1):四年相邦樛斿之造〖注〗樛斿,人名。

石鼓文・車工(先鋒本):鼎(員)邋鼎(員)斿〖注〗錢大昕說古文"斿、游"本一字。

石鼓文・汧殹(先鋒本):其斿(游)趱=

石鼓文・乍邍(先鋒本):爲所斿𩐁〖注〗錢大昕說"斿𩐁"即"游優"。

集證・174.608:張斿〖注〗張斿,人名。

1471 旃

石鼓文・田車(先鋒本):其趱又旃〖注〗旃,旌旗有游者。鄭樵釋爲"紳"。

1472 冥

詛楚文・湫淵(中吳本):寘(置)者(諸)冥室櫝棺之中

詛楚文・巫咸(中吳本):寘(置)者(諸)冥室櫝棺之中

詛楚文・亞駝(中吳本):寘(置)者(諸)冥室櫝棺之中

帛書・病方・目錄:冥(螟)〖注〗螟,穀物的食心蟲。

帛書・病方・66:西方□主冥冥人星

帛書・病方・92:冥(冪)口以布三□〖注〗冪,罩蓋。

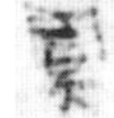
帛書・病方・119:冥(冪)甕以布四□

帛書・病方・129:冥(冪)以布

帛書・病方・134:冥(螟)者

帛書・病方・215:以冥蠶種方尺〖注〗冥蠶種,指一種蠶卵。

秦印邊款・摹(集證・171.574):罙(深)冥〖注〗或説爲箴言類座右銘。

1473　曐曐(星)

天簡25・乙:合日辰眾星

睡簡・日乙・92:七星〖注〗七星,二十八宿之一。

睡簡・日乙・95:七月七星廿八日

睡簡・日乙・41:午在七星

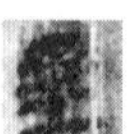
睡簡・日甲・52正:玄戈毄(繫)七星

睡簡・日甲・57正:柳、七星大吉

睡簡・日甲・54正:東井、七星大凶

睡簡・日甲・132正:星之門也

關簡・366:明星

關簡・131:七星

帛書・病方・219:爲之恆以星出時爲之

帛書・病方・319:毋見星月一月

帛書・病方・53:如篲(彗)星

帛書・病方・66:西方□主冥冥人星

1474　曑(参)

天簡25・乙:參合之

天簡25・乙:參

天簡25・乙:及者參合日辰眾星

天簡38・乙:參黄鐘古先夷則之卦曰

睡簡・秦律・80:而人與參辨券〖注〗參辨券,可以分成三份的券書。

睡簡・日乙・88:參

睡簡・秦律・89:葆繕參邪〖注〗參邪,不齊正。

睡簡・秦律・59:女子參

睡簡・秦律・59:食男子旦半夕參

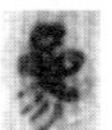
睡簡・秦律・56:參食之

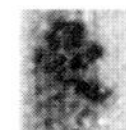
睡簡・秦律・55:參食之

睡簡・秦律・55:旦半夕參〖注〗參,量制單位,三分之一斗。

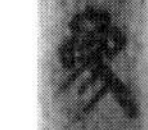
睡簡・日甲・2背:直參以出女

睡簡・日甲・6背:凡參、翼、軫以出女〖注〗參,二十八宿之一。

睡簡・日甲・5背:中夏參、東井

睡簡・日甲・57正:角、胃、參大凶

睡簡・日甲・54正:胃、參致死

睡簡・日乙・99:十一月參十四日

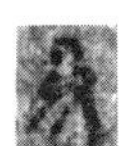睡簡・效律・6:參不正

龍簡・11:吏與參辨券□

關簡・374:參(三)煴(温)鬺(煮)之

關簡・164:參

關簡・151:參

帛書・足臂・21:揗温(脈)如三人參春〖注〗參,參差、雜亂。

帛書・病方・168:爲汁一參〖注〗參,容量單位,即三分之一斗。

帛書・病方・181:以水一斗煮膠一參、米一升

帛書・病方・280:以[美]醯半升□澤(釋)泔二參

帛書・病方・332:鬱一參

帛書・病方・356:冶巫(莁)夷(荑)半參

帛書・病方・410:熬陵(菱)枝(芰)一參

秦印編130:尹參

封泥集251・1:參川尉印〖注〗參川,地名。

秦印編130:李參

秦印編130:王參

秦印編130:參

南郊714・209:李氏九斗二參

1475 曟(晨)

睡簡・日甲・77正・摹:不死毋晨〖注〗毋晨,疑讀爲"無唇"。

1476 月

商鞅方升(秦銅・21):冬十二月乙酉

大墓殘磬(集證・67):佳(惟)四年八月初吉甲申

秦駰玉版・甲・摹:孟冬十月

秦駰玉版・乙・摹:八月己酉(?)

秦駰玉版・乙・摹:孟冬十月

青川牘・摹:九月大除道及除澮

青川牘・摹:十月爲橋

青川牘・摹:四年十二月不除道者

青川牘・摹:二年十一月己酉朔二日

青川牘・摹:以秋八月修封捋(埒)

天簡21・甲:入月十日

天簡28・乙:十月

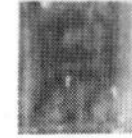天簡 33・乙:月五日

天簡 33・乙:入八月四日己丑

天簡 34・乙:三月己丑

天簡 30・乙:入月九日

天簡 31・乙:九月建戌除亥

天簡 31・乙:三月戊𠂤

天簡 32・乙:十月建亥除子

天簡 33・乙:入月廿八日

天簡 33・乙:五月辰=日大

天簡 34・乙:正月甲乙雨禾

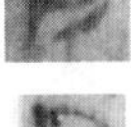天簡 38・乙:冬三月戊戌不可北行百里大兇三

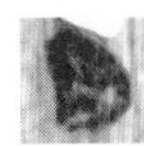睡簡・爲吏・22:廿五年閏再十二月丙午朔辛亥

睡簡・日乙・110:秋三月甲乙

睡簡・日乙・110:春三月庚辛

睡簡・日乙・110:夏三月壬癸

睡簡・語書・1:廿年四月丙戌朔丁亥

睡簡・秦律・90:冬衣以九月盡十一月稟之

睡簡・秦律・90:夏衣以四月盡六月稟之

睡簡・秦律・70:八月、九月中其有輸

睡簡・秦律・13:以四月、七月、十月、正月膚(臚)田牛

睡簡・日甲・27 正:三月、四月

睡簡・日甲・98 正:四月、五月、十月

睡簡・日甲・96 正:正月、二月、三月

睡簡・日甲・97 正:十月、十一月、十二月

睡簡・日甲・95 正:七月、八月、九月

睡簡・日甲・62 正:九月、八月、十二月

睡簡・日甲・66 正:八月楚爨月

睡簡・日甲・66 正:四月楚七月

睡簡・日甲・67 正:五月楚八月

睡簡・日甲・64 正:六月楚九月

睡簡・日甲・65 正:三月楚紡月

睡簡・日甲・59 正:正月、五月、九月

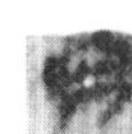睡簡・日甲・108 正:九月十月癸己丙

睡簡・日甲・106 正:五月、六月不可興土攻(功)

睡簡・日甲・12 背:三月、四月、九月、十月爲牝月

睡簡・日甲・12 背:十二月、正月、七月、八月爲牡月

睡簡・日甲・121 背:五月、六月

睡簡・日甲・112 正:九月、十月、爨月作事北方

 睡簡・日甲・117 背：五月、六月

 睡簡・日甲・114 背：入十月十日乙酉、十一月丁酉材（裁）衣

 睡簡・日甲・1 正：六月柳

 睡簡・日乙・200：四月、八月、十二月

 睡簡・日乙・48：三月、四月

 睡簡・日乙・49：五月、六月

 睡簡・日乙・47：正月、二月

 睡簡・日乙・50：七月、八月

 睡簡・日乙・51：九月、十月

 睡簡・日乙・120：二月、六月、十月之戌

 睡簡・日乙・120：三月、七月之未

 睡簡・日乙・120：四月、八月、十二月之辰

 睡簡・日乙・120：正月、五月、九月之丑

 睡簡・日乙・198：二月、六月、十月

 睡簡・日乙・199：三月、七月、十一月

 睡簡・日乙・197：正月、五月

 睡簡・日乙・117：正月、七月朔日

 睡簡・秦律・90：冬衣以九月盡十一月稟之

 睡簡・秦律・90：夏衣以四月盡六月稟之

 睡簡・秦律・70：八月、九月中其有輸

 睡簡・秦律・13：以四月、七月、十月、正月膚（臚）田牛

 睡簡・日甲・27 正：三月、四月

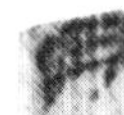 睡簡・日甲・98 正：四月、五月、十月

 睡簡・日甲・99 正：冬三月

 睡簡・日甲・96 正：正月、二月、三月

 睡簡・日甲・97 正：十月、十一月、十二月

 睡簡・日甲・95 正：七月、八月、九月

 睡簡・日甲・62 正：九月、八月、十二月

 睡簡・日甲・66 正：八月楚爨月

 睡簡・日甲・66 正：四月楚七月

 睡簡・日甲・67 正：五月楚八月

 睡簡・日甲・64 正：六月楚九月

 睡簡・日甲・65 正：七月楚十月

 睡簡・日甲・59 正：正月、五月、九月

 睡簡・日甲・108 正：九月、十月癸己丙

 睡簡・日甲・106 正：五月、六月不可興土攻（功）

 睡簡・日甲・12 背：三月、四月、九月、十月爲牝月

 睡簡・日甲・12 背：十二月、正月、七月、八月爲牡月

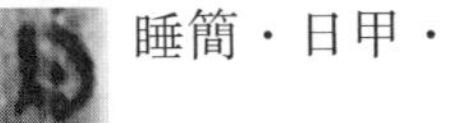
睡簡・日甲・121背:五月、六月

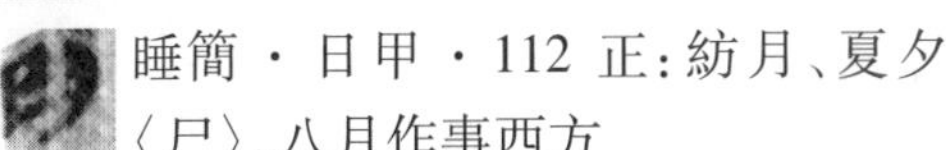
睡簡・日甲・112正:紡月、夏夕〈尸〉、八月作事西方

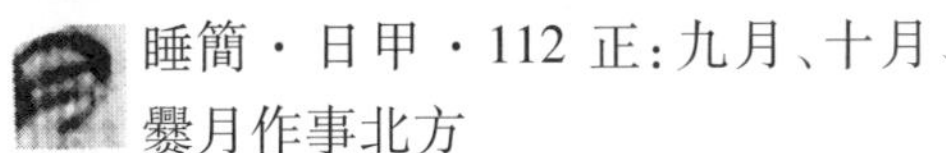
睡簡・日甲・112正:九月、十月、爨月作事北方

睡簡・日甲・117背:五月、六月

睡簡・日甲・114背:入十月十日乙酉、十一月丁酉材(裁)衣

睡簡・日甲・1正:九月氐

睡簡・日乙・200:四月、八月、十二月

睡簡・日乙・27:十月

睡簡・日乙・48:三月、四月

睡簡・日乙・49:五月、六月

睡簡・日乙・47:正月、二月

睡簡・日乙・50:七月、八月

睡簡・日乙・51:九月、十月

睡簡・日乙・120:二月、六月、十月之戌

睡簡・日乙・120:三月、七月之未

睡簡・日乙・120:四月、八月、十二月之辰

睡簡・日乙・120:正月、五月、九月之丑

睡簡・日乙・198:二月、六月、十月、正南盡

睡簡・日乙・199:三月、七月、十一月

睡簡・日乙・197:正月、五月

睡簡・日乙・117:正月、七月朔日

睡簡・秦律・13:以四月、七月、十月、正月膚(臚)田牛

睡簡・日甲・98正:四月、五月、十月

睡簡・日甲・96正:正月、二月、三月

睡簡・日甲・97正:十月、十一月、十二月

睡簡・日甲・95正:七月、八月、九月

睡簡・日甲・59正:正月、五月、九月

睡簡・日甲・12背:三月、四月、九月、十月爲牝月

睡簡・日甲・12背:十二月、正月、七月、八月爲牡月

睡簡・日甲・112正:九月、十月、爨月作事北方

睡簡・日甲・1正:秋三月辰

睡簡・日乙・27:二月

睡簡・日乙・120:二月、六月、十月之戌

睡簡・日乙・120:四月、八月、十二月之辰

睡簡・日乙・120:正月、五月、九月之丑

睡簡・日乙・198:二月、六月、十月、正南盡

睡簡・日乙・199:三月、七月、十一月

睡簡・秦律・13:以四月、七月、十月、正月膚(臚)田牛

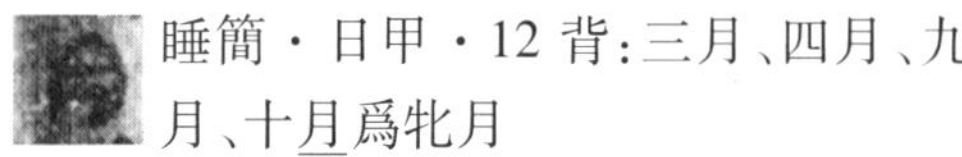
睡簡・日甲・12背:三月、四月、九月、十月爲牝月

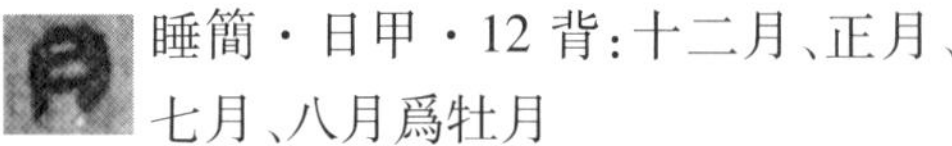
睡簡・日甲・12背:十二月、正月、七月、八月爲牡月

睡簡・日甲・1正・摹:冬三月未

睡簡・日甲・12背:十二月、正月、七月、八月爲牡月

睡簡・日甲・1正:夏三月亥

睡簡・編年・45:十二月甲午雞鳴時

睡簡・編年・14:正月甲寅

睡簡・答問・127:一月得

睡簡・答問・153:赦期已盡六月而得

睡簡・封診・96:以迺二月不識日去亡

睡簡・封診・17:迺四月中盜牛

睡簡・秦律・82:稍減其秩、月食以賞(償)之

睡簡・秦律・86:縣、都官以七月糞公器不可繕者

睡簡・秦律・87:盡七月而觱(畢)

睡簡・秦律・201:必署其已稟年日月

睡簡・秦律・78:以其日月減其衣食〖注〗月減,按月扣除。

睡簡・秦律・35:到十月牒書數

睡簡・秦律・4:不夏月

睡簡・秦律・4:春二月

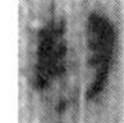
睡簡・秦律・49:隸臣月禾二石

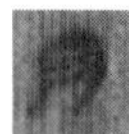
睡簡・秦律・49:月禾一石半石

睡簡・秦律・46:及告歸盡月不來者

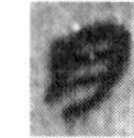
睡簡・秦律・46:月食者已致稟而公使有傳食

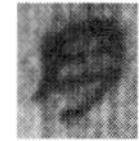
睡簡・秦律・58:減舂城旦月不盈之稟

睡簡・秦律・5:到七月而縱之

睡簡・秦律・57:盡月而以其餘益爲後九月稟所

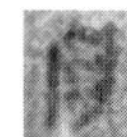
睡簡・秦律・53:以十月益食

睡簡・秦律・51:月一石半石

睡簡・秦律・51:禾月半石

睡簡・秦律・51:以二月月稟二石半石

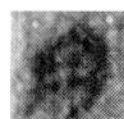
睡簡・秦律・50:月禾一石

睡簡・秦律・189:過二月弗置嗇夫

睡簡・秦律・187:上會九月內史

睡簡・秦律・184:必書其起及到日月夙莫(暮)

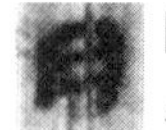
睡簡・秦律・128:官長及吏以公車牛稟其月食及公牛乘馬之稟

睡簡・秦律・128:毋(無)金錢者乃月爲言脂、膠

睡簡・秦律・139:盡八月各以其作日及衣數告其計所官

睡簡・秦律・139:毋過九月而觱(畢)到其官

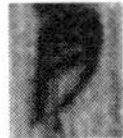睡簡・秦律・13:以正月大課之

睡簡・秦律・14:罰冗皂者二月

睡簡・秦律・140:盡九月而告其計所官

睡簡・秦律・157:盡三月而止之

睡簡・秦律・157:以十二月朔日免除

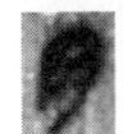睡簡・秦律・11:過二月弗稟、弗致者

睡簡・雜抄・35:貲日四月居邊

睡簡・日甲・88背:三月

睡簡・日甲・88背:四月

睡簡・日甲・88背:五月

睡簡・日甲・8背:月生五日曰杵

睡簡・日甲・89背:入七月八日心

睡簡・日甲・86背:二月

睡簡・日甲・86背:九月

睡簡・日甲・86背:十二月

睡簡・日甲・86背:正月

睡簡・日甲・87正:春三月庚辰可以筑(築)羊卷(圈)

睡簡・日甲・84背:十一月

睡簡・日甲・84背:十月

睡簡・日甲・22正:九月

睡簡・日甲・26正:正月、二月

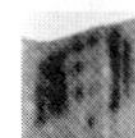睡簡・日甲・24正:十一月

睡簡・日甲・25背:壐(爾)必以某(某)月日死

睡簡・日甲・25正:十二月

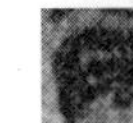睡簡・日甲・90背:八月

睡簡・日甲・90背:六月

睡簡・日甲・90背:七月

睡簡・日甲・98正:秋三月

睡簡・日甲・92背:不出三月有得

睡簡・日甲・92背:入十月朔日心

睡簡・日甲・99正:冬三月

睡簡・日甲・97正:夏三月

睡簡・日甲・93背:入十一月二旬五日心

睡簡・日甲・94背:入十二月二日三日心

睡簡・日甲・60正:二月、六月、十月

睡簡・日甲・60正:若以[是]月殹南徙

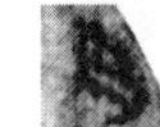睡簡・日甲・68背:九月

睡簡・日甲・6背:冬三月奎、婁吉

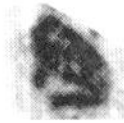 睡簡·日甲·62背:三月

 睡簡·日甲·62正·摹:若以是月毆北徙

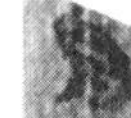 睡簡·日甲·66背:七月

 睡簡·日甲·66正·摹:十二月楚援夕

 睡簡·日甲·67背:八月

 睡簡·日甲·63背:四月

 睡簡·日甲·64背:五月

 睡簡·日甲·64正:二月楚夏杘

 睡簡·日甲·64正:十月楚冬夕

 睡簡·日甲·65背:六月

 睡簡·日甲·65正:十一月楚屈夕

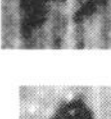 睡簡·日甲·61正:若以是月毆西徙

 睡簡·日甲·61正:三月、七月、十一月

 睡簡·日甲·78正:不出三月有大得

 睡簡·日甲·77正:三月死

 睡簡·日甲·39正:正月以朔

 睡簡·日甲·37正:正月以朔

 睡簡·日甲·33正:正月以朔

 睡簡·日甲·35正:正月以朔

 睡簡·日甲·47正:十月

 睡簡·日甲·41正:正月以朔

 睡簡·日甲·59正:若以是月毆東徙

 睡簡·日甲·57正:八月

 睡簡·日甲·55背:三月食之若傅之

 睡簡·日甲·55正:六月

 睡簡·日甲·108正:十一月、十二月戊辛甲

 睡簡·日甲·102背:春三月甲乙

 睡簡·日甲·102正:冬三月丙丁

 睡簡·日甲·102正:秋三月甲乙

 睡簡·日甲·102正:夏三月壬癸

 睡簡·日甲·109背:八月丙寅

 睡簡·日甲·109背:二月丙寅

 睡簡·日甲·109背:九月甲子

 睡簡·日甲·109背:六月甲子

 睡簡·日甲·109背:三月甲子

 睡簡·日甲·109背:十二月甲子以以行

 睡簡·日甲·109背:十一月丙寅

 睡簡·日甲·109背:十月乙丑

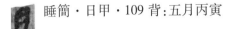

睡簡・日甲・109背：五月丙寅

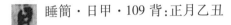

睡簡・日甲・109背：正月乙丑

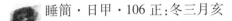

睡簡・日甲・106正：冬三月亥

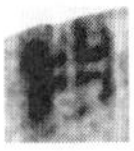

睡簡・日甲・106正：十一月、十二月不可興土攻（功）

睡簡・日甲・107背：二月十四日

睡簡・日甲・107背：九月廿七日

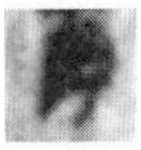

睡簡・日甲・107背：七月九日

睡簡・日甲・107背：三月廿一日

睡簡・日甲・107背：十一月廿日

睡簡・日甲・107背：十月十日

睡簡・日甲・107背：五月十六日

睡簡・日甲・107背：正月七日

睡簡・日甲・103背：夏三月丙丁

睡簡・日甲・103正：月不盡五日

睡簡・日甲・104背：秋三月庚辛

睡簡・日甲・104正：八月丁

睡簡・日甲・104正：二月癸

睡簡・日甲・104正：九月戊

睡簡・日甲・104正：六月己

睡簡・日甲・104正：七月丙

睡簡・日甲・104正：三月甲

睡簡・日甲・104正：十二月乙

睡簡・日甲・104正：十一月辛

睡簡・日甲・104正：十月庚

睡簡・日甲・104正：四月乙

睡簡・日甲・104正：土徼正月壬

睡簡・日甲・104正：五月戊

睡簡・日甲・105背：冬三月壬癸

睡簡・日甲・105正：八月辰

睡簡・日甲・105正：九月丑

睡簡・日甲・105正：六月戌

睡簡・日甲・105正：七月未

睡簡・日甲・105正：十一月未

睡簡・日甲・105正：十月戌

睡簡・日甲・105正：四月辰

睡簡・日甲・105正：五月丑

睡簡・日甲・105正：正月丑

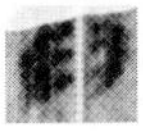

睡簡・日甲・18正：五月

睡簡・日甲・1 背:春三月季庚辛

睡簡・日甲・1 背:冬三月季丙丁

睡簡・日甲・1 背:秋三月季甲乙

睡簡・日甲・1 背:夏三月季壬癸

睡簡・日甲・128 正:九月上旬寅

睡簡・日甲・128 正:十二月上旬酉

睡簡・日甲・128 正:十一月上旬辰

睡簡・日甲・128 正:十月上旬未

睡簡・日甲・129 正:必先計月中閒日

睡簡・日甲・129 正:不出三月

睡簡・日甲・127 正:二月上旬亥

睡簡・日甲・127 正:六月上旬卯

睡簡・日甲・127 正:七月上旬子

睡簡・日甲・127 正:三月上旬申

睡簡・日甲・127 正:四月上旬丑

睡簡・日甲・127 正:毋以正月上旬午

睡簡・日甲・127 正:五月上旬戌

睡簡・日甲・121 背:月不盡五日

睡簡・日甲・16 正:三月

睡簡・日甲・17 正:四月

睡簡・日甲・138 背:六月巳

睡簡・日甲・138 背:十月亥

睡簡・日甲・138 背:四月寅

睡簡・日甲・138 背:月中旬

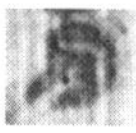

睡簡・日甲・138 背:正月申

睡簡・日甲・138 正:七月丙臽

睡簡・日甲・138 正:秋三月辰敫

睡簡・日甲・138 正:三月戊臽

睡簡・日甲・138 正:十一月辛臽

睡簡・日甲・132 背:八月卯

睡簡・日甲・132 背:二月酉

睡簡・日甲・132 背:九月丑

睡簡・日甲・132 背:六月戌

睡簡・日甲・132 背:七月巳

睡簡・日甲・132 背:三月未

睡簡・日甲・132 背:十二月辰

睡簡・日甲・132 背:十月申

睡簡・日甲・132 正:月之門也

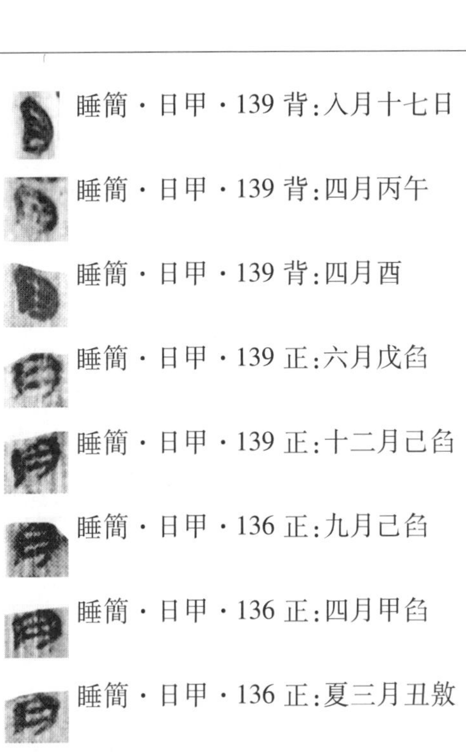
睡簡·日甲·139背:入月十七日
睡簡·日甲·139背:四月丙午
睡簡·日甲·139背:四月酉
睡簡·日甲·139正:六月戊臽
睡簡·日甲·139正:十二月己臽
睡簡·日甲·136正:九月己臽
睡簡·日甲·136正:四月甲臽
睡簡·日甲·136正:夏三月丑敫
睡簡·日甲·136正:正月壬臽

睡簡·日甲·137背:七月辛酉
睡簡·日甲·137背:十月壬子
睡簡·日甲·137背:四月丙午
睡簡·日甲·137背:正月乙卯
睡簡·日甲·137正:春三月戊敫
睡簡·日甲·137正:十月庚臽
睡簡·日甲·137正:五月乙臽
睡簡·日甲·133正:入八月九日
睡簡·日甲·133正:入二月四日
睡簡·日甲·133正:入九月廿七日

睡簡·日甲·133正:入六月廿四日
睡簡·日甲·133正:入七月九日
睡簡·日甲·133正:入三月廿一日
睡簡·日甲·133正:入十二月卅日
睡簡·日甲·133正:入十一月廿日
睡簡·日甲·133正:入十月十日
睡簡·日甲·133正:入四月八日
睡簡·日甲·133正:入五月十九日
睡簡·日甲·133正:入正月七日
龍崗牘·正·摹:九月丙申
睡簡·日甲·134背:冬三月戊寅、己丑
睡簡·日甲·134背:夏三月戊申、己未
睡簡·日甲·134正:八月辰
睡簡·日甲·134正:九月辰
睡簡·日甲·134正:六月戌
睡簡·日甲·134正:七月未
睡簡·日甲·134正:十二月辰
睡簡·日甲·134正:十一月未
睡簡·日甲·134正:十月戌、丑

睡簡・日甲・134 正:四月辰

睡簡・日甲・134 正:五月丑

睡簡・日甲・131 背:八月子

睡簡・日甲・131 背:六月午

睡簡・日甲・131 背:七月酉

睡簡・日甲・131 背:十二月丑

睡簡・日甲・131 背:十一月戌

睡簡・日甲・131 背:十月未

睡簡・日甲・131 背:五月卯

睡簡・日甲・131 正:冬三月戊戌不可北

睡簡・日甲・131 正:秋三月己未不可西

睡簡・日甲・131 正:夏三月戊辰不可南

睡簡・日甲・140 背:春三月毋起東鄉(嚮)室

睡簡・日甲・140 背:冬三月毋起北鄉(嚮)室

睡簡・日甲・140 背:秋三月毋起西鄉(嚮)室

睡簡・日甲・142 背:冬三月之日

睡簡・日甲・146 背:十二月居辰

睡簡・日甲・146 背:十一月居午

睡簡・日甲・146 背:十月居卯

睡簡・日甲・143 背:入月七日及冬未、春戌、夏丑、秋辰

睡簡・日甲・145 背・摹:八月居酉

睡簡・日甲・145 背:二月居子

睡簡・日甲・145 背・摹:六月居卯

睡簡・日甲・145 背・摹:七月居午

睡簡・日甲・145 背:四月居酉

睡簡・日甲・156 正:月生一日、十一日、廿一日

睡簡・日甲・110 正:九月北方

睡簡・日甲・110 正:三月南方

睡簡・日甲・112 正:紡月、夏夕〈尸〉、八月作事西方

睡簡・日甲・119 背:入七月七日日乙酉

睡簡・日甲・119 背:十一月丁酉材(裁)衣

睡簡・日甲・119 背:十月丁酉材(裁)衣

睡簡・日甲・117 背:月不盡五日

睡簡・日甲・114 背:十月丁酉材(裁)衣

睡簡・日甲・115 背:六月己未

睡簡・日乙・80:正月

睡簡・日乙・88:正月壬臽

睡簡・日乙・89:二月癸臽

睡簡・日乙・89:五月

睡簡・日乙・89:正月虛□

睡簡・日乙・86:四月

睡簡・日乙・84:三月

睡簡・日乙・殘6:□二月□旬□

睡簡・日乙・殘3:春三月

睡簡・日乙・殘5:□寅卯四月巳午不可以殺□

睡簡・日乙・202:春三月

睡簡・日乙・207:八月酉

睡簡・日乙・207:九月戌

睡簡・日乙・207:十月亥

睡簡・日乙・207:夏三月

睡簡・日乙・20:三月

睡簡・日乙・28:三月

睡簡・日乙・28:十一月

睡簡・日乙・226:秋三月

睡簡・日乙・227:冬三月

睡簡・日乙・223:冬三月甲乙死者

睡簡・日乙・224:春三月

睡簡・日乙・225:夏三月

睡簡・日乙・22:五月

睡簡・日乙・29:十二月

睡簡・日乙・29:四月

睡簡・日乙・26:九月

睡簡・日乙・26:正月

睡簡・日乙・23:六月

睡簡・日乙・24:七月

睡簡・日乙・25:八月

睡簡・日乙・210:二月卯

睡簡・日乙・210:七月申

睡簡・日乙・210:三月辰

睡簡・日乙・216:六月未

睡簡・日乙・216:十二月丑

睡簡・日乙・216:五月午

睡簡・日乙・217:冬三月

睡簡・日乙・213:十一月子

睡簡・日乙・213:四月巳

睡簡・日乙・21:四月

睡簡・日乙・90:二月東辟(壁)廿七日

睡簡・日乙・90:三月戊臽

睡簡・日乙・98:九月

睡簡・日乙・98:入四月旬五日心

睡簡・日乙・98:十一月辛臽

睡簡・日乙・98:十月□十四日

睡簡・日乙・92:五月乙臽

睡簡・日乙・99:入五月旬二日心

睡簡・日乙・99:十二月己臽

睡簡・日乙・99:十一月参十四日

睡簡・日乙・96:八月

睡簡・日乙・96:八月軫廿八日

睡簡・日乙・96:九月己臽

睡簡・日乙・96:入二月九日直心

睡簡・日乙・97:九月奎十三日

睡簡・日乙・97:入三月七日直心

睡簡・日乙・97:十月庚臽

睡簡・日乙・93:六月戊臽

睡簡・日乙・93:七月

睡簡・日乙・94:六月東井廿七日

睡簡・日乙・94:七月丙臽

睡簡・日乙・95:八月丁臽

睡簡・日乙・95:七月七星廿八日

睡簡・日乙・95:入正月二日一日心

睡簡・日乙・91:二月角十三日

睡簡・日乙・91:六月

睡簡・日乙・91:四月甲臽

睡簡・日乙・62:正月以朔多雨歲善

睡簡・日乙・61:正月以朔多雨

睡簡・日乙・77:春三月戌、夏丑

睡簡・日乙・77:秋三月辰、冬未

睡簡・日乙・30:五月

睡簡・日乙・32:七月

睡簡・日乙・36:十一月

睡簡・日乙・33:八月

睡簡・日乙・34:九月

睡簡・日乙・35:十月

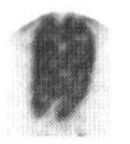

睡簡・日乙・31:六月

睡簡・日乙・45:入月六日、七日、八日、二旬二日皆知

睡簡・日乙・59:正月以朔旱

睡簡・日乙・56:正月以朔多雨

睡簡・日乙・57:正月以朔多雨

睡簡・日乙・53:正月以朔旱

睡簡・日乙・55:正月以朔

睡簡・日乙・100:入六月旬心

睡簡・日乙・100:十二月斗廿一日

睡簡・日乙・100:十月

睡簡・日乙・102:入八月五日心

睡簡・日乙・106:入十二月二日三日心

睡簡・日乙・103:入九月三日心

睡簡・日乙・104:入十月朔日心

睡簡・日乙・105:入十一月二旬五日心

睡簡・日乙・105:三月死

睡簡・日乙・101:入七月八日心

睡簡・日乙・101:十一月乙卯天臽

睡簡・日乙・18:五〈正〉月

睡簡・日乙・1:二月

睡簡・日乙・19:二月

睡簡・日乙・196:及入月旬八日皆大凶

睡簡・日乙・195:入月旬七日毀垣

睡簡・日乙・1:九月

睡簡・日乙・1:六月

睡簡・日乙・1:七月

睡簡・日乙・130:必以五月庚午

睡簡・日乙・132:二月上旬亥

睡簡・日乙・132:三月上旬

睡簡・日乙・132:毋以正月上旬午

睡簡・日乙・133:八月上旬巳

睡簡・日乙・133:九月上旬寅

睡簡・日乙・133:六月上旬卯

睡簡・日乙・133:七月上旬子

睡簡・日乙・133:十二月上旬丑

睡簡・日乙・133:十一月上旬辰

睡簡・日乙・133:十月上旬未

睡簡・日乙・133:四月上旬丑

睡簡・日乙・133:五月上旬戌

睡簡・日乙・135:必先計月中間曰□

睡簡・日乙・135:不出三月

睡簡・日乙・1:三月

睡簡・日乙・1:十二月

睡簡・日乙・1:十一月

睡簡・日乙・149:八月旬八日

睡簡・日乙・149:二月旬

睡簡・日乙・149:九月二旬七日

睡簡・日乙・149:六月二旬

睡簡・日乙・149:七月九日

睡簡・日乙・149:三月旬一日

睡簡・日乙・149:十月旬

睡簡・日乙・149:四月八日

睡簡・日乙・149:五月旬六日

睡簡・日乙・149:正月七日

睡簡・日乙・1:四月

睡簡・日乙・153:八月庚辰

睡簡・日乙・153:九月辛卯

睡簡・日乙・153:六月丁丑

睡簡・日乙・153:七月甲子

睡簡・日乙・153:三月己酉

睡簡・日乙・153:十二月癸未

睡簡・日乙・153:十月壬午

睡簡・日乙・153:五月甲午、庚午

睡簡・日乙・151:八月旬八日

睡簡・日乙・151:二月旬四日

睡簡・日乙・151:九月二旬七日

睡簡・日乙・151:六月二旬四日

睡簡・日乙・151:七月九日

睡簡・日乙・151:三月二日

睡簡・日乙・151:四月八日

睡簡・日乙・151:五月旬六日

睡簡・日乙・151:正月七日

睡簡・日乙・1:五月

睡簡・日乙・110:冬三月丙丁

睡簡・日乙・118:凡月望

睡簡・日乙・1:正月

龍簡・116・摹:廿四年正月甲寅以來

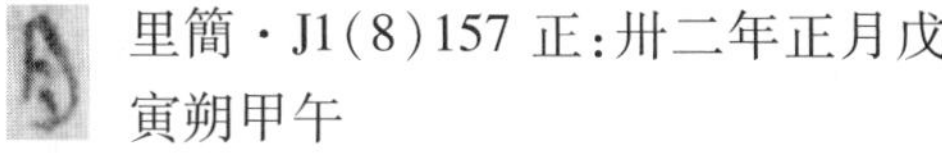里簡・J1(8)157 正:卌二年正月戊寅朔甲午

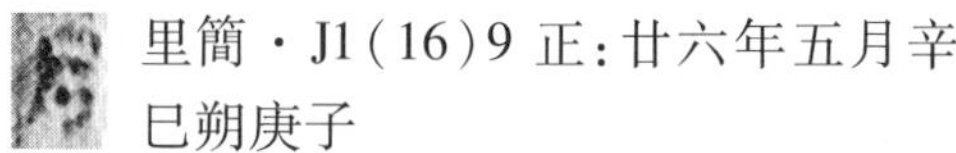里簡・J1(16)9 正:廿六年五月辛巳朔庚子

里簡・J1(9)9 背:卌四年八月癸巳朔[朔]日

里簡・J1(9)9 背:卌五年四月己未朔乙丑

里簡・J1(8)152 正:卌二年四月丙午朔甲寅

里簡・J1(8)156:四月丙午朔癸丑

里簡・J1(8)156:四月癸丑

里簡・J1(8)158 背:四月丙辰旦

里簡・J1(8)158 正:卌二年四月丙午朔甲寅

里簡・J1(9)1 背:卌五年四月己未朔乙丑

里簡・J1(9)1 正:卌三年四月辛丑朔丙午

里簡・J1(9)1 正:四月己酉

里簡・J1(9)2 背:卌五年四月己未朔乙丑

里簡・J1(9)2 正:卌四年八月癸巳朔[朔]日

里簡・J1(9)2 正:四月壬寅

里簡・J1(9)3 背:卌五年四月己未朔乙丑

里簡・J1(9)3 正:卌三年三月辛未朔戊戌

里簡・J1(9)3 正:四月壬寅

里簡・J1(9)4 正:卌三年四月辛丑朔丙午

里簡・J1(9)4 正:卌四年八月癸巳朔甲午

里簡・J1(9)4 正:四月己酉

里簡・J1(9)5 背:四月己未朔乙丑

里簡・J1(9)5 正:卌三年四月辛丑朔丙午

里簡・J1(9)5 正:卌四年八月癸巳朔[朔]日

里簡・J1(9)5 正:四月己酉

里簡・J1(9)6 背:卌五年四月己未朔乙丑

里簡・J1(9)6 正:卌三年四月辛丑朔戊申

里簡・J1(9)6 正:卌四年八月癸巳朔[朔]日

里簡・J1(9)6 正:四月庚戌

里簡・J1(9)7 背:卌四年八月癸巳朔[朔]日

里簡・J1(9)7 背:卌五年四月己未朔乙丑

里簡・J1(9)7 正:卌三年四月辛丑朔戊申

里簡・J1(9)7 正:四月己酉

里簡・J1(9)8 背:卌五年四月己未朔乙丑

里簡・J1(9)8 正:卌三年四月辛丑朔丙午

里簡・J1(9)8 正:卌四年八月癸巳朔[朔]日

里簡・J1(9)8 正:四月戊申

里簡・J1(9)9 正:卌三年三月辛未朔戊戌

里簡・J1(9)9正:四月壬寅

里簡・J1(9)10背:卅四年六月甲午朔壬戌

里簡・J1(9)10背:卅五年四月己未朔乙丑

里簡・J1(9)10正:卅三年四月辛丑朔丙午

里簡・J1(9)10正:四月乙酉

里簡・J1(9)11背:卅五年四月己未朔乙丑

里簡・J1(9)11正:卅三年三月辛未朔丁酉

里簡・J1(9)11正:卅四年八月癸巳朔[朔]日

里簡・J1(9)11正:四月壬寅

里簡・J1(9)12背:卅四年七月甲子朔辛卯

里簡・J1(9)12背:卅五年四月己未朔乙丑

里簡・J1(9)981背:九月庚午旦

里簡・J1(9)981正:卅年九月丙辰朔己巳

里簡・J1(9)984背:八月壬辰

里簡・J1(16)5背:七月癸卯

里簡・J1(16)5背:三月丙辰

里簡・J1(16)6背:三月庚戌

里簡・J1(16)6背:三月戊午

里簡・J1(16)6正:廿七年二月丙子朔庚寅

里簡・J1(8)133正:廿六年三月甲午

里簡・J1(8)134正:廿六年八月庚戌朔丙子

里簡・J1(8)154背:二月壬寅

里簡・J1(8)154正:卅三年二月壬寅朔[朔]日

里簡・J1(8)157背:正月戊戌日中

里簡・J1(8)157背:正月戊寅朔丁酉

關簡・1:四月乙未

關簡・149:四月

關簡・147:三月

關簡・143:正月

關簡・154:六月

關沮牘・背・1:以十二月戊戌嘉平

關沮牘・背・1:月不盡四日

關沮牘・正・2:八月庚午小

關沮牘・正・2:九月己亥大

關沮牘・正・2:六月辛未小

關沮牘・正・2:七月庚子大

關沮牘・正・2:五月辛丑大

關沮牘・正・1:端月癸卯大〖注〗端月,即正月。

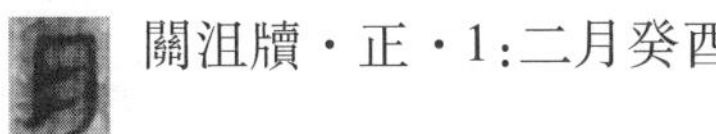
關沮牘·正·1:二月癸酉小

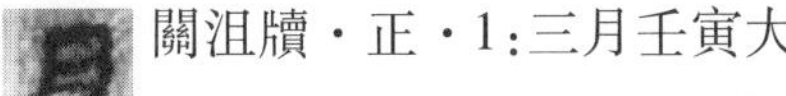
關沮牘·正·1:三月壬寅大

關沮牘·正·1:十二月甲戌小

關沮牘·正·1:十一月甲辰大

關沮牘·正·1:十月乙亥小

關沮牘·正·1:四月壬申小

關簡·80正:十月

關簡·88:六月丁未小

關簡·82:十二月庚戌小

關簡·89:七月

關簡·87:五月丁丑大

關簡·83:[正]月己卯大

關簡·84:二月己酉小

關簡·85:三月戊寅大

關簡·29:九月癸亥

關簡·29:七月癸亥

關簡·29:三月乙丑治競(竟)陵

關簡·29:五月甲子

關簡·29:正月丁卯嘉平視事

關簡·263:已入月

關簡·244:此正月平旦毄(繫)申者

關簡·244:今此十二月子日皆爲平

關簡·90:八月丙午小

關簡·91:九月乙亥大

關簡·70:十一月丙戌小

關簡·78:七月大

關簡·79:九月小

關簡·76:五月小

關簡·77:六月大

關簡·77:八月

關簡·73:二月大

關簡·74:三月小

關簡·75:四月大

關簡·71:十二月大

關簡·365:十月戊子齊而牛止司命在庭□

關簡·373:一月

關簡·313:以正月取桃橐(蠹)矢(屎)少半升

關簡·59:後九月大

 關簡・1:八月癸巳

 關簡・1:二月丙申宿競(竟)陵

 關簡・1:六月甲午

 關簡・138:十一月

 關簡・132:七月

 關簡・136:入月三日

 關簡・134:入月一日

 關簡・135:入月二日

 關簡・135:十月

 關簡・131:八月

 關簡・140:十二月

 關簡・145:二月

 帛書・病方・318:置突[上]二、三月

 帛書・病方・369:我以明月炻若

 帛書・病方・319:毋見星<u>月</u>一月

 帛書・病方・319:毋見星月一<u>月</u>

 帛書・病方・104:以月晦日之丘井有水者〖注〗月晦日,每月最後一天。

 帛書・病方・105:以月晦日日下餔(晡)時

 帛書・病方・106:今日月晦

 帛書・病方・108:以月晦日之內後

 帛書・病方・111:不出一月宥(疣)已

 帛書・病方・111:今日月晦

 帛書・病方・111:以月晦日之室北

 帛書・病方・125:二、三月十五日到十七日取鳥卵

 帛書・病方・199:日與月相當

 帛書・病方・199:以月十六日始毀

 帛書・病方・199:月與日相當

 帛書・病方・219:爲之恆以入月旬六日□盡

 帛書・病方・232:□[取]女子月事布〖注〗月事,月經。

 秦印編130:月黎

 瓦書・郭子直摹:冬十壹月辛酉

 瓦書・郭子直摹:顝以四年冬十壹月癸酉封之

 瓦書(秦陶・1610):冬十壹月辛酉

 瓦書(秦陶・1610):顝以四年冬十壹月癸酉封之

1477　朔

 青川牘・摹:二年十一月己酉朔二日

 睡簡・日乙・117:正月、七月朔日

 睡簡・爲吏・22:廿五年閏再十二月丙午朔辛亥

睡簡・語書・1:廿年四月丙戌朔丁亥〖注〗朔,初一日。

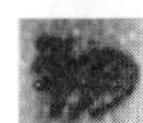睡簡・秦律・46:止其後朔食

睡簡・秦律・157:以十二月朔日免除

睡簡・日甲・39 正:正月以朔

睡簡・日甲・37 正:正月以朔

睡簡・日甲・33 正:正月以朔

睡簡・日甲・35 正:正月以朔

睡簡・日甲・41 正:正月以朔

睡簡・日甲・153 背:子丑朔

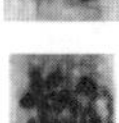睡簡・日甲・155 背:朔日

睡簡・日乙・62:正月以朔,多雨,歲善

睡簡・日乙・61:正月以朔,多雨

睡簡・日乙・59:正月以朔,旱

睡簡・日乙・56:正月以朔,多雨

睡簡・日乙・57:正月以朔,多雨

睡簡・日乙・53:正月以朔,旱

睡簡・日乙・55:正月以朔

睡簡・日乙・104:入十月朔日心

里簡・J1(8)157 正:卅二年正月戊寅朔甲午

里簡・J1(8)154 正:卅三年二月壬寅朔[朔]日

里簡・J1(8)157 背:正月戊寅朔丁酉

里簡・J1(8)152 正:卅二年四月丙午朔甲寅

里簡・J1(8)156:四月丙午朔癸丑

里簡・J1(8)158 正:卅二年四月丙午朔甲寅

里簡・J1(9)1 背:卅五年四月己未朔乙丑

里簡・J1(9)1 正:卅三年四月辛丑朔丙午

里簡・J1(9)2 正:卅四年八月癸巳朔[朔]日

里簡・J1(9)3 背:卅五年四月己未朔乙丑

里簡・J1(9)3 正:卅三年三月辛未朔戊戌

里簡・J1(9)4 正:卅四年八月癸巳朔甲午

里簡・J1(9)5 背:四月己未朔乙丑

里簡・J1(9)5 正:卅三年四月辛丑朔丙午

里簡・J1(9)5 正:卅四年八月癸巳朔[朔]日

里簡・J1(9)6 背:卅五年四月己未朔乙丑

里簡・J1(9)6 正:卅三年四月辛丑朔戊申

里簡・J1(9)7 背:卅四年八月癸巳朔[朔]日

里簡・J1(9)7 背:卅五年四月己未朔乙丑

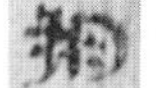里簡・J1(9)7 正:卅三年四月辛丑朔戊申

里簡・J1(9)8 背:卅五年四月己未朔乙丑

里簡・J1(9)8 正:卅三年四月辛丑朔丙午

里簡・J1(9)8 正:卅四年八月癸巳朔[朔]日

里簡・J1(9)9 背:卅四年八月癸巳朔[朔]日

里簡・J1(9)9 背:卅五年四月己未朔乙丑

里簡・J1(9)9 正:卅三年三月辛未朔戊戌

里簡・J1(9)10 背:卅四年六月甲午朔壬戌

里簡・J1(9)10 背:卅五年四月己未朔乙丑

里簡・J1(9)10 正:卅三年四月辛丑朔丙午

里簡・J1(9)11 背:卅五年四月己未朔乙丑

里簡・J1(9)11 正:卅三年三月辛未朔丁酉

里簡・J1(9)11 正:卅四年八月癸巳朔[朔]日

里簡・J1(9)12 背:卅四年七月甲子朔辛卯

里簡・J1(9)12 背:卅五年四月己未朔乙丑

里簡・J1(9)981 正:卅年九月丙辰朔己巳

里簡・J1(8)134 正:廿六年八月庚戌朔丙子

里簡・J1(8)154 正:恆以朔日上所買徒隸數

關簡・263:轂(數)朔日以到六日

關簡・132:從朔日始轂(數)之

關簡・262:轂(數)從朔日始

帛書・病方・109:今日朔

帛書・病方・109:以朔日

秦印編 130:朔

秦印編 130:王朔

秦印編 130:王朔

秦印編 130:秦朔

1478　　朓

帛書・灸經甲・53:朓(䫵)穜(腫)
〖注〗朓,即"䫵"字,眼眶下部。

1479　　霸 䨣

秦印編 130:霸

1480　　期 𣅀

天簡 25・乙:從期三而一

天簡 25・乙:中期如參合之數

睡簡・爲吏・5:與民有期

睡簡・爲吏・10:毋復期勝

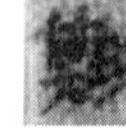

睡簡・秦律・128:期踐〖注〗期踐,期足,以夠用爲度。

睡簡・秦律・194:期踐

 睡簡・秦律・112:盈期不成學者

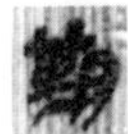 睡簡・秦律・115:失期三日到五日

 睡簡・秦律・111:能先期成學者謁上

 睡簡・雜抄・29:及不會膚(臚)期

 關簡・223:以期約結者

 關簡・379:女杯復產□之期曰益若子乳

 帛書・病方・309:煮秫米期足

 秦印編130:毋期

1481　有

 秦編鐘・乙鐘(秦銅・10.2):匍有四方〖注〗有,保有。

 秦編鐘・乙鐘左篆部・摹(秦銅・11.7):匍有四方

 秦鎛鐘・1號鎛(秦銅・12.3):匍有四方

 秦鎛鐘・2號鎛(秦銅・12.6):匍有四方

 秦鎛鐘・3號鎛(秦銅・12.9):匍有四方

 僅存銘兩詔銅權(秦銅・135-18.2):皆有刻辭焉

 旬邑銅權(秦銅・133):皆有刻辭焉

 左樂兩詔鈞權(集證・43):皆有刻辭焉

 北私府橢量・2世詔(秦銅・147):皆有刻辭焉

 大騩銅權(秦銅・131):皆有刻辭焉

 二世元年詔版八(秦銅・168):皆有刻辭焉

 二世元年詔版二(秦銅・162):皆有刻辭焉

 二世元年詔版九(秦銅・169):皆有刻辭焉

 二世元年詔版三(秦銅・163):皆有刻辭焉

 二世元年詔版十三(集證・50):皆有刻辭焉

 二世元年詔版十一(秦銅・171):皆有刻辭焉

 二世元年詔版五(秦銅・165):皆有刻辭焉

 二世元年詔版一(秦銅・161):皆有刻辭焉

 兩詔斤權一・摹(集證・46):皆有刻辭焉

 兩詔版(秦銅・174.1):皆有刻辭焉

 兩詔斤權二・摹(集證・49):皆有刻辭焉

 兩詔斤權一(集證・45):皆有刻辭焉

 兩詔銅權一(秦銅・175):皆有刻辭焉

 兩詔橢量二(秦銅・149):皆有刻辭焉

 兩詔橢量三之二(秦銅・151):皆有刻辭焉

 兩詔橢量一(秦銅・148):皆有刻辭焉

 美陽銅權(秦銅・183):皆有刻辭焉

 平陽銅權・摹(秦銅・182):皆有刻辭焉

詛楚文・巫咸(中吳本):今有(又)悉興其眾

 會稽刻石・宋刻本:靡有隱情

 會稽刻石・宋刻本:卅有七年

 會稽刻石・宋刻本:有子而嫁

 繹山刻石・宋刻本:廿有六年

 睡簡・語書・9:有(又)能自端毆

 睡簡・語書・1:民各有鄉俗

 睡簡・語書・9:有(又)廉絜(潔)敦慤而好佐上

 青川牘・摹:而有陷敗不可行

 天簡39・乙:有惡有增

 天簡39・乙:室有法祠

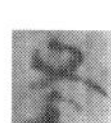 天簡22・甲:丑旦有言怒

 天簡24・乙:有爲毆

 天簡24・乙:投得其式爲有中閒

 天簡25・乙:遠數有參之

 天簡26・乙:有(又)從之出再中廄

 天簡27・乙:從南方[入]有(又)從之出

 天簡29・乙:辛雨有年

 天簡30・乙:以少病有瘳

 天簡35・乙:室有靈巫

 天簡35・乙:有大司

 天簡38・乙:有惡有增

 天簡39・乙:有黑子

 睡簡・語書・11:而有冒柢(抵)之治

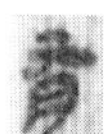 睡簡・秦律・201:有妻毋(無)有

 睡簡・秦律・12:有不從令者有辠

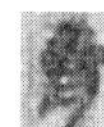 睡簡・秦律・140:百姓有貲贖責(債)而有一臣若一妾

 睡簡・秦律・157:其有死亡及故有夬(缺)者

 睡簡・秦律・201:有妻毋(無)有

 睡簡・秦律・12:有不從令者有辠

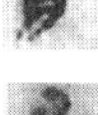 睡簡・秦律・196:有不從令而亡、有敗、失火

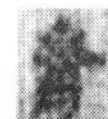 睡簡・秦律・140:百姓有貲贖責(債)而有一臣若一妾

 睡簡・秦律・157:其有死亡及故有夬(缺)者

 睡簡・6號牘・背:且令故民有爲不如令者實□

 睡簡・答問・85:未有傷毆

 睡簡・答問・20:有(又)曰“與同辠”

 睡簡・答問・96:有(又)曰

 睡簡・答問・69:其子新生而有怪物其身及不全而殺之

 睡簡・答問・63:有爵

睡簡·答問·60:廷行事有辠當罨(遷)

睡簡·答問·77:問死者有妻、子當收

睡簡·答問·30:抉之且欲有盜

睡簡·答問·36:甲有辠

睡簡·答問·49:且行真辠、有(又)以誣人論

睡簡·答問·49:有(又)有它盜

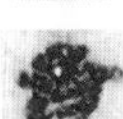睡簡·答問·59:有(又)濷之

睡簡·答問·55:爲有秩僞寫其印爲大嗇夫〖注〗有秩,百石以上的低級官吏。

睡簡·答問·188:宮隸有刑

睡簡·答問·108:有收當耐未斷

睡簡·答問·127:從事有(又)亡

睡簡·答問·127:有(又)去亡

睡簡·答問·121:癘者有辠

睡簡·答問·199:有大繇(傜)而曹鬭相趣

睡簡·答問·196:精(藉)牢有六署

睡簡·答問·168:有子焉

睡簡·答問·162:履有文

睡簡·答問·163:以將陽有(又)行治(笞)

睡簡·答問·161:擅有鬼立(位)殹

睡簡·答問·161:王室所當祠固有矣

睡簡·答問·177:真臣邦君公有辠

睡簡·答問·139:有秩吏捕闌亡者

睡簡·答問·148:百姓有責(債)

睡簡·答問·104:它人有(又)襲其告之

睡簡·答問·158:有馬一匹自牧之

睡簡·答問·159:雖有公器

睡簡·答問·153:有(又)亡

睡簡·答問·153:有稟叔(菽)、麥

睡簡·答問·154:吏有故當止食

睡簡·答問·151:廌下有稼一石以上

睡簡·答問·151:空倉中有廌

睡簡·答問·113:其有府(腐)辠

睡簡·答問·113:有辠當贖者

睡簡·答問·1:有(又)黥以爲城旦

睡簡·答問·100:有(又)以它事告之

睡簡·封診·89:皆言甲前旁有乾血

睡簡·封診·86:有(又)令隸妾數字者

睡簡·封診·86:有(又)訊甲室人甲到室居處及復(腹)痛子出狀

 睡簡・封診・83:見乙有復(複)衣

 睡簡・封診・81:内中有竹柖

 睡簡・封診・92:丙家節(即)有祠

 睡簡・封診・91:丙有寧毒言

 睡簡・封診・69:終所黨有通迹

 睡簡・封診・6:男子某有鞫

 睡簡・封診・72:自殺者必先有故

 睡簡・封診・7:或覆問毋(無)有

 睡簡・封診・79:内北有垣

 睡簡・封診・75:南鄉(嚮)有戶

 睡簡・封診・14:[或]覆問毋(無)有

 睡簡・封診・1:有恐爲敗

 睡簡・秦律・82:而坐其故官以貲賞(償)及有它責(債)

 睡簡・秦律・86:有久(記)識者靡(磨)蚩(徹)之

 睡簡・秦律・87:糞其有物不可以須時

 睡簡・秦律・83:效其官而有不備者

 睡簡・秦律・84:及有辠以收

 睡簡・秦律・20:吏主者、徒食牛者及令、丞皆有辠

 睡簡・秦律・200:行者有辠

 睡簡・秦律・92:都官有用□其官

 睡簡・秦律・92:有餘褐十以上

 睡簡・秦律・68:皆有辠

 睡簡・秦律・70:八月、九月中其有輸

 睡簡・秦律・76:公有責(債)百姓未賞(償)

 睡簡・秦律・76:有責(債)於公及貲、贖者居它縣

 睡簡・秦律・77:百姓叚(假)公器及有責(債)未賞(償)

 睡簡・秦律・77:及隸臣妾有亡公器、畜生者

 睡簡・秦律・38:其有本者

 睡簡・秦律・38:其有不盡此數者

 睡簡・秦律・31:令有秩之吏、令史主

 睡簡・秦律・48:百姓有欲叚(假)者

 睡簡・秦律・46:有秩吏不止

 睡簡・秦律・46:月食者已致稟而公使有傳食

 睡簡・秦律・47:其顧來有(又)一食禾

 睡簡・秦律・47:有(又)益壺〈壹〉禾之

 睡簡・秦律・44:宦者、都官吏、都官人有事上爲將

 睡簡・秦律・45:有事軍及下縣者

 睡簡・秦律・54:更隸妾節(即)有急事

 睡簡・秦律・50:雖有母而與其母冗居公者

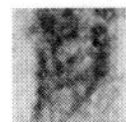 睡簡・秦律・188:有事請毆

 睡簡・秦律・182:有采(菜)羹

 睡簡・秦律・184:書有亡者

 睡簡・秦律・185:書廷辟有曰報

 睡簡・秦律・122:縣爲恒事及有爲毆

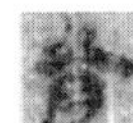 睡簡・秦律・127:其主車牛者及吏、官長皆有辠

 睡簡・秦律・120:縣嗇夫材興有田其旁者

 睡簡・秦律・196:官吏有重辠

 睡簡・秦律・196:有不從令而亡、有敗、失火

 睡簡・秦律・194:各有衡石羸(纍)、斗甬(桶)

 睡簡・秦律・194・摹:有實官縣料者

 睡簡・秦律・195:有實官高其垣墻

 睡簡・秦律・191:犯令者有辠

 睡簡・秦律・106:弗亟收者有辠

 睡簡・秦律・169:有(又)書其出者

 睡簡・秦律・106:其叚(假)者死亡、有辠毋(無)責也

 睡簡・秦律・106:者(諸)擅叚(假)公器者有辠

 睡簡・秦律・172:其有免去者

 睡簡・秦律・172:其有所疑

 睡簡・秦律・179:其有爵者

 睡簡・秦律・174:有羸、不備而匿弗謁

 睡簡・秦律・175:有(又)與主廥者共賞(償)不備

 睡簡・秦律・136:大嗇夫、丞及官嗇夫有辠

 睡簡・秦律・142:妻更及有外妻者

 睡簡・秦律・14:有(又)里課之

 睡簡・秦律・153:有辠灋耐罨(遷)其後

 睡簡・秦律・150:司寇勿以爲僕、養、守官府及除有爲毆

 睡簡・秦律・151:百姓有母及同牲(生)爲隸妾

 睡簡・秦律・150:有上令除之

 睡簡・秦律・112:上且有以賞之

 睡簡・秦律・101:叚(假)而有死亡者

 睡簡・秦律・119:夏有壞者

 睡簡・秦律・116:司空將紅(功)及君子主堵者有辠

 睡簡・秦律・113:隸臣有巧可以爲工者

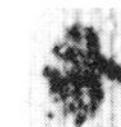 睡簡・秦律・100:有工者勿爲正

 睡簡・雜抄・37:有(又)後察不死

 睡簡・雜抄・35:尚有棲未到戰所

 睡簡・雜抄・40:所城有壞者

 睡簡・雜抄・5:有爲故秦人出

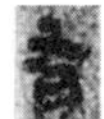 睡簡・雜抄・1:有興

 睡簡・日甲・88 背:其後必有別

 睡簡・日甲・89 背:其後必有死者三人

 睡簡・日甲・86 背:其後必有子將弟也死

 睡簡・日甲・86 背:有外喪

 睡簡・日甲・87 背:其後必有敬(警)

 睡簡・日甲・87 背:有言見

 睡簡・日甲・83 背:有死

 睡簡・日甲・84 背:其後必有病者三人

 睡簡・日甲・22 背:有寵

 睡簡・日甲・22 背:宇有要(腰)

 睡簡・日甲・23 背:宇中有穀

 睡簡・日甲・2 正:有弟必死

 睡簡・日甲・98 背:日中以行有五喜

 睡簡・日甲・9 背:雖有,毋(無)男

 睡簡・日甲・92 背:不出三月有得

 睡簡・日甲・92 背:其後必有小子死

 睡簡・日甲・99 背:市日以行有七喜

 睡簡・日甲・99 正:必有死者

 睡簡・日甲・99 正:有以者大凶

 睡簡・日甲・96 背:必有大女子死

 睡簡・日甲・97 背:莫(暮)市以行有九喜

 睡簡・日甲・91 正:有妻子

 睡簡・日甲・91 正:有央(殃)

 睡簡・日甲・68 正:庚有[閒]

 睡簡・日甲・69 背:面有黑子焉

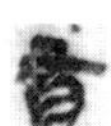 睡簡・日甲・64 背:凡有大票(飄)風害人

 睡簡・日甲・70 正:壬有閒

 睡簡・日甲・78 正:不出三月有大得

 睡簡・日甲・72 正:甲有閒

 睡簡・日甲・72 正:戊己有疾

 睡簡・日甲・79 正:不出三歲必有大得

 睡簡・日甲・79 正:有(又)數詣風雨

 睡簡・日甲・76 正:壬癸有疾

 睡簡・日甲・76 正:戊有閒

 睡簡・日甲・73 背:要(腰)有疵

 睡簡・日甲・73 正:必有敫(儌)

 睡簡・日甲・74 正:丙有閒

 睡簡・日甲・74 正:庚辛有疾

 睡簡・日甲・71 背:面有黑焉

 睡簡・日甲・32 背:人毋(無)故而鬼有鼠(予)

 睡簡・日甲・32 正:有賢等

 睡簡・日甲・39 正:有兵

 睡簡・日甲・37 背:有赤豕

 睡簡・日甲・33 背:有美味

 睡簡・日甲・33 正:有兵

 睡簡・日甲・34 背:一室中有鼓音

 睡簡・日甲・34 正:有爲也

 睡簡・日甲・40 正:有爲不成

 睡簡・日甲・4 背:父母有咎

 睡簡・日甲・59 背:家必有恙

 睡簡・日甲・57 背:票(飄)風入人宮而有取焉

 睡簡・日甲・100 背:莫(暮)食以行有三喜

 睡簡・日甲・109 正:必有大英(殃)

 睡簡・日甲・105 正:毋可有爲

 睡簡・日甲・101 背:旦以行有二喜

 睡簡・日甲・1 背:毋可有爲

 睡簡・日甲・129 背:凡有土事必果

 睡簡・日甲・129 正:必有死亡之志至

 睡簡・日甲・129 正:凡是有爲也

 睡簡・日甲・129 正:有爲而禺(遇)雨

 睡簡・日甲・121 背:以西有(又)以東行

 睡簡・日甲・12 正:行有得

 睡簡・日甲・160 正:有奴(怒)

 睡簡・日甲・160 正:有告

 睡簡・日甲・16 背:有女子言

 睡簡・日甲・162 正:有後言

 睡簡・日甲・162 正:有告

 睡簡・日甲・162 正:有告

 睡簡・日甲・162 正:有告

 睡簡・日甲・166 正:必有拜也

 睡簡・日甲・166 正:有後言

 睡簡・日甲・166 正:有惡言

 睡簡・日甲・163 正:有辠

 睡簡・日甲・163正:有告

 睡簡・日甲・164正:有後言

 睡簡・日甲・165正:有告

 睡簡・日甲・165正:有惡言

 睡簡・日甲・161正:有告

 睡簡・日甲・161正:有告

 睡簡・日甲・130背:凡有土事弗果居

 睡簡・日甲・13背:有惡瞢(夢)

 睡簡・日甲・13背:人有惡瞢(夢)

 睡簡・日甲・136背:有女喪

 睡簡・日甲・134正:有三喜

 睡簡・日甲・135正:有二喜

 睡簡・日甲・135正:有九喜

 睡簡・日甲・135正:有七喜

 睡簡・日甲・135正:有五喜

 睡簡・日甲・142正:有疵於豊(體)而恿(勇)

 睡簡・日甲・142正:有事

 睡簡・日甲・146背:入官必有辠

 睡簡・日甲・146正:有力

 睡簡・日甲・147正:有心冬(終)

 睡簡・日甲・143正:有敃

 睡簡・日甲・143正:乃有疵前

 睡簡・日甲・144正:有寵

 睡簡・日甲・145正:有商

 睡簡・日甲・141背:必有死者

 睡簡・日甲・14正:有爲也

 睡簡・日甲・159正:有告

 睡簡・日甲・157正:有告

 睡簡・日甲・157正:有美言

 睡簡・日甲・157正:有告

 睡簡・日甲・153正:戊子以有求也

 睡簡・日甲・118背:以西有(又)以東行

 睡簡・日乙・殘6:□人祠有細單毋大□

 睡簡・日乙・殘6:□有小夷

 睡簡・日乙・殘1:有

 睡簡・日乙・殘11:□牛有□

 睡簡・日乙・208:東有憙(禧)

 睡簡・日乙・202:其後有憙(禧)

睡簡・日乙・202:正東有得

睡簡・日乙・209:正西南有憙(禧)

睡簡・日乙・203:其東有憙(禧)

睡簡・日乙・204:不去有死

睡簡・日乙・205:不去有咎

睡簡・日乙・220:不去其室有死

睡簡・日乙・220:正北有火起

睡簡・日乙・222:□後有得

睡簡・日乙・221:南室有亡子

睡簡・日乙・221:有惪(憙)

睡簡・日乙・238:不然必有疵於前

睡簡・日乙・238:有寵

睡簡・日乙・232:有辠

睡簡・日乙・239:有終

睡簡・日乙・239:武有力

睡簡・日乙・239:有問(聞)邦

睡簡・日乙・240:有生(眚)目

睡簡・日乙・242:武有力

睡簡・日乙・249:有(又)公〈火〉起

睡簡・日乙・249:有子死

睡簡・日乙・24:居有食

睡簡・日乙・243:有終

睡簡・日乙・244:有寵

睡簡・日乙・24:行有得

睡簡・日乙・241:有終

睡簡・日乙・241:必有事

睡簡・日乙・250:必有鬼

睡簡・日乙・250:有瘁(癃)子

睡簡・日乙・250:有死子

睡簡・日乙・254:內盜有□人在其室□

睡簡・日乙・251:有醜(鬼)

睡簡・日乙・251:有子死

睡簡・日乙・210:其西北有憙(禧)

睡簡・日乙・219:有惪(憙)

睡簡・日乙・214:有□

睡簡・日乙・215:正北有憙(禧)

睡簡・日乙・97:必有爵

睡簡・日乙・94:必有火起

睡簡・日乙・77:可有求也

睡簡・日乙・39:有□

睡簡・日乙・40:無不可有爲也

睡簡・日乙・46:毋可有爲也

睡簡・日乙・44:它毋有爲也

睡簡・日乙・45:毋可有爲也

睡簡・日乙・50:凡有入毄

睡簡・日乙・50:有出毄

睡簡・日乙・58:有兵

睡簡・日乙・57:有細喪

睡簡・日乙・54:有兵

睡簡・日乙・101:必有敫(憿)

睡簡・日乙・182:有閒

睡簡・日乙・187:戊有閒

睡簡・日乙・183:丙丁有疾

睡簡・日乙・183:有疾

睡簡・日乙・184:戊己有疾

睡簡・日乙・185:丙有閒

睡簡・日乙・185:庚辛有疾

睡簡・日乙・181:甲乙有疾

睡簡・日乙・181:有病者必五病而□

睡簡・日乙・122:有喜

睡簡・日乙・122:有[喜]

睡簡・日乙・196:有毀

睡簡・日乙・194:凡人有惡夢

睡簡・日乙・194:某有惡夢

睡簡・日乙・191:且有二喪

睡簡・日乙・169:有疾

睡簡・日乙・167:以有疾

睡簡・日乙・163:必有大亡

睡簡・日乙・163:以有疾

睡簡・日乙・165:以有疾

睡簡・日乙・161:以有疾

睡簡・日乙・179:以有疾

睡簡・日乙・177:以有疾

睡簡・日乙・173:以有疾

睡簡・日乙・175:有□

睡簡・日乙・171:以有疾

睡簡・日乙・139:節(卽)有急行

睡簡・日乙・137:它日唯(雖)有不吉之名

睡簡・日乙・134:節(卽)以有爲也

睡簡・日乙・135:凡且有爲也

睡簡・日乙・135:有死亡之志致(至)

睡簡・日乙・135:有爲也而遇雨

睡簡・日乙・157:以有疾

睡簡・日乙・119:有興

睡簡・日乙・119:有疾

睡簡・日乙・117:夫妻必有死者

睡簡・日乙・113:必有火起

睡簡・爲吏・22:雖有高山

睡簡・爲吏・6:吏有五善

睡簡・爲吏・6:祿立(位)有續孰敫上

睡簡・爲吏・4:有嚴不治〖注〗有,語首助詞,無義。

睡簡・爲吏・50:昭如有光

睡簡・爲吏・5:來者有稽莫敢忘

睡簡・爲吏・5:與民有期

睡簡・爲吏・18:聽其有矢

睡簡・爲吏・12:必有大賞

睡簡・爲吏・12:勞有成既

睡簡・爲吏・13:吏有五失

睡簡・爲吏・13:事有幾時

睡簡・爲吏・15:聽有方

睡簡・爲吏・11:不有可茝

睡簡・效律・29:有(又)書其出者

睡簡・效律・32:其有免去者

睡簡・效律・32:其有所疑

睡簡・效律・34:有贏不備

睡簡・效律・35:有(又)與主廥者共賞(償)不備

睡簡・效律・42:有蠹突者

睡簡・效律・54:尉計及尉官吏節(卽)有劾〖注〗有劾,犯了罪。

睡簡・效律・55:計有劾

睡簡・效律・17:同官而各有主殹

睡簡・效律・1:其有贏、不備

睡簡・語書・8:有(又)且課縣官

睡簡・語書・2:故後有閒(干)令下者

睡簡・語書・9:故有公心

睡簡·語書·14:志千里使有籍書之

岳山牘·M36:43正:以五卯祠之必有得也

龍簡·138·摹:有犯令者而(?)弗得

龍簡·105·摹:□雖未有

龍簡·1·摹:諸叚兩雲夢池魚(籞)及有到雲夢禁中者得取灌□

龍簡·181:徒有□

龍簡·146:有(又)嘗之

龍簡·199:宦者其有言睪(遷)及有罪者□

龍簡·199:宦者其有言睪(遷)及有罪者□

龍簡·200·摹:有言縣道官

龍簡·283·摹:□有□

龍簡·28:諸禁苑有耎(壖)者

龍簡·229·摹:□有□

龍簡·29·摹:射耎中□之□有□殹□其□

龍簡·6:禁苑吏、苑人及黔首有事禁中

龍簡·7:諸有事禁苑中者

龍簡·39:垣有壞決獸道出

龍簡·47·摹:有逋亡□宿□

龍簡·44:有(又)駕(加)其罪

龍簡·58:有(又)沒入其車、馬、牛、縣、道[官]

龍簡·12·摹:有不當入而闌入

里簡·J1(16)6正:有可令傳甲兵

里簡·J1(8)134正:狼有律

里簡·J1(9)9正:額有流辭

里簡·J1(9)9正:陽陵仁陽士五(伍)顡有贖錢七千六百八十

里簡·J1(9)10正:陽陵叔作士五(伍)勝日有貲錢千三百卌四

里簡·J1(16)9正:啟陵鄉未有枼(牒)

里簡·J1(9)1正:陽陵宜居士五(伍)毋死有貲餘錢八千六十四

里簡·J1(9)2正:陽陵仁陽士五(伍)不狖有貲錢八百卅六

里簡·J1(9)3正:陽陵下里士五(伍)不識有貲餘錢千七百廿八

里簡·J1(9)3正:有物故

里簡·J1(9)4正:陽陵孝里士五(伍)衷有貲錢千三百卌四

里簡·J1(9)5正:陽陵下里士五(伍)鹽有貲錢三百八十四

里簡·J1(9)6正:陽陵褆陽上造徐有貲錢二千六百八十八

里簡·J1(9)7正:陽陵褆陽士五(伍)小欬有貲錢萬一千二百七十一

里簡·J1(9)8正:陽陵逆都士五(伍)越人有貲錢千三百卌四

里簡·J1(9)11正:陽陵谿里士五(伍)采有貲餘錢八百五十二

關簡·197:門有客

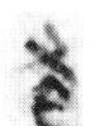 關簡・193:門有客

 關簡・343:某有子三旬

 關簡・189:門有客

 關簡・187:門有客

 關簡・143:不利有爲毆

 關簡・247:有美言

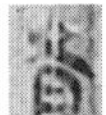 關簡・209:門有客

 關簡・207:門有客

 關簡・203:門有客

 關簡・205:門有客

 關簡・201:門有客

 關簡・220:有憂

 關簡・229:門有客

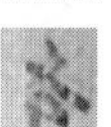 關簡・227:門有客

 關簡・223:門有客

 關簡・225:門有客

 關簡・221:門有客

關簡・299:其下有旱

 關簡・297:其下有白衣之冣

關簡・239:門有客

關簡・239:占病者,有瘳

關簡・237:門有客

關簡・231:門有客

關簡・248:有惡言

關簡・248:有告

關簡・248:有美言

關簡・248:有怒

關簡・242:以有求

關簡・249:[寅]有得

關簡・249:有告

關簡・246:有後言

關簡・247:有美言

關簡・241:門有客

關簡・250:有怒

關簡・250:有請命

關簡・252:後有言

關簡・252:有告

關簡・257:有惡言

關簡・257:有言

關簡・253:有造

關簡・254:有惡言

關簡・255:有後言

關簡・251:有告

關簡・219:門有客

關簡・217:門有客

關簡・215:門有客

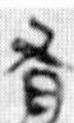關簡・211:門有客

關簡・211:有後言語

關簡・72:有惡言

關簡・300:其下有大敗

關簡・302:其下有水

關簡・327:見垣有瓦

關簡・323:燔劍若有方之端

關簡・363:有行而急

關簡・199:門有客

帛書・足臂・22:有(又)煩心

帛書・足臂・22:有(又)腹張(脹)

帛書・脈法・73:治病者取有餘而益不足殹(也)

帛書・脈法・75:□有四[害]

帛書・脈法・75:瘫(癰)穜(腫)有膿(膿)

帛書・病方・26:有頃不痛

帛書・病方・29:㬥(曝)若有所燥

帛書・病方・42:卽有頸(痙)者

帛書・病方・54:有血如蠅羽者

帛書・病方・91:有(又)復之

帛書・病方・104:以月晦日之丘井有水者

帛書・病方・109:有(又)以殺本若道旁葥(莿)根二七

帛書・病方・116:有(又)復之而□灌青

帛書・病方・126:其卵雖有人(仁)

帛書・病方・146:男子□卽以女子初有布

帛書・病方・160:有(又)復□

帛書・病方・169:有(又)以涂(塗)隋(脽)□下及其上

帛書・病方・174:有(又)煮一分

帛書・病方・178:坎方尺有半

帛書・病方・192:有(又)盜(齏)陽□而羹之

帛書・病方・196:□獨有三

帛書・病方・207:子胡不已之有

帛書・病方・238:到莫(暮)有(又)先食飲

帛書・病方・239:有空(孔)其中

帛書・病方・239:有蠃肉出

帛書・病方・241:有(又)以脩(滫)之

帛書・病方・245:其中有如兔髕

帛書・病方・245:若有堅血如抇末而出者

帛書・病方・247:有(又)復之

帛書・病方・252:其莖有剌(刺)

帛書・病方・253:牝痔有空(孔)而欒

帛書・病方・254:牝痔之有數竅

帛書・病方・260:有可

帛書・病方・261:未有巢者

帛書・病方・265:時從其空(孔)出有白蟲時從其空出

帛書・病方・265:痔者其直(脜)旁有小空(孔)

帛書・病方・321:有(又)傅之

帛書・病方・369:身有癰者

帛書・病方・373:有(又)復煏茀(沸)

帛書・病方・376:身有體癰種(腫)者方

帛書・病方・392:□明日有(又)洒以湯

帛書・病方・417:有(又)飲熱酒其中

帛書・病方・454:瘨者有牝牡

帛書・病方・455:有去者

帛書・病方・殘2:有(又)復□

帛書・病方・殘5:□有□

帛書・死候・88:五者扁(徧)有

帛書・灸經甲・61:有而心煩

帛書・灸經甲・61:有陽脈(脈)與之[俱]病

帛書・灸經甲・64:欬則有血

帛書・足臂・21:皆有此五病者

帛書・足臂・21:有(又)煩心

秦印編130:咸鄏小有

集證・184.742:非有毋半

秦印編130:程有

秦印編131:咸鄏小有

秦印編130:多有

秦印編130:郝有

秦印編130:君有百离

秦陶・1335：咸郿小有〖注〗小有，人名。

秦陶・1336：咸郿小有

集證・216.224：咸郿小有

地圖注記・摹(地圖・5)：北有灌夏百錦

地圖注記・摹(地圖・5)：陽有剬木

1482　朙(明)

秦編鐘・甲鐘(秦銅・10.1)：克明又心

秦編鐘・甲鐘(秦銅・10.1)：翼受明德〖注〗明德，光亮的德行。

秦編鐘・甲鐘左鼓・摹(秦銅・11.2)：克明又心

秦編鐘・甲鐘左篆部・摹(秦銅・11.4)：翼受明德

秦編鐘・丁鐘(秦銅・10.4)：克明又心

秦編鐘・丁鐘(秦銅・10.4)：翼受明德

秦鎛鐘・1號鎛(秦銅・12.2)：克明又心

秦鎛鐘・1號鎛(秦銅・12.2)：翼受明德

秦鎛鐘・2號鎛(秦銅・12.5)：克明又心

秦鎛鐘・2號鎛(秦銅・12.5)：翼受明德

秦鎛鐘・3號鎛(秦銅・12.8)：克明又心

秦鎛鐘・3號鎛(秦銅・12.8)：翼受明德

秦公鎛鐘・摹(秦銅・16.2)：穆=帥秉明德

秦公鎛鐘・摹(秦銅・16.2)：叡専(敷)明井(型)

秦公簋・器(秦銅・14.1)：穆=帥秉明德

左樂兩詔鈞權(集證・43)：皆明壹之

北私府橢量・始皇詔(秦銅・146)：皆明壹之〖注〗明，張文質説爲副詞，明確。

兩詔銅權一(秦銅・175)：皆明壹之

北私府橢量・始皇詔(秦銅・146)：皆明壹之

兩詔銅權一(秦銅・175)：皆明壹之

大騩銅權(秦銅・131)：皆明壹之

高奴禾石銅權(秦銅・32.2)：皆明壹之

兩詔斤權一・摹(集證・46)：皆明壹之

兩詔版(秦銅・174.1)：皆明壹之

兩詔斤權二・摹(集證・49)：皆明壹之

兩詔斤權一(集證・45)：皆明壹之

兩詔銅權二(秦銅・176)：皆明壹之

兩詔銅權三(秦銅・178)：皆明壹之

兩詔銅權四(秦銅・179.1)：皆明壹之

兩詔橢量二(秦銅・149)：皆明壹之

兩詔橢量三之一(秦銅・150)：皆明壹之

兩詔橢量一(秦銅・148)：皆明壹之

美陽銅權(秦銅·183):皆明壹之

平陽銅權·摹(秦銅·182):皆明壹之

僅存銘兩詔銅權(秦銅·135-18.1):皆明壹之

僅存銘兩詔銅權(秦銅·135-18.2):皆明壹之

僅存銘始皇詔銅權·八(秦銅·135-8):皆明壹之

僅存銘始皇詔銅權·二(秦銅·135-2):皆明壹之

僅存銘始皇詔銅權·九(秦銅·135-9):皆明壹之

僅存銘始皇詔銅權·三(秦銅·135-3):皆明壹之

僅存銘始皇詔銅權·十(秦銅·135-10):皆明壹之

僅存銘始皇詔銅權·十七(秦銅·135-17):皆明壹之

僅存銘始皇詔銅權·十三(秦銅·135-13):皆明壹之

僅存銘始皇詔銅權·十四(秦銅·135-14):皆明壹之

僅存銘始皇詔銅權·四(秦銅·135-4):皆明壹之

僅存銘始皇詔銅權·五(秦銅·135-5):皆明壹之

僅存銘始皇詔銅權·一(秦銅·135-1):皆明壹之

秦箕斂(箕斂·封3):皆明壹之

商鞅方升(秦銅·21):皆明壹之

始皇詔八斤銅權二(秦銅·135):皆明壹之

始皇詔八斤銅權一(秦銅·134):皆明壹之

始皇詔版八(秦銅·144):皆明壹之

始皇詔版六·殘(秦銅·142):皆明壹之

始皇詔版七(秦銅·143):皆明壹之

始皇詔版三(秦銅·138):皆明壹之

始皇詔版五·殘(秦銅·141):皆明壹之

始皇詔版一(秦銅·136):皆明壹之

始皇詔十六斤銅權二(秦銅·128):皆明壹之

始皇詔十六斤銅權三(秦銅·129):皆明壹之

始皇詔十六斤銅權四(秦銅·130.2):皆明壹之

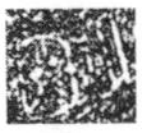

始皇詔十六斤銅權一(秦銅·127):皆明壹之

始皇詔鐵石權三(秦銅·122):皆明壹之

始皇詔鐵石權四(秦銅·123):皆明壹之

始皇詔銅方升三(秦銅·100):皆明壹之

始皇詔銅方升一(秦銅·98):皆明壹之

始皇詔銅權八(秦銅·117):皆明壹之

始皇詔銅權二(秦銅·111):皆明壹之

始皇詔銅權九(秦銅·118):皆明壹之

始皇詔銅權六(秦銅·115):皆明壹之

始皇詔銅權三(秦銅·112):皆明壹之

始皇詔銅權十(秦銅·119):皆明壹之

始皇詔銅權十一(珍金·124):皆明壹之

始皇詔銅權四(秦銅·113):皆明壹之

始皇詔銅權五(秦銅·114):皆明壹之

始皇詔銅權一(秦銅·110):皆明壹之

始皇詔銅石權(秦銅·126):皆明壹之

始皇詔銅橢量二(秦銅·103):皆明壹之

始皇詔銅橢量六(秦銅·107):皆明壹之

始皇詔銅橢量三(秦銅·104):皆明壹之

始皇詔銅橢量四(秦銅·105):皆明壹之

始皇詔銅橢量五(秦銅·106):皆明壹之

始皇詔銅橢量一(秦銅·102):皆明壹之

武城銅橢量(秦銅·109):皆明壹之

旬邑銅權(秦銅·133):皆明壹之

廿四年丞□戈·摹(集證·26.2):莀明〖注〗莀明,地名。

秦駰玉版·甲·摹:蜸=(掔掔)烝(烝)民之事明神〖注〗明神,神明、神靈。

秦駰玉版·甲·摹:若明神不□其行

秦駰玉版·甲·摹:使明神智(知)吾情

秦駰玉版·乙·摹:蜸=(掔掔)烝(烝)民之事明神

秦駰玉版·乙·摹:若明神不□其行

秦駰玉版·乙·摹:使明神智(知)吾情

繹山刻石·宋刻本:孝道顯明

繹山刻石·宋刻本:因明白矣

會稽刻石·宋刻本:追道高明

琅邪臺刻石:因明白矣

泰山刻石·廿九字本:因明白矣

泰山刻石·宋拓本:大義箸明

泰山刻石·宋拓本:貴賤分明

泰山刻石·宋拓本:因明白矣

泰山刻石·宋拓本:作制明灋

天簡28·乙:天下清明以視陰陽

睡簡·語書·9:凡良吏明灋律令

睡簡·語書·5:令吏民皆明智(知)之

睡簡·語書·10:惡吏不明灋律令

睡簡·語書·6:是即明避主之明灋殹

睡簡·語書·6:是即明避主之明灋殹

睡簡·日甲·104正:是謂血明

睡簡·日甲·11正:利以兑(說)明(盟)組(詛)、百不羊(祥)

睡簡・日乙・206:明鬼祟之

睡簡・日乙・216:明鬼祟之

睡簡・爲吏・48:上明下聖

睡簡・爲吏・44:爲人上則明

關簡・349:到明出種

帛書・足臂・10:足陽明温(脈)

帛書・足臂・12:皆久(灸)陽明温(脈)〖注〗陽明脈,人體脈名。

帛書・足臂・34:皆久(灸)臂陽明温(脈)

帛書・病方・198:令斬足者清明東鄉(嚮)

帛書・病方・369:我以明月炻若

帛書・病方・392:□明日有(又)洒以湯

帛書・灸經甲・43:陽明眽(脈)

帛書・灸經甲・46:是陽明眽(脈)主治

秦陶・1602:皆朙□

秦陶A・3.2:上邽工明〖注〗明,人名。

始皇詔陶印(《研究》附):皆明壹之

秦陶・1597:皆明□

地圖注記・摹(地圖・3):明谿

1483　盟盟(盟)

詛楚文・湫淵(中吳本):變輸(渝)盟剌(約)

詛楚文・湫淵(中吳本):而兼倍(背)十八世[之]詛盟

詛楚文・湫淵(中吳本):敢數楚王熊相之倍(背)盟犯詛

詛楚文・湫淵(中吳本):以盟(明)大神之威神〖注〗盟,讀爲"明"。

詛楚文・湫淵(中吳本):袗以齋盟

詛楚文・巫咸(中吳本):變輸(渝)盟剌(約)

詛楚文・巫咸(中吳本):而兼倍(背)十八世之詛盟

詛楚文・巫咸(中吳本):敢數楚王熊相之倍(背)盟犯詛

詛楚文・巫咸(中吳本):以盟(明)大神之威神

詛楚文・巫咸(中吳本):袗以齋盟

詛楚文・亞駝(中吳本):變輸(渝)盟剌(約)

詛楚文・亞駝(中吳本):而兼倍(背)十八世之詛盟

詛楚文・亞駝(中吳本):敢數楚王熊相之倍(背)盟犯詛

詛楚文・亞駝(中吳本):以盟(明)大神之威神

詛楚文・亞駝(中吳本):袗以齋盟

睡簡・爲吏・48:言如盟〖注〗盟,盟誓。

1484 夕 夕

秦編鐘・甲鐘(秦銅・10.1):余夙夕虔敬朕祀

秦編鐘・甲鐘左鼓・摹(秦銅・11.2):余夙夕虔敬朕祀

秦編鐘・丙鐘(秦銅・10.3):余夙夕虔敬朕祀

秦鎛鐘・1號鎛(秦銅・12.1):余夙夕虔敬朕祀

秦鎛鐘・2號鎛(秦銅・12.4):余夙夕虔敬朕祀

秦鎛鐘・3號鎛(秦銅・12.7):余夙夕虔敬朕祀

秦公鎛鐘・摹(秦銅・16.2):虩夙夕

石鼓文・吳人(先鋒本):朝夕敬□

天簡21・甲:夕日凶

天簡23・甲:夕日凶

天簡33・乙:日失(昳)凶夕日吉

天簡38・乙:日失(昳)吉夕日凶

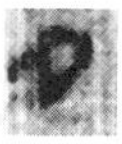

睡簡・日甲・112正:熇(獻)馬、中夕、屈夕作事東方

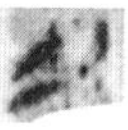

睡簡・日甲・67正:日七夕九

睡簡・日甲・112正:熇(獻)馬、中夕、屈夕作事東方

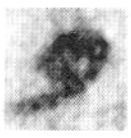

睡簡・秦律・55:旦半夕參

睡簡・日甲・68背:日七夕九

睡簡・日甲・62背:日九夕七

睡簡・日甲・62背:日六夕十

睡簡・日甲・66背:日九夕七

睡簡・日甲・66正:日八夕八

睡簡・日甲・66正:日六夕十

睡簡・日甲・66正:日十夕六

睡簡・日甲・66正:十二月楚援夕

睡簡・日甲・67背:日八夕八

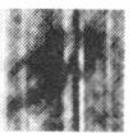

睡簡・日甲・67正:七月、爨月、援夕,歲在北方

睡簡・日甲・67正:日七夕九

睡簡・日甲・67正:日十一夕五

睡簡・日甲・63背:日十夕六

睡簡・日甲・64背:日十一夕五

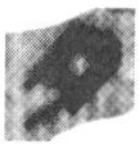

睡簡・日甲・64正:日八夕八

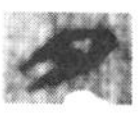

睡簡・日甲・64正:日六夕七〈十〉

睡簡・日甲・64正:日十夕六

睡簡・日甲・64正:十月楚冬夕

睡簡・日甲・65背:日十夕六

睡簡・日甲・65正:日九夕七

睡簡・日甲・65正:日五夕十一

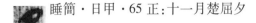

睡簡・日甲・65 正:十一月楚屈夕

睡簡・日甲・61 背:日五夕十一

睡簡・日甲・78 背:旦啟夕閉

睡簡・日甲・72 背:旦閉夕啟北方

睡簡・日甲・75 背:旦啟夕閉東方

睡簡・日甲・71 背:旦閉夕啟西方

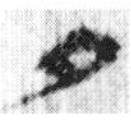

睡簡・日甲・43 正:旦雨夕齊(霽)

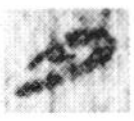

睡簡・日甲・43 正:夕雨不齊(霽)

睡簡・日甲・160 正:夕見

睡簡・日甲・162 正:夕見

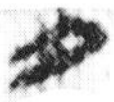

睡簡・日甲・166 正:夕見

睡簡・日甲・163 正:夕見

睡簡・日甲・164 正:夕見

睡簡・日甲・165 正:夕見

睡簡・日甲・161 正:夕見

睡簡・日甲・135 正:壬癸庚辛甲乙夕行

睡簡・日甲・158 正:夕見

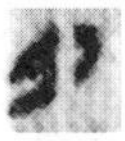

睡簡・日甲・112 正:紡月、夏夕〈尸〉、八月作事西方

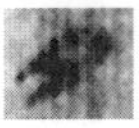

睡簡・日甲・112 正:援夕

睡簡・日乙・20:日九夕七

睡簡・日乙・28:日五夕十一

睡簡・日乙・22:日十一夕五

睡簡・日乙・29:日六夕十

睡簡・日乙・26:日七夕九

睡簡・日乙・27:日六夕十

睡簡・日乙・23:日十夕六

睡簡・日乙・233:清旦、食時、日則(昃)、莫(暮)、夕

睡簡・日乙・24:日九夕七

睡簡・日乙・25:日八夕八

睡簡・日乙・21:日十夕六

睡簡・日乙・18:日七夕九

睡簡・日乙・169:朝閉夕啟

睡簡・日乙・169:晝夕不得

睡簡・日乙・167:朝閉夕啟

睡簡・日乙・167:晝夕不得

睡簡・日乙・163:朝閉夕啟

睡簡・日乙・163:晝夕不得

睡簡・日乙・165:朝啟夕閉

睡簡・日乙・165:夕晝得

睡簡・日乙・161:朝閉夕啟

睡簡・日乙・161:晝夕不得

睡簡・日乙・179:[朝]啟夕閉

睡簡・日乙・177:朝啟夕閉

睡簡・日乙・177:晝夕得

睡簡・日乙・173:朝閉夕啟

睡簡・日乙・173:晝夕不得

睡簡・日乙・175:晝夕得

睡簡・日乙・171:朝啟多夕閉

睡簡・日乙・171:晝夕得

睡簡・日乙・159:[朝]閉夕啟

睡簡・日乙・159:晝夕不得

睡簡・日乙・157:朝啟夕閉

睡簡・日乙・157:晝夕得

關簡・166:夕時

關簡・178:夕食

關簡・245:日夕時

關簡・367:夕市時發□

關簡・364:令以七月己丑夕到宛

帛書・病方・目錄:夕下〖注〗夕下,一種皮膚病。

帛書・病方・69:卽以汁□淒夕[下]

帛書・病方・70:夕下靡

帛書・病方・181:夕毋食

帛書・病方・236:夕毋食

帛書・病方・410:夕毋食

秦印編131:張夕

秦印編131:夕陽丞印

封泥集309・1:夕陽丞印〖注〗夕陽,地名。

1485 夜

秦懷后磬・摹:以虔夙夜才(在)立(位)

石鼓文・田車(先鋒本):其□蠢夜

泰山刻石・宋拓本:夙興夜寐

天簡33・乙:昏東吉中夜南吉

天簡21・甲:中夜南吉

天簡21・甲:中夜

天簡21・甲:中夜南吉

天簡22・甲:西吉中夜北吉

天簡 23・甲:昏西吉中夜北吉

天簡 23・甲:昏北吉中夜北吉

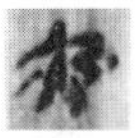

睡簡・日甲・47 背:犬恆夜入人室

睡簡・爲吏・33:夜以椄(接)日

睡簡・秦律・4:毋敢夜草爲灰〖注〗夜,疑讀爲“擇”。或説夜讀爲“藙”。

睡簡・秦律・197:官嗇夫及吏夜更行官

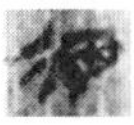

睡簡・日甲・29 背:鬼恆夜鼓人門

睡簡・日甲・67 背:其鬼恆夜謼(呼)焉

里簡・J1(9)981 正:迺甲寅夜水多

里簡・J1(16)6 正:令人日夜端行

關簡・175:夜半

關簡・176:夜未半

關簡・176:夜過半

關簡・176:夜三分之一〖注〗夜三分之一,即夜少半。

帛書・足臂・25:出夜(腋)内兼(廉)

帛書・足臂・27:出夜(腋)

帛書・病方・409:一夜一□

帛書・病方・412:後日一夜

秦印編 131:戎夜

封泥集 329・1:夜丞之印〖注〗夜,地名。

1486 　夢　　夢

睡簡・日甲・13 背:夢

睡簡・日乙・189:甲乙夢被黑裘衣寇〈冠〉

睡簡・日乙・190:丙丁夢□

睡簡・日乙・190:夢

睡簡・日乙・192:庚辛夢青黑

睡簡・日乙・193:壬癸夢日

睡簡・日乙・194:凡人有惡夢

睡簡・日乙・194:某有惡夢

睡簡・日乙・191:戊己夢黑

龍簡・1・摹:諸叚兩雲夢池鱼(籞)及有到雲夢禁中者得取灌□〖注〗雲夢,地名。

龍簡・1・摹:諸叚兩雲夢池鱼(籞)及有到雲夢禁中者得取灌□

秦印編 131:左雲夢丞

封泥集 217・1:左雲夢丞

集證・149.255:左雲夢丞

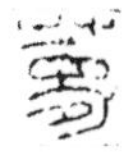

封泥印 72:左雲夢丞

封泥印 73:右雲夢丞

1487 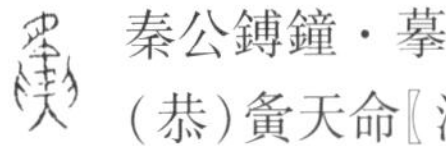

秦公鎛鐘・摹（秦銅・16.1）：嚴龔（恭）夤天命〖注〗夤，敬。

秦公簋・器（秦銅・14.1）：嚴龔（恭）夤天命

秦印編 131：王夤

秦印編 131：咸平沃夤

秦印編 131：夤律

集證・216.217：平夤〖注〗夤，人名。

集證・216.217：平夤

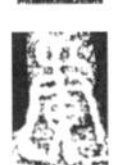秦陶・1399：咸平沃夤

集證・216.218：咸平沃夤

1488　外 外

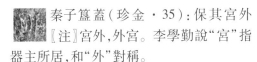

秦子簋蓋（珍金・35）：保其宮外〖注〗宮外，外宮。李學勤說“宮”指器主所居，和“外”對稱。

秦子簋蓋・摹（珍金・31）：保其宮外

詛楚文・湫淵（中吳本）：外之則冒改氒（厥）心

詛楚文・巫咸（中吳本）：外之則冒改氒（厥）心

詛楚文・亞駝（中吳本）：外之則冒改氒（厥）心

泰山刻石・宋拓本：昭隔內外

會稽刻石・宋刻本：防隔內外

會稽刻石・宋刻本：外來侵邊

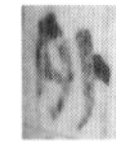天簡 26・乙：喜疾行外人不遠

睡簡・日乙・119：輿在外

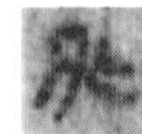睡簡・爲吏・26：外不員（圓）

睡簡・爲吏・13：貰責（債）在外

睡 6 號牘・正：家室外內同□

睡簡・答問・189：可（何）謂“宮狡士、外狡士”

睡簡・答問・180：使者（諸）侯、外臣邦

睡簡・答問・129：魄遺亡鬼薪於外

睡簡・封診・80：壞直中外

睡簡・封診・80：小堂下及垣外地堅

睡簡・封診・78：外壤秦綦履迹四所

睡簡・秦律・142：妻更及有外妻者

睡簡・秦律・147：毋敢之市及留舍闠外

睡簡・日甲・86 背：有外喪

睡簡・日甲・9 正：外害日

睡簡・日甲・9 正：之四方野外

睡簡・日甲・76 正：外鬼爲祟

睡簡・日甲・74 正：外鬼傷（殤）死爲祟

睡簡・日甲・38正:可以穿井、行水、蓋屋、飲樂、外除

睡簡・日甲・40正:利以祠外

睡簡・日甲・45背:復(覆)鬴戶外

睡簡・日甲・100正:筑(築)外垣

睡簡・日甲・10正:不可以之野外

睡簡・日甲・10正:外陰日

睡簡・日甲・131正:二百里外必死

睡簡・日甲・152正:在外者奔亡

睡簡・日乙・8:成外

睡簡・日乙・8:空外

睡簡・日乙・20:成外陽之日

睡簡・日乙・20:利以祭、之四旁(方)野外

睡簡・日乙・22:壁外陰之日

睡簡・日乙・21:空外遠之日

睡簡・日乙・59:利祠外〖注〗外,疑讀爲"禬",除災害。

睡簡・日乙・187:外鬼爲姓(眚)

睡簡・日乙・185:外鬼、傷(殤)死爲姓(眚)

睡簡・日乙・160:外鬼爲姓(眚)

睡簡・日乙・170:外鬼兄枼(世)爲姓(眚)

睡簡・日乙・172:母枼(世)外死爲姓(眚)

睡簡・日乙・176:外鬼父枼(世)見而欲

睡簡・日乙・158:外鬼父枼(世)爲姓(眚)

龍簡・39:及見獸出在外

龍簡・31:諸弋射甬道、禁苑外卅(?)里(?)毄(繫)

龍簡・52:禁苑在關外□〖注〗關外,函谷關外。

龍簡・53:關外及縣、道官爲□

帛書・灸經甲・39:毄(繫)於外踝之前廉

帛書・灸經甲・40:足外反〖注〗外反,外翻。

帛書・灸經甲・43:[毄(繫)]於骭骨外廉

帛書・灸經甲・47:腹外穜(腫)

帛書・灸經甲・51:目外漬(眥)痛

帛書・灸經甲・62:毄(繫)於內腂(踝)外廉

帛書・足臂・1:出外踝窶(婁)中

帛書・足臂・5:上貫膝外兼(廉)

帛書・足臂・6:出目外漬(眥)

帛書・足臂・7:股外兼(廉)痛

帛書・足臂・7:胻外兼(廉)痛

帛書・足臂・7:脾(髀)外兼(廉)痛

帛書・足臂・7:膝外兼(廉)痛

帛書・足臂・8:目外漬(眥)痛

帛書・足臂・8:脅外穜(腫)

帛書・足臂・11:□外穜(腫)

帛書・足臂・29:出肩外兼(廉)

帛書・足臂・30:臂外兼(廉)痛

集證・164.501:外宅窯〖注〗外宅窯,人名。或説爲私家陶窯之記。

集證・184.741:中精外誠〖注〗外誠,外貌忠誠正直。

秦印編131:外宅窯

秦印編131:外樂

秦印編131:外樂

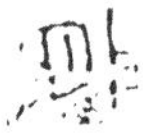

封泥集140・1:外樂

集證・138.86:外樂

封泥印8:外樂

1489　夙 㑉 佰

秦編鐘・甲鐘(秦銅・10.1):余夙夕虔敬朕祀〖注〗夙夕,朝晚。

秦編鐘・甲鐘左鼓・摹(秦銅・11.2):余夙夕虔敬朕祀

秦編鐘・丙鐘(秦銅・10.3):余夙夕虔敬朕祀

秦鎛鐘・1號鎛(秦銅・12.1):余夙夕虔敬朕祀

秦鎛鐘・2號鎛(秦銅・12.4):余夙夕虔敬朕祀

秦鎛鐘・3號鎛(秦銅・12.7):余夙夕虔敬朕祀

秦公鎛鐘・摹(秦銅・16.2):虩夙夕

秦懷后磬・摹:以虔夙夜才(在)立(位)

睡簡・秦律・184:必書其起及到日月夙莫(暮)〖注〗夙暮,朝夕。

睡簡・日甲・80背:夙得莫(暮)不得

睡簡・日甲・78背:夙得莫(暮)不得

睡簡・日甲・79背:夙得莫(暮)不得

睡簡・日甲・77背:夙得莫(暮)不得

睡簡・日甲・39背:一室人皆夙(縮)筋〖注〗縮筋,抽筋。

睡簡・日甲・41背:一室皆夙(縮)筋

1490　多 夛

不其簋蓋(秦銅・3):女(汝)多禽

不其簋蓋(秦銅・3):女(汝)多折首執訊

不其簋蓋(秦銅・3):用匄多福

滕縣不其簋器(秦銅・4):女(汝)多禽

滕縣不其簋器(秦銅・4):女(汝)多折首執訊

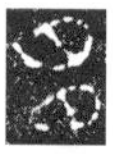

滕縣不其簋器(秦銅・4):用匄多福

秦編鐘・甲鐘(秦銅・10.1):以受多福

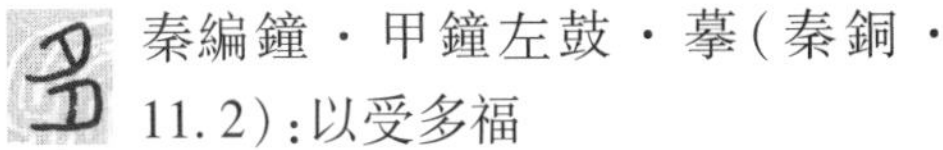

秦編鐘・甲鐘左鼓・摹(秦銅・11.2):以受多福

秦編鐘・乙鐘(秦銅・10.2):屯(純)魯多釐

秦編鐘・乙鐘左鼓・摹(秦銅・11.6):屯(純)魯多釐

秦編鐘・丁鐘(秦銅・10.4):以受多福

秦編鐘・戊鐘(秦銅・10.5):屯(純)魯多釐

秦鎛鐘・1號鎛(秦銅・12.2):以受多福

秦鎛鐘・1號鎛(秦銅・12.3):屯(純)魯多釐

秦鎛鐘・2號鎛(秦銅・12.5):以受多福

秦鎛鐘・2號鎛(秦銅・12.6):屯(純)魯多釐

秦鎛鐘・3號鎛(秦銅・12.8):以受多福

秦鎛鐘・3號鎛(秦銅・12.9):屯(純)魯多釐

秦公鎛鐘・摹(秦銅・16.2):以受多福

秦公鎛鐘・摹(秦銅・16.4):以受屯(純)魯多釐

秦公簋・蓋(秦銅・14.2):以受屯(純)魯多釐

石鼓文・鑾車(先鋒本):□□多賢

詛楚文・湫淵(中吳本):以底(詆)楚王熊相之多辠

詛楚文・巫咸(中吳本):以底(詆)楚王熊相之多辠

詛楚文・亞駝(中吳本):以底(詆)楚王熊相之多辠

天簡32・乙:主人多女子吉

天簡34・乙:□多者勝

睡簡・效律・58:計脫實及出實多於律程

睡簡・效律・1:以其賈(價)多者辠之

睡簡・語書・2:民多詐巧

睡簡・語書・13:其畫最多者

睡簡・6號牘・背:聞新地城多空不實者

睡簡・6號牘・正:驚多問新負、嬰皆得毋恙也

睡簡・11號牘・背:爲黑夫、驚多問姑姊、康樂孝須(嬃)故□長姑外內□

睡簡・11號牘・背:爲黑夫、驚多問夕陽呂嬰、匽里閻諍丈人得毋恙□矣

睡簡・11號牘・背:爲黑夫、驚多問嬰汜季吏可(何)如

睡簡・答問・69:直以多子故

睡簡・秦律・132:各以其𣝕〈穫〉時多積之

睡簡・秦律・131:其縣山之多幵者

睡簡・日甲・20背:宇多於東南

睡簡・日甲・23背:多惡言

睡簡・日甲・69背:多〈名〉鼠鼷孔午郢

睡簡・日甲・70背:多〈名〉徐善趫以未

睡簡・日甲・78背:名多酉起嬰

睡簡・日甲・72 背:多〈名〉兔竈陘突垣義西

睡簡・日甲・73 背:多〈名〉不圖射亥戌

睡簡・日甲・71 背:多〈名〉虎豻貙豹申

睡簡・日甲・39 正:多雨

睡簡・日甲・37 正:多雨

睡簡・日甲・40 背:多瞢(夢)米(寐)死

睡簡・日甲・43 正:多盜

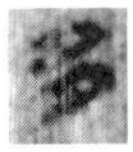

睡簡・日甲・43 正:多雨

睡簡・日甲・59 背:多益其旁人

睡簡・日甲・18 背:宇多於東北之北

睡簡・日甲・19 背:宇多於東北

睡簡・日甲・16 背:宇多(垑)於西南之西

睡簡・日甲・17 背:宇多(垑)於西北之北

睡簡・日乙・89:多子

睡簡・日乙・251:田宇多

睡簡・日乙・61:正月以朔多雨

睡簡・日乙・56:正月以朔多雨

睡簡・日乙・57:正月以朔多雨

睡簡・日乙・102:妻多舌

睡簡・日乙・171:朝啟多夕閉

睡簡・日乙・146:多投福

睡簡・爲吏・27:息子多少

睡簡・爲吏・11:五曰龔(恭)敬多讓

龍簡・157:黔首田實多其□

龍簡・142・摹:詐(詐)毋少多

里簡・J1(9)981 正:迺甲寅夜水多

關簡・316:因多食葱

關簡・193:多昆弟

關簡・369:用水多少

關簡・349:先農笱(苟)令某禾多一邑〖注〗多一邑,在一邑中居最多。

關簡・316:柜(恆)多取櫌桑木

帛書・病方・32:汗出多

帛書・病方・50:□間(癇)多眾

帛書・病方・57:小(少)多如再食浘(漿)〖注〗少多,即多少。

帛書・病方・100:多可毆

帛書・病方・171:以多爲故

帛書・病方・241:多空(孔)者

帛書・足臂・20:多弱(溺)

集證・179.690:龍多

秦印編 132:多有

集證・179.681:董多牛

秦印編 132:□多

秦印編 132:殷多牛

秦印編 132:紀闌多

秦印編 132:多牛

秦印編 132:百多牛

秦印編 132:衛多

封泥集 383・1:衛多

秦陶・1089:多

秦陶・1098:多

地圖注記・摹(地圖・4):多刊木

1491　貫

帛書・病方・83:尋尋豙且貫而心

帛書・足臂・1:其直者貫□

帛書・足臂・1:上貫膊(腨)

帛書・足臂・2:其直者貫目内漬(眥)

帛書・足臂・5:上貫膝外兼(廉)

帛書・足臂・6:其直者貫腋

帛書・足臂・10:上貫膝中

帛書・足臂・13:上貫膞(腨)

1492　圅肣

不其簋蓋(秦銅・3):弗以我車圅(陷)于囏〖注〗圅,王國維讀爲"陷"。

滕縣不其簋器(秦銅・4):弗以我車圅(陷)于囏

1493　甬

八年丞甬戈・摹(集證・34):八年□□□□丞甬工悍〖注〗甬,人名。

睡簡・日甲・13 正:甬

睡簡・效律・3:甬(桶)不正

龍簡・31・摹:去甬道、禁苑□

龍簡・31:諸弋射甬道、禁苑外卅(?)里(?)毄(繫)〖注〗甬道,築有隔牆的專供皇帝車輛行走的大道。

帛書・病方・227:而盛竹甬(筩)中

帛書・病方・227:盈甬(筩)□

1494　栗𣡌

石鼓文・乍邍(先鋒本):□□□栗〖注〗《説文》:"栗,木也。"

1495　粟

睡簡・秦律・74・摹:食其母日粟一斗

睡簡・秦律・43:爲粟廿斗〖注〗粟,指未脱殼的稻粒。

睡簡・秦律・1・摹:及誘(秀)粟〖注〗秀粟,禾稼抽穗結實。

睡簡・秦律・164:及積禾粟而敗之

睡簡・秦律・165:令官嗇夫、冗吏共賞(償)敗禾粟

睡簡・秦律・1・摹:輒以書言澍〈澍〉稼、誘(秀)粟及豤(墾)田暘毋(無)稼者頃數

睡簡・雜抄・14:入粟公

睡簡・日甲・84 正:利入禾粟及爲困倉

睡簡・日乙・84:利入禾粟及爲困倉

睡簡・爲吏・20:倉庫禾粟

睡簡・效律・22:倉扇(漏)死(朽)禾粟

睡簡・效律・22:及積禾粟而敗之

睡簡・效律・24:令官嗇夫、冗吏共賞(償)敗禾粟

集證・140.118:銍將粟印〖注〗將粟,官名。

1496　齊

商鞅方升(秦銅・21):齊遣卿夫=(大夫)衆來聘

六年漢中守戈(集證・19):左工師齊〖注〗齊,人名。

六年漢中守戈・摹(集證・19):左工師齊

廿四年莒傷銅斧(沂南・2):庫齊

睡簡・封診・66:舌出齊脣吻

睡簡・封診・76:穴下齊小堂

睡簡・日甲・82 背:壬名曰黑疾齊誣

睡簡・日甲・33 正:雖雨齊(霽)

睡簡・日甲・43 正:旦雨夕齊(霽)

睡簡・日甲・43 正:夕雨不齊(霽)

關簡・365:十月戊子齊而牛止司命在庭□

關簡・315:齊約大如小指〖注〗齊,或說讀爲"劑"。

帛書・病方・71:飲小童弱(溺)若産齊赤〖注〗産齊赤,藥名。

帛書・病方・321:必善齊(齋)戒

帛書・病方・413:取犁(藜)盧二齊〖注〗二齊,兩份。

帛書・病方・413:烏豙(喙)一齊

帛書・病方・413:芫華(花)一齊

帛書・病方・413:礜一齊

會稽刻石(宋刻本):黔首齊(齋)莊

集證・181.716:箕齊

封泥集 262・1:齊□尉印

秦印編 132:齊

秦印編 132:淳于齊

秦印編 132:李齊

秦印編 132:王齊

秦印編 132:司馬齊

封泥集 261・1:齊中尉印〖注〗齊,地名。

1497　棗

睡簡・日甲・14 正:利棗(早)不利莫(暮)

睡簡・日乙・67:丙丁棗

帛書・病方・246:大如棗覈(核)

帛書・病方・261:煮一斗棗、一斗膏

帛書・病方・173:取棗穜(種)麤(麤)屑二升〖注〗棗種,即大棗。

帛書・病方・179:棗十四

帛書・病方・244:大者如棗

帛書・病方・244:小者如棗覈(核)者方

1498　棘

睡簡・日甲・28 背:牡棘爲矢〖注〗牡棘,疑即牡荆,草藥名。

睡簡・日甲・38 背:是是棘鬼在焉

睡簡・日甲・36 背:以棘椎桃秉(柄)以䜴(敲)其心

睡簡・日甲・42 背:以牡棘之劍之

睡簡・日甲・51 背:取牡棘烰(炮)室中

1499　版

睡簡・秦律・131・摹:毋(無)方者乃用版〖注〗版,書寫用的木板。

1500　牒

睡簡・秦律・35:到十月牒書數〖注〗牒,薄小的簡牘。

里簡・J1(8)134 正:今寫校券一牒

1501　牖

睡簡・日甲・18 背:井當戶牖閒〖注〗牖,窗户。

睡簡・日甲・143 背:不可初穿門、爲戶牖、伐木、壞垣、起垣、徹屋

帛書・灸經甲・45:欲獨閉戶牖而處

1502　牏

睡簡・秦律・125:縣、都官用貞(楨)、栽爲傰(棚)牏〖注〗棚牏,編聯起來的木板。

1503　鼎

上博秦公鼎三(集證・1):秦公乍(作)寶用鼎〖注〗鼎,烹煮器名。

上博秦公鼎四（集證·2）：秦公乍（作）寶用鼎

上博秦公鼎一（集證·5）：秦公乍（作）鑄用鼎

上博秦公鼎二（集證·6）：秦公乍（作）鑄用鼎

禮縣秦公鼎一（集證·8.1）：秦公乍（作）鑄用鼎

禮縣秦公鼎二（集證·8.2）：秦公乍（作）鑄用鼎

工敃鼎·摹（秦銅·54）：工敃□鼎

蒷陽鼎（集證·55）：蒷陽共鼎

帛書·病方·378：并以鼎□如□秝

封泥印71：鼎胡苑丞〖注〗鼎胡，地名。

1504　鼏

秦公簋·器（秦銅·14.1）：鼏（宓）宅禹責（蹟）〖注〗鼏，王輝釋"宓"字，義爲安、寧。

大墓殘磬（集證·60）：四方以鼏（宓）平

大墓殘磬（集證·62）：四方以鼏（宓）平

1505　克 𠅏 𠅃

秦編鐘·甲鐘（秦銅·10.1）：克明又心〖注〗克，能。

秦編鐘·甲鐘左鼓·摹（秦銅·11.2）：克明又心

秦鎛鐘·2號鎛（秦銅·12.5）：克明又心

秦鎛鐘·3號鎛（秦銅·12.8）：克明又心

詛楚文·湫淵（中吳本）：克劑（翦）楚師

詛楚文·巫咸（中吳本）：克劑（翦）楚師

詛楚文·亞駝（中吳本）：克劑（翦）楚師

集證·223.283：當陽克〖注〗克，人名。

秦印編132：王克

秦印編132：趙克

1506　禾

虎形轄（精華168）：禾工一

高奴禾石銅權（秦銅·32.1）：禾石〖注〗禾石，王輝說禾石權可能用來徵收租稅。禾，穀子，泛指糧食。

天簡29·乙：己雨禾秀

天簡29·乙：禾秀毆

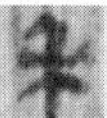天簡34·乙：正月甲乙雨禾

睡簡·效律·31：其餘禾若干石

睡簡·效律·33：禾、芻稾積廥

睡簡·效律·33：禾贏

睡簡·答問·150：禾稼能出

睡簡·答問·153：即出禾以當叔（菽）、麥

睡簡·答問·153：叔（菽）、麥賈（價）賤禾貴

睡簡・秦律・28:其出入、增積及效如禾

睡簡・秦律・28:入禾稼、芻稾

睡簡・秦律・29:禾、芻稾積索(索)出日

睡簡・秦律・27:長吏相雜以入禾倉及發

睡簡・秦律・23:出禾

睡簡・秦律・24:雜出禾者勿更

睡簡・秦律・25:而書入禾增積者之名事邑里於廥籍

睡簡・秦律・21:入禾倉

睡簡・秦律・38:禾、麥畝一斗

睡簡・秦律・33:程禾、黍□以書言年〖注〗禾,穀子。

睡簡・秦律・34:計禾

睡簡・秦律・49:隸臣月禾二石

睡簡・秦律・49:月禾一石半石

睡簡・秦律・47:其顧來有(又)一食禾

睡簡・秦律・47:一食禾

睡簡・秦律・47:有(又)益壺〈壹〉禾之

睡簡・秦律・40:毀禾以臧(藏)之

睡簡・秦律・41:稻禾一石

睡簡・秦律・50:禾月半石

睡簡・秦律・50:月禾一石

睡簡・秦律・50:月禾一石二斗半斗

睡簡・秦律・10:禾、芻稾徹(撤)木、薦

睡簡・秦律・168:其廥禾若干石

睡簡・秦律・169:其出禾

睡簡・秦律・167:度禾、芻稾而不備十分一以下

睡簡・秦律・164:倉屚(漏)朽(朽)禾粟

睡簡・秦律・164:及積禾粟而敗之

睡簡・秦律・165:令官嗇夫、冗吏共賞(償)敗禾粟

睡簡・秦律・172:其餘禾若干石

睡簡・秦律・176:芻稾如禾

睡簡・秦律・170:如入禾然

睡簡・秦律・173:禾贏

睡簡・秦律・174:禾、芻稾積廥

睡簡・秦律・175:入禾、發屚(漏)倉

睡簡・秦律・171:某廥出禾若干石

睡簡・日甲・84 正:利入禾粟及爲囷倉

睡簡・日甲・18 正:禾忌日

睡簡・日甲・151 背:丙及寅禾

睡簡・日乙・84:利入禾粟及爲囷倉

睡簡・日乙・46:丙及寅禾

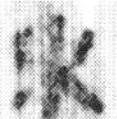睡簡・爲吏・20:倉庫禾粟

睡簡・效律・22:倉扇(漏)死(朽)禾粟

睡簡・效律・22:及積禾粟而敗之

睡簡・效律・29:其出禾

睡簡・效律・29:如入禾然

睡簡・效律・27:某廥禾若干石

睡簡・效律・27:入禾

睡簡・效律・24:令官嗇夫、冗吏共賞(償)敗禾粟

睡簡・效律・25:度禾、芻稾而不備

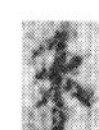睡簡・效律・37:芻稾如禾

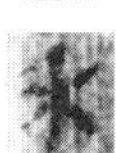睡簡・效律・37:入禾及發扇(漏)倉

睡簡・效律・31:某廥出禾若干石

關簡・349:先農笱(苟)令某禾多一邑

關簡・354:裹臧(藏)到種禾時

關簡・354:令禾毋閬(稂)

帛書・病方・114:取犬尾及禾在圏垣上[者]

集證・164.499:禾

秦印編133:李禾

秦印編133:異禾

秦印編133:禾

秦印編133:禾

秦印編133:右禾

秦陶・661:右禾

秦陶・1260:戲工禾

秦陶・430:禾

秦陶・658:右禾

秦陶・659:右禾

秦陶・660:右禾

秦陶A・4.7:禾

1507  秀

石鼓文・田車(先鋒本):秀弓寺(持)射〖注〗秀,潘迪說同"繡",繡弓,戎弓。馬敘倫說爲"誘(抽)"省,引弓。

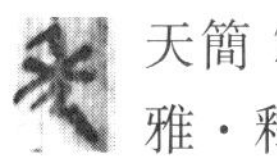天簡29・乙:己雨禾秀〖注〗《爾雅・釋草》:"不榮而實謂之秀。"徐鍇曰:禾,實也,有實之象下垂也。

天簡29・乙:禾秀毆

睡簡・日乙・25:復秀之日

睡簡・日乙・13:復秀

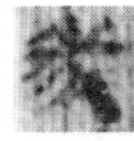 睡簡・日甲・27 正:寅秀

 睡簡・日甲・13 正:秀日

1508　　稼

睡簡・秦律・1・摹:輒以書言澍〈澍〉稼、誘(秀)粟及狠(墾)田暘毋(無)稼者頃數

睡簡・秦律・1・摹:輒以書言澍〈澍〉稼、誘(秀)粟及狠(墾)田暘毋(無)稼者頃數

睡簡・答問・158:不當論及賞(償)稼

睡簡・答問・158:食人稼一石

睡簡・答問・150:禾稼能出

睡簡・答問・151:薦下有稼一石以上

睡簡・秦律・28:入禾稼、芻稾

睡簡・秦律・2:早〈旱〉及暴風雨、水潦、蚤(螽)蚰、羣它物傷稼者

睡簡・秦律・120:其近田恐獸及馬牛出食稼者

龍簡・162・摹:稼償主

龍簡・161・摹:□罪及稼臧(贓)論之

龍簡・147・摹:與灋(法)沒入其匿田之稼

1509　　穜(種)

龍簡・158・摹:黔首或始穜(種)即故□〖注〗種,耕種。

睡簡・日甲・21 正:不可穜(種)之及初穫出入之

睡簡・日甲・151 背:五穜(種)忌

睡簡・日乙・64:己□出穜(種)及鼠(予)人

睡簡・日乙・64:亦勿以穜(種)

睡簡・日乙・48:不可以始穜(種)穫、始賞(嘗)

睡簡・日乙・46:五穜(種)忌日

關簡・354:裹臧(藏)到穜(種)禾時

關簡・354:以殺穜=

關簡・349:到明出穜(種)

關簡・350:出穜(種)所

關簡・350:與皆出穜(種)

帛書・足臂・8:脅外穜(腫)

帛書・足臂・11:□外穜(腫)

帛書・足臂・11:腹穜(腫)

帛書・脈法・75:瘫(癰)穜(腫)有膿(膿)

帛書・病方・194:穜(腫)去

帛書・灸經甲・47:腹外穜(腫)

帛書・灸經甲・51:嗌穜(腫)

帛書・灸經甲・53:朏(頔)穜(腫)

帛書・足臂・11:膝中穜(腫)

帛書・足臂・20:足柎(跗)穜(腫)

帛書・病方・376:身有體癰穜(腫)者方

帛書・病方・377:稍取以塗身膿(體)穜(腫)者而灸之

帛書・病方・153:冶筴蓂少半升、陳葵穜(種)一□〖注〗葵種,卽冬葵子。

帛書・病方・168:以水一斗煮葵穜(種)一斗

帛書・病方・173:葵穜(種)一升

帛書・病方・173:取棗穜(種)麤(麤)屑二升〖注〗棗種,卽大棗。

帛書・病方・192:以水與弱(溺)煮陳葵穜(種)而飲之

帛書・病方・215:熬蠶穜(種)令黄

帛書・病方・215:靡(磨)取蠶穜(種)冶

帛書・病方・215:以冥蠶穜(種)方尺〖注〗冥蠶種,一種蠶卵。

帛書・病方・274:以熨其穜(腫)處

帛書・病方・366:以熨穜(腫)所

帛書・病方・366:癰穜(腫)者

帛書・病方・367:令癰穜(腫)者皆已

1510　稗　稗

秦陶・361:稗

秦陶・362:稗

秦陶・363:稗

秦陶・364:咸稗

秦陶・365:稗

秦陶・366:稗十四

集證・222. 266:冀稗

1511　稀　稀

睡簡・封診・78:其中央稀者五寸

1512　穆　穆

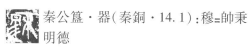

秦公簋・器(秦銅・14. 1):穆=帥秉明德

秦公鎛鐘・摹(秦銅・16. 2):穆=帥秉明德

五十年詔事戈・摹(集證・31):丞穆〖注〗穆,人名。

大墓殘磬(集證・72):四方穆=〖注〗穆穆,肅敬恭謹貌。

詛楚文・湫淵(中吳本):昔我先君穆公及楚成王是繆(勠)力同心

詛楚文・巫咸(中吳本):昔我先君穆公及楚成王是繆(勠)力同心

秦印編133:解穆

1513　私　私

卲宮私官盉(秦銅・194):卲宮私官〖注〗私官,官名,皇后食官。

卲宮私官盉（秦銅・194）：私工=感〖注〗私工，"私官工師"省文。

北私府椭量・柄刻文（秦銅・147）：北私府

睡簡・語書・5：聞吏民犯瀍爲閒（奸）私者不止

睡簡・答問・32：府中公金錢私貣用之

睡簡・答問・180：徒、吏與偕使而弗爲私舍人

睡簡・答問・175：以乘馬駕私車而乘之

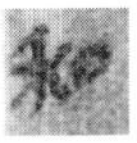

睡簡・雜抄・11：吏自佐、史以上負從馬、守書私卒

睡簡・日甲・40正：私公必閉

睡簡・爲吏・46：瀍（廢）置以私

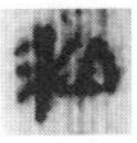

睡簡・爲吏・4：審悉毋（無）私

睡簡・爲吏・1：謁私圖〖注〗私圖，私謀。

睡簡・語書・4：故騰爲是而脩瀍律令、田令及爲閒（奸）私方而下之

睡簡・語書・5：私好、鄉俗之心不變

龍簡・102：沒入私馬、牛、［羊］、［駒］、犢、羔縣道官

帛書・病方・319：私内中〖注〗私，便溺。

秦印編135：私府

秦印編135：私府

秦印編135：私府

秦印編135：私府

秦印編135：私府

秦印編135：私府

秦印編135：私倉

秦印編135：私宮〈官?〉

秦印編135：武柏私府

秦印編135：私印

秦印編135：應衆私印

秦印編135：私

秦印編135：私

秦印編135：私璽

秦印編135：私印

秦印編135：王沮私印

秦印編135：子廚私印

秦印編135：媮私

秦印編135：公故私印

秦印編135：北宮私丞

秦印編135：北宮私丞

秦印編135：私官右般

封泥集176・1：私府丞印

封泥集 176・2：私府丞印

封泥集 179・1：私官丞印

封泥集 207・1：北宫私丞

封泥集 207・3：北宫私丞

封泥集 208・4：北宫私丞

封泥集 208・5：北宫私丞

封泥集 208・6：北宫私丞

集證・135.39：北宫私丞

集證・144.182：私府丞印

集證・144.183：私府丞印

新封泥 C・17.18：私府丞□

新封泥 C・19.4：北宫私丞

封泥印 44：私官丞印

封泥印 56：私府丞印

封泥印 65：北宫私丞

封泥印・待考 159：右般私官

新封泥 D・25：右般私官

封泥集・附一 406：私府

封泥集・附一 408：私倉

封泥集・附一 408：私府

集證・144.178：私府

集證・144.179：私府

集證・144.180：私府

集證・144.181：私府

集證・144.186：北私庫印

1514　稷 稷　　稷 稷

睡簡・日甲・26 正・摹：稷辰〖注〗稷，疑爲"稷"字之譌，"稷"讀爲"叢"。

睡簡・日甲・18 正・摹：稷龍寅、秫丑

睡簡・日乙・65：寅稷

帛書・灸經甲・40：［不］可以反稷（側）

帛書・病方・189：以醯、西（酒）三乃（汅）煮黍稷而飲其汁〖注〗《説文》："稷，齋也，五穀之長。"

1515　秫 朮　　秫 朮

睡簡・日甲・18 正：稷龍寅、秫丑

帛書・病方・309：煮秫米期足〖注〗秫米，即黄米。

關簡・243：求斗朮（術）曰

1516　稻　稻

睡簡·秦律·35:别粲(秈)、穤(糯)秙(黏)稻

睡簡·秦律·35:計稻後年

睡簡·秦律·41:稻禾一石

睡簡·日乙·47:亥稻

1517　秏　秏

睡簡·秦律·165:以其秏(耗)石數論負之〖注〗《説文》:"秏,稻屬。……伊尹曰:飯之美者。"此假爲"耗",損耗。

睡簡·效律·24:以其秏(耗)石數論𧸖(負)之

1518　稗　稗

睡簡·秦律·83·摹:令與其稗官分〖注〗稗官,屬下的小官。

龍簡·10·摹:取傳書鄉部稗官

1519　移　移

睡簡·秦律·76:亦移其縣

睡簡·秦律·76:輒移居縣責之

睡簡·秦律·44:移居縣責之

睡簡·秦律·44:輒移其稟縣〖注〗移,即移書,致送文書。

睡簡·秦律·174:及者(諸)移贏以賞(償)不備

睡簡·雜抄·38:捕人相移以受爵者

睡簡·爲吏·4:民心將移乃難親

睡簡·爲吏·12:下恆行巧而威故移

睡簡·效律·34:及者(諸)移贏以賞(償)不備

睡簡·效律·49:百姓或之縣就(僦)及移輸者〖注〗移,轉。

睡簡·語書·13:移書曹

里簡·J1(16)9正:移言

里簡·J1(9)1正:乃移戍所

里簡·J1(9)4正:乃移戍所

里簡·J1(9)5正:乃移戍所

里簡·J1(9)7正:乃移

里簡·J1(9)8正:乃移戍所

里簡·J1(9)10正:乃移戍所

里簡·J1(9)11正:乃移戍所

里簡·J1(16)6正:輒劾移縣

里簡·J1(16)9正:皆不移年籍

1520　潁　潁

封泥印115:潁陽丞印〖注〗潁,即潁,潁陽,地名。

集證・155.349:穎陽丞印

1521　采(穗)

睡簡・日乙・47:子采(穗)〖注〗《説文》:"采,禾成秀也,人所以收。"

睡簡・日乙・48:寅采(穗)

睡簡・日乙・49:辰采(穗)

睡簡・日乙・50:午采(穗)

睡簡・日乙・51:申采(穗)

1522　穫

睡簡・日甲・152背:不可以始種及穫賞(嘗)〖注〗穫,收穫。《説文》:"刈穀也。"

睡簡・日乙・48:不可以始種穫、始賞(嘗)

1523　積

商鞅方升(秦銅・21):大良造鞅爰積十六尊(寸)五分尊(寸)壹爲升〖注〗積,指容積。

睡簡・秦律・28:芻稾各萬石一積

睡簡・秦律・28:其出入、增積及效如禾

睡簡・秦律・28:咸陽二萬一積

睡簡・秦律・132:各以其穚〈穫〉時多積之

睡簡・效律・22:及積禾粟而敗之

睡簡・效律・27:萬石一積而比黎之爲戶

睡簡・秦律・29:禾、芻稾積索(索)出日

睡簡・秦律・27:見冡(蝝?)之粟積

睡簡・秦律・27:義積之

睡簡・秦律・24:其前入者是增積〖注〗增積,繼續貯入。

睡簡・秦律・24:其他入是增積

睡簡・秦律・24:入禾未盈萬石而欲增積焉

睡簡・秦律・25:而書入禾增積者之名事邑里于廥籍

睡簡・秦律・35:歲異積之

睡簡・秦律・35:勿增積

睡簡・秦律・174:禾、芻稾積廥

睡簡・效律・38:櫟陽二萬石一積

睡簡・效律・34:禾、芻稾積廥

里簡・J1(8)134正:以求故荊積瓦

1524　秩

睡簡・答問・55:爲有秩僞寫其印爲大嗇夫〖注〗秩,俸祿。有秩,指秩祿在百石以上的低級官吏。

睡簡・答問・139:有秩吏捕闌亡者

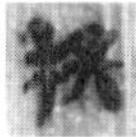
睡簡・秦律・82:稍減其秩、月食以賞(償)之

睡簡・秦律・31:令有秩之吏、令史主

睡簡・秦律・46:有秩吏不止

1525　穅(康)

秦編鐘・甲鐘(秦銅・10.1):以康奠協朕或(國)〖注〗康奠,安定。

秦編鐘・甲鐘左篆部・摹(秦銅・11.4):以康奠協朕或(國)

秦編鐘・乙鐘(秦銅・10.2):嬰康寶

秦編鐘・乙鐘左篆部・摹(秦銅・11.7):嬰康寶

秦編鐘・丁鐘(秦銅・10.4):以康奠協朕或(國)

秦鎛鐘・1號鎛(秦銅・12.2):以康奠協朕或(國)

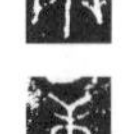
秦鎛鐘・1號鎛(秦銅・12.3):嬰康寶

秦鎛鐘・2號鎛(秦銅・12.5):以康奠協朕或(國)

秦鎛鐘・2號鎛(秦銅・12.6):嬰康寶

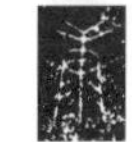
秦鎛鐘・3號鎛(秦銅・12.8):以康奠協朕或(國)

大墓殘磬(集證・82):屯(純)魯吉康〖注〗吉康,指安寧。

石鼓文・吾水(先鋒本):□□康=

詛楚文・湫淵(中吳本):今楚王熊相康回無道〖注〗康回,姜亮夫釋爲"庸回",郭沫若釋爲"虛僞"。

詛楚文・亞駝(中吳本):今楚王熊相康回無道

嶧山刻石・宋刻本:黔首康定

天簡35・乙・摹:室有有大司壽吾康康

秦印編133:楊康

秦印編133:笱康

秦印編133:王康

封泥印60:康泰□寢

封泥印70:康園

1526　稈秆

帛書・病方・214:以稈爲弓〖注〗稈,禾莖。

1527　稾

天簡26・乙:芻稾中

睡簡・效律・37:芻稾如禾

睡簡・效律・33:禾、芻稾積廥

睡簡・秦律・29:禾、芻稾積索(索)出日

睡簡・秦律・8・摹:頃入芻三石、稾二石〖注〗稾,禾稈。

睡簡・秦律・8・摹:入芻稾

睡簡・秦律・8:入頃芻稾

睡簡・秦律・28:芻稾各萬石一積

睡簡·秦律·28:入禾稼、芻稾

睡簡·秦律·181:芻稾各半石

睡簡·秦律·10·摹:禾、芻稾徹(撤)木、薦

睡簡·秦律·167:度禾、芻稾而不備十分一以下

睡簡·秦律·176:芻稾如禾

睡簡·秦律·174:禾、芻稾積廥

睡簡·日甲·76背:臧(藏)於芻稾中

睡簡·爲吏·32:稾靳濱(瀆)

睡簡·效律·25:度禾、芻稾而不備

關簡·315:沶(和)稾(藁)本東〈柬〉灰中

關簡·315:取稾(藁)本小弱者〖注〗稾,借作"藁",藁本,草藥名。

帛書·病方·178:卽燒陳稾其中〖注〗陳稾,乾禾草。

秦印編133:稾斗

1528 稍

秦印編133:稍

集證·175.627:稍

1529 穰

秦印編133:王穰

秦印編133:楊穰

秦印編133:章穰

1530 年

秦編鐘·乙鐘(秦銅·10.2):大壽萬年

秦編鐘·乙鐘左鼓·摹(秦銅·11.6):大壽萬年

秦編鐘·戊鐘(秦銅·10.5):大壽萬年

秦鎛鐘·1號鎛(秦銅·12.3):大壽萬年

秦鎛鐘·2號鎛(秦銅·12.6):大壽萬年

高陵君鼎·摹(集證·22):十五年高陵君丞趯〖注〗十五年,秦昭襄王十五年,公元前292年。

卅六年私官鼎·口沿(秦銅·49):卅六年工市(師)瘨〖注〗卅六年,秦昭襄王三十六年,公元前271年。

卅六年邦工師扁壺(隨州·4):卅六年邦工市(師)

卅六年邦工師扁壺·摹(隨州·4):卅六年邦工市(師)

卅四年工師文罍·摹(集證·28):卅四年工市(師)文〖注〗卅四年,秦昭襄王三十四年,公元前273年。

卅七年銀器足·摹(金銀器344):卅七年工右舍〖注〗卅七年,秦昭襄王三十七年,公元前270年。

卌年銀器足·摹(金銀器344):卌年中舍〖注〗卌年,秦昭襄王四十年,公元前267年。

卌年銀耳杯·摹(臨淄173.1):四十年左工重一斤十二兩十四朱

（銖）

卌一年銀耳杯·摹（臨淄 173.2）：卌一年工右狃（?）一斤六兩六朱（銖）寅〖注〗卌一年，秦昭襄王四十一年，公元前 266 年。

虎形轄（精華 168）：卌六年〖注〗卌六年，秦昭襄王四十六年，公元前 261 年。

二年寺工壺（集證·32）：二年寺工師初〖注〗二年，秦莊襄王二年，公元前 248 年。

二年寺工壺·摹（秦銅·52）：二年寺工師初

廿一年寺工車軎·甲軎（秦銅·93）：廿一年寺工獻

卅三年銀盤·摹（齊王·18.3）：卅三年左工□〖注〗卅三年，秦始皇三十三年，公元前 214 年。

北私府橢量·始皇詔（秦銅·146）：廿六年〖注〗廿六年，秦始皇二十六年，公元前 221 年。

始皇詔銅橢量六（秦銅·107）：廿六年

北私府橢量·始皇詔（秦銅·146）：廿六年

始皇詔銅橢量六（秦銅·107）：廿六年

北私府橢量·2 世詔（秦銅·147）：元年制詔丞相斯、去疾〖注〗元年，秦二世元年，公元前 209 年。

大騩銅權（秦銅·131）：廿六年

大騩銅權（秦銅·131）：元年制詔丞相斯、去疾

二世元年詔版八（秦銅·168）：元年制詔丞相斯、去疾

平陽銅權·摹（秦銅·182）：元年制詔丞相斯、去疾

二世元年詔版二（秦銅·162）：元年制詔丞相斯、去疾

二世元年詔版六（秦銅·166）：元年制詔丞相斯、去疾

二世元年詔版三（秦銅·163）：元年制詔丞相斯、去疾

二世元年詔版十三（集證·50）：元年制詔丞相斯、去疾

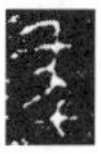

二世元年詔版十一（秦銅·171）：元年制詔丞相斯、去疾

二世元年詔版四（秦銅·164）：元年制詔丞相斯、去疾

二世元年詔版五（秦銅·165）：元年制詔丞相斯、去疾

二世元年詔版一（秦銅·161）：元年制詔丞相斯、去疾

高奴禾石銅權（秦銅·32.1）：三年漆工配、丞詘造〖注〗三年，秦昭襄王三年，公元前 304 年。

高奴禾石銅權（秦銅·32.2）：廿六年

兩詔斤權一·摹（集證·46）：廿六年

兩詔斤權一·摹（集證·46）：元年制詔丞相斯、去疾

兩詔版（秦銅·174.1）：廿六年

兩詔斤權二·摹（集證·49）：廿六年

兩詔斤權二·摹（集證·49）：元年制詔丞相斯、去疾

兩詔斤權二·照片（集證·47.2）：廿六年

兩詔斤權一（集證·45）：廿六年

兩詔斤權一（集證·45）：元年制詔丞相斯、去疾

兩詔銅權二（秦銅·176）：廿六年

兩詔銅權二(秦銅・176):元年制詔丞相斯、去疾

兩詔銅權三(秦銅・178):廿六年

兩詔銅權三(秦銅・178):元年制詔丞相斯、去疾

兩詔銅權四(秦銅・179.1):廿六年

兩詔銅權一(秦銅・175):廿六年

兩詔橢量二(秦銅・149):元年制詔丞相斯、去疾

兩詔橢量三之二(秦銅・151):元年制詔丞相斯、去疾

兩詔橢量三之一(秦銅・150):廿六年

兩詔橢量一(秦銅・148):廿六年

兩詔橢量一(秦銅・148):元年制詔丞相斯、去疾

美陽銅權(秦銅・183):廿六年

美陽銅權(秦銅・183):元年制詔丞相斯、去疾

平陽銅權・摹(秦銅・182):廿六年

僅存銘始皇詔銅權・一(秦銅・135-1):廿六年

僅存銘兩詔銅權(秦銅・135-18.1):廿六年

僅存銘兩詔銅權(秦銅・135-18.2):元年制詔丞相斯、去疾

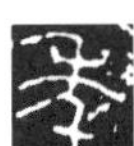僅存銘始皇詔銅權・八(秦銅・135-8):廿六年

僅存銘始皇詔銅權・二(秦銅・135-2):廿六年

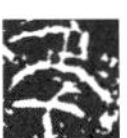僅存銘始皇詔銅權・九(秦銅・135-9):廿六年

僅存銘始皇詔銅權・六(秦銅・135-6):廿六年

僅存銘始皇詔銅權・七(秦銅・135-7):廿六年

僅存銘始皇詔銅權・三(秦銅・135-3):廿六年

僅存銘始皇詔銅權・十(秦銅・135-10):廿六年

僅存銘始皇詔銅權・十二(秦銅・135-12):廿六年

僅存銘始皇詔銅權・十七(秦銅・135-17):廿六年

僅存銘始皇詔銅權・十三(秦銅・135-13):廿六年

僅存銘始皇詔銅權・十四(秦銅・135-14):廿六年

僅存銘始皇詔銅權・四(秦銅・135-4):廿六年

商鞅方升(秦銅・21):十八年〖注〗十八年,秦孝公十八年,公元前344年。

商鞅方升(秦銅・21):廿六年

始皇詔銅橢量一(秦銅・102):廿六年

始皇詔八斤銅權二(秦銅・135):廿六年

始皇詔八斤銅權一(秦銅・134):廿六年

始皇詔版八(秦銅・144):廿六年

始皇詔版二(秦銅・137):廿六年

始皇詔版七(秦銅・143):廿六年

始皇詔版三(秦銅・138):廿六年

始皇詔版一(秦銅・136):廿六年

始皇詔十六斤銅權二（秦銅·128）：廿六年

始皇詔十六斤銅權三（秦銅·129）：廿六年

始皇詔十六斤銅權四（秦銅·130.1）：廿六年

始皇詔十六斤銅權一（秦銅·127）：廿六年

始皇詔鐵石權二（秦銅·121）：廿六年

始皇詔鐵石權七（秦銅·125）：廿六年

始皇詔銅方升二（秦銅·99）：廿六年

始皇詔銅方升三（秦銅·100）：廿六年

始皇詔銅方升四（秦銅·101）：廿六年

始皇詔銅方升一（秦銅·98）：廿六年

始皇詔銅權二（秦銅·111）：廿六年

始皇詔銅權九（秦銅·118）：廿六年

始皇詔銅權六（秦銅·115）：廿六年

始皇詔銅權三（秦銅·112）：廿六年

始皇詔銅權十（秦銅·119）：廿六年

始皇詔銅權十一（珍金·125·摹）：廿六年

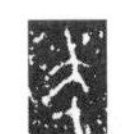始皇詔銅權四（秦銅·113）：廿六年

始皇詔銅權一（秦銅·110）：廿六年

始皇詔銅橢量二（秦銅·103）：廿六年

始皇詔銅橢量三（秦銅·104）：廿六年

始皇詔銅橢量四（秦銅·105）：廿六年

始皇詔銅橢量五（秦銅·106）：廿六年

旬邑銅權（秦銅·133）：元年制詔丞相斯、去疾

武城銅橢量（秦銅·109）：廿六年

旬邑銅權（秦銅·133）：廿六年

左樂兩詔鈞權（集證·43）：元年制詔丞相斯、去疾

左樂兩詔鈞權（集證·43）：廿六年

廿四年莒傷銅斧（沂南·2）：廿四年莒傷（陽）丞寺

四年相邦樛斿戈（秦銅·26.1）：四年相邦樛斿之造〖注〗四年，秦惠文王前元四年，公元前334年。

王四年相邦張儀戈（集證·17）：王四年相邦張義（儀）〖注〗王四年，秦惠文王後元四年，公元前321年。

王五年上郡疾戈（秦銅·27）：王五年上郡疾造〖注〗王五年，惠文王後元五年，公元前320年。

王五年上郡疾戈·摹（秦銅·27）：王五年上郡疾造

王六年上郡守疾戈·摹（秦銅·28.2）：王六年上郡守疾之造□〖注〗王六年，惠文王後元六年，公元前319年。

王七年上郡守疾（?）戈·摹（秦銅·29）：王七（?）年上郡守疾（?）之造〖注〗王七年，惠文王後元七年，公元前318年。

王八年內史操戈（珍金·56）：王八年內史操左之造〖注〗王八年，秦惠

文王後元八年,公元前 317 年。

王八年內史操戈・摹(珍金・56):王八年內史操左之造

十三年相邦義戈・摹(秦銅・30):十三年相邦義之造〖注〗十三年,惠文王前或後元十三年,公元前 325 年或前 312 年。

六年漢中守戈・摹(集證・19):六年莫(漢)中守□造〖注〗六年,秦昭襄王六年,公元前 301 年。

六年上郡守閒戈(登封・4.2):六年上郡守閒之造

七年上郡守閒戈・摹(秦銅・33):七年上郡守閒造〖注〗七年,秦昭襄王七年,公元前 300 年。

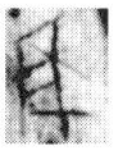

七年上郡守閒戈・照片(秦銅・33):七年上郡守閒造

十二年上郡守壽戈・摹(秦銅・35):十二年上郡守壽造〖注〗十二年,秦昭襄王十二年,公元前 295 年。

十三年上郡守壽戈・摹(集證・21):十三年上郡守壽造〖注〗十三年,秦昭襄王十三年,公元前 294 年。

□□年上郡守戈(集證・20):□□年上郡守□造

□□年上郡守戈・摹(集證・20):□□年上郡守□造

十四年相邦冉戈・摹(秦銅・38):十四年相邦冉造〖注〗十四年,秦昭襄王十四年,公元前 293 年。

十五年上郡守壽戈(集證・23):十五年上郡守壽之造〖注〗十五年,秦昭襄王十五年,公元前 292 年。

十五年上郡守壽戈・摹(集證・24):十五年上郡守壽之造

□□年丞相觸戈・摹(秦銅・39):□□年丞相觸造

十七年丞相啟狀戈・摹(秦銅・40):十七年丞相啟狀造〖注〗十七年,秦昭襄王十七年,公元前 290 年。

十八年上郡戈・摹(秦銅・41):十八年桼(漆)工朐丞巨造〖注〗十八年,秦昭襄王十八年,公元前 289 年。

廿年相邦冉戈(集證・25.1):廿年相邦冉造〖注〗廿年,秦昭襄王二十年,公元前 287 年。

廿年相邦冉戈・摹(秦銅・42):廿年相邦冉造

廿一年相邦冉戈一・摹(秦銅・47.1):廿一年相邦冉造〖注〗廿一年,秦昭襄王二十一年,公元前 286 年。

廿一年相邦冉戈二(珍金・64):廿一年相邦冉造

廿一年相邦冉戈二・摹(珍金・64):廿一年相邦冉造

王廿三年家丞戈(珍金・68):王廿三年家丞禺(?)造〖注〗王廿三年,秦昭襄王二十三年,公元前 284 年。

王廿三年家丞戈・摹(珍金・68):王廿三年家丞禺(?)造

廿五年上郡守厝戈・摹(秦銅・43):廿五年上郡守厝造〖注〗廿五年,秦昭襄王二十五年,公元前 282 年。

廿五年上郡守周戈(登封・4.1):廿五年上郡守周造

廿六年戈・王輝摹(珍金 179):廿六年□相守□之造〖注〗廿六年,秦昭襄王二十六年,公元前 281 年。

廿七年上郡守趞戈・故宮藏・摹(秦銅・46):廿七年上守趞造〖注〗廿七年,秦昭襄王二十七年,公元前 280 年。

廿七年上郡守趞戈(集證・25.2):廿七年上守趞造

卅年詔事戈(珍金・74):卅年詔事〖注〗卅年,王輝説有秦昭王三十年(公元前 277 年)與秦始皇三十年(公元前

217 年）兩種可能，而以前者可能性爲大。

卅年詔事戈・摹（珍金・74）：卅年詔事

卅二年相邦冉戈（珍金・80）：卅二年相邦冉造〖注〗卅二年，秦昭王三十二年，公元前 275 年。

卅二年相邦冉戈・摹（珍金・80）：卅二年相邦冉造

卅三年詔事戈・摹（秦銅・48）：卅三年詔事〖注〗卅三年，秦昭襄王三十三年，公元前 274 年。

卅四年蜀守戈・摹（集證・29）：卅四年蜀守□造〖注〗卅四年，秦昭襄王三十四年，公元前 273 年。

襄陽少府戈・摹（珍金 220・2）：卅四年少工楞

卅七年上郡守慶戈・摹（精粹 19）：卅七年上郡守慶造〖注〗卅七年，秦昭襄王三十七年，公元前 270 年。

卅八年上郡守慶戈（長平圖版）：卅八年上郡守慶造〖注〗卅八年，秦昭襄王三十八年，公元前 269 年。

卅八年上郡守慶戈・摹（長平圖版）：卅八年上郡守慶造

卌年上郡守起戈一・摹（秦銅・50）：卌年上郡守起［造］〖注〗卌年，秦昭襄王四十年，公元前 267 年。

卌年上郡守起戈二・摹（集證・30）：卌年上郡守起造

卌八年上郡假守鼂戈（珍金・88）：卌八年上郡叚（假）守鼂造

卌八年上郡假守鼂戈・摹（珍金・88）：卌八年上郡叚（假）守鼂造

五十年詔事戈・摹（集證・31）：五十年詔事宕〖注〗五十年，秦昭襄王五十年，公元前 257 年。

元年上郡假守暨戈（珍金・92）：元年上郡叚（假）守暨造〖注〗元年，秦莊襄王元年，公元前 249 年。

元年上郡假守暨戈・摹（珍金・92）：元年上郡叚（假）守暨造

二年上郡守冰戈・摹（秦銅・55）：二年上郡守冰造〖注〗二年，秦莊襄王二年，公元前 248 年。

二年上郡守戈（集證・18）：二年上郡守冰（？）造〖注〗二年，秦昭襄王二年，公元前 305 年。

二年少府戈・摹（秦銅・56）：少府二年作

三年上郡守冰戈・摹（秦銅・57）：三年上郡守冰造〖注〗三年，秦莊襄王三年，公元前 247 年。

二年寺工讋戈・摹（秦銅・58）：二年寺工讋〖注〗二年，秦王政二年，公元前 245 年。

□年寺工讋戈（集成 11197）：□年寺工讋

三年上郡戈・摹（秦銅・59 附圖）：三年上郡［□（守）□（不）□（造）］〖注〗三年，秦莊襄王三年，公元前 247 年。

三年相邦呂不韋戈・摹（秦銅・60）：三年相邦呂□□（不韋）造

四年相邦呂不韋戈・摹（秦銅・63）：四年相邦呂不［韋造］〖注〗四年，秦王政四年，公元前 243 年。

五年相邦呂不韋戈一（集證・33）：五年相邦呂不韋造〖注〗五年，秦王政五年，公元前 242 年。

五年相邦呂不韋戈二（秦銅・68.1）：五年相邦呂不韋造

五年相邦呂不韋戈二・摹（秦銅・68.1）：五年相邦呂不韋造

五年相邦呂不韋戈三・摹（秦銅・69）：五年相邦呂不韋造

八年相邦呂不韋戈・摹（秦銅・71）：八年相邦呂不韋造〖注〗八年，

秦王政八年,公元前239年。

十年寺工戈・摹(俑坑・3.1):十年寺工〖注〗十年,秦王政十年,公元前237年。

十四年屬邦戈・摹(秦銅・74):十四年屬邦工□□蔵〖注〗十四年,秦王政十四年,公元前233年。

十六年少府戈(珍金・102):十六年少府工師乙〖注〗十六年,秦王政二十四年,公元前231年。

十六年少府戈・摹(珍金・102):十六年少府工師乙

廿年上郡戈・摹(集成11548.1):廿年漆工市(師)攻(?)丞□造〖注〗廿年,秦王政二十年,公元前227年。

廿二年臨汾守戈(集證・36.1):廿二年臨汾守曋〖注〗廿二年,秦王政二十二年,公元前225年。

廿二年臨汾守戈・摹(集證・36.1):廿二年臨汾守曋

廿三年少府戈(珍金・106):廿三年少工爲〖注〗廿三年,秦王政二十三年,公元前222年。

廿三年少府戈・摹(珍金・107):廿三年少工爲

廿四年葭萌戈・摹(集證・26.2):廿四年〖注〗廿四年,秦王政二十四年,公元前223年。

廿六年蜀守武戈(集證・36.2):廿六年蜀守武造

廿六年蜀守武戈・摹(集證・36.2):廿六年蜀守武造

元年丞相斯戈・摹(秦銅・160):元年丞相斯造〖注〗元年,秦二世元年,公元前209年。

三年相邦呂不韋矛一・摹(秦銅・59):三年相邦呂[不韋]〖注〗三年,秦王政三年,公元前244年。

四年相邦呂不韋矛・摹(秦銅・66):四年相邦呂不韋造〖注〗四年,秦王政四年,公元前243年。

十三年少府矛・摹(秦銅・73):十三年少府工簷〖注〗十三年,秦王政十三年,公元前234年。

十六年大良造鞅戈鐓(秦銅・17):十六年大良造庶長鞅之造〖注〗十六年,秦孝公十六年,公元前346年。

十九年大良造鞅殳鐏(集證・15):十九年大良造庶長鞅之造殳〖注〗十九年,秦孝公十九年,公元前343年。

十九年大良造鞅殳鐏・摹(集證・15):十九年大良造庶長鞅之造殳

大良造鞅戟(秦銅・24):□年大良造鞅之造戟

十四年□平匽氏戟・摹(珍金・60):十四年□平〈守〉匽氏造戟〖注〗十四年,秦惠文王後元十四年,公元前311年。

廿四年上郡守戟(潛山・19):廿四年上郡守□造〖注〗廿四年,秦昭襄王二十四年,公元前283年。

三年相邦呂不韋戟(秦銅・61):三年相邦呂不韋造

三年相邦呂不韋戟・摹(秦銅・61):三年相邦呂不韋造

四年相邦呂不韋戟・摹(秦銅・65):四年相邦呂不韋造

七年相邦呂不韋戟二・摹(俑坑・3.2):七年相邦呂不韋造〖注〗七年,秦王政七年,公元前240年。

九年相邦呂不韋戟・摹(集證・35):九年相邦呂不韋造〖注〗九年,秦王政九年,公元前238年。

十五年寺工鈹二・摹(秦銅・76):十五年寺工敏〖注〗十五年,秦王政十五年,公元前232年。

十六年寺工鈹・摹(秦銅・78):十六年寺工敏造〖注〗十六年,秦王政十六年,公元前231年。

十七年寺工鈹一・摹(秦銅・79):十七年寺工敏造〖注〗十七年,秦王政十七年,公元前230年。

十七年寺工鈹四・摹(秦銅・82):十七年寺工敏

十七年寺工鈹五・摹(秦銅・83):十七年寺工敏造

十八年寺工鈹・摹(秦銅・85):十八年寺工敏〖注〗十八年,秦王政十八年,公元前229年。

十九年寺工鈹一・摹(秦銅・86):十九年寺工邦〖注〗十九年,秦王政十九年,公元前228年。

十九年寺工鈹二・摹(秦銅・87):十九年寺工邦

十九年寺工鈹三・摹(秦銅・88):十九年寺工邦

十九年寺工鈹四・摹(秦銅・89):十九年寺工邦

會稽刻石・宋刻本:卅有七年〖注〗卅七年,秦始皇三十七年,公元前210年。

大墓殘磬(集證・66):佳(惟)四年八月初吉甲申〖注〗四年,王輝説爲秦景公四年,公元前573年。

大墓殘磬(集證・69):□四年□

泰山刻石・宋拓本:廿有六年

繹山刻石・宋刻本:廿有六年

榔室門楣刻字(集證・226.2):五十一年曲陽士五(伍)邦〖注〗五十一年,秦昭襄王五十一年,公元前256年。

青川牘・摹:二年十一月己酉朔二日〖注〗二年,秦武王二年,公元前309年。

青川牘・摹:四年十二月不除道者〖注〗四年,秦武王四年,公元前307年。

天簡29・乙:辛雨有年

睡簡・爲吏・22:廿五年閏再十二月丙午朔辛亥

睡簡・日乙・252:邦有年

睡簡・日乙・103:不到三年死

睡簡・編年・13:十三年

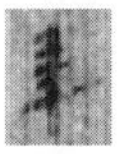

睡簡・編年・13:六年

睡簡・編年・1:昭王元年〖注〗元年,公元前306年。

睡簡・編年・20:廿年

睡簡・編年・29:廿二年

睡簡・編年・27:廿七年

睡簡・編年・23:廿三年

睡簡・編年・24:廿四年

睡簡・編年・7:七年

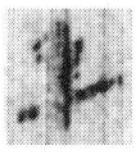

睡簡・編年・7:莊王三年

睡簡・編年・30:卅年

睡簡・編年・32:卅二年

睡簡・編年・33:卅三年

 睡簡・編年・35:卅五年

 睡簡・編年・40:卌年

 睡簡・編年・42:卌二年

 睡簡・編年・47:卌七年

 睡簡・編年・44:卌四年

 睡簡・編年・45:卌五年

 睡簡・編年・4:孝文王元年

 睡簡・編年・53:[五十]三年

 睡簡・編年・5:五年

 睡簡・編年・51:五十一年

 睡簡・編年・5:莊王元年

 睡簡・語書・1:廿年四月丙戌朔丁亥

 睡簡・編年・18:十一年

 睡簡・編年・12:十二年

 睡簡・編年・19:十九年

 睡簡・編年・16:十六年

 睡簡・編年・14:七年

 睡簡・編年・14:十四年

 睡簡・編年・15:八年

 睡簡・編年・1:五十四年

 睡簡・秦律・140:計之其作年

 睡簡・秦律・201:必署其已稟年日月

 睡簡・秦律・90:後計冬衣來年

 睡簡・秦律・71:□移計其後年

 睡簡・秦律・71:皆深以其年計之

 睡簡・秦律・70:以書告其出計之年

 睡簡・秦律・33:程禾、黍□以書言年〖注〗年,年產。

 睡簡・秦律・35:計稻後年〖注〗後年,次年。

 睡簡・日乙・22:生子年不可遠行

 睡簡・日甲・3 正:邦郡得年

 睡簡・日甲・41 背:不出三年

 龍簡・116:廿四年正月甲寅以來

 里簡・J1(9)1 背:卅四年六月甲午朔戊午

 里簡・J1(9)9 背:卅四年八月癸巳朔[朔]日

 里簡・J1(9)9 背:卅五年四月己未朔乙丑

 里簡・J1(8)152 正:卅二年四月丙午朔甲寅

 里簡・J1(8)158 正:卅二年四月丙午朔甲寅

 里簡・J1(9)1 背:卅五年四月己未朔乙丑

里簡·J1(9)1正:年爲報

里簡·J1(9)1正:卅三年四月辛丑朔丙午

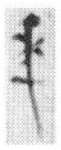

里簡·J1(9)2背:卅五年四月己未朔乙丑

里簡·J1(9)2正:計年爲報

里簡·J1(9)2正:卅四年八月癸巳朔[朔]日

里簡·J1(9)3背:卅五年四月己未朔乙丑

里簡·J1(9)3正:計年、名爲報

里簡·J1(9)3正:卅三年三月辛未朔戊戌

里簡·J1(9)4正:計年爲報

里簡·J1(9)4正:卅三年四月辛丑朔丙午

里簡·J1(9)4正:卅四年八月癸巳朔甲午

里簡·J1(9)5正:計年爲報

里簡·J1(9)5正:卅三年四月辛丑朔丙午

里簡·J1(9)5正:卅四年八月癸巳朔[朔]日

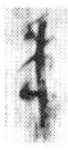

里簡·J1(9)6背:卅五年四月己未朔乙丑

里簡·J1(9)6正:計年爲報

里簡·J1(9)6正:卅四年八月癸巳朔[朔]日

里簡·J1(9)7背:卅四年八月癸巳朔[朔]日

里簡·J1(9)7背:卅五年四月己未朔乙丑

里簡·J1(9)7正:計年爲報

里簡·J1(9)7正:卅三年四月辛丑朔戊申

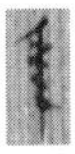

里簡·J1(9)8背:卅五年四月己未朔乙丑

里簡·J1(9)8正:計年爲報

里簡·J1(9)8正:卅三年四月辛丑朔丙午

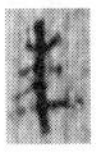

里簡·J1(9)8正:卅四年八月癸巳朔[朔]日

里簡·J1(9)9正:計年、名爲報

里簡·J1(9)9正:卅三年三月辛未朔戊戌

里簡·J1(9)10背:卅四年六月甲午朔壬戌

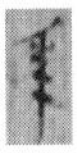

里簡·J1(9)10背:卅五年四月己未朔乙丑

里簡·J1(9)10正:年爲報

里簡·J1(9)10正:卅三年四月辛丑朔丙午

里簡·J1(9)11背:卅五年四月己未朔乙丑

里簡·J1(9)11正:計年爲報

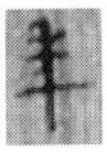

里簡·J1(9)11正:卅三年三月辛未朔丁酉

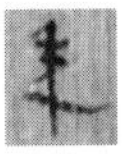

里簡·J1(9)11正:卅四年八月癸巳朔[朔]日

里簡·J1(9)12背:卅四年七月甲子朔辛卯

里簡·J1(9)12背:卅五年四月己未朔乙丑

里簡·J1(9)981正:卅年九月丙辰朔己巳

里簡・J1(8)134 正:廿六年八月庚戌朔丙子

里簡・J1(8)154 正:卅三年二月壬寅朔[朔]日

里簡・J1(8)157 正:卅二年正月戊寅朔甲午

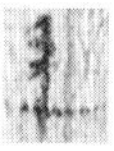

里簡・J1(16)9 正:皆不移年籍

里簡・J1(16)9 正:廿六年五月辛巳朔庚子

里簡・J1(16)9 正:毋以智(知)劾等初産至今年數□

關簡・297:卅六年

關簡・80 背・摹:卅六年日

帛書・病方・91:年

帛書・病方・97:某某年□今□

帛書・病方・428:即燔數年[陳]藁

秦印編 134:殷多年

秦印編 134:李年

秦印編 134:虞年

秦印編 134:萬年

赤峰秦瓦量・殘(銘刻選 43):廿六年

陶量(秦印編 134):年

陶量(秦印編 134):年

始皇詔陶印(《研究》附):廿六年

瓦書・郭子直摹:顝以四年冬十壹月癸酉封之〖注〗四年,秦惠文王前元四年,公元前 334 年。

秦陶・1609:□年

瓦書・郭子直摹:四年

瓦書(秦陶・1610):四年

秦陶・1547:廿六年

秦陶・1548:廿六年

秦陶・1551:年

秦陶・1552:廿六年

秦陶・1553:廿六年

秦陶・1555:年□

秦陶・1556:廿□年

秦陶・1563:廿□年

秦陶・1565:□年

秦陶・1570:□年

瓦當・2.9:年宫〖注〗年宫,宫名。

瓦當・1.1:蘄年宫當〖注〗蘄年宫,宫名。

漆器 M8・2(雲夢・附二):年

漆器 M8・7(雲夢・附二):年

廿九年漆奩・王輝摹(集證・27):廿九年大(太)后詹事丞向〖注〗廿

九年,秦昭襄王二十九年,公元前278年。

廿九年漆奩·黄盛璋摹(集證·27):廿九年大(太)后詹事丞向

十七年漆盒·摹(漆盒·3):十七年大(太)后詹事丞□〖注〗十七年,秦昭襄王十七年,公元前290年。

1531　穀　穀

睡簡·日乙·64:五穀良日〖注〗《説文》:"穀,續也。百穀之總名。"

睡簡·日乙·65:五穀龍日

睡簡·日甲·80背·摹:名豚孤夏穀□亥

睡簡·日乙·242:癸巳生,穀

睡簡·日乙·246:丁巳生,穀

睡簡·日乙·246:己未生,穀

睡簡·日乙·244:己[酉]生,穀

睡簡·日乙·244:甲辰生,穀

睡簡·日乙·241:壬午生,穀於武

睡簡·日乙·241:乙酉生,穀

里簡·J1(16)6正:洞庭守禮謂縣嗇夫、卒史嘉、叚(假)卒史穀、屬尉

里簡·J1(16)6正:嘉、穀、尉各謹案所部縣卒

帛書·病方·361:以水銀、穀汁和而傅之〖注〗穀汁,米湯之類。

秦印編134:郝穀

秦印編134:趙穀

集證·162.472:王穀

秦印編134:公孫穀印

秦印編134:王穀

秦印編134:魏穀

1532　租　租

睡簡·答問·157:未租

睡簡·答問·157:已租者(諸)民〖注〗租,田賦。

龍簡·141:然租不平而劾者

龍簡·150·摹:租者且出以律

龍簡·144:租者監者詒受匿(?)租所□然□

龍簡·144·摹:租者監者詒受匿(?)租所□然□

龍簡·187:失租廿石□

龍簡·129:人及虚租希(稀)程者

龍簡·125:不遺程、敗程租者〖注〗《説文》:"租,田賦也。"程租,國家規定的每個單位面積土地應當交納田租的定量。

龍簡·125:不以敗程租上□

龍簡·168·摹:□租及□

龍簡·169·摹:□租其□

龍簡·163·摹:□之租□

龍簡・170・摹:□租故重□

龍簡・172:□雖弗爲輕租直(值)

龍簡・176:□租者不丈□

龍簡・174・摹:□重租與故

龍簡・136・摹:租不能實□

龍簡・142:皆以匿租者〖注〗匿租,隱匿應繳的租賦不繳。

龍簡・143・摹:□不到所租□直(值)

1533　稅　稅

龍簡・147:坐其所匿稅臧(贓)〖注〗稅,租稅。

關簡・329:稅(脫)去黑者〖注〗稅,讀作"脫"。

1534　稍　稍

睡簡・秦律・82:稍減其秩、月食以賞(償)之〖注〗稍,逐漸。

睡簡・秦律・78:終歲衣食不踐(足)以稍賞(償)〖注〗稍,盡。

睡簡・秦律・120:勿稍補繕

帛書・病方・377:稍取以塗身體(體)種(腫)者而炙之

帛書・病方・22:稍(消)石直(置)溫湯中〖注〗消石,一名芒消。

帛書・病方・46:稍□手足而已

帛書・病方・62:稍垸(丸)〖注〗稍丸,粗摶成丸狀。

帛書・病方・95:稍沃以汁

帛書・病方・128:稍如恆〖注〗稍,漸。

帛書・病方・226:乾即稍□

1535　秋 龝　秋龝

青川牘・摹:以秋八月修封捋(埒)

睡簡・日乙・77:秋三月辰、冬未

睡簡・日乙・110:秋三月甲乙

睡簡・日乙・111:季秋甲乙

睡簡・秦律・120:至秋毋(無)雨時而以繇(徭)爲之

睡簡・日甲・98正・摹:秋三月

睡簡・日甲・5背:中秋奎、東辟(壁)

睡簡・日甲・102正:秋三月甲乙

睡簡・日甲・104背:秋三月庚辛

睡簡・日甲・1背:秋三月季甲乙

睡簡・日甲・120背:秋丙、庚、辛材(裁)衣

睡簡・日甲・138正:秋三月辰敫

睡簡・日甲・136背:秋之辛亥

睡簡・日甲・131正:秋三月己未不可西

睡簡・日甲・140背:秋三月毋起西鄉(嚮)室

睡簡・日甲・143背：入月七日及冬未、春戌、夏丑、秋辰

睡簡・日甲・155正：秋丑辰

睡簡・日甲・151正：秋

睡簡・日甲・116背：秋丙、庚、辛材(裁)衣

睡簡・日甲・1正：秋三月辰

睡簡・日乙・226：秋三月

帛書・病方・17：秋烏豙(喙)二□

秦印編134：秋城之印〖注〗秋城，地名。

1536　　　秦

上博秦公鼎三(集證・1)：秦公乍(作)寶用鼎〖注〗秦公，王輝説爲襄公。

上博秦公鼎四(集證・2)：秦公乍(作)寶用鼎

上博秦公簋一(集證・3)：秦公乍(作)寶毁

上博秦公簋二(集證・4.1)：秦公乍(作)寶毁

秦公壺(集證・9)：秦公乍(作)鑄障壺〖注〗秦公，王輝説爲文公。

秦公壺(集證・9)：秦公乍(作)鑄障壺

上博秦公鼎一(集證・5)：秦公乍(作)鑄用鼎〖注〗秦公，王輝説爲文公。

上博秦公鼎二(集證・6)：秦公乍(作)鑄用鼎

禮縣秦公鼎一(集證・8.1)：秦公乍(作)鑄用鼎

禮縣秦公鼎二(集證・8.2)：秦公乍(作)鑄用鼎

秦子簋蓋(珍金・34)：秦子姬用享〖注〗秦子姬，器主，董珊説爲秦子之母，卽魯姬子。李學勤説“秦子姬”讀爲“秦子、姬”，卽器主秦子(静公)和其姬姓妻。

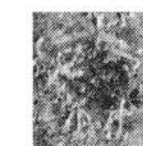
秦子簋蓋(珍金・34)：秦子之光〖注〗陳平説秦子卽静公。還有其他説法。

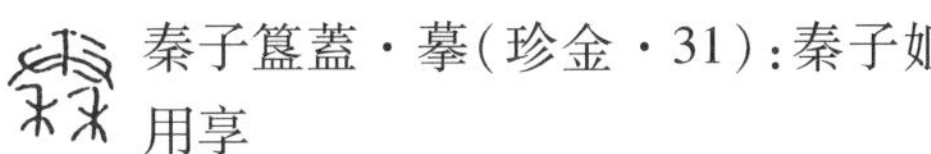
秦子簋蓋・摹(珍金・31)：秦子姬用享

秦子簋蓋・摹(珍金・31)：秦子之光

禮縣秦公簋(集證・8.3)：秦公乍(作)鑄用毁

秦編鐘・甲鐘(秦銅・10.1)：秦公曰

秦編鐘・甲鐘鉦部・摹(秦銅・11.1)：秦公曰

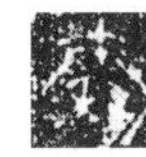
秦編鐘・乙鐘(秦銅・10.2)：秦公嬰畯紷才(在)立(位)〖注〗秦公，秦武公。

秦編鐘・乙鐘左鼓・摹(秦銅・11.6)：秦公嬰畯紷才(在)立(位)

秦編鐘・丙鐘(秦銅・10.3)：秦公曰

秦編鐘・戊鐘(秦銅・10.5)：秦公嬰畯紷才(在)立(位)

秦鎛鐘・1號鎛(秦銅・12.1)：秦公曰

秦鎛鐘・1號鎛(秦銅・12.3)：秦公嬰畯紷才(在)立(位)

秦鎛鐘・2號鎛(秦銅・12.6)：秦公嬰畯紷才(在)立(位)

秦鎛鐘・3號鎛(秦銅・12.7)：秦公曰

秦鎛鐘・3號鎛(秦銅・12.9)：秦公嬰畯紷才(在)立(位)

秦公鎛鐘・摹(秦銅・16.1):保𤕌(乂)氒(厥)秦

秦公鎛鐘・摹(秦銅・16.1):秦公曰

秦公鎛鐘・摹(秦銅・16.3):于秦執事

秦公簋・器(秦銅・14.1):秦公曰

秦公簋・器(秦銅・14.1):保𤕌(乂)氒(厥)秦

秦政伯喪戈一(珍金・42):秦政(正)白(伯)喪

秦政伯喪戈一・摹(珍金・42):秦政(正)白(伯)喪

秦政伯喪戈二・摹(珍金・43):秦政(正)白(伯)喪

傳世秦子戈(集證・11):秦子乍(作)遣(造)公族元用

故宮藏秦子戈(集證・10):秦子乍(作)遣(造)中辟元用

故宮藏秦子戈・摹(集證・10):秦子乍(作)遣(造)中辟元用

西安秦子戈・摹(集證・13):秦子元用

珍秦齋秦子戈(珍金・38):秦子乍(作)遣(造)左辟元用

珍秦齋秦子戈・摹(珍金・38):秦子乍(作)遣(造)左辟元用

香港秦子戈二・摹(新戈・2):秦子乍(作)遣(造)公族元用

廿一年相邦冉戈二・摹(珍金・64):工秦〖注〗秦,人名。

卌七年上郡守慶戈・摹(精粹19):丞秦

卌八年上郡守慶戈(長平圖版):丞秦

卌八年上郡守慶戈・摹(長平圖版):丞秦

卌年上郡守起戈一・摹(秦銅・50):丞秦

秦子矛(集證・12):秦子□□公族元用

大墓殘磬(集證・64):極(亟)事于秦

詛楚文・亞駝(中吳本):又(有)秦嗣王

詛楚文・湫淵(中吳本):唯是秦邦之羸衆敝賦

詛楚文・湫淵(中吳本):又(有)秦嗣王

詛楚文・巫咸(中吳本):唯是秦邦之羸衆敝賦

詛楚文・巫咸(中吳本):又(有)秦嗣王

詛楚文・亞駝(中吳本):唯是秦邦之羸衆敝賦

秦駰玉版・甲・摹:又(有)秦曾孫小子駰曰

秦駰玉版・乙・摹:又(有)秦曾孫小子駰曰

會稽刻石・宋刻本:秦聖臨國

睡簡・封診・59・摹:男子西有鬃秦綦履一兩

睡簡・雜抄・5:有爲故秦人出〖注〗故秦人,指秦國本有的居民。

睡簡・日甲・82背:辛名曰秦桃乙忌慧

睡簡・答問・203:者(諸)候(侯)客節(即)來使入秦

睡簡・答問・204:精(藉)秦人使

睡簡・答問・178:臣邦父、秦母謂殹

睡簡・答問・176:欲去秦屬是謂"夏"

 睡簡·封診·78:外壤秦綦履迹四所

 睡簡·日乙·48:秦

 封泥印95:寧秦丞印〖注〗寧秦,地名。

 集證·173.597:秦灦(湯)

 秦印編134:陰秦

 秦印編134:傅廣秦

 秦印編134:秦類

 秦印編134:秦闞

 秦印編134:秦褆

 秦印編134:秦福

 秦印編134:秦朔

 秦印編134:秦欣

 秦印編134:秦□

 秦印編134:秦□

 秦印編134:宜秦

 秦陶·1212:寧秦

 封泥集273·1:寧秦丞印

 集證·151.295:寧秦丞印

 秦陶·1213:寧秦

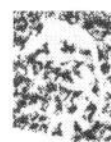 秦陶·1117:秦

 秦陶A·2.14:杜秦

1537 稱 稱

 大騩銅權(秦銅·131):不稱成功盛德〖注〗稱,副。

 大騩銅權(秦銅·131):今襲號而刻辭不稱始皇帝〖注〗稱,稱說。

 旬邑銅權(秦銅·133):今襲號而刻辭不稱始皇帝

 旬邑銅權(秦銅·133):不稱成功盛德

 北私府橢量·2世詔(秦銅·147):不稱成功盛德

 北私府橢量·2世詔(秦銅·147):今襲號而刻辭不稱始皇帝

 兩詔橢量一(秦銅·148):不稱成功盛德

 兩詔橢量一(秦銅·148):今襲號而刻辭不稱始皇帝

 兩詔橢量二(秦銅·149):不稱成功盛德

 兩詔橢量二(秦銅·149):今襲號而刻辭不稱始皇帝

 兩詔橢量三之二(秦銅·151):不稱成功盛德

 兩詔橢量三之二(秦銅·151):今襲號而刻辭不稱始皇帝

 左樂兩詔鈞權(集證·43):不稱成功[盛德]

 二世元年詔版一(秦銅·161):不稱成功盛德

 二世元年詔版一(秦銅·161):今襲號而刻辭不稱始皇帝

 二世元年詔版二(秦銅·162):不稱成功盛德

 二世元年詔版二(秦銅・162):今襲號而刻辭不稱始皇帝

 二世元年詔版三(秦銅・163):不稱成功盛德

 二世元年詔版三(秦銅・163):今襲號而刻辭不稱始皇帝

 二世元年詔版四(秦銅・164):不稱成功盛德

 二世元年詔版四(秦銅・164):不稱成功盛德

 二世元年詔版五(秦銅・165):不稱成功盛德

 二世元年詔版五(秦銅・165):今襲號而刻辭不稱始皇帝

 二世元年詔版六(秦銅・166):不稱成功盛德

 二世元年詔版六(秦銅・166):今襲號而刻辭不稱始皇帝

 二世元年詔版七(秦銅・167):今襲號而刻辭不稱始皇帝

 二世元年詔版八(秦銅・168):不稱成功盛德

 二世元年詔版八(秦銅・168):今襲號而刻辭不稱始皇帝

 二世元年詔版九(秦銅・169):不稱成功盛德

 二世元年詔版九(秦銅・169):今襲號而刻辭不稱始皇帝

二世元年詔版十(秦銅・170):不稱成功盛德

 二世元年詔版十一(秦銅・171):今襲號而刻辭不稱始皇帝

 二世元年詔版十二(秦銅・172):不稱成功盛德

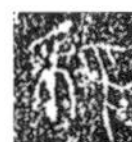 二世元年詔版十三(集證・50):不稱成功盛德

 二世元年詔版十三(集證・50):今襲號而刻辭不稱始皇帝

 兩詔銅權一(秦銅・175):不稱成功盛德

 兩詔銅權一(秦銅・175):今襲號而刻辭不稱始皇帝

 兩詔銅權二(秦銅・176):今襲號而刻辭不稱始皇帝

 兩詔銅權四(秦銅・179.2):不稱成功盛德

 兩詔銅權四(秦銅・179.2):今襲號而刻辭不稱始皇帝

 兩詔斤權一(集證・45):不稱成功盛德

 兩詔斤權一・摹(集證・46):不稱成功盛德

 兩詔斤權一・摹(集證・46):今襲號而刻辭不稱始皇帝

兩詔斤權二・摹(集證・49):不稱成功盛德

兩詔斤權二・摹(集證・49):今襲號而刻辭不稱始皇帝

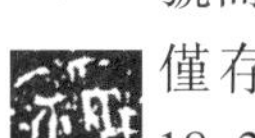 僅存銘兩詔銅權(秦銅・135-18.2):不稱成功盛德

  僅存銘兩詔銅權(秦銅・135-18.2):今襲號而刻辭不稱始皇帝

平陽銅權・摹(秦銅・182):不稱成功盛德

平陽銅權・摹(秦銅・182):今襲號而刻辭不稱始皇帝

 美陽銅權(秦銅・183):不稱成功盛德

 琅邪臺刻石:不稱成功盛德

 琅邪臺刻石:今襲號而金石刻辭不稱始皇帝

 泰山刻石・宋拓本:不稱成功盛德

 泰山刻石・宋拓本:今襲號而金石刻辭不稱始皇帝

繹山刻石・宋刻本:不稱成功盛德

繹山刻石・宋刻本:今襲號而金石刻辭不稱始皇帝

繹山刻石・宋刻本:嗣世稱王

青川牘・摹:大稱其高

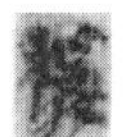
睡簡・秦律・55:稱議食之

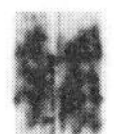
睡簡・秦律・130:爲車不勞稱議脂之

帛書・脈法・75:則稱其小大而□之

秦印編134:橋稱

1538　程

會稽刻石・宋刻本:男秉義程

睡簡・秦律・99:不同程者毋同其出〖注〗程,規格。

睡簡・秦律・33:程禾、黍□以書言年〖注〗程,量。

睡簡・秦律・108:工人程〖注〗工人程,律名,關於官營手工業生産定額的法律。

睡簡・秦律・108:爲矢程〖注〗矢程,放寬生産的規定標準。

睡簡・秦律・122:吏程攻(功)

睡簡・秦律・123:其程攻(功)而不當者

睡簡・秦律・109:工人程

睡簡・秦律・165:程之〖注〗程,估量。

睡簡・秦律・110:工人程

睡簡・爲吏・29:作務員程

睡簡・效律・24:程之

睡簡・效律・58:計脫實及出實多於律程

龍簡・128・摹:詐(詐)一程若二程□之□

龍簡・128・摹:詐(詐)一程若二程□之□

龍簡・125:不遺程、敗程租者〖注〗程,課率,一種法定的國家標準。

龍簡・125・摹:不遺程、敗程租者

龍簡・200・摹:園程□

龍簡・185・摹:□其程盡以□

龍簡・129:人及虛租希(稀)程者〖注〗稀程,減少規定的租賦指標。

龍簡・126・摹:當遺三程者

龍簡・127:當遺二程者

龍簡・125・摹:不以敗程租上□

龍簡・130・摹:□各二程□

龍簡・136:□輕重于程

龍簡・133:程田以爲臧(贓)〖注〗程田,爲田地計算並規定應繳納的田租標準。

龍簡・134・摹:□希(稀)其程率

龍簡・131・摹:□程直(值)希(稀)之□

秦印編 135：程更

秦印編 135：程有

1539　𥝢　秭

睡簡・11 號牘・背：爲黑夫、驚多問姑秭（姊）、康樂孝須（嬃）故□長姑外內□

睡簡・6 號牘・背：驚敢大心問姑秭（姊）〖編者按〗此字左旁不清楚，或隸定作姊。參看卷十二姊字條。

1540　秳

秦陶・331：咸陽秳〖注〗秳，人名。

秦陶・332：咸秳

秦陶・336：咸秳

1541　秙

睡簡・秦律・35：別粲（秈?）、穤（糯）秙（黏）稻〖注〗黏，或作"秙"，《說文》："黏也。"

1542　穤

睡簡・秦律・35：別粲（秈?）、穤（糯）秙（黏）稻〖注〗穤，糯稻。

1543　桊

秦印編 299：桊昌

1544　稃

帛書・病方・128：卽置其編於稃火上〖注〗稃，禾稈皮。或說"稃"讀爲"微"。

1545　琇

帛書・病方・166：前［日］至可六、七日琇（秀）〖注〗《爾雅・釋草》："不榮而實謂之秀。"

1546　稌

秦印編 291：徐稌

1547　積

十三年相邦義戈・摹（秦銅・30）：工積〖注〗積，人名。

帛書・病方・221：積（癩），先上卵〖注〗癩，癩疝。

帛書・病方・目錄：腸積（癩）

帛書・病方・221：積（癩）及瘻

秦陶・334：積

廿七年上郡守趞戈・故宮藏・摹（秦銅・46）：工隸臣積

廿七年上郡守趞戈（集證・25.2）：工隸臣積

1548　穄

睡簡・秦律・34：穄（秫）勿以稟人〖注〗《說文》："秫，稷之黏者。"

1549 䌂 兼

北私府橢量·始皇詔(秦銅·146):皇帝盡并(併)兼天下諸侯

〖注〗并兼,吞并。

北私府橢量·始皇詔(秦銅·146):皇帝盡并(併)兼天下諸侯

大騩銅權(秦銅·131):皇帝盡并(併)兼天下諸侯

高奴禾石銅權(秦銅·32.2):皇帝盡并(併)兼天下諸侯

兩詔斤權一·摹(集證·46):皇帝盡并(併)兼天下諸侯

兩詔版(秦銅·174.1):皇帝盡并(併)兼天下諸侯

兩詔版(秦銅·174.2):皇帝盡并(併)兼天下諸侯

兩詔斤權二·摹(集證·49):皇帝盡并(併)兼天下諸侯

兩詔斤權二·照片(集證·47.2):皇帝盡并(併)兼天下諸侯

兩詔銅權二(秦銅·176):皇帝盡并(併)兼天下諸侯

兩詔銅權四(秦銅·179.1):皇帝盡并(併)兼天下諸侯

兩詔銅權一(秦銅·175):皇帝盡并(併)兼天下諸侯

兩詔橢量三之一(秦銅·150):皇帝盡并(併)兼天下諸侯

兩詔橢量一(秦銅·148):皇帝盡并(併)兼天下諸侯

美陽銅權(秦銅·183):皇帝盡并(併)兼天下諸侯

平陽銅權·摹(秦銅·182):皇帝盡并(併)兼天下諸侯

僅存銘兩詔銅權(秦銅·135-18.1):皇帝盡并(併)兼天下諸侯

僅存銘始皇詔銅權·八(秦銅·135-8):皇帝盡并(併)兼天下諸侯

僅存銘始皇詔銅權·二(秦銅·135-2):皇帝盡并(併)兼天下諸侯

僅存銘始皇詔銅權·九(秦銅·135-9):皇帝盡并(併)兼天下諸侯

僅存銘始皇詔銅權·六(秦銅·135-6):皇帝盡并(併)兼天下諸侯

僅存銘始皇詔銅權·七(秦銅·135-7):皇帝盡并(併)兼天下諸侯

僅存銘始皇詔銅權·三(秦銅·135-3):皇帝盡并(併)兼天下諸侯

僅存銘始皇詔銅權·十(秦銅·135-10):皇帝盡并(併)兼天下諸侯

僅存銘始皇詔銅權·十七(秦銅·135-17):皇帝盡并(併)兼天下諸侯

僅存銘始皇詔銅權·十三(秦銅·135-13):皇帝盡并(併)兼天下諸侯

僅存銘始皇詔銅權·十四(秦銅·135-14):皇帝盡并(併)兼天下諸侯

僅存銘始皇詔銅權·十一(秦銅·135-11):皇帝盡并(併)兼天下諸侯

僅存銘始皇詔銅權·一(秦銅·135-1):皇帝盡并(併)兼天下諸侯

秦箕斂(箕斂·封3):皇帝盡并兼天下諸侯

商鞅方升(秦銅·21):皇帝盡并(併)兼天下諸侯

始皇詔版九·殘(集證·44.2):皇帝盡并(併)兼天下諸侯

始皇詔八斤銅權二(秦銅·135):皇帝盡并(併)兼天下諸侯

始皇詔八斤銅權一(秦銅·134):皇帝盡并(併)兼天下諸侯

始皇詔版八(秦銅·144):皇帝盡并(併)兼天下諸侯

始皇詔版二(秦銅·137):皇帝盡并(併)兼天下諸侯

始皇詔版七(秦銅·143):皇帝盡并(併)兼天下諸矦

始皇詔版三(秦銅·138):皇帝盡并(併)兼天下諸矦

始皇詔版一(秦銅·136):皇帝盡并(併)兼天下諸矦

始皇詔十六斤銅權二(秦銅·128):皇帝盡并(併)兼天下諸矦

始皇詔十六斤銅權三(秦銅·129):皇帝盡并(併)兼天下諸矦

始皇詔十六斤銅權四(秦銅·130.1):皇帝盡并(併)兼天下諸矦

始皇詔十六斤銅權一(秦銅·127):皇帝盡并(併)兼天下諸矦

始皇詔鐵石權七(秦銅·125):皇帝盡并(併)兼天下諸矦

始皇詔鐵石權三(秦銅·122):皇帝盡并(併)兼天下諸矦

始皇詔鐵石權五(秦銅·124):皇帝盡并(併)兼天下諸矦

始皇詔銅方升三(秦銅·100):皇帝盡并(併)兼天下諸矦

始皇詔銅方升四(秦銅·101):皇帝盡并(併)兼天下諸矦

始皇詔銅方升一(秦銅·98):皇帝盡并(併)兼天下諸矦

始皇詔銅權八(秦銅·117):皇帝盡并(併)兼天下諸矦

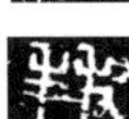始皇詔銅權二(秦銅·111):皇帝盡并(併)兼天下諸矦

始皇詔銅權九(秦銅·118):皇帝盡并(併)兼天下諸矦

始皇詔銅權六(秦銅·115):皇帝盡并(併)兼天下諸矦

始皇詔銅權三(秦銅·112):皇帝盡并(併)兼天下諸矦

始皇詔銅權十(秦銅·119):皇帝盡并(併)兼天下諸矦

始皇詔銅權十一(珍金·125):皇帝盡并(併)兼天下諸矦

始皇詔銅權四(秦銅·113):皇帝盡并(併)兼天下諸矦

始皇詔銅權五(秦銅·114):皇帝盡并(併)兼天下諸矦

始皇詔銅權一(秦銅·110):皇帝盡并(併)兼天下諸矦

始皇詔銅橢量二(秦銅·103):皇帝盡并(併)兼天下諸矦

始皇詔銅橢量六(秦銅·107):皇帝盡并(併)兼天下諸矦

始皇詔銅橢量三(秦銅·104):皇帝盡并(併)兼天下諸矦

始皇詔銅橢量四(秦銅·105):皇帝盡并(併)兼天下諸矦

始皇詔銅橢量五(秦銅·106):皇帝盡并(併)兼天下諸矦

始皇詔銅橢量一(秦銅·102):皇帝盡并(併)兼天下諸矦

武城銅橢量(秦銅·109):皇帝盡并(併)兼天下諸矦

旬邑銅權(秦銅·133):皇帝盡并(併)兼天下諸矦

左樂兩詔鈞權(集證·43):皇帝盡并(併)兼天下諸矦

十七年丞相啟狀戈·摹(秦銅·40):丞兼〖注〗兼,人名。

詛楚文·湫淵(中吳本):而兼倍(背)十八世[之]詛盟

詛楚文·巫咸(中吳本):而兼倍(背)十八世之詛盟

詛楚文·亞駝(中吳本):而兼倍(背)十八世之詛盟

會稽刻石·宋刻本:兼聽萬事

睡簡·秦律·137:令相爲兼居之

帛書・足臂・30:臂外兼(廉)痛
〖注〗廉,側、邊緣。

帛書・足臂・33:循骨上兼(廉)

帛書・足臂・5:出於股外兼(廉)

帛書・足臂・5:上貫膝外兼(廉)

帛書・足臂・7:股外兼(廉)痛

帛書・足臂・7:胻外兼(廉)痛

帛書・足臂・7:脾(髀)外兼(廉)痛

帛書・足臂・7:膝外兼(廉)痛

帛書・足臂・11:乳内兼(廉)痛

帛書・足臂・13:循脊内□兼(廉)

帛書・足臂・14:脊内兼(廉)痛

帛書・足臂・16:□膝内兼(廉)

帛書・足臂・16:出股内兼(廉)

帛書・足臂・16:出内踝上兼(廉)

帛書・足臂・17:胻内兼(廉)痛

帛書・足臂・19:以上出胻内兼(廉)

帛書・足臂・25:出夜(腋)内兼(廉)

帛書・足臂・25:循筋上兼(廉)

帛書・足臂・27:出臑内下兼(廉)

帛書・足臂・27:循筋下兼(廉)

帛書・足臂・29:出臑下兼(廉)

帛書・足臂・29:循骨下兼(廉)

秦印編135:兼

秦印編136:赤章兼

秦印編135:兼仁

秦印編135:李兼

陶量(秦印編136):兼

陶量(秦印編136):兼

陶量(秦印編136):兼

陶量(秦印編136):兼

秦印編135:兼

秦印編135:王兼

秦印編135:兼之

始皇詔陶印(《研究》附):皇帝盡并(併)兼天下諸矦

秦陶・1548:皇帝盡并(併)兼

秦陶・1549:盡并(併)兼天下諸矦

秦陶・1557:并(併)兼天下諸矦

秦陶・1568:帝盡并(併)兼

秦陶・1569:帝盡并(併)兼

秦陶・1570:□帝盡并(併)兼□下

秦陶・1572:并(併)兼

秦陶・1573:并(併)兼天下

秦陶・1605:□兼天下諸

1550　黍

睡簡・秦律・38:黍、苔畝大半斗〖注〗《説文》:"黍,禾屬而黏者也。"

睡簡・秦律・33:程禾、黍□以書言年

睡簡・日甲・45背:以黍肉食宷人

睡簡・日甲・56背:以戊日日中而食黍於道

睡簡・日乙・65:丑黍

睡簡・日乙・47:乙巳及丑黍

關簡・354:取戶旁腏黍〖注〗腏黍,用黍製成的祭飯。

帛書・病方・428:先以黍潘孰洒涿(瘃)〖注〗黍潘,黍米汁。

帛書・病方・85:并黍、叔(菽)、秫(朮)三

帛書・病方・189:以醯、酉(酒)三乃(沥)煮黍稷而飲其汁

帛書・病方・240:取内戶旁祠空中黍腏、燔死人頭皆冶

帛書・病方・241:取其汁滑(漬)美黍米三斗

帛書・病方・326:取陳黍、叔(菽)

1551　黎

泰山刻石・宋拓本:窺輖(巡)遠黎

睡簡・秦律・21:萬石一積而比黎之爲戶〖注〗比黎,指荊笆或籬笆。

睡簡・效律・27:萬石一積而比黎之爲戶

帛書・病方・421:以黎(藜)盧二

帛書・病方・81:以疾(蒺)黎(藜)、白蒿封之〖注〗蒺藜子,藥名。

帛書・病方・350:冶烏豙(喙)、黎(藜)盧、蜀叔(菽)〖注〗藜盧,藥名。

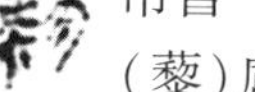
帛書・病方・366:取烏豙(喙)、黎(藜)盧

帛書・病方・418:冶黎(藜)盧二升

秦印編136:月黎

1552　穌

睡簡・秦律・8・摹:芻自黄穌及蘑束以上皆受之〖注〗穌,應即"穌"字,《説文》:"把取禾若也。"黄穌指乾葉。

1553　米

睡簡・秦律・43:舂爲米十斗

睡簡・秦律・43:毁(毇)米六斗大半斗

睡簡・秦律・41:九[斗]爲毁(毇)米八斗

睡簡・秦律・182:糲(糲)米一斗

睡簡・秦律・180：食糲（糲）米半斗

睡簡・秦律・179：食稗米半斗

睡簡・日甲・40 背：多瞢（夢）米（寐）死〖注〗寐，夢魘。

關簡・341：以一杯盛米

關簡・97：魚米四斗

關簡・338：操杯米之池

關簡・338：投米

關簡・331：男子(以)米七

關簡・331：女子以米二七

關簡・331：以米亦可

關簡・342：卽操杯米

關簡・343：投米地

關簡・343：祝投米曰

帛書・病方・311：冶蘗米〖注〗蘗米，穀芽或粟芽的别名。

帛書・病方・353：□米一升入中

帛書・病方・388：□以木薪炊五斗米

帛書・病方・92：水十五而米一

帛書・病方・92：以青粱米爲鬻（粥）

帛書・病方・181：以水一斗煮膠一参、米一升

帛書・病方・241：取其汁漰（漬）美黍米三斗

帛書・病方・244：如孰（熟）二斗米頃

帛書・病方・270：善伐米大半升

帛書・病方・270：水八米

帛書・病方・307：爵（嚼）蘖米

帛書・病方・309：煮秫米期足〖注〗秫米，卽黄米。

秦陶・1060：安米

南郊 715・212：張米

秦陶・1057：安米

秦陶・1059：安米

1554　梁　　粱

睡簡・日甲・157 背：肥豚清酒美白粱〖注〗白粱，一種好小米。

帛書・病方・92：以青粱米爲鬻（粥）

封泥印・附二 207：粱鄒丞印〖注〗粱鄒，地名。

秦印編 136：粱識

封泥集 316・3：粱鄒丞印

封泥集 316・1：粱鄒丞印

1555　粲

睡簡・秦律・35:别粲(秈?)、穤(糯)秙(黏)稻〖注〗粲,疑讀爲"秈",秈稻。

睡簡・秦律・43:十斗粲〖注〗《説文》:"粲,稻重一柘爲粟二十斗,……爲米六斗大半斗曰粲。"

睡簡・日甲・57背:是粲迓(牙?)之鬼處之〖注〗迓,疑讀爲"牙"。粲牙,露齒。

里簡・J1(16)6正:鬼薪白粲〖注〗白粲,刑徒名。

帛書・病方・74:以□汁粲(餐)叔(菽)若苦〖注〗粲,讀爲"餐",《説文》:"吞也。"

1556　糒

睡簡・秦律・180・摹:食糒(糲)米半斗〖注〗《説文》:"糒,粟重一柘爲十六斗大半斗,舂爲米一斛曰糒。"

睡簡・秦律・182・摹:糒(糲)米一斗

1557 　精

秦駰玉版・甲・摹:孰敢不精〖注〗精,虔誠。

秦駰玉版・甲・摹:玉□(帛?)既精

秦駰玉版・乙・摹:孰敢不精

秦駰玉版・乙・摹:玉□(帛?)既精

睡簡・日甲・60正:西精

睡簡・日甲・62正・摹:南精

睡簡・日甲・61正:北精

睡簡・日甲・59正:南精

睡簡・日乙・166:把者精(青)色

睡簡・爲吏・8:二曰精(清)廉毋謗

睡簡・爲吏・2・摹:必精絜(潔)正直〖注〗精潔,清白。

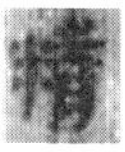

睡簡・爲吏・31:精而勿致

睡簡・爲吏・45:不精於材(財)

帛書・病方・7:冶精

帛書・病方・99:精〖注〗精,靈,與令"字"意近。

集證・184.741:中精外誠〖注〗精,讀爲"清"。中清,自身廉潔無私。

1558　粺

睡簡・秦律・43:稾毀(毇)粺者〖注〗《説文》:"粺,毇也。"毇粺,加工最精的米。

睡簡・秦律・179:食粺米半斗

1559　糱

帛書・病方・307:爵(嚼)糱米〖注〗糱米,穀芽或粟芽的别名。

帛書・病方・311:冶糱米

1560 糗

睡簡·日甲·158 背:令其鼻能糗(嗅)鄉(香)

秦印編 136:戴糗

1561 氣槩餼

秦駰玉版·甲·摹:氒(厥)氣瘨(戕)周(凋)〖注〗氣,景象、氣氛。

秦駰玉版·乙·摹:氒(厥)氣瘨(戕)周(凋)

睡簡·日甲·35 背:令人色柏(白)然毋(無)氣

睡簡·效律·29:以氣(餼)人

睡簡·答問·207:不當氣(餼)而誤氣(餼)之

睡簡·答問·207:不當氣(餼)而誤氣(餼)之

睡簡·答問·207:氣(餼)人贏律及介人

睡簡·封診·66:其口鼻氣出渭(喟)然

睡簡·秦律·22:而遺倉嗇夫及離邑倉佐主稟者各一戶以氣(餼)〖注〗餼,發放糧穀。

睡簡·秦律·169:以氣(餼)人

睡簡·日甲·62 背:曰"氣(餼)我食"云

睡簡·日甲·61 背:毋(無)氣之徒而˙(動)

睡簡·日甲·36 背:一室人皆毋(無)氣以息

關簡·312:歓(飲)之,下氣

帛書·灸經甲·63:氣[不足]

帛書·灸經甲·65:上氣

帛書·脈法·72:氣殴者

帛書·脈法·74:氣出胎(郄)與肘

帛書·病方·38:以歐(驅)寒氣

帛書·病方·92:揚去氣

帛書·病方·264:以氣熨

帛書·病方·292:氣雎(疽)始發

帛書·病方·325:而以氣熏其痏

帛書·死候·85:地氣殴

帛書·死候·85:天氣殴

帛書·灸經甲·55:得後與氣則怢然衰〖注〗後與氣,大便和虛恭。

1562 粉

關簡·320·摹:以粉傅之

1563 粢

秦駰玉版·甲·摹:豎=(豎豎)粢(烝)民之事明神〖注〗粢,讀爲"烝",眾。烝民,指民眾、百姓。

1564 𥽉

帛書・病方・290：□戴𥽉（糝）、黄芩、白薊（蘞）〖注〗戴糝，黄耆别名，藥名。

1565 秌

帛書・病方・378：并以鼎□如秌〖注〗秌，疑讀爲"糜"，粥糜。《説文》："糜，糝也。"

1566 稈

秦印編 291：稈亿

秦印編 291：稈吉

1567 䅊

秦印編 292：䅊募學佴

1568 糒

帛書・病方・327：豶膏以糒〖注〗糒，《集韻》釋粥凝。

1569 臼

睡簡・日甲・45 背：以沙人一升挃（窒）其舂臼〖注〗《説文》："臼，舂也。"擣粟之器。

帛書・病方・73：㫋（舂）木臼中

帛書・病方・195：柏杵臼穿

集證・163.485：公臼敲〖注〗公臼，複姓。

秦陶・678：臼

1570 舂

睡簡・秦律・141・摹：隸臣妾、城旦舂之司寇、居貲贖責（債）毄（繫）城旦舂者

睡簡・秦律・141：隸臣妾、城旦舂之司寇、居貲贖責（債）毄（繫）城旦舂者

睡簡・答問・69：黥爲城旦舂

睡簡・答問・78：黥爲城旦舂

睡簡・答問・132：隸臣妾毄（繫）城旦舂

睡簡・秦律・92：隸臣妾、舂城旦毋用

睡簡・秦律・94：舂冬人五十五錢

睡簡・秦律・95：如舂衣

睡簡・秦律・43：舂爲米十斗

睡簡・秦律・51：舂，月一石半石

睡簡・秦律・51：隸妾、舂高不盈六尺二寸

睡簡・秦律・122：欲以城旦舂益爲公舍官府及補繕之

睡簡・秦律・148：城旦舂毁折瓦器、鐵器、木器

睡簡・秦律・142：人奴妾毄（繫）城旦舂

睡簡・秦律・143：毄（繫）城旦舂

睡簡・秦律・145:居貲贖責(債)當與城旦舂作者

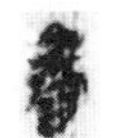睡簡・秦律・145:毋令居貲贖責(債)將城旦舂

睡簡・秦律・141:其與城旦舂作者

睡簡・日甲・45背:以沙人一升挃(窒)其舂臼

睡簡・日乙・156:舂日酉

龍簡・70・摹:□[黥]爲城旦舂

龍簡・33・摹:當(?)完爲城旦舂

龍簡・42:故罪當完城旦舂以上者

龍簡・109:黥爲城旦舂

龍簡・18:城旦舂其追盜賊、亡人

里簡・J1(16)6正:必先悉行城旦舂、隸臣妾、居貲贖責(債)

里簡・J1(16)6正:城旦舂

帛書・足臂・21:插温(脈)如三人參舂

帛書・病方・415:舂之

1571　臿　　臿

秦陶・900:宮臿

秦陶・1119:臿(?)

1572　舀　　舀

天簡31・乙:戊舀日

睡簡・日乙・101:十一月乙卯天舀

睡簡・日乙・95:八月丁舀

睡簡・日乙・91:四月甲舀

睡簡・日甲・138正:七月丙舀

睡簡・日甲・138正:三月戊舀

睡簡・日甲・138正:十一月辛舀

睡簡・日甲・139正:六月戊舀

睡簡・日甲・139正:十二月己舀

睡簡・日甲・136正:凡舀日

睡簡・日甲・136正:九月己舀

睡簡・日甲・136正:四月甲舀

睡簡・日甲・136正:正月壬舀

睡簡・日甲・137正:二月癸舀

睡簡・日甲・137正:十月庚舀

睡簡・日甲・137正:五月乙舀

睡簡・日乙・88:正月壬舀

睡簡・日乙・89:二月癸舀

 睡簡・日乙・90:三月戊臽

 睡簡・日乙・98:十一月辛臽

 睡簡・日乙・92:五月乙臽

 睡簡・日乙・99:十二月己臽

 睡簡・日乙・96:九月己臽

 睡簡・日乙・97:十月庚臽

 睡簡・日乙・93:六月戊臽

 睡簡・日乙・94:七月丙臽

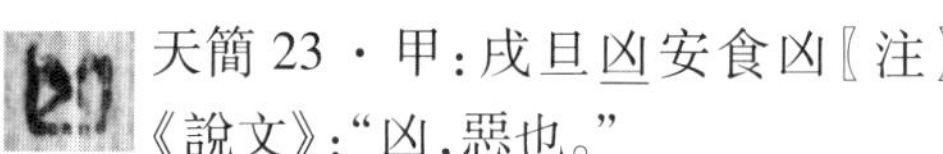

1573 凶

 天簡23・甲:戌旦凶安食凶〖注〗《說文》:"凶,惡也。"

 天簡38・乙:日中凶日失(昳)吉夕日凶

 天簡23・甲:夕日凶

 天簡23・甲:戌旦凶安食凶

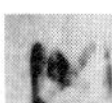 天簡38・乙:日中凶日失(昳)吉夕日凶

 天簡21・甲:夕日凶

 天簡21・甲:安食凶日中吉

 天簡23・甲:安食凶日中吉

 天簡33・乙:日失(昳)凶夕日吉

睡簡・日乙・196:及入月旬八日皆大凶

 睡簡・日甲・114正:興毋(無)定處,凶

 睡簡・日乙・41:酉在卯(昴),凶

 睡簡・日甲・89正:百事凶

 睡簡・日甲・87正:百事凶

 睡簡・日甲・81正:百事凶

 睡簡・日甲・99正:有以者大凶

 睡簡・日甲・78正:虛,百事凶

 睡簡・日甲・72正:不可祠及行,凶

 睡簡・日甲・79正:百事凶

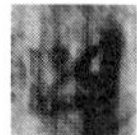 睡簡・日甲・49正:須女、斗、牽牛大凶

 睡簡・日甲・58正:牴(氐)、奎、婁大凶

 睡簡・日甲・52正:胃、角、犺(亢)大凶

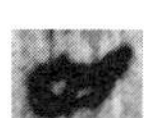 睡簡・日甲・56正:張、畢、此(觜)攜大凶

 睡簡・日甲・54正:東井、七星大凶

 睡簡・日甲・5正:利以除凶厲(厲)

 睡簡・日甲・125正:五歲更,凶

 睡簡・日甲・121正:失行門,大凶

 睡簡・日甲・138背:毋起土攻(功),凶

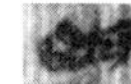 睡簡・日甲・138正:南凶

睡簡・日甲・139 背:不可垣,凶

睡簡・日甲・139 背:大凶

睡簡・日甲・139 背:以壞垣,凶

睡簡・日甲・136 正:北凶

睡簡・日甲・136 正:東西凶

睡簡・日甲・137 背:不可垣,凶

睡簡・日甲・137 正:東凶

睡簡・日甲・133 背:毋起土攻(功),凶

睡簡・日甲・131 正:百中大凶

睡簡・日甲・13 正:弟凶

睡簡・日甲・141 背:大凶

睡簡・日甲・119 正:居之凶

睡簡・日甲・113 正:以小生(牲)小凶

關簡・219:所言者凶事也

關簡・217:凶事成

關簡・203:凶事成

秦印編 137:王凶

1574　兇

睡簡・日甲・25 背:道(導)令民毋麗(罹)兇(凶)央(殃)

睡簡・日甲・93 背:日中死兇(凶)

睡簡・日甲・108 背:是是大兇(凶)

睡簡・日甲・164 正:卯入官,兇

睡簡・日甲・130 正:大顧(顧)是胃(謂)大楮(佇),兇(凶)

睡簡・日乙・89:東井,百事兇(凶)

睡簡・日乙・87:百事兇(凶)

睡簡・日乙・81:百事兇(凶)

睡簡・日乙・殘 3:□屋兇不□

睡簡・日乙・208:去室西南受兇(凶)

睡簡・日乙・206:其東受兇(凶)

睡簡・日乙・238:已巳生,兇(凶)

睡簡・日乙・233:卯入官,兇(凶)

睡簡・日乙・210:其東受兇(凶)

睡簡・日乙・212:[其]東受兇(凶)

睡簡・日乙・216:其東受兇(凶)

睡簡・日乙・213:其西受兇(凶)

睡簡・日乙・215:其東北受兇(凶)

睡簡・日乙・92:百事兇(凶)

睡簡・日乙・100:不可祠及行,兇(凶)

睡簡・日乙・107:百事兇(凶)

睡簡・日乙・101:百事兇(凶)

睡簡・日乙・120:小生(牲)兇(凶)

睡簡・日乙・120:以大生(牲)兇(凶)

睡簡・日乙・169:南兇(凶)

睡簡・日乙・167:西兇(凶)

睡簡・日乙・165:北兇(凶)

睡簡・日乙・177:南兇(凶)

睡簡・日乙・173:南兇(凶)

睡簡・日乙・175:西兇(凶)

睡簡・日乙・171:北兇(凶)

睡簡・日乙・140:以出,兇(凶)

睡簡・日乙・157:西聞言兇(凶)

天簡38・乙:冬三月戊戌不可北行百里大兇(凶)

秦印編137:粱兇

秦印編137:郭兇奴

1575　冢

天簡34・乙:冢(兕)牛〖注〗《説文》:"兕,如野牛而青。象形,与禽离頭同。"〖編者按〗此字或隸作"兕",即"舄"字。

1576　枲 𦃃　枲𦃃

睡簡・封診・64・𦃃:以枲索大如大指

睡簡・秦律・92:用枲十一斤

睡簡・秦律・91:用枲三斤〖注〗枲,粗麻。

睡簡・秦律・91:用枲十八斤

睡簡・秦律・91:用枲十四斤

里簡・J1(9)981正:漚枲

帛書・病方・37:治以枲絮爲獨□傷〖注〗枲絮,粗麻絮。

帛書・病方・209:取枲垢

1577　麻　麻

睡簡・秦律・43:叔(菽)、荅、麻十五斗爲一石

睡簡・日乙・65:辰麻

帛書・病方・28:麻洙采(菜)〖注〗麻洙菜,古食品名。

帛書・病方・89:以産豚冢(蘈)麻(磨)之

秦印編137:麻留

1578　枝 豉　枝(豉)

帛書・病方・351:以小童弱(溺)漬陵(菱)枝(芰)〖注〗菱芰,藥名。

帛書・病方・353:冶烏家(喙)四果(顆)、陵(菱)枝(芰)一升半

帛書・病方・410:熬陵(菱)枝(芰)一參

1579　韭　韭

睡簡・秦律・179:給之韭葱〖注〗《說文》:"韭,菜名。一穜而久者故謂之韭。"

帛書・病方・242:厚如韭葉

1580　韲(齏)

帛書・病方・420:韲葵

帛書・病方・412:韲之〖注〗《說文》:"韲,墜也。"引申指細碎。

1581　韱　韱

睡簡・爲吏・5・摹:微密韱(纖)察〖注〗纖,細緻。

天簡29・乙:毋射犬毆韱色大口

秦印編137:韱虒

1582　韰

帛書・病方・140・摹:韰(齏)蘭□

帛書・病方・188:韰(齏)陽□

帛書・病方・192:有(又)韰(齏)陽□而羹之

1583　䪥

帛書・病方・433:咀䪥(薤)

1584　瓜　瓜

睡簡・日乙・65:壬辰瓜

帛書・病方・320:善削瓜壯者

秦陶・1447:瓜

1585　瓣　瓣

帛書・病方・320:而其瓣材其瓜〖注〗瓣,瓜子。

帛書・病方・352:冶莁夷(荑)、苦瓠瓣

1586　瓠　瓠

帛書・病方・217:穿小瓠壺〖注〗瓠壺,即壺盧。

帛書・病方・352:冶莁夷(荑)、苦瓠瓣〖注〗苦瓠,藥名。

1587　家　家家

不其簋蓋(秦銅・3):臣五家

滕縣不其簋器(秦銅・4):臣五家

王廿三年家丞戈(珍金・68):王廿三年家丞禺(?)造〖注〗家,卿大夫食邑采地。

王廿三年家丞戈・摹(珍金・68):王廿三年家丞禺(?)造

秦駰玉版・甲・摹:三人(?)壹(一)家〖注〗家,李零讀爲"駕",量詞。

秦駰玉版・乙・摹:三人(?)壹(一)家

繹山刻石・宋刻本:壹家天下

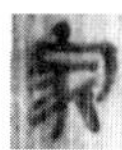
天簡30・乙:居家者家毁

天簡30・乙:居家者家毁

睡簡・日乙・118:不可取婦、家(嫁)女、入畜生

睡簡・爲吏・23:五曰安家室忘官府

睡簡・日乙・131:必代當家

睡簡・6號牘・背:驚遠家故

睡簡・6號牘・正:家室外内同□

睡簡・11號牘・正:報必言相家爵來未來

睡簡・答問・108:是胃(謂)"家皋"

睡簡・答問・106:父時家皋殹

睡簡・答問・106:可(何)謂"家皋"

睡簡・答問・107:皆如家皋

睡簡・封診・8:封有鞫者某里士五(伍)甲家室、妻、子、臣妾、衣器、畜產

睡簡・封診・92:丙家節(卽)有祠

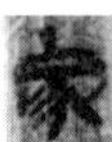
睡簡・日甲・8背:不可取妻、家(嫁)子

睡簡・日甲・6正:祭祀、家(嫁)子、取(娶)婦、入材

睡簡・日甲・6正:利以家室

睡簡・日甲・7背:不可家(嫁)女、取妻

睡簡・日甲・38正:不可取婦、家(嫁)女、出入貨及生(牲)

睡簡・日甲・32正:可取婦、家(嫁)女、㓡(製)衣常(裳)

睡簡・日甲・39正:取婦、家(嫁)女

睡簡・日甲・36正:不可取婦、家(嫁)女

睡簡・日甲・42正:可取婦、家(嫁)女、葬貍(埋)

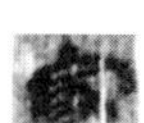
睡簡・日甲・44正:不可以見人、取婦、家(嫁)女

睡簡・日甲・50正:離日不可以家(嫁)女、取婦及入人民畜生

睡簡・日甲・59背:家必有恙

睡簡・日甲・101正:不可以取婦、家(嫁)女、禱祠、出貨

睡簡・日甲・18背:利家

睡簡・日甲・139背:其家日減

睡簡・日甲・136正:可以取婦、家(嫁)女

睡簡・日甲・148正:好家室

睡簡・日甲・142正:好家室

睡簡・日甲・156正:毋以戌亥家(嫁)子、取婦

睡簡・日甲・116正:必並人家

睡簡·日乙·殘8:□乙酉不可家□

睡簡·日乙·24:利以起大事、祭、家(嫁)子

睡簡·日乙·246:好室家

睡簡·日乙·25:利以乘車、寇〈冠〉、帶劍、裚(製)衣常(裳)、祭、作大事、家(嫁)子

睡簡·日乙·99:取婦、家(嫁)女、出入貨

睡簡·日乙·18:家(嫁)子、攻毄(擊)

睡簡·日乙·125:可以家(嫁)女、取婦、寇〈冠〉帶、祠

睡簡·日乙·197:家(嫁)子□

里簡·J1(9)9正:已訾責頯家

里簡·J1(9)10正:已訾其家

里簡·J1(9)11正:已訾責其家

里簡·J1(9)1正:已訾其家

里簡·J1(9)2正:已訾責不狄家

里簡·J1(9)4正:已訾責其家

里簡·J1(9)5正:已訾責其家

里簡·J1(9)6正:已訾其家

里簡·J1(9)7正:已訾其家

里簡·J1(9)8正:已訾其家

關簡·193:所言者家室事

關簡·229:所言者家室、請謁事也

關簡·235:所言者家室、故事也

帛書·病方·444:行人室家

集證·162.470:王家

秦印編137:李是家印

秦印編138:橋荅家印

秦印編137:張氏家印

秦印編138:文家

封泥集·附一409:家璽

秦印編137:家璽

秦印編137:家璽

秦印編137:家璽

秦印編137:家府

秦印編138:家府

新封泥A·3.19:欒氏家印

秦印編138:息家印

集證·137.75:上家馬丞〖注〗上家馬,官名。

封泥印20:上家馬丞

集證·137.78:下家馬丞〖注〗下家馬,官名。

封泥集 197・2:下家馬丞

集證・137.79:涇下家馬

封泥印 21:涇下家馬

封泥集 184・1:家馬〖注〗家馬,官名。

秦印編 138:家馬

新封泥 A・4.2:高泉家丞

1588　宅宅庑

秦編鐘・甲鐘(秦銅・10.1):我先且(祖)受天命商(賞)宅受或(國)〖注〗賞宅,李零説用作被動語態。

秦編鐘・甲鐘鉦部・摹(秦銅・11.1):我先且(祖)受天命商(賞)宅受或(國)

秦編鐘・丙鐘(秦銅・10.3):我先且(祖)受天命商(賞)宅受或(國)

秦鎛鐘・1號鎛(秦銅・12.1):我先且(祖)受天命商(賞)宅受或(國)

秦鎛鐘・2號鎛(秦銅・12.4):我先且(祖)受天命商(賞)宅受或(國)

秦鎛鐘・3號鎛(秦銅・12.7):我先且(祖)受天命商(賞)宅受或(國)

秦公簋・器(秦銅・14.1):鼏(宓)宅禹賁(蹟)

睡簡・日甲・40背:一宅之中毋(無)故室人皆疫

集證・164.501:外宅窯〖注〗外宅窯,人名。或以爲私家陶窯之記。

1589　室

卌六年邦工師扁壺・摹(隨州・4):工室□〖注〗工室,官名。

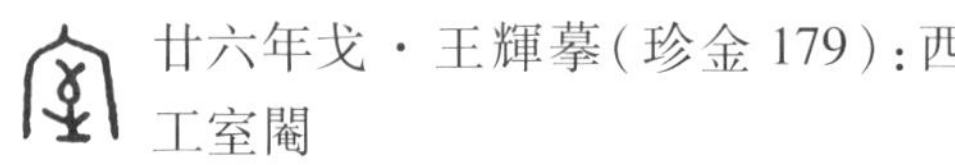
廿六年戈・王輝摹(珍金 179):西工室閹

五年相邦呂不韋戈三・摹(秦銅・69):少府工室阾

詛楚文・亞駝(中吳本):寘(置)者(諸)冥室櫝棺之中

詛楚文・湫淵(中吳本):寘(置)者(諸)冥室櫝棺之中

詛楚文・巫咸(中吳本):寘(置)者(諸)冥室櫝棺之中

秦駰玉版・甲・摹:王室相如

秦駰玉版・乙・摹:王室相如

天簡 35・乙:室有靈巫

天簡 35・乙:是=自天以戒室有大司

天簡 38・乙:爲室巳

天簡 39・乙:有惡有增

天簡 39・乙:室中

睡簡・日乙・115:以除室

睡簡・爲吏・23:五曰安家室忘官府

睡簡・日乙・115:除室

睡簡・6號牘・正:家室外內同□

睡簡・6號牘・正:室弗遺

睡簡・11 號牘・背:爲黑夫、驚多問東室季須(嫛)苟得毋恙也

睡簡・答問・28:王室祠

睡簡・答問・205:甲把其衣錢匿臧(藏)乙室

睡簡・答問・201:"室人"者

睡簡・答問・201:一室

睡簡・答問・98:賊入甲室

睡簡・答問・77:其室人弗言吏

睡簡・答問・10:行乙室〖注〗室,家。

睡簡・答問・161:王室所當祠固有矣

睡簡・答問・103:"非公室告"可(何)殹

睡簡・答問・103:"公室告"[何]殹

睡簡・答問・103:賊殺傷、盜它人爲"公室"

睡簡・答問・104:非公室告

睡簡・答問・104:可(何)謂"非公室告"

睡簡・答問・104:是謂"非公室告"

睡簡・封診・8:封有鞫者某里士五(伍)甲家室、妻、子、臣妾、衣器、畜產

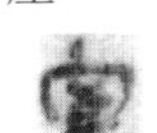
睡簡・封診・86:有(又)訊甲室人甲到室居處及復(腹)痛子出狀

睡簡・封診・85:甲到室即病復(腹)痛

睡簡・封診・20:甲、乙捕索(索)其室而得此錢、容(鎔)

睡簡・封診・63:里人士五(伍)丙經死其室

睡簡・封診・56:男子死(屍)在某室南首

睡簡・封診・51:得某室

睡簡・秦律・136:一室二人以上居貲贖責(債)而莫見其室者

睡簡・秦律・137:一室二人以上居貲贖責(債)而莫見其室者

睡簡・秦律・100:縣及工室聽官爲正衡石贏(纍)、斗用(桶)、升〖注〗工室,官名,職掌官營手工業。

睡簡・日甲・80 正:不可爲室及入之

睡簡・日甲・88 背:咎在惡(堊)室〖注〗堊室,白土塗刷的房子,孝子居於堊室。

睡簡・日甲・89 背:其咎在六室

睡簡・日甲・89 背:午,室四隤也

睡簡・日甲・87 背:其咎在五室馬牛

睡簡・日甲・2 背:室必盡

睡簡・日甲・27 背:大襪(魅)恆入人室

睡簡・日甲・24 背:一室中臥者眯也

睡簡・日甲・90 背:其室寡

睡簡・日甲・98 正:啻(帝)爲室巳

睡簡・日甲・98 正:毋起西鄉(嚮)室

睡簡・日甲・99 正:啻(帝)爲室辰

睡簡・日甲・99 正:毋起北鄉(嚮)室

睡簡・日甲・96 背:室氏

睡簡・日甲・96 正:毋起東鄉(嚮)室

睡簡・日甲・97 正:啻(帝)爲室寅

睡簡・日甲・97 正:毋起南鄉(嚮)室

睡簡・日甲・93 背:其咎在室馬牛豕也

睡簡・日甲・94 背:其咎在三室

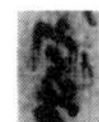睡簡・日甲・95 背:久行毋以庚午入室

睡簡・日甲・91 背:其咎在二室

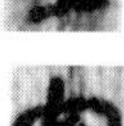睡簡・日甲・60 正:必代居室

睡簡・日甲・62 背:凡鬼恆執匴以入人室

睡簡・日甲・65 背:乃爲灰室而牢之

睡簡・日甲・6 正:利以家室

睡簡・日甲・71 正:可爲室屋

睡簡・日甲・39 背:是會蟲居其室西臂(壁)

睡簡・日甲・39 背:一室人皆夙(縮)筋

睡簡・日甲・36 背:一室人皆毋(無)氣以息

睡簡・日甲・37 背:一宅中毋(無)故而室人皆疫

睡簡・日甲・33 正:不可復(覆)室蓋屋

睡簡・日甲・34 背:一室中有鼓音

睡簡・日甲・40 背:一宅之中毋(無)故室人皆疫

睡簡・日甲・42 正:利居室、入貨及生(牲)

睡簡・日甲・49 背:獨入一人室

睡簡・日甲・47 背:犬恆夜入人室

睡簡・日甲・43 背:人毋(無)故一室人皆疫

睡簡・日甲・41 背:一室皆夙(縮)筋

睡簡・日甲・50 背:室毋(無)故而寒

睡簡・日甲・50 背:爰母處其室

睡簡・日甲・58 背:寒風入人室

睡簡・日甲・58 背:周其室

睡簡・日甲・52 背:爂生桐其室中

睡簡・日甲・59 背:鬼入人宮室

睡簡・日甲・59 正:西南室毀

睡簡・日甲・56 正:危、營室致死

睡簡・日甲・56 正:玄戈毄(繫)營室

睡簡・日甲・57 背:人毋(無)故室皆傷

睡簡・日甲・57 正:入寄者必代居其室

睡簡・日甲・53 正:危、營室少吉

 睡簡・日甲・55背:燔豕矢室中

 睡簡・日甲・51背:屈(掘)其室中三尺

 睡簡・日甲・51背:取牡棘烰(炮)室中

 睡簡・日甲・100正:不可以筑(築)室

 睡簡・日甲・102正:勿以筑(築)室

 睡簡・日甲・103正:以筑(築)室

 睡簡・日甲・105正:筑(築)室

 睡簡・日甲・101正:不可以爲室、覆屋

 睡簡・日甲・18正:爲官府室祠

 睡簡・日甲・127背:毋以庚午入室

 睡簡・日甲・127背:毋以戌、亥遠去室

 睡簡・日甲・16正:可以築宫室、爲嗇夫

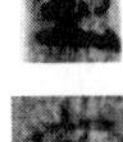 睡簡・日甲・140背:冬三月毋起北鄉(嚮)室

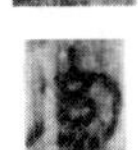 睡簡・日甲・140背:秋三月毋起西鄉(嚮)室

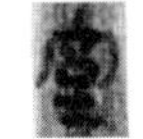 睡簡・日甲・140背:夏三月毋起南鄉(嚮)室

 睡簡・日甲・148正:好家室

 睡簡・日甲・142背:勿以筑(築)室及波(破)地

 睡簡・日甲・142正:好家室

 睡簡・日甲・146背:凡此日不可入官及入室

 睡簡・日甲・141背:以此起室

 睡簡・日甲・15背:不利室

 睡簡・日甲・155背:利入室

 睡簡・日乙・80:不可爲室及入之

 睡簡・日乙・殘3:□居室唯甲寅甚害□

 睡簡・日乙・殘10:□興室□

 睡簡・日乙・208:去室西南受兇(凶)

 睡簡・日乙・204:去室西

 睡簡・日乙・205:去室北

 睡簡・日乙・220:不去其室有死

 睡簡・日乙・221:南室有亡子

 睡簡・日乙・246:好室家

 睡簡・日乙・243:好室

 睡簡・日乙・258:其閒在室

 睡簡・日乙・259:其室在西方

 睡簡・日乙・256:室在東方

 睡簡・日乙・255:其室在西方

 睡簡・日乙・99:可以爲室

 睡簡・日乙・96:不可蓋室

睡簡・日乙・60:利居室

睡簡・日乙・79:人大室

睡簡・日乙・31:祠室中日

睡簡・日乙・43:長行毋以戌亥遠去室

睡簡・日乙・43:久行毋以庚午入室

睡簡・日乙・53:□不可復(覆)室

睡簡・日乙・18:利以入(納)室

睡簡・日乙・127:□亥不可伐室中尌(樹)木

睡簡・日乙・195:其室日減

睡簡・日乙・176:室鬼欲狗(拘)

睡簡・日乙・17:人必奪其室

睡簡・日乙・140:遠行者毋以壬戌、癸亥到室

睡簡・日乙・148:祠室

睡簡・日乙・141:久宦者毋以甲寅到室

睡簡・日乙・110:室忌

睡簡・日乙・110:室忌

睡簡・日乙・110:勿筑(築)室

睡簡・日乙・116:除室

睡簡・日乙・116:以除室

睡簡・日乙・117:以筑(築)室,室不居

岳山牘・M36:44 正:壬戌、癸亥不可以之遠□及來歸入室

關簡・229:所言者家室、請謁事也

關簡・235:所言者家室、故事也

關簡・377:卽取守室二七〖注〗守室,卽"守宮",草藥名。

關簡・193:所言者家室事

帛書・病方・105:先[以]甴(塊)置室後

帛書・病方・111:靡(磨)宥(疣)室北

帛書・病方・111:以月晦日之室北

帛書・病方・444:行人室家

秦印編 138:室印

秦印編 138:屬邦工室〖注〗工室,官名。

秦印編 138:屬邦工室

秦印編 138:少府工室

秦印編 138:弩工室印

秦印編 138:居室丞印

秦印編 138:居室丞印

秦印編 138:居室丞印

秦印編 138:雝工室丞

秦印編 138:櫟陽右工室丞

封泥集 131・1:少府工室

封泥集 141・1:居室丞印

封泥集 141・2:居室丞印

封泥集 141・6:居室丞印

封泥集 142・9:居室丞印

封泥集 142・10:居室丞印

封泥集 142・12:居室丞印

封泥集 142・13:居室丞印

封泥集 142・18:居室丞印

封泥集 142・19:居室丞印

封泥集 142・20:居室丞印

封泥集 142・23:居室丞印

封泥集 142・24:居室丞印

封泥集 142・25:居室丞印

封泥集 142・26:居室丞印

封泥集 142・28:居室丞印

封泥集 143・1:居室寺從

封泥集 143・30:居室丞印

封泥集 143・31:居室丞印

封泥集 143・32:居室丞印

封泥集 143・35:居室丞印

封泥集 143・37:居室丞印

封泥集 181・1:屬邦工室

封泥集 181・2:屬邦工室

封泥集 181・3:屬邦工室

封泥集 234・1:弩工室印

封泥集 244・1:咸陽工室丞

封泥集 247・1:雝工室丞

封泥集 248・1:櫟陽右工室丞

新封泥 B・3.3:櫟陽左工室丞

集證・134.22:少府工室

集證・136.54:居室丞印

集證・136.55:居室丞印

集證・136.56:居室丞印

集證・139.109:屬邦工室

集證・142.143:咸陽工室丞

集證・142.144:櫟陽右工室丞

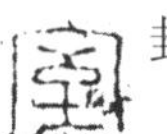封泥印 24:屬邦工室

封泥印 27:弩工室印

封泥印 27:鐵兵工室

封泥印 32:少府工室

封泥印 36:居室丞印

封泥印 37:居室寺從

封泥印 80:池室之印〖注〗室,工室。

封泥印 89:咸陽工室丞

封泥印 97:櫟陽右工室丞

封泥印 106:雝工室印

封泥印 107:雝工室丞

新封泥 D・43:鐵兵工室

新封泥 A・2. 20:北宮工室

秦陶 A・1. 12:居室

1590　宣

石鼓文・鑾車(先鋒本):鄜□宣搏

詛楚文・湫淵(中吳本):敢用吉玉宣璧〖注〗吉玉宣璧,古人祭祀所用玉幣,多用圭、璋、璧之屬。宣,讀爲"瑄"。

詛楚文・湫淵(中吳本):宣奓競從(縱)〖注〗宣,大、甚。

詛楚文・巫咸(中吳本):敢用吉玉宣璧

詛楚文・巫咸(中吳本):宣奓競從(縱)

詛楚文・亞駝(中吳本):敢用吉玉宣璧

詛楚文・亞駝(中吳本):宣奓競從(縱)

泰山刻石・宋拓本:訓經宣達

會稽刻石・宋刻本:飾省宣義

會稽刻石・宋刻本:宣省習俗

集證・160. 442:宣曲喪吏〖注〗宣曲,地名。

集證・163. 486:公宣〖注〗公宣,人名。

集證・217. 233:咸鄜里宣

秦印編 138:咸商里宣

集證・165. 516:全宣〖注〗全宣,人名。

秦陶・1389:咸商里宣〖注〗宣,人名。

封泥集 372・1:宣眜

秦陶・1388:咸商里宣

任家嘴 240・183. 12:咸商里宣

任家嘴 240・183. 11:咸商里宣

1591　向

秦印編 138:王向

秦印編 138:百向

秦陶・1437:向

廿九年漆奩・王輝摹(集證・27):廿九年大(太)后詹事丞向〖注〗向,人名。

廿九年漆奩・黃盛璋摹(集證・27):廿九年大(太)后詹事丞向

1592  宛 惌

睡簡・日乙・194:敢告璽(爾)宛奇

睡簡・日乙・195:宛奇强飲食

關簡・364:乙未去宛〖注〗宛,地名。

集證・170.569:宛臣〖注〗宛臣,人名。

秦印編 138:宛狀

秦印編 138:宛戎夫

地圖注記・摹(地圖・5):北谷下道宛

地圖注記・摹(地圖・4):宛到□廿五里

睡簡・日乙・14:惌結之日

1593  宇 寓

會稽刻石・宋刻本:皇帝并宇

會稽刻石・宋刻本:平壹宇內

睡簡・日乙・251:田宇多

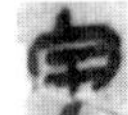睡簡・日乙・17:利以說孟(盟)詐(詛)、棄疾、鑿宇、葬

睡簡・日甲・20 背:圈居宇正北

睡簡・日甲・20 背:宇多於東南

睡簡・日甲・20 背:宇南方高

睡簡・日甲・22 背:祠木臨宇

睡簡・日甲・22 背:圈居宇東南

睡簡・日甲・22 背:宇有要(腰)

睡簡・日甲・23 背:圈居宇西北

睡簡・日甲・23 背:宇中有穀

睡簡・日甲・21 背:道周環宇

睡簡・日甲・21 背:圈居宇正東方

睡簡・日甲・21 背:宇東方高

睡簡・日甲・103 正:以用垣宇

睡簡・日甲・18 背:宇多於東北之北

睡簡・日甲・18 背:宇四旁下

睡簡・日甲・19 背:圈居宇西南

睡簡・日甲・19 背:宇北方高

睡簡・日甲・19 背:宇多於東北

睡簡・日甲・16 背:困居宇西南匧

睡簡・日甲・16背:宇多於西南之西

睡簡・日甲・16背:宇最邦之下

睡簡・日甲・17背:囷居宇東北亟

睡簡・日甲・17背:宇多於西北之北

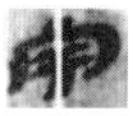

睡簡・日甲・17背:宇四旁高

睡簡・日甲・14背:囷居宇西北亟

睡簡・日甲・14背:宇右長左短

睡簡・日甲・15背:凡宇最邦之高〖注〗宇,居。

睡簡・日甲・15背:屏居宇前

睡簡・日甲・15背:囷居宇東南亟

睡簡・日甲・15背:宇左長

睡簡・日乙・253:一宇閒之

睡簡・爲吏・19:勿鼠(予)田宇

漆器M11・23(雲夢・附二):平宇金市

1594 宏

秦印編139:王宏

1595 寍

石鼓文・吾水(先鋒本):天子永寍〖注〗《説文》:"寍,安也。"

新封泥A・3.20:寍陽家丞〖注〗寍陽,地名。

1596 定

□□年上郡守戈(集證・20):定陽〖注〗定陽,地名。

□□年上郡守戈・摹(集證・20):定陽

三年相邦呂不韋矛二(撫順・1):上郡叚(假)守定〖注〗定,人名。

繹山刻石・宋刻本:黔首康定

會稽刻石・宋刻本:始定刑名

天簡22・甲:平亥定子執丑

天簡22・甲:平子定丑執寅

天簡30・乙:盈戌平亥定子

天簡31・乙:盈子平丑定寅

天簡32・乙:盈亥平子定丑

睡簡・日甲・17正:定酉

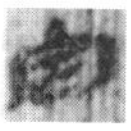

睡簡・日甲・14正:定午

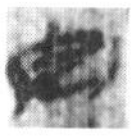

睡簡・日甲・114正:興毋(無)定處

睡簡・11號牘・背:定不定

睡簡・11號牘・背:定不定

睡簡・答問・96:不能定辠人

睡簡・答問・122:或曰當䙴(遷)䙴(遷)所定殺

睡簡・答問・121:定殺〖注〗定,疑讀爲"渟",水止。定殺,淹死。

睡簡・答問・121:生定殺水中之謂殹

睡簡・封診式・44:定名事理

睡簡・封診式・13:可定名事里

睡簡・日甲・22 正:定寅

睡簡・日甲・23 正:定卯

睡簡・日甲・24 正:定辰

睡簡・日甲・25 正:定巳

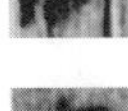
睡簡・日甲・18 正:定日

睡簡・日甲・18 正:定戌

睡簡・日甲・16 正:定申

里簡・J1(9)981 正:問不亡定

里簡・J1(9)981 正:[亡]不定言

里簡・J1(9)981 正:此以未定

秦印編 139:定陽市丞

秦印編 139:定鄉

秦印編 139:定鄉

秦印編 139:定鄉

秦印編 139:定陽市丞

秦印編 139:路定

秦印編 139:安定

秦印編 139:定陽市丞

南郊 709・197:樂定王氏九斗〖注〗樂定,地名。

1597　安

卅四年工師文罍・摹(集證・28):工安〖注〗安,人名。

商鞅方升(秦銅・21):黔首大安

高奴禾石銅權(秦銅・32.2):黔首大安

始皇詔銅方升一(秦銅・98):黔首大安

始皇詔銅方升三(秦銅・100):黔首大安

始皇詔銅橢量一(秦銅・102):黔首大安

始皇詔銅橢量二(秦銅・103):黔首大安

始皇詔銅橢量三(秦銅・104):黔首大安

始皇詔銅橢量四(秦銅・105):黔首大安

始皇詔銅橢量五(秦銅・106):黔首大安

始皇詔銅橢量六(秦銅・107):黔首大安

武城銅橢量(秦銅・109):黔首大安

始皇詔銅權一(秦銅・110):黔首大安

始皇詔銅權二(秦銅・111):黔首大安

 始皇詔銅權三（秦銅・112）：黔首大安

 始皇詔銅權四（秦銅・113）：黔首大安

 始皇詔銅權五（秦銅・114）：黔首大安

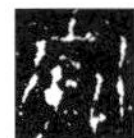 始皇詔銅權六（秦銅・115）：黔首大安

 始皇詔銅權九（秦銅・118）：黔首大安

 始皇詔銅權十（秦銅・119）：黔首大安

 始皇詔銅權十一（珍金・125）：黔首大安

 始皇詔鐵石權二（秦銅・121）：黔首大安

 始皇詔鐵石權七（秦銅・125）：黔首大安

 始皇詔十六斤銅權一（秦銅・127）：黔首大安

 始皇詔十六斤銅權二（秦銅・128）：黔首大安

 始皇詔十六斤銅權三（秦銅・129）：黔首大安

 始皇詔十六斤銅權四（秦銅・130. 1）：黔首大安

 大騩銅權（秦銅・131）：黔首大安

 旬邑銅權（秦銅・133）：黔首大安

 始皇詔八斤銅權一（秦銅・134）：黔首大安

 始皇詔八斤銅權二（秦銅・135）：黔首大安

 僅存銘始皇詔銅權・一（秦銅・135-1）：黔首大安

 僅存銘始皇詔銅權・二（秦銅・135-2）：黔首大安

 僅存銘始皇詔銅權・三（秦銅・135-3）：黔首大安

 僅存銘始皇詔銅權・四（秦銅・135-4）：黔首大安

 僅存銘始皇詔銅權・六（秦銅・135-6）：黔首大安

 僅存銘始皇詔銅權・七（秦銅・135-7）：黔首大安

 僅存銘始皇詔銅權・八（秦銅・135-8）：黔首大安

 僅存銘始皇詔銅權・九（秦銅・135-9）：黔首大安

 僅存銘始皇詔銅權・十（秦銅・135-10）：黔首大安

 僅存銘始皇詔銅權・十一（秦銅・135-11）：黔首大安

 僅存銘始皇詔銅權・十二（秦銅・135-12）：黔首大安

 僅存銘始皇詔銅權・十四（秦銅・135-14）：黔首大安

 僅存銘始皇詔銅權・十六（秦銅・135-16）：黔首大安

 僅存銘始皇詔銅權・十七（秦銅・135-17）：黔首大安

 僅存銘兩詔銅權（秦銅・135-18. 1）：黔首大安

 僅存銘兩詔銅權（秦銅・135-18. 2）：黔首大安

 始皇詔版一（秦銅・136）：黔首大安

 始皇詔版二（秦銅・137）：黔首大安

 始皇詔版三（秦銅・138）：黔首大安

 始皇詔版八（秦銅・144）：黔首大安

 始皇詔版九・殘（集證・44. 2）：黔首大安

秦箕斂(箕斂·封3):黔首大安

北私府橢量·始皇詔(秦銅·146):黔首大安

北私府橢量·始皇詔(秦銅·146):黔首大安

兩詔橢量三之一(秦銅·150):黔首大安

左樂兩詔鈞權(集證·43):黔首大安

兩詔版(秦銅·174.1):黔首大安

兩詔銅權一(秦銅·175):黔首大安

兩詔銅權一(秦銅·175):黔首大安

兩詔銅權二(秦銅·176):黔首大安

兩詔銅權三(秦銅·178):黔首大安

兩詔銅權四(秦銅·179.1):黔首大安

兩詔銅權五(秦銅·180):黔首大安

兩詔斤權一(集證·45):黔首大安

兩詔斤權一·摹(集證·46):黔首大安

兩詔斤權二·照片(集證·47.2):黔首大安

兩詔斤權二·摹(集證·49):黔首大安

平陽銅權·摹(秦銅·182):黔首大安

美陽銅權(秦銅·183):黔首大安

石鼓文·田車(先鋒本):田車孔安

會稽刻石·宋刻本:和安敦勉

天簡21·甲:申旦吉安食凶

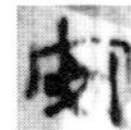天簡22·甲:安得美言

天簡23·甲:安食凶日中吉

天簡23·甲:戌旦凶安食凶

睡簡·11號牘·正:母視安陸絲布賤

睡簡·編年·20:攻安邑〖注〗安邑,地名。

睡簡·編年·29:攻安陸〖注〗安陸,地名。

睡簡·答問·168:問安置其子

睡簡·秦律·57:城旦爲安事而益其食〖注〗安,徐緩。安事,指輕的勞役。

睡簡·日甲·18背:宇多於東北之北,安

睡簡·爲吏·20:二曰不安其鼂(朝)

睡簡·爲吏·28:安而行之

睡簡·爲吏·23:五曰安家室忘官府

睡簡·爲吏·6:安騶而步〖注〗安,讀爲“按”。

睡簡·爲吏·40:安樂必戒

帛書·病方·447:安炊之

帛書·病方·11:以安(按)其痏

帛書·病方·229:須其身安定

先秦幣・108.1:長安〖注〗長安,秦王政弟成蛟封號。

先秦幣・108.2:長安

鑄錢・1.6:長安

鑄錢・1.6:長安

鑄錢・1.4:長安

集證・186.774:安衆〖注〗安,使安定。

秦印編139:安陽鄉印

秦印編140:王安

集證・158.401:安平鄉印

封泥集362・6:安平鄉印

秦印編140:安平鄉印

封泥集362・8:安平鄉印

封泥集362・10:安平鄉印

封泥集362・3:安平鄉印

封泥集362・1:安平鄉印

封泥集362・2:安平鄉印

封泥集362・7:安平鄉印

封泥集362・4:安平鄉印

封泥集362・5:安平鄉印

秦印編140:將成安

秦印編139:安石里典

秦印編140:趙安

秦印編140:安張

封泥集・附一410:安民正印〖注〗安民正,官名,掌獄訟。

集證・143.171:安民正印

秦印編140:陽成安

秦印編140:焦安

秦印編139:呂安

秦印編140:杜安

秦印編140:挐安

秦印編140:安定

集證・166.526:安定

秦印編140:安壽

秦印編140:賈安

秦陶・1204:安邑□

秦陶・368:安邑□

集證・166.524:安居〖注〗安居,人名。或爲吉語。

秦印編140:安身

集證・148.249:安臺丞印

集證・148.246:安臺丞印

秦陶・1393:咸新安盼〖注〗新安,里名。

秦印編 140:安之

秦印編 140:樂安丞印〖注〗樂安,地名。

秦印編 140:樂安丞印

封泥集 322・2:樂安丞印

封泥集 322・3:樂安丞印

封泥集 322・1:樂安丞印

封泥印・附二 204:樂安丞印

秦陶・1057:安米

秦印編 140:安米

秦陶・1058:安米

秦陶・1059:安米

秦陶・1067:安未

秦印編 140:安未

封泥集 321・2:東安平丞

封泥印・附二 216:東安平丞

封泥集 306・1:陽安丞印〖注〗陽安,地名。

秦印編 140:安臺丞印〖注〗安臺,地名。

秦印編 140:安臺丞印

封泥集 212・2:安臺丞印

封泥集 212・3:安臺丞印

封泥集 212・4:安臺丞印

集證・148.248:安臺丞印

封泥集 212・6:安臺丞印

封泥集 212・7:安臺丞印

封泥集 212・9:安臺丞印

封泥集 212・10:安臺丞印

封泥集 212・11:安臺丞印

封泥集 212・12:安臺丞印

封泥集 212・13:安臺丞印

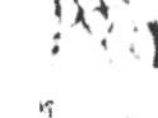封泥集 212・14:安臺丞印

封泥集 212・15:安臺丞印

封泥集 212・16:安臺丞印

封泥集 212・17:安臺丞印

封泥集 212・18:安臺丞印

封泥集 213・19:安臺丞印

封泥集 213・21:安臺丞印

封泥集 213・24:安臺丞印

封泥集 213・25:安臺丞印

封泥集 342・3:安鄉之印

封泥集 342・4:安鄉之印

封泥印 67:安臺丞印

新封泥 C・19.7:安臺丞印

封泥集 342・6:安鄉

封泥集 342・4:安鄉

封泥集 342・5:安鄉

封泥集 341・1:安鄉

封泥集 341・2:安鄉

封泥集 341・3:安鄉

封泥集 342・1:安鄉之印

封泥集 342・2:安鄉之印

封泥印 124:安武丞印〖注〗安武,地名。

新封泥 A・3.7:安居室丞

集證・159.427:長安君

封泥集 349・1:安國鄉印

封泥集 351・1:信安鄉印

封泥集 351・3:信安鄉印

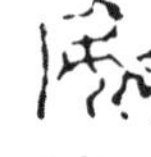封泥印 142:安豐丞印〖注〗安豐,地名。

集證・154.334:安邑丞印

封泥印 110:安邑丞印

封泥印・附二 200:新安丞印

秦陶 A・2.6:安邑皇

集證・166.525:安始

秦陶 A・2.7:安奴〖注〗安,“安邑”省文,地名。

雲夢秦墓・69:安陸市亭〖注〗安陸,地名。

集證・223.285:安邑工頭

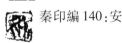

秦陶・1575:黔首大安

秦印編 140:安

秦陶・377:安

始皇詔陶印(《研究》附):黔首大安

赤峰秦瓦量・殘(銘刻選 43):黔首大安

秦陶・1550:黔首大安

秦陶・379:安

秦陶・380:安

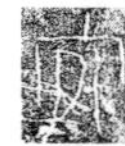秦陶・381:安

秦陶・382:安

秦陶・383:安

秦陶・384:安

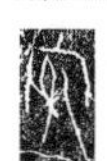秦陶・385:安

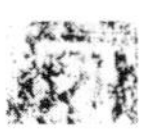秦陶・1053:安□

秦陶・1056:安□

秦陶・1205:安□

秦陶・1176:安

秦印編140:安

秦印編140:鄭安

秦陶・1588:黔□大安

集證・222.271:安邑禄

秦陶A・2.5:安邑禄

漆器M11・9(雲夢・附二):安亭

1598　察

睡簡・秦律・123:爲不察〖注〗不察,不明。

睡簡・雜抄・37:有(又)後察不死

睡簡・爲吏・24:一曰不察所親

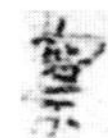帛書・脈法・84:言不可不察殹

1599　竊

會稽刻石・宋刻本:竊軵(巡)天下〖注〗竊,親自。

泰山刻石・宋拓本:竊軵(巡)遠黎

繹山刻石・宋刻本:竊軵(巡)遠方

1600　完

睡簡・答問・81:當完城旦

睡簡・答問・6:當完城旦

睡簡・答問・120:當黥城旦而以完城旦誣人

睡簡・答問・124:完爲城旦

睡簡・答問・174:或曰完

睡簡・答問・135:捕亡完城旦

睡簡・答問・112:以當刑隸臣及完城旦誣告人

睡簡・答問・119:完城旦

睡簡・答問・116:完爲城旦

睡簡・封診・58:它完

睡簡・秦律・7:皆完入公

睡簡・秦律・156:其不完者〖注〗不完,因受肉刑而形體殘缺。

睡簡・雜抄・15:不完善(繕)

睡簡・日甲・81 正:不完

睡簡・日甲・27 背:以犬矢爲完(丸)

睡簡・日甲・63 背:完掇其葉二七

睡簡・日乙・81:不完

龍簡・33・摹:當(?)完爲城旦舂〖注〗完,刑罰名,對囚犯不剃去頭髮,不施加肉刑。

龍簡・42:故罪當完城旦舂以上者

帛書・病方・殘 7:完者相雜咀

秦陶・1414:咸亭完里丹器〖注〗完里,里名。

秦陶・1416:咸完里□

集證・194. 32:咸亭完里丹器

集證・194. 33:咸亭完里丹器

集證・196. 45:咸亭完里丹器

集證・218. 241:咸完里忨

集證・218. 242:咸完里駕

任家嘴 240・183. 1:咸亭完里□器

南郊 707・194. 1:咸亭完里丹器

南郊 707・194. 3:咸亭完里丹器

南郊 707・194. 4:咸亭完里丹器

南郊 707・194. 6:咸亭完里丹器

南郊 707・194. 8:咸亭完里丹器

南郊 707・194. 9:咸亭完里丹器

南郊 707・194. 10:咸亭完里丹器

南郊 707・194. 11:咸亭完里丹器

1601　　富

睡簡・日甲・20 背:圈居宇正北,富

睡簡・日甲・20 背:宇多於東南,富

睡簡・日甲・71 正:生子,富

睡簡・日甲・18 背:井當戶牖閒,富

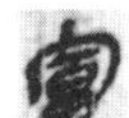睡簡・日甲・120 正:其主昌富

睡簡・日甲・122 正:其主必富三渫(世)

睡簡・日甲・123 正:其主富

睡簡・日甲・125 正:前富後貧

睡簡・日甲・16 背:富而痒(癃)

睡簡・日甲・16 背:宇多於西南之西,富

睡簡・日甲・17 背:中央下,富

睡簡・日甲・14 背:爲池西南,富

睡簡・日甲・142 正:後富

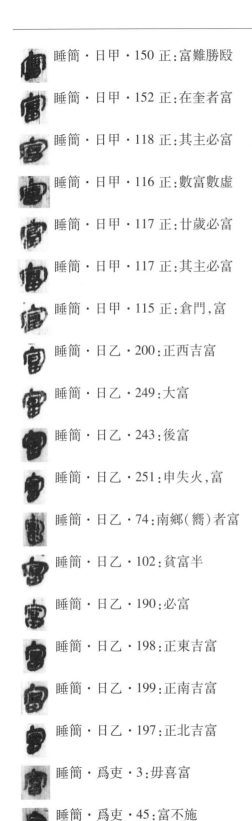

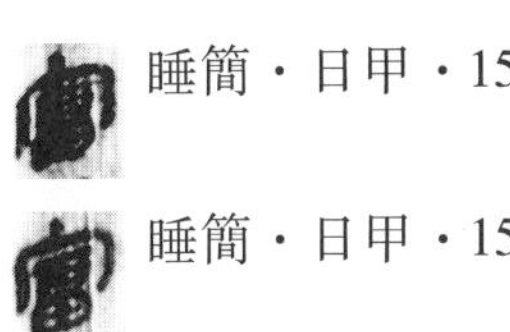睡簡・日甲・150 正:富難勝殹

睡簡・日甲・152 正:在奎者富

睡簡・日甲・118 正:其主必富

睡簡・日甲・116 正:數富數虛

睡簡・日甲・117 正:廿歲必富

睡簡・日甲・117 正:其主必富

睡簡・日甲・115 正:倉門,富

睡簡・日乙・200:正西吉富

睡簡・日乙・249:大富

睡簡・日乙・243:後富

睡簡・日乙・251:申失火,富

睡簡・日乙・74:南鄉(嚮)者富

睡簡・日乙・102:貧富半

睡簡・日乙・190:必富

睡簡・日乙・198:正東吉富

睡簡・日乙・199:正南吉富

睡簡・日乙・197:正北吉富

睡簡・爲吏・3:毋喜富

睡簡・爲吏・45:富不施

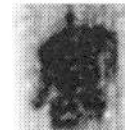睡簡・爲吏・50:不取句(苟)富

睡簡・爲吏・1:欲富大(太)甚

關簡・351:某不能腸(傷)其富

關簡・147:南首者富

關簡・350:即名富者名

秦印編 140:富昌

秦印編 140:富昌

集證・186.781:富貴〖注〗此爲吉語。

秦印編 140:富貴

秦陶・486:[楊]氏居貲公士富〖注〗富,人名。

1602　實　實

會稽刻石・宋刻本:考驗事實

睡簡・日乙・40:吉、實日

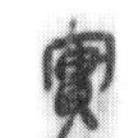睡簡・效律・58:計脫實及出實多於律程〖注〗脫實,疑指不足實有數。

睡簡・效律・19:實官佐、史柀免徙

睡簡・效律・58:計脫實及出實多於律程〖注〗出實,疑指超出實有數。

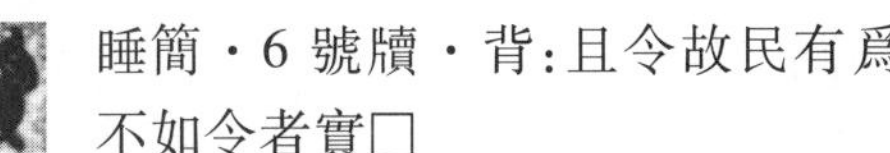睡簡・6 號牘・背:且令故民有爲不如令者實□

睡簡・6 號牘・背・摹:聞新地城多空不實者

睡簡・答問・205:而實弗盜之謂殹

睡簡・答問・210:草實可食殹〖注〗草實,草籽。

睡簡・答問・149:實官戶關不致〖注〗實官,貯藏糧食的官府。

睡簡・答問・150:實官戶扇不致

睡簡・秦律・64:雜實之

睡簡・秦律・124:而以其實爲繇(徭)徒計〖注〗實,實際。

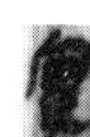睡簡・秦律・195:有實官高其垣墻

睡簡・日甲・4正:利以實事〖注〗實,財貨。

睡簡・日乙・28:實未

睡簡・日乙・28:實寅

睡簡・日乙・29:實申

睡簡・日乙・26:實巳

睡簡・日乙・26:實子

睡簡・日乙・27:實午

睡簡・日乙・234:實〈寅〉、巳入官

睡簡・日乙・30:實辰

睡簡・日乙・30:實酉

睡簡・日乙・32:實亥

睡簡・日乙・32:實午

睡簡・日乙・36:實卯

睡簡・日乙・36:實戌

睡簡・日乙・37:實辰

睡簡・日乙・33:實未

睡簡・日乙・33:實子

睡簡・日乙・34:實申

睡簡・日乙・35:實寅

睡簡・日乙・35:實酉

睡簡・日乙・31:實巳

睡簡・日乙・31:實戌

龍簡・157・摹:黔首田實多其□

關簡・336:不智(知)歲實

關簡・312:取車前草實,以三指竄(撮)〖注〗車前草實,即車前子,藥名。

帛書・病方・360:冶蛇牀實〖注〗蛇牀實,蛇床子,藥名。

帛書・病方・25:取薺孰(熟)乾實

帛書・病方・34:以水財煮李實〖注〗李實,李子。

帛書・病方・35:節(卽)毋李實時□

帛書・病方・36:如其實數

帛書・病方・165:取莢、實并冶

帛書·病方·166:□葉、實味苦

帛書·病方·193:黑實橐

1603　宲

睡簡·日甲·46背:以黍肉食宲人

睡簡·日甲·44背:是宲宲〈是是宲〉人生爲鬼〖注〗宲,疑即“寶”字,或讀爲“殍”。

1604　容 公

三年詔事鼎(秦銅·62):容一斗二升〖注〗容,容積、容量。

卅三年銀盤·摹(齊王·19.4):容二斗

麗山園鍾(秦銅·185):麗山園容十二斗三升

萯陽鼎(集證·54.2):容一斗一升

萯陽鼎(集證·54.3):容一斗一升

萯陽鼎(集證·55):容一斗一升

睡簡·封診·20:甲、乙捕索(索)其室而得此錢、容(鎔)〖注〗鎔,錢模、錢範。

睡簡·封診·19:及新錢百一十錢、容(鎔)二合

帛書·病方·217:令其空(孔)盡容積(癩)者腎與膿

封泥印·待考154:容趨

新封泥B·3.28:容趨

封泥印·待考154:容趨丞印

秦印編151:容趨丞印

封泥集238·1:容趨丞印

新封泥B·3.35:容趨丞印

秦印編141:趙容

秦陶·1461:左廐容八斗

秦陶·1484:容十斗

秦陶·1485:容十斗

秦陶·1488:容十斗

秦陶·1487:容十斗

1605　宂(冗)

睡簡·秦律·80:嗇夫即以其直(值)錢分負其官長及冗吏

睡簡·秦律·54:總冗〖注〗總冗,集合。

睡簡·秦律·50:雖有母而與其母冗居公者

睡簡·秦律·109:冗隸妾二人當工一人

睡簡·秦律·165:令官嗇夫、冗吏共賞(償)敗禾粟〖注〗冗吏,群吏。

睡簡·秦律·14:罰冗皂者二月〖注〗冗,散。

睡簡·雜抄·35:冗募歸〖注〗冗募,眾募,指募集的軍士。

睡簡·效律·2:官嗇夫、冗吏皆共賞(償)不備之貨而入贏

睡簡・效律・23:令官嗇夫、冗吏共賞(償)敗禾粟

睡簡・效律・52:其他冗吏、令史掾計者

秦陶・664:右冗

秦陶・671:右冗

1606 寶 寚　　寶 寚

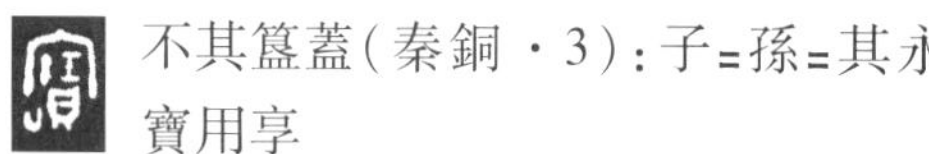
不其簋蓋(秦銅・3):子=孫=其永寶用享

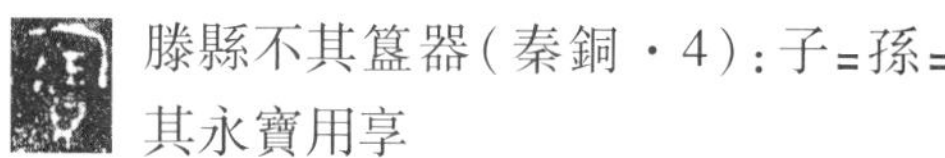
滕縣不其簋器(秦銅・4):子=孫=其永寶用享

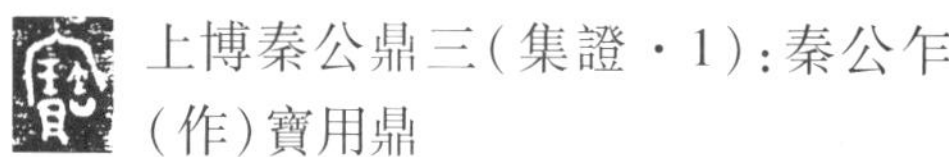
上博秦公鼎三(集證・1):秦公乍(作)寶用鼎

上博秦公鼎四(集證・2):秦公乍(作)寶用鼎

上博秦公簋一(集證・3):秦公乍(作)寶毁

上博秦公簋二(集證・4.1):秦公乍(作)寶毁

秦編鐘・乙鐘(秦銅・10.2):嬰康寶

秦編鐘・乙鐘左篆部・摹(秦銅・11.7):嬰康寶

秦鎛鐘・1號鎛(秦銅・12.3):嬰康寶

秦鎛鐘・2號鎛(秦銅・12.6):嬰康寶

秦鎛鐘・3號鎛(秦銅・12.9):嬰康寶

秦公鎛鐘・摹(秦銅・16.4):永寶

1607 宦　　宦

廿六年蜀守武戈(集證・36.2):東工師宦〖注〗宦,人名。

廿六年蜀守武戈・摹(集證・36.2):東工師宦

龍簡・199:宦者其有言睘(遷)及有罪者□〖注〗宦者,太監。一說指爲官者。《說文》:"宦,仕也。"

關簡・241:所言者宦御若行者也〖注〗宦御,指任官。

睡簡・秦律・181:宦奄如不更

睡簡・日乙・141:久宦者毋以甲寅到室

新封泥 D・13:宦走〖注〗宦走,官名。

新封泥 D・12:宦者〖注〗宦者,官名。

封泥印 42:宦者

封泥印 66:高章宦者

新封泥 C・16.17:高章宦者

秦印編 141:高章宦丞

秦印編 141:高章宦丞

秦印編 141:宦者丞印

秦印編 141:宦者丞印

秦印編 141:宦者丞印

封泥集 152・1:宦者丞印

封泥集 152・2:宧者丞印

封泥集 152・3:宧者丞印

封泥集 153・4:宧者丞印

封泥集 153・5:宧者丞印

封泥集 153・6:宧者丞印

封泥集 153・8:宧者丞印

封泥集 153・9:宧者丞印

封泥集 153・10:宧者丞印

封泥集 153・11:宧者丞印

封泥集 153・12:宧者丞印

封泥集 153・13:宧者丞印

封泥集 153・14:宧者丞印

封泥集 153・15:宧者丞印

封泥集 153・16:宧者丞印

封泥集 153・18:宧者丞印

封泥集 153・20:宧者丞印

封泥集 153・22:宧者丞印

封泥集 153・23:宧者丞印

封泥集 154・24:宧者丞印

集證・134. 28:宧者丞印

集證・134. 29:宧者丞印

新封泥 C・17. 23:宧者丞印

封泥印 42:宧者丞印

秦印編 141:北宮宧丞

秦印編 141:北宮宧丞

封泥集 206・1:北宮宧丞

封泥集 206・2:北宮宧丞

封泥集 206・3:北宮宧丞

封泥集 207・5:北宮宧丞

封泥集 207・6:北宮宧丞

封泥集 207・8:北宮宧丞

封泥集 207・9:北宮宧丞

集證・136. 52:高章宧丞

集證・136. 53:高章宧者

集證・136. 50:高章宧丞

封泥集 211・27:高章宧丞

封泥集 209・1:高章宧者

封泥集 210・1:高章宧丞

封泥集 210・2:高章宦丞

封泥集 210・3:高章宦丞

封泥集 210・4:高章宦丞

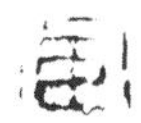

封泥集 210・5:高章宦丞

封泥集 210・6:高章宦丞

封泥集 210・7:高章宦丞

封泥集 210・8:高章宦丞

封泥集 210・9:高章宦丞

封泥集 210・10:高章宦丞

封泥集 210・11:高章宦丞

封泥集 210・12:高章宦丞

封泥集 210・13:高章宦丞

封泥集 211・14:高章宦丞

封泥集 211・17:高章宦丞

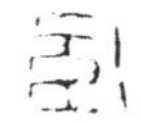

封泥集 211・18:高章宦丞

封泥集 211・19:高章宦丞

封泥集 211・20:高章宦丞

封泥集 211・21:高章宦丞

封泥集 211・22:高章宦丞

封泥集 211・23:高章宦丞

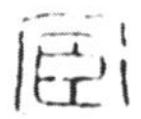

封泥集 211・25:高章宦丞

集證・136. 51:高章宦丞

封泥印 67:高章宦丞

秦印編 141:高章宦丞

集證・135. 33:北宮宦□

封泥集 154・2:宦走丞印

封泥印 43:宦走丞印

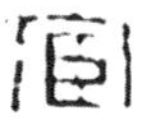

封泥集 154・1:宦走丞印

集證・134. 30:宦□丞印

集證・134. 31:北宮宦丞

集證・135. 32:北宮宦丞

封泥印 65:北宮宦丞

1608 宰

帛書・病方・4:汁宰(滓)皆索〖注〗滓,藥渣。

帛書・病方・69:而湣(晉)去其宰(滓)

帛書・病方・87:以宰(滓)封其痏

帛書・病方・242:即取蓑(鋊)末、菽醬之宰(滓)半〖注〗滓,渣滓。

封泥印 5:泰宰〖注〗泰宰,即太宰,官名。

新封泥 D・3:泰宰

秦印編 141:華宰

1609　守

王六年上郡守疾戈・摹(秦銅・28.2):王六年上郡守疾之造□〖注〗守,官名。

王七年上郡守疾(?)戈・摹(秦銅・29):王七(?)年上郡守疾(?)之造

六年漢中守戈(集證・19):六年莫(漢)中守□造

六年漢中守戈・摹(集證・19):六年莫(漢)中守□造

六年上郡守閒戈(登封・4.2):六年上郡守閒之造

七年上郡守閒戈・照片(秦銅・33):七年上郡守閒造

七年上郡守閒戈・摹(秦銅・33):七年上郡守閒造

十二年上郡守壽戈・摹(秦銅・35):十二年上郡守壽造

十三年上郡守壽戈・摹(集證・21):十三年上郡守壽造

□□年上郡守戈(集證・20):□□年上郡守□造

□□年上郡守戈・摹(集證・20):□□年上郡守□造

十五年上郡守壽戈(集證・23):十五年上郡守壽之造

十五年上郡守壽戈・摹(集證・24):十五年上郡守壽之造

廿五年上郡守厝戈・摹(秦銅・43):廿五年上郡守厝造

廿六年戈・王輝摹(珍金 179):廿六年相□守之造

廿七年上郡守趞戈・故宮藏・摹(秦銅・46):廿七年上守趞造

廿七年上郡守趞戈(集證・25.2):廿七年上守趞造

卅四年蜀守戈・摹(集證・29):卅四年蜀守□造

卅七年上郡守慶戈・摹(精粹 19):卅七年上郡守慶造

卅八年上郡守慶戈(長平圖版):卅八年上郡守慶造

卅八年上郡守慶戈・摹(長平圖版):卅八年上郡守慶造

卌年上郡守起戈一・摹(秦銅・50):卌年上郡守起[造]

卌年上郡守起戈二・摹(集證・30):卌年上郡守起造

卌八年上郡假守鼂戈(珍金・88):卌八年上郡叚(假)守鼂造〖注〗叚守,卽假守,代理郡守。

卌八年上郡假守鼂戈・摹(珍金・88):卌八年上郡叚(假)守鼂造

元年上郡假守暨戈・摹(珍金・92):元年上郡叚(假)守暨造

二年上郡守冰戈・摹(秦銅・55):二年上郡守冰造

二年上郡守戈(集證・18):二年上郡守冰(?)造

三年上郡守冰戈・摹(秦銅・57):三年上郡守冰造

廿二年臨汾守戈(集證・36.1):廿二年臨汾守曋

廿二年臨汾守戈・摹(集證・36.1):廿二年臨汾守曋

廿六年蜀守武戈(集證・36.2):廿六年蜀守武造

廿六年蜀守武戈・摹(集證・36.2):廿六年蜀守武造

三年相邦呂不韋矛一・摹(秦銅・59):[上]郡假守憲(?)

三年相邦呂不韋矛二・摹(撫順・1):上郡叚(假)守定

廿四年上郡守戟(潛山・19):廿四年上郡守□造

九年相邦呂不韋戟・摹(集證・35):蜀守金

睡簡・雜抄・34:宿者已上守除

睡簡・雜抄・11:吏自佐、史以上負從馬、守書私卒

龍簡・44:如守縣□金錢□

睡簡・雜抄・1:除守嗇夫、叚(假)佐居守者

睡簡・雜抄・1:除守嗇夫、叚(假)佐居守者〖注〗居守,留守。

睡簡・答問・95:今郡守爲廷不爲

睡簡・答問・190:"甸人"守孝公、瀻(獻)公冢者殹

睡簡・答問・196:或曰守囚即"更人"殹

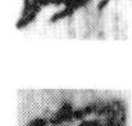
睡簡・答問・16:爲守臧(贓)

睡簡・答問・133:罷瘠(癃)守官府

睡簡・封診・7:遣識者以律封守〖注〗封守,查封、看守。

睡簡・秦律・55:其守署及爲它事者

睡簡・秦律・196:慎守唯敬(儆)

睡簡・秦律・161:令君子毋(無)害者若令史守官

睡簡・秦律・161:毋令官佐、史守

睡簡・秦律・150:司寇勿以爲僕、養、守官府及除有爲殹

里簡・J1(8)154 正:遷陵守丞都敢言之〖注〗守丞,官名。

里簡・J1(8)157 背:守府快行

里簡・J1(16)9 背:□遷陵守丞敦狐告都鄉主

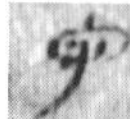
里簡・J1(8)152 正:少內守是敢言之

里簡・J1(8)156:遷陵守丞色下少內

里簡・J1(8)158 背:守府快行旁

里簡・J1(8)158 正:遷陵守丞色敢告酉陽丞

里簡・J1(9)1 正:陽陵守丞廚敢言之

里簡・J1(9)2 正:陽陵守丞恬敢言之

里簡・J1(9)3 正:陽陵守丞恬敢言之

里簡・J1(9)4 正:陽陵守丞廚敢言之

里簡・J1(9)5 正:陽陵守丞廚敢言之

里簡・J1(9)7 正:陽陵守丞廚敢言之

里簡・J1(9)8 正:陽陵守丞廚敢言之

里簡・J1(9)9 正:陽陵守丞恬敢言之

里簡・J1(9)10 正:陽陵守丞廚敢言之

里簡・J1(9)11 正:陽陵守丞恬敢言之

里簡・J1(9)12 背:陽陵守丞廚敢言之

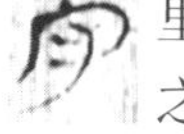
里簡・J1(9)981 正:田官守敬敢言之

里簡・J1(16)6 正:當坐者言名史泰守府

里簡・J1(6)1 背:以以郵行行守敢以以

里簡・J1(8)133 背:遷陵守丞陘告司空主

里簡・J1(8)134 正:遷陵守丞敦狐郤(卻)之司空

里簡・J1(8)134 正:司空守樛(樛)敢言

里簡・J1(16)9 正:都鄉守嘉言

封泥印・待考 165:□□□守

封泥印・附二 196:遼東守印

秦印編 141:善守

秦印編 141:慎守

秦印編 141:守

秦印編 141:守廚

秦印編 141:遼東守印

秦印編 141:即墨大守

秦印編 141:九江大守

秦印編 141:太原守印

秦印編 141:河間大守

封泥集 251・1:河間大守

封泥集 254・1:九江守印

封泥集 258・1:遼東守印

封泥集 259・1:太原守印

封泥集 260・1:四川大守

封泥集 261・1:濟北大守

封泥集 268・1:即墨大守

封泥集 268・2:即墨大守

封泥集 269・1:□陽□守

集證・150.285:九江守印

集證・151.286:太原守印

集證・151.287:濟北大守

集證・151.288:即墨大守

集證・151.289:四川大守

集證・151.290:□陽□守

集證・151.291:□□大守

封泥印 92:四川大守

封泥印・附二 195:九江守印

封泥印・附二 195:清河大守〖注〗大守,即太守,官名。

1610　寵　寵

睡簡・日甲・22 背:有寵

睡簡·日甲·19背:毋(無)寵〖注〗寵,光耀。

睡簡·日甲·144正:有寵

睡簡·日甲·144正:戊申生子,寵

睡簡·日乙·238:有寵

睡簡·日乙·244:有寵

1611 宥

帛書·病方·76·摹:取麋(蘼)蕪本若□薺一□傅宥(痏)

帛書·病方·111:不出一月宥(疣)已

帛書·病方·111:靡(磨)宥(疣)室北

1612 㝖𡩸(宜)

秦公鎛鐘·摹(秦銅·16.4):宜

秦公簋·蓋(秦銅·14.2):宜

秦政伯喪戈一(珍金·42):市鉣用逸宜〖注〗宜,王輝説爲祭名,或讀爲"儀",威儀。

秦政伯喪戈一·摹(珍金·42):市鉣用逸宜

新見秦宜陽鼎·摹(鼎跋):宜陽〖注〗宜陽,地名。

新見秦宜陽鼎(實録):宜陽

秦政伯喪戈二(珍金·43):市鉣用逸宜

秦政伯喪戈二·摹(珍金·43):市鉣用逸宜

卜淦□高戈·摹(秦銅·188):卜淦□高乍(作)鑄永寶用逸宜

傳世秦子戈(集證·11):左右帀(師)□用逸宜

故宫藏秦子戈(集證·10):左右帀(師)鮇(旅)用逸宜

故宫藏秦子戈·摹(集證·10):左右帀(師)鮇(旅)用逸宜

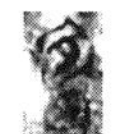珍秦齋秦子戈(珍金·38):左右帀(師)鮇(旅)用逸宜

珍秦齋秦子戈·摹(珍金·38):左右帀(師)鮇(旅)用逸宜

香港秦子戈二·摹(新戈·2):左右帀(師)鮇(旅)逸宜

秦子矛(集證·12):□右帀(師)鮇(旅)用逸宜

泰山刻石·宋拓本:者產得宜

天簡32·乙:□反(?)宜春夏

天簡32·乙:主人多女子吉宜□冬

睡簡·日甲·32正:臨官立(涖)正(政)相宜也

睡簡·日甲·23背:宜犬

睡簡·日甲·23背:宜子與

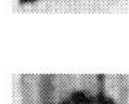睡簡·日甲·121正:宜豕

睡簡·日甲·19背:不宜子

睡簡·秦律·185:宜到不來者

睡簡·日甲·82背:巳名曰宜食成怪目

里簡·J1(9)1正:陽陵宜居士五(伍)毋死有貲餘錢八千六十四

〖注〗宜居,鄉里名。

秦印編 142:宜春左園

秦印編 142:宜陽肄

集證・150.276:宜陽津印〖注〗宜陽,縣名。

集證・158.403:宜野鄉印

秦印編 142:宜春禁丞

秦印編 142:宜陽津印

秦印編 142:宜野鄉印

秦印編 142:矦宜

秦印編 142:郭宜

秦印編 142:宜民和衆

秦印編 142:宜秦

秦印編 142:宜民和衆

秦印編 142:宜民和衆

秦印編 142:宜民和衆

秦印編 142:宜陽肄

封泥印 68:宜春禁丞

新封泥 D・34:宜春禁丞

封泥集・附一 404:宜春禁丞

封泥集・附一 409:宜陽津印

集證・186.777:宜民和衆〖注〗宜民,使民衆安寧。

秦陶・1230:宜陽肄

秦陶 A・2.13:宜陽昌

秦陶 A・2.9:宜陽工武

秦陶 A・2.10:宜陽工昌

集證・220.257:□宜□犯

秦陶 A・2.8:宜陽工武

秦陶 A・2.11:宜陽工肄

1613  寫

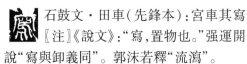

石鼓文・田車(先鋒本):宮車其寫〖注〗《説文》:"寫,置物也。"强運開説"寫與卸義同"。郭沫若釋"流瀉"。

石鼓文・而師(先鋒本):□□其寫

石鼓文・鑾車(先鋒本):四馬其寫

睡簡・答問・56:廷行事以僞寫印

睡簡・答問・55:爲有秩僞寫其印爲大嗇夫〖注〗僞寫,假造。

龍簡・177:□寫律予租□

里簡・J1(9)1 正:寫上

里簡・J1(9)9 正:寫上

里簡・J1(16)6 背:寫上

 里簡・J1(9)2 正:寫上

 里簡・J1(9)3 正:寫上

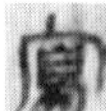 里簡・J1(9)4 正:寫上

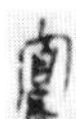 里簡・J1(9)10 正:寫上

 里簡・J1(9)11 正:寫上

 里簡・J1(9)12 背:寫上

 里簡・J1(9)5 正:寫上

 里簡・J1(9)6 正:寫上

 里簡・J1(9)7 正:寫上

 里簡・J1(9)8 正:寫上

1614 宵

 天簡 35・乙:中宵畏忌室有靈巫

 睡簡・封診・73:自宵臧(藏)乙復(複)結衣一乙房内中〖注〗自宵,昨夜。

睡簡・封診・85:自宵子變出

1615 宿

 睡簡・秦律・196:善宿衛

 睡簡・雜抄・34:宿者已上守除

 睡簡・雜抄・34:徒卒不上宿〖注〗宿,宿衛。

龍簡・47・摹:有逋亡□宿□〖注〗宿,住宿。

 關簡・2:丁酉宿井韓鄉

 關簡・243:得其時宿

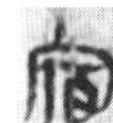 關簡・244:宿右行

 關簡・378:置□後數宿

 關簡・33:己巳宿江陵

 關簡・3:戊戌宿江陵

 關簡・31:丁卯宿□上

 關簡・49:宿長道

 關簡・50:戊子宿迣贏邑北上渧

 關簡・57:乙未宿尋平

 關簡・53:辛卯宿迣羅涌西

 關簡・54:壬辰宿迣離涌東

 關簡・55:癸巳宿區邑

 關簡・51:己丑宿迣離涌西

 關簡・18:甲寅宿都鄉

 關簡・12:戊申宿黃郵

 關簡・19:乙卯宿競(竟)陵

 關簡・13:己酉宿競(竟)陵

關簡・14:庚戌宿都鄉

關簡・15:辛亥宿鐵官

帛書・病方・94:亨(烹)三宿雄鷄二

1616　寑(寢)㝲

大墓殘磬(集證・72):□㝭(寢)龔(恭)雒(雍)〖注〗㝭,通作"寢",宗廟。《説文》"寑"訓"卧也",又有"𥦸"字,訓"病卧","寢"乃後字之省。今通用"寢"。

大墓殘磬(集證・74):□㝭(寢)龔(恭)雒(雍)

大墓殘磬(集證・75):□㝭(寢)宫

1617　寬

睡簡・爲吏・3:寬以治之

睡簡・爲吏・12:寬俗(容)忠信

秦印編142:寬璽

集證・166.527:牟寬

1618　寡

睡簡・日乙・255:爲閒者不寡夫乃寡婦

睡簡・答問・156:大夫寡

睡簡・日甲・90背:其室寡

睡簡・日甲・39正:兩寡相當

睡簡・日乙・242:寡弟

睡簡・日乙・255:爲閒者不寡夫乃寡婦

睡簡・日乙・99:生子,寡

睡簡・爲吏・2:孤寡窮困

睡簡・爲吏・24:寡人弗欲

1619　客

天簡34・乙:爲客□主人閒□

天簡34・乙:□多者勝客

睡簡・日甲・60正:虚四徹不可入客、寓人及臣妾

睡簡・日甲・59正:入客戊辰、己巳、辛酉、辛卯、己未、庚午

睡簡・答問・200:寄及客

睡簡・答問・203:者(諸)候(侯)客節(即)來使入秦

睡簡・答問・204:命客吏曰"匧"

睡簡・答問・90:邦客與主人鬭

睡簡・答問・184:客未布吏而與賈〖注〗客,邦客。

睡簡・答問・179:者(諸)侯客來者

睡簡・答問・140:盜出朱(珠)玉邦關及買(賣)於客者

睡簡・秦律・35:以給客

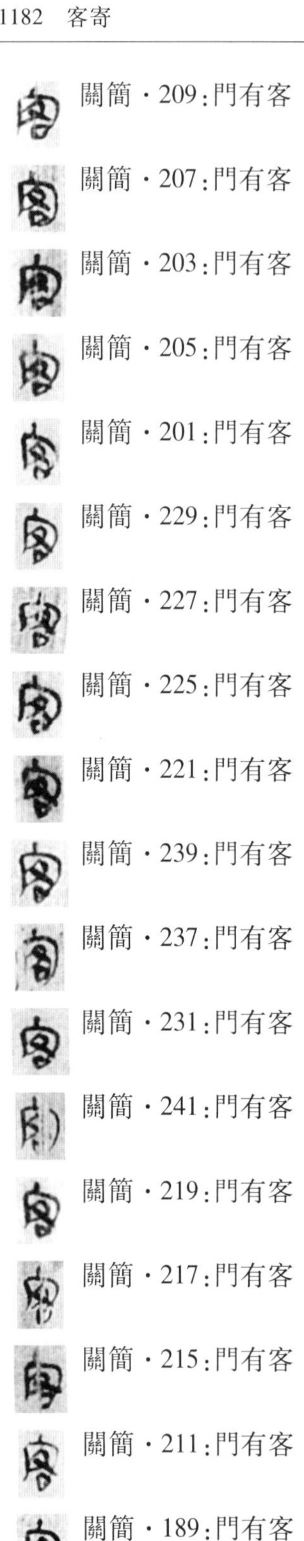

關簡・209:門有客

關簡・207:門有客

關簡・203:門有客

關簡・205:門有客

關簡・201:門有客

關簡・229:門有客

關簡・227:門有客

關簡・225:門有客

關簡・221:門有客

關簡・239:門有客

關簡・237:門有客

關簡・231:門有客

關簡・241:門有客

關簡・219:門有客

關簡・217:門有客

關簡・215:門有客

關簡・211:門有客

關簡・189:門有客

關簡・187:門有客

關簡・199:門有客

關簡・197・摹:門有客

關簡・193:門有客

秦印編 142:趙客

秦印編 142:盧客

秦印編 142:且客

1620 寄

會稽刻石・宋刻本:夫爲寄豭

睡簡・日乙・131:入寄之

睡簡・日乙・131:毋以戊辰、己巳入寄人

睡簡・日乙・131:寄人室

睡 11 號牘・正:黑夫寄益就書曰

睡簡・答問・200:寄及客

睡簡・答問・11:寄乙,乙受〖注〗寄,存放。

睡簡・日甲・58 正:不出歲亦寄焉

睡簡・日甲・57 正:己巳入寄者

睡簡・日甲・57 正:毋以辛酉入寄者

睡簡・日甲・127 背:子、卯、午、酉不可入寄者及臣妾

睡簡・日甲・155 背:利壞垣、徹屋、出寄者

睡簡・日乙・殘10:□入寄□

睡簡・日乙・42:不出三歲必代寄焉

睡簡・日乙・42:凡五巳不可入寄者

睡簡・日乙・124:不可以入臣妾及寄者

睡簡・日乙・121:入(納)之所寄之

睡簡・日乙・121:毋以戊辰、己巳入(納)寄者

睡簡・日乙・131:寄人反寄之

1621　寓庽

石鼓文・吳人(先鋒本):□䢅寓逢〖注〗寓,郭沫若說"借作遇"。馬叙倫說"與逢(丰)爲叠韻聯綿詞,形容林木之盛"。

睡簡・日甲・60正:虛四徹不可入客、寓人及臣妾〖注〗寓人,讓人寄居。

集證・176.641:寓

秦印編142:寓

1622　寠

睡簡・秦律・82:貧寠毋(無)以賞(償)者〖注〗貧寠,窮困。

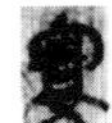睡簡・日甲・56正:同居必寠

睡簡・日甲・55正:異者焦寠

帛書・足臂・13:出內踝寠(婁)中〖注〗婁,空穴。

帛書・足臂・1:出外踝寠(婁)中

1623　寒

睡簡・秦律・90:囚有寒者爲褐衣

睡簡・日甲・50背:室毋(無)故而寒

睡簡・爲吏・31:衣食饑寒

關簡・318:寒輒更之

帛書・病方・31:[熨]寒

帛書・病方・32:一熨寒汗出

帛書・病方・34:寒和〖注〗寒和,溫度和宜。

帛書・病方・38:以歐(驅)寒氣

帛書・病方・46:熨寒□復烝(蒸)

帛書・病方・174:寒溫適

帛書・病方・250:藥寒而休

帛書・病方・263:以寒水戔(濺)其心腹

帛書・病方・269:寒,則下之

帛書・病方・334:湯寒則炊之

帛書・灸經甲・41:振寒〖注〗振寒,惡寒戰慄。

帛書・灸經甲・44:洒洒病寒

帛書・足臂・4:顏寒

帛書・足臂・7:胻寒

帛書・足臂・12:顔寒

1624 害

石鼓文・吾水(先鋒本):害(曷)不余從〖注〗害,訓"曷",何。

繹山刻石・宋刻本:熘害滅除

睡簡・日乙・殘3:□居室唯甲寅甚害□

睡簡・日乙・137:[毋(無)所]大害

天簡28・乙:再害

睡簡・爲吏・17:四曰犯上弗智(知)害

睡簡・語書・4:甚害於邦

睡簡・語書・1:害於邦

睡簡・答問・3:問辠當駕(加)如害盜不當

睡簡・答問・1:害盜別徼而盜〖注〗害盜,即"憲盜"。

睡簡・答問・179:可(何)謂"亡券而害"〖注〗害,危害,律文習語。

睡簡・秦律・161:令君子毋(無)害者若令史守官〖注〗無害,文書習語,辦事沒有疵病。

睡簡・日甲・28背:不害人矣

睡簡・日甲・27背:善害人

睡簡・日甲・24背:鬼害民罔(妄)行

睡簡・日甲・9正:外害日

睡簡・日甲・66背:不害矣

睡簡・日甲・64背:凡有大票(飄)風害人

睡簡・日甲・5正:害日

睡簡・日甲・102正:害於驕母

睡簡・日甲・101正:害於上皇

睡簡・日甲・130正:毋(無)所大害

睡簡・爲吏・50:除害興利

龍簡・103:敢穿穽及置它[機]能害□

里簡・J1(12)10正:蠻衿害弗智(知)□〖注〗害,通"曷"。或爲人名。

關簡・207:不害〖注〗不害,沒有妨害。

帛書・脈法・77:四害

集證・161.452:女不害

秦印編143:害

1625 索

睡簡・封診・20・摹:甲、乙捕索(索)其室而得此錢、容(鎔)

睡簡・秦律・18:及索(索)入其賈(價)錢〖注〗索,盡。

睡簡・秦律・29:出之未索(索)而已備者

睡簡・秦律・29:禾、芻稾積索(索)出日

睡簡・秦律・31:令其故吏與新吏雜先索(索)出之

睡簡・秦律・32:索(索)而論不備

睡簡・效律・25:先索(索)以稾人

1626　宕

不其簋蓋(秦銅・3):女(汝)以我車宕伐嚴允(玁狁)于高陶(陶)〖注〗宕,猶"蕩",廣大。

滕縣不其簋器(秦銅・4):女(汝)以我車宕伐嚴允(玁狁)于高陶(陶)

五十年詔事戈・摹(集證・31):五十年詔事宕〖注〗宕,人名。

1627　宋

睡簡・日甲・36背:鬼恆宋傷人〖注〗宋傷,疑讀爲"聳惕",恐嚇。

集證・168.554:宋帶

封泥集369・1:宋祿

秦印編143:宋譊之印

秦印編143:宋鷽

秦印編143:宋胥

秦印編143:宋又

秦印編143:宋抑

秦印編143:宋鼂

秦印編143:王宋

秦印編143:宋印

秦印編143:宋嬰

1628　宗

秦公簋・蓋(秦銅・14.2):乍(作)𠦪宗彝

詛楚文・湫淵(中吳本):使其宗祝卲鼛布愍(檄)告于不(丕)顯大神氒(厥)湫〖注〗宗祝,官名。

詛楚文・巫咸(中吳本):使其宗祝卲鼛布愍(檄)告于不(丕)顯大神巫咸

詛楚文・亞駝(中吳本):使其宗祝卲鼛布愍(檄)告于不(丕)顯大神亞駝

封泥集123・1:宗正〖注〗宗正,官名。

封泥集123・2:宗正

封泥集123・3:宗正

封泥集123・4:宗正

集證・133.14:宗正

集證・133.15:宗正

封泥印25:宗正

秦印編143:宗正

瓦書・郭子直摹:以爲右庶長歜宗邑〖注〗宗邑,宗廟所在。

瓦書・郭子直摹：以爲宗邑

瓦書（秦陶・1610）：以爲右庶長歜宗邑

瓦書（秦陶・1610）：以爲宗邑

1629　寘

詛楚文・湫淵（中吳本）：寘（置）者（諸）冥室櫝棺之中〖注〗寘，讀爲“置”。陳世輝讀爲“庋”，訓儲。

詛楚文・巫咸（中吳本）：寘（置）者（諸）冥室櫝棺之中

詛楚文・亞駝（中吳本）：寘（置）者（諸）冥室櫝棺之中

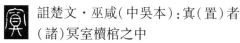

天簡38・乙：寘〖注〗《說文》：“寘，置也。”又，“置，赦也。”

1630　遣

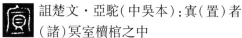

傳世秦子戈（集證・11）：秦子乍（作）遣（造）公族元用

故宮藏秦子戈・摹（集證・10）：秦子乍（作）遣（造）中辟元用

香港秦子戈五・摹（新見秦子戈・2）：秦子乍（作）遣（造）公族元用

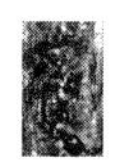珍秦齋秦子戈（珍金・38）：秦子乍（作）遣（造）左辟元用

珍秦齋秦子戈・摹（珍金・38）：秦子乍（作）遣（造）左辟元用

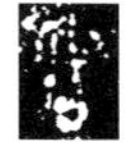故宮藏秦子戈（集證・10）：秦子乍（作）遣（造）中辟元用

秦政伯喪戈二・摹（珍金・43）：乍（作）遣（造）元戈喬黃

秦政伯喪戈一（珍金・42）：乍（作）遣（造）元戈喬黃

秦政伯喪戈一・摹（珍金・42）：乍（作）遣（造）元戈喬黃

秦懷后磬・摹：自乍（作）遣（造）殸（磬）

1631　瘨

秦駰玉版・甲・摹：氒（厥）氣瘨（戕）周（凋）〖注〗瘨，王輝讀爲“戕”，殘壞。李零讀爲“敗”。

1632　竆

關簡・262：曰：㪉（徹）周竆＝周㪉＝周竆＝周□日直竆（窮）〖編者按〗《說文》：“竆，夏后時諸侯夷羿國也。从邑，窮省聲。”竆應爲竆字異體，後世通作窮。

關簡・262：曰：㪉（徹）周竆＝周㪉＝周竆＝周□日直竆（窮）

關簡・262：曰：㪉（徹）周竆＝周㪉＝周竆＝周□日直竆（窮）

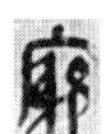關簡・134：直周中三晝者，竆（窮）

關簡・143：凡竆（窮）日

關簡・138：廿九日竆（窮）日

1633　宮

秦陶・1345：咸郿里宮〖注〗宮，人名。

集證・196.44：咸郿里宮

1634　寱

集證・169.555：忌寱〖注〗寱，游國慶說疑即“槐”字異體。

1635　庯

睡簡・日甲・68背:已乃庯(餔)

1636　寂

漆筒墨書(集證・226.1):寂之寺(持)篝〖注〗寂,“宗”之繁体,“柴”字異體。《說文》:“祡,燒柴樊燎以祭天神。”燒柴祭曰祡。

1637　宊

睡簡・爲吏・5:勢(傲)悍宊暴〖注〗宊,讀爲“戮”,暴。

1638　竆

關簡・223:急相竆(窮)事也〖注〗竆,“窮”之異體。

1639　宄

秦印編292:笵宄奴

1640　宮

秦子簋蓋(珍金・35):保其宮外〖注〗李學勤說“宮”指器主所居,和“外”對稱。

秦子簋蓋・摹(珍金・31):保其宮外

卲宮私官盉(秦銅・194):卲宮私官〖注〗卲宮,宮名。

信宮罍(珍金・130):信宮左般〖注〗信宮,宮名。

信宮罍・摹(珍金・130):信宮左般

大墓殘磬(集證・75):□寑(寢)宮〖注〗寢宮,指宗廟。

石鼓文・田車(先鋒本):宮車其寫

天簡28・乙:比於宮聲

睡簡・日甲・51背:入人宮

睡簡・日甲・18背:小宮大門

睡簡・日甲・19背:大宮小門

睡簡・日甲・138背:神以毀宮

睡簡・答問・188:宮隸有刑

睡簡・答問・188:可(何)謂“宮更人”

睡簡・答問・188:是謂“宮更人”

睡簡・答問・189:可(何)謂“宮狡士、外狡士”

睡簡・答問・187:宮中主循者殹

睡簡・答問・187:可(何)謂“宮均人”

睡簡・答問・113:可(何)謂“贖宮”〖注〗宮,肉刑名,閹割。

睡簡・秦律・17:其大廄、中廄、宮廄馬牛殹〖注〗宮廄,廄名。

睡簡・日甲・29背:人毋(無)故鬼昔(藉)其宮〖注〗宮,室。

睡簡・日甲・32背:男女未入宮者毄(擊)鼓奮鐸喿(譟)之

睡簡・日甲・31背:睘(環)其宮

 睡簡・日甲・31 背:人若鳥獸及六畜恆行人宮

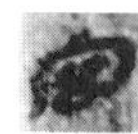 睡簡・日甲・49 背:人毋(無)故而鬼祠(伺)其宮

 睡簡・日甲・41 背:天火燔人宮

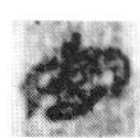 睡簡・日甲・50 背:鬼恆羸(裸)入人宮

 睡簡・日甲・59 背:鬼入人宮室

 睡簡・日甲・57 背:票(飄)風入人宮而有取焉

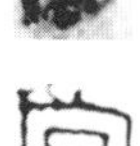 新封泥 D・28:南宮郎中〖注〗南宮,宮名。

 新封泥 A・2.20:北宮工室〖注〗北宮,宮名。

 新封泥 A・3.2:北宮榦官

 集證・146.212:宮廄丞印

 集證・146.213:宮廄丞印

 集證・146.214:宮廄

 新封泥 E・6:宮司空印

 秦印編 143:西宮中官

 秦印編 144:宮得

 秦印編 143:南宮尚浴

 秦印編 144:宮水

 秦印編 143:私宮

 秦印編 144:宮之

秦印編 143:李宮

 秦印編 144:宮强

 秦印編 143:高宮

 秦印編 144:宮係

 秦印編 143:宮丁

 秦印編 144:宮積

 秦印編 143:北宮私丞

 秦印編 144:宮藏

 秦印編 143:中宮

 秦印編 144:宮欸

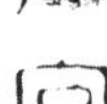 秦印編 143:北宮宦丞

 秦印編 144:宮係

 秦印編 143:南宮郎丞

 秦印編 144:宮得

 秦印編 143:宮廄丞印

 秦印編 144:宮欸

 秦印編 143:宮司空印

 秦印編 144:宮藏

 秦印編 144:宮

封泥集 124・1:宫司空丞

封泥集 124・1:宫司空印

封泥集 124・3:宫司空印

封泥集 124・4:宫司空印

封泥集 124・5:宫司空印

封泥集 125・4:宫司空丞

封泥集 125・5:宫司空丞

封泥集 125・6:宫司空丞

封泥集 125・7:宫司空丞

封泥集 125・8:宫司空丞

封泥集 125・10:宫司空丞

封泥集 125・11:宫司空丞

封泥集 125・13:宫司空丞

封泥集 125・14:宫司空丞

封泥集 125・16:宫司空丞

封泥集 125・18:宫司空丞

封泥集 125・19:宫司空丞

封泥集 125・20:宫司空丞

封泥集 125・21:宫司空丞

封泥集 125・23:宫司空丞

封泥集 125・25:宫司空丞

封泥集 186・1:宫廄丞印

封泥集 186・1:宫廄

封泥集 186・3:宫廄丞印

封泥集 186・4:宫廄丞印

封泥集 186・5:宫廄丞印

封泥集 186・6:宫廄丞印

封泥集 186・7:宫廄丞印

封泥集 186・8:宫廄丞印

封泥集 187・9:宫廄丞印

封泥集 187・10:宫廄丞印

封泥集 199・1:信宫車府

封泥集 200・1:中宫

封泥集 201・1:萯陽宫印

封泥集 203・1:南宫郎丞

封泥集 203・2:南宫郎丞

封泥集 203・3:南宫郎丞

封泥集 203・4:南宫郎丞

封泥集 203・6:南宫郎丞

封泥集 203・8:南宫郎丞

封泥集 204・10:南宫郎丞

封泥集 204・11:南宫郎丞

封泥集 204・12:南宫郎丞

封泥集 205・1:北官弋丞

封泥集 205・2:北官弋丞

封泥集 205・5:北宫工丞

封泥集 205・6:北宫工丞

封泥集 206・1:北宫宦丞

封泥集 206・2:北宫幹丞

封泥集 206・2:北宫宦丞

封泥集 206・3:北宫宦丞

封泥集 207・1:北宫私丞

封泥集 207・3:北宫私丞

封泥集 207・5:北宫宦丞

封泥集 207・6:北宫宦丞

封泥集 207・7:北宫宦丞

封泥集 207・8:北宫宦丞

封泥集 207・9:北宫宦丞

封泥集 208・5:北宫私丞

封泥集・附章 393・23:宫

封泥集・附章 396・84:宫

集證・134. 31:北宫宦丞

集證・135. 32:北宫宦丞

集證・135. 33:北宫宦□

集證・135. 37:北宫弋丞

集證・135. 39:北宫私丞

集證・138. 88:宫臣丞印

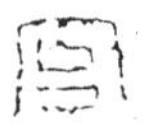

集證・138. 89:中宫〖注〗中宫,皇后之宫,或官署名。

集證・138. 94:南宫郎丞

集證・141. 136:宫司空印

集證・141. 137:宫司空印

集證・141. 138:宫司空丞

集證・141. 139:宫司空丞

集證・144. 188:信宫車府

新封泥 C・16. 4:宫司空印

新封泥 C・16. 6:宫司空丞

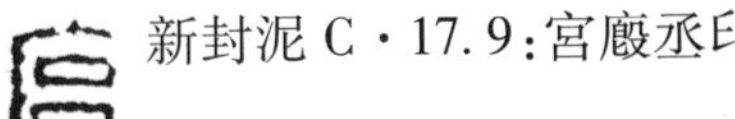新封泥C·17.9:宮廄丞印

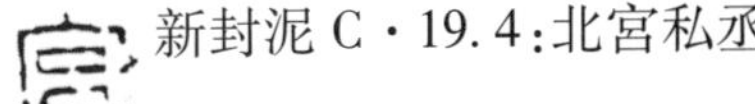新封泥C·19.4:北宮私丞

封泥印15:宮廄丞印

封泥印15:宮廄

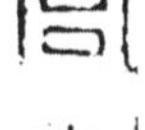封泥印62:南宮郎中

封泥印63:北宮工丞

封泥印63:南宮郎丞

封泥印64:北宮弋丞

封泥印64:北宮榦丞

封泥印65:北宮宦丞

封泥印65:北宮私丞

封泥印85:宮司空印

集證·142.145:宮師之印

封泥集·附一401:南宮尚浴

封泥集·附一407:西宮中官

集證·135.40:西宮中官

集證·135.42:南宮尚浴

秦陶·544:左宮〖注〗左宮,袁仲一說爲“左宮水”省稱,官署名。

秦陶·953:宮

秦陶·1465:宮廄

秦陶·1471:宮

集證·193.21:宮

集證·202.68:宮炙人

集證·202.69:宮炙人

集證·204.79:宮炙人

集證·204.80:宮炙人

集證·204.81:宮炙人

集證·204.82:宮炙人

集證·204.83:宮炙人

集證·204.84:宮炙人

集證·204.85:宮炙人

集證·204.86:宮炙人

集證·204.87:宮炙人

集證·204.88:宮炙人

集證·204.89:宮炙人

集證·204.90:宮炙人

秦陶A·1.6:宮丙

秦陶A·1.7:宮各

秦陶 A・1.8:宮煩

秦陶 A・1.10:宮之

秦陶 A・1.11:宮□

秦陶・295:宮、宮欬

秦陶・295:宮、宮欬

秦陶・223:宮

秦陶・224:宮

秦陶・225:宮

秦陶・226:宮

秦陶・227:宮彊

秦陶・228:宮彊

秦陶・229:宮彊

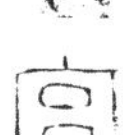
秦陶・230:宮得

秦陶・231:宮彊

秦陶・232:宮得

秦陶・233:宮得

秦陶・234:宮得

秦陶・235:宮得

秦陶・237:宮得

秦陶・253:宮係

秦陶・254:宮係

秦陶・255:宮係

秦陶・256:宮係

秦陶・257:宮係

秦陶・259:宮係

秦陶・260:宮係

秦陶・261:宮係

秦陶・262:宮係

秦陶・263:宮係

秦陶・264:宮係

秦陶・271:宮臧

秦陶・272:宮臧

秦陶・273:宮臧

秦陶・274:宮臧

秦陶・275:宮臧

秦陶・276:宮臧

秦陶・278:宮臧

秦陶・280:宮臧

 秦陶・281:宫係

 秦陶・282:宫臧

 秦陶・283:宫□

 秦陶・284:宫臧

 秦陶・286:宫臧

 秦陶・287:宫臧

 秦陶・289:宫欬

 秦陶・290:宫欬

 秦陶・291:宫欬

 秦陶・292:宫欬

 秦陶・293:宫欬

 秦陶・296:宫欬

 秦陶・297:宫欬

 秦陶・299:宫欬

 秦陶・300:宫頯

 秦陶・301:宫頯

 秦陶・303:宫頯

 秦陶・304:宫朝

 秦陶・305.1:宫頗

 秦陶・305.2:宫頗

 秦陶・305.3:宫頗

 秦陶・894:宫水

 秦陶・895:宫水

 秦陶・896:宫水

 秦陶・897:宫章

 秦陶・898:宫瓦

 秦陶・899:宫水

 秦陶・900:宫歯

 秦陶・901:宫水

 秦陶・902:宫水

 秦陶・903:宫沶

 秦陶・904:宫水

 秦陶・905:宫沶

 秦陶・906:宫沶

 秦陶・908:宫瓦

 秦陶・910:宫□

 秦陶・911:宫瓦

 秦陶・912:宫□

秦陶・913:宫瓦

秦陶・914:宫水壴

秦陶・915:宫爪

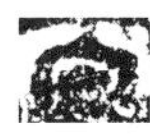秦陶・916:宫爪

秦陶・917:宫水順

秦陶・918:宫甲

秦陶・919:宫灸人

秦陶・920:宫爪

秦陶・921:宫爪

秦陶・922:宫爪

秦陶・923:宫爪

秦陶・924:宫爪

秦陶・925:宫爪

秦陶・926:宫得

秦陶・928:宫□

秦陶・929:宫丁

秦陶・930:宫爪

秦陶・931:宫爪

秦陶・933:宫灸人

秦陶・934:宫灸人

秦陶・935:宫灸人

秦陶・937:宫灸人

秦陶・938:宫灸人

秦陶・939:宫灸人

秦陶・940:宫灸人

秦陶・941:宫灸人

秦陶・942:宫灸人

秦陶・943:宫灸人

秦陶・944:宫灸人

秦陶・945:宫灸人

秦陶・946:宫灸人

秦陶・947:宫灸人

秦陶・948:宫灸人

秦陶・949:宫灸人

秦陶・950:宫毛

秦陶・951:宫毛

秦陶・952:宫毛

秦陶・954:宫之

秦陶・955:宮錯

秦陶・957:宮錯

秦陶・958:宮錯

秦陶・959:宮錯

秦陶・960:宮章

秦陶・961:宮章

秦陶・962:宮章

秦陶・963:宮章

秦陶・964:宮之

秦陶・965:宮錯

秦陶・966:宮進

秦陶・967:宮進

秦陶・968:宮進

秦陶・969:宮進

秦陶・971:宮丁

秦陶・972:宮丁

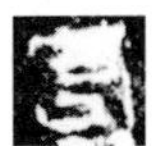秦陶・973:宮□

秦陶・974:宮丁

秦陶・975:宮水

秦陶・977:宮□

秦陶・979:宮錯

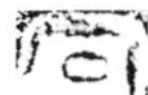秦陶・980:宮□

秦陶・1383:咸□□宮

集證・207.129:宮毛

集證・207.130:宮毛

集證・205.91:宮涿

集證・205.92:宮涿

集證・205.93:宮涿

集證・205.94:宮涿

集證・205.95:宮涿

集證・205.96:宮涿

集證・205.97:宮涿

集證・205.98:宮涿

集證・205.99:宮涿

集證・205.100:宮涿

集證・205.101:宮涿

集證・205.102:宮涿

集證・206.103:宮毛

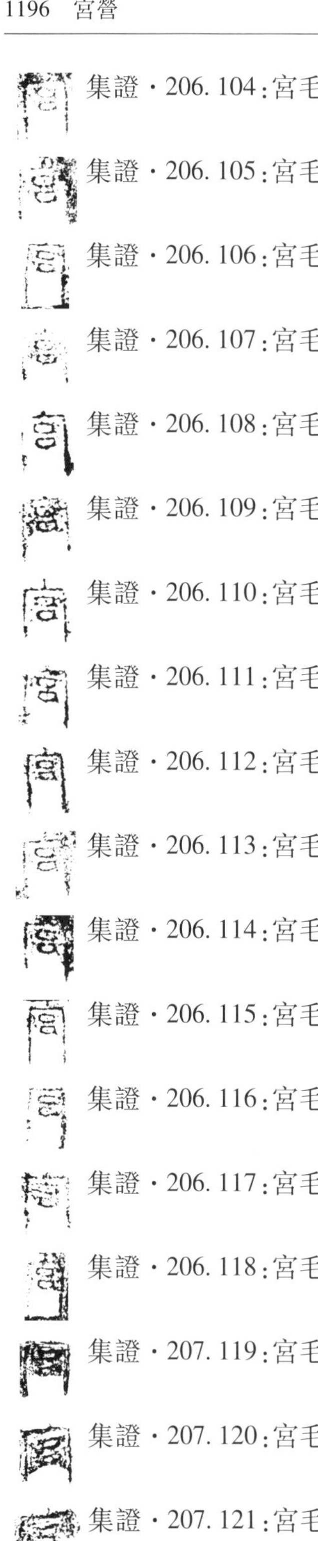

集證・206.104:宫毛

集證・206.105:宫毛

集證・206.106:宫毛

集證・206.107:宫毛

集證・206.108:宫毛

集證・206.109:宫毛

集證・206.110:宫毛

集證・206.111:宫毛

集證・206.112:宫毛

集證・206.113:宫毛

集證・206.114:宫毛

集證・206.115:宫毛

集證・206.116:宫毛

集證・206.117:宫毛

集證・206.118:宫毛

集證・207.119:宫毛

集證・207.120:宫毛

集證・207.121:宫毛

集證・207.122:宫毛

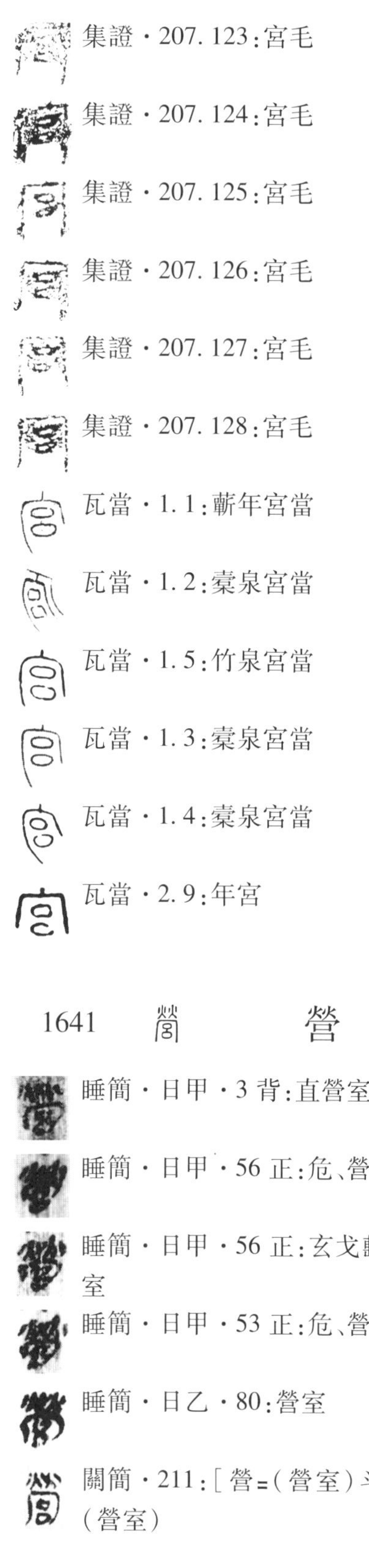

集證・207.123:宫毛

集證・207.124:宫毛

集證・207.125:宫毛

集證・207.126:宫毛

集證・207.127:宫毛

集證・207.128:宫毛

瓦當・1.1:蘄年宫當

瓦當・1.2:橐泉宫當

瓦當・1.5:竹泉宫當

瓦當・1.3:橐泉宫當

瓦當・1.4:橐泉宫當

瓦當・2.9:年宫

1641　營

睡簡・日甲・3 背:直營室以出女

睡簡・日甲・56 正:危、營室致死

睡簡・日甲・56 正:玄戈毄(繫)營室

睡簡・日甲・53 正:危、營室少吉

睡簡・日乙・80:營室

關簡・211:[營₌(營室)斗乘]營₌(營室)

關簡・173:營=(營室)

關簡・143:營=(營室)〖注〗營室,二十八宿之一。

封泥集・附一409:營浦

1642　呂 膂　　呂 膂

□年相邦呂不韋戈(珍金・98):□年相邦呂不韋造□礱

□年相邦呂不韋戈・摹(珍金・98):□年相邦呂不韋造□礱

三年相邦呂不韋戈・摹(秦銅・60):三年相邦呂□□(不韋)造

四年相邦呂不韋戈・摹(秦銅・63):四年相邦呂不[韋造]

五年相邦呂不韋戈一(集證・33):五年相邦呂不韋造

五年相邦呂不韋戈二(秦銅・68.1):五年相邦呂不韋造

五年相邦呂不韋戈二・摹(秦銅・68.1):五年相邦呂不韋造

五年相邦呂不韋戈三・摹(秦銅・69):五年相邦呂不韋造

八年相邦呂不韋戈・摹(秦銅・71):八年相邦呂不韋造

三年相邦呂不韋矛二(撫順・1):三年相邦呂不韋造

四年相邦呂不韋矛・摹(秦銅・66):四年相邦呂不韋造

三年相邦呂不韋戟(秦銅・61):三年相邦呂不韋造

三年相邦呂不韋戟・摹(秦銅・61):三年相邦呂不韋造

四年相邦呂不韋戟・摹(秦銅・65):四年相邦呂不韋造

七年相邦呂不韋戟一(秦銅・70):七年相邦呂不韋造

七年相邦呂不韋戟二・摹(俑坑・3.2):七年相邦呂不韋造

九年相邦呂不韋戟・摹(集證・35):九年相邦呂不韋造

天簡26・乙:中大呂旄牛

天簡33・乙:中南呂赤爲

睡簡・爲吏・19:叚(假)門逆呂(旅)〖注〗逆旅,客店。

睡11號牘・背:爲黑夫、驚多問夕陽呂嬰、匽里閻諍丈人得毋恙□矣

封泥印140:呂丞之印〖注〗呂,地名。

集證・165.509:呂趌

集證・165.510:呂欻

秦印編145:呂陰

秦印編145:呂利

秦印編145:呂昌

秦印編145:呂林

秦印編145:呂安

秦印編145:呂志

秦印編145:呂佗

秦印編145:呂之得

秦印編145:呂都

秦印編145:呂池

秦印編145:呂昌

秦印編145:呂欬

封泥集368·1:呂賀

秦印編145:呂更

秦印編145:呂夫

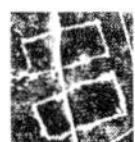秦陶·1488:北園呂氏缶

秦陶·1484:隱成呂氏缶

秦陶·1487:隱成呂氏缶

1643　躳(躬)

泰山刻石·宋拓本:皇帝躳聽

1644　穴

睡簡·答問·152:鼷穴三當一鼠穴

睡簡·答問·152:倉鼠穴幾可(何)而當論及誶

睡簡·答問·152:廷行事鼠穴三以上貲一盾

睡簡·答問·152:鼷穴三當一鼠穴

睡簡·封診·76:穴勶(徹)内中

睡簡·封診·76:穴下齊小堂

睡簡·封診·77:其穴壤在小堂上

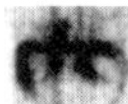睡簡·封診·74:不智(知)穴盜者可(何)人、人數

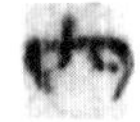睡簡·封診·74:人已穴房内

關簡·371:己巳、卯溉囷垤穴〖注〗垤穴,即蟻穴。

1645　窯

秦印編145:韓窯

集證·164.501:外宅窯〖注〗外宅窯,人名。或以爲私家陶窯之記。

集證·179.687:窯

1646　竈竈

秦公簋·蓋(秦銅·14.2):竈(肇)囿(域)四方

秦政伯喪戈一(珍金·42):竈(肇)専(撫)東方〖注〗竈,讀爲“肇”,訓爲始。

秦政伯喪戈一·摹(珍金·42):竈(肇)専(撫)東方

秦政伯喪戈二·摹(珍金·43):竈(肇)専(撫)東方

秦公鎛鐘·摹(秦銅·16.1):竈(肇)又(有)下國

石鼓文·吴人(先鋒本):勿竈勿代〖注〗竈,舊釋“奄”或“掩”,郭沫若說假爲“簉、牿”。

大墓殘磬(集證·63):竈(肇)専(敷)蠶(蠻)夏

秦懷后磬·摹:唯敏□竈〖注〗《說文》竈,“炊竈也”。舊釋“奄”,李學勤讀爲“淑”。

廿四年上郡守戟(潛山墓·19):高奴工师竈〖注〗竈,人名。

十六年大良造鞅戈鐓(秦銅・17):雍竈

睡簡・答問・192:古主爨竈者殹

睡簡・日乙・40:丙丁竈

睡簡・日甲・72背:多〈名〉兔竈陘突垣義酉

帛書・病方・427:黃神在竈中

帛書・病方・115:竈黃土十分升一

帛書・病方・308:從竈出毋延

帛書・病方・438:□東鄉(嚮)竈炊之

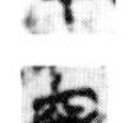
帛書・病方・422:乾夸(刳)竈

帛書・病方・401:取禹竈□塞傷痏□

秦陶・655:右竈

秦陶・656:右竈

秦印編146:竈

秦印編146:王竈私印

秦印編146:張竈

秦印編146:朱竈

秦印編146:杜竈

秦印編146:鼂竈

1647　窒

集證・162.475:王窒〖注〗王窒,人名。

1648　罙

秦印邊款・摹(集證・171.574):罙(深)冥

1649　穿

睡簡・日乙・196:穿戶忌毋以丑穿門戶

睡簡・日乙・196:穿戶忌毋以丑穿門戶

睡簡・答問・80:今夬(決)耳故不穿

睡簡・日甲・38正:可以穿井、行水、蓋屋、飲樂、外除

睡簡・日乙・57:利以穿井、蓋屋

睡簡・日甲・156背:穿壁直中

睡簡・日乙・191:辰不可以哭、穿肆(肂)

龍簡・103・摹:毋敢穿穽及置它機

關簡・371:鼠弗穿

帛書・灸經甲・43:穿臏

帛書・灸經甲・62:穿腨

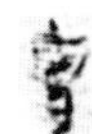
帛書・灸經甲・62:上穿脊之□廉

帛書・病方・134:所齧穿者□

帛書・病方・195:柏杵臼穿

帛書・病方・217:穿小瓠壺

帛書・病方・254:穿地深尺半

帛書・病方・262:以穿籥

帛書・病方・266:燔所穿地

帛書・病方・266:爲穿地

帛書・病方・267:穿其斷

帛書・病方・434:燔地穿而入足〖注〗地穿,地穴。

秦印編146:楊穿

秦印編146:徒穿

集證・176.647:孫穿

秦印編146:趙穿

秦印編146:寵穿

1650　竇

睡簡・答問・197:可(何)謂"竇署"〖注〗竇,空。

睡簡・封診・76:上如豬竇狀

龍簡・2・摹:竇出入及毋(無)符傳而闌入門者〖注〗竇,孔。用作動詞,指打洞、鑽洞。

秦印編146:竇齊

1651　竅

帛書・病方・244:牡痔居竅旁〖注〗竅,肛門。

帛書・病方・246:牡痔之居竅癱(廉)

帛書・病方・248:[牝]痔之入竅中寸

帛書・病方・249:爲竅

帛書・病方・254:牝痔之有數竅

帛書・病方・255:坐以熏下竅

帛書・病方・256:時自啟竅

1652　空

睡簡・雜抄・13:縣司空、司空佐史、士吏將者弗得

睡6號牘・背:聞新地城多空不實者

睡簡・答問・151:空倉中有薦

睡簡・秦律・129:司空

睡簡・秦律・126:車空失〖注〗空失,疑讀爲"控跌",傾覆。

睡簡・秦律・127:司空

睡簡・秦律・123:度攻(功)必令司空與匠度之

睡簡・秦律・125:司空

睡簡・秦律・132:司空

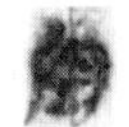睡簡・秦律・130:司空

睡簡・秦律・142:司空

睡簡・秦律・149:司空

睡簡・秦律・146:司空

睡簡・秦律・143:司空

睡簡・秦律・144:司空

睡簡・秦律・152:司空

睡簡・秦律・150:司空

睡簡・秦律・116:司空將紅(功)及君子主堵者有辠〖注〗司空,官名,掌管工程,後主管刑徒。

睡簡・雜抄・20:貲司空嗇夫一盾

睡簡・雜抄・40:縣司空署君子將者

睡簡・雜抄・14:邦司空一盾

睡簡・日甲・9 正:空

睡簡・日乙・21:空外遠之日

睡簡・日乙・9:空外

里簡・J1(9)1 正:司空騰敢言之

里簡・J1(9)1 正:以受(授)陽陵司空

里簡・J1(9)2 正:以受(授)陽陵司空

里簡・J1(9)3 正:司空騰敢言之

里簡・J1(9)3 正:以受(授)陽陵司空

里簡・J1(9)4 正:司空騰敢言之

里簡・J1(9)4 正:以受(授)陽陵司空

里簡・J1(9)5 正:司空騰敢言之

里簡・J1(9)5 正:以受(授)陽陵司空

里簡・J1(9)6 正:司空騰敢言之

里簡・J1(9)6 正:以受(授)陽陵司空

里簡・J1(9)7 正:司空騰敢言之

里簡・J1(9)7 正:以受(授)陽陵司空

里簡・J1(9)8 正:司空騰敢言之

里簡・J1(9)8 正:以受(授)陽陵司空

里簡・J1(9)9 正:司空騰敢言之

里簡・J1(9)9 正:以受(授)陽陵司空

里簡・J1(9)10 正:司空騰敢言之

里簡・J1(9)10 正:以受(授)陽陵司空

里簡・J1(9)11 正:司空騰敢言之

里簡・J1(9)11 正:以受(授)陽陵司空

里簡・J1(16)5 背:尉別都鄉司空

里簡・J1(16)6 背:告鄉司空、倉主

 里簡・J1(8)133 正:遷陵司空㝵(得)、尉乘□

 里簡・J1(8)134 正:司空守樛(樛)敢言

 里簡・J1(16)8 正:司空三人

 帛書・病方・454:牝有空(孔)

 帛書・病方・456:以傅癰空(孔)中

 帛書・病方・38:以傅傷空(孔)

 帛書・病方・217:令其空(孔)盡容穨(癩)者腎與腸

 帛書・病方・218:即內(納)腎腸於壺空(孔)中

 帛書・病方・239:有空(孔)其中

 帛書・病方・240:取內戶旁祠空中黍腏、燔死人頭皆冶〖注〗"空中"二字疑爲衍文。

 帛書・病方・241:多空(孔)者

 帛書・病方・242:以傅痔空(孔)

 帛書・病方・253:牝痔有空(孔)而欒

 帛書・病方・265:時從其空(孔)出有白蟲時從其空出

 帛書・病方・265:痔者其直(脜)旁有小空(孔)

 帛書・病方・268:而毋蓋其直空(孔)

 帛書・病方・269:令直(脜)直(值)直空(孔)

 帛書・病方・392:傅藥薄厚盈空(孔)而止

 帛書・病方・407:而并□傅空(孔)□

帛書・病方・無編號殘:空

集證・141.141:南海司空

秦印編 146:右司空印

 秦印編 146:左司空

 秦印編 146:右司空印

 秦印編 146:閭陽司空

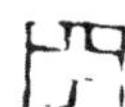 秦印編 146:南郡司空

 秦印編 146:司空之印

秦印編 146:左司空丞

秦印編 146:左司空丞

秦印編 146:宮司空丞

秦印編 146:宮司空丞

 秦印編 146:行司空久

封泥集 253・1:南郡司空〖注〗司空,官名。

封泥集 124・1:宮司空印

 封泥集 124・2:宮司空印

 封泥集 124・3:宮司空印

封泥集 124・5:宮司空印

封泥集 125・8:宮司空丞

封泥集 125・9:宮司空丞

封泥集 125・11:宮司空丞

封泥集 125・12:宮司空丞

封泥集 125・13:宮司空丞

封泥集 125・14:宮司空丞

封泥集 125・16:宮司空丞

封泥集 125・18:宮司空丞

封泥集 125・19:宮司空丞

封泥集 125・20:宮司空丞

封泥集 125・21:宮司空丞

封泥集 125・25:宮司空丞

封泥集 144・1:左司空丞

封泥集 144・2:左司空丞

封泥集 144・4:左司空丞

封泥集 144・5:左司空丞

封泥集 144・6:左司空丞

封泥集 144・7:左司空丞

封泥集 144・8:左司空丞

封泥集 145・9:左司空丞

封泥集 145・10:左司空丞

封泥集 145・11:左司空丞

封泥集 145・12:左司空丞

封泥集 145・13:左司空丞

封泥集 145・14:左司空丞

封泥集 145・15:左司空丞

封泥集 145・16:左司空丞

封泥集 145・17:左司空丞

封泥集 145・19:左司空丞

封泥集 146・1:右司空丞

封泥集 146・1:左司空印

封泥集 146・2:右司空丞

集證・141. 139:宮司空丞

集證・141. 131:左司空丞

集證・141. 134:□司空丞

集證・141. 135:左司空丞

集證・141. 136:宮司空印

集證・141. 137:宮司空印

集證・141. 138:宮司空丞

 集證·141.140:聞陽司空

 新封泥 C·16.4:宮司空印

 新封泥 E·6:宮司空印

 封泥印 37:左司空印

 封泥印 38:左司空丞

 封泥印 85:宮司空印

 封泥印 86:宮司空丞

 封泥印·待考 167:□□司空

 封泥集·附一 402.1:右司空印

 封泥集·附一 402.2:右司空印

 封泥集·附一 405:聞陽司空

 封泥集·附一 407:南海司空

 集證·141.132:右司空印

 集證·141.133:右司空印

 秦陶·635:右司空尚

 秦陶·1029:都司空□

 秦陶·636:右司空尚

 秦陶·493:左司空

 秦陶·494:左司空

 秦陶·495:左司空

 秦陶·496:左司空

 秦陶·497:左司空

 秦陶·498:左司空

 秦陶·499:左司空

 秦陶·500:左司空

 秦陶·501:左司空

 秦陶·502:左司空

 秦陶·503:左司空

 秦陶·504:左司空

 秦陶·505:左司空

 秦陶·506:左司空

 秦陶·507:左司空

 秦陶·508:左司空

 秦陶·509:左司空

 秦陶·510:左司空

 秦陶·520:左司空

 秦陶·521:左司空

秦陶·615:右司空係

秦陶・616:右司空係

秦陶・617:右司空係

秦陶・618:右司空係

秦陶・619:右司空係

秦陶・620:右司空係

秦陶・621:右司空詨

秦陶・622:右司空係

秦陶・623:右司空係

秦陶・624:右司空詨

秦陶・625:右司空詨

秦陶・626:右司空詨

秦陶・629:右司空率

秦陶・630:右司空眛

秦陶・631:右司空眛

秦陶・632:右司空眛

秦陶・633:右司空眛

秦陶・634:右司空尚

1653  窨

睡簡・日乙・28:窨申

睡簡・日乙・29:窨酉

睡簡・日乙・26:窨午

睡簡・日乙・27:窨未

睡簡・日乙・30:窨戌

睡簡・日乙・32:窨子

睡簡・日乙・36:窨辰

睡簡・日乙・37:窨巳

睡簡・日乙・33:窨丑

睡簡・日乙・34:窨寅

睡簡・日乙・35:窨卯

睡簡・日乙・31:窨亥

睡簡・日乙・41:窨日

睡簡・日乙・5:窨羅

睡簡・日乙・17:窨羅之日

秦印編 146:窨隋

1654 窬

秦印編 147:趙窬

1655　竅

帛書・病方・218:即以采木椎竅(㓷)之〖注〗㓷,刺、削。此爲叩擊之義。

帛書・病方・218:已竅(㓷)

1656　窋

睡簡・日甲・25背:彼窋(屈)臥箕坐

1657　室

睡簡・日甲・31背:以黄土室

1658　突

睡簡・雜抄・16:臧(藏)皮革橐(蠹)突

睡簡・日甲・72背:多〈名〉兔竈陘突垣義酉

睡簡・爲吏・18:皮革橐(蠹)突〖注〗蠹突,被蟲嚙穿。

睡簡・效律・42:有蠹突者

帛書・病方・318:置突[上]二、三月〖注〗突,灶突,爐灶的煙道。

帛書・病方・351:置突上五、六日

封泥印・待考164:突原禁丞

集證・180.698:鬄突

秦印編147:王突

秦印編147:雚突

秦印編147:鬄突

秦印編147:女突

1659　竄

關簡・312:取車前草實,以三指竄(撮)〖注〗竄,讀作"撮"。三指撮,一種古代用藥的估量方法。

1660　究

集證・182.723:薛究〖注〗薛究,人名。

1661　竆(窮)

秦駰玉版・甲・摹:吾竆(窮)而無柰之〖注〗《説文》:"竆,極也。"亦指失意、困厄。〖編者按〗邵瑛《群經正字》:"竆,今經典作窮,蓋躳字《説文》或體作躬。經典窮字從或體躬也。"

秦駰玉版・乙・摹:吾竆(窮)而無柰之

泰山刻石・宋拓本:化及無竆(窮)

1662　窅

卌年上郡守起戈二・摹(集證・30):工隸臣窅〖注〗窅,人名。

1663　寐

泰山刻石・宋拓本:夙興夜寐

1664　疾

北私府橢量・2 世詔（秦銅・147）：元年制詔丞相斯、去疾〖注〗去疾，人名。

大騩銅權（秦銅・131）：元年制詔丞相斯、去疾

二世元年詔版八（秦銅・168）：元年制詔丞相斯、去疾

二世元年詔版二（秦銅・162）：元年制詔丞相斯、去疾

二世元年詔版三（秦銅・163）：元年制詔丞相斯、去疾

二世元年詔版十二（秦銅・172）：元年制詔丞相斯、去疾

二世元年詔版十三（集證・50）：元年制詔丞相斯、去疾

二世元年詔版四（秦銅・164）：元年制詔丞相斯、去疾

二世元年詔版五（秦銅・165）：元年制詔丞相斯、去疾

二世元年詔版一（秦銅・161）：元年制詔丞相斯、去疾

兩詔斤權一・摹（集證・46）：元年制詔丞相斯、去疾

兩詔斤權二・摹（集證・49）：元年制詔丞相斯、去疾

兩詔銅權二（秦銅・176）：元年制詔丞相斯、去疾

兩詔銅權三（秦銅・178）：元年制詔丞相斯、去疾

兩詔銅權五（秦銅・180）：元年制詔丞相斯、去疾

兩詔銅權一（秦銅・175）：元年制詔丞相斯、去疾

兩詔橢量二（秦銅・149）：元年制詔丞相斯、去疾

兩詔橢量三之二（秦銅・151）：元年制詔丞相斯、去疾

兩詔橢量一（秦銅・148）：元年制詔丞相斯、去疾

美陽銅權（秦銅・183）：元年制詔丞相斯、去疾

平陽銅權・摹（秦銅・182）：元年制詔丞相斯、去疾

僅存銘兩詔銅權（秦銅・135-18.2）：元年制詔丞相斯、去疾

旬邑銅權（秦銅・133）：元年制詔丞相斯、去疾

左樂兩詔鈞權（集證・43）：元年制詔丞相斯、去疾

王五年上郡疾戈（秦銅・27）：王五年上郡疾造〖注〗疾，人名。周萼生說爲樗里疾。

王五年上郡疾戈・摹（秦銅・27）：王五年上郡疾造

王六年上郡守疾戈・摹（秦銅・28.2）：王六年上郡守疾之造□〖注〗疾，人名。

王七年上郡守疾（?）戈・摹（秦銅・29）：王七（?）年上郡守疾（?）之造

元年丞相斯戈・摹（秦銅・160）：櫟陽左工去疾

琅邪臺刻石：丞相臣斯、臣去疾、御史大夫臣德昧死言

泰山刻石・廿九字本：□臣斯、臣去疾、御史大夫臣□昧死言

泰山刻石・宋拓本：丞相臣斯、臣去疾、御史大夫臣德昧死言

繹山刻石・宋刻本：丞相臣斯、臣去疾、御史大夫臣德昧死言

天簡 23・甲：瘴疾死

天簡 26・乙：喜疾行

天簡 29・乙:疾人危

天簡 31・乙:疾

睡簡・爲吏・8:疾而毋諰

睡簡・爲吏・32:興之必疾

睡簡・語書・10:緰(偷)隨(惰)疾事〖注〗疾,憎惡。

睡簡・秦律・17:其非疾死者

睡簡・秦律・17:其小隸臣疾死者

睡簡・日甲・82 背:壬名曰黑疾齊諈

睡簡・日甲・25 背:復疾

睡簡・日甲・72 正:戊己有疾

睡簡・日甲・76 正:壬癸有疾

睡簡・日甲・74 正:庚辛有疾

睡簡・日甲・36 正:又(有)疾

睡簡・日甲・57 背:乃疾瘗(糵)瓦以還□已矣

睡簡・日甲・142 正:耆(嗜)酉(酒)而疾

睡簡・日甲・145 正:貧而疾

睡簡・日乙・242:己丑生,疾

睡簡・日乙・243:少疾

睡簡・日乙・244:丙午,疾

睡簡・日乙・183:丙丁有疾

睡簡・日乙・183:有疾

睡簡・日乙・184:戊己有疾

睡簡・日乙・185:庚辛有疾

睡簡・日乙・181:甲乙有疾

睡簡・日乙・167:南見疾

睡簡・日乙・167:以有疾

睡簡・日乙・163:北見疾

睡簡・日乙・163:以有疾

睡簡・日乙・165:以有疾

睡簡・日乙・161:以有疾

睡簡・日乙・179:以有疾

睡簡・日乙・17:利以說孟(盟)詐(詛)、棄疾、鑿宇、葬〖注〗棄疾,去疾,除去疾病。

睡簡・日乙・177:以有疾

睡簡・日乙・173:以有疾

睡簡・日乙・171:以有疾

睡簡・日乙・157:見疾

睡簡・日乙・157:以有疾

睡簡・日乙・119:有疾

龍簡・119:而輿軏(?)疾敺(驅)入之

關簡・298:黔首疢疾

關簡・336:搕某叚(瘕)心疾

關簡・337:而心疾不智(知)而咸戴

帛書・病方・369:我直(值)百疾之□

帛書・足臂・4:數瘨(癲)疾

帛書・足臂・20:疾畀(痹)

帛書・病方・34:疾沸而抒

帛書・病方・81:以疾(蒺)黎(藜)、白蒿封之〖注〗蒺藜子,藥名。

帛書・病方・112:顛(癲)疾

帛書・病方・114:瘨(癲)疾者

帛書・病方・162:疾炊

帛書・病方・204:天神下干疾

帛書・病方・239:疾久(灸)熱

帛書・病方・328:孰(熟)者(煮)餘疾

秦印編147:去疾

秦印編147:去疾

秦印編147:楊疾

集證・164.505:江沽疾

秦印編147:高疾耳

秦印編147:棄疾

集證・164.504:江去疾

秦印編147:江棄疾

秦印編147:孔疾

秦印編147:疾

秦印編147:萫疾

封泥集367・1:弁疾

秦陶・483:博昌去疾〖注〗去疾,人名。

1665　痛

睡簡・封診・85:甲到室即病復(腹)痛

帛書・足臂・17:胻內兼(廉)痛

帛書・足臂・25:心痛

帛書・足臂・30:臂外兼(廉)痛

帛書・灸經甲・53:齒痛

帛書・灸經甲・53:齒痛

帛書・病方・4:解痛

帛書・病方・12:令傷者毋痛

帛書・病方・23:令金傷毋痛方

帛書・病方・25:令金傷毋痛

帛書・病方・27:不痛

帛書・病方・27:復痛

帛書・病方・37:傷瘫痛

帛書・病方・51:脅痛

帛書・病方・64:令毋痛及易瘳方

帛書・病方・161:痛甚

帛書・病方・161:痛於脬及衷

帛書・病方・246:時養(癢)時痛者方

帛書・病方・265:其直(脑)痛

帛書・病方・282:不痛已□

帛書・病方・289:痛毋適

帛書・病方・311:不痛

帛書・病方・344:□而不痛

帛書・病方・451:瘫痛而潰

帛書・灸經甲・38:尻痛

帛書・灸經甲・38:腨痛

帛書・灸經甲・38:要(腰)痛

帛書・灸經甲・41:[膝外廉]痛

帛書・灸經甲・41:節盡痛

帛書・灸經甲・41:脅痛

帛書・灸經甲・46:心與胠痛

帛書・灸經甲・46:顏痛

帛書・灸經甲・47:陽(腸)痛

帛書・灸經甲・51:目外漬(眥)痛

帛書・灸經甲・53:臑痛

帛書・灸經甲・56:心痛與復(腹)張(脹)

帛書・灸經甲・65:嗌中痛

帛書・灸經甲・68:缺盆痛

帛書・灸經甲・68:心滂滂如痛

帛書・灸經甲・69:胸(胸)痛

帛書・灸經甲・69:四末痛

帛書・足臂・3:□痛

帛書・足臂・3:夾(挾)脊痛

帛書・足臂・3:手痛

帛書・足臂・3:脽痛

帛書・足臂・3:項痛

帛書・足臂・3:要(腰)痛

帛書・足臂・3:膊(腨)痛

帛書・足臂・4:目痛

帛書・足臂・7:股外兼(廉)痛

帛書・足臂・7:肹外兼(廉)痛

帛書・足臂・7:脾(髀)外兼(廉)痛

帛書・足臂・7:膝外兼(廉)痛

帛書・足臂・7:脅痛

帛書・足臂・8:䏶(枕)痛

帛書・足臂・8:□痛

帛書・足臂・8:耳前痛

帛書・足臂・8:目外漬(眥)痛

帛書・足臂・8:缺盆痛

帛書・足臂・11:肹痛

帛書・足臂・11:頯痛

帛書・足臂・11:乳內兼(廉)痛

帛書・足臂・14:肝痛

帛書・足臂・14:股內痛

帛書・足臂・14:脊內兼(廉)痛

帛書・足臂・14:心痛

帛書・足臂・14:膊(腨)內痛

帛書・足臂・17:腹痛

帛書・足臂・17:股內痛

帛書・灸經甲・38:脎(郄)痛

1666　㾏　病

秦駰玉版・甲・摹:余身曹(遭)病

秦駰玉版・乙・摹:以余小子駰之病日復

秦駰玉版・乙・摹:余身曹(遭)病

秦駰玉版・乙・摹:至於足□之病

天簡30・乙:以少病

天簡29・乙:病心腸

天簡30・乙:爲病益篤

天簡31・乙:善病

天簡31・乙:病

睡簡・爲吏・45:以其病病毆〖注〗病病,以病爲病。

睡簡・語書・11:輕惡言而易病人〖注〗病人,侮辱别人。

睡簡・爲吏・44:君子不病毆

睡簡・日乙・181:有病者必五病而□

睡簡・日乙・181:有病者必五病而□

睡簡・答問・68:今甲病死已葬

睡簡・封診・85:甲到室即病復(腹)痛

睡簡・封診・38:丙毋(無)病殹

睡簡・封診・52:以三歲時病疕

睡簡・封診・53:不可智(知)其可(何)病

睡簡・秦律・55:其病者

睡簡・日甲・84 背:其後必有病者三人

睡簡・日甲・22 背:妻善病

睡簡・日甲・68 正:戊己病

睡簡・日甲・70 正:庚辛病

睡簡・日甲・72 正:壬癸病

睡簡・日甲・76 正:丙丁病

睡簡・日甲・74 正:甲乙病

睡簡・日甲・43 背:或死或病

睡簡・日乙・108:以女子日病

睡簡・日乙・188:必代病

睡簡・日乙・188:病

睡簡・日乙・188:以問病者

睡簡・日乙・187:丙丁病

睡簡・日乙・193:凡酉、午、巳、寅、辛亥、辛卯問病者

睡簡・爲吏・30:老弱痒(癃)病

龍簡・113・䓦:□病駒禁有□

關簡・200:占病者

關簡・202:占病者

關簡・209:占病者

關簡・207:占病者

關簡・204:占病者

關簡・205:所言者憂病事也

關簡・205:占病者

關簡・220:占病者

關簡・227:占病者

關簡・223:占病者

關簡・225:占病者

關簡・221:占病者

關簡・230:[占]病者

關簡・232:[占]病者

關簡・239:占病者

關簡・237:占病者

關簡・233:所言者憂病事也

關簡・235:占病者

關簡・241:占病者

關簡・218:占病者

關簡・213:占病者

關簡・215:占病者

關簡・326:某病齲齒

關簡・324:治痿(痿)病

關簡・325:已痿(痿)病亟甚

關簡・332:某病齒齲

關簡・336:即兩手搕病者腹

關簡・337:即令病心者南首臥

關簡・335:病心者

關簡・313:令人不單(憚)病

關簡・311:溫病不汗者

關簡・187:占病者

關簡・190:占病者

關簡・197:占病者

關簡・193:占病

關簡・191:所言者憂病事也

關簡・191:占病者

帛書・足臂・30:諸病此物者

帛書・足臂・31:其病

帛書・足臂・33:病齒[痛]

帛書・足臂・23:三陰病雜以陽病

帛書・足臂・23:三陰病雜以陽病

帛書・脈法・73:治病者取有餘而益不足殹

帛書・脈法・74:病甚

帛書・病方・27:治病時

帛書・病方・28:病已如故

帛書・病方・28:治病毋時

帛書・病方・28:足治病

帛書・病方・34:以飲病者

帛書・病方・35:節(即)其病甚弗能飲者

帛書・病方・48:嬰兒病間(癇)方
〖注〗嬰兒病癇,即小兒癇。

帛書・病方・58:以飲病者

帛書・病方・67:[熏]以□病

帛書・病方・85:烝(蒸)□病

帛書・病方・125:病已如故

帛書・病方・125:治病毋時

帛書・病方・134:冥(螟)病方

帛書・病方・136:病已

帛書・病方・145:[人]病馬不間(癎)者

帛書・病方・145:□以浴病者

帛書・病方・163:壹飲病俞(愈)

帛書・病方・164:病已

帛書・病方・175:病[已]而止

帛書・病方・180:令病者北(背)火炙之

帛書・病方・210:若智(知)某病狐□

帛書・病方・238:雖久病必□

帛書・病方・251:病已而已

帛書・病方・287:一飲病未已

帛書・病方・288:病已

帛書・病方・334:病不□者一入湯中卽瘳

帛書・病方・334:病卽俞(愈)矣

帛書・病方・336:及治病毋時

帛書・病方・369:某幸病癰

帛書・病方・387:治病毋時

帛書・病方・390:其病所在曰□覈(核)

帛書・病方・437:□蠱而病者

帛書・病方・437:卽□病者

帛書・病方・438:病蠱者

帛書・病方・439:令病者每旦以三指三最(撮)藥入一桮(杯)酒若鬻(粥)中而飲之

帛書・病方・殘1:病者□

帛書・病方・殘1:飲病者□

帛書・病方・殘2:□病卽已

帛書・病方・目錄:人病[□]不間(癎)

帛書・病方・目錄:人病蛇不間(癎)

帛書・病方・目錄:嬰兒病間(癎)

帛書・病方・目錄:諸□病

帛書・病方・目錄:諸食病

帛書・病方・無編號殘:病

帛書・死候・85:□病而亂

帛書・死候・85:其病唯折骨列(裂)膚一死

帛書・灸經甲・38:[足小指痹,爲十]二病

帛書・灸經甲・39:是動則病

帛書・灸經甲・42:爲十二病

帛書・灸經甲・44:洒洒病寒

帛書・灸經甲・44:是動則病

帛書・灸經甲・46:其所產病

帛書・灸經甲・49:爲四病

帛書・灸經甲・50:是動則病

帛書・灸經甲・51:爲三病

帛書・灸經甲・53:其所產病

帛書・灸經甲・53:是[動]則病

帛書・灸經甲・54:是動則病

帛書・灸經甲・63:病飢

帛書・灸經甲・66:久(灸)幾息則病已矣

帛書・灸經甲・68:是動則病

帛書・灸經甲・69:其所產病

帛書・灸經甲・69:爲五病

帛書・足臂・3:其病

帛書・足臂・4:諸病此物者

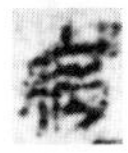

帛書・足臂・7:其病

帛書・足臂・11:其病

帛書・足臂・12:諸病此物者

帛書・足臂・14:其病

帛書・足臂・15:[諸]病此物[者]

帛書・足臂・17:其病

帛書・足臂・18:諸病此物者

帛書・足臂・20:其病

帛書・足臂・20:諸病此物者

帛書・足臂・21:皆有此五病者

帛書・足臂・21:三陰之病亂

帛書・足臂・23:陽病北(背)如流湯

帛書・足臂・23:陽病折骨絕筋而無陰病

帛書・足臂・25:其病

帛書・足臂・27:其病

帛書・足臂・27:諸病[此]物者

秦印編148:病午

1667　瘣

秦印編148:王瘣

1668 瘨

卅六年私官鼎・口沿(秦銅・49):卅六年工帀(師)瘨〖注〗瘨,人名。

帛書・病方・114:瘨(癲)疾者〖注〗瘨,卽癲,狂。

帛書・足臂・4:數瘨(癲)疾

1669 疛

秦陶・767:左水疛〖注〗疛,人名。

秦陶・769:左水疛

集證・203.72:左水疛

1670 疵

睡簡・日甲・80 背:疵在嬰〈要〉〖注〗疵,病。

睡簡・日甲・69 背:疵在耳

睡簡・日甲・70 背:疵在目

睡簡・日甲・78 背:疵在面

睡簡・日甲・72 背:疵在鼻

睡簡・日甲・79 背:疵在頰

睡簡・日甲・76 背:疵在肩

睡簡・日甲・73 背:要(腰)有疵

睡簡・日甲・74 背:疵在足

睡簡・日甲・75 背:疵在肩

睡簡・日甲・71 背:大疵在辟(臂)

睡簡・日甲・142 正:有疵於體(體)而恿(勇)

睡簡・日甲・143 正:乃有疵前

睡簡・日乙・238:不然必有疵於前

睡簡・日乙・246:必有疵於體(體)

睡簡・日乙・256:疵在尾□

睡簡・日乙・253:其疵其上得□其女若母爲巫

睡簡・日乙・255:疵而在耳

漆器 M11・29(雲夢・附二):大女子疵〖注〗疵,人名。

1671 疕

睡簡・封診・52:以三歲時病疕〖注〗疕,頭上的瘡瘍。

帛書・病方・422:久疕不已

帛書・病方・423:行山中而疕出其身

帛書・病方・424:露疕

帛書・病方・380:今若爲下民疕

帛書・病方・394:疕瘳而止

帛書・病方・419:疕毋名而養(癢)

帛書・病方・420:疕

秦印編 148:醫疕

秦印編 148:賈疕

秦印編 148:都船工疕

秦陶・1016:都船工疕

秦陶・1009:都船工疕

秦陶・1010:都船工疕

1672　瘍

帛書・病方・451:瘍居右〖注〗瘍,似指痤疽一類疾病。

帛書・病方・453:瘍已

帛書・病方・456:瘍者

帛書・病方・454:瘍者有牝牡

帛書・病方・目錄:治瘍

1673　瘻

帛書・病方・51:息瘻(嘤)瘻(嘤)然

帛書・病方・211:積(癩)及瘻〖注〗瘻,又稱頸瘤,即甲狀腺腫。

1674　痤

秦印編 148:張痤

秦印編 148:王痤

秦印編 148:黃痤

1675　疽

帛書・病方・284:爛疽〖注〗疽,癰,腫。

帛書・病方・286:諸疽物初發者

1676　癰

睡簡・封診・86:診甲前血出及癰狀〖注〗癰,膿瘡,創傷。

天簡 26・乙:癰長喙而脫

關簡・339:某癰某波(破)〖注〗《說文》:"癰,腫也。"

關簡・339:令某癰觳(數)去

帛書・病方・殘 6:□而癰堅未□

帛書・病方・456:以傅癰空(孔)中

帛書・病方・456:癰而潰

帛書・病方・451:癰痛而潰

帛書・病方・22:以洒癰

帛書・病方・24:至不癰而止

帛書・病方・37:傷癰痛

帛書・病方・213:積(癩)者及股癰、鼠復(腹)者

帛書・病方・273:以洒雎(疽)癰

帛書・病方・332:肸久傷者癰

帛書・病方・364:癰

帛書・病方・365:癰自發者

帛書・病方・366:癰種(腫)者

帛書・病方・367:令癰種(腫)者皆已

帛書・病方・368:癰首

帛書・病方・369:某幸病癰

帛書・病方・369:身有癰者

帛書・病方・376:身有體癰種(腫)者方

帛書・病方・378:頤癰者

秦印編148:癰

秦印編148:馮癰

秦印編148:李癰

秦印編148:癰

秦印編148:癰譙

1677　𤵸　疥

帛書・病方・416:疥已

帛書・病方・416:以傅疥而炙之〖注〗疥,疥癬。

集證・179.685:樂疥

1678　𤺄　痂

帛書・病方・358:產痂〖注〗痂,《說文》大徐本:"疥也。"小徐本:"乾瘍也。"爲疥癬類皮膚病。

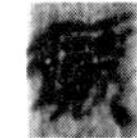
帛書・病方・359:痂方

1679　𤻮　癘

睡簡・答問・122:當罨(遷)癘所處之

睡簡・答問・122:今甲癘

睡簡・答問・121:癘者有辠〖注〗癘,麻風病。

1680　𤸱　瘧

關簡・376:我智(知)令=某=瘧=者某也

帛書・灸經甲・38:瘧

帛書・灸經甲・41:瘧

1681　𤵽　痔

帛書・病方・242:以傅痔空(孔)

帛書・病方・244:牡痔居竅旁〖注〗牡痔,病名。

帛書・病方・246:牡痔之居竅濂(廉)

帛書・病方・248:牝痔之入竅中寸

帛書・病方・250:以熏痔

帛書・病方・253:牝痔有空(孔)而欒

帛書・病方・253:以熏痔

帛書・病方・254:牝痔之有數竅

帛書・病方・258:痔者

帛書・病方・265:痔者其直(脜)旁有小空(孔)

帛書・病方・目録:牡痔

帛書・病方・目録:牝痔〖注〗牝痔,病名。

1682　痿

帛書・病方・殘7:痿入中者

1683　疻

睡簡・答問・87:比疻痏〖注〗疻痏,《急就篇》注:"毆人皮膚腫起曰疻,毆傷曰痏。"

睡簡・答問・88:比疻痏

睡簡・答問・89:毋(無)疻痏

1684　痏

睡簡・答問・88:比疻痏

睡簡・答問・89:毋(無)疻痏

睡簡・答問・87:比疻痏〖注〗疻痏,《急就篇》注:"毆人皮膚腫起曰疻,毆傷曰痏。"

睡簡・封診・35:其右角痏一所

睡簡・封診・58:瘱(應)痏

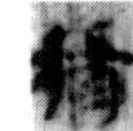
睡簡・封診・58:其襦北(背)直痏者

帛書・病方・殘4:□痏〖注〗痏,創傷。

帛書・病方・殘13:□痏□

帛書・病方・11:以安(按)其痏

帛書・病方・12:取故蒲席厭□燔□痏

帛書・病方・87:以宰(滓)封其痏

帛書・病方・325:而以氣熏其痏

帛書・病方・355:以[傅]痏

帛書・病方・399:燔,以熏其痏

帛書・病方・400:毋[以]手操痏

帛書・病方・401:取禹竈□塞傷痏□

帛書・病方・殘3:□痏□

帛書・病方・殘4:□旁一痏

1685　癑

帛書・病方・殘12:癑(膿)而□

1686 [seal] 痍

睡簡・答問・208:可(何)如爲"大痍"〖注〗大痍,重傷。

睡簡・答問・208:爲"大痍"

秦印編 149:牛痍

1687 [seal] 瘢

帛書・病方・311:不痛,不瘢〖注〗瘢,痍,傷。

1688 [seal] 痙

帛書・病方・30:傷痙〖注〗傷痙,破傷風一類病症。

帛書・病方・45:嬰兒索痙〖注〗嬰兒索痙,産婦子癎一類病症。一説,爲小兒臍帶風。

帛書・病方・目録:傷痙

1689 [seal] 瘦

帛書・足臂・12:脞瘦

帛書・足臂・20:病脞瘦

1690 [seal] 疢

關簡・298:黔首疢疾〖注〗《説文》:"疢,熱病也。"

秦印編 149:張去疢

秦印編 149:繹疢

秦印編 149:去疢

秦印編 149:遂疢

秦印編 149:李去疢

集證・182.722:擇疢

秦印編 149:去疢

秦印編 149:疢璽

秦印編 149:王疢

秦印編 149:廚疢

秦印編 149:癸去疢

秦印編 149:張疢

秦印編 149:咸沙里疢〖注〗疢,人名。

1691 [seal] 癉

天簡 23・甲:不得癉疾〖注〗《説文》:"癉,勞病也。"

帛書・灸經甲・65:癉

1692 [seal] 瘩

秦印編 149:瘩

1693　　癃(瘽)

睡簡·答問·133·摹:得比公瘽(癃)不得〖注〗《説文》:"癃,罷病也。"

睡簡·日甲·55:居瘽(癃)

睡簡·日甲·19背:其君不瘽(癃)必窮

睡簡·日甲·90正·摹:以生子,瘽(癃)

睡簡·日甲·102正:瘽(癃),弗居

睡簡·日甲·124正:其主瘽(癃)

睡簡·日乙·90:以生子,瘽(癃)

睡簡·日乙·110:大主死、瘽(癃),弗居

睡簡·日乙·250:有瘽(癃)子

睡簡·爲吏·30·摹:老弱瘽(癃)病

睡簡·雜抄·32:及占瘽(癃)不審

帛書·病方·目錄:瘽病

帛書·病方·173:瘽

帛書·病方·176:瘽

帛書·病方·178:瘽

帛書·病方·180:瘽

帛書·病方·184:血瘽〖注〗血瘽,血癃,病名。

帛書·病方·186:膏瘽

帛書·病方·187:女子瘽

帛書·病方·188:女子瘽

帛書·病方·199:瘽

帛書·病方·161·摹:瘽

帛書·病方·180:瘽已

帛書·病方·185:石瘽

1694　　疫

睡簡·日甲·37背:一宅中毋(無)故而室人皆疫

睡簡·日甲·40背:一宅之中毋(無)故室人皆疫

睡簡·日甲·43背·摹:人毋(無)故一室人皆疫

1695　　瘛

帛書·病方·51:嬰兒瘛(瘈)〖注〗嬰兒瘛,即小兒瘈瘲,癇病,俗稱抽風。

帛書·病方·54:嬰兒瘛(瘈)所

帛書·病方·目錄:嬰兒瘛(瘈)

1696　　瘵(療)

天簡31·乙:風瘵〖編者按〗《説文》:"瘵,治也。療,或从尞。"玄應

《一切經音義》引《三蒼》:“療,治病也。”

1697　瘳

秦駰玉版·甲·摹:無間無瘳〖注〗瘳,病癒。

秦駰玉版·乙·摹:無間無瘳

天簡30·乙:瘳

睡簡·日乙·108:病瘳

關簡·240:有瘳

帛書·病方·395:十餘日而瘳如故

帛書·病方·429:卽可瘳矣

帛書·病方·無編號殘:瘳

帛書·病方·64:令毋痛及易瘳方

帛書·病方·213:必瘳

帛書·病方·222:易瘳

帛書·病方·335:病不□者一入湯中卽瘳

帛書·病方·335:其瘳殹□瘫

帛書·病方·335:其甚者五、六入湯中而瘳

帛書·病方·336:卽自合而瘳矣

帛書·病方·394:疕瘳而止

秦印編149:焦瘳

秦印編149:楊瘳

秦印編150:任瘳

秦印編149:瘳印

秦印編149:王瘳

秦印編149:王瘳

秦印編149:和瘳

1698　癡

睡簡·日甲·47背·摹:女子不狂癡

1699　癟

帛書·病方·158:□及癟不出者方〖注〗癟,讀爲“閉”,卽小便不通。

1700　㾾

帛書·病方·246:牡痔之居竅㾾(廉)〖注〗廉,旁、側。

1701　痱

帛書·病方·292:湢湢以痱

1702　痤

帛書·病方·無編號殘:痤

1703　癥

帛書・足臂・8：癥（瘻）〖注〗《說文》："瘻，頸腫也。"〖編者按〗《字彙補》："癥，與瘦同。"

1704　癧

帛書・病方・目錄：癧（蠆）〖注〗蠆，又作蠆，蠍子。

1705　癨

集證・169.559：芥癨

秦印編292：上官癨

1706　瘺

秦印編292：駱瘺

1707　疰

秦印編292：李疰

1708　痃

帛書・病方・143：痃：取蘭□〖注〗痃，疑即"瘨"字，病。一說，痃疑爲"痎"字。

1709　瘧

帛書・病方・130：白瘧〖注〗白瘧，白處，皮膚病名。

1710　癬

睡簡・日甲・57背：乃疾癬（糠）瓦以還□已矣〖注〗《說文》："糠，碎也。"

1711　瘵

睡簡・日甲・90背：未，瘵也

1712　冠

卌八年上郡假守鼂戈（珍金・88）：丞冠豚〖注〗冠豚，人名。

卌八年上郡假守鼂戈・摹（珍金・88）：丞冠豚

封泥印46：尚寇〈冠〉府印〖注〗尚冠，官名。

封泥印46：尚冠

1713　冣

關簡・297：其下有白衣之冣〖注〗《說文》："冣，積也。"積聚。

秦印編150：楊冣

秦印編150：橋冣

秦印編150：橋冣

集證・179.682：董冣

秦印編150：耿冣

封泥集377・1：曹冣

1714 同 同

不其簋蓋(秦銅・3):戎大同〖注〗同,合聚,集結。

滕縣不其簋器(秦銅・4):戎大同

七年相邦呂不韋戟二・摹(俑坑・3.2):工同〖注〗同,人名。

石鼓文・車工(先鋒本):遊馬既同〖注〗同,齊。

詛楚文・湫淵(中吳本):昔我先君穆公及楚成王是繆(勠)力同心

詛楚文・巫咸(中吳本):昔我先君穆公及楚成王是繆(勠)力同心

詛楚文・亞駝(中吳本):昔我先君穆公及楚成王是繆(勠)力同心

會稽刻石・宋刻本:人樂同則

睡簡・秦律・99:不同程者毋同其出

睡簡・秦律・99・摹:不同程者毋同其出

睡簡・6號牘・正:家室外內同□

睡簡・答問・20:律曰"與盜同灋"

睡簡・答問・20:云"與同辠"

睡簡・答問・22:同居所當坐

睡簡・答問・21:不同居不爲盜主

睡簡・答問・21:同居者爲盜主

睡簡・答問・9:同論

睡簡・答問・71:與同居

睡簡・答問・32:與盜同灋

睡簡・答問・108:父子同居

睡簡・答問・17:當同辠

睡簡・答問・172:同母異父相與奸

睡簡・答問・15:同辠

睡簡・封診・84:自晝與同里大女子丙鬬

睡簡・封診・50:甲親子同里士五(伍)丙不孝

睡簡・秦律・85:毋責妻、同居

睡簡・秦律・98:爲器同物者

睡簡・秦律・175:皆與盜同灋

睡簡・秦律・151:百姓有母及同牲(生)爲隸妾〖注〗同生,同產,指親姐妹。

睡簡・雜抄・39:同居毋並行

睡簡・雜抄・13:同車食、敦(屯)長、僕射弗告〖注〗同車食,指同屬一車一起領食軍糧的軍人。

睡簡・日甲・78正:毋(無)它同生

睡簡・日甲・56正:同居必窶

睡簡・日甲・127正:凡且有大行、遠行若飲食、歌樂、聚畜生及夫妻同衣

睡簡・日乙・106:毋(無)它同生

睡簡・日乙・132:及夫妻同衣

睡簡・爲吏・46:同能而異

睡簡・效律・35:皆與盜同灋

睡簡・效律・17:同官而各有主殹

睡簡・語書・1:其所利及好惡不同

龍簡・201:坐臧(贓)與盜同[灋]

龍簡・22・摹:與同罪

龍簡・27・摹:取者其罪與盜禁中[同]☐

龍簡・21:與同灋(法)〖注〗與同法,法律習語,與犯罪者連坐,按同罪處置。

龍簡・60・摹:馳道與弩道同門、橋及限(?)☐

龍簡・4・摹:皆與闌入門同罪

龍簡・45・摹:皆與同罪

龍簡・124:與盜田同灋(法)

龍簡・173・摹:輕[重]同罪☐

龍簡・137:皆與盜同☐

龍簡・133・摹:與同灋(法)

龍簡・135・摹:同罪

龍簡・148:亦與盜同灋(法)

龍簡・114:盜牧者與同罪

帛書・病方・196:必令同族抱☐穨(癩)者

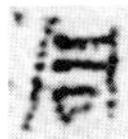帛書・病方・418:同傅之

帛書・病方・60:女子同藥

帛書・病方・96:同產三夫

帛書・灸經甲・56:三者同則死

秦印編150:豖同

秦印編150:楊同

秦印編150:矦同

秦印編150:王同

秦印編150:董同

秦印編150:司馬同

秦印編150:董同

秦印編150:李同

1715　　冢

秦印編150:冢府〖注〗冢,疑讀爲"冢"。

秦印編150:冢璽

秦印編150:樂冢

集證・145.196:冢府〖注〗冢府,官名。

1716 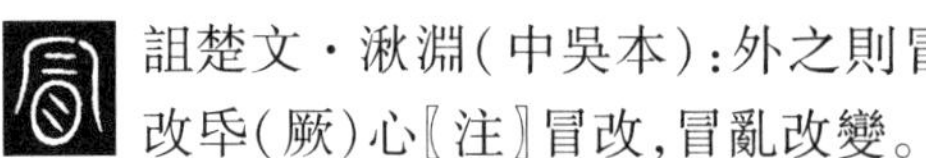

詛楚文・湫淵(中吳本):外之則冒改氒(厥)心〖注〗冒改,冒亂改變。

詛楚文・巫咸(中吳本):外之則冒改氒(厥)心

詛楚文・亞駝(中吳本):外之則冒改氒(厥)心

睡簡・語書・11:而有冒柢(抵)之治〖注〗冒抵,冒犯。

睡簡・秦律・147:冒赤𢆶(氈)〖注〗冒,頭上覆蓋。

帛書・病方・113:即孰(熟)所冒雞而食之〖注〗冒,蒙覆。

帛書・病方・113:冒其所以犬矢濕者

1717　最

睡簡・秦律・13・摹:最,賜田嗇夫壺酉(酒)束脯〖注〗最,成績優秀。

睡簡・秦律・14・摹:最者

睡簡・日甲・5正・摹:最(聚)眾必亂者〖注〗最眾,聚眾。

睡簡・日甲・16背:宇最邦之下

睡簡・日甲・15背:凡宇最邦之高

睡簡・語書・13:其畫最多者

關簡・346:而最(撮)其土

帛書・病方・439:令病者每旦以三指三最(撮)藥入一桮(杯)酒若鬻(粥)中而飲之〖注〗《說文》:"撮,四圭也,三指撮也。"

帛書・病方・6:入三指最(撮)半咅(杯)溫酒□

帛書・病方・26:取三指最(撮)到節一

帛書・病方・163:取三指最(撮)到節一

帛書・病方・203:三指最(撮)至節

帛書・病方・272:并以三指大最(撮)一入桮(杯)酒中

帛書・病方・411:最(撮)取大者一枚

秦印編150:異最

1718　兩

卅四年工師文罍・摹(集證・28):正十七斤十四兩

卅六年私官鼎・口沿(秦銅・49):十三斤八兩十四朱(銖)

卅七年銀器足・摹(金銀器344):重八兩十一朱(銖)

卌年銀耳杯・摹(臨淄173.1):重一斤十二兩十四朱(銖)

卌一年銀耳杯・摹(臨淄173.2):一斤六兩六朱(銖)寅

卅三年銀盤・摹(齊王・18.3):六斤十三兩二斗

卅三年銀盤・摹(齊王・18.3):重六斤十二兩

卅三年銀盤・摹(齊王・19.4):重六斤十三兩

麗山園鍾(秦銅・185):重二鈞十三斤八兩

咸陽四斗方壺・摹(珍金・119):重十九斤四兩

萯陽鼎(集證・54.2):六斤十二兩

 蓍陽鼎(集證・54.3):六斤十一兩

 蓍陽鼎(集證・55):重六斤七兩

 雍庫鑰(秦銅・93 附圖):重一斤一兩

 咸陽亭半兩銅權(秦銅・184):半兩

 詛楚文・亞駝(中吳本):兩邦若壹(一)

 詛楚文・湫淵(中吳本):兩邦若壹(一)

 詛楚文・巫咸(中吳本):兩邦若壹(一)

 睡簡・效律・3:十六兩以上

 睡簡・效律・5:八兩以上

 睡簡・秦律・73・摹:車牛一兩(輛)

 睡簡・效律・3:不盈十六兩到八兩

 睡簡・6 號牘・正:新負勉力視瞻兩老□

 睡簡・答問・136:人購二兩

 睡簡・答問・137:當購人二兩

 睡簡・答問・135:當購二兩

 睡簡・封診・66:污兩卻(腳)

 睡簡・秦律・130:用膠一兩、脂二錘

 睡簡・日甲・39 正:兩寡相當

 睡簡・效律・3:不盈十六兩到八兩

 龍簡・145:購金一兩

 關簡・329:操兩瓦

 關簡・336:即兩手搕病者腹

 帛書・灸經甲・67:出內陰兩骨之間

 帛書・灸經甲・68:甚[則]交兩手而戰

 帛書・灸經甲・70:起於臂兩骨之間

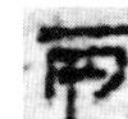 帛書・病方・56:取恆石兩

 帛書・病方・58:令孰奮兩手如□間手□道□

 帛書・病方・66:矦(候)天甸(電)而兩手相靡(摩)

 帛書・病方・180:兩人爲靡(磨)其尻

 帛書・病方・320:其□如兩指

 帛書・病方・408:水銀兩少半

 帛書・病方・408:以雄黃二兩

 帛書・灸經甲・50:出臂外兩骨之間

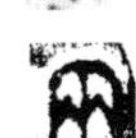 半兩・總 0001:半兩

 半兩・總 0002:半兩

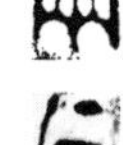 半兩・總 0003:半兩

 半兩・總 0004:半兩

 半兩・總 0005:半兩

半兩・總0006：半兩

半兩・總0007：半兩

半兩・總0008：半兩

半兩・總0009：半兩

半兩・總0010：半兩

半兩・總0011：半兩

半兩・總0012：半兩

半兩・總0013：半兩

半兩・總0014：半兩

半兩・總0015：半兩

半兩・總0016：半兩

半兩・總0017：半兩

半兩・總0018：半兩

半兩・總0019：半兩

半兩・總0020：半兩

半兩・總0021：半兩

半兩・總0022：半兩

半兩・總0023：半兩

半兩・總0024：半兩

半兩・總0025：半兩

半兩・總0026：半兩

半兩・總0027：半兩

半兩・總0028：半兩

半兩・總0029：半兩

半兩・總0030：半兩

半兩・總0031：半兩

半兩・總0032：半兩

半兩・總0033：半兩

半兩・總0034：半兩

半兩・總0035：半兩

半兩・總0036：半兩

半兩・總0037：半兩

半兩・總0038：半兩

半兩・總0039：半兩

半兩・總0040：半兩

半兩・總0041：半兩

半兩・總0042：半兩

半兩・總0043：半兩

半兩・總 0044:半兩

半兩・總 0045:半兩

半兩・總 0046:半兩

半兩・總 0047:半兩

半兩・總 0048:半兩

半兩・總 0049:半兩

半兩・總 0050:半兩

半兩・總 0051:半兩

半兩・總 0052:半兩

半兩・總 0053:半兩

半兩・總 0054:半兩

半兩・總 0055:半兩

半兩・總 0056:半兩

半兩・總 0057:半兩

半兩・總 0058:半兩

半兩・總 0059:半兩

半兩・總 0060:半兩

半兩・總 0061:半兩

半兩・總 0062:半兩

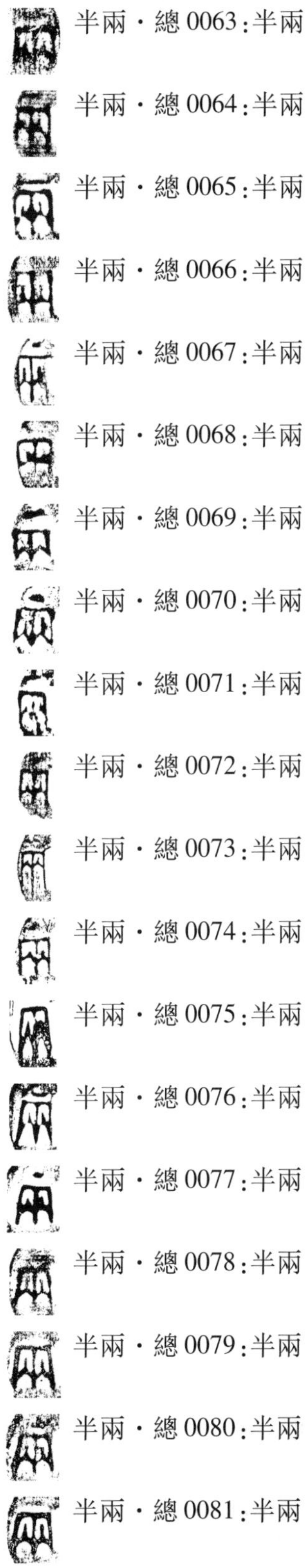

半兩・總 0063:半兩

半兩・總 0064:半兩

半兩・總 0065:半兩

半兩・總 0066:半兩

半兩・總 0067:半兩

半兩・總 0068:半兩

半兩・總 0069:半兩

半兩・總 0070:半兩

半兩・總 0071:半兩

半兩・總 0072:半兩

半兩・總 0073:半兩

半兩・總 0074:半兩

半兩・總 0075:半兩

半兩・總 0076:半兩

半兩・總 0077:半兩

半兩・總 0078:半兩

半兩・總 0079:半兩

半兩・總 0080:半兩

半兩・總 0081:半兩

半兩・總0082:半兩

半兩・總0083:半兩

半兩・總0084:半兩

半兩・總0085:半兩

半兩・總0086:半兩

半兩・總0087:半兩

半兩・總0088:半兩

半兩・總0089:半兩

半兩・總0090:半兩

半兩・總0091:半兩

半兩・總0092:半兩

半兩・總0093:半兩

半兩・總0094:半兩

半兩・總0095:半兩

半兩・總0096:半兩

半兩・總0097:半兩

半兩・總0098:半兩

半兩・總0099:半兩

半兩・總0100:半兩

半兩・總0101:半兩

半兩・總0102:半兩

半兩・總0103:半兩

半兩・總0104:半兩

半兩・總0105:半兩

半兩・總0106:半兩

半兩・總0107:半兩

半兩・總0108:半兩

半兩・總0109:半兩

半兩・總0110:半兩

半兩・總0111:半兩

半兩・總0112:半兩

半兩・總0113:半兩

半兩・總0114:半兩

半兩・總0115:半兩

半兩・總0116:半兩

半兩・總0117:半兩

半兩・總0118:半兩

半兩・總0119:半兩

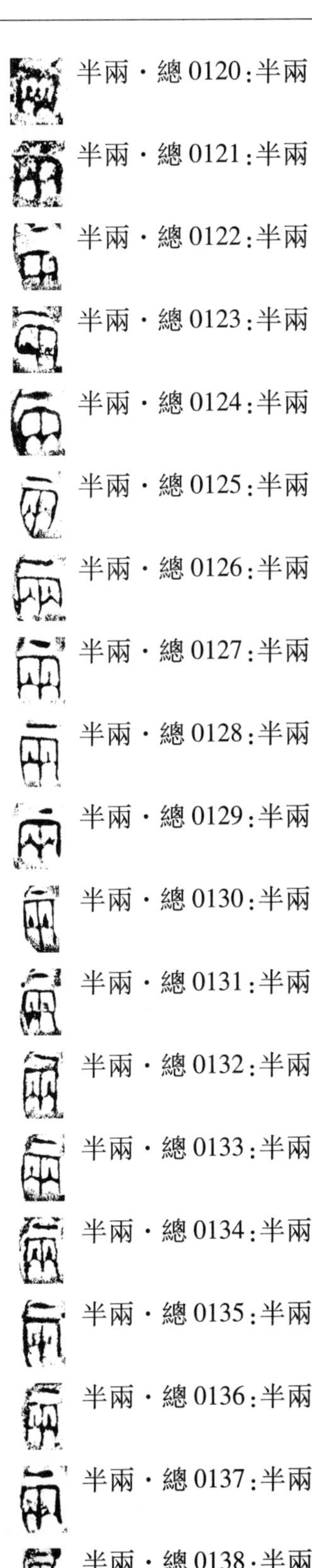

半兩・總0120:半兩

半兩・總0121:半兩

半兩・總0122:半兩

半兩・總0123:半兩

半兩・總0124:半兩

半兩・總0125:半兩

半兩・總0126:半兩

半兩・總0127:半兩

半兩・總0128:半兩

半兩・總0129:半兩

半兩・總0130:半兩

半兩・總0131:半兩

半兩・總0132:半兩

半兩・總0133:半兩

半兩・總0134:半兩

半兩・總0135:半兩

半兩・總0136:半兩

半兩・總0137:半兩

半兩・總0138:半兩

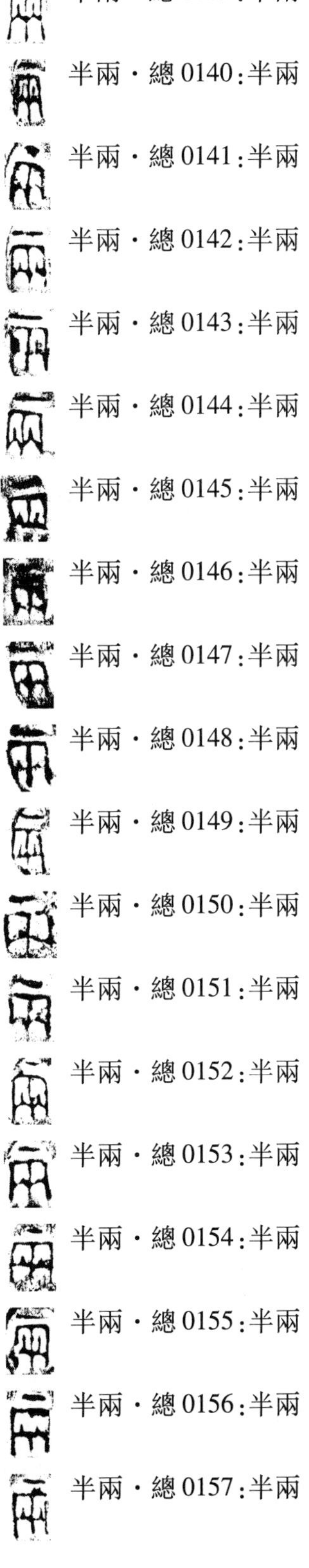

半兩・總0139:半兩

半兩・總0140:半兩

半兩・總0141:半兩

半兩・總0142:半兩

半兩・總0143:半兩

半兩・總0144:半兩

半兩・總0145:半兩

半兩・總0146:半兩

半兩・總0147:半兩

半兩・總0148:半兩

半兩・總0149:半兩

半兩・總0150:半兩

半兩・總0151:半兩

半兩・總0152:半兩

半兩・總0153:半兩

半兩・總0154:半兩

半兩・總0155:半兩

半兩・總0156:半兩

半兩・總0157:半兩

半兩・總 0158:半兩

半兩・總 0159:半兩

半兩・總 0160:半兩

半兩・總 0161:半兩

半兩・總 0162:半兩

半兩・總 0163:半兩

半兩・總 0164:半兩

半兩・總 0165:半兩

半兩・總 0166:半兩

半兩・總 0167:半兩

半兩・總 0168:半兩

半兩・總 0169:半兩

半兩・總 0170:半兩

半兩・總 0171:半兩

半兩・總 0172:半兩

半兩・總 0173:半兩

半兩・總 0174:半兩

半兩・總 0175:半兩

半兩・總 0176:半兩

半兩・總 0177:半兩

半兩・總 0178:半兩

半兩・總 0179:半兩

半兩・總 0180:半兩

半兩・總 0181:半兩

半兩・總 0182:半兩

半兩・總 0183:半兩

半兩・總 0184:半兩

半兩・總 0185:半兩

半兩・總 0186:半兩

半兩・總 0187:半兩

半兩・總 0188:半兩

半兩・總 0189:半兩

半兩・總 0190:半兩

半兩・總 0191:半兩

半兩・總 0192:半兩

半兩・總 0193:半兩

半兩・總 0194:半兩

半兩・總 0195:半兩

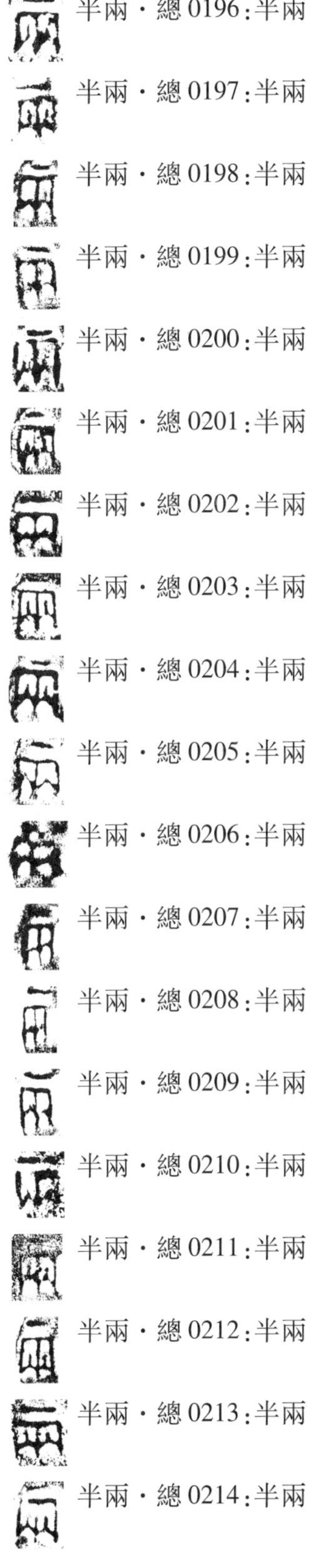
半兩・總0196:半兩
半兩・總0197:半兩
半兩・總0198:半兩
半兩・總0199:半兩
半兩・總0200:半兩
半兩・總0201:半兩
半兩・總0202:半兩
半兩・總0203:半兩
半兩・總0204:半兩
半兩・總0205:半兩
半兩・總0206:半兩
半兩・總0207:半兩
半兩・總0208:半兩
半兩・總0209:半兩
半兩・總0210:半兩
半兩・總0211:半兩
半兩・總0212:半兩
半兩・總0213:半兩
半兩・總0214:半兩

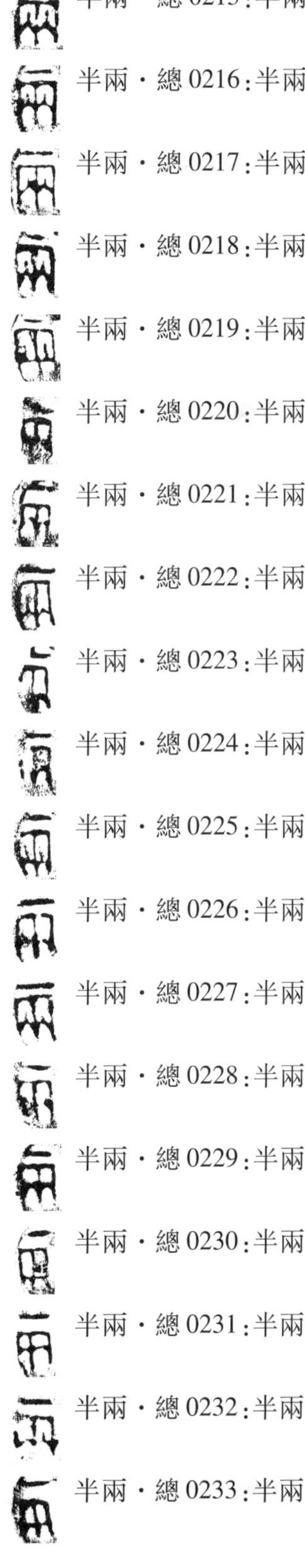
半兩・總0215:半兩
半兩・總0216:半兩
半兩・總0217:半兩
半兩・總0218:半兩
半兩・總0219:半兩
半兩・總0220:半兩
半兩・總0221:半兩
半兩・總0222:半兩
半兩・總0223:半兩
半兩・總0224:半兩
半兩・總0225:半兩
半兩・總0226:半兩
半兩・總0227:半兩
半兩・總0228:半兩
半兩・總0229:半兩
半兩・總0230:半兩
半兩・總0231:半兩
半兩・總0232:半兩
半兩・總0233:半兩

半兩・總0234:半兩

半兩・總0235:半兩

半兩・總0236:半兩

半兩・總0237:半兩

半兩・總0238:半兩

半兩・總0239:半兩

半兩・總0240:半兩

半兩・總0241:半兩

半兩・總0242:半兩

半兩・總0243:半兩

半兩・總0244:半兩

半兩・總0245:半兩

半兩・總0246:半兩

半兩・總0247:半兩

半兩・總0248:半兩

半兩・總0249:半兩

半兩・總0250:半兩

半兩・總0251:半兩

半兩・總0252:半兩

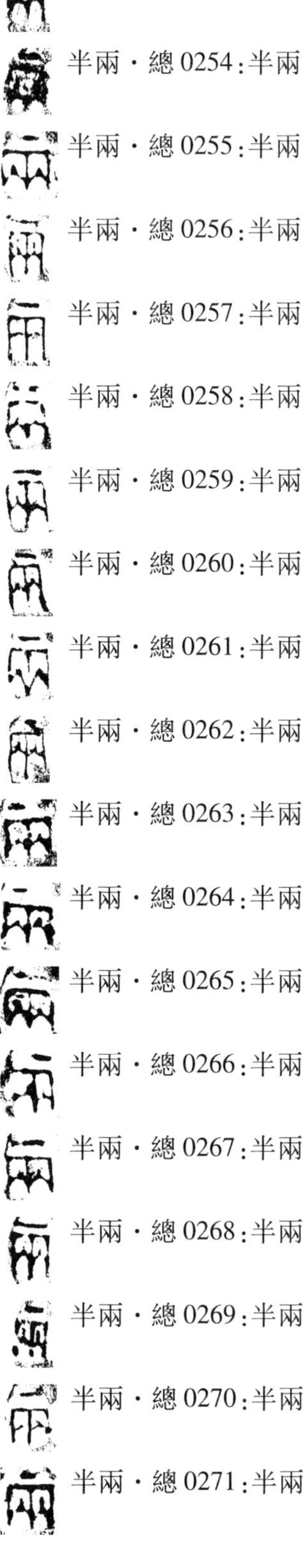

半兩・總0253:半兩

半兩・總0254:半兩

半兩・總0255:半兩

半兩・總0256:半兩

半兩・總0257:半兩

半兩・總0258:半兩

半兩・總0259:半兩

半兩・總0260:半兩

半兩・總0261:半兩

半兩・總0262:半兩

半兩・總0263:半兩

半兩・總0264:半兩

半兩・總0265:半兩

半兩・總0266:半兩

半兩・總0267:半兩

半兩・總0268:半兩

半兩・總0269:半兩

半兩・總0270:半兩

半兩・總0271:半兩

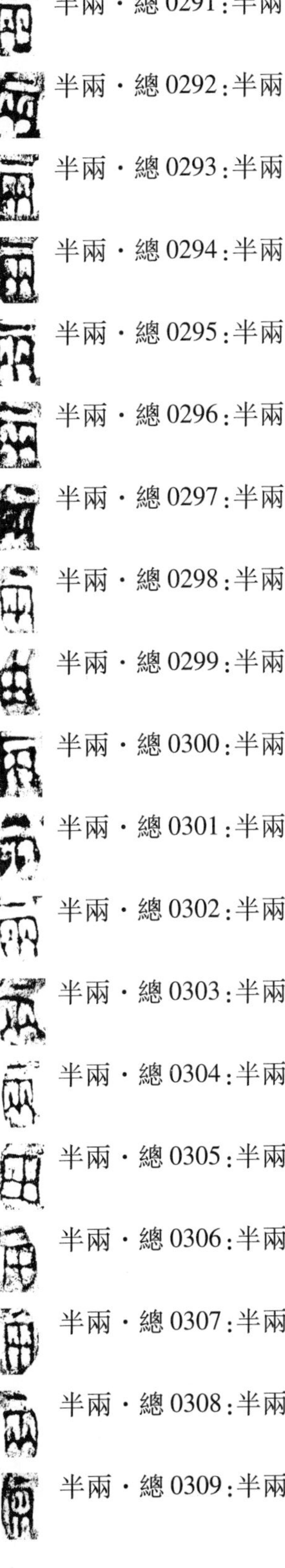

半兩・總0272:半兩
半兩・總0273:半兩
半兩・總0274:半兩
半兩・總0275:半兩
半兩・總0276:半兩
半兩・總0277:半兩
半兩・總0278:半兩
半兩・總0279:半兩
半兩・總0280:半兩
半兩・總0281:半兩
半兩・總0282:半兩
半兩・總0283:半兩
半兩・總0284:半兩
半兩・總0285:半兩
半兩・總0286:半兩
半兩・總0287:半兩
半兩・總0288:半兩
半兩・總0289:半兩
半兩・總0290:半兩
半兩・總0291:半兩
半兩・總0292:半兩
半兩・總0293:半兩
半兩・總0294:半兩
半兩・總0295:半兩
半兩・總0296:半兩
半兩・總0297:半兩
半兩・總0298:半兩
半兩・總0299:半兩
半兩・總0300:半兩
半兩・總0301:半兩
半兩・總0302:半兩
半兩・總0303:半兩
半兩・總0304:半兩
半兩・總0305:半兩
半兩・總0306:半兩
半兩・總0307:半兩
半兩・總0308:半兩
半兩・總0309:半兩

半兩·總0310:半兩
半兩·總0311:半兩
半兩·總0312:半兩
半兩·總0313:半兩
半兩·總0314:半兩
半兩·總0315:半兩
半兩·總0316:半兩
半兩·總0317:半兩
半兩·總0318:半兩
半兩·總0319:半兩
半兩·總0320:半兩
半兩·總0321:半兩
半兩·總0322:半兩
半兩·總0323:半兩
半兩·總0324:半兩
半兩·總0325:半兩
半兩·總0326:半兩
半兩·總0327:半兩
半兩·總0328:半兩

半兩·總0329:半兩
半兩·總0330:半兩
半兩·總0331:半兩
半兩·總0332:半兩
半兩·總0333:半兩
半兩·總0334:半兩
半兩·總0335:半兩
半兩·總0336:半兩
半兩·總0337:半兩
半兩·總0338:半兩
半兩·總0339:半兩
半兩·總0340:半兩
半兩·總0341:半兩
半兩·總0342:半兩
半兩·總0343:半兩
半兩·總0344:半兩
半兩·總0345:半兩
半兩·總0346:半兩
半兩·總0347:半兩

半兩·總0348:半兩

半兩·總0349:半兩

半兩·總0350:半兩

半兩·總0351:半兩

半兩·總0352:半兩

半兩·總0353:半兩

半兩·總0354:半兩

半兩·總0355:半兩

半兩·總0356:半兩

半兩·總0357:半兩

半兩·總0358:半兩

半兩·總0359:半兩

半兩·總0360:半兩

半兩·總0361:半兩

半兩·總0362:半兩

半兩·總0363:半兩

半兩·總0364:半兩

半兩·總0365:半兩

半兩·總0366:半兩

半兩·總0367:半兩

半兩·總0368:半兩

半兩·總0369:半兩

半兩·總0370:半兩

半兩·總0371:半兩

半兩·總0372:半兩

半兩·總0373:半兩

半兩·總0374:半兩

半兩·總0375:半兩

半兩·總0376:半兩

半兩·總0377:半兩

半兩·總0378:半兩

半兩·總0379:半兩

半兩·總0380:半兩

半兩·總0381:半兩

半兩·總0382:半兩

半兩·總0383:半兩

半兩·總0384:半兩

半兩·總0385:半兩

半兩・總0386:半兩

半兩・總0387:半兩

半兩・總0388:半兩

半兩・總0389:半兩

半兩・總0390:半兩

半兩・總0391:半兩

半兩・總0392:半兩

半兩・總0393:半兩

半兩・總0394:半兩

半兩・總0395:半兩

半兩・總0396:半兩

半兩・總0397:半兩

半兩・總0398:半兩

半兩・總0399:半兩

半兩・總0400:半兩

半兩・總0401:半兩

半兩・總0402:半兩

半兩・總0403:半兩

半兩・總0404:半兩

半兩・總0405:半兩

半兩・總0406:半兩

半兩・總0407:半兩

半兩・總0408:半兩

半兩・總0409:半兩

半兩・總0410:半兩

半兩・總0411:半兩

半兩・總0412:半兩

半兩・總0413:半兩

半兩・總0414:半兩

半兩・總0415:半兩

半兩・總0416:半兩

半兩・總0417:半兩

半兩・總0418:半兩

半兩・總0419:半兩

半兩・總0420:半兩

半兩・總0421:半兩

半兩・總0422:半兩

半兩・總0423:半兩

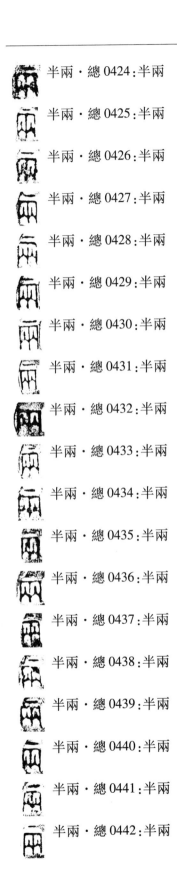

半兩・總 0424:半兩

半兩・總 0425:半兩

半兩・總 0426:半兩

半兩・總 0427:半兩

半兩・總 0428:半兩

半兩・總 0429:半兩

半兩・總 0430:半兩

半兩・總 0431:半兩

半兩・總 0432:半兩

半兩・總 0433:半兩

半兩・總 0434:半兩

半兩・總 0435:半兩

半兩・總 0436:半兩

半兩・總 0437:半兩

半兩・總 0438:半兩

半兩・總 0439:半兩

半兩・總 0440:半兩

半兩・總 0441:半兩

半兩・總 0442:半兩

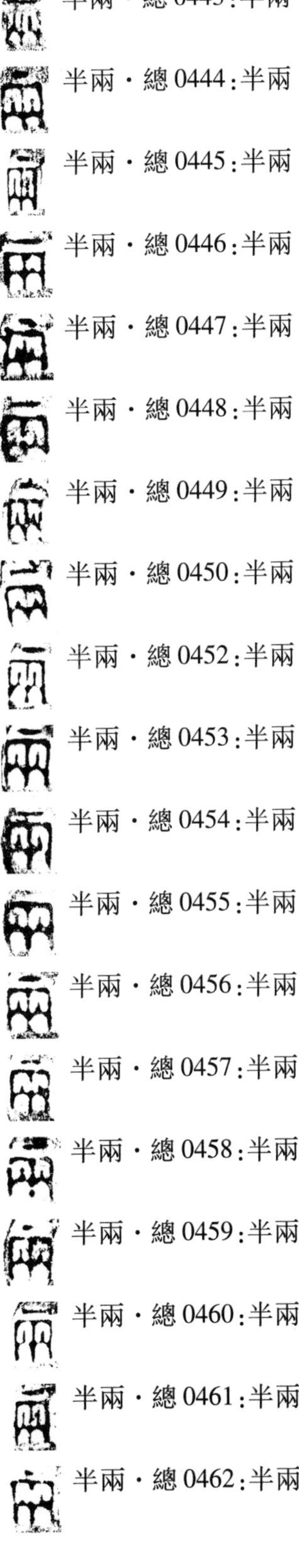

半兩・總 0443:半兩

半兩・總 0444:半兩

半兩・總 0445:半兩

半兩・總 0446:半兩

半兩・總 0447:半兩

半兩・總 0448:半兩

半兩・總 0449:半兩

半兩・總 0450:半兩

半兩・總 0452:半兩

半兩・總 0453:半兩

半兩・總 0454:半兩

半兩・總 0455:半兩

半兩・總 0456:半兩

半兩・總 0457:半兩

半兩・總 0458:半兩

半兩・總 0459:半兩

半兩・總 0460:半兩

半兩・總 0461:半兩

半兩・總 0462:半兩

半兩・總0463:半兩

半兩・總0464:半兩

半兩・總0465:半兩

半兩・總0466:半兩

半兩・總0467:半兩

半兩・總0468:半兩

半兩・總0469:半兩

半兩・總0470:半兩

半兩・總0471:半兩

半兩・總0472:半兩

半兩・總0473:半兩

半兩・總0474:半兩

半兩・總0475:半兩

半兩・總0476:半兩

半兩・總0477:半兩

半兩・總0478:半兩

半兩・總0479:半兩

半兩・總0480:半兩

半兩・總0481:半兩

半兩・總0482:半兩

半兩・總0483:半兩

半兩・總0484:半兩

半兩・總0485:半兩

半兩・總0486:半兩

半兩・總0487:半兩

半兩・總0488:半兩

半兩・總0489:半兩

半兩・總0490:半兩

半兩・總0491:半兩

半兩・總0492:半兩

半兩・總0493:半兩

半兩・總0494:半兩

半兩・總0495:半兩

半兩・總0496:半兩

半兩・總0497:半兩

半兩・總0498:半兩

半兩・總0499:半兩

半兩・總0500:半兩

半兩・總 0501：半兩

半兩・總 0502：半兩

半兩・總 0503：半兩

半兩・總 0504：半兩

半兩・總 0505：半兩

半兩・總 0506：半兩

半兩・總 0507：半兩

半兩・總 0508：半兩

半兩・總 0509：半兩

半兩・總 0510：半兩

半兩・總 0511：半兩

半兩・總 0512：半兩

半兩・總 0513：半兩

半兩・總 0514：半兩

半兩・總 0515：半兩

半兩・總 0516：半兩

半兩・總 0517：半兩

半兩・總 0518：半兩

半兩・總 0519：半兩

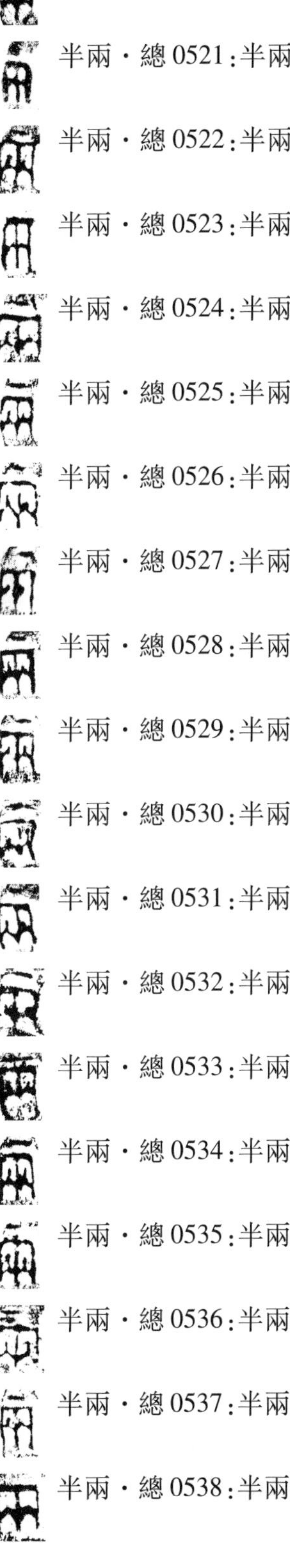

半兩・總 0520：半兩

半兩・總 0521：半兩

半兩・總 0522：半兩

半兩・總 0523：半兩

半兩・總 0524：半兩

半兩・總 0525：半兩

半兩・總 0526：半兩

半兩・總 0527：半兩

半兩・總 0528：半兩

半兩・總 0529：半兩

半兩・總 0530：半兩

半兩・總 0531：半兩

半兩・總 0532：半兩

半兩・總 0533：半兩

半兩・總 0534：半兩

半兩・總 0535：半兩

半兩・總 0536：半兩

半兩・總 0537：半兩

半兩・總 0538：半兩

半兩・總0539:半兩

半兩・總0540:半兩

半兩・總0541:半兩

半兩・總0542:半兩

半兩・總0543:半兩

半兩・總0544:半兩

半兩・總0545:半兩

半兩・總0546:半兩

半兩・總0547:半兩

半兩・總0549:半兩

半兩・總0550:半兩

半兩・總0551:半兩

半兩・總0552:半兩

半兩・總0553:半兩

半兩・總0554:半兩

半兩・總0555:半兩

半兩・總0556:半兩

半兩・總557:半兩

半兩・總0558:半兩

半兩・總0559:半兩

半兩・總0560:半兩

半兩・總0561:半兩

半兩・總0562:半兩

半兩・總0563:半兩

半兩・總0564:半兩

半兩・總0565:半兩

半兩・總0566:半兩

半兩・總0567:半兩

半兩・總0568:半兩

半兩・總0569:半兩

半兩・總0570:半兩

半兩・總0571:半兩

半兩・總0572:半兩

半兩・總0573:半兩

半兩・總0574:半兩

半兩・總0575:半兩

半兩・總0576:半兩

半兩・總0577:半兩

半兩·總0578:半兩

半兩·總0579:半兩

半兩·總0580:半兩

半兩·總0581:半兩

半兩·總0582:半兩

半兩·總0583:半兩

半兩·總0584:半兩

半兩·總0585:半兩

半兩·總0586:半兩

半兩·總0587:半兩

半兩·總0588:半兩

半兩·總0589:半兩

半兩·總0590:半兩

半兩·總0591:半兩

半兩·總0592:半兩

半兩·總0593:半兩

半兩·總0594:半兩

半兩·總0595:半兩

半兩·總0596:半兩

半兩·總0597:半兩

半兩·總0598:半兩

半兩·總0599:半兩

半兩·總0600:半兩

半兩·總0601:半兩

半兩·總0602:半兩

半兩·總0603:半兩

半兩·總0604:半兩

半兩·總0605:半兩

半兩·總0606:半兩

半兩·總0607:半兩

半兩·總0608:半兩

半兩·總0609:半兩

半兩·總0610:半兩

半兩·總0611:半兩

半兩·總0612:半兩

半兩·總0613:半兩

半兩·總0614:半兩

半兩·總0615:半兩

半兩・總0616:半兩

半兩・總0617:半兩

半兩・總0618:半兩

半兩・總0619:半兩

半兩・總0620:半兩

半兩・總0621:半兩

半兩・總0622:半兩

半兩・總0623:半兩

半兩・總0624:半兩

半兩・總0625:半兩

半兩・總0626:半兩

半兩・總0627:半兩

半兩・總0628:半兩

半兩・總0629:半兩

半兩・總0630:半兩

半兩・總0631:半兩

半兩・總0632:半兩

半兩・總0633:半兩

半兩・總0634:半兩

半兩・總0635:半兩

半兩・總0636:半兩

半兩・總0637:半兩

半兩・總0638:半兩

半兩・總0639:半兩

半兩・總0640:半兩

半兩・總0641:半兩

半兩・總0642:半兩

半兩・總0643:半兩

半兩・總0644:半兩

半兩・總0645:半兩

半兩・總0646:半兩

半兩・總0647:半兩

半兩・總0648:半兩

半兩・總0649:半兩

半兩・總0650:半兩

半兩・總0651:半兩

半兩・總0652:半兩

半兩・總0653:半兩

半兩・總0654:半兩

半兩・總0655:半兩

半兩・總0656:半兩

半兩・總0657:半兩

半兩・總0658:半兩

半兩・總0659:半兩

半兩・總0660:半兩

半兩・總0661:半兩

半兩・總0662:半兩

半兩・總0663:半兩

半兩・總0664:半兩

半兩・總0665:半兩

半兩・總0666:半兩

半兩・總0667:半兩

半兩・總0668:半兩

半兩・總0669:半兩

半兩・總0670:半兩

半兩・總0671:半兩

半兩・總0672:半兩

半兩・總0673:半兩

半兩・總0674:半兩

半兩・總0675:半兩

半兩・總0676:半兩

半兩・總0677:半兩

半兩・總0678:半兩

半兩・總0679:半兩

半兩・總0680:半兩

半兩・總0681:半兩

半兩・總0682:半兩

半兩・總0683:半兩

半兩・總0684:半兩

半兩・總0685:半兩

半兩・總0686:半兩

半兩・總0687:半兩

半兩・總0688:半兩

半兩・總0689:半兩

半兩・總0690:半兩

半兩・總0691:半兩

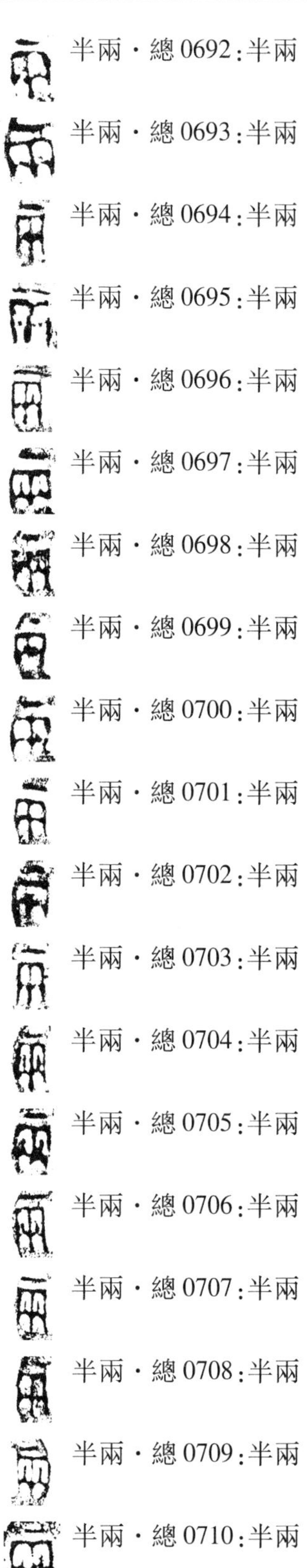

半兩・總0692:半兩

半兩・總0693:半兩

半兩・總0694:半兩

半兩・總0695:半兩

半兩・總0696:半兩

半兩・總0697:半兩

半兩・總0698:半兩

半兩・總0699:半兩

半兩・總0700:半兩

半兩・總0701:半兩

半兩・總0702:半兩

半兩・總0703:半兩

半兩・總0704:半兩

半兩・總0705:半兩

半兩・總0706:半兩

半兩・總0707:半兩

半兩・總0708:半兩

半兩・總0709:半兩

半兩・總0710:半兩

半兩・總0711:半兩

半兩・總0712:半兩

半兩・總0713:半兩

半兩・總0714:半兩

半兩・總0715:半兩

半兩・總0716:半兩

半兩・總0717:半兩

半兩・總0718:半兩

半兩・總0719:半兩

半兩・總0720:半兩

半兩・總0721:半兩

半兩・總0722:半兩

半兩・總0723:半兩

半兩・總0724:半兩

半兩・總0725:半兩

半兩・總0726:半兩

半兩・總0727:半兩

半兩・總0728:半兩

半兩・總0729:半兩

半兩・總 0730:半兩

半兩・總 0731:半兩

半兩・總 0732:半兩

半兩・總 0733:半兩

半兩・總 0734:半兩

半兩・總 0735:半兩

半兩・總 0736:半兩

半兩・總 0737:半兩

半兩・總 0738:半兩

半兩・總 0739:半兩

半兩・總 0740:半兩

半兩・總 0741:半兩

半兩・總 0742:半兩

半兩・總 0743:半兩

半兩・總 0744:半兩

半兩・總 0745:半兩

半兩・總 0746:半兩

半兩・總 0747:半兩

半兩・總 0748:半兩

半兩・總 0749:半兩

半兩・總 0750:半兩

半兩・總 0751:半兩

半兩・總 0752:半兩

半兩・總 0753:半兩

半兩・總 0754:半兩

半兩・總 0755:半兩

半兩・總 0756:半兩

半兩・總 0757:半兩

半兩・總 0758:半兩

半兩・總 0759:半兩

半兩・總 0760:半兩

半兩・總 0761:半兩

半兩・總 0762:半兩

半兩・總 0763:半兩

半兩・總 0764:半兩

半兩・總 0765:半兩

半兩・總 0766:半兩

半兩・總 0767:半兩

半兩・總 0768:半兩

半兩・總 0769:半兩

半兩・總 0770:半兩

半兩・總 0771:半兩

半兩・總 0772:半兩

半兩・總 0773:半兩

半兩・總 0774:半兩

半兩・總 0775:半兩

半兩・總 0776:半兩

半兩・總 0777:半兩

半兩・總 0778:半兩

半兩・總 0779:半兩

半兩・總 0780:半兩

半兩・總 0781:半兩

半兩・總 0782:半兩

半兩・總 0783:半兩

半兩・總 0784:半兩

半兩・總 0785:半兩

半兩・總 0786:半兩

半兩・總 0787:半兩

半兩・總 0788:半兩

半兩・總 0789:半兩

半兩・總 0790:半兩

半兩・總 0791:半兩

半兩・總 0792:半兩

半兩・總 0793:半兩

半兩・總 0794:半兩

半兩・總 0795:半兩

南郊・第三編・185. 15:半兩

南郊・第三編・185. 16:半兩

南郊・第三編・185. 19:半兩

南郊・第三編・185. 22:半兩

先秦幣・101. 2:一珠重一兩

先秦幣・101. 3:一珠重一兩

先秦幣・101. 4:一珠重一兩

先秦幣・107. 1:兩甾〖注〗一兩爲二十四銖,兩甾爲十二銖,即半兩。

先秦幣・107. 3:兩甾

先秦幣・107. 4:兩甾

先秦幣・107.5:兩甾

先秦幣・107.6:兩甾

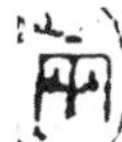先秦幣・107.7:兩甾

先秦幣・107.8:兩甾

鑄錢・1.1:兩甾

1719　网(罔網)𠕈罔

睡簡・秦律・5:置穽罔(網)

睡簡・日甲・85 背:寅,罔也

睡簡・日甲・24 背:鬼害民罔(妄)行

睡簡・日乙・19:罔(網)邋(獵)

睡簡・爲吏・35:罔(輞)服必固〖注〗罔,讀爲"輞",車輪的外周。

秦印編 151:罔子

1720　罜(罕)

新封泥 B・2.10:罜丞之印〖注〗罜丞,官名。罜,或卽"罕、罕"字;罜,旌旗或捕鳥之網。《廣韻》:"罕,《說文》作罜,或作罕。"

封泥印・待考 161:罜丞之印

新封泥 C・16.11:罜丞之印

集證・138.91:罜士〖注〗罜士,官名。

1721　罪

龍簡・22・摹:與同罪

龍簡・222・摹:□罪□

龍簡・96・摹:勿令巨(歫)罪

龍簡・73:其罪匿之□

龍簡・32:毋(無)罪

龍簡・34:毋(無)罪

龍簡・42:故罪當完城旦舂以上者

龍簡・4:皆與闌入門同罪

龍簡・44:有(又)駕(加)其罪

龍簡・45・摹:皆與同罪

龍簡・122・摹:罪如盜

龍簡・199:宦者其有言署(遷)及有罪者□

龍簡・135:同罪

龍簡・149:遺者罪減焉一等

龍簡・146:除其罪

龍簡・145:罪

1722 𠭥

秦印编 151:𠭥

秦印编 151:𠭥

秦印编 151:賈𠭥

秦印编 151:田𠭥

集證·177.660:賈𠭥

1723 罟

石鼓文·乍邍(先鋒本):㦰=逌罟〖注〗《說文》:"罟,网也。"

1724 羅

睡簡·日乙·223:視羅

睡簡·日乙·5:窞羅

睡簡·日乙·17:窞羅之日

關簡·53:辛卯宿迣羅涌西

秦陶·477:東武羅〖注〗羅,人名。

任家咀 240·183.14:咸亭商里羅器

1725 罝 𦊺 罝

秦印编 151:蹄罝

1726 署

睡簡·答問·196:耤(藉)牢有六署

睡簡·答問·196:可(何)謂"署人、更人"

睡簡·答問·196:囚道一署旞

睡簡·答問·196:所道旞者命曰"署人"〖注〗署,看守崗位。

睡簡·答問·196:原者"署人"毆

睡簡·答問·197:即去署毆〖注〗去署,擅離崗位。

睡簡·答問·197:可(何)謂"竇署"

睡簡·秦律·201:必署其已稟年日月

睡簡·秦律·55:其守署及爲它事者〖注〗署,崗位。

睡簡·秦律·183:行命書及書署急者

睡簡·雜抄·34:署君子、敦(屯)長、僕射不告

睡簡·雜抄·40:縣司空署君子將者

睡簡·雜抄·41:署勿令爲它事

睡簡·爲吏·20:乃(仍)署其籍曰

里簡·J1(9)1 背:陽陵卒署遷陵〖注〗卒署,官名。

里簡·J1(9)12 背:陽陵卒署遷陵

里簡·J1(8)156:署金布發

里簡·J1(9)1 正:[報]署金布發

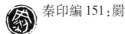

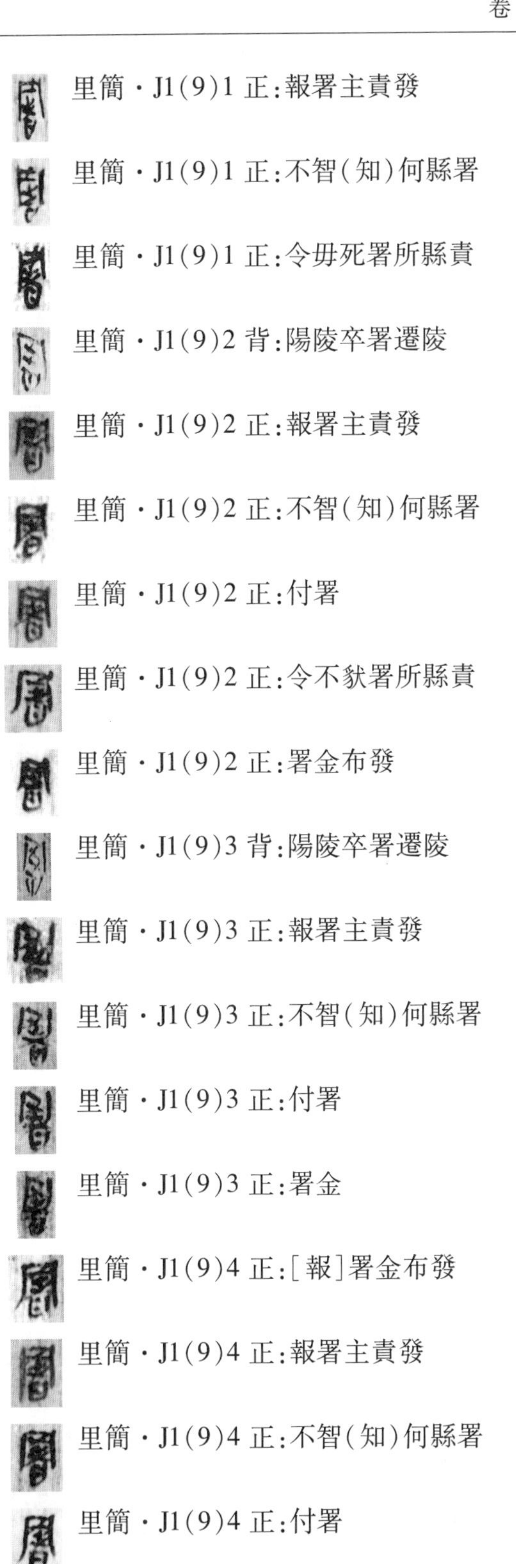

里簡·J1(9)1正:報署主責發

里簡·J1(9)1正:不智(知)何縣署

里簡·J1(9)1正:令毋死署所縣責

里簡·J1(9)2背:陽陵卒署遷陵

里簡·J1(9)2正:報署主責發

里簡·J1(9)2正:不智(知)何縣署

里簡·J1(9)2正:付署

里簡·J1(9)2正:令不狄署所縣責

里簡·J1(9)2正:署金布發

里簡·J1(9)3背:陽陵卒署遷陵

里簡·J1(9)3正:報署主責發

里簡·J1(9)3正:不智(知)何縣署

里簡·J1(9)3正:付署

里簡·J1(9)3正:署金

里簡·J1(9)4正:[報]署金布發

里簡·J1(9)4正:報署主責發

里簡·J1(9)4正:不智(知)何縣署

里簡·J1(9)4正:付署

里簡·J1(9)4正:令衷署所縣責

里簡·J1(9)5正:[報]署金布發

里簡·J1(9)5正:報署主責發

里簡·J1(9)5正:不智(知)何縣署

里簡·J1(9)5正:付署

里簡·J1(9)5正:令鹽署所縣責

里簡·J1(9)6背:陽陵卒署遷陵

里簡·J1(9)6正:[報]署金布發

里簡·J1(9)6正:報署主責發

里簡·J1(9)6正:不智(知)何縣署

里簡·J1(9)6正:付署

里簡·J1(9)6正:令署所縣責

里簡·J1(9)7背:陽陵卒署遷陵

里簡·J1(9)7正:[報]署金布發

里簡·J1(9)7正:報署主責發

里簡·J1(9)7正:不智(知)何縣署

里簡·J1(9)7正:付署

里簡·J1(9)7正:令申署所縣責

里簡·J1(9)8背:陽陵卒署遷陵

里簡·J1(9)8正:報署主責發

 里簡·J1(9)8 正:不智(知)何縣署

 里簡·J1(9)8 正:付署

 里簡·J1(9)8 正:令越人署所縣責

 里簡·J1(9)8 正:署金布發

 里簡·J1(9)9 背:陽陵卒署遷陵

 里簡·J1(9)9 正:報署主責發

 里簡·J1(9)9 正:不智(知)何縣署

 里簡·J1(9)9 正:付署

 里簡·J1(9)9 正:令顡署所縣受責

 里簡·J1(9)9 正:署金布發

 里簡·J1(9)10 背:陽陵卒署遷陵

 里簡·J1(9)10 正:[報]署金布發

 里簡·J1(9)10 正:報署主責發

 里簡·J1(9)10 正:不智(知)何縣署

 里簡·J1(9)10 正:令勝日署所縣責

 里簡·J1(9)11 背:陽陵卒署遷陵

 里簡·J1(9)11 正:報署主責發

 里簡·J1(9)11 正:不智(知)何縣署

 里簡·J1(9)11 正:付署

 里簡·J1(9)11 正:令署所縣責

 里簡·J1(9)11 正:署金布發

 秦印編 151:李署

1727　罷

睡簡·答問·133·摹:罷痒(癃)守官府〖注〗罷癃,廢疾。

帛書·病方·283·摹:罷合一〖注〗罷合,藥名。

1728　置

睡簡·答問·27·摹:必已置乃爲“具”

睡簡·答問·27·摹:未置及不直(置)者不爲“具”

睡簡·答問·27·摹:置豆俎鬼前未徹乃爲“未闖”〖注〗置,陳放。

睡簡·答問·72·摹:及臣邦君長所置爲後大(太)子

睡簡·答問·168·摹:問安置其子

睡簡·封診·88:即置盎水中榣(搖)之

睡簡·秦律·5:置穽罔(網)

睡簡·秦律·189:過二月弗置嗇夫

睡簡·秦律·195:獨高其置芻廥及倉茅蓋者

睡簡·秦律·161:置吏律

睡簡·秦律·160·摹:置吏律

 睡簡·雜抄·6:置任不審

 睡簡·日甲·30背:置藩(牆)上

 睡簡·日乙·86:以邋(獵)置罔(網)及爲門

 睡簡·爲吏·46:瀌(廢)置以私〖注〗廢置,任免。

 龍簡·103:毋敢穿穽及置它機

 關簡·299:置居火

 關簡·297:置居金

 關簡·302:置居木

 關簡·309:取十餘叔(菽)置鬻(粥)中而歙(飲)之

 關簡·328:置牛上

 關簡·328:置垣瓦下

 關簡·378:置□後數宿

 關簡·372:置晉(煎)斧(釜)中

 關簡·377:置梋中

 關簡·342:前置杯水女子前

 帛書·病方·415:置溫所三日

 帛書·病方·殘14:□置八□

 帛書·病方·286:卽急抒置甑□置其□

 帛書·病方·286:卽急抒置甑□置其□

 帛書·病方·49:取一分置水中

 帛書·病方·103:置去禾

 帛書·病方·105:先[以]甴(塊)置室後

 帛書·病方·107:置甴(塊)其處

 帛書·病方·128:卽置其編於稅火上

 帛書·病方·249:抒置甕中

 帛書·病方·253:置器中

 帛書·病方·256:取肥□肉置火中

 帛書·病方·261:置般(盤)中而居(踞)之

 帛書·病方·266:而置艾其中

 帛書·病方·267:置柳蕈艾上

 帛書·病方·270:取石置中

 帛書·病方·318:置突[上]二、三月

 帛書·病方·330:置泥器中

 帛書·病方·333:卽置小木湯中

 帛書·病方·351:置突上五、六日

1729 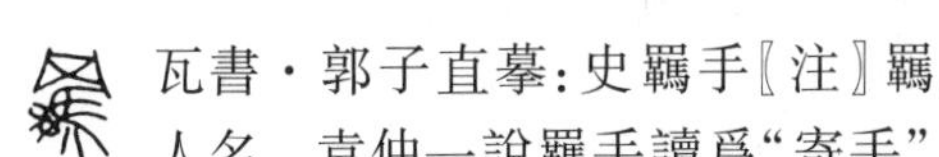 羈(羇)

瓦書·郭子直摹:史羈手〖注〗羈,人名。袁仲一說羈手讀爲“寄手”,假手。

瓦書(秦陶・1610):史羈手

1730　帥帨　帥帨

秦公簋・器(秦銅・14.1):穆=帥秉明德

秦公鎛鐘・摹(秦銅・16.2):穆=帥秉明德

石鼓文・乍邍(先鋒本):帥皮(彼)阪□〖注〗帥,卽"率"。馬敘倫說借爲"逵"。或釋爲"循",遵也。

睡簡・日甲・7 正:利以行帥〈師〉出正(征)、見人〖注〗帥,爲"師"字之誤。

1731　幅　幅

睡簡・日甲・13 背・摹:賜某大幅(富)

1732　帶　帶

七年上郡守閒戈・照片(秦銅・33):工鬼薪帶〖注〗帶,人名。

七年上郡守閒戈・摹(秦銅・33):工鬼薪帶

睡簡・日乙・25:利以乘車、寇〈冠〉、帶劍、裚(製)衣常(裳)、祭、作大事、家(嫁)子

睡簡・日乙・125:可以家(嫁)女、取婦、寇〈冠〉帶、祠

睡簡・日乙・15:裚(製)寇〈冠〉帶

帛書・病方・132:大帶者〖注〗大帶,病名。

秦印編 151:差帶

秦印編 151:周帶

秦印編 151:笸帶

集證・168.554:宋帶

秦印編 151:帶錯

秦印編 151:帶魤

秦印編 151:王帶

秦陶・1171:帶

1733　常裳　常(裳)

會稽刻石・宋刻本:常治無極

會稽刻石・宋刻本:以立恆常

睡簡・日甲・95 正:□乘車馬、衣常(裳)

睡簡・日甲・32 正:可取婦、家(嫁)女、掣(製)衣常(裳)

睡簡・日甲・121 背:丁酉材(裁)衣常(裳)

睡簡・日甲・13 正・摹:寇〈冠〉、掣車、折(製)衣常(裳)、服帶吉

睡簡・日甲・118 背:丁酉裚(製)衣常(裳)

睡簡・日甲・119 正:柁衣常(裳)〖注〗柁,疑讀爲"袘"。袘衣裳,衣裳鑲邊。

睡簡・日乙・23:利以裚(製)衣常(裳)、說孟(盟)詐(詛)

睡簡・日乙・242:必善醫,衣常(裳)

睡簡・日乙・25:利以乘車、寇〈冠〉、帶劍、裚(製)衣常(裳)、祭、

作大事、家（嫁）子

睡簡・日乙・95：乘車、衣常（裳）、取妻

睡簡・日乙・129：裚（製）衣常（裳）

睡簡・日乙・143：祠常行道右

睡簡・日乙・144：祠常行〖注〗常行，疑即道路之神行。

睡簡・日乙・145：其謞（號）曰大常行

秦印編 152：脩常

1734　帬（裙）

睡簡・封診・68：衣絡禪襦、帬各一

睡簡・11 號牘・正：可以爲禪帬襦者

里簡・J1（8）158 正：主令史下絡帬直（值）書已到

里簡・J1（8）152 正：洞庭上帬直（值）

里簡・J1（16）6 背：走裙行尉

1735　帷

封泥印・待考 169：□□帷□

新封泥 D・29：東苑尚帷〖注〗尚帷，官名。

1736　幕

秦印編 152：幕苛

1737　𦾔

帛書・病方・109：有（又）以殺本若道旁𦾔（葥）根二七〖注〗葥，地膚，藥名。

1738　幏

睡簡・秦律・91・摹：爲幏布一〖注〗幏布，頭巾。

1739　飾

詛楚文・湫淵（中吳本）：飾（飭）甲底（砥）兵〖注〗飾，讀爲“飭”。

詛楚文・巫咸（中吳本）：飾（飭）甲底（砥）兵

詛楚文・亞駝（中吳本）：飾（飭）甲底（砥）兵

會稽刻石・宋刻本：飾省宣義〖注〗飾，文飾。

會稽刻石・宋刻本：內飾詐謀

1740　帣

帛書・足臂・19：足帣（厥）陰温（脈）〖注〗帣，讀爲“厥”。

帛書・足臂・20：［久（灸）］帣（厥）陰温（脈）

1741　帚

帛書・病方・104：入帚井中

帛書・病方・104：以敝帚騷（掃）尤（疣）二七〖注〗帚，笤帚。

1742 席 𥫅 席 𥫅

睡簡・雜抄・4:不辟(避)席立
〖注〗避席,下席站立,表示恭敬。

睡簡・日甲・41背:如席處

睡簡・日甲・157背:大夫先敚〈牧〉兕席

睡簡・日乙・145:耐爲四席

睡簡・日乙・145:亦席三叕(餟)

關簡・335:人席之

關簡・348:爲一席

帛書・病方・249:狸(埋)席下

帛書・病方・12:取故蒲席厭□燔□痏

1743 㠿 布

詛楚文・湫淵(中吳本):使其宗祝卲鼛布憝(檄)告于不(丕)顯大神厥(厥)湫〖注〗布檄,發布檄文。

詛楚文・亞駝(中吳本):使其宗祝卲鼛布憝(檄)告于不(丕)顯大神亞駝

天簡39・乙:布室中

睡簡・日乙・195:不錢則布

睡簡・語書・8:別書江陵布〖注〗布,公布。

睡簡・語書・5:今灋律令已布

睡簡・11號牘・正:黑夫自以布此

睡簡・11號牘・正:母視安陸絲布賤

睡簡・11號牘・正:其絲布貴

睡簡・答問・23:當以布及其它所買畀甲

睡簡・答問・23:當以衣及布畀不當

睡簡・答問・23:以買布衣而得

睡簡・答問・90:擊(揞)布入公

睡簡・答問・90:如賨布

睡簡・答問・90:擊(揞)以布

睡簡・答問・184:可(何)謂"布吏"

睡簡・答問・184:客未布吏而與賈
〖注〗布,陳述。

睡簡・答問・184:詣符傳於吏是謂"布吏"

睡簡・秦律・88:金布

睡6號牘・正:繕布謹善者毋下二丈五尺□

睡簡・秦律・89:金布

睡簡・秦律・85:金布

睡簡・秦律・81:金布

睡簡・秦律・96:金布

睡簡・秦律・91:爲幏布一〖注〗幏布,頭巾。

睡簡・秦律・68:金布

睡簡・秦律・68:毋敢擇行錢、布

睡簡・秦律・69:金布

睡簡・秦律・66:布惡

睡簡・秦律・66:布袤八尺〖注〗布,古時以布帛爲一種貨幣。

睡簡・秦律・66:金布〖注〗金布,律名,關於貨幣、財物方面的法律。

睡簡・秦律・67:金布

睡簡・秦律・67:其出入錢以當金布

睡簡・秦律・67:錢十一當一布

睡簡・秦律・65:金布

睡簡・秦律・79:金布

睡簡・秦律・76:金布律

睡簡・日甲・13 背:非錢乃布

睡簡・日甲・114 正:三歲中日入一布

里簡・J1(9)9 正:署金布發

里簡・J1(9)10 正:[報]署金布發

里簡・J1(9)11 正:署金布發

里簡・J1(8)156:署金布發

里簡・J1(9)1 正:[報]署金布發

里簡・J1(9)2 正:署金布發

里簡・J1(9)4 正:[報]署金布發

里簡・J1(9)5 正:[報]署金布發

里簡・J1(9)6 正:[報]署金布發

里簡・J1(9)7 正:[報]署金布發

里簡・J1(9)8 正:署金布發

關簡・311:以淳(醇)酒漬布

帛書・病方・無編號殘:布

帛書・病方・18:以布捉取

帛書・病方・19:即以布捉[取]

帛書・病方・30:裹以布

帛書・病方・44:即以布足(捉)之

帛書・病方・92:冥(冪)口以布三□

帛書・病方・129:冥(冪)以布

帛書・病方・131:以新布孰暨(摡)之

帛書・病方・148:□飲以布□

帛書・病方・201:漬女子布

帛書・病方・205:即操布改之二七

帛書・病方・211:而新布裹

帛書・病方・212:以布裹□

帛書・病方・228:□卽莫(冪)以布

帛書・病方・232:□[取]女子月事布

帛書・病方・253:取女子布

帛書・病方・255:[以]布周蓋

帛書・病方・255:布炭上

帛書・病方・313:布以傅之

帛書・病方・314:潰女子布

帛書・病方・350:以頭脂□布炙以熨

帛書・病方・351:以布蓋

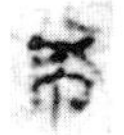

帛書・病方・357:以布約之

帛書・病方・373:如此□布[抒]取汁

帛書・病方・400:□布其汁中

帛書・病方・409:撫以布

帛書・病方・436:燔女子布

帛書・病方・452:而以冶馬[頰骨]□傅布□膏□更裹

帛書・病方・殘7:用布五尺□

封泥集236・1:涑布之丞〖注〗涑布,官名。

1744　希

睡簡・日甲・69背:希(稀)須(鬚)

睡簡・日甲・71背:希(稀)須(鬚)

龍簡・134・摹:□希(稀)其程率

龍簡・131・摹:□程直(值)希(稀)之□

龍簡・129:人及虛租希(稀)程者〖注〗稀程,減少規定的租賦指標。

龍簡・133・摹:盡□盈□希□

秦印編290:李希

1745　幣

帛書・病方・38:幣(蔽)□休得爲□

1746　巿 韍　巿(韍)

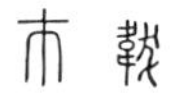

秦政伯喪戈一(珍金・42):巿鋕用逸宜〖注〗巿鋕,讀爲"被甲",指被甲之士。李學勤說"鋕"爲"鮭"字異寫。王輝釋爲"巿",讀爲"師",參看卷六巿字。

秦政伯喪戈一・摹(珍金・42):巿鋕用逸宜

秦政伯喪戈二(珍金・43):巿鋕用逸宜

秦政伯喪戈二・摹(珍金・43):巿鋕用逸宜

石礎・摹(始皇陵・2):巿

帛書・病方・31:蔽以巿(韍)〖注〗巿,卽"韍"字,用熟皮製成的蔽膝。

1747　帛　帛

石鼓文・汧殹(先鋒本):帛(白)魚皪=〖注〗帛,借爲"白"字。

石鼓文・汧殹(先鋒本):黄帛(白)其鰟

睡簡・封診・82:帛裏

睡簡・封診・22:帛裏莽緣領褎(袖)

1748　錦　錦

睡簡・答問・162・摹:乃爲"錦履"

睡簡・答問・162:毋敢履錦履

睡簡・答問・162:以錦縵履不爲

地圖注記・摹(地圖・5):北有灌夏百錦

1749　皪

石鼓文・汧殹(先鋒本):帛(白)魚皪=〖注〗皪,潘迪、羅振玉釋爲"皪"。《廣韻》:"的皪,白狀。"

1750　白 皁　白 皁

不其簋蓋(秦銅・3):白(伯)氏曰〖注〗伯氏,即秦仲。伯,本指年長者。

不其簋蓋(秦銅・3):白(伯)氏曰

不其簋蓋(秦銅・3):用乍(作)朕皇且(祖)公白(伯)、孟姬隫殷〖注〗公伯,秦仲之父,莊公之祖。

滕縣不其簋器(秦銅・4):白(伯)氏曰

滕縣不其簋器(秦銅・4):用乍(作)朕皇且(祖)公白(伯)、孟姬隫殷

滕縣不其簋器(秦銅・4):白(伯)氏曰

秦政伯喪戈二(珍金・43):秦政(正)白(伯)喪〖注〗伯喪,人名,或即《史記》之弗忌。

秦政伯喪戈二・摹(珍金・43):秦政(正)白(伯)喪

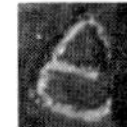秦政伯喪戈一(珍金・42):秦政(正)白(伯)喪

秦政伯喪戈一・摹(珍金・42):秦政(正)白(伯)喪

有司伯喪矛一(珍金・46):又(有)嗣(司)白(伯)喪之車矛

有司伯喪矛一・摹(珍金・46):又(有)嗣(司)白(伯)喪之車矛

有司伯喪矛二(珍金・47):又(有)嗣(司)白(伯)喪之車矛

有司伯喪矛二・摹(珍金・47):又(有)嗣(司)白(伯)喪之車矛

琅邪臺刻石:因明白矣

泰山刻石・廿九字本:因明白矣

泰山刻石・宋拓本:因明白矣

繹山刻石・宋刻本:因明白矣

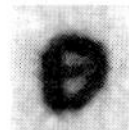睡簡・秦律・34:別黄、白、青

睡簡・日甲・97正:其生(牲)白

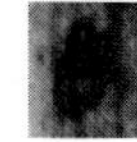睡簡・日甲・74正:得之犬肉、鮮卵白色

睡簡・日甲・75 正:白色死

睡簡・日甲・31 背:注白湯

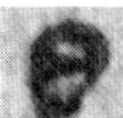睡簡・日甲・50 背:赤白

睡簡・日甲・56 背:苞以白茅

睡簡・日甲・57 背:取白茅及黄土而西(洒)之

睡簡・日甲・157 背:肥豚清酒美白粱〖注〗白粱,一種好小米。

睡簡・日乙・58:雨,白〈日〉也

睡簡・日乙・178:把者白色

睡簡・日乙・174:把者白色

關簡・208:白、黑半

關簡・202:占物,白

關簡・206:占物,白

關簡・204:白、黑半

關簡・228:黄、白

關簡・222:黄、白

關簡・226:黄、白

關簡・224:黄、白

關簡・297:其下有白衣之冣〖注〗白衣,指古代給官府當差的人。

關簡・230:黄、白

關簡・242:黄、白

關簡・210:雜、白

關簡・218:白、黑半

關簡・372:取大白礜

關簡・188:黄、白

關簡・194:占物,白

帛書・病方・415:取闌(蘭)根、白付〖注〗白付,白附子,藥名。一説即白符。

帛書・病方・449:取夾□、白柎□

帛書・病方・372:白茝、白衡、菌□桂、枯畺(薑)、薪(新)雉〖注〗白茝,白芷別名,藥名。

帛書・病方・372:白茝、白衡、菌□桂、枯畺(薑)、薪(新)雉〖注〗白衡,疑即杜衡,藥名。

帛書・病方・8:燔白雞毛及人髮

帛書・病方・112:先侍(偫)白雞、犬矢

帛書・病方・115:白處方〖注〗白處,一種皮膚病。

帛書・病方・130:白瘧〖注〗白瘧,即白處,皮膚病名。

帛書・病方・130:白毋奏(腠)

帛書・病方・215:食衣白魚一七〖注〗衣白魚,藥名。

帛書・病方・254:蟯白徒道出者方

帛書・病方・257:駱阮一名曰白苦、苦浸〖注〗白苦,藥名。

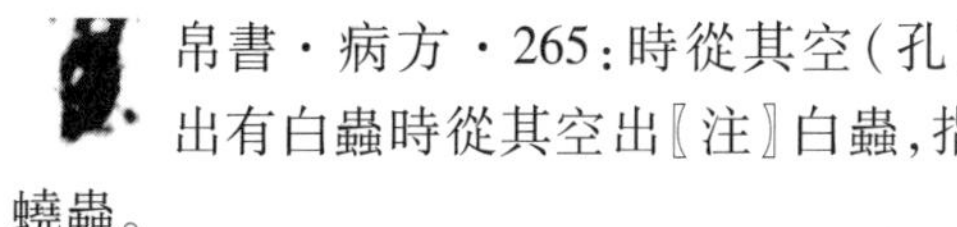帛書・病方・265：時從其空（孔）出有白蟲時從其空出〖注〗白蟲，指蟯蟲。

帛書・病方・271：骨雎（疽）倍白蔹（蘞）

帛書・病方・271：冶白蔹（蘞）〖注〗白蘞，藥名。

帛書・病方・275：以白蘞、黄󱦃（耆）、芍藥、甘草四物者（煮）

帛書・病方・283：白蘞三

帛書・病方・290：□戴窶（糁）、黄芩、白蔹（蘞）

秦印編152：白水弋丞〖注〗白水，地名。

集證・149.254：白水弋丞

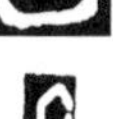秦印編152：白更

秦印編152：張白

秦印編152：白水之鄉

秦印編152：白水之苑

秦印編152：白水之苑

封泥印71：白水之苑

封泥集217・2：白水之苑

集證・148.253：白水之苑

封泥印72：白水苑丞

新封泥D・31：白水苑丞

封泥集354・1：白水鄉印

封泥集354・2：白水鄉印

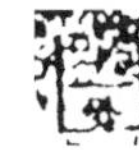封泥集354・3：白水鄉印

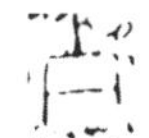封泥集354・4：白水鄉印

封泥集307・2：白狼之丞〖注〗白狼，地名。

封泥印・附二215：白狼之丞

秦印編152：白茈

1751  敝

詛楚文・湫淵（中吴本）：唯是秦邦之羸眾敝賦

詛楚文・巫咸（中吴本）：唯是秦邦之羸眾敝賦

詛楚文・亞駝（中吴本）：唯是秦邦之羸眾敝賦

睡簡・秦律・104：敝而糞者

睡簡・秦律・105：器敝久（記）恐靡（磨）者

睡簡・日甲・5背：敝毛之士以取妻〖注〗敝毛，指年長髮衰。

睡簡・日乙・129：必敝

帛書・病方・444：以敝箕爲輿〖注〗敝，破舊。

帛書・病方・102：取敝蒲席若籍之弱（蒻）

帛書・病方・104：以敝帚騷（掃）尤（疣）二七

帛書・病方・250：因（咽）敝（蔽）〖注〗敝，假爲“蔽”，塞。

帛書・病方・313：燔敝褐〖注〗敝褐，破舊的粗麻衣。